Unfallversicherungsgesetz.

Vom 6. Juli 1884.

Mit

dem „Ausdehnungsgesetz“ vom 28. Mai 1885 und unter theilweiser Berücksichtigung des Bau-Unfallversicherungsgesetzes vom 11. Juli 1887.

Kommentar

von

E. von Woedtke,
Kais. Geh. Regierungs-Rath,
vortr. Rath im Reichsamt des Innern.

4. vermehrte Auflage.

Im amtlichen Auftrage.

Berlin.
Druck und Verlag von Georg Reimer.
1889.

Vorwort zur ersten Auflage.

Wie der Verfasser in dem Vorwort zu seinem Kommentar des Krankenversicherungsgesetzes näher dargelegt hat, hält er es für die Pflicht aller staatserhaltenden Elemente im Reich, nicht nur der Behörden und Beamten, sondern auch aller Privatpersonen ohne Unterschied von Stand und Stellung, die von Seiner Majestät unserem herrlichen Kaiser und den verbündeten Regierungen unternommene sociale Reform nach besten Kräften fördern zu helfen. Wir Alle müssen, so viel an uns liegt, dazu beizutragen uns bemühen, daß unser Staatsleben durch Bethätigung praktischen Christenthums auf seiner christlichen Grundlage erhalten, der sociale Friede hergestellt und gekräftigt, die wirthschaftliche Noth weiter Kreise des deutschen Volkes gemildert und den Besitzenden die Nothwendigkeit der Fürsorge für ihre Nächsten ans Herz gelegt, den Besitzlosen aber die Ueberzeugung gegeben werde, daß nur unser geordnetes Staatswesen Schutz und materielle Hülfe bei wirthschaftlichen Nothlagen gewähren kann, welche aus dem von Gott verordneten Nebeneinander von Reich und Arm zuweilen sich ergeben.

Die sociale Reform hat einen großen Schritt vorwärts gethan — dem Krankenversicherungsgesetz ist das Unfallversicherungsgesetz gefolgt, welches vorbehaltlich demnächstiger weiterer Ausdehnung zunächst den Arbeitern der Industrie eine allzeit zuverlässige Fürsorge bei Betriebsunfällen sichert. Jetzt heißt es, wie vor Jahresfrist dem Krankenversicherungsgesetz, so jetzt dem Unfallversicherungsgesetz zu schleunigster, sinngemäßer Durchführung zu verhelfen; und seiner oben dargelegten Verpflichtung, hierzu beizutragen, möchte sich der Verfasser durch den vorliegenden Kommentar entledigen. Er bietet denselben in dem Wunsch und in der Hoffnung, daß die Behörden und die Betheiligten bei der praktischen Ausführung des Gesetzes Manches in dem Kommentar finden werden, was sie über Sinn und Zweck der einzelnen Bestimmungen des Gesetzes aufklärt, und daß insbesondere die zunächst erforderliche Organisation der Berufsgenossenschaften dadurch erleichtert und gefördert werden möchte. Verfasser hat zu diesem Zweck nicht nur dasjenige Material benutzt, welches die Verhandlungen, die Motive und der Kommissionsbericht ergaben, sondern er hat sich auch bemüht, das Gesetz nach anderen in der Praxis voraussichtlich hervortretenden Beziehungen soweit zu interpretiren, wie dies einer Privatperson vorderhand möglich ist. Der Zweck, besonders auch die Organisation der Berufsgenossenschaften zu fördern, bedingte diejenige Beschleunigung, welche der Verfasser sich hat angelegen sein lassen; der Absicht, der vorliegenden Arbeit wesentlich eine praktische Bedeutung zu geben, entspricht es, daß eine Kritik einzelner Bestimmungen des Gesetzes unterlassen und auf die Wiedergabe der gegen das Gesetz vorgetragenen Bedenken überall da verzichtet worden ist, wo diese Wiedergabe nicht für praktische Zwecke durchaus erforderlich erschien.

Der Kommentar hätte in dieser Form und so bald nicht entstehen können, wenn der Verfasser nicht schon in früheren Stadien Gelegenheit gehabt hätte, mit der Materie sich vertraut zu machen, und wenn er sich bei seiner Arbeit nicht der ausgiebigen und hingebenden Mitwirkung zweier Herren zu erfreuen gehabt hätte, welche, wie verlautet, an der Verfassung des Gesetzentwurfs hervorragenden Antheil genommen und welche denselben vor der Kommission des Reichstages als Kommissarien der verbündeten Regierungen mitvertreten haben, nämlich des Kaiserl. Präsidenten des Reichs-Versicherungsamts Herrn T. Bödiker und des Kaiserl. Geh. Regierungsraths und vortragenden Raths im Reichsamt des Innern, Herrn C. Gamp. Wenn es gelungen sein sollte, die Absichten des Gesetzgebers annähernd richtig wiederzugeben, so haben diese beiden Herren hieran das Hauptverdienst. Der Verfasser sagt denselben hiermit warmen Dank für ihr lebhaftes Interesse an seinem Werk und wünscht, daß sie dieses Interesse einer Arbeit bewiesen haben möchten, welche desselben nicht ganz unwerth ist. Daß die während des Druckes erlassene Anweisung des Reichs-Versicherungsamts zur Ausführung einiger Bestimmungen des Gesetzes in wesentlichen Punkten mit den Ausführungen des Kommentars übereinstimmt, gewährt dem Verfasser die befriedigende Genugthuung, daß er in dieser Beziehung die Absichten des Gesetzgebers richtig wiedergegeben zu haben scheint. Möchte dasselbe auch bei anderen Bestimmungen des Gesetzes der Fall sein, und möchte es so gelungen sein, den Betheiligten einen möglichst zuverlässigen Rathgeber bei der praktischen Anwendung des Gesetzes zu geben, damit der Zweck, auch durch dieses Scherflein die sociale Reform fördern zu helfen, erreicht werde!

Berlin, im Juli 1884.

Der Verfasser.

Vorwort zur dritten Auflage.

Die zur Durchführung der Unfallversicherung von dem Reichs-Versicherungsamt bisher getroffenen Anordnungen und Entscheidungen sind bei der dritten Auflage ausgiebig berücksichtigt worden. Hierdurch und in Folge anderweiter die Unfallversicherung betreffender Vorschriften, welche dem Anhang einverleibt worden sind, hat sich der Umfang des vorliegenden Kommentars vergrößert. Wenn derselbe auf Grund der ertheilten Ermächtigung nunmehr als „im amtlichen Auftrage" bearbeitet bezeichnet worden ist, so bedarf es doch nicht erst der näheren Darlegung, daß keine amtliche Stelle irgend welche Verantwortlichkeit für den Inhalt des Werks übernimmt, daß vielmehr die Ausführungen des Verfassers lediglich seine Privatmeinung enthalten, sofern nicht mit ausdrücklichen Worten der Inhalt der Motive 2c. wiedergegeben ist.

Berlin, im Juni 1887.

Der Verfasser.

Vorwort zur vierten Auflage.

Die ausgiebige Rechtsprechung des Reichs-Versicherungsamts hat abermals eine erhebliche Erweiterung der Fußnoten des Kommentars erforderlich gemacht. Dabei ist auch auf die Bestimmungen des Bau-Unfallversicherungsgesetzes hingewiesen worden, ohne daß jedoch diese Bearbeitung den Anspruch erhebt, als Kommentar des Bau-Unfallversicherungsgesetzes zu gelten. Der Text des letzteren sowie der Text des Reichs-Beamtenfürsorgegesetzes ist unter die Anlagen aufgenommen worden, ebenso das wichtige Rundschreiben des Reichs-Versicherungsamts vom 11. Januar 1888, betr. die Feststellung der Entschädigungen.

Sofern das Unfallversicherungsgesetz demnächst etwa einzelne Veränderungen erfahren sollte, welche übrigens voraussichtlich, soweit sie überhaupt beliebt werden, nur untergeordnete Bestimmungen berühren dürften, wird dafür Sorge getragen werden, daß diese Abänderungen in einem Nachtrage dem Kommentar beigegeben werden.

Berlin, im September 1889.

Der Verfasser.

Inhaltsangabe.

Abkürzungen.

a. a. O. = am angeführten Ort.
a. E. = am Ende.
A.-G. Ausd.-G. = Ausdehnungsgesetz (Gesetz, betreffend die Ausdehnung der Unfall- und Krankenversicherung) vom 28. Mai 1885, R.-G.-Bl. S. 159.
A. L.-R. = Allgemeines Landrecht (f. d. preußischen Staaten).
A. N. = Amtliche Nachrichten des Reichs-Versicherungsamts, erscheinen seit 1. Dezember 1884 in Berlin im Verlage von A. Asher u. Comp. (I, II, III, IV, V, d. h. Jahrgang 1885, 1886, 1887, 1888, 1889).
Anh. = Anhang.
Anl. = Anleitung (des Reichs-Versicherungsamts).
Anw. = Anweisung.
B.-U.-G. = Bau-Unfallversicherungsgesetz v. 11. Juli 1887 (R.-G.-Bl. S. 287)
Bek. = Bekanntmachung.
B.-G. = Berufsgenossenschaft.
B.-G.-Bl. = Bundes-Gesetzblatt.
Besch. = Bescheid.
C.-P.-O. = Civil-Proceß-Ordnung.
Entsch. = Entscheidung.
fg. = und folgende.
G. = Gesetz.
G.-S. S. = Gesetzsammlung (Preußische) Seite.
i. f. = in fine.
K.-O. = Konkurs-Ordnung.
Komm.-Ber. = Kommissionsbericht (der Reichstags-Kommission).
K.-V.-G. = Krankenversicherungsgesetz vom 15. Juni 1883 (R.-G.-B. S. 73).
L.-U.-V.-G. = Landwirthsch. Unfall- und Krankenversicherungsgesetz vom 6. Mai 1886 (R.-G.-Bl. S. 132).
L.-V.-A. = Landes-Versicherungsamt.
Mot. = Motive.
M. J. V. = (Preuß.) Ministerialblatt der inneren Verwaltung.
R.-A. = Reichs-Anzeiger.
R.-G. = Reichs-Gesetz.
R.-G.-Bl. = Reichs-Gesetzblatt.
R.-O.-H.-G. = Reichs-Ober-Handelsgericht.
R.-T.-Dr.-S. = Reichstags-Drucksache.
R.-V.-A. = Reichs-Versicherungsamt.
S. = Seite.
S.-U.-G. = See-Unfallversicherungsgesetz v. 13. Juli 1887 (R.-G.-Bl. S. 329).
Sten. Ber. = Stenographische Berichte (über die Verhandlungen des Reichstags).
St.-G.-B. = Strafgesetzbuch.
S.-V. = Selbstverwaltung, Wochenschrift von Parey.
U.-V.-G. = Unfallversicherungsgesetz vom 6. Juli 1884 (R.-G.-Bl. S. 69).
V. = Verordnung.
z. Th. = zum Theil.

Einleitung.

Die großen Fortschritte, welche die Industrie in den letzten Jahrzehnten gemacht hat, haben in gleichem Verhältniß mit der Entwickelung der Industrie auch die in gewerblichen Betrieben vorkommenden Unfälle vermehrt. Seit dem Jahre 1868 hat die wirthschaftliche Nothlage, in welche die immer zahlreicher werdenden, meist den besitzlosen Klassen der Bevölkerung angehörenden Verunglückten und deren Hinterbliebene geriethen, zu der Prüfung Anlaß gegeben, ob bei Betriebsunfällen die allgemeinen Grundsätze des Civilrechts über die Verbindlichkeit zum Schadenersatz als ausreichend anzusehen seien, und diese Prüfung mußte zur Verneinung der Frage führen. Jene allgemeinen Grundsätze des Civilrechts lassen sich kurz in folgende Sätze zusammenfassen:

> Nach gemeinem Recht und den von diesem beherrschten deutschen Partikularrechten ist nur der unmittelbare Urheber für den durch Vorsatz oder Nachlässigkeit verursachten Schaden verantwortlich. Ist der Thäter Vertreter eines Dritten, so haftet der Auftraggeber, sofern nicht seine Ersatzpflicht durch die Widerrechtlichkeit des Auftrags begründet oder durch dessen kontraktwidrige Ausführung ausgeschlossen wird, nur für culpa in eligendo, d. h. nur für erweisliches Versehen bei der Auswahl der Beauftragten. (Vergl. auch § 53 I. 6. Preuß. A. L.-R.) Nur nach Rheinischem Recht (art. 1384 code civil) trifft die Verantwortlichkeit neben dem unmittelbar schuldigen Betriebsbeamten gleichmäßig auch den Betriebsunternehmer.

Nach diesen eng begrenzten Gesichtspunkten der civilrechtlichen Verantwortlichkeit konnten Arbeiter, die ihre Arbeitskraft im Dienste

Anderer verwerthen und dabei verunglücken, sowie die Hinterbliebenen dieser Personen eine ausreichende Schadloshaltung nur in sehr seltenen Fällen und meist nur nach langwierigen Prozessen erlangen, und auch dann, wenn es schließlich gelungen war, einen Anspruch auf Fürsorge endgültig zu erstreiten, wurde die Realisirung desselben in Folge Mittellosigkeit des in der Regel allein verantwortlichen unmittelbaren Urhebers, nämlich des Mitarbeiters oder Betriebsbeamten, sehr häufig unmöglich. Die Folge davon war, daß verunglückte Arbeiter und deren Hinterbliebene meist der öffentlichen Armenpflege anheimfielen, welche jederzeit etwas Entwürdigendes hat und erst eintritt, wenn die eigenen Mittel vollständig erschöpft sind.

Diese Erkenntniß und die Ueberzeugung, daß es nicht rathsam sei, ein Einschreiten der Gesetzgebung bis zu allgemeiner Regelung des Obligationenrechts zu verschieben, führte, nachdem für Unfälle bei dem Betriebe von Eisenbahnen schon durch § 25 des Preuß. Eisenbahngesetzes vom 3. November 1838 und art. 395, 400, 401, 421 des deutschen Handelsgesetzbuchs Vorsorge getroffen worden war, zum Erlaß des Reichsgesetzes vom 7. Juni 1871, betr. die Verbindlichkeit zum Schadenersatz für die bei dem Betriebe von Eisenbahnen, Bergwerken ꝛc. herbeigeführten Tödtungen und Körperverletzungen (R. G.-B. S. 207), des sog. *Haftpflichtgesetzes*, welches durch Ges. vom 21. Januar 1873 auf Elsaß-Lothringen ausgedehnt wurde (G. Bl. S. 769). Nach diesem Gesetz wurde dem Unternehmer eine *weitergehende Haftpflicht* für die in seinem Betriebe sich ereignenden Unfälle, und insbesondere eine *selbständige Verantwortlichkeit für die Vernachlässigungen seiner Angestellten* auferlegt. Bei der durch die legislatorische Neuheit der Materie gebotenen Vorsicht mochte das Gesetz über diese Grenzen nicht hinausgehen; es wurde jedoch von vorn herein anerkannt, daß dasselbe den Gegenstand, zu dessen Regelung es bestimmt war, keineswegs erschöpfe, sondern nur einen Anfang in der Fürsorge für die durch Unfälle geschädigten gewerblichen Arbeiter bedeute. Die Grundsätze des Haftpflichtgesetzes sind folgende:

Für Unfälle bei dem Betriebe einer Eisenbahn haftet der Unternehmer, falls nicht *dieser letztere* den Beweis führt, daß der Unfall durch höhere Gewalt oder durch eigenes Verschulden des Getödteten oder Verletzten verursacht sei (entsprechend dem § 25 des Preuß. Ges. v. 3. November 1838).

Für Unfälle bei dem Betriebe eines Bergwerkes, eines Steinbruchs, einer Gräberei (Grube) oder einer Fabrik haftet der Unternehmer außer bei eigenem Verschulden auch dann, wenn der Verunglückte ꝛc. ein Verschulden der Betriebsbeamten nachweist.

In Fällen, in welchen diese Voraussetzungen zutreffen, hat der Richter unter freier Würdigung aller Umstände auf Ersatz des vollen Schadens zu erkennen.

Während die Bestimmungen über die Unfälle bei dem Betriebe von Eisenbahnen zunächst im Allgemeinen zu genügen schienen, stellte sich im Uebrigen sehr bald die völlige Unzulänglichkeit des Haftpflichtgesetzes heraus, und kam in den Verhandlungen des Reichstages wiederholt zur Besprechung. Denn die Rechtslage war dadurch, daß fortan der Betriebsunternehmer auch die Handlungen und Unterlassungen seiner Beamten zu vertreten hatte, noch nicht wesentlich gebessert. Die dem Verunglückten (oder dessen Hinterbliebenen) auferlegte schwierige Beweislast machte die Wohlthaten des Gesetzes nach wie vor in den meisten Fällen illusorisch: die Beschränkung der gesetzlichen Fürsorge auf die Fälle des civilrechtlichen Verschuldens der Betriebsbeamten ꝛc. ließ die zahlreichen und besonders großen, durch Zufall oder Schuld der Mitarbeiter ꝛc. hervorgerufenen Unfälle unberücksichtigt; Zahlungsunfähigkeit des Ersatzpflichtigen vereitelte wiederum häufig den praktischen Erfolg des Entschädigungsanspruchs, wenn die Durchführung desselben wirklich gelungen war. Das Haftpflichtgesetz hat also die beabsichtigte segensreiche Wirkung im Allgemeinen nicht gehabt, ja es hat vielmehr umgekehrt schädlich gewirkt, indem es eine Vermehrung der Prozesse verursachte, durch welche verunglückte Arbeiter ihre im Princip erweiterten Rechte durchzuführen suchen mußten. Denn solche Processe erwiesen sich auch jetzt fast in jedem einzelnen Falle als erforderlich, zumal der Unternehmer sich genöthigt sah, sein erheblich vermehrtes Risiko durch Versicherung bei Unfallversicherungsgesellschaften abzuschwächen, die letzteren aber im Interesse des eigenen Geschäfts der Regel nach nicht in der Lage zu sein glaubten, ohne richterliche Feststellung der Ersatzverpflichtung Ersatz zu leisten, falls nicht etwa der Verletzte mit einem zu dem Werth des Schadens in keinem Verhältniß stehenden Minimum sich zufrieden gab. Solche Prozesse mußten nothwendigerweise das Verhältniß zwischen dem Arbeitgeber und Arbeitnehmer in bedenklicher Weise verschlechtern. Diesen Uebelständen hätte auch durch die von einigen Seiten vorgeschlagene anderweite Normirung beziehungsweise Umkehrung der Beweislast nicht wirksam abgeholfen werden können, während andererseits eine Ausdehnung der civilrechtlichen Haftpflicht des Unternehmers auf den vollen Ersatz aller in dem Betriebe vorkommenden Unfälle — wobei man davon ausgehen müßte, daß er dieselben in der Regel verschulde, während das Gegentheil die Regel bildet — eine in sich nicht gerechtfertigte und ohne Schädigung der Industrie namentlich bei Massenunfällen nicht durchzuführende Ueberlastung des Unternehmers zur Folge haben müßte. Eine eingehende Würdigung aller dieser Verhältnisse findet sich in dem weiter unten abgedruckten Auszug aus den Motiven des Gesetzentwurfs von 1882.

Inzwischen brachten die bedenklichen Erscheinungen, welche zum Erlaß des Reichsgesetzes vom 21. Oktober 1878 (R.=G.=Bl. S. 351) gegen die gemeingefährlichen Bestrebungen der Socialdemokratie führten, die Erkenntniß zur Reife, daß es Pflicht des auf der Basis des Christenthums stehenden modernen Staates und zugleich eine Aufgabe staatserhaltender Politik sei, durch positive Maßregeln für seine besitzlosen Mitglieder, welche zugleich die zahlreichsten und am wenigsten unterrichteten Klassen der Bevölkerung bilden, zu sorgen, für dieselben, sobald sie im Kampf mit den eigenthümlichen Gefahren der gewerblichen Thätigkeit unterlegen und dadurch ihrer Erwerbsquelle, der körperlichen Arbeitsfähigkeit, meist ohne eigene Schuld mehr oder weniger beraubt sind, eine ausreichende, vor der Armenpflege bewahrende Fürsorge eintreten zu lassen, und sie dadurch vor der Versuchung, den Irrlehren der Socialdemokratie Gehör zu geben, thunlichst zu bewahren. Dies ist der Grundgedanke und Zweck des auf Anrathen des Reichskanzlers, Fürsten von Bismarck, von Seiner Majestät dem in Gott ruhenden Kaiser Wilhelm I. und den verbündeten Re=

gierungen in Deutschland begonnenen socialpolitischen Gesetzgebung. Von dieser stellt die Unfallversicherungsgesetzgebung einen wichtigen Theil dar. Jene positiven Maßregeln mußten sich nämlich naturgemäß zunächst darauf richten, in erster Linie die bessere Sicherstellung der Arbeiter gegen die wirthschaftlichen Folgen der mit ihrem Beruf verbundenen Gefahren anzustreben, und zwar sowohl rücksichtlich der in der Regel nur kurze Dauer umfassenden Krankheiten, wie rücksichtlich der von schweren Folgen für Leben und Gesundheit begleiteten Unfälle. In ersterer Beziehung bot die Selbstversicherung der Arbeiter unter starker Betheiligung der Arbeitgeber an den Kosten eine genügende Abhülfe. Bezüglich der Unfallfürsorge war dieser Weg schon wegen der hohen Kosten nicht gangbar; eine weitere Ausgestaltung der civilrechtlichen Haftpflicht erschien aus den angedeuteten Gründen nicht angängig; und so sah man sich genöthigt, den civilrechtlichen Grundsatz des Schadenersatzes aufzugeben, und an dessen Stelle eine auf dem Boden der öffentlich-rechtlichen Versicherung beruhende Fürsorge für die durch Betriebsunfälle Verletzten und deren Hinterbliebene zu statuiren. Die Unfallversicherung beruht hiernach ebenso wie die Krankenversicherung auf dem Boden des öffentlichen Rechts, auf welchem auch die öffentliche Armenpflege erwächst. Während aber letztere nur bei dem bittersten Elend das Nothdürftigste zu gewähren hat und den Almosenempfänger durch Beschränkung seiner öffentlichen Rechte herunterdrückt, wollen die Kranken- und die Unfallversicherung, welche beide ohne Rücksicht auf Dürftigkeit eintreten und ganz andere Voraussetzungen haben, höhere sociale Aufgaben lösen, den Empfänger vor der Armenpflege und ihren entwürdigenden Folgen schützen und ihn dadurch heben.

Diesen Gedanken gesetzgeberische Form zu geben, ist nicht auf einmal zu erreichen gewesen. Zunächst sah man sich, um nicht zu schablonisiren, sondern den Verschiedenheiten der einzelnen Berufsarten gerecht werden zu können, aber auch um das Zustandekommen des Gesetzes nicht durch eine Häufung der Angriffsobjekte zu gefährden, genöthigt, schrittweise vorzugehen, und eine so durchgreifende Aenderung der gesammten bisherigen Rechtsgrundsätze über die Entschädigung bei Betriebsunfällen für's Erste auf diejenigen Kategorien zu beschränken, bei denen die Nothwendigkeit umfassenderer Fürsorge am deutlichsten in die Erscheinung getreten war, nämlich auf die verschiedenen Zweige der Industrie. Dabei ist jedoch von vorn herein eine allmählige Hineinziehung auch der übrigen Berufszweige, soweit sie für die arbeitende Klasse eine durch Berufsarbeit bedingte Unfallgefahr zur Folge haben, in's Auge gefaßt, und seither durch weitere Specialgesetze auch schon zum großen Theil durchgeführt worden (vgl. unten).

Aber auch für die Industrie ist es erst nach zwei vergeblichen Versuchen gelungen, ein Unfallversicherungsgesetz zu Stande zu bringen.

Der erste Entwurf eines Gesetzes über die Unfallversicherung der Arbeiter wurde von den verbündeten Regierungen am 8. März 1881 dem Reichstage vorgelegt, nachdem über den Entwurf zuvor der Preußische Volkswirthschaftsrath gehört worden war. Nach den Grundsätzen dieses Entwurfs sollten für die bei dem Betriebe von Eisenbahnen entstehenden Unfälle die bisherigen Bestimmungen beibehalten,

> die Unternehmer von Bergwerken, Fabriken rc. aber obligatorisch gehalten sein, ihre Arbeiter und Betriebsbeamten in gewissen Grenzen gegen die wirthschaftlichen Folgen der bei dem Betriebe sich ereignenden Unfälle kollektiv zu versichern; die Versicherung sollte bei einer Reichsversicherungsanstalt auf Kosten der Unternehmer unter Mitheranziehung der Versicherten und mit einer Beihülfe aus Reichsmitteln erfolgen; fakultativ war eine genossenschaftliche Versicherung zugelassen; Privatversicherung war ausgeschlossen.

Vom Reichstag wurde der Gesetzentwurf unter Beibehaltung des Versicherungszwangs und anderer wesentlicher Grundlagen des Entwurfs, aber unter Verwerfung des Reichszuschusses und Ersetzung der Reichsversicherungsanstalt durch Landesversicherungsanstalten am 15. Juni 1881 angenommen. Die verbündeten Regierungen aber sahen sich am 25. Juni 1881 genöthigt, dem so veränderten Entwurf ihre Zustimmung zu versagen. So war der von der Reichsregierung unternommene erste Versuch,

> durch die gesetzliche Regelung der Unfallversicherung der Arbeiter der Erfüllung der Zusagen und Wünsche näher zu treten, welche bei den Verhandlungen über das Gesetz,

betr. die gemeingefährlichen Bestrebungen der Socialdemokratie, von mehr als einer Seite ausgesprochen seien, und damit den ersten Schritt zur Lösung der Schwierigkeiten der socialen Frage zu thun (vgl. die Motive),

einstweilen gescheitert.

Von der Nothwendigkeit des angestrebten Erfolges durchdrungen, setzten die verbündeten Regierungen die Arbeiten zur Lösung jener Frage ungesäumt fort. Zunächst wurde darauf Bedacht genommen, das bei den früheren Berathungen vermißte statistische Material, welches namentlich für die Ausführung des Gesetzes unentbehrlich erschien, in möglichst ausgiebigem Maße zu beschaffen. Unter dem 11. Juli 1881 ersuchte der Reichskanzler die verbündeten Regierungen, durch die Betriebsunternehmer selbst eine die vier Monate August bis November 1881 umfassende Statistik der in ihren industriellen Betrieben vorkommenden Unfälle nach gewissen näher angegebenen Gesichtspunkten aufzustellen. Dieser Arbeit haben, wie demnächst von berufener Seite wiederholt bezeugt worden ist, die Betriebsunternehmer mit dankenswerther Bereitwilligkeit und Gründlichkeit sich unterzogen, so daß sich gegen Ende des Jahres 1881 eine Unfallstatistik für rund 2 Millionen Arbeiter in den Händen der Reichsregierung befand, welche sich bei der Bearbeitung des Materials demnächst als brauchbar erwies. Bei dem Wiederzusammentritt erfuhr der Reichstag durch die ewig denkwürdige Allerh. Botschaft, mit welcher der Reichstag am 17. November 1881 eröffnet wurde, daß auch der neuen Session als eine ihrer wichtigsten Aufgaben die abermalige Beschäftigung mit der Unfallversicherung der Arbeiter bevorstehe. Unvergeßlich bleiben die inhaltschweren Sätze jener Botschaft, welche von der treuen Fürsorge des verewigten Kaisers für das Wohl aller Theile der Bevölkerung schönstes Zeugniß geben:

„Schon im Februar dieses Jahres haben Wir Unsere Ueberzeugung aussprechen lassen, daß die Heilung der socialen Schäden nicht ausschließlich im Wege der Repression socialdemokratischer Ausschreitungen, sondern gleichmäßig auf dem der positiven Förderung des Wohles der Arbeiter zu suchen sein werde. Wir halten es für Unsere Kaiserliche Pflicht, dem Reichstage diese

Aufgabe von Neuem an's Herz zu legen, und würden Wir mit um so größerer Befriedigung auf alle Erfolge, mit denen Gott Unsere Regierung sichtlich gesegnet hat, zurückblicken, wenn es Uns gelänge, dereinst das Bewußtsein mitzunehmen, dem Vaterlande neue und dauernde Bürgschaften seines inneren Friedens und den Hülfsbedürftigen größere Sicherheit und Ergiebigkeit des Beistandes, auf den sie Anspruch haben, zu hinterlassen. In Unseren darauf gerichteten Bestrebungen sind Wir der Zustimmung aller verbündeten Regierungen gewiß und vertrauen auf die Unterstützung des Reichstags ohne Unterschied der Parteistellungen.

In diesem Sinne wird zunächst der von den verbündeten Regierungen in der vorigen Session vorgelegte Entwurf eines Gesetzes über die Versicherung der Arbeiter gegen Betriebsunfälle mit Rücksicht auf die im Reichstage stattgehabten Verhandlungen über denselben einer Umarbeitung unterzogen, um die erneute Berathung desselben vorzubereiten. Ergänzend wird ihm eine Vorlage zur Seite treten, welche sich eine gleichmäßige Organisation des gewerblichen Krankenkassenwesens zur Aufgabe stellt. Aber auch diejenigen, welche durch Alter und Invalidität erwerbsunfähig werden, haben der Gesammtheit gegenüber einen begründeten Anspruch auf ein höheres Maaß staatlicher Fürsorge, als ihnen bisher hat zu Theil werden können.

Für diese Fürsorge die rechten Mittel und Wege zu finden, ist eine schwierige, aber auch eine der höchsten Aufgaben eines jeden Gemeinwesens, welches auf den sittlichen Fundamenten des christlichen Volkslebens steht. Der engere Anschluß an die realen Kräfte dieses Volkslebens und das Zusammenfassen der letzteren in der Form korporativer Genossenschaften unter staatlichem Schutz und staatlicher Fürsorge werden, wie Wir hoffen, die Lösung auch von Aufgaben möglich machen, denen die Staatsgewalt allein in gleichem Umfange nicht gewachsen sein würde. Immerhin aber wird auch auf diesem Wege das Ziel nicht ohne die Aufwendung erheblicher Mittel zu erreichen sein."

Durch diese Allerh. Botschaft wurde für die Lösung der Aufgabe, deren öffentlich-rechtliche Natur mit besonderer Betonung hervorgehoben wird, ein neues Fundament geschaffen, nämlich die Errichtung öffentlicher korporativer Verbände. Den Initiativanträgen von Reichstagsmitgliedern, welche nicht auf diesen Grundlagen beruhten (der von den liberalen Parteien eingebrachte Antrag Buhl und Genossen, welcher durch das Verlangen der Sicherheitsbestellung zwar einen, wenn auch indirekten Versicherungszwang in Aussicht nahm, übrigens aber die civilrechtliche Haftpflicht erweitern und private Versicherungsgesellschaften auf Grund von Normativbestimmungen zulassen wollte — und der Antrag der socialdemokratischen Abgeordneten Auer und Genossen, welcher unter weitgehenden Forderungen die Zwangsversicherung aller Arbeiter bei einer Reichsversicherungsanstalt auf alleinige Kosten der Unternehmer beanspruchte), konnte daher keine Folge gegeben werden. Dagegen wurde auf der Grundlage der Allerh. Botschaft von den verbündeten Regierungen unter dem 8. Mai 1882 ein zweiter Entwurf eines Gesetzes über die Unfallversicherung der Arbeiter (Drucksachen des Reichstages 1882 Nr. 19) nebst einer die Begründung desselben ergänzenden „Denkschrift" über die in dem Entwurf vorgeschlagene Organisation, sowie im Anschluß an diesen ein Gesetzentwurf zur Regelung der obligatorischen Krankenversicherung der Arbeiter (Drucksachen des Reichstags 1882 Nr. 14) vorgelegt, nachdem beide Entwürfe vorher im Preußischen Volkswirthschaftsrath berathen waren und dort freudige Zustimmung gefunden hatten. Hiernach sollten die verunglückten Arbeiter der Industrie

während der ersten 13 Wochen auf die Krankenkassen angewiesen sein, welche nunmehr auf Grund des Versicherungszwangs geregelt wurden; der obligatorischen Unfallversicherung wurden die schweren Fälle, d. h. diejenigen Unfälle, die den Tod oder eine länger als 13 Wochen dauernde Arbeitsunfähigkeit zur Folge hatten, und zwar im letzteren Fall nach Ablauf der ersten 13 Wochen überwiesen. Die Krankenversicherung sollten die Arbeitnehmer auf ihre Kosten unter starker Betheiligung der Arbeitgeber, die Unfallversicherung die Arbeitgeber auf alleinige Kosten, jedoch unter Zuhülfenahme eines Reichszuschusses, auf genossenschaftlicher Grundlage und auf Gegenseitigkeit bewirken.

Beide Entwürfe wurden vom Reichstag an eine und dieselbe (VIII.) Kommission verwiesen; in derselben wurde jedoch nur der Entwurf des Krankenversicherungsgesetzes*) (demnächst als Gesetz vom 15. Juni 1883 im R.=G.=B. S. 73 publizirt) fertig gestellt. Dieses Gesetz begründet die obligatorische Krankenversicherung für die (nicht lediglich vorübergehend beschäftigten) Arbeiter und untergeordneten Betriebsbeamten in der Industrie, einigen Transportbetrieben und im Bauwesen. Außerdem ermächtigt das Gesetz die Gemeinden und weiteren Kommunalverbände (Kreise 2c.), für ihre resp. Bezirke die Versicherungspflicht auf andere Kategorien von Arbeitern, insbesondere auf die Arbeiter der Land= und Forstwirthschaft, durch statutarische Bestimmung zu erstrecken. Aber auch ohne solche statutarische Erstreckung der Versicherungspflicht gewährt schon das Gesetz selbst den nicht obligatorisch versicherten Kategorien von Arbeitern das Recht des freiwilligen Beitritts zu den Krankenkassen bezw. zur Gemeindekrankenversicherung.

Die Kommission des Reichstages hatte auf die Krankenversicherung sehr viel Zeit verwendet und kam erst spät dazu, in die Durchberathung der Vorlage über die Unfallversicherung einzutreten, nachdem Seine Majestät der Kaiser Wilhelm I. in einer weiteren Allerhöchsten Botschaft vom 14. April 1883 dem Reichstage in eindringlichen Worten von Neuem die Nothwendigkeit an's Herz gelegt hatte, auch diesen Gegenstand bald endgültig zu regeln, und, wenn dies in jener Session nicht mehr möglich sei, wenigstens für die nächste Session durch Vorwegnahme der zeitraubenden Etatsberathung Zeit und Möglichkeit des Zustandekommens zu gewähren. Hierüber sagt die Allerhöchste Botschaft, nachdem sie der Befriedi=

*) Vgl. v. Woedtke, Krankenversicherungsgesetz (vom 15. Juni 1883) und die dasselbe ergänzenden reichsgesetzlichen Bestimmungen. Kommentar 3. Aufl. Berlin und Leipzig, J. Guttentag (D. Collin) 1886; sowie die in demselben Verlage erschienene von demselben Verfasser bearbeitete Textausgabe (mit Anm.) des Krankenversicherungsgesetzes. 3. Aufl.

gung über den Verlauf der Berathungen über das Krankenversicherungsgesetz Ausdruck gegeben, Folgendes:

„Mit Sorge aber erfüllt es Uns, daß die prinzipiell wichtigere Vorlage über die Unfallversicherung bisher nicht weiter gefördert worden ist, und daß daher auf deren baldige Durchberathung nicht mit gleicher Sicherheit gerechnet werden kann. Bliebe diese Vorlage jetzt unerledigt, so würde auch die Hoffnung, daß in der nächsten Session weitere Vorlagen wegen der Alters- und Invalidenversorgung zur gesetzlichen Verabschiedung gebracht werden könnten, völlig schwinden, wenn die Berathungen des Reichshaushaltsetats für 1884/85 die Zeit und Kraft des Reichstages noch während der Wintersession in Anspruch nehmen müßten.

Wir haben deshalb für geboten erachtet, die Zustimmung der verbündeten Regierungen dahin zu beantragen, daß der Entwurf des Reichshaushaltsetats für 1884/85 dem Reichstage jetzt von Neuem zur Beschlußnahme vorgelegt werde. Wenn dann die Vorlage über die Unfallversicherung, wie nach dem Stande ihrer Bearbeitung zu befürchten steht, in der laufenden Frühjahrssession vom Reichstage nicht mehr berathen und festgestellt wird, so würde durch vorgängige Berathung des nächstjährigen Etats wenigstens für die Wintersession diejenige Freiheit von anderen unaufschiebbaren Geschäften gewonnen werden, welche erforderlich ist, um wirksame Reformen auf sozialpolitischem Gebiete zur Reife zu bringen. Die dazu erforderliche Zeit ist eine lange für die Empfindungen, mit welchen Wir in Unserem Lebensalter auf die Größe der Aufgaben blicken, welche zu lösen sind, ehe Unsere in der Botschaft vom 17. November 1881 ausgesprochenen Intentionen eine praktische Bethätigung auch nur soweit erhalten, daß sie bei den Betheiligten volles Verständniß und in Folge dessen auch volles Vertrauen finden.

Unsere kaiserlichen Pflichten gebieten Uns aber, kein in Unserer Macht stehendes Mittel zu versäumen, um die

Besserung der Lage der Arbeiter und den Frieden der Berufsklassen unter einander zu fördern, so lange Gott Uns Frist giebt zu wirken.

Darum wollen Wir dem Reichstage durch diese Unsere Botschaft von Neuem und in vertrauensvoller Anrufung seines bewährten treuen Sinnes für Kaiser und Reich die baldige Erledigung der hierin bezeichneten wichtigen Vorlagen dringend an's Herz legen."

Auf Grund dieser Allerhöchsten Botschaft stellte zwar der Reichstag noch in derselben Session den nächstjährigen Etat fertig, vermochte jedoch den Entwurf des Unfallversicherungsgesetzes, in welchem namentlich der Reichszuschuß sowie die organisatorischen Grundlagen vielfach Anfechtung erfuhren, nicht mehr zur Verabschiedung zu bringen. Es wurden vielmehr in der Kommission nur einzelne Grundsätze desselben durchberathen; ein über das Ergebniß der Kommissionsverhandlungen beabsichtigter mündlicher Bericht (Drucksachen 1882 Nr. 272) kam wegen Schlusses der Session im Plenum nicht mehr zur Verhandlung. So war denn der Versuch, die gewerblichen Arbeiter gegen die Folgen von Betriebsunfällen auch dann, wenn dieselben das Maaß der Krankenfürsorge überschreiten, sicher zu stellen, zum zweiten Mal gescheitert. Erreicht war (durch das Krankenversicherungsgesetz) nur eins, daß nämlich mit dem auf den 1. Dezember 1884 festgesetzten Termin für das völlige Inkrafttreten des Gesetzes fast jeder gewerbliche Arbeiter, dessen Unfallversicherung in Frage kommen konnte, während mindestens 13 Wochen gegen Krankheit und hierdurch für diese Zeit auch gegen die in Krankheit und Erwerbsunfähigkeit sich äußernden Folgen der Unfälle versichert war.

Indessen dies konnte nicht genügen; war doch noch für alle diejenigen Unfälle zu sorgen, deren Folgen gerade am schwersten auf den Arbeitern lasten und welche die verbitternden Prozesse zwischen Arbeitgebern und Arbeitnehmern gerade hauptsächlich hervorgerufen hatten, für alle die Unfälle nämlich, welche den Tod oder eine länger als 13 Wochen dauernde Arbeitsunfähigkeit, gänzliche oder theilweise Invalidität zur Folge hatten. So mußten denn die Bemühungen, eine Unfallversicherung wenn auch auf anderer Grundlage zu Stande zu bringen, fortgesetzt werden, nachdem inzwischen durch die nach dem Reichsgesetz vom 13. Februar 1882 (R.-G.-B. S. 9) am 5. Juni 1882 aufgenommene Berufsstatistik, welche ein reichhaltiges Material ergeben hatte, für die Vertheilung der arbeitenden Bevölkerung auf die einzelnen Berufszweige ziffermäßige Unterlagen erzielt worden waren.

Bei den weiteren Vorarbeiten konnten sich die verbündeten Regierungen der Ueberzeugung nicht verschließen, daß von dem letzten Entwurf insbesondere zwei Grundlagen fallen gelassen werden mußten, wenn ein positives Ergebniß aus den Verhandlungen sollte erwartet werden können — nämlich der Reichszuschuß und die bisher vorgesehene Art der Organisation.

Den Reichszuschuß hatten die beiden bisher besprochenen Gesetzentwürfe insbesondere um deswillen in Aussicht genommen, weil in demselben ein billiges Aequivalent für die aus der Regelung der Unfallversicherung sich ergebende Erleichterung der öffentlichen Armenlast liege, und weil es wegen der zur Förderung staatlicher Zwecke erfolgenden Belastung der Industrie geboten sei, diese Erleichterung auf das Reich zu übertragen; sodann aber auch, weil ein direkter Reichszuschuß dem Arbeiter am unmittelbarsten und in verständlichster Weise die Fürsorge des Reichs für sein Wohl zum Ausdruck bringen, also die socialpolitische Wirksamkeit des Gesetzes verstärken werde. Aber bei keiner Partei des Reichstages hatte dieser Vorschlag Zustimmung gefunden.

Für die Organisation der Unfallversicherung hatte der erste Entwurf eine bureaukratische Reichsversicherungsanstalt, der zweite Entwurf dagegen die Bildung korporativer Verbände mit Selbstverwaltung in Aussicht genommen. Nicht dieses letztere Princip, wohl aber die Art seiner Durchführung war beanstandet worden. Für die Abgrenzung der korporativen Verbände gegen einander hatte nämlich der zweite Entwurf die durchschnittliche Gleichheit der Unfallgefahr in den verschiedenen Industriezweigen und Betriebsarten zum Ausgang genommen. Auf dieser Grundlage sollten zunächst für alle versicherungspflichtigen Betriebszweige des Reichs Gefahrenklassen gebildet und dann innerhalb jeder Gefahrenklasse für örtliche Bezirke (einer höheren Verwaltungsbehörde ꝛc.) „Betriebsgenossenschaften" mit Selbstverwaltung errichtet werden; jede derselben sollte je einen in dem betr. Bezirke vertretenen Betriebszweig (oder Betriebsart), oder mehrere in dem betr. Bezirke vertretene Betriebszweige, soweit dieselben der gleichen Gefahrenklasse angehören, umfassen. Soweit auf dieser Grundlage leistungsfähige Betriebsgenossenschaften für den betr. Bezirk nicht sollten errichtet werden können, sollten die übrigbleibenden Betriebe des betr. Bezirks ohne Rücksicht auf die Verschiedenheit der Gefahrenklassen einen „Betriebsverband" mit Selbstverwaltung bilden, und dieser letztere sollte dann für jede in ihm vertretene Gefahrenklasse besondere „Abtheilungen" erhalten. Dieser Organisation wurde insbesondere entgegengehalten, daß sie schwerfällig sei und Betriebszweige zusammenlege, welche keine gemeinsamen wirthschaftlichen Interessen hätten, größere Betriebszweige aber ohne Noth auseinanderreiße.

Bei dieser Sachlage entschlossen sich die verbündeten Regierungen dazu, auf den in der Allerh. Botschaft vom 17. November 1881 ausgesprochenen Grundlagen einen dritten Gesetzentwurf vorzulegen, bei demselben den Reichszuschuß fallen zu lassen, eine andere Art der Abgrenzung der korporativen Verbände zu wählen und überhaupt den Entwurf derart aufzubauen, daß nach den bisher gemachten Erfahrungen auf Annahme gerechnet werden könne. Insbesondere wurde, was die Organisation anbelangt, die Bildung von Berufsgenossenschaften für große Kategorien von Industriezweigen, ohne Beschränkung auf enge Bezirke und ohne Rücksicht auf die Unfallgefahr, vorgesehen. Nachdem auch dieser Entwurf, dessen Unterschiede von den beiden bisherigen Entwürfen in dem Werk des Geh. Reg.-Raths, jetzigen Präsidenten des Reichs-Versicherungsamts, Dr. Bödiker, „Die Unfallgesetzgebung der Europäischen Staaten", S. 39*) scharf auseinandergesetzt sind, der aber im Uebrigen an den letzten Entwurf sich anlehnt, von dem Preußischen Volkswirthschaftsrath gut geheißen war, wurde derselbe am 6. März 1844 dem Reichstage vorgelegt (Drucksachen 1884 Nr. 4) und von demselben nach kurzer Berathung an die VII. Kommission verwiesen, welcher im Wesentlichen dieselben Abgeordneten angehörten, die in der vorhergegangenen Session in der VIII. Kommission den 2. Gesetzentwurf, sowie das Krankenversicherungsgesetz

*) Leipzig, Verlag von Duncker und Humblot. 1884.

berathen hatten. Im Beisein mehrerer Regierungskommissare, insbesondere des Staatssekretairs des Innern, Staatsministers Dr. v. Boetticher, des Direktors im Reichsamt des Innern, Dr. Bosse, sowie der Geh. Reg.-Räthe Dr. Bödiker und Gamp, welche an der Ausarbeitung des Entwurfs hervorragenden Antheil gehabt haben, hat die Kommission unter dem bewährten Vorsitz des Frh. von und zu Franckenstein ihre Aufgabe in sechsundzwanzig Sitzungen gelöst und dann den Entwurf mit nur geringen Modifikationen durch einen von dem Abg. Frh. von Hertling als Referenten klar und übersichtlich abgefaßten eingehenden Bericht vom 11. Juni 1884 (Drucksachen 1884 Nr. 115) wieder an das Plenum gebracht. Mit einigen Abänderungen hat das letztere in der 43. Plenarsitzung den Entwurf gegen die Stimmen der Socialdemokraten und der Fortschrittspartei mit überwältigender Mehrheit angenommen; die verbündeten Regierungen erklärten ihre Zustimmung zu der Fassung, in welcher der Entwurf aus den Berathungen des Reichstags hervorgegangen war, und nunmehr konnte endlich das Gesetz als „Unfallversicherungsgesetz" vom 6. Juli 1884 (R.-G.-Bl. S. 69) publicirt werden. Die schwierigen Vorbereitungen zur Durchführung dieses Gesetzes konnten vermöge des großen, von Freund und Feind willig anerkannten Geschicks und der besonderen, durch das dankenswerthe Entgegenkommen der Industriellen unterstützten Energie des Reichs-Versicherungsamts, einer zur Ausführung des Gesetzes neu geschaffenen Reichsbehörde, und ihres Präsidenten Dr. Bödiker derart gefördert werden, daß die Unfallversicherung für die Industrie ihrem materiellem Inhalt nach schon am 1. Oktober 1885 in Kraft treten konnte (V. v. 25. Sept. 1885, R.-G.-Bl. S. 271).

Das Unfallversicherungsgesetz gilt vorzugsweise für die Industrie; die Erstreckung der Unfallversicherung auf andere Betriebszweige ist besonderen Spezialgesetzen vorbehalten worden. Nach dem Unfallversicherungsgesetz sind die Arbeiter und niederen Betriebsbeamten der bisher haftpflichtigen Betriebe (mit Ausnahme der Eisenbahnbetriebe) und der mit Motoren arbeitenden handwerksmäßigen Betriebe, sowie solcher Unternehmer, deren Gewerbebetrieb sich auf die Ausführung gewisser mit besonderer Unfallgefahr verbundener Bauarbeiten im Hochbau (Maurerarbeiten ꝛc.) erstreckt (§ 1), kraft Gesetzes (Versicherungszwang) und auf alleinige Kosten der Betriebsunternehmer gegen solche Betriebsunfälle versichert, welche den Tod herbeigeführt haben, oder deren Folgen für die Gesundheit nach Ablauf von 13 Wochen noch nicht beseitigt sind (§§ 5, 6). Für die ersten 13 Wochen nach dem Unfall haben, wenn nicht der Tod des Verletzten die Folge des Unfalls gewesen ist, die Krankenkassen bezw. die Gemeindekrankenversicherung (§ 5 Abs. 2, § 8) und für Diejenigen, in der Industrie und im Bauwesen nur vereinzelt vorkommenden Fälle, in welchen Versicherte einer Krankenkasse nicht angehören, die Unternehmer (§ 5 Abs. 10) einzutreten; dabei ist von dem Beginn der fünften Woche ab, eventuell auf Kosten des Betriebsunternehmers, das Krankengeld von 50 Prozent auf 66⅔ Prozent des Lohns zu erhöhen (§ 5 Abs. 9). Die Versicherungspflicht kann durch statutarische Bestimmung auf höher besoldete Beamte erstreckt, auch kann durch das Statut den Betriebsunternehmern für ihre Person und für Andere die Betheiligung an der Versicherung gestattet werden (§ 2). Die Versicherung erfolgt unter Ausschluß der Privatversicherungsgesellschaften ausschließlich durch Berufsgenossenschaften, zu welchen sich die Betriebsunternehmer eines Industriezweiges oder mehrerer verwandter Industriezweige nach Maßgabe der Uebereinstimmung ihrer wirthschaftlichen Interessen, im Uebrigen nach freier Wahl, für begrenzte Wirthschaftsgebiete oder für den ganzen Umfang des Reichs zusammenschließen können, auf Gegenseitigkeit (§ 9). Knappschaftsverbände können auf Antrag ihrer Vorstände zu Knappschafts-Berufsgenossenschaften vereinigt werden, für welche einige Besonderheiten gelten (§ 94). Die Berufsgenossenschaften bedürfen der Genehmigung des Bundesraths, welche aber nur in bestimmten Fällen, insbesondere behufs Wahrung der Interessen der Minoritäten und behufs Sicherung einer unbedingten Leistungsfähigkeit, versagt werden darf (§ 12); soweit auf diese Weise Berufsgenossenschaften nicht rechtzeitig gebildet werden, hat der Bundesrath dieselben seinerseits zu errichten (§ 15). Spätere Veränderungen in dem Bestande der Berufsgenossenschaften, wodurch etwaige bei der Bildung vorgekommene Fehler ausgeglichen und weitere Wünsche der Industrie berücksichtigt werden können, sind auf Antrag zulässig (§ 31). Auflösungen sind für den Fall etwaiger Leistungsunfähigkeit vorgesehen; alsdann leistet das Reich, bei solchen Berufsgenossenschaften aber, deren Bezirk über das Gebiet eines einzelnen Bundesstaates nicht hinausging, dieser Bundesstaat, falls derselbe ein Landes-Versicherungsamt errichtet hatte (§ 12), in der Weise Garantie, daß Reich bezw. Bundesstaat die bisher in der Genossenschaft entstandenen Verpflichtungen übernehmen (§ 33).

Die Berufsgenossenschaften können die Verwaltung durch Einrichtung von Sektionen und Bestellung von Vertrauensmännern mit statutarisch zu begrenzenden Befugnissen dezentralisiren (§ 19); sie können in gewissen Grenzen zur gemeinsamen Tragung des Risikos Verbindungen mit anderen Genossenschaften eingehen (§ 30) oder einen Theil des Risikos unbeschadet ihrer Verantwortlichkeit nach außen auf die Sektionen übertragen (§ 29). Bei Erledigung ihrer Angelegenheiten haben sie volle Selbstverwaltung (§ 16); Behörden haben nur insoweit mitzuwirken, als dies zur Wahrung der öffentlichen Interessen unbedingt erforderlich ist. Die Aufsicht über die Berufsgenossenschaften übt eine neugebildete Reichsbehörde, welche gleichzeitig den Abschluß des Gebäudes in organisatorischer, administrativer und verwaltungsgerichtlicher Beziehung bildet, das Reichs-Versicherungsamt (§ 87); dasselbe besteht aus einem Vorsitzenden und mehreren Berufsbeamten, die vom Kaiser auf Lebenszeit ernannt werden, außerdem aber aus 4 Mitgliedern des Bundesraths sowie aus Vertretern der Unternehmer und der versicherten Arbeiter, und wird bei Entscheidung der wichtigeren, seiner Kognition anheimfallenden Streitigkeiten durch 2 richterliche Beamte verstärkt. Neben dem Reichs-Versicherungsamt können für diejenigen Berufsgenossenschaften, deren Bezirk über die Grenzen eines Bundesstaates nicht hinausgeht, auf Kosten und unter der Aufsicht dieses Bundesstaates Landes-Versicherungsämter (§ 92) errichtet werden, welche ähnlich wie das Reichs-Versicherungsamt organisirt sind und für die ihnen unterstellten Genossenschaften im Wesentlichen die Funktionen des Reichs-Versicherungsamts wahrzunehmen haben. Soweit hierbei aber die Interessen solcher Berufsgenossenschaften, die einem anderen Versicherungsamt unterstellt sind, mitbetheiligt sind, tritt auch für die an sich einem Landes-Versicherungsamt unterstellten Berufsgenossenschaften die Zuständigkeit des Reichs-Versicherungsamts ein.

Bei Betriebsunfällen, durch welche versicherte Personen getödtet oder körperlich verletzt werden, leistet die Berufsgenossenschaft, in deren Betrieben sich der Unfall ereignet hatte, dem Verletzten oder seinen Hinterbliebenen, dem ersteren jedoch erst nach Ablauf der ersten 13 Wochen (für welche er auf seine Krankenkasse angewiesen bleibt) Schadenersatz (§§ 5, 6), ohne Rücksicht darauf, ob der Unfall durch Zufall oder irgend ein selbst grobes Verschulden des Verletzten oder eines Andern herbeigeführt ist. Nur wenn der Verletzte selbst den Unfall vorsätzlich veranlaßt hat, cessiren seine und seiner Hinterbliebenen Ansprüche (§ 5 Abs. 7). Der Schadenersatz besteht in einem Pauschquantum für die Kosten der Beerdigung, in den Kosten des ferneren Heilverfahrens und in einer Rente. Die letztere ist ein Bruchtheil des Jahresarbeitsverdienstes, welchen der Verletzte in dem Betriebe, in dem der Unfall sich ereignet hatte, während des letzten Jahres seiner Beschäftigung bezogen hat; als Jahresarbeitsverdienst gilt ein Vielfaches, in der Regel das Dreihundertfache, des Tagesverdienstes. Für letzteren kommt als Mindestbetrag der ortsübliche Tagelohn gewöhnlicher Tagearbeiter, im Uebrigen aber der wirklich bezogene Lohn, und zwar bis zu 4 Mark für den Arbeitstag ganz, darüber hinaus aber nur mit einem Drittel zur Berechnung. Die Rente beträgt bei völliger Erwerbsunfähigkeit des Verletzten zwei Drittel des Jahresarbeitsverdienstes, bei nur theilweiser Invalidität und für die Hinterbliebenen (Wittwe, Descendenten, bedürftige Ascendenten) einen Bruchtheil dieses Betrages. Der Schadenersatz wird von den Organen der Berufsgenossenschaften (§ 57) auf Grund polizeilicher Unfalluntersuchungen (§ 53) von Amtswegen (§ 58) festgestellt; gegen die Feststellung findet die Berufung an ein Schiedsgericht statt (§ 62). Diese Schiedsgerichte sind eine der Unfallversicherung eigenthümliche Art von Spezialgerichtshöfen (§ 46); sie sind ein für alle Mal, nicht blos für einzelne besondere Streitfälle, gebildet und bestehen unter dem Vorsitz eines unbetheiligten öffentlichen Beamten zu gleichen Theilen aus Mitgliedern der Genossenschaft und Vertretern der versicherten Arbeiter. Für jede Genossenschaftssektion muß mindestens ein Schiedsgericht errichtet werden. In den schwereren Fällen ist gegen die Entscheidung des Schiedsgerichts noch der Rekurs an das Reichs-Versicherungsamt gegeben (§ 63). Die Rechtsmittel haben keine aufschiebende Wirkung. Der Rechtsweg ist ausgeschlossen; nur dann, wenn die Ansprüche Hinterbliebener um deswillen zweifelhaft sind, weil das Familienverhältniß der letzteren zu dem Getödteten noch der Aufklärung bedarf, können die Hinterbliebenen zunächst behufs rechtskräftiger Feststellung dieses ihren Anspruch begründenden Familienverhältnisses, aber auch nur hierzu, auf den Rechtsweg verwiesen werden (§ 63). Die Auszahlung der Entschädigungen erfolgt auf Anweisung der Genossenschaftsvorstände durch die Postanstalten (§ 69); nur in Knappschafts-Berufsgenossenschaften kann die Auszahlung, falls das Statut dies vorsieht, durch die Knappschaftskassen bewirkt werden (§ 94).

Die Postverwaltungen schießen die von den Genossenschaftsvorständen angewiesenen Beträge vor und liquidiren dieselben nach Ablauf eines jeden (vom Bundesrath einheitlich auf das Kalenderjahr festgestellten) Rechnungsjahres ohne Berechnung von Zinsen bei den Genossenschaftsvorständen zur Erstattung (§ 70). Letztere vertheilen den zu erstattenden Jahresbetrag einschließlich ihrer Verwaltungskosten sowie die Zuschläge für die Ansammlung des Reservefonds (siehe weiter unten) auf die Mitglieder der Genossenschaft mittels Umlage (§§ 10, 71). Hiernach wird also nicht der Kapitalwerth der in dem verflossenen Rechnungsjahre festgestellten, für mehrere Jahre zahlbaren Jahresrenten erhoben, sondern es wird nach Ablauf eines jeden Rechnungsjahres immer nur derjenige Betrag baar aufgebracht, welcher für die im Vorjahre thatsächlich erwachsenen und von den Postverwaltungen vorgeschossenen einzelnen Zahlungen erforderlich gewesen ist. Aehnlich wird ja auch bei Aufbringung der Lasten von Gemeinden und anderen öffentlich-rechtlichen, die Gewähr ihres Bestandes in sich selbst tragenden Korporationen verfahren, soweit dieselben zur Deckung ihrer Bedürfnisse nicht etwa Darlehen aufnehmen. Die Folge des Umlageverfahrens ist natürlich die, daß die Last anfänglich geringe ist und bis zum Eintritt des Beharrungszustandes, der aber erst nach 60 bis 75 Jahren eintritt, alljährlich steigt; denn in jedem neuen Jahr treten zu den aus den Vorjahren herrührenden und fortzuzahlenden Rentenbeträgen neue Rentenbeträge solange hinzu, bis Abgang und Zugang sich ausgleichen. Dafür werden aber in der Industrie große Kapitalien für den Betrieb flüssig erhalten, während dieselben durch Aufbringung und Hinterlegung von Deckungskapitalien festgelegt werden und demgemäß geringere Zinsen bringen würden. Ob dieses Verfahren mit der aus demselben nothwendig folgenden Steigerung der Belastung sich dauernd bewähren wird, muß die Erfahrung lehren. Zu einiger Ausgleichung der bei dem Umlageverfahren erheblichen Unterschiede in der jährlichen Belastung soll in den ersten Jahren durch Zuschläge zu den Entschädigungsbeträgen ein bedeutender Reservefonds aufgesammelt werden (§ 18), dessen Zinsen nach Ablauf von 11 Jahren zur Erleichterung der Jahreslasten verwendet werden dürfen, sobald der angesammelte Betrag das Doppelte des Jahresbedarfs erreicht hat. Jeder Unternehmer hat nach Verhältniß desjenigen Risikos, mit welchem er seine Genossenschaft belastet, zu den Jahreslasten derselben beizutragen; die Umlage erfolgt daher nach Maßgabe der in dem abgelaufenen Rechnungsjahr von jedem einzelnen Unternehmer an seine versicherten Arbeiter u. s. w. thatsächlich gezahlten Löhne und Gehälter, soweit sie für die Entschädigung maßgebend sein würden, einerseits, und nach dem Maße der Unfallgefahr, welches die Natur und die Einrichtungen seines Betriebes mit sich bringen, andererseits. Dieses Maß der Unfallgefahr findet in Gefahrenklassen, in denen die Beiträge nach der Größe der Unfallgefahr und nach objektiven Merkmalen abgestuft sind (Gefahrentarif), seinen Ausdruck (§ 28). Die Festsetzung der Gefahrenklassen erfolgt aber nicht, wie der 2. Gesetzentwurf vorgeschlagen hatte, vorweg für die sämmtlichen versicherungspflichtigen Betriebe durch die Behörde und bildet nicht die Grundlage für die Genossenschaft; die Gefahrenklassen und der Gefahrentarif werden vielmehr, nachdem die Berufsgenossenschaften ohne Rücksicht auf Unfallgefahr lediglich nach der Gleichheit des Berufs, der wirthschaftlichen Interessen gebildet und konstituirt sind, von den Berufsgenossenschaften autonomisch aufgestellt und bedürfen nur der Genehmigung des Reichs- (Landes-) Versicherungsamts.

Sind bei diesem Aufbringungsmodus die einzelnen Betriebsunternehmer durch ihr pekuniäres Interesse genöthigt, thunlichst auf die Verbesserung ihrer Betriebsanlagen und dadurch auf die Verhütung von Unfällen, Verminderung der Unfallgefahr und Reduktion ihrer Jahresbeiträge Bedacht zu nehmen, so haben nicht weniger auch die Berufsgenossenschaften als solche ein pekuniäres Interesse daran, durch Verhütung von Unfällen ihre Leistungen zu vermindern. Dies Interesse ist um so größer, als eine allmählige Verminderung der Unfallgefahr und damit der Zahl und Schwere der Unfälle ein wirksames Gegengewicht gegen eine aus dem Umlageverfahren etwa sich ergebende zu große Belastung der späteren Jahre darstellen muß. Das Gesetz überweist demgemäß den Berufsgenossenschaften die Befugniß, Unfallverhütungsvorschriften zu erlassen (§ 78), und zwar nicht nur für die Betriebsunternehmer, welchen zur Verhütung höherer Einschätzung die Herstellung zweckdienlicher Betriebseinrichtungen vorgeschrieben werden kann, sondern auch für die Arbeiter, welche durch Geldstrafen zur Befolgung der zur Verhütung von Unfällen erlassenen Vorschriften angehalten werden dürfen. Diese Geldstrafen fließen in diejenige Krankenkasse, welcher der Kontravenient dermalen angehört. Auch die von den Landesbehörden beabsichtigten Unfallverhütungsvorschriften sollen den Genossenschaftsorganen zur vorherigen Begutachtung vorgelegt werden (§ 81).

Die versicherten Arbeiter sind nicht Mitglieder der Berufsgenossenschaften und tragen zu den Lasten der letzteren nichts bei. An der Gesammtbelastung durch Unfälle tragen sie jedoch insofern mit, als sie zu den Krankenkassen, denen die Fürsorge für Verletzte während der ersten 13 Wochen überwiesen bleibt, neben den Unternehmern Beiträge leisten. In Folge dieser Bestimmung haben die Arbeiter kaum 11 % der gesammten durch Betriebsunfälle hervorgerufenen finanziellen Belastung zu tragen. Dafür fallen aber den Arbeitern auch die Lasten der nicht durch Unfälle hervorgerufenen Krankenpflege nur antheilig, nämlich mit $66\frac{2}{3}$ % zu; denn die fehlenden $33\frac{1}{3}$ % dieser letzteren Belastung werden durch die Unternehmer getragen, soweit die Arbeiter auf deren Betheiligung nicht etwa durch Eintritt in Hülfskassen ohne Beitrittszwang (§ 75 K.-V.-G.) geradezu verzichten. Erwägt man, daß die aus Unfällen erwachsende Krankenfürsorge nach neuesten Ermittelungen (Stat. d. Deutschen Reichs N. F. [1887] Bd. 24 S. 121), wenn man die Zahl der Krankentage in Betracht zieht, nur rund $6^2/_3$ % der gesammten Krankenbelastung (in der Industrie ꝛc.) darstellt, während bisher etwa $12^1/_3$ % angenommen worden waren, so erhellt, daß die Arbeitnehmer durch diese Vertheilung — wonach nicht ihnen allein die Krankenfürsorge und den Betriebsunternehmern allein die Unfallfürsorge übertragen ist, sondern an der ersteren die Unternehmer in erheblichem, an der letzteren die Arbeiter in geringem Maaße mitbetheiligt sind — keineswegs benachtheiligt werden. Andererseits erscheint es gerade um deswillen, weil die Arbeiter durch ihre Beiträge zu den Krankenkassen auch einen Theil der Gesammtlast aus Unfällen tragen, räthlich, sie auch an der Verwaltung der Unfallversicherung in solchen Fällen zu betheiligen, wo ihre Interessen auf dem Spiele stehen. Das Gesetz sieht denn auch eine solche Betheiligung vor und läßt Vertreter der Arbeiter (§§ 41, 45), welche durch die Vorstände von Krankenkassen gewählt werden, an den polizeilichen Unfalluntersuchungen sowie an der Berathung und Begutachtung von Unfallverhütungsvorschriften, an den Schiedsgerichten und an dem Reichs- (Landes-) Versicherungsamt Theil nehmen. Hierbei wirken die Vertreter der Arbeiter in gleichem Umfang mit wie die Vertreter der Berufsgenossenschaften: beide Theile wählen je zwei Beisitzer der Schiedsgerichte und je zwei Mitglieder des Reichs- sowie der Landes-Versicherungsämter, und bei der Berathung beziehungsweise Begutachtung von Unfallverhütungsvorschriften treten den Genossenschafts- und Sektionsvorständen, welchen diese Thätigkeit obliegt, Vertreter der Arbeiter in derjenigen Zahl zu, in welcher Mitglieder der Genossenschaft zu den Vorständen gehören. Wer ohne Vorurtheil diese Befugnisse erwägt, wird offenbar anerkennen müssen, daß sie allen Anforderungen entsprechen, welche die versicherten Arbeiter billigerweise erheben können.

Für diejenigen Personen, welche auf Grund der öffentlich-rechtlichen Unfallversicherung Schadenersatz erhalten können, fällt die civilrechtliche Haftpflicht des Unternehmers für das Versehen seiner Betriebsbeamten fort (§ 95). Derjenige Unternehmer oder Betriebsbeamte dagegen, welcher strafrechtlich wegen Verschuldung des Unfalls hat haftbar gemacht werden können, ist dem Verletzten und seinen Hinterbliebenen sowie den Krankenkassen und Berufsgenossenschaften regreßpflichtig, und zwar dem

Verletzten und seinen Hinterbliebenen auf das Mehr, jedoch nur bei Vorsatz, den schadensersatzpflichtigen Korporationen dagegen in vollem Umfang und auch bei (kriminell strafbarer) Fahrlässigkeit. Dritte haften ohne jede Beschränkung, leisten aber dasjenige, was die Verbände bereits gewährt haben, an diese, nicht an den bereits befriedigten Verletzten (§ 98). Unterstützungskassen, Armenverbände und sonstige zur Fürsorge Verpflichtete bleiben zu den ihnen obliegenden Leistungen nach wie vor verbunden, erhalten aber von den Genossenschaften dasjenige erstattet, was die letzteren ihrerseits auf Grund dieses Gesetzes zu leisten verpflichtet sind (§ 8). Versicherungsverträge mit Privat-Unfallversicherungsanstalten bleiben bestehen, ohne daß dadurch das Rechtsverhältniß zwischen dem Versicherten und den Berufsgenossenschaften berührt wird; letztere aber haben auf Antrag der Versicherungsnehmer an Stelle dieser in die Verträge einzutreten (§ 100).

Dies ist in kurzen Zügen die Geschichte und der wesentliche Inhalt des Unfallversicherungsgesetzes vom 6. Juli 1884, dieses Stammgesetzes auf dem Gebiete der Unfallfürsorge. Mit demselben ist ein zweiter wichtiger Schritt in der socialen Gesetzgebung gemacht, und dadurch das Ziel, welches Seine Majestät der Kaiser und die verbündeten Regierungen auf Anrathen unseres Reichskanzlers mit der großen Mehrheit des Deutschen Volks und seiner Vertreter auf diesem Gebiet sich gesteckt haben, das Ziel, durch positive Reformen eine Verbesserung der wirthschaftlichen Lage der arbeitenden Klassen zu erzielen, näher gerückt. Die Größe dieses nach mehreren vergeblichen Anläufen erreichten Erfolges wird Niemand unterschätzen — das junge Deutsche Reich ist hierdurch auf einem bisher unbebauten Gebiet bahnbrechend den übrigen Nationen vorangegangen und hat auch durch diese Friedensthat seine führende Stellung unter den Völkern dargethan. Das durch die Unfallversicherung gegebene Beispiel kann nicht verfehlen, in Nachbarländern, deren Gesetzgebung, bei den einen mehr, bei den andern weniger, noch zurück ist,*) Nachahmung

*) Vgl. darüber: T. Bödiker, Geh. Reg.-Rath, Die Unfallgesetzgebung der Europäischen Staaten. 1884 (cf. S. 14). Inzwischen ist in Oesterreich ein Gesetz über die Unfallversicherung bereits erlassen worden.

zu finden, und es steht danach zu erwarten, daß auch in anderen Ländern die arbeitenden Klassen der von Deutschland, seinem unvergleichlichen Kaiser und seinem großen Kanzler ausgegangenen Anregung eine wesentliche Verbesserung ihres wirthschaftlichen Looses zu verdanken haben werden. Welchen Segen muß diese Wohlfahrtseinrichtung denen bringen, die sie herbeigeführt haben!

Nach Erlaß des Unfallversicherungsgesetzes vom 6. Juli 1884 war es eine der nächsten Aufgaben des Deutschen Reichs, die Unfallfürsorge auch denjenigen Kategorien zugänglich zu machen, welche bei diesem ersten Versuch nicht gleich hatten berücksichtigt werden können, dennoch aber bei ihrer Berufsarbeit einer nicht ganz unbeträchtlichen Unfallgefahr ausgesetzt sind.

An diesen weiteren Ausbau der socialpolitischen Gesetzgebung sind die verbündeten Regierungen denn auch unverzüglich herangetreten. Zunächst wurden durch Beschlüsse des Bundesraths die Bestimmungen des Unfallversicherungsgesetzes gemäß § 1 Abs. 8 desselben auf weitere gewerbliche Baubetriebe erstreckt (Bek. v. 22. Januar 1885, R.-G.-Bl. S. 13; v. 27. Mai 1886, R.-G.-Bl. S. 190; und v. 14. Januar 1888, R.-G.-Bl. S. 1). Ferner wurden noch in demselben Jahre 1884 zwei weitere Gesetzentwürfe ausgearbeitet und nach Begutachtung durch den Preußischen Staatsrath, dessen Verhandlungen unter dem Vorsitz Sr. Kais. Hoheit des damaligen Kronprinzen, nachmaligen Kaisers Friedrich III, stattfanden, den gesetzgebenden Körperschaften des Reichs unterbreitet. Der eine dieser Gesetzentwürfe bildet eine Novelle zum Unfallversicherungsgesetz und erstreckt die Unfallversicherung auf weitere Berufszweige, insbesondere die großen Transportbetriebe des Binnenlandes. Es ist dies das Gesetz, betr. die Ausdehnung der Unfall- und Krankenversicherung, vom 28. Mai 1885, R.-G.-Bl. S. 159 (sog. „Ausdehnungsgesetz"). Dieses Gesetz steht im Wesentlichen auf dem Boden des Unfallversicherungsgesetzes, überträgt aber für die großen Betriebe des Reichs und der Bundesstaaten, nämlich für die Post-, Telegraphen-, Marine- und Heeresverwaltungen, sowie für die vom Reich oder einem Bundesstaat für Reichs- bezw. Staatsrechnung verwalteten Eisenbahnbetriebe einschließlich aller von diesen für eigene Rechnung (in Regie) ausgeführten Bauten, die Unfallfürsorge direkt dem Reich oder dem Bundesstaat ohne Vermittelung von Berufsgenossenschaften. Das Gleiche ist für die vom Reich oder einem Bundesstaat für Reichs- bezw. Staatsrechnung verwalteten Baggerei-, Binnenschiffahrts-, Flößerei-, Prahm- und Fährbetriebe für zulässig erklärt. Die Exemtion aus den Berufsgenossenschaften betrifft auch diejenigen (Fabrik- rc.) Betriebe dieser Verwaltungen, welche schon von dem Unfallversicherungsgesetz vom 6. Juli 1884 erfaßt worden sind; diese Betriebe treten also in Berufsgenossenschaften nicht ein bezw. aus denselben wieder aus. Die Gründe für diese abweichende Ordnung liegen insbesondere darin, daß das Reich und die Bundesstaaten zweifellos leistungsfähig sind, daß aus der Verwerthung der bereits vorhandenen Reichs- bezw. Staatsbehörden für die Unfallfürsorge erhebliche Erleichterungen und Vereinfachungen sich ergeben, uud daß andrerseits die großen Staatsbetriebe, insbesondere die Staats-Eisenbahnverwaltungen, wenn sie in die Berufsgenossenschaften eintreten würden, vermöge ihres Umfangs und des sich daraus ergebenden Uebergewichts das genossenschaftliche Leben beeinträchtigen würden. Die Abweichung von den Prinzipien des Unfallversicherungsgesetzes bezieht sich aber, wie erwähnt, nur auf die Organisation. Das Maaß der Unfallfürsorge ist auch hier dasselbe; die Interessen der Arbeiter erfahren dieselbe Berücksichtigung; auch hier wird eine Vertretung der Arbeiter gebildet, auch hier entscheiden Schiedsgerichte und über ihnen das Reichs- (Landes-) Versicherungsamt über Beschwerden gegen die Festsetzung der Unfallrenten rc. Auch die Sozialdemokraten haben im Reichstag diesem Gesetzentwurf zugestimmt. Dieses Ausdehnungsgesetz konnte zum Theil schon gleichzeitig mit dem Unfallversicherungsgesetz (am 1. Oktober 1885), im Uebrigen aber mit dem 1. Juli 1886 in Kraft gesetzt werden (Bek. v. 25. Jan. 1885, R.-G.-Bl. S. 274 (s. oben), sowie Bek, v. 24. Juni 1886, R.-G.-Bl. S. 205).

Der andere der oben erwähnten, noch im Jahre 1884 vorgelegten Gesetzentwürfe, welcher von der Unfallversicherung in der Land- und Forstwirthschaft handelte, konnte erst bei dem zweiten Anlauf als Gesetz, betr. die Unfall- und Krankenversicherung der in land- und forstwirthschaftlichen Betrieben beschäftigten Personen, vom 5. Mai 1886 (R.-G.-Bl. S. 132) verabschiedet werden.*) Dieses Gesetz, mit Rücksicht auf die große Anzahl der unter dasselbe fallenden Personen (7 Millionen Arbeiter) von ganz besonderer Bedeutung, enthält, wenn auch materiell an das „Stammgesetz“ von 1884 anknüpfend, doch mannigfache, durch die Eigenart der Land- und Forstwirthschaft bedingte Abweichungen. Dasselbe ist auch äußerlich dadurch von dem Stammgesetz losgelöst, daß es in kodifizirter Form alle diejenigen Bestimmungen reproducirt, welche aus dem Unfallversicherungsgesetz für die Industrie entlehnt sind.

In demselben Jahre, in welchem dies landwirthschaftliche Unfallversicherungsgesetz zu Stande kam, wurde ein weiteres Reichsgesetz, betr. die Fürsorge für Beamte und Personen des Soldatenstandes in Folge von Betriebsunfällen, vom 15. März 1886 (R.-G.-Bl. S. 53) verabschiedet. Dieses Gesetz hatte zunächst den Zweck, auch denjenigen Beamten des Reichs, welche gegen Gehalt und Pensionsberechtigung angestellt sind, sowie den Personen des Soldatenstandes, welche bisher von den Bestimmungen der Unfallversicherungsgesetze nicht ergriffen waren (§ 4 U.-V.-G.), die Unfallfürsorge in gleichartigem Umfange, aber auf dienstpragmatischem Wege durch Ergänzung der Pensions- bezw. Reliktengesetzgebung zuzuwenden. Im Interesse der Einheitlichkeit aber wurde dasselbe gleichzeitig auf alle Beamte des Reichs, also auch auf diejenigen, welche, weil ohne Pensionsberechtigung und mit geringem Gehalt angestellt, bisher unter das Unfallversicherungsgesetz fielen, ausgedehnt, sofern sie nur in reichsgesetzlich der Unfallversicherung unterliegenden Betrieben beschäftigt sind; die Reichsbeamten scheiden also, soweit sie bisher unter die Berufsgenossenschaften bezw. unter die Unfallversicherung fielen, aus diesen aus. Dieses Gesetz bildet keinen Theil der Unfallversicherungsgesetzgebung, sondern eine, speciell für Unfälle gegebene Novelle zum Pensions- bezw. Reliktengesetz; der auf Grund dieses Gesetzes den verunglückten Reichsbeamten oder den Hinterbliebenen geschuldete Betrag trägt rechtlich alle Eigenschaften

*) Vgl. v. Woedtke, Unfallversicherung der in land- und forstw. Betrieben beschäftigten Personen. Kommentar nach dem Reichsgesetz vom 5. Mai 1886. 2. Aufl. Berlin, Georg Reimer, 1888, sowie die in demselben Verlage erschienene, von demselben Verfasser lediglich für Preußen bearbeitete Textausgabe (mit Anm.) von diesem Gesetze.

der Pension, und wird auch in denselben Formen wie letztere gewährt. Das Gesetz vom 15. März 1886 ist schon mit dem Tage seiner Verkündung in Kraft getreten. Es besteht die Erwartung, daß die einzelnen Bundesstaaten und die Kommunalverbände dem Beispiele des Reichs auf diesem Gebiete bald nachfolgen und auch für ihre Beamten die Unfallfürsorge dienstpragmatisch regeln werden; für eine Reihe von Bundesstaaten, insbesondere für Preußen, Sachsen, Württemberg 2c., sind gleichartige Landesgesetze inzwischen bereits in Kraft getreten. Soweit letzteres der Fall, scheiden auch die Landesbeamten der betr. Bundesstaaten aus der reichsgesetzlichen Unfallversicherung aus (§ 11 R.-G. v. 15. März 1886).

Das Jahr 1887 hat sodann noch zwei weitere Reichsgesetze über Unfallversicherung gebracht, nämlich das Gesetz über die Unfallversicherung der bei Bauten beschäftigten Personen (Bau-Unfallversicherungsgesetz) vom 11. Juli 1887 (R.-G.-Bl. S. 287), und das Gesetz über die Unfallversicherung der Seeleute und anderer bei der Seeschiffahrt betheiligter Personen (See-Unfallversicherungsgesetz) vom 13. Juli 1887 (R.-G.-Bl. S. 329). Während das letztere Gesetz in Rücksicht auf die zahlreichen Besonderheiten der Seeschiffahrt, ähnlich wie das landwirthschaftliche Unfallversicherungsgesetz, eine besondere Kodifikation darstellt, bildet das Bau-Unfallversicherungsgesetz, ebenso wie das Ausdehnungsgesetz, eine Novelle zum Unfallversicherungsgesetz vom 6. Juli 1884. Beide Gesetze sind seit 1. Januar 1888 in Kraft. Was speziell das Bau-Unfallversicherungsgesetz anbetrifft, so erstreckt sich dasselbe auf die von den bisherigen Gesetzen noch nicht erfaßten Bauarbeiter, insbesondere auf Erd- und Wasserbauten sowie auf die nicht als Ausfluß eines Gewerbebetriebes ausgeführten sog. Regiebauten. Für erstere errichtet das Gesetz eine besondere, das Gebiet des Reichs umfassende Berufsgenossenschaft, und regelt in derselben die Unfallversicherung genau nach den Bestimmungen des Stammgesetzes, jedoch unter Anordnung des Kapitaldeckungs- an Stelle des Umlageverfahrens. Zur Unterbringung der Regiebauten ordnet das Gesetz die Errichtung besonderer Versicherungsanstalten als Anhängsel der einzelnen Baugewerk-Berufsgenossenschaften an. Die Bauherren werden verpflichtet, je nach dem Umfange der von ihnen ausgeführten Bauarbeiten Prämien zu diesen Versicherungsanstalten zu entrichten, jedoch mit der Maßgabe, daß bei Regiebauarbeiten, welche weniger als sechs Arbeitstage erfordern, die Unfallversicherung für Rechnung der Gemeinde (als Kommunallast) erfolgt. Im Uebrigen enthält das Bau-Unfallversicherungsgesetz auch für die unter das Unfallversicherungsgesetz fallenden gewerblichen Baubetriebe einzelne Modifikationen der gesetzlichen Vorschriften, und stellt sich demgemäß insoweit für Baubetriebe als Novelle zum Unfallversicherungsgesetz dar.

So wird die Gesetzgebung auch ferner „Schritt für Schritt zwar nur, aber doch ohne jeden vermeidlichen Aufenthalt" die Unfallfürsorge nach und nach auf alle Kreise der arbeitenden Bevölkerung ausdehnen, welche vermöge ihrer Beschäftigung besonderer Unfallgefahr ausgesetzt sind, nachdem inzwischen durch das Gesetz, betreffend die Invaliditäts- und Altersversicherung, vom 22. Juni 1889 (R.-G.-Bl. S. 97) ein weiterer kühner Schritt auf dem Gebiet der socialpolitischen Fürsorge geschehen ist. Dem greisen Kaiser Wilhelm I. war es nicht vergönnt, den weiteren Ausbau und die endliche Vollendung des Gebäudes, zu dem er den Grund gelegt hat, und welches in der herrlichen Botschaft vom 17. November 1881 in der Perspektive gezeigt ist, zu erleben. Möchte seinem Enkel, dem jetzt regierenden Kaiser Wilhelm II., welcher nach wiederholten Allerhöchsten Kundgebungen Sich den Inhalt dieser Botschaft in vollem Umfange aneignet und die Politik Seines in Gott ruhenden Herrn Großvaters fortsetzt, die Vollendung des Werkes gelingen, und möchte ihm reicher Segen hieraus erwachsen!

Unfallversicherungsgesetz.

Vom 6. Juli 1884.

(R.=G.=Bl. S. 69.)

Auszug
aus der allgemeinen Begründung des II. Entwurfs eines Unfallversicherungsgesetzes vom 8. Mai 1882.

(Drucksachen des Reichstages 1882, Nr. 19)

(Nothwendigkeit der Fürsorge für die arbeitenden Klassen. — Beleuchtung der fundamentalen Mängel des Haftpflichtgesetzes. — Ergänzung der privatrechtlichen Haftpflicht durch die öffentlich-rechtliche Unfallversicherung. — Höhe der Unfallversicherung. — Ausschluß der Privatgesellschaften.)

In der Begründung des unterm 8. März 1881 dem Reichstag vorgelegten Gesetzentwurfs, betreffend die Unfallversicherung der Arbeiter (Drucksachen des Reichstags Nr. 41), ist die Nothwendigkeit, die bedenklichen Erscheinungen, welche zum Erlasse des Gesetzes vom 21. Oktober 1878 geführt haben, durch positive, auf die Verbesserung der Lage der Arbeiter abzielende Maßnahmen zu bekämpfen und zu dem Ende zunächst auf die Sicherstellung der Arbeiter gegen die wirthschaftlichen Folgen der Unfälle Bedacht zu nehmen, sowie der Weg, auf welchem nach den damaligen Vorschlägen der verbündeten Regierungen dieses nächste Ziel erreicht werden sollte, mit den nachfolgenden Ausführungen dargelegt und erläutert:

„Wenn auch die Hoffnung berechtigt ist, daß die allgemeine Besserung, welche von der neuerdings befolgten nationalen Wirthschaftspolitik für die Entwickelung des heimischen Gewerbefleißes erwartet werden darf, auch den Arbeitern durch eine allmälige Erhöhung des Arbeitsverdienstes und durch Verminderung der Schwankungen desselben zu gute kommen wird, so ist doch nicht zu verkennen, daß in der Sicherheit des lediglich auf der Verwerthung der persönlichen Arbeitskraft beruhenden Erwerbes, welche auch bei normaler Entwickelung der heimischen Gewerbsthätigkeit niemals ganz beseitigt werden kann, Mißstände begründet sind, welche zwar auch durch gesetzgeberische Maßnahmen nicht völlig aufzuheben sind, deren allmälige Milderung aber auf dem Wege besonderer, die eigenthümlichen Verhältnisse der Arbeiter berücksichtigender Gesetzgebung ernstlich in Angriff genommen werden muß."

„Daß der Staat sich in höherem Maaße als bisher seiner hülfsbedürftigen Mitglieder annehme, ist nicht blos eine Pflicht der Humanität und des Christenthums, von welchem die staatlichen Einrichtungen durchdrungen sein sollen, sondern auch eine Aufgabe staatserhaltender Politik, welche das Ziel zu verfolgen hat, auch in den besitzlosen Klassen der Bevölkerung, welche zugleich die zahlreichsten und am wenigsten unterrichteten sind, die Anschauung zu pflegen, daß der Staat nicht blos eine nothwendige, sondern auch eine wohlthätige Einrichtung sei. Zu dem Ende müssen sie durch erkennbare direkte Vortheile, welche ihnen durch gesetzgeberische Maßregeln zutheil werden, dahin geführt werden, den Staat nicht als eine lediglich zum Schutz der besser situirten Klassen der Gesellschaft erfundene, sondern als eine auch ihren Bedürfnissen und Interessen dienende Institution aufzufassen."

„Das Bedenken, daß in die Gesetzgebung, wenn sie dieses Ziel verfolge, ein sozialistisches Element eingeführt werde, darf von der Betretung dieses Weges nicht abhalten. Soweit dies wirklich der Fall, handelt es sich nicht um etwas ganz Neues, sondern nur um eine Weiterentwickelung der aus der christlichen Gesittung erwachsenen modernen Staatsidee, nach welcher dem Staat neben der defensiven, auf den Schutz bestehender Rechte abzielenden, auch die Aufgabe obliegt, durch zweckmäßige Einrichtungen und durch Verwendung der zu seiner Verfügung stehenden Mittel der Gesammtheit, das Wohlergehen aller seiner Mitglieder und namentlich der schwachen und hülfsbedürftigen positiv zu fördern. In diesem Sinne schließt namentlich die gesetzliche Regelung der Armenpflege, welche der moderne Staat, im Gegensatze zu dem des Alterthums und des Mittelalters, als eine ihm obliegende Aufgabe anerkennt, ein sozialistisches Moment in sich, und in Wahrheit handelt es sich bei den Maßnahmen, welche zur Verbesserung der Lage der besitzlosen

Klassen ergriffen werden können, nur um eine Weiterentwickelung der Idee, welche der staatlichen Armenpflege zu Grunde liegt."

„Auch die Besorgniß, daß die Gesetzgebung auf diesem Gebiete namhafte Erfolge nicht erreichen werde, ohne die Mittel des Reichs und der Einzelstaaten in erheblichem Maße in Anspruch zu nehmen, darf von der Betretung des Weges nicht abhalten, denn der Werth von Maßnahmen, bei welchen es sich um die Zukunft des gesellschaftlichen und staatlichen Bestandes handelt, darf nicht an den Geldopfern, welche sie vielleicht erfordern, gemessen werden. Allerdings können mit einer einzelnen Maßregel, wie sie gegenwärtig vorgeschlagen wird, die Schwierigkeiten, welche die soziale Frage bietet, nicht gänzlich oder auch nur zu einem erheblichen Theile gehoben werden; es handelt sich vielmehr nur um den ersten Schritt auf einem Gebiete, auf welchem eine Jahre lang fortzusetzende schwierige Arbeit mit Vorsicht und allmälig zu bewältigen sein und die Lösung einer Aufgabe wieder neue Aufgaben erzeugen wird. Dieser erste Schritt aber darf nach der Ueberzeugung der verbündeten Regierungen nicht länger hinausgeschoben werden und sie erachten es für Pflicht, ihrerseits durch Einbringung dieser Vorlage der Erfüllung der Zusagen und Wünsche näher zu treten, welche bei den Verhandlungen über das Gesetz, betreffend die gemeingefährlichen Bestrebungen der Sozialdemokratie, von mehr als einer Seite ausgesprochen sind" . . . . .

„Bei den Verhandlungen über den Erlaß des Gesetzes vom 7. Juni 1871 sind Zweifel erhoben, ob der § 2 des Gesetzentwurfs das Bedürfniß, aus welchem er hervorgegangen, auch wirklich befriedigen werde. Die Anträge, welche damals gestellt wurden, um dieses Ziel sicherer zu erreichen, wollten die neu geschaffene Verbindlichkeit theils für ein weiteres Gebiet in Geltung gesetzt, theils ihrem Inhalt nach verschärft wissen. Ihre Ablehnung erfolgte, weil man fürchtete, durch eine zu weite Ausdehnung und Verschärfung des neuen Prinzips die Industrie zu stark zu belasten und dadurch in ihrer Entwickelung zu hemmen. Schon bald nach Erlaß des Gesetzes wurden Stimmen laut, welche den geschaffenen Rechtszustand als einen unbefriedigenden bezeichneten, und im weiteren Verlaufe der Anwendung des Gesetzes wurde immer allgemeiner das Bedürfniß nach einer Veränderung oder Verbesserung desselben gefühlt. Wenn dabei einerseits das Mittel der Verbesserung bis auf die neueste Zeit in einer weiteren Ausdehnung und Verschärfung der durch das Gesetz begründeten Hauptverbindlichkeit gesucht wurde, so fehlt es andererseits auch nicht an der Erkenntniß, daß das Gesetz, auch wenn das ihm zu Grunde liegende Prinzip bis an die äußersten juristischen Grenzen seiner Dehnbarkeit durchgeführt werden sollte, doch die Befriedigung des Bedürfnisses, durch welches es hervorgerufen ist, nur unvollkommen erreichen würde."

„Daß die Bestimmungen des § 2 des Gesetzes bei fortschreitender Anwendung Zustände herbeigeführt haben, welche weder Arbeitgeber noch Arbeitnehmer befriedigen und das Verhältniß zwischen beiden Klassen der gewerblichen Bevölkerung eher verschlimmert als verbessert haben, wird kaum noch bestritten. Die Belastung des Verletzten mit dem Beweise eines Verschuldens des Unternehmers oder seiner Beauftragten macht die Wohlthat des Gesetzes für den Arbeiter in den meisten Fällen illusorisch. Dieser schon an sich schwierige Beweis wird nicht selten und gerade bei den durch elementare Kräfte herbeigeführten folgenschwersten Unfällen, wie sie in Bergwerken, in Anlagen mit Dampfkesseln und in Fabriken zur Herstellung von Explosivstoffen vorkommen, dadurch unmöglich gemacht, daß der Zustand der Betriebsstätte und der Betriebseinrichtungen, auf dessen Feststellung es für den Schuldbeweis meistens ankommt, durch den Unfall selbst bis zur Unkenntlichkeit verändert ist, und daß diejenigen Personen, durch deren Zeugniß häufig allein ein Verschulden nachgewiesen werden könnte, durch den Unfall selbst getödtet oder verletzt und im letzteren Falle, auch wenn sie nicht, was die Regel ist, selbst Partei sind, durch die Katastrophe in einen Zustand versetzt sind, der sie zur Ablegung eines Zeugnisses unfähig macht. Die Erfahrung hat bis auf die neueste Zeit gezeigt, daß das Gesetz in denjenigen Fällen, welche durch ihre Wirkung auf die öffentliche Meinung vorzugsweise seinen Erlaß befördert haben und auf welche es nach den Motiven in erster Linie berechnet war, regelmäßig seinen Zweck nicht erreicht. Aber auch abgesehen von solchen Fällen ist die Lage des einzelnen Arbeiters, welcher einen Entschädigungsanspruch gegen seinen Arbeitgeber im Wege des Prozesses verfolgen muß, angesichts seines Vermögens- und Bildungsstandes sowie seiner sozialen Stellung, in der Regel eine ungünstige. Nichtsdestoweniger sind Prozesse über Entschädigungsansprüche aus dem Haftpflichtgesetz keineswegs selten, zumal sich seit Erlaß des letzteren in vielen Arbeiterkreisen die Anschauung festgesetzt hat, daß den Arbeitern, wenn sie ohne eigenes Verschulden bei der Arbeit verunglücken, unter allen Umständen die weitere Versorgung durch den Arbeitgeber zutheil werden müsse. Auch wo diese Anschauung nicht herrscht, hat der Umstand, daß bei den meisten Unfällen verschiedene Ursachen in oft schwer zu erkennendem Maße zusammenwirken, die Folge, daß der Arbeiter den Unfall ausschließlich irgend einem dem Arbeitgeber zur Last fallenden Mangel des Betriebes beimißt, während der Arbeitgeber ihn ebenso bestimmt auf eine Unfolgsamkeit oder Leichtfertigkeit des Arbeiters zurückführt. Da der Arbeiter, welcher in der Regel im Armenrechte klagt, durch die Furcht vor Kosten nicht vom Prozesse zurückgeschreckt wird und der Arbeitgeber durch die oft sehr erhebliche Höhe des Anspruchs, sowie durch die Furcht vor den Konsequenzen abgehalten wird, denselben zuzugestehen, so führt jene Verschiedenheit der Auffassung dazu, daß in vielen Fällen, in denen früher der Arbeitgeber seinem im Dienst verunglückten Arbeiter aus Billigkeits- oder Humanitätsrücksichten in irgend einer Form eine nach den Umständen bemessene Unterstützung gewährte, der Arbeiter jetzt, auf ein vermeintliches Recht gestützt, die volle Entschädigung für seine verlorene oder geminderte Erwerbsfähigkeit fordert, während der Arbeitgeber gleichfalls in vollem Rechte zu sein glaubt, wenn er jede Verpflichtung in Abrede stellt. Die Folge ist dann meistens, daß nach einem langwierigen Prozesse entweder der Arbeitgeber zu einer Entschädigung verurtheilt wird, welche er als eine unbillige ansieht, oder der Arbeiter auch derjenigen Unterstützung verlustig geht, welche ihm unter anderen Umständen durch das Pflichtgefühl oder Wohlwollen des Arbeitgebers zutheil geworden wäre. Daß durch derartige Vorgänge Erbitterung zwischen Arbeitgebern und Arbeitern hervorgerufen und mit jedem neuen Falle der Boden für eine gütliche Verständigung in künftigen Streitfällen dieser und anderer Art immer mehr untergraben wird, liegt in der Natur der Sache und ist neuerdings von Behörden und Beamten, welche diesen Verhältnissen nahe stehen, sowie von wohlwollenden Arbeitgebern mehrfach hervorgehoben worden. Nicht wenig trägt zur Vermehrung der Prozesse über Entschädigungsansprüche und damit zur Verschärfung des Gegensatzes zwischen Arbeitgebern und Arbeitern auch die jetzige Gestaltung der Unfallversicherung bei. Die Versicherungsgesellschaften sind durch geschäftliche Rücksichten darauf hingewiesen, auf Grund der für haftpflichtige Unfälle abgeschlossenen Versicherung nur für solche Entschädigung Deckung zu leisten, zu denen der Versicherungsnehmer durch das Gesetz unzweifelhaft verpflichtet war. Sie können daher dem letzteren nicht die Entscheidung über die Anerkennung oder Nichtanerkennung der erhobenen Ansprüche überlassen und sich bei ihrer eigenen Entscheidung nicht durch Rücksichten bestimmen lassen, welche den Arbeitgeber, wenn er allein zu entscheiden hätte, vielleicht geneigt machen würden, manchen Zweifel an seiner rechtlichen Verpflichtung auf sich beruhen zu lassen. Bei der großen Zweifelhaftigkeit der meisten aus dem Haftpflichtgesetz hergeleiteten Ansprüche kann es daher kaum befremden, daß die Mehrzahl der Versicherungsgesellschaften dahin gelangt ist, in den meisten Fällen nur zu zahlen, wenn der fragliche Entschädigungsanspruch durch richterliche Entscheidung festgestellt ist. Aber auch da, wo dieser Grundsatz nicht befolgt wird, ist dem Arbeitgeber, welcher gegen haftpflichtige Unfälle versichert ist, die Anerkennung einer gegen ihn erhobenen Entschädigungsforderung in hohem Grade dadurch erschwert, daß er, um seinen Anspruch gegen die Versicherungsgesellschaft nicht aufzugeben, ein vorgekommenes eigenes oder seinem Beauftragten zur Last fallendes Verschulden einräumen muß. Die Regel ist demnach, daß der Arbeitgeber in jedem Falle, wo eine Entschädigung gefordert wird, genöthigt ist, sich von seinem Arbeiter verklagen zu lassen. So unwillkommen eine solche Lage für den wohlwollenden Arbeitgeber ist, so kann er doch auf die Versicherung nicht verzichten, weil sie ihm das einzige Mittel bietet, sich gegen Verluste zu schützen, welche bei ihrer Erheblichkeit unter Umständen die Existenz des Unternehmens gefährden können. Bei der Unbeschränktheit des richterlichen Ermessens, welchem das Gesetz die Bestimmung der Höhe des Schadensersatzes überläßt, liegt in jedem Falle die Möglichkeit vor, daß die Rente, welche der Richter dem Verletzten oder seinen Hinterbliebenen als Ersatz für die verlorene Erwerbsfähigkeit oder für den verlorenen Unterhalt zubilligt, in der vollen Höhe des letzten Arbeitslohnes bemessen wird, und die Erfahrung lehrt, daß Fälle, in denen dies geschieht, nicht selten sind. Auf diese Weise erhält der in seinem Berufe verunglückte Arbeiter, wenn sein Anspruch für begründet erkannt wird, Entschädigung in einer Höhe, wie sie in anderen Berufsarten, namentlich auch im Staats- und sonstigen öffentlichen Dienste nicht vorkommt und mit Rücksicht auf die vorkommenden Zeiten der Arbeitslosigkeit oder doch des geminderten Verdienstes, und andererseits auf die dem Verletzten oft bleibende oder wiederkehrende theilweise Erwerbsfähigkeit nicht gerechtfertigt ist. Andererseits aber ist der Entschädigungsanspruch an solche Voraussetzungen geknüpft, daß er nur in einer verhältnißmäßig geringen Zahl von Fällen, in welchen Arbeiter ihre Erwerbsfähigkeit ganz oder theilweise verloren haben, zur Geltung gebracht werden kann, während in den anderen Fällen der erwerbsunfähig gewordene Arbeiter der öffentlichen Armenpflege oder der Privatwohlthätigkeit anheimfällt."

„Es läßt sich hiernach nicht verkennen, daß der § 2 des Gesetzes vom 7. Juni 1871 der Absicht, den Arbeiter gegen die wirthschaftlichen Folgen der mit seinem Berufe verbundenen Gefahren sicher zu stellen, nur unvollkommen entspricht; daß unter Umständen der Arbeitgeber durch die Haftpflicht in einer übermäßigen Weise belastet wird; daß durch das Gesetz statt der erhofften Verbesserung des Verhältnisses zwischen Arbeitgebern und Arbeitern in weitem Umfange der entgegengesetzte Erfolg herbeigeführt und im ganzen eine Situation geschaffen ist, deren Beseitigung im Interesse beider Klassen der gewerblichen Bevölkerung gleich wünschenswerth erscheint. An die Gesetzgebung tritt damit die Aufgabe heran, eine Regelung herbeizuführen, welche die Arbeiter gegen die wirthschaftlichen Folgen der bei der Arbeit eintretenden Unfälle in möglichst weitem Umfange sicherstellt, ohne die Industrie mit unerschwinglichen Opfern zu belasten und ohne auf das Verhältniß zwischen Arbeitgebern und Arbeitern einen nachtheiligen Einfluß auszuüben. Diese Aufgabe wird indessen auf dem Wege, welchen die bisherigen auf Revision des Gesetzes vom 7. Juni 1871 gerichteten Bestrebungen ins Auge gefaßt haben, nicht gelöst werden können. Die Ausführung des am weitesten gehenden Vorschlags, welcher darauf abzielt, die Entschädigungsverbindlichkeit für die in § 2 des Gesetzes aufgeführten und die weiter in denselben noch aufzunehmenden Betriebe in gleicher Weise zu regeln, wie dies in § 1 für die Eisenbahnen geschehen ist, würde die Arbeitgeber in einer innerlich rechtswidrigen Weise und in einem für den Fortbestand und die weitere Entwickelung unserer Industrie bedenklichen Maße belasten, ohne doch zu völlig befriedigenden Ergebnissen für die Arbeiter und das Verhältniß zwischen ihnen und den Arbeitgebern zu führen. Die Streitigkeiten über Entschädigungsansprüche würden allerdings vermindert, aber keineswegs beseitigt werden. Während bisher der Arbeiter ein Interesse hatte, bei jedem Unfalle womöglich ein Verschulden seines Arbeitgebers oder eines Beauftragten desselben aufzufinden, würde fortan der Arbeitgeber dasselbe Interesse haben, ein Verschulden des Arbeiters nachzuweisen, und das nicht unberechtigte Gefühl, mit einer Verantwortlichkeit belastet zu sein, welche in der Natur der Verhältnisse und in allgemeinen Rechtsgrundsätzen keine ausreichende Begründung findet, sowie die Schwere der aus dieser Verantwortlichkeit entspringenden Belastung, würden die Arbeitgeber voraussichtlich dahin führen, jede Möglichkeit, diese Verantwortlichkeit im einzelnen Falle von sich fern zu halten, zu verfolgen. Eine Regelung nach diesem Vorschlage, welcher übrigens innerhalb des Reichstags neuerdings nur von den der sozialdemokratischen Partei angehörenden Abgeordneten vertreten ist (Antrag Hasenclever, Drucksachen 1878 Nr. 128), wird demnach nicht in Frage kommen können."

„Ein anderer Weg, um zu einer ausgiebigeren Sicherstellung der Arbeiter gegen die Folgen der Unfälle zu gelangen, wurde bei der Berathung des Gesetzes durch die Mehrzahl der zu § 2 gestellten Anträge in Vorschlag gebracht. Darnach sollte zwar an dem Grundsatze, welcher das Eintreten der Entschädigungsverbindlichkeit von dem Vorhandensein eines, sei es unmittelbaren, sei es mittelbaren Verschuldens des Unternehmers abhängig macht, festgehalten, das Mittel zur Erweiterung des den Arbeitern zugedachten Schutzes aber in einer Bestimmung gefunden werden, nach welcher das Vorhandensein eines Verschuldens unter gewissen Voraussetzungen zu präsumiren sein würde. Die Anträge Lasker (Drucksachen 1871 Nr. 65), Schaffrath und Klotz (ib. Nr. 71 II), Biedermann (ib. Nr. 71 III), Friedenthal (ib.

Nr. 75), Grumbrecht (ib. Nr. 94, 95) laufen sämmtlich darauf hinaus, daß der Unternehmer verpflichtet sein soll, bei der Einrichtung und dem Betriebe seiner Anlage die erforderlichen Vorsichtsmaßregeln zu treffen, und daß das Verschulden präsumirt werden soll, wenn der Unternehmer nicht beweist, daß er dieser Verpflichtung nachgekommen sei. Die Verschiedenheit der Anträge liegt theils in den Kriterien, von welchen die Entscheidung darüber, welche Vorsichtsmaßregeln erforderlich waren, abhängig sein soll, theils darin, daß die Einen die Präsumtion des Verschuldens beim Mangel jenes Beweises ohne weiteres und schlechthin eintreten lassen (Lasker Nr. 65, Schaffrath und Kloß Nr. 71 II), die Anderen dagegen diese Präsumtion beschränken wollen und zwar entweder durch Abhängigmachung derselben von dem vorgängigen Beweise, daß der Unfall durch Einrichtungen der fraglichen Art hätte abgewandt werden können (Friedenthal Nr. 75, Grumbrecht Nr. 94 II), oder dadurch, daß ein Gegenbeweis zugelassen wird (Unterantrag Bahr Nr. 70, Biedermann Nr. 71 III, Friedenthal Nr. 75). In der gleichen Richtung bewegen sich der in der Reichstagssession von 1878 von der IX. Kommission gefaßte Beschluß (Drucksachen 1878 Nr. 251) und die in der Session von 1879 von dem Abgeordneten von Hertling und Genossen ausgegangene Interpellation (Drucksachen 1879 Nr. 23), indem sie neben der Ausdehnung der Haftpflicht auf andere, als die bis jetzt im § 2 aufgeführten Betriebe „die Regelung der Verantwortlichkeit des Unternehmers und der Beweislast in einer der Natur der einzelnen Gewerbe" entsprechenden Weise in Aussicht nehmen."

„Alle diese Anträge haben das Gemeinsame, daß sie bei der gesetzlichen Regelung der vorliegenden Frage an dem Grundsatze des allgemeinen Obligationenrechts, wonach die Verbindlichkeit zum Schadenersatze durch ein Verschulden begründet wird, festhalten wollen, nichtsdestoweniger aber durch das Bedürfniß, den Verhältnissen des vorliegenden besonderen Gebietes Rechnung zu tragen, zu den einschneidendsten Abweichungen von den Konsequenzen dieses Grundsatzes und von den allgemeinen Rechtsgrundsätzen über Beweispflicht und über rechtliche Präsumtionen gedrängt werden und damit in die Lage kommen, der allgemeinen Regelung dieses Theils des Obligationenrechts in einer bedenklichen, in ihren Konsequenzen nicht zu übersehenden Weise vorzugreifen. Muß schon dieses prinzipielle Bedenken von der Betretung des in jenen Anträgen angedeuteten Weges abmahnen, so stehen überdies der Wahl dieses Weges auch die erheblichsten praktischen Schwierigkeiten entgegen. In welcher Weise auch die „nähere Regelung der Verantwortlichkeit und der Beweislast" gedacht werden mag, sie wird immer darauf hinauslaufen müssen, daß hinsichtlich der Einrichtungen und der Ordnung des Betriebes bestimmte Forderungen aufgestellt werden, deren Nichterfüllung, mag sie im Streitfalle von dem Verletzten bewiesen werden müssen, oder bei mangelndem Beweise der Erfüllung präsumirt werden, die Haftbarkeit des Unternehmers für die Folgen eines eingetretenen Unfalles begründet. Der Versuch, diese Forderungen durch Spezialvorschriften für die verschiedenen Betriebsarten festzustellen, würde auf die Schwierigkeit stoßen, die in Betracht kommenden Verhältnisse aller einzelnen Betriebsarten so sicher und erschöpfend zu übersehen, daß die zu erlassenden Vorschriften mit einer den Forderungen der Gerechtigkeit einigermaßen entsprechenden Gleichmäßigkeit bemessen werden könnten: ganz zu geschweigen der weiteren Schwierigkeit, welche einer gesetzlichen Fixirung dieser Forderungen daraus erwachsen würde, daß die für die letzteren maßgebenden technischen und sonstigen Verhältnisse vielfachem und oft raschem Wechsel unterworfen sind. Wollte man sich aber angesichts dieser Schwierigkeiten darauf beschränken, die an den Unternehmer zu stellenden Forderungen durch eine allgemeine Bestimmung von „den bestehenden Vorschriften" oder von „Erfahrung und Wissenschaft" abhängig zu machen, wie es nach den bei Berathung des Gesetzes abgelehnten Anträgen geschehen sollte, so würde sich in Folge der Verschiedenheit, sei es der „geltenden Vorschriften", sei es des Urtheils über die Forderungen der „Erfahrung und Wissenschaft", in der praktischen Handhabung des Gesetzes eine Ungleichmäßigkeit herausstellen, welche schwerlich lange ertragen werden würde."

„Das Hauptbedenken gegen diese Art der Regelung besteht aber darin, daß dadurch der gegenwärtige Zustand nicht wesentlich verbessert werden würde. Allerdings würde sich die Zahl derjenigen Arbeiter, welche für die durch Unfall verlorene Erwerbsunfähigkeit Ersatz erhielten, vielleicht nicht unerheblich vermehren; ob aber die

Wohlthaten des Gesetzes gerechter vertheilt werden würden, ist zu bezweifeln, und keinesfalls würde das Ziel erreicht werden, daß den Arbeitern in allen Fällen, in welchen es der Billigkeit und dem Interesse der Gesammtheit entspricht, jener Ersatz in einer Weise gesichert würde, welche keine zu schwere Belastung der Industrie zur Folge haben und keine ungünstige Rückwirkung auf das Verhältniß zwischen Arbeitgebern und Arbeitern ausüben würde. Jede Regelung, welche den Anspruch des Arbeiters von einem wirklichen oder fingirten Verschulden des Unternehmers abhängig macht, ist mit der Gefahr verbunden, daß über das Vorhandensein dieses Verschuldens in jedem einzelnen Falle der Anwendung Zweifel entstehen. Auch die sorgfältigste Abmessung der Voraussetzungen, unter denen das Verschulden angenommen werden soll, vermag nicht zu verhindern, daß diese Zweifel in zahlreichen Fällen zu einer Quelle von Rechtsstreitigkeiten werden. Damit bleibt es aber mehr oder weniger dem Zufalle überlassen, ob die einzelnen Arbeiter der Wohlthaten des Gesetzes in gleichmäßiger Weise theilhaftig werden, und ebenso bleibt der verbitternde Einfluß, welchen der gegenwärtige Rechtszustand auf das Verhältniß zwischen Arbeitgebern und Arbeitern ausübt, in ungeschwächter Kraft bestehen."

„Wenn hiernach der Versuch, die Lage der Arbeiter durch Verschärfung der Haftpflicht zu verbessern, einen befriedigenden Erfolg nicht in Aussicht stellt, und wenn nach den bei der Anwendung des § 2 des Gesetzes vom 7. Juni 1871 gemachten Erfahrungen nicht einmal die Ausdehnung der Haftpflicht auf ein weiteres als das bisherige Gebiet rathsam erscheint, so kann doch die Frage, in welchem Maße und auf welche Weise die Arbeiter gegen die wirthschaftlichen Folgen der Unfälle gesichert werden sollen, nicht auf sich beruhen bleiben. Ein Stillstand oder gar ein Rückschritt auf diesem Gebiete der Gesetzgebung würde den staatlichen Aufgaben der Gesetzgebung ebensowenig, wie dem Interesse der Industrie entsprechen. Dagegen wird eine Regelung, welche die auf solche Sicherung der Arbeiter gerichtete Forderung in gerechtem Umfange für einen möglichst weiten Kreis befriedigt, unter denjenigen Maßregeln, welche zur Verbesserung der Lage der Arbeiter in Frage kommen können, als eine der nächstliegenden und fruchtbarsten anzuerkennen sein, zumal dadurch für eine nicht geringe Zahl von Fällen dem

Bedürfniß der Invaliden-, Wittwen- und Waisenversorgung entsprochen wird. Nach der dem Gesetzentwurfe zu Grunde liegenden Auffassung kann diese Regelung nur auf dem Wege herbeigeführt werden, daß die auf dem Gesetze vom 7. Juni 1871 beruhende Haftpflicht der Unternehmer gegenüber ihren Arbeitern durch eine öffentlich-rechtlich geregelte allgemeine Unfallversicherung ersetzt wird. Während zur Zeit den in gewissen Betrieben beschäftigten Arbeitern beziehungsweise ihren Angehörigen nur ein Anspruch auf vollständige Entschädigung zusteht, welcher durch die ihn bedingenden Voraussetzungen zu einem in seiner Realisirung höchst unsicheren wird, soll in Zukunft allen gewerklichen Arbeitern, welche nach der Art ihres Arbeitsverhältnisses in diese Regelung eingeschlossen werden können, eine in jedem Falle sichere Anwartschaft darauf gewährt werden, daß beim Verluste der Erwerbsfähigkeit durch Unfall ihnen selbst eine nach ihrem bisherigen Erwerbe zu bemessende Versorgung oder ihren Hinterbliebenen eine gleicherweise billig bemessene Unterstützung zutheil wird. Zu dem Ende soll die Versicherung alle beim Betriebe vorkommenden Unfälle umfassen, ohne Unterschied, ob sie in einem Verschulden des Unternehmers oder seiner Beauftragten, oder in dem eigenen Verhalten der Verunglückten, oder in zufälligen, niemandem zur Last zu legenden Umständen ihren Grund haben. Nur wenn von diesen Unterschieden gänzlich abgesehen wird, kann dem Arbeiter durch die Versicherung die volle Sicherheit gegeben werden, daß er durch einen Unfall mit seiner Erwerbsfähigkeit nicht auch seinen Unterhalt verliert, und daß er bei seinem durch Unfall herbeigeführten Tode seine Angehörigen nicht hülflos zurückläßt. Würden von der Versicherung auch nur diejenigen Unfälle ausgeschlossen, welche auf ein Versehen oder eine Ungeschicklichkeit des Arbeiters oder auf einen Zufall zurückzuführen sind, so bliebe der Arbeiter der Gefahr ausgesetzt, in jedem einzelnen Falle den ihn aus der Versicherung zustehenden Anspruch bestritten und die Behauptung desselben von einem Rechtsstreite abhängig zu sehen, dessen Ausgang selbst dann, wenn ihn nicht die Beweislast träfe, in vielen Fällen sehr ungewiß sein würde. Denn wie schon früher hervorgehoben, entstehen die meisten Unfälle durch das Zusammenwirken verschiedener Umstände und können ebensowohl auf Leichtfertigkeit oder Ungeschick des Arbeiters, als auf ein Verschulden des Unternehmers oder die mit der Eigenthümlichkeit der Beschäftigung unvermeidlich gegebene Gefahr zurückgeführt werden."

„Um zu einer befriedigenden Regelung zu gelangen, müssen demnach alle Unfälle ohne Ausnahme in die Versicherung eingeschlossen werden. Dagegen kann es nicht als Erforderniß einer befriedigenden Regelung hingestellt werden, daß durch die Versicherung der volle Ersatz aller durch den Unfall herbeigeführten Vermögensnachtheile gedeckt werde. Der Anspruch auf volle, durch unbeschränktes richterliches Urtheil festzustellende Entschädigung, welche neben dem Ersatze der durch die Heilung des Verletzten oder durch die Beerdigung des Getödteten entstehenden Kosten die volle Höhe des bisherigen Arbeitsverdienstes des Verunglückten erreichen kann, wird selbst bei den jetzigen Voraussetzungen des Entschädigungsanspruchs nicht als der Gerechtigkeit und Billigkeit entsprechend angesehen werden können. Wie es als selbstverständlich gilt, daß den im öffentlichen Dienste stehenden Personen, welche dienstuntüchtig werden, selbst wenn dies in Folge der mit den Dienstverrichtungen verbundenen Gefahren geschieht, als Pension nicht der volle bisherige Gehalt, sondern nur ein Theil desselben gewährt wird, so kann es auch nicht als eine Forderung der Gerechtigkeit gelten, daß dem im Privatdienste stehenden Arbeiter, welcher in Folge der mit seinem Berufe verbundenen Gefahren die Erwerbsfähigkeit einbüßt, eine dem vollen bisherigen Verdienste gleichkommende Rente zutheil werde. Der Billigkeit und dem Bedürfnisse wird vielmehr genügt werden, wenn ihm der ausreichende Unterhalt nach dem Maße seiner bisherigen wirthschaftlichen Lage gesichert wird: wobei namentlich auch zu beachten ist, daß aus dem arbeitslosen Einkommen, welches ihm in der Entschädigung zutheil wird, diejenigen besonderen Ausgaben, welche er bis dahin zur Erhaltung und Nutzbarmachung seiner Arbeitskraft aus seinem Arbeitsverdienste zu bestreiten hatte, als Arbeitskleidung, Arbeitsgeräth u. dgl. nicht mehr zu bestreiten sind. Noch weniger würde es der Billigkeit entsprechen, wenn der Wittwe oder den sonstigen Hinterbliebenen eines durch Unfall getödteten Arbeiters eine dem vollen Verdienste des letzteren gleichkommende Entschädigung eingeräumt würde. Abgesehen davon, daß der bisher aus dem Verdienste zunächst zu bestreitende Unterhalt des Getödteten ganz hinwegfällt, kann auch nicht unberücksichtigt bleiben, daß der Unterhalt einer Arbeiterfamilie in der Regel schon bei Lebzeiten des Familienhauptes zum Theil durch den in Zukunft ihr verbleibenden Erwerb der Frau und vielfach der Kinder beschafft wird. Gegen eine diesen Erwägungen entsprechende Begrenzung der Entschädigung kann auch nicht eingewendet werden, daß dadurch die Lage des Arbeiters in denjenigen, die Minderzahl bildenden Fällen, in welchen ihm nach dem bisherigen Rechte ein voller Entschädigungsanspruch zustehe, verschlechtert werde; denn der Verlust an Rechten, welchen er dadurch erleidet, wird mehr als aufgewogen durch den Gewinn, welcher ihm durch Gewährung der bisher fehlenden vollen Sicherheit der Entschädigung und durch Einbeziehung aller Unfälle ohne Ausnahme in die beabsichtigte Regelung zutheil wird."

„Die hiernach gerechtfertigte Beschränkung der Entschädigung auf einen gesetzlich zu bestimmenden Theil des Jahreseinkommens bildet aber auch eine nothwendige Voraussetzung der Durchführbarkeit der beabsichtigten Maßregel. Die Einräumung eines uneingeschränkten Entschädigungsanspruchs für alle durch Unfälle herbeigeführten Vermögensnachtheile würde so erhebliche Aufwendungen erfordern, daß durch deren Ueberlast eine Schädigung der Industrie und damit der ganzen Volkswirthschaft und des Erwerbes der Arbeiter selbst zu befürchten wäre. Wenn die beabsichtigte Maßregel auch im Interesse der Verbesserung der Lage der Arbeiter wünschenswerth ist, so darf doch nicht unberücksichtigt bleiben, daß dasjenige, was den Arbeitern dadurch gewährt werden soll, erheblich über alles hinausgehen wird, was sowohl in Deutschland wie in anderen Ländern bisher zu Recht besteht. . . . ."

„Die Einführung einer Verpflichtung zur Unfallversicherung macht auch eine Fürsorge dafür erforderlich, daß die Erfüllung derselben allen Verpflichteten in einer Weise ermöglicht werde, welche den Zweck mit möglichst geringen Opfern erreicht und sicherstellt. . . . Mit der Begründung einer allgemeinen Versicherungspflicht ist an sich die berechtigte Forderung gegeben, daß die Verpflichteten in die Lage versetzt werden, ihrer Verpflichtung genügen zu können, ohne der Privatspekulation anheimzufallen . . . Es muß auch, sobald ein solcher Zwang geübt wird, allen Betheiligten die Sicherheit geboten werden, welche nur staatliche Einrichtungen unter Garantie des Reiches bieten können, und die Wohlfeilheit, welche durch den Verzicht auf jeden geschäftlichen Gewinn ermöglicht wird. Dieser Verzicht ist von Privatunternehmern nicht zu erwarten. Das Gesetz aber darf den Versicherten nicht nöthigen, seinen Unfall zur Unterlage für Dividenden herzugeben."

„Keine Privatanstalt, mag sie in der Form eines auf Erwerb gerichteten Unternehmens oder in derjenigen einer auf Gegenseitigkeit gegründeten Gesellschaft auftreten, kann bei einem Versicherungszweige, dessen statistische Unterlagen noch wenig sicher und vollständig sind, diejenige Garantie steter Leistungsfähigkeit bieten, welche durch das öffentliche Interesse und dasjenige der Arbeiter erfordert wird. Selbst die strengste gesetzliche Regelung und die schärfste staatliche Beaufsichtigung des Privatversicherungswesens würde die Gefahr nicht ausschließen, daß Versicherungsanstalten und Gesellschaften in Folge einer Reihe von ungünstigen Geschäftsjahren, wie sie um so leichter eintreten können, je kleiner der Geschäftsumfang der einzelnen Anstalten in Folge der Konkurrenz wird, zahlungsunfähig werden, und damit die bei ihnen versicherten Arbeiter, welche bereits Ansprüche erworben haben, der Wohlthat, welche das Gesetz ihnen zugedacht hat, verlustig gehen und der öffentlichen Armenpflege zur Last fallen. Diese Gefahr ist um so bedenklicher, als die versicherten Leistungen in Renten bestehen, welche in ihrer Dauer sehr ungewiß und schwer zu berechnen sind, als demnach die drohende Zahlungsunfähigkeit nicht leicht zu erkennen ist, und eine Versicherungsanstalt noch in scheinbar günstigem Betriebe stehen kann, während thatsächlich die demnächstige Zahlungsunfähigkeit schon unvermeidlich ist . . . Die Konzentration der Unfallversicherung . . . . . ermöglicht nicht nur die sicherste Bemessung der Prämien, sondern auch die gerechteste Vertheilung auf die verschiedenen Industriezweige; sie muß folgeweise, wenn (man) auf jeden Geschäftsgewinn verzichtet, bei vorauszusetzender guter Verwaltung zu einer so billigen Versicherung führen, wie sie mit der Sicherheit der versicherten Ansprüche überhaupt vereinbar ist, zumal auch die Verwaltungskosten durch die vortheilhafteste Ausnutzung des Verwaltungsapparats, welcher durch die Konzentration der Unfallversicherung ermöglicht wird, sowie durch die

Einfachheit der Regelung der Versicherungsverhältnisse und der Abwickelung der Entschädigungsansprüche, welche durch den öffentlichen Charakter der Anstalt bedingt ist, auf den möglichst niedrigen Betrag zurückgeführt werden können.“ —

Der Reichstag hat durch seine Beschlüsse zu dem vorgelegten Gesetzentwurf (Drucksachen Nr. 260) die wesentlichsten Grundlagen desselben zum großen Theil gebilligt. Namentlich gilt dies von der Ersetzung der auf dem Gesetze vom 7. Juni 1871 beruhenden Haftpflicht der Unternehmer durch einen direkten gesetzlichen Zwang zur Versicherung der Arbeiter gegen alle Unfälle, von der Erfüllung dieser Verpflichtung durch ausschließliche Versicherung bei einer öffentlichen Anstalt und von der gesetzlichen Limitirung der zu versichernden Entschädigungen . . . .

Ueber die Nothwendigkeit, die Haftpflicht durch den Zwang zur Versicherung der Arbeiter gegen alle Unfälle mit gesetzlich limitirten Entschädigungen zu ersetzen, besteht gegenwärtig auch im Reichstag kaum noch eine Meinungsverschiedenheit, nachdem auch der in der letzten Session unter dem 10. Januar d. J. vom Abgeordneten Dr. Buhl und Genossen eingebrachte Gesetzentwurf (Drucksachen Nr. 66), obwohl der Form nach an der Grundlage des Haftpflichtgesetzes vom 7. Juni 1871 festhaltend, doch durch Aufnahme der Vorschriften über die „Sicherheitsbestellung“ (§§ 9 ff.) sachlich einen allgemeinen, wenn auch indirekten Versicherungszwang in Aussicht genommen hat. Sofern aber der bezeichnete Gesetzentwurf neben der allgemeinen Versicherungspflicht noch eine civilrechtliche Verpflichtung des Unternehmers zum Schadenersatze begründen will (§ 8), widerspricht er nicht nur der Billigkeit, sondern begegnet auch dem praktisch sehr erheblichen Bedenken, daß dadurch die das Verhältniß zwischen Arbeitgebern und Arbeitern verbitternden Streitigkeiten, deren Beseitigung als ein wesentlicher Vorzug der beabsichtigten neuen Regelung angesehen werden muß, nicht verhindert, sondern in hohem Maße vermehrt werden würden. Auch der in diesem Gesetzentwurf vorgesehenen Verweisung der Versicherungspflichtigen auf die Benutzung von Privatversicherungsanstalten kann nicht zugestimmt werden. Es ist vielmehr mit der Begründung des früheren Entwurfs und mit der Mehrheit des Reichstags an dem Grundsatze festzuhalten, daß die Einführung des gesetzlichen Versicherungszwanges auch die Herstellung öffentlicher unter staatlicher Leitung stehender und eine unbedingte Sicherheit der Erfüllung der übernommenen Verpflichtungen bietender Veranstaltungen fordere, und daß auch die Zulassung privater Anstalten neben der gesetzlich zu regelnden öffentlichen Veranstaltung schon an der bis jetzt noch nicht gelösten Aufgabe scheitern muß, die Verhältnisse der Privatversicherungsanstalten durch gesetzliche Normativbestimmungen so zu regeln, daß einerseits die erforderliche unbedingte Sicherheit der Versicherten erreicht wird, und andererseits den Versicherungsanstalten die Möglichkeit einer freien und individualisirenden Geschäftsführung, welche als der wesentlichste Vorzug derselben angesehen wird, gewahrt bleibt. Dazu kommt, daß die Zulassung der Privatversicherungsanstalten mit derjenigen Organisation, welche die Unfallversicherung durch den gegenwärtigen Gesetzentwurf erfahren soll, wie sich weiter unten ergeben wird, noch weniger vereinbar ist, als mit der in dem früheren Gesetzentwurf in Aussicht genommenen. . . . .

Begründung des Gesetzes.

(Allgemeiner Theil.)

(Drucksachen des Reichstags 1884, Nr. 4.)

Nachdem die bisherigen Versuche, das allgemein anerkannte Bedürfniß der Sicherstellung der Arbeiter gegen die wirthschaftlichen Folgen von Betriebsunfällen im Wege der Gesetzgebung zu befriedigen, zu einem Ergebniß nicht geführt haben, und nachdem insbesondere der letzte dem Reichstag zu diesem Zweck vorgelegte Gesetz-Entwurf bei der kommissarischen Berathung eine Reihe von Angriffen erfahren hat, welche die Hoffnung, daß er zur Verabschiedung gelangen werde, ausschließen, ist die Frage der Gestaltung des Unfallversicherungswesens von neuem eingehender Erwägung unterzogen worden. Es darf nicht verkannt werden, daß die Erledigung dieser gesetzgeberischen Aufgabe nach wie vor eine überaus dringende ist. Die Aussicht, dieselbe in einer dem Bedürfniß entsprechenden Weise zum Austrage zu bringen, wird um so stärker sein, je mehr die Organisation des Unfallversicherungswesens durch den Gedanken beherrscht wird, daß die daran interessirten Berufskreise diesen Zweig wirthschaftlicher Fürsorge nach thunlichst freier Selbstbestimmung zu übernehmen haben, und daß der Zwang, welcher zur Sicherstellung des wirthschaftlichen und sozialpolitischen Zieles der Unfallversicherung unvermeidlich ist, nur soweit zugelassen wird, als dies unbedingt geboten erscheint.

In der Begründung des unter dem 8. März 1881 dem Reichstag vorgelegten Gesetz-Entwurfs, betreffend die Unfallversicherung der Arbeiter (Drucksachen 1881 Nr. 41), ist das Bedürfniß, die Arbeiter gegen die wirthschaftlichen Folgen der Unfälle zu versichern, aus der Unzulänglichkeit des Haftpflichtgesetzes vom 7. Juni 1871 und aus der ungünstigen Wirkung desselben auf die Beziehungen zwischen Arbeitern und Arbeitgebern hergeleitet, und nachgewiesen worden, welche Uebelstände dieses Gesetz im Gefolge gehabt hat. Auf diese Ausführungen darf hier verwiesen werden.*)

Durch seine Beschlüsse zu diesem Gesetz-Entwurf (Drucksachen 1881 Nr. 260) hat der Reichstag die Ersetzung der auf dem Gesetze vom 7. Juni 1871 beruhenden Haftpflicht der Unternehmer durch einen direkten gesetzlichen Zwang zur Versicherung der Arbeiter gegen Betriebsunfälle gebilligt. Ebenso hat der unter dem 10. Januar 1882 vom Abgeordneten Dr. Buhl und Genossen eingebrachte Gesetz-Entwurf (Drucksachen I. Session 1881 Nr. 66), obwohl der Form nach an der Grundlage des Haftpflichtgesetzes festhaltend, doch durch Aufnahme der Vorschriften über die „Sicherstellung", (§ 1 Abs. 3 und §§ 9ff.) sachlich einen allgemeinen, wenn auch indirekten Versicherungszwang in Aussicht genommen. — Endlich waren auch die Anträge der Abgeordneten Auer und Genossen (Drucksachen IV. Session 1881 Nr. 201) auf die Einführung eines allgemeinen Zwanges zur Versicherung der Arbeiter gegen Betriebsunfälle gerichtet.

Ueber die Nothwendigkeit einer zwangsweisen Versicherung der Arbeiter gegen Betriebsunfälle besteht hiernach kaum eine Meinungsverschiedenheit.

Was den Kreis der Personen anbetrifft, welche der Unfallversicherung unterworfen werden sollen, so beschränkt sich der vorliegende Entwurf im allgemeinen**) auf die Arbeiter in den bisher haftpflichtigen Betrieben. Für diese Beschränkung ist der Gesichtspunkt maßgebend gewesen, daß die gesetzliche Regelung der Unfallfürsorge für diese in Folge der Entwicklung der Industrie am meisten gefährdeten Arbeiter, für welche sich der § 2 des Haftpflichtgesetzes als unzureichend, ja schädlich erwiesen hat, die nächst-

*) cf. Seite 33 fg.

**) cf. Anmerk. 1 zu § 1 des Gesetzes. Durch die Beschlüsse der Reichstagskommission sind insbesondere noch gewisse Baugewerbe hinzugetreten.

Vgl. jetzt auch die Beschlüsse des Bundesraths über die Erstreckung der Unfallversicherung auf andere Baugewerbe (Zusätze zu § 1) sowie das Ausdehnungsgesetz (siehe hinten).

liegende und dringlichste Aufgabe bildet. Die Beseitigung der Haftpflicht für diese Arbeiter und die Herstellung einer besseren und wirksameren Unfallfürsorge für dieselben wird den Ausgangspunkt der Gesetzgebung auf diesem Gebiete bilden müssen, an welchen demnächst die Ausdehnung der Unfallversicherung auf weitere Arbeiterkreise geknüpft werden kann.

Eine solche Ausdehnung*) der Unfallversicherung im Wege spezieller Gesetze wird, wenn die Vorlage Gesetz wird, auf Grund der bei der Ausführung desselben gesammelten praktischen Erfahrungen verhältnißmäßig leicht sein, und sie wird auch, wenn einmal ein lebensfähiger Anfang gemacht worden ist, nicht ausbleiben können.

Wollte man alle Arbeiterkreise, welche einer Unfallsgefahr ausgesetzt sind, von vornherein in den Bereich der Regelung ziehen und dahin streben, alle auf diesem Gebiete etwa wünschenswerthen Ziele gleichzeitig zu erreichen, so würde die Aufgabe eine so schwierige und verwickelte werden, daß damit jeder Erfolg in Frage gestellt wäre.

Wenn der Entwurf über den Kreis der dem § 2 des Haftpflichtgesetzes unterworfenen Personen insofern hinausgeht, als er die Ausdehnung der Unfallversicherung auf diejenigen handwerksmäßigen Betriebe, in welchen Dampfkessel oder durch elementare Kraft bewegte Triebwerke zur dauernden Verwendung kommen, vorsieht, so läßt sich zwar auch gegen diese Ausdehnung das Bedenken erheben, daß dadurch Schwierigkeiten für die einheitliche Regelung erwachsen könnten. Dieses Bedenken muß indessen zurücktreten, weil nach den Erörterungen im preußischen Volkswirthschaftsrath es nicht durchweg den thatsächlichen Verhältnissen entsprechen würde, bei Motorenbetrieben die Scheidung zwischen fabrikmäßigem und handwerksmäßigem Betriebe von der Zahl der beschäftigten Arbeiter abhängig zu machen. Die großartige Entwickelung der Technik und die in Folge derselben stetig zunehmende Verwendung von Maschinen an Stelle der menschlichen Arbeitskraft hat in gewissen Industriezweigen die letztere in einer Weise verdrängt, daß auch Betriebe, die sowohl sprachlich als

*) siehe Anm. **) auf Seite 49.

nach dem Umfange ihrer Produktion unter den Begriff der Fabrik fallen, mit einer ganz geringen Arbeiterzahl geführt werden. Dazu kommt, daß die Unfallgefahr in einzelnen mit elementarer Kraft arbeitenden Kleinbetrieben eine wesentlich größere ist, als in den größeren Betrieben, in denen Dampfkessel oder durch elementare Kraft bewegte Triebwerke nicht zur Verwendung gelangen, und daß die Ausdehnung der Unfallversicherung auf diese Kleinbetriebe sich mehr und mehr als der allgemeinen Auffassung in weiten Schichten der Bevölkerung entsprechend herausgestellt hat.

Die Ausdehnung der Versicherungspflicht auf die in kleineren Betrieben beschäftigten Arbeiter ohne gleichzeitige Fürsorge für die von Unfällen betroffenen Unternehmer*) solcher Betriebe stößt auf begründete Bedenken, insofern diese Unternehmer nach ihrer wirthschaftlichen Lage und nach der Art ihrer Arbeit den von ihnen beschäftigten Arbeitern im wesentlichen gleichstehen.

Diesen Bedenken hat der Entwurf dadurch Rechnung getragen, daß er, entsprechend dem Vorschlage des preußischen Volkswirthschaftsraths, den Betriebsunternehmern, deren Jahreseinkommen den Betrag von 2000 *M.* nicht übersteigt, gestattet hat, sich auch für ihre Person gegen die wirthschaftlichen Folgen der Betriebsunfälle bei der Berufsgenossenschaft, welcher sie angehören, zu versichern. Der Entwurf folgt hierin dem Vorgange des Krankenversicherungsgesetzes, welches ebenfalls gewissen Personen, welche der Versicherungspflicht nicht unterliegen, den Beitritt zu der Gemeinde-Krankenversicherung und zu den Krankenkassen gestattet hat.

Was die Aufbringung der Kosten der Unfallversicherung anlangt, so wird davon auszugehen sein, daß die Sicherstellung der Arbeiter gegen die wirthschaftlichen Folgen der Unfälle sich nicht als eine privatrechtliche Verbindlichkeit der Betriebsunternehmer zum Schadenersatz, sondern als eine öffentlich-rechtliche Fürsorgepflicht darstellt. Wenn das Haftpflichtgesetz vom 7. Juni 1871 auf der entgegengesetzten Auffassung beruhte, so hat die übereinstimmende Ueberzeugung von der Unmöglichkeit, auf diesem Wege zu einer befriedigenden Lösung der Frage zu gelangen,

*) Der Reichstag hat diese gesetzliche Versicherungsbefugniß des kleinen Betriebsunternehmers durch die Bestimmung ersetzt, daß das Statut die Versicherung von Unternehmern oder anderen Personen zulassen kann.

diese Auffassung als unzutreffend verworfen. Es ist eben unmöglich, auf diesem Wege zu einer Fürsorge für die Arbeiter und deren Hinterbliebene in allen denjenigen die große Mehrzahl bildenden Fällen zu gelangen, in denen Zufall oder eigenes Verschulden der Arbeiter den Unfall herbeigeführt hat.

Der Staat und die Gesellschaft haben aber ein Interesse daran, auch über die privatrechtliche Verpflichtung des Betriebsunternehmers zum Schadenersatz hinaus den Arbeitern und deren Hinterbliebenen in allen denjenigen Fällen, in denen die Erwerbsunfähigkeit und der Tod des Arbeiters durch die mit der Berufsarbeit verbundene Unfallgefahr herbeigeführt ist, eine Versorgung zu sichern. Die Ueberzeugung, daß hier die den Gemeinden obliegende Verpflichtung zur Fürsorge im Wege der öffentlichen Armenpflege weder ausreichend noch an sich angemessen sei, durchdringt alle Schichten der Bevölkerung. Bei der Krankenversicherung wie bei der Unfallversicherung handelt es sich um eine Erweiterung der öffentlichen Fürsorgepflicht über die Grenzen der öffentlichen Armenpflege hinaus. Beschränkt sich letztere lediglich darauf, die Vernichtung der Existenz des Individuums zu hindern, so richten sich die Kranken- und die Unfallversicherung auf die rechtzeitige Erhaltung und Hebung der Erwerbsfähigkeit im Falle der Störung derselben durch Krankheiten und Unfälle, sowie auf die Sicherung einer angemessenen Versorgung während der Dauer dieser Störung. Karakterisirt sich also die wirthschaftliche Sicherung der Arbeiter gegen die Folgen der Betriebsunfälle als eine nicht dem Gebiet des Privatrechts, sondern dem Bereich der öffentlich-rechtlichen Verpflichtung angehörige Fürsorgepflicht, so folgt hieraus, daß die Frage der Aufbringung der Kosten der Unfallversicherung nicht nach den Grundsätzen des Privatrechts, sondern nach Gesichtspunkten des öffentlichen Rechts entschieden werden muß. Von diesem Standpunkt aus weist die historische Entwickelung, welche die Unfallfürsorge genommen hat, auf den Betriebsunternehmer als denjenigen hin, welcher in erster Linie die aus dieser Fürsorge erwachsenden Kosten zu übernehmen hat. Auch bei den Betriebsunternehmern hat sich das Bewußtsein dieser ihnen obliegenden Verpflichtung ausgebildet und befestigt. Aus diesem Bewußtsein heraus ist in weitem Umfange eine freiwillige

Fürsorge der Unternehmer für ihre Arbeiter eingetreten, welche über die durch das Haftpflichtgesetz ihnen aufgelegten Verpflichtungen erheblich hinausgeht.

Wesentlich gefördert und unterstützt wurde diese Auffassung durch die Erwägung, daß der Betriebsunternehmer die Kosten der Fürsorge in der Regel nicht aus seinem eigenen Vermögen leistet, sondern daß sie ihm von dem Käufer seiner Erzeugnisse in dem Preise derselben wieder erstattet werden. Wie dem Betriebsunternehmer die an dem Anlage- und Betriebskapital entstehenden Schäden und Verluste zur Last fallen, so soll derselbe auch die Verluste an persönlicher Arbeitskraft, welche durch die seinem Industriezweige eigenthümlichen Gefahren veranlaßt werden, tragen und für beide in dem Gesammtertrage des Unternehmens Deckung finden.

Der gegenwärtige Gesetz-Entwurf vertheilt, in Verbindung mit dem Gesetz über die Krankenversicherung der Arbeiter vom 15. Juni 1883, die Deckung der durch Betriebsunfälle herbeigeführten Schäden in der Weise zwischen den Arbeitern und Arbeitgebern, daß die Unterstützung der durch Unfall Verletzten während der ersten dreizehn Wochen den Krankenkassen verbleibt,*) die Unfallversicherung dagegen, soweit es sich um die Fürsorge für den Verletzten handelt, erst nach Ablauf dieser Zeit Platz greift. Bereits vor Erlaß des Reichsgesetzes, betreffend die Krankenversicherung der Arbeiter, vom 15. Juni 1883 haben die bis dahin errichteten zahlreichen Krankenkassen wohl ohne Ausnahme in allen Fällen einer durch Unfall herbeigeführten Erwerbsunfähigkeit ihren Mitgliedern dieselbe Unterstützung gewährt, welche in allen übrigen Krankheitsfällen zu leisten ist. Da ein Ersatz dieser Leistungen den Krankenkassen nur in den anerkanntermaßen einen minimalen Prozentsatz ausmachenden haftpflichtigen Fällen und auch nur dann zu Theil geworden ist, wenn der Arbeitgeber nicht mindestens ein Drittel der Krankenkassenbeiträge für die von ihm beschäftigten

*) Nach den Beschlüssen des Reichstags vorbehaltlich eines Zuschusses, um welchen der Unternehmer für die Zeit von dem Beginn der 5. bis zum Schluß der 13. Woche das gesetzliche Krankengeld aus eigenen Mitteln erhöhen soll, falls nicht schon von den Krankenkassen nach ihren Statuten ein entsprechend höheres Krankengeld gewährt wird: § 5 Absatz 9.

Arbeiter aus eigenen Mitteln gewährt hat*), so hat die Unterstützung der durch Unfall Verletzten während der ersten dreizehn Wochen schon bis dahin ganz allgemein den Krankenkassen und damit, soweit zu denselben nicht Beiträge der Arbeitgeber geleistet worden sind, fast ausschließlich den Arbeitern selbst obgelegen. An dieser der historischen Entwickelung entsprechenden Vertheilung der Lasten zu ändern, erscheint in hohem Maße bedenklich und auch für die Interessen der Arbeiter selbst nicht ungefährlich. Darf mit Bestimmtheit erwartet werden, daß die Betriebsunternehmer, welche ihre Belastung mit den Kosten der Unfallversicherung nach Maßgabe der Bestimmungen des Entwurfs im Allgemeinen als eine den Rücksichten des Rechts und der Billigkeit entsprechende anerkennen, von Versuchen, dieselbe durch eine Kürzung des Lohnes auf die Arbeiter abzuwälzen, Abstand nehmen werden, so erscheint es doch zweifelhaft, ob die gleiche Erwartung gehegt werden dürfte, wenn man das im Entwurf vorgesehene Verhältniß zu Ungunsten der Arbeitgeber verschieben wollte.

Daß die Krankenkassen auch in Zukunft die Fürsorge für die durch Unfälle Verletzten während der ersten dreizehn Wochen ohne übermäßige Belastung der Arbeiter zu übernehmen im Stande sind, kann um so weniger zweifelhaft sein, als nach den Ergebnissen der Unfallstatistik von der gesammten durch Unfälle entstehenden Last nur etwa 16½ Prozent auf die Krankenkassen entfallen und durch das Gesetz, betreffend die Krankenversicherung der Arbeiter, die Unternehmer aller unter das Unfallversicherungsgesetz fallenden Betriebe verpflichtet sind, die Krankenversicherungsbeiträge für die von ihnen beschäftigten Arbeiter, soweit letztere nicht selbst durch Eintritt in freie Hilfskassen hierauf verzichten, zu einem Drittel aus eigenen Mitteln zu leisten, während bis jetzt, abgesehen von den Knappschaftskassen, eine Beitragsleistung der Arbeitgeber in dieser Höhe nur vereinzelt und keineswegs allgemein gewährt worden ist.

Auch praktische Gründe sprechen dafür, die Fürsorge für die durch Unfälle Verletzten während der ersten dreizehn Wochen bei den Krankenkassen zu belassen. Das Risiko, welches für die Unfallversicherung aus den Entschädigungen in Fällen dauernder Erwerbs-

*) Vgl. § 4 des Haftpflichtgesetzes vom 7. Juni 1871 (R.-G.-Bl. S. 207).

unfähigkeit und in Todesfällen erwächst, ist so erheblich, daß es nur von größeren Verbänden getragen werden kann. Die Unfallversicherung fordert daher eine Organisation, welche möglichst große Kreise von versicherungspflichtigen Betrieben zur gemeinsamen Uebernahme des Risikos vereinigt. Ein rationeller Aufbau dieser Organisation wird aber in zentralen, das Interesse der Gesammtheit der Betheiligten vertretenden Organen gipfeln müssen. Solche für große Bezirke bestimmte zentrale Organe sind wenig geeignet, die Fälle vorübergehender Erwerbsunfähigkeit von kurzer Dauer zu erledigen, da sie kaum im Stande sein würden, diejenige Kontrole auszuüben, deren sie zum Schutze gegen die, gerade in den Fällen der Erwerbsunfähigkeit von kurzer Dauer besonders große Gefahr der Simulation bedürfen. Unter diesen Umständen und da die Fälle der vorübergehenden Erwerbsunfähigkeit, wenn auch bei weitem die zahlreichsten, doch bei der Geringfügigkeit der einzelnen Entschädigungsbeträge nicht mit einem so erheblichen Risiko verbunden sind, daß dieses nicht von kleineren Kreisen getragen werden könnte, entspricht es auch den Anforderungen einer rationellen Verwaltung, die Fürsorge für die durch Unfälle Verletzten während der ersten dreizehn Wochen den Krankenkassen zu belassen und die Unfallversicherung auf die Fürsorge von diesem Zeitpunkt ab und bei Todesfällen zu beschränken.

Was den Umfang der bei Unfällen zu gewährenden Entschädigung anlangt, so hält auch der gegenwärtige Gesetzentwurf an der von dem Reichstag durch seine Beschlüsse zur ersten Gesetzesvorlage gebilligten Auffassung fest, daß die Einräumung eines Anspruchs auf den vollen Ersatz aller durch den Unfall herbeigeführten Vermögensnachtheile über das von staatlichen Gesichtspunkten aus zu begründende Bedürfniß hinausgeht.

Handelt es sich bei der wirthschaftlichen Sicherung der Arbeiter gegen die Folgen der Betriebsunfälle um eine öffentlich-rechtliche Verpflichtung, so folgt hieraus die Nothwendigkeit, die Erfüllung dieser Verpflichtung durch öffentliche Institutionen sicherzustellen. Welche Aufgaben diese Institutionen haben, und wie die Organisation derselben beschaffen sein muß, ergiebt sich zum Theil bereits aus den obigen Darlegungen. Sind es die Betriebsunternehmer, welchen die Fürsorgepflicht für die durch Unfälle Verletzten obliegt, und kann das Risiko der Unfallversicherung bezüglich der in Fällen dauernder Erwerbsunfähigkeit und in Todesfällen zu gewährenden Entschädigungen nur von größeren Kreisen getragen werden, so bedingt die Erfüllung dieser Pflicht die Vereinigung der Betriebsunternehmer zu größeren Verbänden. Als Grundlage für die Gliederung solcher Verbände wird die Gemeinsamkeit der Betriebsinteressen, d. h. die Gemeinsamkeit des Berufs, anzunehmen sein. In der Gemeinsamkeit des Berufs wurzelt die Gemeinschaft der sozialen Pflichten und Interessen, und die gesammte Entwickelung unseres öffentlichen Lebens weist für die Lösung der hieraus erwachsenden Aufgaben auf die genossenschaftliche Form hin. Hiernach wird erwartet werden dürfen, daß die Uebertragung der Unfallversicherung auf Berufsgenossenschaften*) den Wünschen und den Interessen der betheiligten Kreise ebenso wie den Anforderungen, welche im öffentlichen Interesse zu stellen sind, entsprechen wird.

Uebrigens folgt der Entwurf damit nur den Wegen, welche die deutsche Industrie bereits eingeschlagen hat, um auf anderen Gebieten zu einer befriedigenden Regelung ihrer Angelegenheiten zu gelangen. Durch wirthschaftliche Krisen ist seit einer Reihe von Jahren in industriellen Kreisen die Ueberzeugung von der Nothwendigkeit eines engeren Zusammenschlusses der Berufsgenossen wachgerufen worden, um mit gemeinsamen Kräften die Lösung der ihnen auf wirthschaftlichem Gebiet obliegenden gemeinsamen Aufgaben anzustreben. Es hat sich eine Reihe großer wirthschaftlicher Associationen gebildet, deren praktischer Einfluß sich in steigendem Maße bewährt.

Die Wirksamkeit dieser Vereine ist nicht auf die Förderung rein wirthschaftlicher Interessen beschränkt geblieben, sondern eine nicht geringe Anzahl derselben hat sich bereits die Erfüllung der ihnen obliegenden sozialen Pflichten zur Aufgabe gemacht und ihre Thätigkeit auf die Fürsorge für die von ihren Mitgliedern beschäf-

---

*) Für die zu den großen Reichs- und Staatsbetrieben (Eisenbahn-, Post-, Telegraphen-, Marine-, Heeresverwaltungen rc.) gehörigen Fabriken rc. tritt (nach dem Ausdehnungsgesetz) an Stelle der Berufsgenossenschaft das Reich bezw. der Bundesstaat (vgl. oben den Schluß der Einleitung).

tigten Arbeiter, insbesondere auch auf die Sicherstellung derselben gegen die wirthschaftlichen Folgen der Betriebsunfälle ausgedehnt.

Beweisen diese Erfolge der auf dem Prinzip freier Selbstverwaltung beruhenden Vereinigungen, wie berechtigt die in der Kaiserlichen Botschaft vom 17. November 1881 ausgesprochene Hoffnung gewesen ist, daß der engere Anschluß an die realen Kräfte unseres Volkslebens und das Zusammenfassen der letzteren in der Form korporativer Genossenschaften unter staatlichem Schutz und staatlicher Förderung auch die Lösung der sozialen Aufgaben möglich machen wird, denen die Staatsgewalt allein in gleichem Umfange nicht gewachsen sein würde, so entspricht die von dem Entwurf in Aussicht genommene Uebertragung der Unfallversicherung auf korporative Berufsgenossenschaften den Intentionen der Kaiserlichen Botschaft ebenso wie den praktischen Bedürfnissen und den Wünschen der industriellen Kreise.

Handelt es sich bei der Fürsorge für die durch Unfall Verletzten um die Erfüllung einer den Betriebsunternehmern obliegenden sozialen Pflicht, so verlangt die Sicherstellung derselben für die Bildung der Berufsgenossenschaften eine Zwangspflicht der Unternehmer zum Beitritt. Eine blos fakultative Genossenschaftsbildung kann für die als staatlich nothwendig erkannte allgemeine Lösung der Aufgabe die erforderliche Sicherheit nicht gewähren; vielmehr muß der einzelne Betrieb kraft Gesetzes von der Berufsgenossenschaft ergriffen werden. Dagegen liegt es in dem Begriff und Wesen der Genossenschaft, daß den Berufsgenossen hinsichtlich der Art und Weise, wie sie die ihnen obliegende gemeinsame Aufgabe lösen wollen, jede mit jener Sicherstellung irgend verträgliche Freiheit der Entschließung gewährt wird. Wenn der Entwurf hinsichtlich der für die Organisation dieser korporativen Genossenschaften maßgebenden allgemeinen Gesichtspunkte davon ausgeht, daß eine kräftige Entwickelung des genossenschaftlichen Lebens und eine erfolgreiche Verwaltung durch genossenschaftliche Organe nur möglich ist, wenn dem Begriff und Wesen der Berufsgenossenschaften entsprechend in ihnen nur solche gewerbliche Betriebe vereinigt werden, welche auf wirthschaftlichem Gebiet im allgemeinen gleiche oder verwandte Interessen und Vorbedingungen des Betriebes haben, so folgt derselbe hierin nur den bei der Bildung der freiwilligen Vereine eingeschlagenen Wegen.

Das gleiche wird hinsichtlich der Abgrenzung der Berufsgenossenschaften zu geschehen haben. Wie dieses bei den freiwilligen wirthschaftlichen Vereinen der Fall ist, wird auch für die Abgrenzung der Berufsgenossenschaften die Gemeinsamkeit der wichtigeren Interessen die Grundlage bilden müssen und demgemäß die territoriale Abgrenzung nach kleineren Wirthschaftsgebieten in so weit Platz greifen dürfen, als nach der Entwickelung der einzelnen Industriezweige die wirthschaftlichen Interessen derselben dieses bedingen und die Leistungsfähigkeit der zu bildenden Berufsgenossenschaften dadurch nicht in Frage gestellt wird. Soweit diese freien Vereine, in deren Organisation und Abgrenzung die Wünsche der betheiligten Kreise im großen und ganzen bereits Ausdruck gefunden haben, den hinsichtlich ihrer Leistungsfähigkeit zu stellenden Anforderungen genügen, werden dieselben sich zu Berufsgenossenschaften im Sinne des Entwurfs umgestalten und als solche die Unfallversicherung der von ihren Mitgliedern beschäftigten Arbeiter übernehmen können.

Insbesondere finden auch die gegen die Uebertragung der Unfallversicherung auf die bestehenden Knappschaftsverbände, auf deren Erhaltung in den betheiligten Kreisen der größte Werth gelegt wird, in der früheren Vorlage geäußerten Bedenken durch die in Aussicht genommene Organisation der Berufsgenossenschaften im wesentlichen ihre Erledigung, da auch durch die vorgesehene Bildung von Sektionen innerhalb der Genossenschaften es möglich sein wird, die zum Zweck der Unfallversicherung nothwendigen Organisationen mit den bestehenden Einrichtungen der Knappschaftsverbände in Uebereinstimmung zu bringen. Hierzu würde es allerdings nothwendig sein, die Statuten der Knappschaftsverbände nach Maßgabe der Bestimmungen dieses Entwurfs insbesondere dahin zu ändern, daß die Arbeiter von den Kosten der Unfallversicherung frei bleiben, daß ferner die den Arbeitern bei Unglücksfällen zu gewährenden Unterstützungen nicht hinter den in diesem Entwurf vorgesehenen Beträgen zurückbleiben, und daß die den Arbeitern nach diesem Entwurf zu gewährenden Rechte auf Vertretung ihrer Interessen in keiner Weise beeinträchtigt werden.*)

*) Nach den Beschlüssen des Reichstags können besondere Knappschafts-Berufsgenossenschaften gebildet werden, denen in einigen Punkten eine Ausnahmestellung zugewiesen ist, vgl. § 94.

Uebrigens ist allgemein die Bildung und Abgrenzung der Genossenschaften unter den durch das Gesetz zu bestimmenden Voraussetzungen in erster Reihe der freien Vereinbarung der Berufsgenossen überlassen worden. Nach den Erfahrungen, welche auf dem Gebiet der freiwilligen Vereinsbildung gemacht worden sind, darf vertraut werden, daß auch bei der Bildung berufsgenossenschaftlicher Verbände zum Zweck der Uebernahme der Unfallversicherung eine zu große Zersplitterung nicht eintreten, daß vielmehr in den weitaus meisten und wichtigsten Betriebszweigen das Bestreben, diese Lasten auf möglichst breite Schultern zu legen, im eigenen Interesse der Betheiligten zur freiwilligen Herstellung leistungsfähiger Berufsgenossenschaften führen wird.

Was die Verwaltung der Berufsgenossenschaften anlangt, so kann eine gewisse Beaufsichtigung derselben durch Organe des Staats oder Reichs nicht entbehrt werden, da ihnen wichtige soziale Pflichten übertragen werden sollen, an deren ordnungsmäßiger Erfüllung das Reich ein erhebliches öffentliches Interesse hat. Dagegen ist der Entwurf andererseits bestrebt, auch hier die behördliche Einmischung auf das unbedingt erforderliche Maß zu beschränken. Wenn auch in denjenigen Fällen, in denen es sich um eine gerechte Vertheilung der Lasten der Unfallversicherung und um den Schutz der Minorität der Berufsgenossen gegen eine den Rücksichten der Billigkeit widersprechende Majorisirung derselben in der Genossenschaft handelt, die Genehmigung der Beschlüsse der letzteren durch eine zu errichtende Reichsbehörde — das Reichs-Versicherungsamt*) — vorgesehen worden ist, so wird doch hierin ein Eingriff in die genossenschaftliche Selbstverwaltung um so weniger erblickt werden können, als die Zusammensetzung dieser Behörde, welche neben den ständigen Mitgliedern aus Mitgliedern des Bundesraths, sowie aus Vertretern der Berufsgenossenschaften und der versicherten Arbeiter bestehen soll,**) dem Charakter der

---

*) Nach den Beschlüssen des Reichstags können neben dem Reichs-Versicherungsamt Landes-Versicherungsämter für solche Berufsgenossenschaften gebildet werden, deren Bezirk über die Grenzen eines Bundesstaates nicht hinausgeht.

**) Nach den Beschlüssen des Reichstags wird die Behörde für gewisse Fälle durch zwei richterliche Beamte verstärkt.

Selbstverwaltung entspricht und einen genügenden Schutz gegen eine einseitig büreaukratische Handhabung des Aufsichtsrechts gewährt.

Entspricht die Uebertragung der Unfallversicherung auf korporative Berufsgenossenschaften der historischen Entwickelung des Genossenschaftswesens auf wirthschaftlichem uud sozialem Gebiet, so ist die Bildung solcher Genossenschaften das einzige Mittel, um zu einem wirksamen System der Unfallverhütung überhaupt zu gelangen. Daß ein blos polizeiliches Eingreifen die auf diesem Gebiete liegenden großen Aufgaben nicht befriedigend zu lösen vermag, daß dabei vielmehr die einsichtige Mitwirkung der Betheiligten unentbehrlich ist, wird kaum bezweifelt werden können. In Uebereinstimmung mit den Beschlüssen der vom Reichstag für die Berathung des letzten Gesetzentwurfs eingesetzten Kommission ist die größere oder geringere Gefährlichkeit des Betriebes als Maßstab für die Aufbringung der von den Berufsgenossenschaften zu leistenden Entschädigungsbeträge beibehalten. Hieraus ergiebt sich ein erhebliches finanzielles Interesse sowohl der einzelnen Betriebs-Unternehmer, als auch der Berufsgenossenschaft als solcher an der möglichsten Verhütung von Unfällen. Gerade auf diesem Gebiet wird der Selbstverwaltung der mit den öffentlichen Interessen irgend zu vereinbarende Spielraum umsomehr zu gewähren sein, als hierbei auch wesentlich ökonomische Gesichtspunkte in Betracht kommen. Einerseits werden die Berufsgenossenschaften danach streben müssen, auf die Vervollkommnung der Betriebseinrichtungen und Anlagen ihrer Mitglieder hinzuwirken, und Unfällen, soweit es der Stand der Technik und die sonstigen Hülfsmittel gestatten, thunlichst zu begegnen. Andererseits aber wird dabei daran festzuhalten sein, daß nur vollkommen bewährte Einrichtungen vorgeschrieben werden dürfen, und daß es zu vermeiden ist, für kostspielige theoretische Versuchseinrichtungen einen die Industrie übermäßig belastenden Zwang auszuüben. Die Industrie muß auf diesem Gebiet gegen — vielleicht wohlgemeinte — Mißgriffe geschützt sein, welche die Ertragsfähigkeit der betreffenden Industriezweige gefährden und die Leistungsfähigkeit der Betriebsunternehmer ignoriren. Hier das richtige Maß zu halten, wird den Berufsgenossen um so eher gelingen, als ihnen die Leistungsfähigkeit der einzelnen Betriebsunternehmer sowohl wie die Lage des ganzen Gewerbes bekannt sind, und demgemäß die beiderseitigen Interessen von ihnen am sichersten abgewogen und angemessen berücksichtigt werden können.

Im übrigen beweisen die Erfahrungen, welche hinsichtlich der Verwaltung der freien wirthschaftlichen Vereine vorliegen, daß auch die Ausdehnung derselben über das Reichsgebiet in keiner Weise der Herstellung einer billigen, prompten und sachgemäßen Verwaltung hinderlich ist, und daß hierbei etwa entstehende Schwierigkeiten sich durch eine weitere Dezentralisirung und Uebertragung gewisser Befugnisse auf örtlich abzugrenzende Sektionen oder auf Vertrauensmänner leicht und wirksam beseitigen lassen. Der Entwurf gewährt in dieser Beziehung die möglichste Freiheit.

Auf die dauernde Leistungsfähigkeit der Berufsgenossenschaften muß schon bei der Bildung derselben Rücksicht genommen werden. Aus diesem Grunde hat die Genehmigung des Bundesraths zur Bildung der von den Interessenten beantragten Berufsgenossenschaften vorbehalten bleiben müssen. Erscheint die Erwartung berechtigt, daß in dem Vorbehalt der Genehmigung und dem eigenen Interesse der Betheiligten eine hinreichende Garantie für die dauernde Leistungsfähigkeit der Berufsgenossenschaften liegt, so durfte der Entwurf doch auch die Möglichkeit nicht unberücksichtigt lassen, daß eine Berufsgenossenschaft in Folge unvorhergesehener Umstände die ihr obliegenden Verpflichtungen nicht mehr zu leisten im Stande ist. Mag diese Möglichkeit noch so fern liegen, so ist dieselbe doch nicht völlig ausgeschlossen, weil erhebliche Veränderungen in den Produktions- und Absatzbedingungen, insbesondere die Konkurrenz des Auslandes oder elementare Ereignisse auch die blühendsten Industriezweige in ihrem Bestande gefährden können. Für solche Fälle muß Vorsorge getroffen werden, daß nicht bloß die in der Vergangenheit entstandenen Entschädigungsverbindlichkeiten rechtzeitig erfüllt werden, sondern daß auch die Sicherstellung der Arbeiter in den weiter arbeitenden Betrieben gegen Unfälle keine Unterbrechung erleidet. Diese Vorsorge ist um so weniger entbehrlich, als die Berechtigten in den meisten Fällen auf die Zahlung der ihnen zustehenden Entschädigungsbeträge zur Befriedigung ihres nothwendigsten Unterhalts angewiesen sind. Zur unbedingten Sicherstellung der Zahlung der Entschädigungsbeträge ist es nöthig, daß von vornherein jeder Zweifel darüber ausgeschlossen wird, wer im Fall der Leistungsunfähigkeit der Berufsgenossenschaft die ihr obliegenden Verpflichtungen zu erfüllen hat. Hierbei erscheint es unthunlich, den Begriff der Leistungsunfähigkeit näher zu präzisiren, weil sich allgemeine Kriterien für dieselbe nicht angeben lassen, es sich hier vielmehr um die Würdigung thatsächlicher Verhältnisse handelt. Die Leistungsfähigkeit einer Genossenschaft wird nicht bereits anzunehmen sein, wenn einzelne Betriebsunternehmer die aus der Unfallfürsorge ihnen erwachsenden Kosten nicht zu tragen vermögen, oder wenn durch Krisen vorübergehend die Lage der der Genossenschaft angehörigen Industriezweige ungünstig beeinflußt wird. Andererseits wird das Eintreten des Reichs auch nicht davon abhängig gemacht werden dürfen, daß die zwangsweise Beitreibung der Mitgliederbeiträge gegen sämmtliche Betriebsunternehmer wegen Unvermögens derselben nicht hat erfolgen können.

Die Uebernahme der bis zum Zeitpunkt der Auflösung einer leistungsunfähigen Berufsgenossenschaft entstandenen Verpflichtungen derselben weist der Entwurf dem Reich*) zu. Es spricht hierfür die Erwägung, daß es an einem anderen Faktor fehlt, welchem ohne Unbilligkeit und ohne die Möglichkeit einer zu empfindlichen Belastung jene Uebernahme angesonnen werden könnte. Was aber die weitere Versicherung der in der aufgelösten Genossenschaft bis dahin versicherten Arbeiter anlangt, so soll dieselbe dadurch herbeigeführt werden, daß die Betriebe der aufzulösenden Genossenschaft einer anderen Berufsgenossenschaft nach deren Anhörung zugewiesen werden.

Läßt sich das Eintreten des Reichs für die Verpflichtungen leistungsunfähiger Berufsgenossenschaften nicht vermeiden, so hat die Frage, ob noch hierüber hinaus ein Bedürfniß zur Betheiligung des Reichs an den laufenden Kosten der Unfallversicherung entweder generell oder für einzelne Industriezweige aus allgemeinen wirthschaftlichen Gründen vorliegt, bis zur Erlangung weiterer Erfahrung auf diesem Gebiet dahingestellt bleiben können. Und dies um so mehr, als nicht blos über die Nothwendigkeit einer Betheiligung des Reichs, sondern auch über den Umfang derselben

*) bzw. dem Bundesstaat für diejenigen Genossenschaften, welche der Aufsicht eines Landes-Versicherungsamts unterstehen, § 92.

die Auffassungen der zunächst interessirten Kreise einander vielfach völlig unvermittelt gegenüber stehen, und die Nothwendigkeit eines Reichszuschusses nicht blos von Vertretern verschiedener Industriezweige, sondern häufig auch von Vertretern desselben Industriezweiges verschieden beurtheilt wird. Sollte sich jedoch an der Hand der praktischen Erfahrungen herausstellen, daß die Exportfähigkeit aller oder einzelner Industriezweige durch die Belastung mit den gesammten Kosten der Unfallversicherung ernstlich gefährdet wird, so würde künftig zu erwägen sein, ob nicht die Uebertragung eines Theils dieser Kosten auf das Reich geboten erscheint. Diese Erfahrungen wird man aber um so mehr abwarten können, als bei dem für die Aufbringung der Kosten der Unfallversicherung von dem Entwurf in Aussicht genommenen Umlageverfahren eine Ueberbürdung der Industrie für die ersten Jahre nicht zu befürchten ist.

Was dieses Umlageverfahren selbst anlangt, demzufolge in jedem Jahr nur der wirkliche Jahresbedarf erhoben werden soll, so findet dasselbe nicht bloß in der allgemeinen Auffassung der Fürsorgepflicht für die durch Unfall Verletzten, sondern auch in wirthschaftlichen Gründen seine Rechtfertigung. Einerseits ist es ein allgemeiner Grundsatz des öffentlichen Rechts, daß die Träger öffentlicher Verpflichtungen — Staat, Provinz, Gemeinde — nur insoweit Beisteuern erheben dürfen, als solche zur Erfüllung dieser Verpflichtungen nothwendig sind; andererseits aber kann auch vom Standpunkt der privatwirthschaftlichen Interessen die den Berufsgenossenschaften aufzuerlegende Verpflichtung zur Erhebung von Deckungskapitalien nicht gerechtfertigt werden. Vielmehr würden hierdurch die privatwirthschaftlichen Interessen insofern geschädigt werden, als dadurch erhebliche Kapitalien der produktiven Verwendung der Mitglieder der Genossenschaft entzogen und die letzteren genöthigt werden würden, sich ihre Betriebskapitalien zu einem höheren Zinsfuß zu verschaffen, als die von der Berufsgenossenschaft gegen pupillarische Sicherheit anzulegenden Deckungskapitalien einzubringen vermögen.

Liegen auch zuverlässige und erschöpfende Erfahrungen über den Umfang der durch die geplante Unfallfürsorge den einzelnen Industriezweigen erwachsenden Lasten zur Zeit nicht vor, so erfordert es doch die Rücksicht auf die Erhaltung der dauernden Leistungs- und Konkurrenzfähigkeit der Industrie, auf diesem Gebiet mit möglichster Schonung und Vorsicht vorzugehen, und von ihr zunächst nicht mehr zu verlangen, als zur Deckung der laufenden Ausgaben unbedingt erforderlich ist. Dieses ist um so nothwendiger, als es sich um eine Last handelt, von der lediglich die einheimische Industrie betroffen wird. Erscheint es deshalb geboten, zunächst von der Erhebung von Deckungskapitalien Abstand zu nehmen, so ist damit einer künftigen anderweiten Entscheidung der Gesetzgebung über diese Frage in keiner Weise präjudizirt, sofern etwa die Erfahrung ergeben sollte, daß die Beibehaltung des Umlageverfahrens unnöthig und unvortheilhaft ist. Auch im Interesse der Vereinfachung der Rechnungsführung und Kassenverwaltung der Berufsgenossenschaften empfiehlt sich dieses Verfahren, bei welchem übrigens die Ansammlung eines Reservefonds*) in mäßiger Höhe nicht ausgeschlossen werden soll.

*) Nach den Beschlüssen des Reichstags ist die Ansammlung eines Reservefonds obligatorisch.

(Der spezielle Theil der Motive ist bei den betreffenden Stellen des Gesetzes berücksichtigt worden.)

Unfallversicherungsgesetz.

Vom 6. Juli 1884.

(R.-G.-Bl. S. 69.)

Wir Wilhelm, von Gottes Gnaden Deutscher Kaiser, König von Preußen &c.

verordnen im Namen des Reichs, nach erfolgter Zustimmung des Bundesraths und des Reichstags, was folgt:

I. Allgemeine Bestimmungen.

Umfang der Versicherung.

§ 1.

[1])Alle[2]) in[3]) Bergwerken[4]), Salinen, Aufbereitungsanstalten[5]), (Abs. 1.) Steinbrüchen[6]), Gräbereien (Gruben)[7]), auf Werften[7a]) und Bauhöfen[8]), sowie in Fabriken[9]) und Hüttenwerken[10]) beschäftigten[11]) Arbeiter[12]) und Betriebsbeamten[13]), letztere sofern ihr Jahresarbeitsverdienst[14]) an Lohn oder Gehalt zweitausend Mark nicht übersteigt, werden[15]) gegen die Folgen der bei[16]) dem Betriebe sich ereignenden Unfälle[17]) nach Maßgabe der Bestimmungen dieses Gesetzes versichert.

Zu § 1.

[1]) „Was die Abgrenzung des Kreises der versicherungspflichtigen Personen anlangt, so sind die Gründe, welche für die vorläufige Beschränkung derselben auf die Arbeiter der im § 1 bezeichneten Betriebe bestimmend gewesen sind, in den allgemeinen Erörterungen bereits erwähnt worden (vgl. S. 49). Hiernach bildet § 2 des Haftpflichtgesetzes den Ausgangspunkt für die in Aussicht genommene Regelung der Unfallversicherung" (Motive S. 42), wobei zu beachten ist, daß „die Salinen zu den Bergwerken, die Aufbereitungsanstalten und Hüttenwerke sowie die Werften und Bauhöfe, sofern in diesen gewerblichen Anlagen ein fabrikmäßiger Betrieb stattfindet, zu den Fabriken im Sinne des Haftpflichtgesetzes zu rechnen sind" (Motive S. 42).

Eine E r w e i t e r u n g gegenüber dem § 2 des Haftpflichtgesetzes ist nur insofern eingetreten, „als für diejenigen Betriebe, in welchen Dampfkessel

(Abs. 2.) Dasselbe gilt[18]) von Arbeitern und Betriebsbeamten, welche von einem Gewerbetreibenden, dessen Gewerbebetrieb sich auf die Ausführung von Maurer-[19]), Zimmer-, Dachdecker-, Steinhauer- und Brunnenarbeiten erstreckt, in diesem Betriebe[20]) beschäftigt werden, sowie von den im Schornsteinfegergewebe beschäftigten Arbeitern.

(Abs. 3.) Den im Absatz 1 aufgeführten gelten[21]) im Sinne dieses Ge-

---

oder durch elementare Kraft bewegte Triebwerke zur Verwendung kommen, der Begriff „Fabrik" nicht von dem Umfange der Produktion, der vorzugsweise in der Zahl der beschäftigten Arbeiter zum äußerlich erkennbaren Ausdruck gelangt, abhängig gemacht worden ist" (Motive S. 42), soweit es sich nicht um land- und forstwirthschaftliche Nebenbetriebe handelt; ferner insofern, als Aufbereitungsanstalten, Hüttenwerke, Werften und Bauhöfe auch dann, wenn in diesen gewerblichen Anlagen ein fabrikmäßiger Betrieb nicht stattfinden sollte, der Unfallversicherung unterliegen; endlich dadurch, daß die gewerbsmäßige Erzeugung von Explosionsstoffen oder explodirenden Gegenständen sowie gewisse Baubetriebe und das Schornsteinfegergewerbe nach den Beschlüssen der Reichstagskommission in die Unfallversicherung einbezogen worden sind, andere Baubetriebe aber durch Beschluß des Bundesraths für versicherungspflichtig erklärt werden können.

Das insbesondere auch in den Reichstagsverhandlungen hervorgetretene Bestreben, von vorn herein den Kreis der versicherungspflichtigen Personen zu vergrößern, hat zu weitergehenden Veränderungen der Vorlage nicht geführt. Nach dem Kommissionsbericht (S. 4) ist bei den Berathungen u. a. hervorgehoben worden: „Wolle man die Gefährlichkeit der Beschäftigung zum alleinigen Maßstab nehmen, um danach die Ausdehnung des Kreises der zu versichernden Personen zu bestimmen, so komme man folgerecht dazu, alle Staatsbürger, deren Einkommen eine gewisse Höhe nicht übersteigt, und jedenfalls alle, deren Einkommen auf einer bestimmten Beschäftigung beruht, der Versicherungspflicht zu unterwerfen, denn es gebe schließlich keine Beschäftigungsart, die nicht mit irgend einer Gefahr für Leben und Gesundheit verbunden sei. Hierbei stoße man aber nicht nur auf die größten Schwierigkeiten . . . ., sondern ein derartiges Vorgehen sei auch principiell unberechtigt. Man dürfe den Ausgangspunkt und die historische Entwickelung der Frage nicht aus dem Auge verlieren. Das Bedürfniß einer gesetzlichen Regelung der Ersatzpflicht bei Betriebsunfällen sei aus dem Wesen der modernen Industrie (Maschinenbetrieb, Arbeitstheilung, Zusammendrängung vieler Arbeiter in geschlossenen Räumen, Unfähigkeit des einzelnen Arbeiters, den Unfall zu verhüten u. s. w.) hervorgegangen und müsse auf diesem Gebiete zunächst zum Abschlusse gebracht werden." — „Man solle nicht den ersten Schritt der Gesetzgebung auf einem bisher noch unbebauten Felde durch eine wenn auch

setzes diejenigen Betriebe[22]) gleich, in welchen Dampfkessel[22a]) oder durch elementare[23]) Kraft (Wind, Wasser, Dampf, Gas, heiße Luft u. s. w.) bewegte Triebwerke zur Verwendung kommen, mit Ausnahme der land- und forstwirthschaftlichen nicht unter den Absatz 1 fallenden Nebenbetriebe[24]), sowie[25]) derjenigen Betriebe, für welche nur vorübergehend[26]) eine nicht zur Betriebsanlage gehörende Kraftmaschine benutzt wird.

---

in bester Absicht unternommene Häufung der Aufgaben erschweren. Auch hier gelte, daß in der Beschränkung sich der Meister zeige" (a. a. O. S. 7).

Die nach wiederholten Erklärungen der Vertreter der verbündeten Regierungen beabsichtigte Ausdehnung der Unfallfürsorge auf alle Betriebszweige, welche für die darin beschäftigten Arbeiter und Betriebsbeamten mit einer irgendwie erheblichen Unfallgefahr verbunden sind, hat inzwischen zum Erlasse der folgenden Gesetze geführt:

a) Gesetz, betr. die Ausdehnung der Unfall- und Krankenversicherung, vom 28. Mai 1885 (R.-G.-Bl. S. 158; siehe hinten), durch welches die Unfallversicherung insbesondere auf die binnenländischen Transportbetriebe sowie auf die Speicherei, Kellerei, den Speditionsbetrieb und kleinere Hülfsbetriebe des Handels ꝛc. ausgedehnt ist (sog. Ausdehnungsgesetz).

b) Gesetz, betr. die Unfall- und Krankenversicherung der in land- und forstwirthschaftlichen Betrieben beschäftigten Personen, v. 5. Mai 1886 (R.-G.-Bl. S. 132), durch welches die Unfallversicherung auf die Land- und Forstwirthschaft mit ihren bisher noch nicht versicherten Nebenbetrieben, sowie auf die Kunst- und Handelsgärtnerei ausgedehnt worden ist. Gleichzeitig sind diejenigen Nebenbetriebe der Land- und Forstwirthschaft, welche bisher unter das Ausdehnungsgesetz fielen (aber nicht die unter das U.-V.-G. fallenden Fabriken ꝛc.), der landwirthschaftlichen Unfallversicherung überwiesen worden.

c) Gesetz, betr. die Unfallversicherung der bei Bauten beschäftigten Personen, v. 11. Juli 1887 (R.-G.-Bl. S. 287), durch welches diejenigen Bauarbeiter, die nicht unter das U.-V.-G. fallen (vgl. § 1 Abs. 2,8 U.-V.-G.), insbesondere die Erdbau-Arbeiter sowie die Arbeiter bei den nicht unter § 1 Ziffer 1 des Ausdehnungsgesetzes fallenden Regiebauten der Unfallversicherung unterworfen sind (Bau-Unfallversicherungsgesetz).

d) Gesetz, betr. die Unfallversicherung der Seeleute und anderer bei der Seeschiffahrt betheiligten Personen, v. 13. Juli 1887 (R.-G.-Bl. S. 329), welches sich auf deutsche Seefahrzeuge von wenigstens 50 Kubikmeter Bruttoraumgehalt, auf den Lootsenbetrieb, Küstenwacht ꝛc. bezieht (See-Unfallversicherungsgesetz).

(Abs. 4) Im übrigen gelten[27]) als Fabriken im Sinne dieses Gesetzes insbesondere[27]) diejenigen Betriebe, in welchen die Bearbeitung oder Verarbeitung[27a]) von Gegenständen gewerbsmäßig[27b]) ausgeführt wird, und in welchen zu diesem Zweck mindestens zehn Arbeiter regelmäßig[28]) beschäftigt werden, sowie Betriebe, in welchen Explosivstoffe oder explodirende Gegenstände gewerbsmäßig erzeugt werden.

(Abs. 5) Welche Betriebe außerdem[28]) als Fabriken im Sinne dieses

---

Alle diese Gesetze mußten wegen ihrer Eigenart mehr oder weniger erhebliche Abweichungen von den Bestimmungen des Unfallversicherungsgesetzes enthalten. Die Behandlung dieser Kategorien in besonderen Gesetzen war also nicht nur im Interesse der Uebersichtlichkeit rathsam, sondern geradezu, wie von Seiten der Vertreter der verbündeten Regierungen von Anfang an betont worden war, geboten. Die weitere Ausdehnung der Unfallversicherung (auf die noch nicht erfaßten Betriebe des Handels, des Handwerks, der Fischerei ꝛc.) steht bevor.

Endlich sind hier diejenigen Gesetze zu nennen, durch welche den in unfallversicherungspflichtigen Betrieben beschäftigten Reichs- bezw. Staatsbeamten und Kommunalbeamten, sowie den Personen des Soldatenstandes und den Hinterbliebenen dieser Personen unter Heraushebung aus den bisherigen Gesetzen über Unfallversicherung auf dienstpragmatischem Wege eine Unfallfürsorge dadurch zugewendet ist, daß ihnen der der Unfallrente entsprechende Prozentsatz des Gehalts als Pension, bezw. als Wittwen- und Waisengeld gewährt wird. Es ist dies zunächst das Reichsgesetz betr. die Fürsorge für Beamte und Personen des Soldatenstandes in Folge von Betriebsunfällen, vom 15. März 1886 R.-G.-Bl. S. 53), für alle Reichsbeamten und Personen des Soldatenstandes, die in reichsgesetzlich der Unfallversicherung unterliegenden Betrieben beschäftigt werden (Unfallfürsorgegesetz für Reichsbeamte). Durch dasselbe wird gleichzeitig bestimmt, daß Beamte von Bundesstaaten und Kommunalverbänden, welchen durch die Landesgesetzgebung bezw, durch statutarische Bestimmung des betr. Kommunalverbands eine gleichartige Fürsorge zugewendet wird, aus der reichsgesetzlichen Unfallversicherung ausscheiden und daß dann das Haftpflichtgesetz auf sie keine Anwendung mehr findet. Im Anschluß an dieses Gesetz sind bereits zahlreiche gleichartige Landesgesetze erlassen, z. B. in Preußen vom 18. Juni 1887 (G.-S. S. 282).

²) Alle, d. h. Inländer und Ausländer (cf. Anm. 14 zu § 6), männliche und weibliche (cf. Anm. 12) Personen, erwachsene und „jugendliche" Arbeiter (d. h. „Kinder" zwischen 12 und 14 Jahren, „junge Leute" zwischen 14 und 16 Jahren, cf. § 135 der Gewerbeordnung). Vgl. Anl. d. R.-V.-A. v. 14. Juli 1884 Nr. 10.

³) „in" einem Bergwerk, einer Fabrik ꝛc. ist derjenige beschäftigt, welcher innerhalb oder außerhalb der zu den Anlagen gehörigen Räumlichkeiten Ver-

Gesetzes anzusehen sind, entscheidet[29]) das Reichs-Versicherungsamt (§§ 87 ff.).

Auf gewerbliche Anlagen[30]), Eisenbahn- und Schiffahrtsbetriebe[31]), welche wesentliche Bestandtheile eines der vorbezeichneten Betriebe sind, finden die Bestimmungen dieses Gesetzes ebenfalls Anwendung. (Abs. 6.)

Für solche unter die Vorschrift des § 1 fallende Betriebe[32]), (Abs. 7.)

---

richtungen im Betriebsdienste versieht, d. h. Verrichtungen, welche zu dem Betriebe der Fabrik rc. gehören. Vgl. Anl. d. R.-V.-A. v. 14. Juli 1884 Nr. 12. Reine Bureaubeamte, die kraft ihrer dienstlichen Stellung lediglich als Handlungsgehülfen fungiren, mit dem gewerbstechnischen Betriebe aber, der allein eine Unfallgefahr als solche herbeiführen kann, nichts zu thun haben, Schreiber, Reisende (A. N. IV. S. 301) rc. können nicht als „in" der Fabrik rc. beschäftigt, bezw. nicht als „Betriebsbeamte" (vgl. Anm. 13) gelten, fallen also nicht unter die Unfallversicherung. Dies wird auch in der Begründung zu § 1 des Gesetzentwurfs über die Ausdehnung der Unfall- und Krankenversicherung (cf. Anm. 1) anerkannt. Ebenso A. N. I. S. 3. Vgl. jedoch § 2 Abs. 2.

Bei der Frage, in welchem Betriebe die Beschäftigung eines Arbeiters stattfindet, und welche Berufsgenossenschaft demgemäß event. die Entschädigung leisten muß, ist maßgebend, „wer als Herr der Arbeit in dem Sinne zu betrachten ist, das ihm eine unmittelbare Verfügungsgewalt über die Arbeitsleistung zukommt; wem mit anderen Worten der Werth der Arbeit unmittelbar zum Vortheil, der Unwerth derselben oder vollends der durch dieselbe verursachte positive Schaden zum Nachtheil gereicht" (A. N. III S. 202). In der Regel wird der Umstand, wer den Lohn zahlt, ein „Erkennungsmittel" für die Beantwortung obiger Frage sein, indem derjenige, „der den Lohn zahlt, damit zu erkennen giebt, daß er für seinen Gewinn die Kraft des Arbeiters hat dienstbar machen wollen" (a. a. O.). Doch ist dies nicht durchaus nothwendig. Insbesondere gelten Arbeiter (Hülfskräfte), deren Gestellung durch den Bauherrn A ein Unternehmer B bei Uebernahme der Arbeit ausdrücklich ausbedungen hat, als Arbeiter dieses Unternehmers B und gelten also als in seinem Betriebe beschäftigt und versichert, auch wenn sie im Allgemeinen in dem anderweiten Betriebe des Bauherrn A beschäftigt sind und sogar für die vorübergehend ihnen übertragene Beschäftigung bei B von A gelohnt werden (a. a. O.). Es kommt im konkreten Fall darauf an, ob derartige Hülfskräfte in den fremden Betrieb vorübergehend Aufnahme gefunden haben, so daß sie der Betriebsunternehmer B vorübergehend als seine Arbeiter beschäftigt, oder ob es sich nur um ein Nebeneinanderwirken handelt (a. a. O.). Vgl. Anm. 20.

Eine Scheidung der „in" einem und demselben Betriebe, welcher an sich unter das Gesetz fällt, beschäftigten Arbeiter und (nicht über 2000 M. gelohnten)

welche mit Unfallgefahr für die darin beschäftigten Personen nicht verknüpft sind, kann durch Beschluß des Bundesraths die Versicherungspflicht ausgeschlossen[33]) werden.

(Abs. 8.) Arbeiter und Betriebsbeamte in anderen[34]), nicht unter Absatz 2 fallenden, auf die Ausführung von Bauarbeiten sich erstreckenden Betrieben können durch Beschluß des Bundesraths für versicherungspflichtig erklärt werden.

Betriebsbeamten — sofern letztere eben als Betriebsbeamte anzusehen sind — in solche, welche versichert sind, und solche, welche nicht versichert sind, läßt das Gesetz nicht zu; es sind alle in einem versicherungspflichtigen Betriebe beschäftigten Arbeiter, soweit die Beschäftigung nicht wider den ausdrücklichen Willen des Betriebsunternehmers erfolgt (A. N. V S. 317), und (nicht über 2000 M. gelohnten) Betriebsbeamten kraft Gesetzes versichert. Ist aber ein Theil des Betriebes aus besonderen Gründen nicht versicherungspflichtig (bei gemischten Anlagen, in welchen nur ein Nebenbetrieb, nicht aber der Hauptbetrieb unter die Unfallversicherung fällt, vgl. Anm. 6 zu § 9), so sind natürlich auch die in demselben beschäftigten Arbeiter nicht versichert, sofern ihnen nicht etwa ein Unfall bei gelegentlicher Beschäftigung in dem versicherungspflichtigen Theil des Betriebes zustößt (A. N. I. S. 2, III. S. 26). Aehnlich verhält sich die Sache bei solchen Betrieben, mit denen eine Landwirthschaft verbunden ist (z. B. Windmühle mit Landwirthschaft) und bei denen der Müllerbursch abwechselnd in dem einen oder in dem anderen Theile beschäftigt wird; denn die Landwirthschaft ist niemals Nebenbetrieb eines industriellen Betriebes. In solchen Fällen erstreckt sich die Versicherung des Müllerburschen bei der Müllerei-B.-G. nur auf seine Thätigkeit in der Mühle, deren zeitliche Dauer für die Zwecke der Lohnnachweisung abgeschätzt werden muß; bei Bewilligung einer Rente müßte aber nach § 5 Abs. 4, 5 doch ein voller Jahresverdienst zu Grunde gelegt werden (A. N. III S. 121). Für seine landwirthschaftliche Thätigkeit ist der Müllerbursch in der landw. B.-G. versichert. Vgl. Anm. 13 zu § 71, sowie Anm. 32.

Wer in einem fremden Betrieb (Fabrik ꝛc.) Gegenstände für den eigenen Gebrauch arbeitet (eigenwirthschaftliche Thätigkeit des Arbeiters), ist, insoweit er dabei mit Erlaubniß des Arbeitgebers handelt, in dessen Betriebe beschäftigt und demgemäß versichert. Denn diese Erlaubniß involvirt den Willen des Arbeitgebers, die Privatarbeit seines Arbeiters noch seinem eigenen Betriebe zuzuschlagen. Diese Erlaubniß kann wirksam an Einschränkungen (z. B. Verbot, gewisse Maschinen zu benutzen) geknüpft werden. Eine Ueberschreitung dieser Einschränkungen bewirkt, daß die eigenwirthschaftliche Thätigkeit des Arbeiters nicht mehr zu dem Betriebe des Arbeitgebers gehört; der Arbeiter ist dann nicht mehr in dem Betrieb beschäftigt, und ein vorkommender Unfall (z. B. in Folge Benutzung einer verbotenen Maschine) zieht einen

Bekanntmachungen,

betreffend

die Unfallversicherungspflicht von Arbeitern und Betriebsbeamten in Betrieben, welche sich auf die Ausführung von Bauarbeiten erstrecken.

1. Vom 22. Januar 1885. (R.-G.-Bl. S. 73).

Auf Grund des § 1 Absatz 8 des Unfallversicherungsgesetzes vom 6. Juli 1884 (Reichs-Gesetzbl. S. 69) hat der Bundesrath beschlossen[35]):

Arbeiter und Betriebsbeamte, welche von einem Gewerbebetreibenden, dessen Gewerbebetrieb sich auf die Ausführung von Tüncher-[36]), Verputzer-(Weissbinder-)Gypser-, Stuckateur-, Maler- (Anstreicher-), Glaser-, Klempner- und Lackirerarbeiten bei Bauten, sowie auf die Anbringung, Abnahme, Verlegung und Reparatur von Blitzableitern erstreckt, in diesem Betriebe beschäftigt werden, für versicherungspflichtig zu erklären.

Berlin, den 22. Januar 1885.

Der Reichskanzler.

In Vertretung:

von Boetticher.

Anspruch auf Rente nicht nach sich (A. N. IV. S. 333, V. S. 192). Dasselbe gilt, wenn ein Arbeiter in der Betriebsstätte des Arbeitgebers aus Gefälligkeit Arbeiten für Dritte bezw. solche Arbeiten verrichtet, die nicht direkt zum Betriebe gehören, A. N. V. S. 352.

Die „in" den im Text aufgeführten Betrieben beschäftigten Personen unterliegen der Versicherungspflicht nur, wenn die Betriebe im Inlande belegen sind; indessen können einzelne Betriebstheile, welche sich in unmittelbarem Zusammenhang mit einer im Inlande belegenen Anlage befinden, oder deren Betrieb planmäßig mit dem Betriebe der inländischen Anlage ineinandergreift, auch im Auslande belegen sein, ebenso einzelne Betriebshandlungen, auch wenn sie im Auslande begangen sind, unter die Unfallversicherung fallen. So Monteure, welche im Auslande eine im Inland hergestellte Maschine aufstellen, Kutscher eines Fuhrbetriebes, die im Auslande verunglücken, ꝛc. A. N. I. S. 345. Vgl. Anm. 16. Umgekehrt ist ein im Auslande domicilirter Betrieb, welcher einen Theil dieses Betriebes im Inlande führt, z. B. eine ausländische Baufirma, die im Inlande einen größeren Bau ausführt, für diesen inländischen Bestandtheil versicherungspflichtig (A. N. III S. 122). Vgl. Anm. 14 zu § 1 A.-G.

[4]) Bergwerke sind Anlagen, vermittelst welcher nach Aufdeckung der Fundstätte Mineralien bergmännisch gewonnen werden; weitere Erforderniſſe, insbesondere das der staatlichen Aufsicht (vgl. Eger, Haftpflichtgesetz, II. Aufl. S. 178), sind für dieses Gesetz nicht aufzustellen. Bergmännisch ist ein Betrieb

2. Vom 27. Mai 1886. (R.-G.-Bl. S. 190).

Auf Grund des § 1 Absatz 8 des Unfallversicherungsgesetzes vom 6. Juli 1884 (Reichs-Gesetzbl. S. 69) hat der Bundesrath beschlossen:

[37]) Arbeiter und Betriebsbeamte, welche von einem Gewerbetreibenden, dessen Gewerbebetrieb sich auf die Ausführung von Schreiner- (Tischler-)[38]), Einsetzer-, Schlosser-[39]) oder Anschlägerarbeiten bei Bauten erstreckt, in diesem Betriebe beschäftigt werden, mit der Wirkung vom 1. Januar 1887 an, für versicherungspflichtig zu erklären.

Berlin, den 27. Mai 1885.

Der Reichskanzler.
In Vertretung:
von Boetticher.

Die in § 1 Abs. 8 eingeräumte Befugniß, Bauarbeiter unter das Unfallversicherungsgesetz zu stellen, ist dem Bundesrath durch § 4 Ziffer 1, § 12 Abs. 1 B.-U.-G. ausdrücklich belassen. Demgemäß hat der Bundesrath noch die in

---

nach bergtechnischen Regeln, d. h. „nach einem bestimmten Betriebsplan und den zur Sicherheit des inneren Baues, der Oberfläche und der Arbeiter durch Theorie, Praxis und Gesetz vorgeschriebenen Grundsätzen" (Eger a. a. O.). Auf die Regalität des Bergbaues kommt es nicht an. Auch die Gewinnung von Bernstein, Erdöl und ähnlichen Werthen ist hierher (oder zu den ähnlichen Gruben) zu rechnen. Das bloße Aufsuchen der Lagerstätte der Mineralien (Schürfen und Bohren) ist nicht Betrieb eines Bergwerks (Erk. d. R.-Ob.-Hand.-Ger. vom 22. April 1879, Entsch. 25 S. 145), wohl aber einer Gräberei (A. N. III S. 135). Die Anlage eines Tunnels ist kein Bergwerksbetrieb (cf. Erk. d. R.-Ob.-Hand.-Ger. v. 10. März 1876 (Entsch. 20 S. 3). Ueber besondere Knappschafts-Berufsgenossenschaften vgl. § 94.

[5]) Aufbereitungsanstalten sind gewerbliche Anlagen zur mechanischen Reinigung bergmännisch gewonnener Erze. (Wagner's Handbuch der chemischen Technologie, 10. Aufl., S. 6). Vgl. Anl. d. R.-V.-A. v. 14. Juli 1884 Nr. 4.

[6]) „Unter Steinbrüchen sind diejenigen Anlagen zu verstehen, in denen die Gewinnung von Steinarten (Bau-, Werk-, Mühlstein-, Marmor-, Basalt-, Granit-, Schieferbrüche u. s. w.) gewerbsmäßig und nach besonderen technischen Regeln erfolgt" (Motive S. 42). Vgl. Anl. d. R.-V.-A. v. 14. Juli 1884 Nr. 4.

Dieser Definition entspricht die Begriffsbestimmung in d. Erk. d. R.-Ob.-Hand.-Ger. v. 10. März 1876 zu § 2 des Haftpflichtgesetzes (Entsch. 20, S. 3),

der nachfolgenden Bekanntmachung des Reichskanzlers veröffentlichte weitere Bestimmung getroffen:

3. Vom 14. Januar 1888. (R.-G.-Bl. S. 1.)

Auf Grund des § 1 Absatz 8 des Unfallversicherungsgesetzes vom 6. Juli 1884 (Reichs-Gesetzbl. S. 69) in Verbindung mit § 12 Absatz 1 des Gesetzes, betreffend die Unfallversicherung der bei Bauten beschäftigten Personen, vom 11. Juli 1887 (Reichs-Gesetzbl. S. 287) hat der Bundesrath beschlossen:

1. dass Arbeiter und Betriebsbeamte, welche von einem Gewerbetreibenden, dessen Gewerbetrieb sich erstreckt:
   a) auf das Bohnen der Fussböden, auf die Anbringung, Abnahme oder Reparatur von Oefen und anderen Feuerungsanlagen oder von Tapeten bei Bauten,
   b) auf die Anbringung, Abnahme oder Reparatur von Wettervorhängen[40]) und -Läden (Rouleaux, Marquisen, Jalousien) oder von Ventilatoren bei Bauten,
   c) auf die Ausführung anderer, noch nicht gegen Unfall

---

nach welcher es sich bei einem Steinbruch um ein Unternehmen handelt, dessen Zweck sich unmittelbar auf das Gewinnen von Steinen und deren Verwerthung bez. Benutzung richtet, bei welchem also die Steine selbst als das zu erzielende Produkt erscheinen. Das R.-V.-A. scheint die Gewerbsmäßigkeit (vgl. Anm. 7) nicht für ein nothwendiges Erforderniß zu halten, berücksichtigt vielmehr hauptsächlich die Betriebs- und Größenverhältnisse, die Stärke der Abraummasse sowie die sonstige Unfallgefahr, A. N. III. S. 144. Wegen der Steinbrüche zur Materialgewinnung für Wegebauten bei landwirthschaftlichen Regiebauten vgl. Anm. 7.

Ob der Steinbruch über oder unter der Erde betrieben wird, ist unerheblich.

„Die Steinbrüche wie die Gräbereien sind ebenso wie im Haftpflichtgesetz auch hier deshalb besonders aufgeführt worden, weil es zweifelhaft ist, ob dieselben unter die Bezeichnung Bergwerk zu subsumiren sein würden; es handelt sich also um den Bergwerken analoge Unternehmungen, welche auch als solche der polizeilichen Aufsicht unterliegen" (Motive S. 43).

7) Der Ausdruck Gräberei „umfaßt nach der Terminologie neuerer Berggesetze die auf die Gewinnung der in den sogenannten oberflächlichen Lagerstätten vorkommenden Mineralien (Mergel-, Kies-, Sand-, Thon-, Lehm- und ähnliche Gruben) gerichteten Anlagen, in denen ein gewerbsmäßiger und nach technischen Regeln ausgeführter Betrieb stattfindet" (Motive S. 42). Vgl. Anl. d. R.-V.-A. v. 14. Juli 1884 Nr. 4). Aehnlich d. Erk. d. R.-Ob.-Hand.-Ger. v. 24. Mai 1878 (Entsch. 23, S. 403), welches insbesondere betont, daß es sich dabei um dem Bergwerk analoge Unternehmungen, näm-

versicherter Arbeiten bei Bauten, die ihrer Natur nach der Ausführung von Hochbauten näher stehen, als der Ausführung von Eisenbahn-, Kanal-, Wege-, Strom-, Deich- und ähnlichen Bauarbeiten,

in diesem Gewerbebetriebe beschäftigt werden, vom 1. Januar 1888 ab versicherungspflichtig sind;

2. dass diese Betriebe aus der auf Grund des Gesetzes vom 11. Juli 1887 (Reichs-Gesetzbl. S. 287) gebildeten Tiefbau-Berufsgenossenschaft ausgeschieden werden;
3. dass die unter Ziffer 1a aufgeführten Betriebe den örtlich zuständigen Hochbaugewerks-Berufsgenossenschaften zugetheilt werden;
4. dass die unter Ziffer 1b und 1c aufgeführten Betriebe, soweit sich dieselben lediglich auf das Anbringen oder Abnehmen der Wettervorhänge und -Läden etc. bei Bauten erstrecken, den Baugewerks-Berufsgenossenschaften, soweit sie sich dagegen auch mit der Herstellung der betreffenden Gegenstände befassen, denjenigen Berufsgenossenschaften zugewiesen werden, welchen sie angehören würden, sofern sie mindestens zehn Arbeiter regelmässig beschäftigen und demgemäss schon nach § 1 Absatz 4 des Unfallversicherungsgesetzes vom 6. Juli 1884 versicherungspflichtig sein würden.

Berlin, den 14. Januar 1888.

Der Reichskanzler.
In Vertretung:
von Boetticher.

---

lich um solche Unternehmungen handelt, welche als Unterarten unter dem Ausdruck Bergwerk im weiteren Sinne mitbegriffen werden können (cf. Anm. 6 a. E.).

Gräbereien fallen also nach den Motiven nur dann unter das Unfallversicherungsgesetz, wenn sie

a) gewerbsmäßig, und zugleich
b) nach technischen Regeln

betrieben werden. Gewerblich ist eine Thätigkeit nach Seydel, „Das Gewerbepolizeirecht nach der Reichsgewerbeordnung" 1881, S. 2 und den dort citirten Autoren dann, wenn sie „auf Erwerb gerichtet" ist, d. h. den Zweck verfolgt oder doch wenigstens mit verfolgt, dem Betreibenden ein Einkommen (nicht etwa bloß einen Vermögensvortheil, wie eine Ersparung) zu gewähren. Nach der Begründung zu § 1 des Ausdehnungsgesetzes (cf. unten) und der von dem R.-V.-A. ressortmäßig aufgestellten Interpretation des letzteren (vgl. Anm 12 zu § 1 A.-G.) ist ein „gewerbsmäßiger" Betrieb ein solcher, welcher „durch eine gewisse Kontinuität die Absicht erkennen läßt", daß er „für einige Dauer zu Zwecken des Erwerbes, bezw. als selbständige, unmittelbare Einnahmequelle fortgesetzt" werden soll, sei es, daß aus dem Betrieb ein selbständiges Gewerbe gemacht wird", sei es, daß derselbe einen „Hauptbestandtheil" oder doch „einen hervorstechenden Bestandtheil des Gesammtunternehmens bildet". Die Ausbeutung eines Mergel-, Sand- oder Torflagers ꝛc., wenn dieselbe im Wesentlichen (überwiegend) für den eigenen Bedarf bezw. für den Bedarf der in der Landwirthschaft des betr. Guts beschäftigten Arbeiter, oder zur Gewinnung kulturfähigen Bodens erfolgt, gehört nicht hierher, ebensowenig der nicht nach technischen Regeln erfolgende übliche Torfstich bäuerlicher Besitzer, auch wenn der Torf verkauft wird. Derartige Betriebe sind vielmehr Nebenbetriebe oder Theile der Land- und Forstwirthschaft und fallen mit der letzteren unter das Gesetz v. 5. Mai 1886 (cf. Anm. 1), vgl. Anl. d. R.-V.-A. v. 14. Juli 1884 sowie A. N. V S. 321. Ebenso sind Steinbrüche, Gräbereien ꝛc., welche ausschließlich oder überwiegend zum Zweck der Materialgewinnung für die dem Betriebe der Landwirthschaft dienende, in Regie ausgeführte Herstellung oder Unterhaltung von Wegen, Kanälen ꝛc. betrieben werden, gemäß § 1 Abs. 4 B.-U.-G. landwirthschaftliche Betriebe (A. N. V S. 322). Dasselbe gilt von der Materialgewinnung zu der einem Landwirth obliegenden Unterhaltung öffentlicher, in dem Gutsbezirk belegener Wege (A. N. V S. 164). Die nach technischen Regeln gewerbsmäßig (also im Wesentlichen zum Verkauf) betriebenen Gräbereien auf Torf, Bernstein, Kies ꝛc. fallen dagegen als Gräbereien unter das U.-V.-G. Auch Schürfarbeiten rechnet das R.-V.-A. zu den Gräbereien (A. N. III. S. 135).

Die Ausdrücke „Gräberei" und „Grube" werden, wie in diesem Gesetz, so auch sonst häufig gleichbedeutend gebraucht (das Krankenversicherungsgesetz spricht nur von Gruben). Man wird also nach besonderen Unterscheidungsmerkmalen nicht zu suchen haben; insbesondere kommt es auch hier nicht darauf an, ob die Anlage unterirdisch oder über der Erde betrieben wird.

Baggereien fallen, sowohl wenn sie die Gewinnung von Kies, Sand, Bernstein ꝛc. nach technischen Regeln, als wenn sie die Entfernung von Sand ꝛc. bei Vertiefung von Wasserstraßen ꝛc. zum Gegenstand haben, nicht unter das U.-V.-G., sondern unter das Ausdehnungsgesetz (cf. Anm. 1, A.-G.), soweit sie nicht etwa Nebenbetrieb eines anderen versicherungspflichtigen Betriebes (z. B. eines Tiefbaubetriebes) sind. In letzterem Falle folgen sie dem Hauptbetriebe.

Das Ausgraben der Fundamente eines Gebäudes, oder das Ausschachten eines Grundstücks zwecks Hebung und Fortschaffung von Erdmassen zu baulichen Zwecken ist keine Gräberei, cf. Erk. d. R.-Ob.-Hand.-Ger. v. 10. März 1876 (Entsch. 20, S. 3) und v. 24. Mai 1878 (Entsch. 23, S. 403). Vgl. Anm. 19. Soweit diese Arbeiten von Maurern in ihrem Gewerbebetrieb vorgenommen werden, fallen sie unter Abs. 2, im Uebrigen wohl unter das B.-U.-G.

[7a]) Werften sind im Sinne dieses Gesetzes Anstalten für Erbauung von Schiffen (A. N. II S. 133).

[8]) Bauhöfe sind auf eine gewisse Dauer berechnete Anlagen zur Vorbereitung von Bauarbeiten, nicht aber schon mit einem Zaun umfriedete Plätze, auf welchen ein Bau ausgeführt wird (A. N. I. S. 364). Dieselben sind ausdrücklich aufgenommen, „da möglicherweise auf Bauhöfen noch andere als die im zweiten Absatz speziell aufgeführten Arbeiter in einer mit besonderer Gefahr für Leben und Gesundheit verbundenen Weise beschäftigt sein können" (Komm.-Ber. S. 6). Vgl. Anl. d. R.-V.-A. v. 14. Juli 1884 Nr. 4.

[9]) Fabriken. Fabriken bez. sonstige technische Betriebe der Post-, Telegraphen-, Eisenbahnverwaltungen, der Marine- u. Heeresverwaltungen, sowie Bestandtheile der Binnenschiffahrtsbetriebe fallen unter die Bestimmungen des Ausdehnungsgesetzes, § 12 A.-G. Wegen der landw. Fabriken (Nebenbetriebe) vgl. Anm. 22.

Eine erschöpfende Definition des Begriffs „Fabrik" hat bisher nicht gelingen wollen; „die zahlreichen Versuche, welche in den Gesetzgebungen verschiedener Länder bisher in dieser Richtung gemacht worden sind, haben an der Vielgestaltigkeit des praktischen Lebens ihre Schranken gefunden" (Motive S. 43). Eine Zusammenstellung der in verschiedenen Staaten versuchten Definitionen des Begriffs „Fabrik" findet sich in den Motiven zur Oesterreichischen Gewerbenovelle vom 15. März 1883 (Nr. 253 der Beilage zu den stenograph. Protokollen des Abgeordnetenhauses IX. Session, S. 107 ff.). Man versteht unter „Fabrik" im Allgemeinen eine größere gewerbliche Anlage zur Bearbeitung oder Verarbeitung beweglicher Sachen. Den Gegensatz zur „Fabrik" bildet der Handwerksbetrieb; ein Begriff bestimmt sich durch den anderen (vgl. Urth. d. Reichsgerichts vom 13. Mai 1881, Entsch. IV. S. 98); die Grenze zwischen beiden aber ist schwankend und unsicher; sie ist keine absolute, sondern mit Rücksicht auf Betriebsart, Umfang und Gegenstand eine relative.

Weil nun aber der gewöhnliche Handwerksbetrieb wegen praktischer Schwierigkeiten einstweilen in die Unfallversicherung nicht hat einbegriffen werden können, und weil ferner bei der Ausführung des Gesetzes die Frage, welcher Betrieb als Fabrik zu betrachten sei und deshalb unter das Gesetz falle, doch sofort zu beantworten ist, so hat man, um den ausführenden Behörden die Entscheidung hierüber zu erleichtern (also lediglich aus praktischen Gründen), für die Beurtheilung dieser Frage „wenigstens einen gesetzlichen Anhalt" (Motive S. 43) geben wollen, dessen Mangel im Haftpflichtgesetz zu mancherlei Zweifeln Anlaß geboten hat. Diese Anhaltpunkte findet das Gesetz in dem Gegenstand des Betriebes (gewerbsmäßige Be- oder Verarbeitung von Gegenständen), und in der Art des Betriebes, wobei der Umfang, „für welchen nach dem Vorgang anderer Gesetzgebungen*) die Zahl der beschäftigten Arbeiter als Maßstab

*) Vgl. darüber Eger, Haftpflichtgesetz, II. Aufl., S. 179, 201.

angenommen ist" (Motive), und die eigenthümliche Unfallgefahr maßgebend sind, welcher die gewerbsmäßige Herstellung von Explosivstoffen oder explodirenden Gegenständen, sowie eine dauernde Verwendung von Kraftmaschinen mit sich bringt. Der letztere Gesichtspunkt hat dahin geführt, den Fabriken auch diejenigen kleineren Betriebe „gleich zu stellen", welche nach ihrem Umfang nur handwerksmäßig betrieben werden, wegen der Verwendung von Dampfkesseln oder elementaren Motoren aber die besondere Unfallgefahr der Fabriken um so mehr zeigen, als in derartigen fabrikartig arbeitenden kleineren Betrieben die Maßregeln zur Unfallverhütung häufig nicht so gut sind, wie in „Fabriken" von größerem Umfange (cf. allg. Mot., S. 48). Ausgenommen von dieser Gleichstellung sind nach den Beschlüssen der Reichstagskommission diejenigen „fabrikähnlichen" mit Motoren arbeitenden kleinen Betriebe, welche in der Land- und Forstwirthschaft vorkommen; denn diese arbeiten meist für den eigenen Bedarf des betr. Guts, beschäftigen meist dieselben Arbeiter, welche bei der Landwirthschaft selbst Verwendung finden, sind auch jederzeit als Pertinenz der letzteren angesehen und, weil sie nicht „Fabriken" sind, dem Haftpflichtgesetz nicht unterworfen gewesen. Derartige Nebenbetriebe der Land- und Forstwirthschaft fallen, soweit sie nicht etwa anderweit, nach Sprachgebrauch oder auf Grund sonstiger Merkmale, als „Fabrik" gelten müssen, als Nebenbetriebe unter die land- und fortwirthschaftliche Unfallversicherung*). Vgl. wegen der landwirthschaftlichen Nebenbetriebe im Uebrigen Anm. 22.

„Die angegebene Definition kann und will den Begriff „Fabrik" jedoch nicht erschöpfen. . . . . Es wird damit nicht ausgeschlossen, daß in konkreten Fällen auch darüber hinaus einzelne Betriebe als Fabriken sich darstellen können und folgeweise unter die für diese geltenden Normen gebracht werden müssen. Um nach dieser Richtung hin den Anforderungen des praktischen Lebens jederzeit gerecht werden zu können, ist dem Reichs-Versicherungsamt die Befugniß beigelegt worden, auch andere Betriebe, sofern sie sich als Fabriken darstellen, als solche zu bezeichnen und sie damit unter die Vorschriften des Unfallversicherungsgesetzes zu stellen" (Motive S. 43).

Hiernach gelten als Fabriken im Sinne des Unfallversicherungsgesetzes, fallen also unter dieses Gesetz, alle diejenigen Anlagen, „welche sich sprachlich oder begrifflich als „Fabriken" (im Gegensatz zum Handwerksbetriebe, vgl. A. N. V. S. 139, Anm. 22) darstellen" (A. N. I. S. 104). Daß dies der Fall sei, soll kraft Gesetzes immer

*) § 1 Abs. 2 des Gesetzes betr. die Unfall- und Krankenversicherung der in land- und forstwirthschaftlichen Betrieben beschäftigten Personen v. 5. Mai 1886 (R.-G.-Bl. S. 132): „Dasselbe gilt" (d. h. es sind nach Maßgabe der Bestimmungen des Gesetzes v. 5. Mai 1886 versichert) „von Arbeitern und Betriebsbeamten in land- und forstwirthschaftlichen nicht unter § 1 des Unfallversicherungsgesetzes vom 6. Juli 1884 (Reichs-Gesetzbl. S. 69) fallenden Nebenbetrieben."

angenommen werden bei allen gewerblichen Anlagen, in denen 10 oder mehr Personen mit der Bearbeitung oder Verarbeitung von Gegenständen dauernd (cf. Anm. 28) beschäftigt werden, ferner bei den Anlagen zur gewerbsmäßigen Erzeugung von Explosivstoffen oder explodirenden Gegenständen, sowie bei denjenigen Anlagen, in welchen Dampfkessel oder elementare zur Anlage gehörige Motoren ꝛc. verwendet werden; letztere Annahme aber gilt nicht für die kleinen, mit Dampfkesseln oder elementaren Motoren ꝛc. arbeitenden Nebenbetriebe der Land- und Forstwirthschaft. Bei allen denjenigen Anlagen, bei welchen obige Gesichtspunkte nicht zutreffen, entscheidet im Falle eines Zweifels das Reichs-Versicherungsamt nach eigenem Ermessen darüber, ob dieselben als Fabriken anzusehen sind oder nicht. Mit anderen Worten: Es fallen als „Fabriken und denselben gleichstehende Betriebe“ unter das Unfallversicherungsgesetz alle Anlagen,

1) welche mit eigenen, d. h. zur Anlage gehörigen (cf. Anm. 21) Dampfkesseln oder elementaren Motoren arbeiten, ohne Rücksicht auf den Umfang der Produktion, also auch dann, wenn sie nur handwerksmäßig betrieben werden; nur land- und forstwirthschaftliche Nebenbetriebe werden durch alleinige Verwendung derartiger Kraftmaschinen noch nicht zu „Fabriken“ im Sinne des U.-V.-G., vgl. Anm. 22;
2) in denen gewerbsmäßig Explosionsstoffe oder explodirende Gegenstände bereitet werden;
3) in welchen zwar Dampfkessel oder elementare Motoren nicht verwendet, dennoch aber Gegenstände in einem über den rein gewerbsmäßigen Betrieb hinausreichenden Umfang gewerbsmäßig bearbeitet oder verarbeitet werden. Die Grenze findet das Gesetz, soweit es sich um die Unterscheidung zwischen Fabrikbetrieb und Handwerksbetrieb handelt, in dauernder (cf. Anm. 28) Beschäftigung von mindestens 10 Arbeitern;
4) endlich diejenigen gewerblichen Betriebe, welche darüber hinaus sprachlich und begrifflich sich als Fabriken darstellen, ohne unter die vorstehenden Rubriken zu fallen. Vgl. Anm. 29.

Aehnlich Nr. 1 Anl. d. R.-V.-A. vom 14. Juli 1884.

Welche Betriebe unter die vierte Kategorie gehören, entscheidet im Zweifel das Reichs-Versicherungsamt. Dasselbe ist dabei an die Kriterien der Abs. 3 und 4 des Gesetzestextes nicht auf alle Fälle gebunden (A. N. I S. 104). Bestimmend wird sein, ob es sich um eine Anlage zur gewerbsmäßigen Bearbeitung oder Verarbeitung von Gegenständen handelt (§ 1 Abs. 3); ob eine große Arbeitstheilung stattfindet, welche dem einzelnen Arbeiter eine mechanische, einschläfernde Thätigkeit zuweist und ihn deshalb zu besonderer Achtlosigkeit verleitet; ob Maschinen mit Menschenkraft oder thierischer Kraft (z. B. Göpelwerke) verwendet werden; ob der Betrieb aus irgend einem anderen Grunde eigenthümliche, von der Handlungsweise des einzelnen Arbeiters mehr oder weniger unabhängige Unfallgefahren mit sich bringt u. s. w., und nach mehreren Entscheidungen des Reichs-Versicherungsamts (vgl. insbesondere A. N. III S. 142, IV S. 214) auch der fernere Umstand, ob Massenartikel hergestellt werden bezw. für den Großbetrieb auf Lager (Fabrikbetrieb), oder ob für den Detailverkehr zum sofortigen Verkauf gearbeitet wird (Handwerksbetrieb), und ob nur einzelne Theile größerer Stücke bezw. Halbfabrikate (Fabrikbetrieb) oder ob zusammengesetzte Stücke gefertigt werden (Handwerksbetrieb). Ebenso gelten als Fabriken sonstige „Hülfsbetriebe der Großindustrie“, A. N. IV S. 216. Ein hiernach fabrikartiger Betrieb soll aber als „Fabrik“ im Sinne des U.-V.-G. dann nicht gelten, wenn der Umfang ganz unbedeutend und die Herstellungsweise einfach ist (A. N. V S. 140); auch soll der Betrieb von Hausgewerbetreibenden blos um deswillen, weil in demselben Massenartikel gefertigt werden, als Fabrik noch nicht angesehen werden (A. N. V S. 318). Vgl. im Einzelnen Anm. 29 sowie auch Anm. 12.

Für das Gebiet der Gewerbeordnung führt die Entsch. des Reichsgerichts vom 20. Juni 1884 aus, daß bei der Entscheidung der Frage, ob bei einem Gewerbebetriebe nur ein handwerksmäßiger oder ein Fabrikbetrieb im Sinne der Reichsgewerbeordnung vorliegt, und ob folgemäßig die für den Fabrikbetrieb von der Gewerbeordnung gegebenen Vorschriften zur Anwendung zu gelangen haben, die Größe der ganzen Einrichtung, die Zahl der Arbeiter, die Arbeitstheilung, die Art der Benutzung von Naturkräften, die mehr mechanische oder mehr kunstmäßige Mitwirkung des Menschen, sowie die Anfertigung der Erzeugnisse auf Bestellung oder auf Vorrath gleichmäßig in Betracht kommen.

Wenn hiernach (auf Grund des Gesetzes oder des Sprachgebrauchs, über welchen letzteren ev. das Reichs-Versicherungsamt entscheidet) feststeht, welche Gattungen von Betrieben als „Fabriken“ anzusehen sind, so unterliegen dieselben ohne Ausnahme der Versicherungspflicht, solange nicht auf Grund von Beschlüssen des Bundesraths um deswillen Ausnahmen zugelassen sind (§ 1 Abs. 7), weil einzelne Betriebszweige, obwohl die betr. Anlagen an sich als Fabriken angesehen werden müssen, nach Lage der Verhältnisse eine Unfallgefahr für die darin beschäftigten Arbeiter nicht mit sich bringen. Bisher hat der Bundesrath alle Anträge, derartige Ausnahmen zu statuiren, abgelehnt.

Man hat das Bedenken geäußert, daß, nachdem in diesem Gesetz bestimmte Merkmale für den Begriff „Fabrik“ gegeben seien, während in dem Haftpflichtgesetz derartige Bestimmungen fehlen, eine große Anzahl gewerblicher Anlagen nach wie vor unter das letztere, statt unter das erstere fallen und zahlreiche Fabrikarbeiter der Vortheile der Unfallversicherung nicht theilhaft werden würden. Dies Bedenken ist nicht begründet. Allerdings entscheidet darüber, ob eine gewerbliche Anlage eine „Fabrik“ sei, bei der Anwendung des Haftpflichtgesetzes der Richter, ohne an bestimmte gesetzliche Vorschriften hierüber gebunden zu sein, bei der Unfallversicherung das Gesetz oder, soweit das Gesetz die Anlage nicht ausdrücklich als Fabrik bezeichnet, nach eigenem Ermessen das

Reichs-Versicherungsamt. Es ist aber kaum denkbar, daß der Richter eine gewerbliche Anlage dann als Fabrik auffassen sollte, wenn das Reichs-Versicherungsamt dies verneint hat, da hierbei im Wesentlichen technische Fragen in Betracht kommen, bei deren Beurtheilung sich der Richter sicherlich an die Auffassung der gerade hierin sachverständigen Behörde anschließen wird. Dies gilt um so mehr, als nach den allgemeinen Erörterungen (S. 49) die Unfallversicherung für alle Betriebe eintreten soll, welche bisher unter das Haftpflichtgesetz fielen, und außerdem noch für einige andere (fabrikartige handwerksmäßige) Betriebe, so daß das Reichs-Versicherungsamt bei der Beurtheilung dessen, ob eine Anlage eine Fabrik sei, so weit gehen wird, wie nur je ein Richter. Praktisch kann die Frage nur bei solchen gewerblichen Anlagen werden, welche, ohne unter eine der übrigen im Abs. 1 dieses Paragraphen aufgeführten Begriffe (Bergwerke, Salinen, Aufbereitungsanstalten 2c.) oder unter die übrigen Unfallversicherungsgesetze, insbesondere das landwirthschaftliche U.-V.-G., zu fallen, weder zehn oder mehr Arbeiter regelmäßig beschäftigen, noch gemäß Absatz 7 eximirt sind, noch mit elementaren Motoren 2c. arbeiten — denn in diesen Fällen tritt die Unfallversicherung auf Grund der Unfallversicherungsgesetze ein und das Haftpflichtgesetz außer Kraft. Positiv ausgedrückt, kann die Frage also nur noch bei den nach Abs. 7 eximirten und bei denjenigen gewerblichen Anlagen praktisch werden, welche weniger als 10 Personen dauernd beschäftigen und nicht mit elementaren Motoren 2c. arbeiten. Sind die letzteren beiden Kategorien nicht schon ohne Weiteres als Fabriken anerkannt bez. nicht schon auf Grund des § 1 Abs. 5 von dem Reichs-Versicherungsamt für Fabriken erklärt und einer Berufsgenossenschaft zugewiesen (§§ 11 fg.), oder sind dieselben auf Grund des § 37 von der Berufsgenossenschaft nicht aufgenommen, Beschwerden hierüber aber nicht erhoben worden, und ereignet sich dann in einem solchen Betriebe ein Unfall, so kommen der Verletzte oder dessen Hinterbliebene auf Grund der §§ 59, 62 immer noch in die Lage, die Entscheidung des Reichs-Versicherungsamts über die Frage herbeizuführen, ob der betr. Betrieb nicht als „Fabrik" oder landw. Nebenbetrieb einer Berufsgenossenschaft angehört. Macht der Entschädigungsberechtigte hiervon keinen Gebrauch oder wird der Anspruch des Verletzten oder seiner Hinterbliebenen von dem Reichs-Versicherungsamt endgültig zurückgewiesen, dann erst kann der Richter in die Lage kommen, seinerseits darüber zu entscheiden, ob die Anlage, in welcher der Unfall entstanden ist, als eine „Fabrik" anzusehen ist, und es muß im letzteren Fall billig bezweifelt werden, daß er diese Frage im Gegensatz zum Reichs-Versicherungsamt bejahen wird. Erachtet der Richter die Anlage nicht als Fabrik, so entscheidet er über den Schadenersatz nach den Vorschriften des geltenden Landesrechts; ist er aber der Meinung, daß es sich um eine „Fabrik" handle, so hat er, da alle „Fabriken" vorbehaltlich des Abs. 7 dem Unfallgesetz unterworfen sind, nur bei den etwa eximirten Fabriken (Abs. 7) nach dem Haftpflichtgesetz zu entscheiden, im Uebrigen aber den Kläger an die Berufsgenossenschaften bez. an die untere Verwaltungsbehörde (§ 59) zu verweisen.

[10]) Hüttenwerke dienen jenen Operationen, welche mit der Ausbringung eines Metalls oder einer Verbindung desselben endigen (Wagner, Handbuch der chemischen Technologie, X. Aufl., S. 6).

[11]) beschäftigten. Die Beschäftigung ist also auch bei der Unfallversicherung, wie bei der Krankenversicherung, die Grundlage der Entschädigungsberechtigung; auf die Dauer der Beschäftigung aber kommt es bei der Unfallversicherung nicht an. Der Unfallversicherung unterliegen vielmehr auch solche Arbeiter, welche nur vorübergehend beschäftigt sind, „deren Beschäftigung ihrer Natur nach eine vorübergehende oder durch den Arbeitsvertrag im voraus auf einen Zeitraum von weniger als einer Woche beschränkt ist" (§ 1 Absatz 1, § 2 Nr. 1 R.=G. v. 15. Juni 1883), die also der Krankenversicherung nur dann unterliegen, wenn dieselbe durch statutarische Bestimmung auf sie erstreckt ist. Es kommt lediglich darauf an, ob solche vorübergehend beschäftigten Personen bei dem Betriebe derart verunglücken, daß sie nach Maßgabe dieses Gesetzes auf Unfallentschädigung von den Berufsgenossenschaften Anspruch haben, ob sie bei dem Betriebe den Tod, oder eine Körperverletzung mit einer mehr als 13 Wochen dauernden Erwerbsunfähigkeit erleiden. Ist letzteres der Fall, so hat für sie während der ersten 13 Wochen, sobald sie nicht (in Folge statutarischer Bestimmung oder freiwillig) gegen Krankheit versichert sind, der Betriebsunternehmer zu sorgen, cf. § 5 Anm. 30. Die Beschäftigung kann auch in einer Revision bestehen, ebenso in dienstlicher Anwesenheit im Dienste eines anderen Betriebes (A. N. I S. 366); auch bei Verbindung polizeilicher (öffentlicher) Funktionen mit privaten Verrichtungen für die Geschäftsinhaber kann eine Beschäftigung im Betriebe des letzteren angenommen werden (A. N. V S. 161).

[12]) Arbeiter, „worunter hier, wie im Titel VII der Gewerbeordnung, auch weibliche Arbeiter zu verstehen sind" (Mot. S. 43), ebenso aber auch „das gewerbliche und sonstige Gesinde, das (und solange es!) in den im § 1 aufgeführten Betrieben beschäftigt wird" (Komm.=Ber. S. 8). Hierhin gehört z. B. der für den Gewerbebetrieb dienende Kutscher. Auch Gesinde zur persönlichen Bedienung ist versichert, wenn es ausnahmsweise vorübergehend „in" dem Betriebe beschäftigt wird, sonst nicht. Bei einem Unfall, welchen ein bald mit gewerblichen, bald mit persönlichen Diensten beschäftigter Dienstbote, Kutscher rc. erleidet, kommt es darauf an, ob letzterer zur Zeit des Unfalls als gewerblicher oder Privatkutscher thätig war. Nur im ersteren Fall erhält er Unfallrente, dagegen z. B. nicht bei einem Unfall, den er auf einer Spazierfahrt des Herrn oder dann erleidet, wenn der von ihm geleitete Wagen zur Zeit des Unfalls nicht die Eigenschaft eines Betriebsmittels der betr. Fabrik hatte (A. N. IV S. 287, 325; V S. 353). Zu den Arbeitern, d. h. zu den nach dem Gesetz versicherten Personen, gehören auch die Hausgenossen (Kinder, Verwandte, jedoch (nach den zu dem U.=V.=G. ergangenen Entscheidungen d. R.=V.=A.) mit Ausnahme des in dem Betriebe des einen Ehegatten beschäftigten anderen Ehegatten, A. N. III S. 142, falls dieser nicht etwa ausdrücklich in die Lohnnachweisung aufgenommen ist und Beiträge von der Genossenschaft für ihn

angenommen sind (A. N. IV S. 314, vgl. Anm. 7 zu § 2), welche von dem Betriebsunternehmer in seinem Betriebe als Arbeiter beschäftigt werden (A. N. I S. 3), ebenso die in einer Anstalt für Epileptische, um des Heilzwecks willen, beschäftigten Personen (bei Beschäftigung durch einen Gewerbetreibenden außerhalb der Anstalt sind sie dagegen versichert, A. N. IV S. 248), sowie die in einer Arbeiterkolonie zum Zweck der Gewöhnung an Arbeit freiwillig beschäftigten Personen (A. N. V S. 194, III S. 51), aber nicht Straf- oder Besserungsgefangene, Korrigenden, Detinenden, Häftlinge, Häuslinge in oder außerhalb der Straf- bezw. Besserungsanstalt oder ähnlichen, nach landesgesetzlichen Bestimmungen zur Beschäftigung arbeitsscheuer Menschen bestimmten Anstalten (A. N. II S. 48, IV S. 230), ebensowenig Militärpersonen im Dienst (§ 4 A.-G.). Auf letztere findet, falls sie in reichsgesetzlich der Unfallversicherung unterliegenden Betrieben beschäftigt werden, das Fürsorgegesetz v. 15. März 1886 (s. Anm. 1) Anwendung. Im Uebrigen ist es quaestio facti, wer als „Arbeiter" anzusehen ist. Den Gegensatz bildet einmal der Betriebsbeamte, sodann der Unternehmer; es brauchen aber nicht alle anderen „in dem Betriebe beschäftigten Personen" Arbeiter zu sein, cf. § 2. Ein formaler Arbeitsvertrag ist nicht unumgänglich, wenngleich „das Unfallversicherungsgesetz in seinen wesentlichsten Bestimmungen von den Verhältnissen solcher Arbeiter ausgeht, welche im Allgemeinen nach freier Entschließung und auf Grund eines von ihnen selbst abgeschlossenen Arbeitsvertrages beschäftigt werden" (A. N. IV S. 231); ebensowenig bildet der Bezug von Lohn oder die Art der Löhnung ein entscheidendes Merkmal. Nach den allgemeinen Motiven z. landw. U.-V.-G. wird im Allgemeinen als Arbeiter gelten können, wer, ohne die höhere Qualifikation eines Betriebsbeamten zu haben, „seine Arbeitskraft im Dienste anderer verwerthet", demgemäß den auf die Arbeit sich beziehenden Anordnungen dieses Andern sich fügen, demselben sich unterordnen, auf sein Geheiß die Arbeit aufnehmen oder einstellen muß. Arbeiter sind (ebenso wie im Krankenversicherungsgesetz) ohne Rücksicht auf die Höhe des Lohns, und sogar (abweichend vom K.-V.-G.) auch dann, wenn sie überhaupt keinen Lohn beziehen, der Unfallversicherung unbedingt unterworfen, Betriebsbeamte dagegen nur bei einem Lohn bis zu 2000 Mark jährlich (Anm. 13), cf. jedoch §§ 2, 4. Bei ungelohnten Arbeitern wird die Entschädigungsrente nach § 5 Abs. 5 zu bestimmen sein. Auf die Art der Löhnung kommt es ebensowenig an, wie darauf, ob Lohn überhaupt gewährt wird; Akkordarbeiter sind demgemäß Arbeiter, nicht Betriebsunternehmer, vgl. Anm. 5 zu § 9. Vgl. auch Anm. 2, 11, 16.

Hausindustrielle, d. h. „selbständige Gewerbetreibende, welche in eigener Betriebsstätte im Auftrage und für Rechnung anderer Gewerbetreibender mit der Herstellung oder Bearbeitung gewerblicher Erzeugnisse beschäftigt werden" (§ 2 Nr. 6 K.-V.-G.), sind keine Arbeiter, sondern eine Uebergangsstufe zwischen diesen und den selbständigen Gewerbetreibenden im engeren Sinne. Hausindustrielle sind also für ihre Person kraft Gesetzes nicht versichert; ihr Betrieb aber und die in demselben beschäftigten unselbständigen Arbeiter (vgl. Anm. 12) sind versichert, falls in dem Betriebe mit Motoren (wie bei der Kleineisenindustrie) oder regelmäßig mit zehn oder mehr Arbeitern gearbeitet wird (A. N. I S. 83, 288, V S. 318). Siehe auch Anm. 9, 28.

Arbeiter, welche sich derart mit einander zu gemeinschaftlichem Betriebe vereinigen, daß sie den Erwerb aus ihrer gemeinsamen Thätigkeit nach gewissen Prozentsätzen, etwa entsprechend ihrem Einlagekapital, mit einander theilen, sind nicht zu versichern, weil sie zu einander nicht im Verhältniß von Arbeitgebern und Arbeitnehmern, sondern im Verhältniß von Geschäftstheilhabern stehen. Beschäftigen sie unselbständige Arbeiter, so sind diese zu versichern. Ebenso A. N. I S. 364.

[13]) Betriebsbeamte. Durch § 1 Ges. v. 15. März 1886 (s. Anm. 1) sind alle in unfallversicherungspflichtigen Betrieben des Reichs beschäftigten Beamten aus der Unfallversicherung bezw. den Berufsgenossenschaften herausgehoben und der dienstpragmatischen, im Uebrigen gleichwerthigen Fürsorge überwiesen worden. Nach § 12 a. a. O. scheiden ebenso alle in unfallversicherungspflichtigen Betrieben eines Bundesstaats oder eines Kommunalverbandes beschäftigten Beamten aus, sobald für sie durch die Gesetzgebung des Bundesstaates oder durch statutarische Bestimmungen des Kommunalverbandes gleichwerthige dienstpragmatische Fürsorge getroffen ist. Solange letzteres nicht geschehen ist, fallen die in unfallversicherungspflichtigen Betrieben beschäftigten Staats- und Kommunalbeamten, sofern sie nicht mit festem Gehalt und Pensionsberechtigung angestellt sind, unter das vorliegende Gesetz; sofern sie aber mit festem Gehalt und Pensionsberechtigung angestellt sind, findet dieses letztere auf sie keine Anwendung; sie sind dann vielmehr auf ihre Pension und bis auf Weiteres auf das Haftpflichtgesetz angewiesen. Vgl. darüber § 4 sowie Anm. 1 zu demselben.

Im Uebrigen sind Betriebsbeamte, ebenso wie im Krankenversicherungsgesetz, nur dann der Unfallversicherung unbedingt unterworfen, „wenn sie nach der Höhe des Jahres-Einkommens, von welchem ihre soziale Stellung in der Regel abhängig sein wird, über den Stand der gewöhnlichen Arbeiter sich nicht wesentlich erheben" (Mot. S. 43). Die Grenze, bis zu welcher dies anzunehmen sei, findet das Gesetz in dem Jahresbetrag von 2000 Mark (= $6^2/_3$ M. für den Arbeitstag, das Jahr zu 300 Arbeitstagen gerechnet), „da bei einem niedrigeren Betrage die zahlreiche Klasse der Werkführer und Vorarbeiter, welche von der Unfallversicherung nicht auszuschließen sein dürfte, wahrscheinlich nur zum Theil getroffen werden würde" (Mot. S. 43). Hiermit ist nicht gemeint, daß jeder Vorarbeiter immer als Beamter anzusehen sei; er ist es vielmehr nur dann, wenn er im Uebrigen die unterscheidenden Merkmale eines Beamten aufweist (s. unten). Höher gelohnte Betriebsbeamte können durch statutarische Regelung der Versicherungspflicht unterworfen, im Uebrigen aber durch den Betriebsunternehmer freiwillig versichert werden, § 2.

Die Frage, ob eine in den voraufgeführten Betrieben beschäftigte Person

Arbeiter oder Beamter sei, und ob sie deshalb unbedingt oder (vorbehaltlich weitergehender statutarischer Bestimmungen) nur bei einem Jahresverdienst (vgl. Anm. 3 zu § 2) von höchstens 2000 Mark zu versichern und bei der Anmeldung oder den Lohnlisten zu berücksichtigen sei (cf. §§ 11, 35, 71), wird auch hier, wie bei dem Krankenversicherungsgesetz, je nach der Stellung zu beantworten sein, welche dem Betreffenden im Verhältniß zu den übrigen Bediensteten angewiesen ist. Allgemein gültige Unterscheidungsmerkmale lassen sich wohl nicht aufstellen — man wird aber festhalten können, daß in der Regel eine Tagesvergütung nach Maßgabe der wirklichen Arbeitsleistung (mag die Löhnung wöchentlich oder täglich erfolgen) für die Eigenschaft als Arbeiter, eine in größeren Zeitabschnitten zahlbare, unabhängig von der wirklichen Arbeitsleistung ein für alle Mal fixirte Remuneration (Gehalt) für die Eigenschaft als Beamter präsumiren läßt. Auch wird ein Beamter in der Regel gewöhnliche Handarbeit nicht verrichten.

Ferner fallen nicht alle „Beamte", sondern nur die „Betriebsbeamten", d. h. die in dem technischen Betriebe beschäftigten Beamten unter die Unfallversicherung, vgl. Anm. 3. Kaufmännische Kräfte, die im Allg. mit der Buchhaltung, Korrespondenz 2c. betraut sind, werden nicht schon dadurch zu „Betriebsbeamten", daß sie gelegentlich mündlich einen Auftrag innerhalb der Fabrikräume auszurichten haben, dagegen sind technische Beamte, die im Allg. auf dem technischen Büreau beschäftigt werden, aber in stetem Verkehr mit dem Betriebe stehen, als Betriebsbeamte anzusehen (A. N. I S. 344). Im Allgemeinen gehören zu den Betriebsbeamten ungefähr diejenigen Kategorieen, für deren Versehen nach § 2 des Haftpflichtgesetzes der Betriebsunternehmer haften muß (wenngleich statt der extensiven Interpretation, welche in dieser Frage für jenes Gesetz im Interesse der Arbeiter angezeigt war, für die Unfallversicherung eine einschränkende Auslegung des Begriffs geboten erscheint), also „ein Bevollmächtigter oder ein Repräsentant oder eine zur Leitung oder Beaufsichtigung des Betriebes oder der Arbeiter angenommene Person;" oder im einzelnen (vgl. die Ausführungen von Eger a. a. O. S. 224fg.):

a) die Generalbevollmächtigten für den Gesammtbetrieb (den technischen und nichttechnischen), Repräsentanten;

b) die Bevollmächtigten für den technischen Betrieb (nicht für andere nichttechnische Betriebsbranchen);

c) alle leitenden und beaufsichtigenden Betriebsorgane niederer Ordnung;

und zu der dritten Klasse würden diejenigen Personen zu rechnen sein, welche zur selbständigen Leitung, zur Dirigirung eines Theiles des Betriebes angenommen sind und dabei Aufsichtsfunktionen ausüben. Auf den größeren oder geringeren Umfang der Funktionen kommt es ebensowenig an, wie auf untergeordnete Stellung und das Maß technischer Kenntnisse. Urth. d. Reichsgerichts v. 19. Dez. 1879 (Entsch. I S. 28), Erk. d R.-O.-H.-G. v. 22. Sept. 1874 (Entsch. 14 S. 96). Im Uebrigen ist es quaestio facti, wer als Betriebsbeamter anzusehen ist; die gleichzeitige Wahrnehmung öffentlicher (polizeilicher) Funktionen entzieht die Eigenschaft als Betriebsbeamter nicht, und so kann auch ein in einem Betriebe zur Wahrnehmung des Ordnungs- und Sicherheitsdienstes angestellter Polizeibeamter, wenn er dabei Funktionen lediglich im privaten Interesse des Betriebsunternehmers versieht, gleichzeitig als Angestellter des letzteren angesehen werden (A N. V S. 161). Vgl. Anm. 11, 16, 17.

Bei den Vorarbeitern, Maschinisten, Heizern 2c. wird die Frage nur für den konkreten Fall unter Berücksichtigung ihrer Funktionen in dem betr. Betriebe zu beantworten sein; insbesondere sind diejenigen Vorarbeiter nicht Beamte, welche nur die gewöhnlichen Arbeiter auf die verschiedenen Arbeitsstellen zu vertheilen haben (Erk. d. R.-O.-H.-G. v. 5. Juni 1878), ebensowenig diejenigen Heizer und Maschinisten, welche die Maschine nur unter dem Befehl eines Andern dirigiren (Sten. Ber. 1871 S. 478).

[14]) Jahresarbeitsverdienst, cf. Anm. 3 zu § 2.

[15]) werden, d. h. sind auf Grund des Gesetzes gegen Unfälle, die sich nach dem Inkrafttreten der materiellen Bestimmungen desselben ereignen (cf. Anm. 3 zu § 111), versichert. Nicht erst durch die Anmeldung des Betriebes Seitens der Arbeitgeber (§§ 11, 35) wird die Versicherung begründet; auch die in nicht angemeldeten Betrieben entstandenen Unfälle sind von der zugehörigen Genossenschaft zu entschädigen. Dagegen ist der verspäteten Anmeldung oder Aufnahme des Betriebes hinsichtlich der Beitragserhebung rückwirkende Kraft nicht beigelegt, ein solcher Betrieb soll vielmehr nur noch für dasjenige Jahr zu den Beiträgen herangezogen werden dürfen, für welches in dem Jahr der Anmeldung (Aufnahme) die Beiträge umgelegt sind (A. N. IV S. 335).

[16]) bei dem Betriebe. Es muß ähnlich, wie nach dem Haftpflichtgesetz, ein ursächlicher Zusammenhang zwischen dem Betriebe und dem Unfall erkennbar sein (wie in der Kommissionsberathung von einem Regierungsvertreter, von welchem eine authentische Interpretation der Worte „bei dem Betriebe" verlangt wurde, konstatirt worden ist, vergl. Komm.-Ber. S. 8). (Die Nothwendigkeit eines ursächlichen Zusammenhangs mit den besondern Gefahren des Betriebes verneint das R.-V.-A.) Im Uebrigen ist in Uebereinstimmung mit der bei Auslegung des Haftpflichtgesetzes erfolgten Rechtsprechung des Oberhandelsgerichts (Entsch. 12 S. 162) und des Reichsgerichts (Blums Annalen II S. 261) schon ein mittelbarer Zusammenhang für ausreichend zu erachten, z. B. Ertrinken eines Fabrikkutschers beim Bewegen der Pferde, Hitzschlag (Sonnenstich), wenn derselbe durch die eigenthümlichen Anforderungen des Betriebes veranlaßt ist (A. N. III S. 407, IV S. 69, 177, 286), Tod in Folge zugetretener Blutvergiftung (A. N. III S. 8); bei Verletzung durch Blitzstrahl soll mittelbarer Zusammenhang mit dem Betriebe dann angenommen werden, wenn die Lage der Betriebsstätte oder die Beschaffenheit des Betriebes (isolirte hohe Lage (Windmühlen) etwa in der Nähe des Wassers, hohe, den Blitz anziehende Stangen 2c.) eine besondere Gefahr des Blitz-

schlags mit sich bringt (A. N. III S. 132, V S. 351). Ein ursächlicher Zusammenhang liegt ferner vor, wenn ein bestehendes Leiden durch die Folgen der Verletzung (Bettlager bei schlechter Luft, hochgradiges Fieber) verschlimmert und hierdurch der Tod herbeigeführt wird (A. N. III S. 150). Vgl. auch Anm. 2 zu § 5.

„Beim Betriebe" ist hiernach ein Unfall dann eingetreten, wenn er bei Gelegenheit einer Betriebshandlung im Interesse des Betriebes (also auch z. B. behufs Rekognition der aus der Fabrik gestohlenen Gegenstände, A. N. IV S. 290), „bei der Vorbereitung, der Durchführung oder dem Abschluß des Betriebes eintrat, und nach den Umständen mindestens ein mittelbarer Zusammenhang (mit dem Betriebe) sich als möglich darstellt"; cf. Erk. d. R.-O.-H.-G. v. 17. Mai 1876 (Entsch. 21 S 91). Den Gegensatz bildet „die Unfallgefahr des gewöhnlichen Lebens" (Rosin S. 330)*), welche nicht durch die Unfallversicherungsgesetze, sondern durch die Invaliditätsversicherung gedeckt wird. „Betriebsunfälle sind solche Unfälle, denen Jemand durch seine Berufsbeschäftigung in einem das Risiko des gewöhnlichen Lebens übersteigendem Maaße ausgesetzt gewesen ist" (Rosin S. 331).

Das R.-V.-A. spricht von einem „Banne" des Betriebes, in dem der Verunglückte sich befunden haben müsse (z. B. A. N IV. S. 176, 189, 214, 315 u. a.). Dieser „Bann des Betriebes" besteht zeitlich auch während der Arbeitspausen, insbesondere, wenn die Arbeiter während derselben sich auf dem Fabrikgrundstück aufhalten (A. N. S. 288), ebenso während derjenigen Zeit, welche die Arbeiter erfahrungsmäßig nach dem Abschluß der Tagesarbeit verstreichen lassen, und welche erforderlich ist oder verwendet wird zum Umkleiden, Verwahren des Arbeitsgeräths, Vorbereitung der Arbeit des nächsten Tages, zur Abkühlung, zum Verzehren des Vesperbrods ꝛc. (A. N. III S. 147, IV S. 288).

Oertlich besteht der Bann des Betriebes zunächst innerhalb der Fabrikräume, also auch beim Auf- und Abladen abgehender oder ankommender Wagen, von Produkten und Fabrikaten (z. B. Entladen einer Lowry mit Brettern in einer Dampfschneidemühle (Entsch. d. Ob.-Hand.-Ger. v. 4. Januar 1877, Entsch. 21 S. 176), bei den Handtierungen in den Magazinen und Lagerräumen (z. B. Lagerung eines Bierfasses in den Kellereien der Brauerei, Urtheil des Reichsgerichts vom 13. Mai 1881, Entsch. IV S. 98), beim Sichten, Reinigen, Aufstellen, Wiegen, Verschicken ꝛc. „Jeder Unfall, welcher die Arbeiter bei der Arbeit, auf dem Wege zu und von derselben innerhalb der Grenzen des Fabrikgrundstücks in Folge der mangelhaften Beschaffenheit der Maschinen, Treppen, Wege ꝛc." (Glatteis, fettige Treppen) betrifft, muß in der Regel als „Betriebsunfall gelten" (A. N. III S. 134); „die Gefahr, beim Hinfallen in Fa-

*) In dem „Archiv für öffentliches Recht" Band III Heft 2, 3 hat Prof. Dr. H. Rosin aus Freiburg i./B. eine vortreffliche Monographie über den Begriff des „Betriebsunfalls" erscheinen lassen, aus welcher einzelne Sätze in den Text aufgenommen sind.

brikräumen in Maschinentheile, herumliegende Materialien, Erzeugnisse oder Rückstände des Betriebes zu stürzen und sich daran zu verletzen, muß den Gefahren des Betriebes zugerechnet werden" (A. N. IV S. 176). Ein Eisenbahnbeamter, welcher innerhalb des Bahnhofs die Schienen kreuzte, als er von einem Gebäude zum andern ging, um sein Gehalt zu erheben, und welcher dabei von einer Maschine erfaßt wurde, ist als rentenberechtigt anerkannt (A. N. IV S. 83). Aber auch außerhalb der Betriebsräume wirkt der „Bann" des Betriebes, soweit Handlungen außerhalb dieser Räume mit dem Betrieb in Verbindung stehen, nicht blos durch ihn veranlaßt werden; „soweit die Berufsbeschäftigung auch außerhalb des eigentlichen Bezirkes eine Erhöhung des in der allgemeinen Lebensführung liegenden Unfallrisikos hervorbringt, ist auch die Möglichkeit eines Betriebsunfalls gegeben" (Rosin).

Hiernach können Betriebsunfälle auch vorkommen bei „Außenarbeiten" im engeren Sinne, d. h. Arbeiten außerhalb des Fabriketablissements, sobald diese Außenarbeiten auf den Betrieb sich beziehen, im Interesse des Betriebes erfolgen (z. B. Einebnung des Grundstücks behufs Erweiterung der Fabrikanlage, A. N. IV S. 240), gewissermaßen als Theile desselben sich darstellen. Der Monteur einer Maschinenfabrik, welcher eine in der Fabrik gefertigte Maschine außerhalb aufstellt, reparirt oder zur Fabrik zurückschafft, der Ingenieur mit seinen Arbeitern, welcher eine Wasserheizungsanlage oder eine Gasleitung örtlich anbringt 2c., wird hiernach für Unfälle, die hierbei vorkommen, von der Genossenschaft, zu welcher sein Arbeitgeber gehört, zu entschädigen sein, ebenso aber auch der Arbeiter einer Zuckerfabrik, welcher beim Transport leerer Fässer unterwegs verunglückt (vgl. A N. I S. 345).

Was insbesondere die Unfälle anbelangt, welche die Arbeiter auf dem Wege zur Arbeit oder von der Arbeit erleiden, so gelten dieselben, soweit sie innerhalb des Fabrikgrundstücks als Folge schlechter Beschaffenheit und Gefährlichkeit der Wege 2c. sich ereignen, in der Regel als Betriebsunfall (A. N. III S. 134, vgl. oben), dagegen nicht, soweit sie auf dem Hin- oder Herwege außerhalb dieser Grenzen sich ereignen. Ein Eisenbahnarbeiter, welcher auf dem Heimweg zu Unrecht die Schienen kreuzte, statt den ordentlichen Weg zu gehen, und dabei von der Maschine erfaßt wurde, erlitt hierdurch keinen Betriebsunfall (A. N. III S. 408). Der Weg zur Arbeitsstätte ist zwar durch den Betrieb veranlaßt, bezweckt aber nur die Aufnahme der Betriebsthätigkeit und ist deshalb als eigentliche Betriebshandlung noch nicht anzusehen (A. N. III S. 8, 423, 468, IV S. 176. 214, V S. 342). Umgekehrt liegt der Fall, wenn ein Versicherter auf einem Gange, den er aus Veranlassung und im Interesse des Betriebes im Auftrage des Arbeitgebers unternimmt, um eine zu dem Betriebe gehörige Betriebshandlung (Vermessung, Ueberwachung außerhalb befindlicher Arbeitsstellen 2c.) vorzunehmen, verunglückt; derartige Fälle werden als Betriebsunfälle angesehen (A. N. V S. 342). Dasselbe gilt, wenn der Gang (Fahrt) während der Arbeitszeit zur Fortführung des unterbrochenen Betriebes nöthig war (A. N. III S. 351).

Nicht erforderlich ist, daß der Unfall mit den spezifisch gefahrbringenden Anstalten oder Werkzeugen (z. B. mit Maschinen) in Verbindung steht (A. N. III S. 355, IV S. 214, 228, wo Unfälle bei allen durch den Betrieb bedingten Anlagen (z. B. Abtrittsgruben) oder Verrichtungen (z. B. Heizen) für Betriebsunfälle erklärt sind). Auch Unfälle bei Betriebszwecken dienenden anderen Arbeiten (z. B. bei Aufstellung der Maschinen) fallen unter das Gesetz; ebenso Unfälle, welche ein Fabrikarbeiter bei einer ihm unmittelbar übertragenen, den Zwecken des Fabrikbetriebes dienenden baulichen Verrichtung erleidet (A. N. III. S. 176 ad 5e); ebenso Unfälle, die ein Betriebsbeamter ꝛc. in einem anderen Betriebe, als in welchem er beschäftigt ist, dann erleidet, wenn er diesen anderen Betrieb im Dienste desjenigen Betriebes, in welchem er beschäftigt ist, betreten hat (z. B. zu Revisionen ꝛc.), A. N. I S. 366. Ueberhaupt wird man nach der Tendenz dieses Gesetzes, den im Beruf verunglückten Arbeitern aus öffentlich-rechtlichen Gründen eine Fürsorge zu Theil werden zu lassen, den Begriff des „Unfalls bei dem Betriebe" thunlichst weit fassen müssen, um so mehr, als die Belastung mit der Fürsorgepflicht nicht wie im Haftpflichtgesetz einen Einzelnen, sondern größere leistungsfähige Verbände trifft.

Immerhin muß der Zusammenhang ein ursächlicher sein; ein blos örtlicher oder zeitlicher Zusammenhang zwischen dem Betriebe oder der Betriebsanlage und dem erlittenen Unfall genügt nicht ohne Weiteres. Auf rein zufällige, mit dem Betriebe des Unternehmens in keiner Verbindung stehende Beschädigungen, z. B. durch Blitzstrahl (wenn nicht etwa die Lage der Betriebsstätte den Blitz besonders anzieht, vgl. oben), Biß eines fremden Hundes auf dem Fabrikhof (A. N. IV S. 154), durch einen von außen eindringenden Steinwurf (wenn er nicht etwa einen Angriff gegen die Sicherheit des Betriebes, z. B. gegen den auf Nachtwache befindlichen Wächter, darstellt, A. N. IV S. 69), und durch ähnliche Begebenheiten kann die Unfallversicherung nicht ausgedehnt werden. Derartige Unfälle sind nicht „bei dem Betriebe" im Sinne dieses Gesetzes entstanden, fallen daher nicht unter die Unfallversicherung, sondern unter die Invaliditätsversicherung. Vgl. auch Anm. 17.

Bei Beurtheilung der Frage, ob ein genügender Zusammenhang vorliegt, wird viel auf ärztliches Gutachten ankommen; ein Schlagfluß, den ein herzkranker Arbeiter bei dem Tragen einer nicht übermäßig schweren Last erlitt, und dessen Zusammenhang mit der Beschäftigung im Betriebe von dem Arzt ausdrücklich verneint wurde, ist nicht als Betriebsunfall angesehen worden (A. N. II S. 352).

Wegen nachträglicher Aufhebung des Zusammenhanges durch das Verhalten des Verletzten vgl. Anm. 2 zu § 5. Ueber Unfälle bei dem Betriebe im Auslande vgl. Anm. 3.

Den Nachweis des ursächlichen Zusammenhangs zwischen Unfall und Betrieb hat der Verletzte zu führen; die entscheidende Stelle (Berufsgenossenschaft, Schiedsgericht, Reichs-Versicherungsamt) hat nach freiem Ermessen zu beurtheilen, ob der Zusammenhang wenigstens soweit wahrscheinlich gemacht ist, daß die Ueberzeugung von einem Zusammenhang gewonnen werden kann

(A. N. II. S. 228, 251); hierin geht das R.-V.-A. sehr weit, vgl. A. N. IV. S. 280. „Mit diesem Princip der freien Beweiswürdigung ist die Frage nach der Beweislast nicht gegenstandslos geworden. Kann sich der Richter nach pflichtgemäßem Ermessen nicht entschließen, eine Thatsache als wahr anzunehmen, so gereicht dies derjenigen Partei zum Schaden, welche sie dem Richter hätte beweisen müssen. . . . Es muß also dem Anspruchsberechtigten die Behauptung und der Beweis derjenigen Thatbestandsmomente auferlegt werden, welche an sich genügen, um dem Richter das Bild eines Betriebsunfalles vor die Seele zu führen." (Rosin). Gemildert wird die Beweislast durch die von Amtswegen vorzunehmende Unfalluntersuchung (§ 57).

Das Wort „Betrieb" bezeichnet hier nicht die Betriebsanlage, das Unternehmen, sondern die gewerbliche Thätigkeit in demselben und aus Anlaß desselben.

[17]) Unfälle, ohne Rücksicht darauf, ob dieselben durch höhere Gewalt, Zufall (z. B. epileptische Krampfanfälle A. N. III. S. 209, IV. S. 176), Verschulden des Verletzten (z. B. leichtsinniges Verhalten, A. N. III. S. 29), des Unternehmers oder eines Dritten (z. B. „Neckereien oder Muthwille von Mitarbeitern", A. N. IV S. 176, V A. N. S. 351; Schlägereien mit denselben, A. N. IV. S. 288), ja selbst grobes Verschulden des Verletzten selbst veranlaßt werden. (Vgl. allg. Motive, oben S. 42, sowie Anm. 26 zu § 5.) Gegen frevelhaften Leichtsinn der Arbeiter kann die B.-G. sich dadurch schützen, daß sie die Arbeitgeber zur Entlassung derselben nöthigt (A. N. III S. 30). Nur bei einer vorsätzlichen Herbeiführung des Unfalls fällt der Anspruch fort (§ 5 Abs. 7). Der Unfall muß nach dem Inkrafttreten der Unfallversicherung eingetreten (vgl. § 111), und von einem „in" dem Betriebe „beschäftigten" (Anm. 3, 11) Arbeiter oder Betriebsbeamten „bei dem Betriebe" erlitten sein.

Nach konstanter Rechtsprechung faßt das R.-V.-A. den Begriff des „Unfalls" auf als das schädliche Ereigniß selbst (vgl. A. N. IV S. 244); dieselbe Auffassung hat das Reichsgericht (Erk. vom 6. Juli 1888, Jurist. Wochenschrift 332). Aehnlich hat der Verfasser den „Unfall" definirt als ein (dem regelmäßigen Gang des Betriebes fremdes, aber mit dem letzteren in Verbindung stehendes) abnormes Ereigniß (vgl. Eger, Haftpflichtgesetz, II. Aufl., S. 62, 113), dessen Folgen für das Leben oder die Gesundheit schädlich sind. Nach Rosin (a. a. O. S. 319) dagegen ist der Unfall die „körperschädigende, plötzliche und von dem Betroffenen unbeabsichtigte Einwirkung eines äußern Thatbestandes auf einen Menschen", nicht das Ereigniß selbst, auch nicht der in Folge des Ereignisses eingetretene Körperschaden. Der „Unfall" muß „bei dem Betriebe" eingetreten sein (vgl. Anm. 16), um einen Entschädigungsanspruch zu begründen.

Das Ereigniß muß zeitlich bestimmt sein (Erk. d. Reichsgerichts a. a. O.; A. N. IV. S. 85); allmählig entstandene Nachtheile für die Gesundheit, welche auch unter normalen Verhältnissen unter dem Einfluß der Berufsarbeit leiden kann (z. B. allmählige Verschlechterung des Gehörs oder des Gesichts, allmählig z. B. in Folge Zuges auf der Arbeitsstätte (A. N. V.

S. 193) aufgetretener Rheumatismus, Bleikoliken ꝛc.), sind keine „Unfälle", sondern Berufskrankheiten; die Grenze zwischen beiden darf schon im Interesse des Arbeiters selbst, um nicht kränklichen Arbeitern die Erlangung von Arbeit zu erschweren, nicht verrückt werden (A. N. II. S. 252). Wohl aber sind Betriebsunfälle solche Vergiftungen, welche eine Folge plötzlich wirkenden Eindringens von Krankheitsstoffen in den Körper darstellen, z. B. Milzbrand in Folge Bearbeitung von Haaren milzbrandkranker Thiere in einer Roßhaarspinnerei (A. N. II. S. 251), oder Erstickung durch Einathmen von Gasen bei Röhrenbrüchen. Für Benachtheiligungen, welche nicht als Unfälle gelten können, tritt event. die Invaliditätsversicherung ein.

Was speciell Bruchschäden anbelangt, so hat das R.-V.-A. den Grundsatz ausgesprochen (A. N. IV S. 85), daß nicht die bestehende Anlage zu einem Leistenbruch, sondern das sog. Austreten des Bruchs (d. h. eines Theils der Eingeweide durch die Bruchpforte des Leistenkanals) diejenige Thatsache ist, welche eine Unfallentschädigung bedingt, sofern sie als Folge eines Betriebsunfalls erscheint. Ob aber das Auftreten der wesentlichen Brucherscheinung, nämlich das Hervortreten von Eingeweiden, als ein „bei dem Betriebe" erlittener „Unfall" sich darstellt, d. h. plötzlich im Anschluß an ungewöhnliche Anstrengung, schwere körperliche Arbeit, entstanden ist, oder nicht vielmehr aus einer Kette kleinerer und größerer Anstrengungen sich entwickelt hat, das muß im Einzelfall geprüft werden; dabei will das R.-V.-A. von dem zur Beibringung des Nachweises verpflichteten Arbeiter jedesmal eine „dem vollen, zwingenden Nachweise sich möglichst nähernde Häufung von Wahrscheinlichkeitsumständen verlangen". Das Wiederhervortreten eines Bruchs während einer nicht ungewöhnlich schweren Arbeit, bei welcher ein Bruchband nicht getragen wurde, hat das R.-V.-A. demgemäß nicht als Folge eines bestimmten, zeitlich nachweisbaren Ereignisses, sondern als allmählige Körperschädigung in Folge Nichttragens des Bruchbandes angesehen, und demgemäß eine Unfallrente abgelehnt (A. N. IV S. 287).

[18]) Dasselbe gilt. Vgl. Abs. 8 und die Zusätze zu § 1.

Die hier bezeichneten gewerblichen Baubetriebe sind für die Dauer des Arbeitsverhältnisses, ohne Rücksicht darauf, ob die Beschäftigung in der Werkstätte oder unmittelbar bei der Ausführung eines Baues, ob sie bei Neubauten oder bei Reparaturen ꝛc. stattfindet, der Unfallversicherung unterworfen. Weitere gewerbliche Baubetriebe sind durch die gemäß Abs. 8 gefaßten Beschlüsse des Bundesraths der Versicherungspflicht nach dem U.-V.-G. unterstellt worden; für gewerbliche Tiefbaubetriebe ꝛc., sowie für solche Bauarbeiten, die Privatpersonen ohne Vermittelung eines Gewerbetreibenden durch direkt angenommene Arbeiter im Regiebetriebe ausführen, ist das Bauunfallversicherungsgesetz vom 11. Juli 1887 (R.-G.-Bl. S. 287) erlassen, nachdem Regiebauten der Eisenbahn-, Post-, Heeres- und Marineverwaltungen schon durch das Ausdehnungsgesetz, und Regiebauten in der Land- und Forstwirthschaft durch das landwirthschaftliche Unfallversicherungsgesetz erfaßt worden waren. Nunmehr sind alle

Bauarbeiter versichert; der Hauptbetrieb zieht den Nebenbetrieb, auch rücksichtlich der bei dem Bau verwendeten Arbeitsbahnen, Motoren und Dampfkesselbetriebe, nach sich. Letztere scheiden aus dem bisherigen Versicherungsverhältniß aus. Das Rechtsverhältniß ist also jetzt das folgende: Gewerbliche Hochbaubetriebe (Abs. 2) (Maurer, Zimmerer ꝛc.), sowie die Betriebe solcher Bauhandwerker, welche auf Grund des Abs. 8 vom Bundesrath für versicherungspflichtig erklärt sind (Abs. 8), fallen unter das Unfallversicherungsgesetz (Baugewerks-B.-G.); doch ist letzteres für diese Betriebe durch das Bauunfallgesetz v. 11. Juli 1887 (R.-G.-Bl. S. 287ff.) mehrfach modificirt worden. Gewerbliche Tiefbaubetriebe (Eisenbahn-, Kanal- ꝛc.) fallen unter das (letzterwähnte) Bauunfallgesetz (Tiefbau-B.-G.); die Versicherung erfolgt im Wesentlichen nach den Grundsätzen des Unfallversicherungsgesetzes, jedoch mit einigen Abänderungen. Für Bauunternehmer gemischter Baubetriebe erfolgt die Unfallversicherung einheitlich nach Maßgabe der für den Hauptbetrieb geltenden Vorschriften (§ 9 Ges. v. 11. Juli 1887). Regiebauten, welche ohne Vermittelung eines Baugewerbetreibenden direkt für Rechnung des Bauherrn ausgeführt werden, fallen, soweit es sich um Regiebauten bei Eisenbahnen sowie den fiskalischen Post- und militärischen Betrieben handelt, unter § 1 des Ausdehnungsgesetzes v. 28. Mai 1885; soweit es sich um landwirthschaftliche Regiebauten handelt, unter das landw. Unfallgesetz v. 5. Mai 1886 (vgl. § 1 Abs. 4 Ges. v. 11. Juli 1887), und soweit es sich um laufende, in Regie ausgeführte Reparaturen an Fabrikgebäuden ꝛc. oder um sonstige „zum laufenden Betriebe einer Fabrik ꝛc. gehörende Bauarbeiten" handelt, als Nebenbetrieb oder Betriebstheil unter das Unfallversicherungsgesetz (A. N. III S. 177 ad 5 e, IV S. 17 ad 4 d). Inwieweit ein derartiger Regiebau für Zwecke des Fabrikbetriebes in dieser Beziehung als Nebenbetrieb des letzteren angesehen werden darf, ist quaestio facti; im Allg. werden derartige Bauten, auch wenn es sich um Neuanlagen für Zwecke des Fabrikbetriebes handelt, dann hierher zu rechnen sein, „wenn sie ausschließlich oder überwiegend durch das ständige Bauarbeiterpersonal des betr. Betriebes ausgeführt werden"; in letzterem Falle sind auch die vorübergehend zugezogenen weiteren Bauarbeiter in diesem Nebenbetriebe versichert (A. N. V S. 380). Dasselbe gilt von Bauarbeiten, welche der Unternehmer einer Ziegelei, eines Steinbruchs ꝛc. als Nebenbetrieb bez. als Bestandtheil seines Hauptbetriebes in Regie ausführen läßt. Im Uebrigen fallen derartige Regiebauten (also insbesondere der Privatpersonen) unter das Bauunfallgesetz; für diese Kategorie haben die Bau-Berufsgenossenschaften besondere Versicherungsanstalten zu errichten.

Die hauptsächlichsten Abänderungen, welche für Bauarbeiten, die an sich unter das U.-V.-G. fallen, durch das B.-U.-G. eingeführt sind, bestehen in Folgendem:

a) Baugewerbetreibende, welche nicht regelmäßig wenigstens einen Lohnarbeiter beschäftigen, können durch Genossenschaftsstatut für versicherungspflichtig erklärt werden (§ 2, 48 B.-U.-G.); sämmtliche Baugewerks-B.-G. haben von dieser Ermächtigung Gebrauch gemacht.

b) Jede Baugewerks-B.-G. muß auf Grund eines Nebenstatuts eine Versicherungsanstalt errichten; in derselben sind die Regiebauten, soweit sie nicht unter das A.-G., das L.-U.-V.-G., oder als Regiebauten von Industriellen an ihren Fabrikgebäuden unter das U.-V.-G. fallen, zu versichern (§§ 16, 48, B.-U.-G.). Die Versicherung erfolgt bei Regiebauarbeiten, zu deren Ausführung mehr als 6 Arbeitstage verwendet sind, gegen Prämie der betr. (Regie-)Bauherren, welche im Kapitaldeckungsverfahren nach einem Prämientarif erhoben werden (§§ 21, 24 B.-U.-G.), bei kleineren Bauarbeiten durch Beiträge der Gemeinden, welche auf die letzteren jährlich umgelegt werden (§§ 21, 30 B.-U.-G).

In die Versicherungsanstalt können auch die selbstversicherten Baugewerbetreibenden verwiesen werden (§ 16 Abs. 3 B.-U.-G.).

c) Statutarisch können die Genossenschaftsmitglieder zu vierteljährlichen Vorschüssen auf ihre Beiträge verpflichtet werden (§ 10 Abs. 2, § 48) B.-U.-G.).

d) Wahlberechtigt für die Wahlen der Vertreter der Arbeiter sind auch Bau-Krankenkassen, wählbar nur dauernd beschäftigte Deutsche (§§ 35, 36, 48 B.-U.-G.).

e) Verfügbare Gelder und Werthpapiere müssen bei einer zur Aufbewahrung von Geldern oder Werthpapieren befugten öffentlichen Behörde oder Kasse niedergelegt werden (§§ 43, 48 B.-U.-G.).

f) Die Zahlung der Renten kann eingestellt werden, solange der Berechtigte nicht im Inlande wohnt; die Abfindung von Ausländern ist auf den dreifachen Betrag der Jahresrente festgesetzt (§§ 39 48, B.-U.-G.)

Die Unternehmer brauchen ferner das betr. Bauhandwerk nicht etwa erlernt zu haben oder persönlich auszuüben, können vielmehr Gewerbetreibende aller Art sein, wenn sich nur ihr Gewerbebetrieb auf die Ausführung von Maurer- 2c. Arbeiten erstreckt. Gemeinnützige Baugesellschaften gelten als Baugewerbetreibende, sofern sie ihren Aktionären eine Dividende zahlen (A. N. III S. 51). Auch die zum Wiederverkauf ausgeführten Spekulationsbauten von Privatpersonen sollen als gewerbsmäßig betriebene Bauten angesehen werden (A. N. IV S. 316).

Vgl. im Uebrigen Anm 35, sowie Komm.-Ber. S. 6.

[19]) Maurerarbeiten. Dahin sollen auch die Fundamentirungsarbeiten gerechnet werden, die von Baugewerbetreibenden für bauliche Zwecke betrieben werden (vgl. Rede d. Abg. Dr. Buhl, Sten. Ber. S. 760). Ferner gehören hierher Hausabbruchsbetriebe (A. N. II S. 16), die Herstellung von Trottoirs mittelst Mörtels sowie Asphaltirerbetriebe (A. N. II S. 293), aber nicht der Betrieb eines Architekten (Inhabers eines bautechnischen Bureaus), welcher lediglich Zeichnungen, Berechnungen 2c. liefert, die Ausführungsarbeiten an selbständige Meister vergiebt und die Ausführung überwacht (A. N. III S. 358) ebensowenig selbständige Erdausschachtungsbetriebe (A. N. II S. 11). Vgl. Anm. 7.

[19a]) Steinhauerarbeiten, einschl. der Steinbildhauerarbeiten (A. N. III S. 213) und der Steinsetzer- und Pflasterbetriebe, jedoch nicht die zur Tiefbau-B.-G. gehörenden Steinschläger an Chausseeen (A. N II. S. 293, IV S. 343).

[20]) in diesem Betriebe. Hülfskräfte, die der Bauherr dem Maurermeister etwa vorübergehend zur Aushülfe stellt, gelten solange als Arbeiter des Maurermeisters (vgl. Anm. 3), wenn nicht etwa nach Lage des thatsächlichen Falls und der begleitenden Umstände anzunehmen ist, daß der Maurermeister die vom Bauherrn gestellten Arbeiter zur Bauausführung nur zugelassen, nicht aber selbst angenommen hat, und daß die vorübergehende Uebernahme dieser in der Regel von dem Bauherrn beschäftigten Arbeiter in den Betrieb der Baugewerbetreibenden thatsächlich weder beabsichtigt war noch stillschweigend erfolgt ist (A. N. III. S. 29, 203.) Nicht immer entscheidet dabei, wer den Lohn zahlt. Vgl. Anm. 3.

[21]) gelten — gleich, cf. allg. Motive oben S. 50, sowie aus der Begründung der gleichlautenden Bestimmung des 2. Entwurfs von 1882 (R.-T.-Dr.-S. Nr. 19 S. 57): Die Bestimmung „entspricht der Absicht des Entwurfs, gegen die Folgen solcher Gefahren zu sichern, welche in der Natur des Betriebes liegen und von der Handlungsweise des einzelnen Arbeiters mehr oder weniger unabhängig sind. Sie hat daneben die Bedeutung, daß sie die Mehrzahl derjenigen Betriebe, bei denen es fraglich ist, ob sie zu den Fabriken gerechnet werden können, nichtsdestoweniger unzweifelhaft diesem Gesetz unterstellt und daß auch der Kleinbetrieb mit alleiniger Ausnahme desjenigen Handwerksbetriebes, welcher ohne Verwendung von Motoren vor sich geht, in die beabsichtigte Regelung eingeschlossen wird."

[22]) Betriebe. Die in Abs. 3 für versicherungspflichtig erklärten Motorenbetriebe brauchen nicht gewerbsmäßig betrieben oder mit Vortheilen für die Unternehmer verknüpft zu sein, können vielmehr auch gemeinnützigen Zwecken dienen. A. N. I. S. 103, 342, 366. Einfache Hauswasserleitungen und Warmwasserheizungsanlagen sollen im Allg. nur dann versicherungspflichtig sein, wenn sie in gewerblichen Anlagen (Gasthöfen 2c.), Krankenhäusern 2c. unter Verwendung eines ständigen Arbeiters (Kesselwärters) betrieben werden (A. N II. S. 77); bloße „Einrichtungen" sind noch kein „Betrieb". Dagegen sind elektrische Beleuchtungsanlagen für Privatzwecke, wenn sie mittels Motors betrieben werden, für versicherungspflichtig erklärt (A. N. III. S. 207), „weil die Anlage nur unter fortgesetzter Krafterzeugung in Funktion erhalten werden kann". Den Betrieb einer Dampfspritze (Feuerspritze) hat d. R.-V.-A. wegen des Dampfkessels für versicherungspflichtig erkärt: die Bedienungsmannschaft ist also, sofern sie aus Arbeitern oder Betriebsbeamten der Löschanstalt besteht, versichert (A. N. I. S. 372). Entwässerungsanlagen mit Dampfbetrieb für Gemeinden, Verbände 2c., Wasserschöpfmühlen bei Bauten fallen unter das U.-V.-G., falls sie aber ausschließlich den Zwecken

der Landwirthschaft dienen, als landw. Nebenbetriebe unter das L.-U.-V.-G., vgl. unten (A. N. I. S. 2). Ebenso ist der Betrieb von Dampf-Dreschereien an sich ein versicherungspflichtiger Betrieb; handelt es sich dabei um eine als selbständiges Gewerbe betriebene Lohn-Dampf-Drescherei, so fällt der Betrieb unter das U.-V.-G. (und gehört zu der Eisen- und Stahl-B.-G.), andernfalls bildet der Betrieb einen Theil oder Nebenbetrieb der Land- und Forstwirthschaft und fällt dann unter das L.-U.-V.-G. Ob das eine oder das andere vorliegt, ist quaestio facti. Wenn die Dreschmaschine ausschließlich oder überwiegend für den Gebrauch in der eigenen Landwirthschaft des Besitzers (oder für die eigenen Landwirthschaften mehrerer zu einer Dreschgenossenschaft vereinigten Besitzer, A. N. V. S. 322) und nur gelegentlich nebenbei auch einer fremden Landwirthschaft dient, so liegt ein landw. Nebenbetrieb (bei einer Dreschgenossenschaft ein landw. Nebenbetrieb bezw. Betriebstheil der einzelnen zur Genossenschaft vereinigten Landwirthe, A. N. V. S. 322) vor; nimmt aber die Verwendung in fremden Landwirthschaften einen größeren Umfang an (z. B. behufs theilweiser Deckung der Kosten, welche die Verwendung der Maschine in der eigenen Landwirthschaft verursacht), so wird der bisherige landw. Nebenbetrieb zu einem selbständigen gewerblichen Betrieb und fällt dann unter das U.-V.-G. (A. N. V. S. 91). Wenn in letzterem Falle Hülfskräfte aus den landw. Arbeitern derjenigen Besitzer, auf deren Gütern die Lohndampfdrescherei in Thätigkeit tritt, verwendet werden, so gilt bei der Frage, ob diese Hülfskräfte als Arbeiter des Unternehmers der gewerblichen Lohndampfdrescherei oder als Arbeiter des Landwirths, bei dem die Maschine arbeitet, anzusehen, und demgemäß in der industr. oder in der landw. B.-G. versichert sind, das in Anm. 3 Gesagte. In der Regel beschränkt sich der Gewerbebetrieb des Maschinenbesitzers auf die Erzeugung und Hergabe der Kraftleistung der Maschine; in solchen Fällen sind nur Maschinenmeister und Heizer als Arbeiter des Maschinenbesitzers anzusehen (vgl. Anm. 25), Einleger, Garbenbinder, Zureicher &c. dagegen als landw. Arbeiter des betr. Landwirths. Anders liegen die Dinge in dem (seltenen) Fall, wenn der ganze Dreschakt Seitens des Maschinenbesitzers übernommen, und ihm das Getreide nur zugeführt wird (A. N. V S. 156). Eine mit wenig Arbeitern betriebene Lohndrescherei ohne Dampfbetrieb (mit Göpelwerk) fällt weder unter das U.-V.-G. noch unter das L.-U.-V.-G. (A. N. V S. 156), vgl. Anm. 23.

Die Land- und Forstwirthschaft, der Garten-, Obst- und Weinbau, Kunst- und Handelsgärtnerei, sowie die Aufzucht landwirthschaftlicher Nutzthiere gelten nicht als „Betrieb“ im Sinne des U.-V.-G., auch nicht in dem Falle, wenn für deren Betriebszwecke stationaire oder transportable Kraftmaschinen verwendet werden, z. B. zum Mähen oder Dreschen, Pflügen, zum Betriebe eines Paternosterwerks behufs Entwässerung &c. Land- und Forstwirthschaft &c. fallen vielmehr unter das landw. Unfallversicherungsgesetz v. 5. Mai 1886 (R.=G.=Bl. S. 132). Ebenso fallen unter das landw., nicht das industr. Unfallversicherungsgesetz land= und forstw. Nebenbetriebe, d. h. die neben einer Landwirthschaft als der Hauptsache (cf. § 9) und in innerer Verbindung mit derselben (welche sich durch Beschäftigung derselben Arbeiter, Verarbeitung selbstgewonnener Produkte u. a. dokumentiren kann) auf Gütern betriebenen anderweiten Anlagen und Einrichtungen (cf. Anm. 6 zu § 9), insbesondere solche, welche zur Verarbeitung der in der Landwirthschaft gewonnenen rohen Naturprodukte dienen (z. B. Brennereien, Ziegeleien, Stärkefabriken, Käsefabriken ꝛc.), falls diese Nebenbetriebe a) entweder zu denjenigen Kategorieen von Betrieben gehören, die an sich unter das Ausdehnungsgesetz fallen, oder b) zu denjenigen Kategorieen, welche zwar an sich unter das U.=V.=G. fallen, aber von dem letzteren auf Grund besonderer Bestimmungen nicht erfaßt worden sind. Hiernach sind z. B. alle als Nebensache auf Gütern betriebenen Feldeisenbahnen und Fuhrwerksbetriebe (A. N. IV. S. 294) unter Heraushebung aus den Berufsgenossenschaften des A.=G. als landw. Nebenbetriebe unter das L.=U.=V.=G. gebracht worden, und zwar mit den Rechtswirkungen des § 32 U.=V.=G.; dagegen sind alle „Fabriken" unter dem U.=V.=G. und den industr. Berufsgenossenschaften belassen worden, auch wenn sie auf Gütern und in Verbindung mit der Landwirthschaft betrieben werden. (Vgl. A. N. IV. S. 294.) Ueber die Motive vgl. v. Woedtke, landw. U.=V.=G. Kommentar 2. Aufl. Anm. 13 zu § 1. Bei der Frage, ob die auf Gütern von Land= und Forstwirthen betriebenen Brennereien, Molkereien, Mühlen ꝛc. unter das U.=V.=G. oder das L.=U.=V.=G. fallen und ob sie demgemäß zu den industriellen B.=G. oder zu den landw. B.=G. gehören, kommt es also darauf an, ob derartige Anlagen als „Fabriken" anzusehen sind oder nicht. Hierbei unterscheidet nicht ausschließlich die Verwendung von Dampfkesseln oder Motoren (nach dem Wortlaut des U.=V.=G. (§ 1 Abs. 3) gilt die Bestimmung, daß die Verwendung derartiger Kraftmaschinen dem Betriebe einer Fabrik ohne Weiteres gleichgestellt werden soll, für landw. Nebenbetriebe nicht), nach neueren Entscheidungen des R.=V.=A. auch nicht einmal immer die Thatsache einer regelmäßigen Verwendung von 10 oder mehr Arbeitern (A. N. V. S. 139) (?), sondern lediglich das R.=V.=A. nach Maßgabe des § 1 Abs. 5, also nach dem Sprachgebrauch und der ganzen Natur des betr. Betriebes, vgl. Anm. 9, wobei neben dem Umfang insbesondere die Verwerthung selbstgewonnener oder fremder Produkte mitbestimmend ist. Die neueren Entscheidungen des R.=V.=A. lassen das gewiß sachgemäße Bestreben erkennen, die früher überaus eng gezogenen Grenzen zu erweitern und Brennereien, besonders aber Molkereien ꝛc., die das R.=V.=A. bei Verarbeitung selbstgewonnener Milch niemals für Fabriken erachtet, in größerem Umfang wie bisher als landw. Nebenbetrieb zu charakterisiren. Nach bisherigen Entscheidungen hält das R.=V.=A. für „Fabriken":

Bayrisch=Bierbrauereien, wenn mindestens 1000 hect. Malz jährlich verbraut werden, A. N. II. S. 160. — Brauereien dagegen, welche in ganz geringem Umfang betrieben werden und in der Hauptsache den sog. Haustrunk für die Gutsleute bereiten, sind landw. Nebenbetriebe (Anl. d. R.-V.-A. v. 14. Juli 1884);

Brennereien (Spiritusbrennereien) mit Dampfbetrieb und 6 bis 12 Arbeitern (A. N. I. S. 2); ebenso solche Brennereien, welche im Jahresdurchschnitt zwar weniger als 100 hl. Spiritus, gleichzeitig aber Hefe produciren, und in welchen im Ganzen 1990 hl. Maischraum zur Versteuerung gelangt (A. N. III. S. 324). — Brennereien dagegen, welche nur in geringem Umfang betrieben werden (Anl. d. R.-V.-A. v. 14. Juli 1884), z. B. mit einer Jahresproduktion von 20 hect. Spiritus zu 50% Tralles (A. N. II S. 56), oder Brennereien mit Handbetrieb ohne Motoren und mit weniger als 10 Arbeitern (A. N. I. S. 2) sind keine „Fabriken", sondern land- und forstw. Nebenbetriebe;

Mälzereien mit mindestens 1000 Ctr. Jahresproduktion (A. N. III S. 377);

Molkerei- oder Meiereibetrieb ohne Motoren mit zwei Arbeitern, in welchem die aus der Umgegend aufgekaufte Milch in größerem Umfang verarbeitet wird (150 Kühe, Produkt circa 5000 Kilo Butter und 15000 Kilo Käse), fällt als „Fabrik" unter das U.-V.-G. (A. N. V S. 118); dagegen nicht ein Molkereibetrieb, in welchem die durch 3 Landwirthe zusammen gewonnene und vertragsmäßig täglich an Einen derselben abgelieferte Milch in nur geringem Umfang verwerthet wird (50 Kühe, Produkt circa 2700 Kilo Butter und 850 Kilo Käse) (A. N. IV S. 189), oder in welchem nur die selbstgewonnene Milch verarbeitet wird, auch wenn in letzterem Fall regelmäßig 10 oder mehr Personen beschäftigt werden (A. N. IV S. 349, V S. 139);

Kalköfen (Kalkbrennereien), A. N. I S. 366;

Mühlen (Getreide-, Oel-, Walk- ꝛc.), welche, zu einem Gut gehörig, nicht blos in der Hauptsache den Bedarf des Gutsbesitzers und seiner Leute decken, sondern in der Hauptsache gegen Entgelt für Dritte arbeiten, Anl. d. R.-V.-A. v. 14. Juli 1884. — Andernfalls sind sie landw. Nebenbetriebe, so eine Dampfschneidemühle, welche das Nutz- und Bauholz für die Gutswirthschaft schneidet und das in der Gutsforst geschlagene Holz für den Verkauf vorbereitet, aber nicht für fremde Rechnung schneidet, jährlich nur etwa 3 Wochen im Betriebe ist und von 2 Gutstagelöhnern bedient wird (A. N. II S. 48);

Stärkefabriken bei Verarbeitung von ca. 500000 Kilo selbstgebauter Kartoffeln (A. N. V S. 346);

Ziegeleien, ständige, wenn die jährliche Produktion von Steinen, Dachziegeln, Hohlziegeln, Drainröhren ꝛc. die Zahl von 100000 bis 200000 erreicht (A. N. II S. 160).

Soweit es auf die Produktionsmenge ankommt, ist nicht ein einmaliges Zurückgehen oder eine einmalige Erhöhung entscheidend, sondern nur ein dauerndes Verhältniß (A. N. V S. 163).

Dagegen sind land- u. forstw. Nebenbetriebe die von einem Unternehmer in fiskalischen Waldungen durch selbständige Köhlermeister ausgeführte Verkohlung von Holz in Meilern (A. N. II S. 11), Windmotoren zur Bewässerung von Gärten, welche das Wasser zur Besprengung der Pflanzen ꝛc. in ein Bassin pumpen, von wo es in eine Röhrenleitung hinabströmt (A. N. I S. 366). Ebenso ist Holzfällung immer als land- und forstwirthschaftlicher Betrieb anzusehen; in der Regel als ein Bestandtheil des Betriebes desjenigen Forstwirths, dem der Wald gehört, auch wenn die Abholzung Anderen überlassen wird, event. unter Umständen als ein selbständiger Forstbetrieb. Holzfällung im Walde fällt also nicht unter das U.-V.-G., sondern unter das L.-U.-V.-G. (A. N. V S. 91). Wegen der Dampf-Dresch-Maschinen, Dampfpflüge, Entwässerungsanlagen vgl. oben (ebenfalls in Anm. 22); wegen der Mergel-, Lehm-, Torf- und ähnlichen Gruben siehe Anm. 7; wegen land- und forstwirthschaftlicher Bauten siehe Anm. 18.

22a) Dampfkessel im Sinne des § 1 Abs. 3 sind nur Kessel mit gespannten Dämpfen, nicht die in § 18 Nr. 1 bis 3 der Bek. v. 29. Mai 1871, betr. allg. polizeiliche Bestimmungen über die Anlegung von Dampfkesseln (R.-G.-Bl. S. 122), aufgeführten Kochgefäße, Dampfüberhitzer oder Kochkessel. Andererseits entscheidet auch nicht der Umstand, ob der Dampfkessel der Kesselrevision unterworfen ist (A. N. I S. 353). Auch Vulkanisirungsapparate bis 2 Liter Inhalt, wie sie von Zahnkünstlern verwendet werden, sind keine Dampfkessel (A. N. III S. 20).

23) elementare Kraft. Hierhin gehören z. B. hydraulische Fahrstühle (vgl. darüber Näheres A. N. IV S. 338), ebenso die durch Gasmotor betriebenen elektrischen Beleuchtungsanlagen (A. N. III S. 207, 408). Schiffahrtsbetriebe, gleichgültig ob mit Wind oder Dampfbetrieb, gehören nicht hierher, A. N. I S. 2. Für Anlagen, welche mit Menschenkraft (z. B. Pressen mit Handbetrieb) oder thierischer Kraft (wie Göpelwerke, siehe oben bei Lohndrescherei) betrieben werden, gilt die Fiktion nicht; sie können aber anderweit als „Fabriken" unter das Gesetz fallen.

24) land- und forstwirthschaftliche Nebenbetriebe cf. Anm. 9, 22.

25) sowie derjenigen Betriebe ꝛc., „weil in diesen ein fabrikmäßiger Betrieb überhaupt nicht stattfindet. Es handelt sich hierbei vorzugsweise um diejenigen Fälle, in denen eine transportable Maschine von dem Eigenthümer derselben zur vorübergehenden Benutzung der Maschinenkraft an Andere vermiethet wird, oder eine für einen Fabrikbetrieb bestimmte, in einer festen Betriebsstätte befindliche Kraftmaschine auch außerhalb dieser Betriebsstätte vorübergehend als Motor benutzt wird" (Mot. S. 42). Vgl. Anm. 23.

Sollen also — von den land- und forstwirthschaftlichen Nebenbetrieben abgesehen (vgl. A. N. V S. 354) — industrielle Betriebe, welche sich zwar nicht schon durch den Umfang (d. h. wegen regelmäßiger Beschäftigung von 10 oder mehr Arbeitern (Abs. 4)) oder sonst (Abs. 1, 5) als Fabriken charakterisiren, aber bei geringerem Umfang mit Dampfkesseln oder elementaren Motoren arbeiten, von der Unfallversicherung ausgeschlossen sein, so muß zweierlei zusammentreffen: die Kraftmaschine oder der Dampfkessel

1. darf nicht zur Betriebsanlage gehören,
2. und darf nur vorübergehend benutzt werden.

Daraus folgt:

a) gehört die Kraftmaschine zur Betriebsanlage — und das wird meistentheils der Fall sein, wenn die erstere mit der letzteren in dauernde Verbindung gebracht ist, kann aber auch bei Lokomobilen zutreffen, welche ausschließlich oder doch überwiegend für einen bestimmten Betrieb bestimmt sind — so kommt es nicht darauf an, ob die elementare Kraft dauernd oder nur vorübergehend Verwendung findet. Ein Betrieb also, welcher mit menschlicher oder thierischer Kraft, hin und wieder aber auch etwa mit einer zur Betriebsanlage gehörenden Wasserkraft arbeitet, ist versicherungspflichtig.

b) gehört die Kraftmaschine nicht zur Betriebsanlage, — dies wird in der Regel zutreffen, wenn Maschinen durch Transmissionen mit anderen Betriebsanlagen, für welche sie an sich nicht bestimmt sind, in Verbindung gebracht werden (cf. oben die Motive) — so kommt es darauf an, ob deren Benutzung eine dauernde oder eine lediglich vorübergehende ist. Im ersteren Fall ist der Betrieb versicherungspflichtig, im letzteren nicht.

Treibt also ein in einer Anlage stationairer Motor dauernd auch eine andere Anlage, so ist auch die letztere (ohne Rücksicht auf ihren Umfang) versicherungspflichtig. Gehören beide zu verschiedenen Industriezweigen, stehen aber zu einander in einer Beziehung, welche sie als Theil eines einzigen größeren Betriebes oder als Neben- und Hauptbetrieb erscheinen läßt, so gehören sie nach § 9 Absatz 3 sämmtlich derjenigen Berufsgenossenschaft an, welcher der Hauptbetrieb zugewiesen ist; dies dürfte z. B. der Fall sein bei einer größeren städtischen Molkerei, mit deren Motor der Besitzer gleichzeitig eine kleinere Brennerei betreibt, oder bei einer mit einer Weberei so verbundenen Spinnerei, bei Verbindung einer Spiritus- mit einer Essigfabrik u. s. w. Stellt sich aber die Gesammtanlage als ein Komplex mehrerer selbständiger Betriebe dar, insbesondere also, wenn die verschiedenartigen Betriebe für Rechnung verschiedener Unternehmer betrieben werden, so gehört jeder Betrieb bezw. jeder Unternehmer derjenigen Berufsgenossenschaft an, welche für den ihn betreffenden Industriezweig gebildet ist.

Ob die elementare Kraft (Dampfkraft rc.) von anderen gemiethet ist, oder ob der Betriebsunternehmer sie selbst erzeugt, macht dabei keinen Unterschied. Das Gesetz knüpft die Versicherungspflicht eines Betriebes an die Thatsache der mit Unfallgefahr verknüpften „Verwendung" von Motoren in dem Betrieb, unbekümmert darum, wem der Motor gehört. Hiernach sind bei der Vermiethung von Kraftstellen die einzelnen Kraftstellenmiether, welche den mit der gemietheten Dampfkraft geführten Betrieb für eigene Rechnung führen (§ 9), die versicherungspflichtigen Unternehmer rücksichtlich ihrer Arbeiter. Aber auch der Eigenthümer des Motors hat einen versicherungspflichtigen Betrieb; sein Gewerbebetrieb besteht in der gewerblichen Ausnutzung des Motors durch Vermiethung. Die von ihm angestellten und besoldeten Kesselwärter ꝛc. sind also von ihm gegen die Folgen etwaiger Unfälle zu versichern (A. N. I S. 343), vgl. Anm. 22. Dies gilt auch für Schlachthäuser mit Motoren (vgl. A. N. III S. 30); bei denselben sind also die einzelnen das Schlachthaus und den Motor benutzenden Schlächter Mitglieder der Nahrungsmittel-Industrie-Genossenschaft, der Unternehmer des Schlachthauses (Stadt ꝛc.) wegen der Kesselheizer ꝛc. Mitglied der Eisen- und Stahl-B.-G. (A. N. II S. 48). Wegen Schlachthäuser ohne Motoren vgl. Anm. 28.

[26]) nur vorübergehend. Betriebe, welche selbst nur zeitweise arbeiten (Zuckerfabriken, Brennereien ꝛc.), verwenden den während des Betriebs benutzten Motor nicht vorübergehend, sondern dauernd. Vgl. auch Anm. 28. Die nur zeitweise Nichtbenutzung einer zum Betriebe gehörigen Kraftmaschine, welche jederzeit wieder verwendet werden kann, hebt die Versicherungspflicht des Betriebes nicht auf (A. N. I S. 103).

[27]) Im übrigen .... insbesondere .... außerdem ... vgl. Anm. 9, sowie Anm. 27a bis 32.

[27a]) Bearbeitung oder Verarbeitung. Wenn die Bearbeitung von Waaren hinter den Gesichtspunkt der Lagerung und Aufstapelung zurücktritt, so fällt der Betrieb unter das A.-G. und gehört zur Speicherei-B.-G., z. B. Holz- und Kohlenplätze, Lumpenspeicher (A. N. III S. 206, 358, vgl. A. N. III S. 323). Betriebe, welche sich lediglich auf die Verpackung fertiger Waaren erstrecken, gehören nicht hierher (A. N. I S. 3) und sind überhaupt nur versicherungspflichtig, sofern dabei Motoren zur Verwendung kommen (A. N. II S. 4). Stellt sich aber die Verpackung und Versendung der Waaren wirthschaftlich als Theil eines anderen Betriebes, in welchem die Waaren hergestellt oder bearbeitet werden, dar, so unterliegt auch erstere der Versicherung, selbst in dem Fall, daß die Verpackung und Versendung für Rechnung eines anderen Unternehmers erfolgt wie der Betrieb des Hauptgeschäfts. Der Unternehmer des Verpackungsbetriebes gehört dann zur B.-G. des Hauptbetriebes (A. N. II S. 80). Ferner gehören hierher die Gas- und Wasserleitungs-Installationsgeschäfte (A. N. II S. 205), vgl. Anm. 29. Das Sortiren von Waaren kann eine Bearbeitung oder Verarbeitung (event. aber auch eine Aufspeicherung oder Lagerung) derselben darstellen. Derartige Betriebe sind also nicht ohne Weiteres von der Versicherungspflicht ausgeschlossen (A. N. II S. 4).

[27b]) gewerbsmäßig, vgl. oben Anm. 7, sowie Anm. 12 zu § 1 A.-G. „Arbeiterkolonien" gehören nicht hierher (A. N. III S. 51).

[28]) regelmäßig, d. h. wenn der Betrieb bei regelmäßigem Geschäftsverkehr zur Zeit des vollen Betriebes auf mindestens 10 Arbeiter basirt ist, ohne Rücksicht auf eine vorübergehend etwa vorhandene Minderzahl oder durch plötzliche Arbeitshäufung bedingte Mehrzahl. Die Verminderung der Arbeiterzahl (ebenso wie event. der Menge der Produktion, soweit es auf diese ankommt, A. N. V S. 163) muß eine dauernde sein, wenn die Versicherungspflicht eines solchen Betriebes erlöschen soll (A. N. II S. 1). Bei Betrieben mit periodisch wiederkehrenden Unterbrechungen (Zuckerfabriken, Brennereien ꝛc.) kommt nur die wirklich regelmäßige Betriebszeit in Betracht, ebenso bei Saisongeschäften die Saison, nicht die sog. stille Zeit (A. N. II S. 77). Vgl. Anl. d. R.-V.-A. v. 14. Juli 1884 Nr. 11.

Hausindustrielle (Anm. 12) sind nicht mitzuzählen (A. N. I S. 288), können aber bei der Beurtheilung, ob der Betrieb sonst als Fabrik anzusehen ist (Abs. 5), in Betracht kommen (A. N. II S. 77).

Bei Schlachthäusern (ohne Motoren, vgl. Anm. 25) entscheidet, ob dieselben für gleichzeitiges Arbeiten von mindestens 10 Arbeitern zusammen eingerichtet sind und in diesem Umfang während des wenn auch nur zeitweisen Betriebes thatsächlich benutzt werden (A. N. III S. 30).

[28a]) erzeugt. Die Verwendung allein genügt nicht. Apotheken sind deshalb nicht generell versicherungspflichtig; ihre Versicherungspflicht ist vielmehr von Fall zu Fall zu prüfen (A. N. II S. 205).

[29]) entscheidet, von Amtswegen oder auf Anrufen in Streitfällen, und zwar nach § 88 endgültig; vgl. Anm. 2a zu § 37. Wegen der dabei in Betracht kommenden Gesichtspunkte vgl. Anm. 9. Hiernach hat das R.-V.-A. ohne Rücksicht auf die Anzahl der beschäftigten Personen und auf das Vorhandensein von Dampfkesseln oder Motoren für „Fabriken" erklärt: alle Buchdruckereien (excl. einfacher durch Treten bewegter Kopfdruckpressen zu Aufschriften auf Briefbogen, Visitenkarten ꝛc., A. N. II S. 253), Bleiweißfabriken, Mineralwasserfabriken, Gasanstalten, Bürsten- und Pinselfabriken, Zinkschmelzereien, Dachpappenfabriken, Damenmäntelfabriken, Handschuhfabriken (A. N. S. 1, 2); Strohutfabriken (A. N. I S. 103), sofern sie nicht ganz klein sind (A. N. II S. 205); Fabriken von Schmuck- bezw. Putzfedern, künstlichen Blumen und Blumenbestandtheilen (A. N. I S. 103), Kalköfen und Kalkbrennereien (A. N. I S. 366); Pianofabriken (A. N. III S. 207); Vergoldereien für Fabrikzwecke (A. N. IV S. 294); Taback- und Cigarrenfabriken, sofern der Betrieb für eigene Rechnung (nicht als Hausindustrieller) ständig mit fremden Kräften (nicht nur mit Familienangehörigen) arbeitet (A. N. II S. 16); Taback-Fermentationsbetriebe (A. N. III S. 25); Betriebe, in welchen Eisenschienen, Wellbleche ꝛc. gelagert und durch ständige Arbeiter bearbeitet werden (A. N. III S. 30); desgl. Betriebe, in welchem alte Dampfkessel ꝛc. erneuert werden (A. N. III S. 30); Metallgießereien, in welchen altes Zink zu Rohzink verarbeitet wird (A. N. III S. 31); Eisengießereien zur

Herstellung kleiner Massenartikel (A. N. III S. 142); Feilenschmieden und Knopfmachereien mit je 8 Arbeitern (A. N. III S. 38); Gas- und Wasserleitungs-Installationsgeschäfte (A. N. II S. 105); Strumpfwirkereien mit Strickmaschinen (A. N. II S. 73); Kupferschmiedebetriebe, wenn die Arbeiten überwiegend nicht in der Werkstätte sondern in Fabriken verrichtet werden (A. N. II S. 294); Silberkettenmachereien und Bijouteriefabriken, in denen Massenartikel bezw. Halbfabrikate für den Großhandel gefertigt werden (A. N. III S. 142); desgl. Herstellung von Brillengestellen, Gabeln, Stiefeleisen ꝛc. (A. N. III S. 206, 377); Betriebe zur selbständigen Ausführung solcher Arbeiten, welche in der Regel von den Arbeitern anderer Fabriken als zugehörige Berufsarbeiten ausgeführt werden, z. B. von Montirungsarbeiten (A. N. IV S. 197) oder Reinigen von Dampfkesseln und eisernen Schiffswänden (A. N. IV S. 216); Betriebe zur Herstellung von Strohsäcken in großer Menge (800000 Stück), A. N. III S. 206; desgl. von Korkpfropfen (2 Millionen Stück), A. N. III S. 212; Destillationen von nicht ganz unbedeutendem Umfang, so z. B. wenn jährlich 130 Hektoliter Spiritus theils auf kaltem, theils auf warmem Wege verarbeitet werden (A. N. III S. 38). Dagegen sind nach der Entscheidung des R.-V.-A. keine Fabriken solche kleine Abdeckereien mit etwa 2 Arbeitern, in denen nur die zur Verarbeitung des Thierkadavers gebräuchlichen Kochapparate verwendet werden (A. N. III S. 206); Brauereien ohne Motoren und mit weniger als 10 Arbeitern (A. N. I S. 2); Eisgewinnungsbetriebe (A. N. II S. 17), welche aber unter Umständen gewerbsmäßige Speicherei- bezw. Kellereibetriebe sein können (A. N. V S. 319, vgl. Anm. 17 zu § 1 A.-G.); Fensterreinigungsbetriebe (A. N. II S. 120); Verpackungsbetriebe (vgl. Anm. 27a). Wegen der land- und forstw. Nebenbetriebe vgl. Anm. 22, wegen der Hausindustrie Anm. 28.

Diese Entscheidungen d. R.-V.-A. betreffen ganze Kategorien von Betrieben, nicht einzelne Anlagen. Ob letztere zu den für versicherungspflichtig erklärten Kategorien zu rechnen sind, wird im konkreten Fall gemäß § 37 entschieden (A. N. 1. S. 111). Wegen der Wirkung verspäteter Heranziehung der hiernach zweifelhaft bleibenden Betriebe vgl. Anm. 15.

Die Genossenschaften können Betriebe, deren Eigenschaft als „Fabrik" zweifelhaft ist (weil sie weder 10 Arbeiter noch Dampfkessel oder Motoren verwenden und vom R.-V.-A. noch nicht generell für „Fabriken" erklärt sind), vorbehaltlich der Entsch. d. R.-V.-A. nach § 37 einstweilen heranziehen; die Ermittelung solcher Betriebe ist aber Aufgabe der Genossenschaft, nicht der unteren Verwaltungsbehörde (A. N. I S. 369), vgl. Anm. 3 zu § 35.

[30]) gewerbliche Anlagen, welche nicht schon sonst versicherungspflichtig sind, „um auch andere gewerbliche Anlagen, welche wesentliche Bestandtheile eines versicherungspflichtigen Betriebes sind, den Bestimmungen dieses Entwurfs zu unterwerfen" (Mot. S. 44). Hierhin gehören z. B. Werkstätten, welche in größeren Fabrikbetrieben für deren Zweck arbeiten, wie Tischler- oder

Schlosserwerkstätten in Spinnereien; ferner Krahnanlagen in Fabriken, zugehörige Baubetriebe (vgl. Anm. 18 sowie § 9 Abs. 3) zc. Diese Nebenbetriebe folgen rücksichtlich der Zugehörigkeit zur Berufsgenossenschaft dem Hauptbetriebe; § 9 Abs. 3, vgl. Anm. 6 dazu.

[31]) Eisenbahn- und Schiffahrtsbetriebe. Vgl. Anm. 23, 30, sowie § 12 Abs. 2 d. Ausd.-Ges. Die Bestimmung entspricht einem Beschluß des Reichstags zur ersten Unfallgesetz-Vorlage. Nach dem Kommissionsbericht zu derselben (R.-T.-Dr.-S. 1881 Nr. 159 S. 10) findet die Bestimmung darin ihre Begründung, daß die bei derartigen integrirenden Bestandtheilen einer Fabrik zc. beschäftigten Arbeiter „in Bezug auf etwa eintretende Unfälle nicht einer anderen gesetzlichen Beurtheilung unterliegen dürfen, als die übrigen Arbeiter der gleichen Betriebe, zumal ja ein häufiger Uebergang von der einen zur anderen Beschäftigung stattzufinden pflege".

Die sonst beim Eisenbahn- und Binnenschiffahrtsbetriebe beschäftigten Personen sind nachträglich durch das Ausdehnungsgesetz, die Seeleute (mit Beschränkung auf Seeschiffe über 50□ m Bruttoraumgehalt) durch das See-Unfallversicherungsgesetz der Unfallversicherung unterworfen.

[32]) Betriebe, nicht einzelne Kategorien der in einem versicherungspflichtigen Betriebe beschäftigten Personen (A. N. III S. 26, vgl. Anm. 3), auch nicht Einzelbetriebe, sondern Betriebszweige, Betriebsarten (cf. Anm. 29, 33). Dementsprechend hat der Bundesrath in Einzelfällen schon entschieden, daß Ausschließung einzelner Anlagen unzulässig sei.

[33]) ausgeschlossen. „Andererseits fallen nach dem bestehenden Sprachgebrauch Betriebe unter die Bezeichnung „Fabrik", welche mit einer Unfallgefahr für die darin beschäftigten Personen überhaupt nicht verknüpft sind. Die Heranziehung solcher Betriebe zur Unfallversicherung würde, selbst wenn sie der niedrigsten Gefahrenklasse zugewiesen würden, eine Unbilligkeit gegen die Unternehmer und eine überflüssige Belästigung derselben, daneben aber auch eine Belastung der Verwaltung mit zahlreichen für die Erreichung des Zwecks des Gesetzes nicht erforderlichen Geschäften mit sich bringen. Die Ausschließung dieser Betriebe von dem Versicherungszwange kann indessen nicht durch gesetzliche Aufstellung bestimmter Merkmale, sondern nur durch Aufzählung der ausschließenden Betriebsarten erfolgen, welche mit Sicherheit und erschöpfend nur allmählig an der Hand praktischer Erfahrung möglich ist. Es ist daher dem Bundesrath vorbehalten worden, die näheren Bestimmungen über Betriebe dieser Art, für welche die Versicherungspflicht auszuschließen ist, zu erlassen" (Mot. S. 43). Bisher ist hiervon noch nicht Gebrauch gemacht.

Hierher könnten etwa Schneiderwerkstätten, Korbmachereien, Betriebe eines Perrückenmachers zc. mit mehr als zehn Arbeitern gerechnet werden. Für diese Anlagen würde ev. das Haftpflichtgesetz in Kraft bleiben, cf. Anm. 9 a. E.

[34]) anderen, cf. Anm. 18.

[35]) beschlossen. Durch diese Beschlüsse des Bundesraths ist hinsichtlich

der Erstreckung der Versicherungspflicht auf Handwerker (vgl. Anm. 9) ein weiterer Schritt geschehen; freilich bezieht sich die Erstreckung nur auf die bei Bauten beschäftigten Personen, da eine weitere Ausdehnung der Versicherungspflicht dem Bundesrath nach Lage der Gesetzgebung nicht zusteht, vielmehr nur durch Gesetz erfolgen kann. Letzteres wird seiner Zeit gewisse, dem Handwerksbetriebe entsprechende Abweichungen enthalten müssen.

36) Tüncher 2c. Diese Gewerbetreibenden verrichten ihre Arbeiten vielfach von stehenden oder hängenden Gerüsten aus oder auf Leitern, in beiden Fällen oft in bedeutender Höhe, und es kommen dabei zahlreiche und nicht selten schwere Unglücksfälle vor. Dazu kommt, daß die Arbeiten der Tüncher und Verputzer und die Arbeiten der Maurer, namentlich auf dem platten Lande, von denselben Personen verrichtet zu werden pflegen, und daß auch da, wo beide Gewerbebetriebe getrennt sind, die Tüncher sehr oft auf denselben Gerüsten arbeiten, auf welchen die gegen Unfall versicherten Maurer thätig sind.

Ob diejenigen anderen Klempner- 2c. Arbeiten, welche die Bau-Klempner 2c. außerdem noch (etwa in der Werkstätte) verrichten, ebenfalls der Unfallversicherung unterliegen, entscheidet sich (wie in der Praxis angenommen wird) danach, ob diese andere Arbeit einen „Nebenbetrieb" der Bau-Klempnerei 2c. darstellt oder nicht. Im ersteren Falle sind auch diese weiteren Arbeiten versichert, im letzteren Falle dagegen ist nur derjenige Theil des Betriebes, welcher sich auf Bauarbeit erstreckt, versichert. Vgl. Anm. 6 zu § 9. Wegen Scheidung der Arbeiter in versicherte und unversicherte bezw. in solche, für welche Beiträge und für welche keine Beiträge zu entrichten sind, vgl. Anm. 3 zu § 1, Anm. 13 zu § 71.

37) Vgl. Bek. d. R.-V.-A. v. 20. Dezember 1886 (A. N. II S. 295).

38) Schreiner. Ob die Möbeltischlerei eines Bauschreiners mit versicherungspflichtig ist, ist quaestio facti, vgl. Anm. 36, sowie die in Anm. 37 erwähnte Bek. d. R.-V.-A. Das Aufstellen von Möbeln in Wohnungen ist keine Arbeit „bei Bauten" (A. N. V S. 118).

39) Schlosser. Die bei handwerksmäßigem Schlosserei- und Schmiedebetriebe zeitweise vorkommenden Reparaturarbeiten an Thürschlössern in Gebäuden gelten nicht als versicherungspflichtige Arbeiten „bei Bauten" (A. N. III S. 324).

40) Wettervorhänge. Anbringen von Vorhängen, Gardinen, Dekorationen und Innenrouleaux in Wohnungen ist keine Arbeit „bei Bauten" (A. N. V S. 118).

§ 2.*)

(Abs. 1.) Durch statutarische Bestimmung[1]) (§§ 16ff.) kann die Versicherungspflicht auf Betriebsbeamte[2]) mit einem zweitausend Mark übersteigenden Jahresarbeitsverdienst[3]) erstreckt[4]) werden. In

*) Bei den unter das Ausdehnungsgesetz fallenden, einer Berufsgenossenschaft nicht zugewiesenen fiskalischen Betrieben und den fiskalischen Regiebauten treten an die Stelle des Statuts (Abs. 1) die Ausführungsvorschriften. Abs. 2 hat für solche Betriebe etc. kaum Bedeutung. §§ 1, 4 A.-G.; § 4 Ziffer 2, § 5 B.-U.-G. Vgl. auch § 4 Ziffer 3 des letzteren Gesetzes.

Für Baubetriebe sind die Bestimmungen des § 2 theilweise modificirt. Vgl. darüber Anm. 5.

Zu § 2.

1) statutarische Bestimmung, d. h. Bestimmung des Statuts, im Gegensatz zu den in den §§ 2, 52, 54 des Krankenversicherungsgesetzes erwähnten statutarischen Bestimmungen von Gemeinden und weiteren Kommunalverbänden.

2) Betriebsbeamte. cf. Anm. 13 zu § 1, sowie Anm. 4a zu § 5.

3) Jahresarbeitsverdienst. Das R.-V.-A. hat (A. N. V S. 155) den Grundsatz aufgestellt, daß der Begriff „Jahresarbeitsverdienst" im § 2 eine andere Bedeutung habe als im § 3. Bei Anwendung des § 2 soll daher die in § 3 vorgesehene Berechnungsweise des Jahresarbeitsverdienstes nicht ohne Weiteres gelten; vielmehr soll hier, sofern die Höhe des Jahresarbeitsverdienstes nicht etwa fixirt ist, sondern von der Höhe der erst nach Schluß des Wirthschaftsjahres sich ergebenden Tantième oder ähnlichen quotisirten Bezügen abhängt, eine wohlwollende Schätzung des im Durchschnitt voraussichtlich zu erwartenden Betrages der Tantième vorgenommen werden. Es kommt dabei also auf die thatsächlichen Verhältnisse unter Rücksichtnahme auf die Ergebnisse mehrerer Jahre an.

4) erstreckt. „Für die Betriebsbeamten mit einem 2000 Mark übersteigenden Jahreseinkommen liegt ein gleich dringendes Bedürfniß zur Unfallfürsorge nicht vor, vielmehr wird es im Allgemeinen, soweit nicht das Haftpflichtgesetz Anwendung findet, der Vereinbarung der Betheiligten überlassen werden können, die Voraussetzung und den Umfang der Fürsorge vertragsmäßig festzustellen, welche ihnen im Falle eines sie treffenden Unfalls zutheil werden soll. Da jedoch die möglichst vollständige Beseitigung der durch die Anwendung des Haftpflichtgesetzes bei eintretenden Unfällen nothwendigerweise entstehenden erbitternden Streitigkeiten zwischen den Betriebsunternehmern und ihren Beamten als das anzustrebende Ziel angesehen werden muß, so ist neben der obligatorischen Unfallversicherung des § 1 auch für die Betriebsbeamten mit einem 2000 Mark übersteigenden Arbeitsverdienst die Möglichkeit eröffnet worden, daß die Berufsgenossenschaft statutarisch die Unfallversicherungspflicht nach Maßgabe des Entwurfs auf dieselben ausdehnen kann. Erfolgt diese

diesem Falle ist bei der Feststellung der Entschädigung der volle Jahresarbeitsverdienst[3]) zu Grunde zu legen.

Durch Statut kann ferner bestimmt werden, daß und unter (Abs. 2.) welchen Bedingungen[4a]) Unternehmer[5]) der nach § 1 versicherungspflichtigen[6]) Betriebe berechtigt sind, sich selbst oder andere[7]) nach § 1 nicht versicherungspflichtige Personen gegen die Folgen von Betriebsunfällen zu versichern.

Ausdehnung, so finden auch auf die Versicherung dieser Beamten alle Bestimmungen des Entwurfs gleichmäßige Anwendung.

Bis zu welchem Betrage des Jahreseinkommens die Unfallversicherung der Beamten Platz greifen soll, ist ebenfalls Sache der statutarischen Beschlußfassung" (Mot. S. 44).

Der § 2 disponirt also nur darüber, welcher Betrag des Jahresarbeitsverdienstes höher gelohnter Betriebsbeamten der Berechnung der Rente zu Grunde zu legen ist; dagegen nicht über die Art der Berechnung der Rente (§ 5 Abs. 3), bezüglich welcher vielmehr die Bestimmungen des Gesetzes für andere versicherungspflichtige Personen, also auch die event. Reduktion des Lohns bei Bemessung der Rente und der Beiträge (§§ 5 Abs. 3, 10 Abs. 2), zur Anwendung kommen (A. N. II. S. 14, III S. 133).

Wird also die Versicherungspflicht auf Beamte etwa bis zu 3000 Mark Jahresverdienst erstreckt, so ist für deren Entschädigung im Falle eines Unfalls auch dieser ihr Jahresverdienst (vorbehaltlich der Bestimmungen des § 5, insbesondere der Reduktion des über 4 Mark täglich hinausgehenden Betrages) zu Grunde zu legen; eine Versicherung zu einem Minderbetrage ist unzulässig.

[4a]) unter welchen Bedingungen. Durch Statut kann bestimmt werden, daß bei Nichtentrichtung der Beiträge die freiwillige Selbstversicherung erlöschen soll (A. N. IV S. 86).

Bloße Aufführung des eigenen Verdienstes in der für den Betrieb aufgestellten Lohnnachweisung begründet noch nicht ohne Weiteres die Selbstversicherung (A. N. IV S. 302).

[5]) Unternehmer (cf. § 9). Nach dem Entwurf sollten Unternehmer der nach § 1 versicherungspflichtigen Betriebe, sofern ihr Jahreseinkommen 2000 Mark nicht übersteigt, kraft Gesetzes berechtigt sein, nach Maßgabe dieses Gesetzes auch für ihre Person sich zu versichern. Im Gegensatz dazu besteht jetzt ein Recht für alle (auch größere) Unternehmer, sich selbst oder andere nicht versicherungspflichtige Personen zu versichern, nur dann, wenn das Statut eine solche Möglichkeit und die näheren Ausführungsbestimmungen dazu vorsieht. Auf die Versicherung finden, sofern sie zugelassen wird, die grundlegenden Bestimmungen des U.-V.-G. Anwendung. Insbesondere gilt dies, wie das R.-V.-A. angenommen hat, von dem Umlageprincip, so daß die B.-G. Versicherung mit Deckungskapital nicht vorschreiben darf (A. N. II S. 254). Für Unternehmer

gewerblicher Baubetriebe gilt dagegen, auch soweit sie unter das U.-V.-G. fallen, nach dem Bau-Unfallversicherungsgesetz etwas Anderes. Nach §§ 2, 48 dieses letzteren Gesetzes sollen nämlich Unternehmer von Baubetrieben aller Arten

1) kraft Gesetzes berechtigt sein, andere nach § 1 nicht versicherte, bei der Bauausführung beschäftigte Personen, und, sofern ihr Jahresarbeitsverdienst 2000 Mark nicht übersteigt, sich selbst zu versichern;
2) durch Statut auch bei höherem Jahresverdienst zur Selbstversicherung berechtigt sein, und sogar
3) durch Statut zur Selbstversicherung verpflichtet werden dürfen, sofern sie kleine Gewerbetreibende sind, die nicht regelmäßig wenigstens einen Lohnarbeiter beschäftigen. Diese Verpflichtung der kleinen Baugewerbetreibenden zur Selbstversicherung ist von allen Baugewerks-B.-G. aufgenommen worden.

Zu den hiernach versicherungspflichtigen Baugewerbetreibenden (selbständige Bauhandwerker) sollen vorbehaltlich abweichender statutarischer Bestimmungen alle diejenigen gehören, welche im Laufe eines Jahres an weniger als 250 Baugewerkstagewerken Arbeiter beschäftigen (A. N. V S. 324).

Im Uebrigen entscheidet über die Versicherungspflicht der Hauptbetrieb, so daß Industrielle, welche eine an sich die Versicherungspflicht begründende Bauthätigkeit nur im Nebenbetriebe ausüben, mit ihrem Hauptbetrieb aber anderweit versichert sind, für ihre Person nicht versicherungspflichtig sind (A. N. V S. 324).

Nach § 16 B.-U.-G. sollen ferner diese Baugewerbetreibenden durch das Genossenschaftsstatut mit der Selbstversicherung und der freiwilligen Versicherung anderer nach § 1 nicht versicherter Personen in die Versicherungsanstalten gewiesen werden dürfen, in denen die Versicherung nicht nach dem Umlageverfahren, sondern nach dem Versicherungsprincip gegen Prämie erfolgt.

Auch in der Land- und Forstwirthschaft gelten rücksichtlich der Versicherungspflicht kleiner Betriebsunternehmer ähnliche Bestimmungen, § 2 L.-U.-V.-G.

, [6]) versicherungspflichtige. Ein Beitrittsrecht solcher Betriebe, welche nach § 1 nicht versicherungspflichtig sind, hat das Gesetz nicht vorgesehen. Ein solches kann daher durch Statut nicht begründet werden (A. N. I S. 3).

[7]) andere, z. B. bei dem Betriebe angestellte Comptoiristen und Kanzlisten (A. N. I S. 343), vgl. Anm. 3 zu § 1, sowie sonstige Personen, welche die Betriebsräume zeitweilig betreten, ohne in dem Betriebe selbst dauernd beschäftigt zu sein, z. B. kaufmännisch Angestellte (A. N. III S. 51), Schüler technischer Lehranstalten, welche die Fabrik zeitweise besuchen (A. N. III S. 114), Fuhrleute oder Handwerker (A. N. III S. 194); ferner die in dem Betriebe beschäftigte Ehefrau (A. N. IV S. 314), die über 2000 Mark Lohn beziehenden Betriebsbeamten, sofern dieselben nicht gemäß Abs. 1 der Versicherungspflicht unterstellt sind (A. N. V S. 323), Hausgesinde (A. N. III S. 57), Stromlootsen bei Binnenschiffahrtsbetrieben (A. N. III S. 213) ꝛc. Die Versicherung solcher

Ermittelung des Jahresarbeitsverdienstes.

§ 3.*)

Als Gehalt und Lohn im Sinne dieses Gesetzes gelten auch Tantièmen und Naturalbezüge[1]). Der Werth der letzteren ist nach Ortsdurchschnittspreisen[2]) in Ansatz zu bringen. (Abs. 1.)

Als Jahresarbeitsverdienst[3]) gilt, soweit sich derselbe nicht aus mindestens wochenweise fixirten Beträgen zusammensetzt, das Drei- (Abs. 2.)

*) § 3 gilt auch für den Bereich des Ausdehnungsgesetzes (§§ 1, 3 A.-G.) und des Bau-Unfallvers.-Ges. (§ 6 B.-U.-G.).

Personen ist auch in Form einer Kollektivversicherung zulässig. Ueber Ermittelung des Jahresarbeitsverdienstes 2c. vgl. A. N. III S. 194. Nach A. N. I S. 341 dürfen die „anderen nach § 1 nicht versicherungspflichtigen Personen" nicht „unbestimmte und unbenannte Personen", wie die Passanten sein, deren Versicherung eine Baugewerks-B.-G. angeregt hatte.

Zu § 3.

1) Tantièmen und Naturalbezüge. Zu letzteren gehört alles, was für die Versicherten einen wirthschaftlichen Werth darstellt (A. N. III S. 204), u. a. freie Wohnung (A. N. IV S. 293), Feuerung (A. N. IV S. 346), Viehweide, Kartoffelland, Leinaussaat 2c., in Brauereien übungsgemäß ein mäßiges Quantum Freibier, welches das R.-V.-A. auf täglich 3 bis 5 l. in Anrechnung gebracht sehen will (A. N. III S. 204). Es ist unerheblich, ob die Tantièmen 2c. allein oder neben baarem Gehalt bezogen werden.

Was außerdem zum Gehalt oder Lohn zu rechnen sei, ist nach allgemeinen Grundsätzen zu bestimmen. Im Allgemeinen gehört Alles hierher, was für den Gelohnten einen „wirthschaftlichen Vortheil", nicht blos einen Ersatz baarer Auslagen bezw. einen Ersatz für „Ausgaben, die der eignen wirthschaftlichen Existenz des Empfängers fremd sind", darstellt (A. III S. 356, V S. 345). Hiernach bilden einen Theil des Lohns Miethsentschädigungen, sowie andere Nebenbezüge, auch wenn sie nicht dem Betrage nach fest bestimmt sind sondern sich nur nach Durchschnittsbeträgen berechnen lassen, z. B. der bei auswärtigen Arbeiten neben dem fortlaufenden Arbeitslohn gewährte Ersatz „für Kost" (A. N. III S. 356), ebenso die dem baaren Lohn hinzutretenden „Nacht- und Fahrgelder" der Eisenbahnbediensteten (A. N. IV S. 84, V S. 344), dsgl. der Werth von Freikarten für regelmäßige Reisen (A. N. IV S. 292). Hiernach dürften auch Repräsentations- oder Dienstaufwandskosten, Tagegelder und Reisekosten bei Dienstreisen 2c. dem Gehalt zuzuweisen sein, was bei Auslegung früherer Gesetze nicht angenommen ist (vgl. A. N. V S. 345). Dagegen sind nicht anzurechnen Auslagen für Fuhrwerk oder Eisenbahnbillets auf den im Interesse des Arbeitgebers unternommenen Reisen, Kosten besonderen auswärtigen Nachtquartiers neben dem eigenen Hauswesen, Auslagen für Lampenöl 2c. (A. N. V S. 345). Ueber die Berechnung des Werthes der für Reisen im Auslande gewährten freien Verpflegung vgl. A. N. IV S. 346,

hundertfache des durchschnittlichen täglichen Arbeitsverdienstes [4]). Für Arbeiter [5]) in Betrieben, in welchen [5a]) die übliche Betriebsweise für den das ganze Jahr regelmäßig [6]) beschäftigten Arbeiter eine höherere [6a]) oder niedrigere Zahl von Arbeitstagen ergiebt, wird diese Zahl statt der Zahl dreihundert der Berechnung des Jahresarbeitsverdienstes zu Grunde gelegt.

(Abs. 3.) Bei jugendlichen [7]) Arbeitern [5]) und solchen Personen, welche

---

[2]) Ortsdurchschnittspreisen. Was die Frage anbetrifft, wer zur Feststellung berufen sei, so ist die wörtlich gleichlautende Vorschrift in § 1 Abs. 3 des Krankenversicherungsgesetzes durch § 5 des vom Bundesrath aufgestellten Normalstatuts für Ortskrankenkassen (Centr.-Bl. f. d. D. Reich, Nachtrag zu Nr. 12 vom 22. März 1884) dahin ausgelegt worden, daß der Werth der Naturalbezüge nach Ortsdurchschnittspreisen von dem Kassenvorstand festzusetzen sei. Man wird dies auch für die Unfallversicherung dahin gelten lassen können, daß dem Vorstand der Berufsgenossenschaft, vorbehaltlich des Instanzenzuges für den Einzelfall (Schiedsgericht, Reichs-Versicherungsamt), die Festsetzung zusteht und demselben zu überlassen ist, zuvor mit den verschiedenen in Frage kommenden Gemeinden hierüber in Verbindung zu treten. Der Vorstand kann auch die Vermittelung der Vertrauensmänner (§ 19) in Anspruch nehmen, falls denselben oder den Sektionsvorständen nicht etwa schon durch das Statut die Festsetzung direkt übertragen sein sollte; er kann aber auch die Gemeindebehörden nach § 98 wegen Festsetzung requiriren. Für einzelne Naturalbezüge bestehen übrigens amtliche Festsetzungen. (In anderen Gesetzen, z. B L.-U.-V.-G. und Invaliditäts-Gesetz, ist direkt vorgeschrieben, daß die Durchschnittspreise von der Behörde festgesetzt werden sollen).

[3]) Jahresarbeitsverdienst. Die hier vorgeschriebene Berechnung ist nicht maßgebend für die Beurtheilung der Versicherungspflicht der Beamten (§ 1 Abs. 1, § 2 Abs. 1), vgl. Anm. 3 zu § 2, wohl aber für die Ermittelung der Unfallrente (§ 5 Abs. 3), sofern der Jahresarbeitsverdienst nicht weniger beträgt als der ortsübliche Tagelohn (cf. § 5 Abs. 3, sowie Anm. 9), und vorbehaltlich der im § 5 Abs. 3 vorgesehenen Reduktion. Bei der Umlage des Jahresbedarfs entscheidet im Allg. die Höhe der thatsächlich verdienten Löhne und Gehälter vorbehaltlich der nach § 10 Abs. 2 erforderlichen Reduktion; nur bei jugendlichen und bei noch nicht ausgebildeten Arbeitern gilt für die Umlage das 300fache des ortsübl. Tagelohns als Jahresarbeitsverdienst, sofern sie nicht bereits mehr verdienen (Abs. 2). Vgl. Anm. 3 zu § 10.

Beispiele von Berechnungen der Höhe des Jahresarbeitsverdienstes vgl. A. N. III S. 133, 162, IV S. 215 u. a.

[4]) des durchschnittlichen täglichen Arbeitsverdienstes, sc. welchen der Betr. während des letzten Jahres in dem Betriebe, in dem er verunglückt ist (vgl. aber § 5 Abs. 4), verdient hat. Darüber, wie der Durchschnitt gefun-

wegen noch nicht beendigter Ausbildung[8]) keinen oder einen geringen[9]) Lohn beziehen, gilt[10]) als Jahresarbeitsverdienst das Dreihundertfache des von der höheren Verwaltungsbehörde nach Anhörung

---

den wird, vgl. Anm. 9 zu § 5. Es gilt also, sofern die Bezüge nach Wochen, Monaten rc. fixirt sind, die hieraus sich ergebende feste Summe; im Uebrigen aber gilt, soweit die Höhe des Tagesverdienstes in Betracht kommt, der Individualverdienst, dagegen als Multiplikator (behufs Ermittelung des Jahresverdienstes) der Pauschsatz von 300 Arbeitstagen, soweit nicht ausnahmsweise nach den Verhältnissen des betr. Betriebes (vgl. Anm. 5a) ein anderer Multiplikator anzulegen ist. Vgl. Anm. 4a. In der Land- und Forstwirthschaft gelten für Arbeiter Durchschnittslöhne, und nur für Beamte der Individualverdienst.

[4a]) in welchem. Es kommt darauf an, wie viel Arbeitstage ein in dem Betrieb regelmäßig beschäftigter Arbeiter (nicht als Person, sondern als Gattungsbegriff) nach der üblichen Betriebsweise erreicht. Die Individualarbeitszeit des verletzten Arbeiters ist nicht maßgebend (A. N. V S. 354), wenn nicht etwa der Jahresarbeitsverdienst sich aus fixirten Beträgen zusammensetzt. Vgl. Anm. 9 zu § 5.

[5]) Arbeiter und Beamte. Das Gesetz erwähnt der Kürze halber nicht immer die Beamten neben den Arbeitern, sondern begreift unter den letzteren oft auch die Beamten.

[6]) das ganze Jahr regelmäßig. Arbeiter in Betrieben, deren übliche Betriebszeit überhaupt nicht ein volles Jahr währt, welche daher auch Arbeiter nicht das ganze Jahr hindurch regelmäßig beschäftigen können, fallen unter diese Ausnahme nicht; ihr Tagesarbeitsverdienst kommt also zum 300fachen Betrage in Berechnung. Dies gilt u. a. bei Brauereien, Brennereien, Zuckerfabriken, Torfgräbereien, Maurern rc., so daß ein Brennknecht, welcher in einer mehrere Monat hindurch stillestehenden Brennerei während des ganzen Betriebsjahres, aber nur 180 Tage gearbeitet und pro Tag 3 Mark verdient hat, im Falle eines Betriebsunfalls nach einem Arbeitsverdienst von 300 × 3 = 900 Mark zu entschädigen ist. Für Zuckerfabriken ist diese Ausführung vom R.-V.-A. anerkannt (A. N. III S. 9).

Dagegen fallen unter die Ausnahme Arbeiter in denjenigen Betrieben, in denen regelmäßig während einzelner Wochentage nicht gearbeitet wird, z. B. in Spinnereien, in welchen etwa während des Sonnabends der Betrieb ruht, oder in Betrieben mit schwacher Wasserkraft, welche während der trockenen Jahreszeit etwa nur einen Tag um den andern in Gang sein können. Ruht der Betrieb aber nur während eines Theils eines Betriebstages, z. B. am Sonnabend Nachmittag zum Zweck des Putzens der Maschinen, so ist, da jeder Arbeitstag voll in Rechnung kommt, die Durchschnittszahl 300 anzuwenden.

Eine höhere Anzahl von Arbeitstagen können z. B. Arbeiter in Betrieben oder Theilen von Betrieben haben, in denen mit Rücksicht auf die besonderen

der Gemeindebehörde für Erwachsene[11]) festgesetzten ortsüblichen Tagelohnes gewöhnlicher Tagearbeiter (§ 8 des Gesetzes, betreffend die Krankenversicherung der Arbeiter, vom 15. Juni 1883)[12]).

Verhältnisse der letzteren auch während der Sonn- und Feiertage die Arbeit nicht ausgesetzt werden kann.

[6a]) höhere. Mehr als 365 Arbeitstage im Jahr dürfen auch bei Ueberschichten und Ueberstunden nicht angerechnet werden (A. N. III S. 162).

[7]) jugendliche Arbeiter cf. Anm. 2 zu § 1.

[8]) wegen noch nicht beendeter Ausbildung. Hierunter fallen z. B. die Volontaire und Lehrlinge, außerdem aber auch erwachsene Arbeiter, welche von ihrer bisherigen Beschäftigung zu einer anderen übergegangen, in der letzteren aber noch nicht ausgebildet sind und deshalb nicht von Anfang an den vollen Lohn beziehen.

[9]) geringen, d. h. geringer als der ortsübliche Tagelohn der Erwachsenen, cf. Anm. 11; andernfalls ist der höhere Lohn zu Grunde zu legen (Komm.-Ber. S. 11). Bezieht ein Erwachsener trotz vollendeter Ausbildung einen geringeren Lohn als den ortsübl. Tagelohn, so ist bei Aufstellung der Lohnlisten und der Umlageberechnung (§§ 10, 71) nur dieser geringere, bei der Rentenberechnung aber (§ 5 Abs. 5) der ortsübl. Tagelohn in Ansatz zu bringen (A. N. II S. 8).

[10]) gilt als Jahresarbeitsverdienst, „weil für diese Personen die Bemessung der Entschädigung nach dem thatsächlichen Arbeitsverdienst den Rücksichten der Billigkeit nicht entsprechen würde" (Motive S. 44). Maßgebend ist natürlich die Festsetzung für den Ort, an welchem sich der Sitz des Betriebes befindet, vgl. Anm. 3 zu § 34 (A. N. III S. 32), und in zeitlicher Beziehung die Dauer derjenigen Zeit, während deren der Verletzte in dem in Betracht kommenden Jahre noch Lehrling war (A. N. IV S. 212).

[11]) für Erwachsene, d. h. für männliche Lehrlinge 2c. der für männliche erwachsene Arbeiter, für weibliche jugendliche Arbeiter 2c. der für weibliche erwachsene Arbeiter festgestellte ortsübliche Tagelohn (Motive S. 44). Dieser ortsübliche Tagelohn wird zu Grunde gelegt „zur Vermeidung von Streitigkeiten und im Interesse der Einheitlichkeit" (a. a. O.); die Feststellung desselben muß für jeden Ort des Reichs erfolgen, weil nach diesem ortsübl. Tagelohn bei der Gemeinde-Krankenversicherung das Krankengeld und die Beiträge, bei Orts-, Betriebs- (Fabrik-), Bau-, Innungs- und Knappschaftskassen das Sterbegeld bemessen wird, §§ 8, 9, 20, 64, 72, 73, 74 K.-V.-G.

[12]) § 8 K.-V.-G. lautet:

> „Der Betrag des ortsüblichen Tagelohns gewöhnlicher Tagearbeiter wird von der höheren Verwaltungsbehörde nach Anhörung der Gemeindebehörde festgesetzt.
>
> Die Festsetzung findet für männliche und weibliche, für jugendliche und erwachsene Arbeiter besonders statt. Für Lehrlinge gilt die für jugendliche Arbeiter getroffene Feststellung.

Reichs-, Staats-, und Kommunalbeamte.

§ 4.*)

[1])Auf Beamte, welche in Betriebsverwaltungen des Reichs, eines Bundesstaates oder eines Kommunalverbandes[2]) mit festem

*) Vgl. Anm. 1. Im Uebrigen gilt § 4 auch für den Bereich des Ausdehnungsgesetzes, §§ 1, 3, 4 A.-G. Für den Bereich des Bau-Unfallversicherungsgesetzes gilt die dem § 4 U.-V.-G. und §§ 1, 12 Ges. v. 15. März 1886 nachgebildete gleichartige Vorschrift des § 1 B.-U.-G.

Zu § 4.

[1]) Der § 4 hat durch das Reichsgesetz, betr. die Fürsorge für Beamte und Personen des Soldatenstandes in Folge von Betriebsunfällen, vom 15. März 1886 (R.-G.-Bl. S. 53), eine Weiterbildung erfahren, cf. Anm. 1 zu § 1. Nach diesem Gesetz findet das Unfallversicherungsgesetz auf Reichsbeamte überhaupt keine Anwendung mehr, ohne Rücksicht darauf, ob sie mit Pensionsberechtigung angestellt sind oder nicht; denselben ist, soweit sie in reichsgesetzlich der Unfallversicherung unterliegenden Betrieben beschäftigt sind, durch Ergänzung der dienstpragmatischen Bestimmungen über Pension, Wittwen- und Waisengeld eine gleichartige Unfallfürsorge gewährt. Dasselbe gilt für Staats- und Kommunalbeamte, ohne Rücksicht darauf, ob sie Pensionsberechtigung haben oder nicht, sobald ihnen der Staat oder der Kommunalverband auf dienstpragmatischem Wege (durch Ergänzung der Pensions- und Reliktenbestimmungen) gleichartige Unfallfürsorge zuwendet. Dies ist bereits in mehreren Bundesstaaten geschehen, z. B. Preußen (Gesetz v. 18. Juni 1887, G.-S. S. 282), Sachsen (Ges. v. 9. April 1888, G.- u. V.-Bl. S. 113), Württemberg, Baden, Hessen (Ges. v. 18. Juni 1887, Reg.-Bl. S. 99), Oldenburg (Ges. v. 24. Febr. 1888, G.-Bl. S. 93), Elsaß-Lothringen (Ges. v. 8. Mai 1888, G.-Bl. S. 41). In Bayern und Großh. Sachsen waren den Beamten schon bisher mindestens gleichwerthige Bezüge zugesichert. Soweit derartige mindestens gleichwerthige Fürsorge für Landes- oder Kommunalbeamte besteht, treten auch sonstige reichsgesetzliche Bestimmungen, insbesondere das Haftpflichtgesetz, außer Anwendung (§§ 8, 10, 12, R.-G. v. 15. März 1886). Daß das Ausscheiden aus der Unfallversicherung bezw. die dienstpragmatische Regelung nicht auf die mit Pensionsberechtigung festangestellten Beamten beschränkt, sondern auf alle Betriebsbeamte ausgedehnt ist, findet seine Begründung in der Nothwendigkeit einheitlicher Regelung.

Ueber die Gründe, weshalb man durch § 4 die mit Pensionsberechtigung angestellten Beamten von den Bestimmungen des Unfallversicherungsgesetzes ausgenommen hat, vgl. folgende Ausführung der Motive (S. 45):

„Auf diejenigen in öffentlichen Betrieben beschäftigten Personen, welche als Beamte mit Gehalt und Pensionsberechtigung angestellt sind, soll der Entwurf keine Anwendung finden, weil ihre Heranziehung zur Versicherung eine unerwünschte Rückwirkung auf die Gesetzgebung der einzelnen Bundesstaaten über

Gehalt[3]) und Pensionsberechtigung[4]) angestellt[5]) sind, findet dieses Gesetz keine Anwendung.

---

die Pensionirung der Beamten ausüben würde. Dieses erscheint um so bedenklicher, als in einzelnen Bundesstaaten die den Beamten im Falle der Dienstunfähigkeit zustehende Pension ausnahmslos höher ist als die nach Maßgabe dieses Entwurfs zu bemessende Entschädigung. Wenn dem gegenüber in anderen Bundesstaaten der Bezug der Pension vor Ablauf einer gewissen Dienstzeit auch bei der durch Unfälle herbeigeführten Dienstunfähigkeit davon abhängig ist, daß der Unfall nicht selbst verschuldet ist, und die Höhe der Pension vor Ablauf einer gewissen Dienstzeit hinter der in diesem Entwurf vorgesehenen Entschädigung zurückbleibt, so daß die Beamten bei der Ausschließung von der Unfallfürsorge in einzelnen Fällen ungünstiger stehen würden als die Arbeiter, so wird es Sache der Spezialgesetzgebung sein, diese Unbilligkeiten zu beseitigen."

In den Verhandlungen des Reichstags trat dagegen das Bestreben hervor, auch die Beamten der Staatsbetriebe ꝛc. der Unfallversicherung derart zu unterwerfen, daß auf die aus der Unfallversicherung erhaltene Entschädigung die Pension zu verrechnen sei. Man hat hiervon jedoch Abstand genommen, a) aus dem in den Motiven hervorgehobenen Gesichtspunkte, daß ein Theil der Staatsbeamten schon jetzt besser gestellt sei; in Bayern z. B. beträgt die Pension eines verunglückten Beamten im Mindestbetrage 70 pCt. des Gehalts, und diese Pension steigt mit dem Dienstalter; b) um nicht schwierige Verrechnungen mit den Staatskassen ꝛc. hervorzurufen; c) weil die Regelung der Pensionsverhältnisse und dessen, was damit zusammenhänge, nicht in ein Gesetz über Unfallversicherung gehöre, sondern den die Stellung der Beamten regelnden dienstpragmatischen Gesetzen zuzuweisen sei; d) weil man annehmen müsse, daß mit dem Eintritt der Wirksamkeit dieses Gesetzes diejenigen Regierungen und Kommunalbehörden, deren Fürsorge für die verunglückten Beamten hinter den Leistungen dieses Gesetzes zurückbleibt, schon in ihrem eigenen Interesse, um nicht geeignete und leistungsfähige Beamtenkräfte an die Privatverwaltungen zu verlieren, sich genöthigt sehen würden, ihren Beamten dasselbe zuzuwenden, was nach diesem Gesetz den Privatbeamten zu Theil wird. „Sollte sich diese Voraussicht nicht bewahrheiten oder sollten die Ungleichmäßigkeiten, die aus der Verschiedenartigkeit der Fürsorge innerhalb der einzelnen Länder sich herausstellen, unangenehme und den Absichten dieses Gesetzes widersprechende Folgen haben, so wird in Frage kommen, ob man nicht im Wege des Spezialgesetzes das Ziel, das die Regierungen in der Tendenz vollständig theilen, erreichen kann" (cf. Rede des Staatssekr. d. Innern, Herrn Staatsministers Dr. v. Boetticher, Sten. Berichte 1884 S. 785). Das Reich ist mit dieser dienstpragmatischen Fürsorge, wie erwähnt, für seine Beamten vorangegangen; es darf erwartet werden, daß auch die übrigen Bundesstaaten, soweit sie noch im Rückstande sind, sowie die Kommunalverbände nachfolgen werden. Soweit dies

Gegenstand der Versicherung und Umfang der Entschädigung.

§ 5.*)

Gegenstand der Versicherung ist der nach Maßgabe der nachfolgenden Bestimmungen zu bemessende Ersatz des Schadens[1]), welcher durch Körperverletzung[2]) oder Tödtung[2a]) entsteht. (Abs. 1.)

*) § 5 gilt auch für den Bereich des Ausdehnungsgesetzes, §§ 1, 3 A.-G. Abs. 9 bis 11 gelten nicht für Bauarbeiter, die bei Regiebauten von Privatpersonen beschäftigt werden, soweit diese Bauten nicht Theile eines versicherungspflichtigen Hauptbetriebes sind. Für solche Bauarbeiter sind besondere Bestimmungen erlassen, § 4 Ziffer 4, §§ 7, 8 B.-U.-G. Im Uebrigen gilt § 5 auch für den Bereich des B.-U.-G. (§ 6 a. a. O.).

---

noch nicht geschehen ist, verbleibt für derartige Beamte einstweilen noch das Haftpflichtgesetz in Kraft.

[2]) Kommunalverband, weiterer (Provinz, Kreis ꝛc.) oder engerer (Gemeinde). Beamte anderer Korporationen, die nicht Kommunalverbände sind (Stifter, Kirchen ꝛc.), fallen unter diese Ausnahme — welche, wie alle Ausnahmen, einschränkend zu interpretiren ist — auch dann nicht, wenn sie ebenso wie die Beamten des Staates ꝛc. gegen Gehalt und Pensionsberechtigung angestellt sind.

[3]) Gehalt, § 3 Abs. 1. Vorübergehend bewilligte Tagegelder, Diäten ꝛc. sind kein „festes Gehalt".

[4]) Pensionsberechtigung. Die Ausnahmestellung der Staats- ꝛc. Beamten tritt nur dann ein, wenn sie nicht nur festes Gehalt beziehen, sondern auch Pensionsberechtigung haben. Letztere ist das wesentlichere. Als „pensionsberechtigt" ist ein Bediensteter nicht zu erachten, wenn er eine Pension nur aus einer für die betr. Bediensteten-Kategorie besonders eingerichteten, auf Beiträgen der Mitglieder und des Reichs ꝛc. beruhenden Kasse zu beanspruchen hat (Urtheil d. Reichsgerichts v. 18. März 1889).

[5]) angestellt. Ob die Anstellung eine dauernde oder ob sie auf Probe, Kündigung, Widerruf, auf Zeit oder in anderer Weise erfolgt ist, ob der Beamte vereidigt ist oder nicht, macht keinen Unterschied. (Rücksichtlich der Kündigung anerkannt durch Urtheil des Reichsgerichts vom 18. März 1889.) Es entscheidet neben der Pensionsberechtigung nicht die „feste Anstellung", sondern das „feste Gehalt", welches der Beamte während der Anstellung erhält.

Zu § 5.

[1]) Ersatz des Schadens, nicht auf Grund des Civilrechts und der civilrechtlichen Verschuldung, wie nach dem Haftpflichtgesetz vom 6. Juni 1871, sondern auf Grund einer öffentlich geregelten Versicherung. Ueber die Gründe, aus denen die civilrechtliche Haftpflicht aufgegeben worden ist, vgl. oben den Auszug aus der allgemeinen Begründung des zweiten Gesetzentwurfs (S. 33).

Mit der aus Anlaß der Dürftigkeit eintretenden Armenunterstützung hat die Unfallfürsorge, deren Eintritt von der Bedürftigkeit nicht abhängt, nichts anderes gemein, als daß beide einer öffentlich-rechtlichen Versorgung

(Abs. 2.) Der Schadensersatz soll im Falle der Verletzung bestehen:

1. in den Kosten des Heilverfahrens[3]), welche vom Beginn der vierzehnten Woche[4])[4a]) nach Eintritt[5]) des Unfalls an entstehen[5a]);
2. in einer dem Verletzten vom Beginn der vierzehnten Woche[4])[4a]) nach Eintritt[5]) des Unfalls an für die Dauer der Erwerbsunfähigkeit[6]) zu gewährenden Rente[7]).

(Abs. 3.) Die Rente ist nach Maßgabe desjenigen Arbeitsverdienstes[8]) zu berechnen[9]), den der Verletzte während des letzten Jahres[10]) seiner Beschäftigung in dem Betriebe[10]), in welchem der Unfall sich ereignete, an Gehalt und Lohn[11]) durchschnittlich für den Ar-

---

entspringen; im Uebrigen sind sie durchaus verschiedener Natur. So können denn auch die Folgen, welche das positive Recht an den Bezug öffentlicher Armenunterstützung knüpft, auf den Bezug von Unfallentschädigung nicht ausgedehnt werden. Insbesondere gilt dies von den Wahlrechten des Empfängers; dieselben bleiben beim Bezug von Unfallrenten ungeschmälert. cf. Näheres in v. Woedtke, Krankenversicherung, Anm. 1 zu § 77.

Ein nach dem U.-V.-G. zu ersetzender „Schaden" soll nach dem R.-V.-A. immer dann angenommen werden, wenn der Verletzte in Folge der Verletzung in der Benutzung der ihm nach seinen gesammten Kenntnissen und körperlichen wie geistigen Fähigkeiten auf dem ganzen wirthschaftlichen Gebiete sich bietenden Arbeitsgelegenheit eine Einschränkung erleidet (A. N. IV S. 290), wenn er in der Möglichkeit, seine Beschäftigung frei zu wählen (in der Wahlfähigkeit) durch die Rücksicht auf seinen in Folge der Verletzung veränderten körperlichen Zustand beschränkt ist (A. N. II S. 252). Unerheblich ist nach der Rechtsprechung des R.-V.-A., ob der Verletzte trotz der Verletzung in demselben oder einem anderen Betriebe demnächst einen höheren Lohn bezieht, als er vor der Verletzung hatte (A. N. IV S. 290). Die Verminderung der Erwerbsfähigkeit, nicht des Erwerbes wird entschädigt. Vgl. Anm. 20 zu § 5.

Ueber die Höhe der Belastung, welche der Industrie durch die nach diesem Gesetz zu gewährenden Unfallrenten — vorbehaltlich der Bestimmungen in § 5 Abs. 9 und § 18 sowie ohne Rücksicht auf die Verwaltungskosten, für deren Höhe es damals an zuverlässigen Anhaltepunkten fehlte — erwachsen wird, enthalten die dem zweiten Entwurf eines Unfallversicherungsgesetzes beigegebene „Denkschrift, betr. die Gefahrenklassen und das Gefahrenverhältniß zwischen den verschiedenen Gefahrenklassen" (R.-T.-Dr.-S. 1882 zu Nr. 19) und die von dem Kaiserl. Geh. Reg.-Rath, jetzt Präsidenten des Reichs-Versicherungsamts, Dr. Bödiker bearbeitete „Unfallstatistik des deutschen Reichs nach der Aufnahme vom Jahre 1881" (Ergänzungsheft zu Band 53 der Statistik des

beitstag[12]) bezogen hat (§ 3), wobei der vier Mark übersteigende[13]) Betrag nur mit einem Drittel zur Anrechnung kommt.

War der Verletzte in dem Betriebe nicht ein volles Jahr[14]), (Abs. 4.) von dem Unfalle zurückgerechnet, beschäftigt, so ist der Betrag zu Grunde zu legen, welchen während dieses Zeitraums Arbeiter derselben[15]) Art in demselben Betriebe oder[16]) in benachbarten gleichartigen Betrieben durchschnittlich[17]) bezogen haben.

Erreicht[18]) dieser Arbeitsverdienst (Abs. 3 und 4) den von (Abs. 5.) der höheren Verwaltungsbehörde nach Anhörung der Gemeindebehörde für Erwachsene festgesetzten ortsüblichen Tagelohn gewöhnlicher Tagearbeiter (§ 8 des Gesetzes, betreffend die Krankenver-

---

deutschen Reichs) werthvolle Ermittelungen und Berechnungen, aus welchen hier Folgendes erwähnt werden mag.*)

1. Unter Zugrundelegung einer Sterbetafel für Unfallinvalide von Behm, bei deren Konstruktion die Voraussetzung gemacht worden ist, daß 50 Proz. aller Unfallsinvaliden noch die gleiche Lebenskraft wie die durchschnittliche Bevölkerung haben (Neue Preußische Sterbetafel des Kgl. Preuß. Stat. Bür.), während die andere Hälfte sich hinsichtlich der Sterblichkeit von den aus allen möglichen Invaliditätsursachen hervorgegangenen Invaliden (Statistik des Vereins Deutscher Eisenbahnverwaltungen) nicht unterscheidet; ferner bei Annahme der in der Vorlage vorgesehenen Höhe der Entschädigungen; bei der ferneren auf die Erfahrungen der Knappschaftsvereine gestützten Annahme, daß höchstens 10 Proz. aller durch Unfall herbeigeführten Invalidisirungen Fälle der theilweisen Erwerbsunfähigkeit betreffen (Unfallstatistik S. 19); bei Einsetzung einer Halbinvalidenrente von 50 Proz. des Lohns, unter Berücksichtigung der in der „Unfallstatistik" vom Jahre 1881 ermittelten Zahl und Altersgruppirung der versicherungspflichtigen männlichen Arbeiter (1 615 253; über 14 Jahr alt 1 578 930); bei Zugrundelegung der 13 wöchentlichen Karenzzeit und eines jährlichen Zinsfußes von 4 Proz. haben die Berechnungen ergeben,

daß die Last aus einem Fall dauernder völliger Erwerbsunfähigkeit sich im Durchschnitt auf 788,59 Proz. des Jahreslohns

stellt (Denkschrift S. 229).

2. Bei Verwerthung der vom Verein Deutscher Eisen- und Stahl-Industrieller für die Jahre 1878—1880 ausgeführten Unfallstatistik, auf Grund welcher angenommen werden konnte, daß sich unter den in Folge eines Un-

---

*) Nachdem bereits Dr. H. Zimmermann in Conrad's Jahrbüchern auf einige Irrthümer in den in den früheren Auflagen hier angeführten Zahlen aufmerksam gemacht hatte, ist die jetzt gegebene Darstellung von dem im Reichsamt des Innern angestellten Mathematiker Beckmann redigirt worden.

sicherung der Arbeiter, vom 15. Juni 1883) nicht, so ist der letztere der Berechnung zu Grunde zu legen.

(Abs. 6.) Die Rente beträgt[19]):

a) im Falle völliger Erwerbsunfähigkeit[20]) für die Dauer[21]) derselben sechsundsechzigzweidrittel Prozent[22]) des Arbeitsverdienstes[23]);

b) im Falle theilweiser[24]) Erwerbsunfähigkeit für die Dauer derselben einen Bruchtheil[25]) der Rente unter a, welcher

---

falls kranken Personen, deren Krankheit länger als 4 Wochen währt, 12,923 Proz. befinden, bei denen die Erkrankung über die 13. Woche hinaus anhält, und ferner, daß von 646,8 erkrankten Personen über die 13. Woche hinaus zusammen höchstens 23387,4 unterstützungsberechtigte Krankentage zurückgelegt werden, berechnet sich weiter, den Einheitswerth des Krankengeldes zu $2/3$ des Lohnes angesetzt,

die Belastung aus einem Unfall mit vorübergehender Erwerbsunfähigkeit von mehr als 13 Wochen auf 6,4748 Proz. des Jahreslohns (Denkschrift S. 227).

3. Unter der Annahme, daß die Sterblichkeit der Wittwen, Waisen und Aszendenten in den vom Kgl. Preußischen Stat. Bür. veröffentlichten „Neuen Preußischen Sterbetafeln" zutreffenden Ausdruck findet, und daß hinsichtlich der zu veranschlagenden Zahl der Wittwen und Waisen die Erfahrungen bei der Bergisch-Märkischen-Eisenbahnverwaltung, hinsichtlich der Bestimmung des Alters dieser Wittwen und Waisen aber und hinsichtlich der Zahl der Aszendenten die Erfahrungen bei der Königl. Preußischen Staatseisenbahnverwaltung verwerthet werden können, ergeben die Berechnungen dann ferner,

daß die Last aus einem Todesfall eines männlichen Arbeiters sich im Durchschnitt auf 271,35 Proz. des Jahreslohns

stellt (Denkschrift S. 229).

Nachdem der Entwurf hinsichtlich der Entschädigungen für den Todesfall wesentliche Abänderungen erfahren hat (die Waisenrente ist von 10 auf 15 Proz. erhöht, und die Beerdigungskosten sind auf das Zwanzigfache des Tagelohns festgesetzt worden, was bei 300 Arbeitstagen $6^2/_3$ Proz. des Jahreslohns ausmacht), berechnet sich unter Zugrundelegung der durch das Gesetz vorgesehenen (höheren) Entschädigungsbeträge

die Last aus einem Todesfall eines männlichen Arbeiters wie folgt:

a) 20 Proz.	Wittwenrente	ergiebt als Belastung	177,38	Proz. des Jahreslohns,
b) 15 „	Waisenrente	„ „ „	114,53	„ „ „
c) 20 „	Aszendentenrente	„ „	7,81	„ „ „
d) $6^2/_3$ „	Beerdigungskosten	„ „	6,54	„ „ „
		zusammen	306,27	Proz. des Jahreslohns.

4. Unter Zugrundelegung eines in jener Denkschrift für Männer ange-

nach dem Maße[25]) der verbliebenen Erwerbsfähigkeit zu bemessen ist.

Dem Verletzten und seinen Hinterbliebenen[26]) steht ein Anspruch nicht zu, wenn er den Betriebsunfall vorsätzlich[26a]) herbeigeführt hat. (Abs. 7.)

Die Berufsgenossenschaften[27]) (§ 9) sind befugt[28]), der Krankenkasse[29]), welcher der Verletzte angehört, gegen Erstattung der ihr dadurch erwachsenden Kosten die Fürsorge[30]) für den Verletzten über den Beginn der vierzehnten Woche hinaus bis zur Beendigung (Abs. 8.)

---

nommenen jährlichen Durchschnittsarbeitsverdienstes von 750 Mark ergiebt sich hiernach als Durchschnittsbelastung

α) aus einem tödtlichen Unfall eines Mannes 2297 Mark

β) aus einem zur Invalidität führenden Unfall eines Mannes . . . . 5907 "

γ) aus einem Unfall mit vorübergehender Erwerbsunfähigkeit von mehr als 13 Wochen . . . . 48,56 Mark.

Hieraus folgt,

daß die Last aus einem Invaliditätsfall ebenso groß ist, wie die Last aus $\frac{787,59}{306,27} = \frac{5907}{2297} = 2,5716$ tödtlichen Unfällen,

und

daß die Last aus einem Unfall mit vorübergehender Erwerbsunfähigkeit von mehr als 13 Wochen gleich der Last aus

$$\frac{6,4748}{306,27} = \frac{48,56}{306,27} = 0,02114$$

tödtlichen Unfällen ist.

5. Legt man endlich als Unfallsziffern die durch die Unfallstatistik vom Jahre 1881 ermittelten Zahlenwerthe sowie die vorstehend berichtigten Belastungsziffern zu Grunde, so ergiebt sich,

daß die Belastung aus sämmtlichen Unfällen bei den männlichen Personen ebenso groß ist, wie die Belastung aus

$$\left(651+532 \,.\, 2,5716+5482 \,.\, \frac{12,923}{100} \,.\, 0,02114\right) . \, 3 = 6102,21$$

tödtlichen Unfällen.

Im Durchschnitt für jeden männlichen Versicherten wird die jährliche Belastung also gleich der Last aus $\frac{6102,21}{1615253} = 0,003778$ tödtlichen Unfällen.

Demgemäß stellt sich die Belastung pro Kopf und Jahr für männliche Arbeiter auf

0,003778 . 306,27 = 1,1571 Proz. des Jahreslohns

[nach der Denkschrift bei den Sätzen des Entwurfs auf 1,1152 Proz], oder bei 750 Mark Jahreslohn auf

des Heilverfahrens[30a]) zu übertragen. In diesem Falle gilt als Ersatz[31]) der im § 6 Absatz 1 Ziffer 1[32]) des Krankenversicherungsgesetzes bezeichneten Leistungen die Hälfte des in jenem Gesetze bestimmten Mindestbetrages des Krankengeldes[33]), sofern nicht höhere Aufwendungen nachgewiesen[34]) werden. Streitigkeiten[35]), welche aus Anlaß dieser Bestimmung zwischen den Berufsgenossenschaften und den Krankenkassen[29]) entstehen, werden nach Maßgabe des § 58 Absatz 2 des Krankenversicherungsgesetzes entschieden.

$$1{,}1571 . \frac{750}{100} = 8{,}68 \text{ Mark.}$$

Veranschlagt man nach dem Vorgange der Denkschrift die Belastung durch eine weibliche Person auf rund 10 Proz. der durch eine männliche Person herbeigeführten Belastung, so stellt sich

die Gesammtbelastung bei rund 2 Millionen Arbeiter, wovon rund 350000 dem weiblichen Geschlecht angehören, im Jahresdurchschnitt auf 8,68 . 1650000 + 0,868 . 350000 = 14,6 Millionen Mark, pro Kopf der Versicherten 7,3 Mark.

Es darf indessen nicht übersehen werden, daß diese Rechnungen ihren absoluten Beträgen nach gegenwärtig nicht mehr zutreffen. Denn es sind nicht mehr die Aufnahmen der Unfallstatistik von 1881 über die Zahl und die Altersgruppirung der Personen maßgebend, sondern die auf Grund der Lohnnachweisungen zu ermittelnden Zahlen der thatsächlich beschäftigten Personen.*) Ferner dürfte in Folge der Einbeziehung der großen Baugewerbe und anderer durch die Unfallstatistik seiner Zeit nicht erfaßten Betriebe eine Aenderung auch in der durch die Unfallstatistik festgestellten durchschnittlichen Unfallgefahr eingetreten sein. Immerhin wird für die oben angegebenen berichtigten Belastungsziffern, welche die einzelnen Unfälle je nach ihren Folgen haben, eine wesentliche Abweichung für den Gesammtdurchschnitt kaum zu erwarten sein.

Endlich handelt es sich bei jenen Berechnungen der Natur der Sache nach

---

*) Nach den Rechnungsergebnissen für 1887 betrug die Gesammtzahl der nach dem U.-V.-G. und dem A.-G. (excl. der großen fiskalischen Betriebe) in Berufsgenossenschaften versicherten Personen 3861560, welche 2389349536 M. für die Umlage anrechnungsfähige Löhne bezogen und sich auf 319453 Betriebe vertheilten (A. N. V S. 11). Dabei ist aber zu bemerken, daß der Durchschnitt dieser für die versicherten Personen ermittelten anrechnungsfähigen Löhne (619 M.) von der wirklichen Höhe des Lohns schon um deswillen kein zuverlässiges Bild bietet, weil Tagelöhne über 4 M. nur theilweise in Betracht gezogen sind (vgl. § 5 Abs. 3), und weil jeder einzelne Arbeiter, der jemals zeitweise versichert war, ohne Rücksicht auf die Dauer der Beschäftigung eingestellt ist, während doch nur die Verhältnisse für Vollarbeiter (dauernd beschäftigte Personen) maßgebend sein können. Letzteres wirkt auch auf die Zahl der Versicherten zurück.

[35a])Von Beginn der fünften Woche[36]) nach Eintritt des Unfalls (Abs. 9.) bis zum Ablauf der dreizehnten Woche ist das Krankengeld, welches den durch einen Betriebsunfall verletzten Personen auf Grund des Krankenversicherungsgesetzes gewährt wird, auf mindestens zwei Drittel[36a]) des bei der Berechnung desselben zu Grunde gelegten Arbeitslohnes[37]) zu bemessen[37a]). Die Differenz zwischen diesen zwei Dritteln und dem gesetzlich oder statutengemäß zu gewährenden niedrigeren Krankengelde[38]) ist der betheiligten Krankenkasse (Ge-

---

lediglich um Durchschnittsberechnungen für die Gesammtindustrie, nicht um Berechnungen für die einzelnen Berufsgenossenschaften, so daß für die letzteren das Bild voraussichtlich ein anderes werden wird.

Das R.-V.-A. empfiehlt, bei Aufstellung von Gefahrentarifen in solchen Berufsgenossenschaften, für welche genaues Zahlenmaterial noch nicht vorliegt, in Anlehnung an die für den Durchschnitt der Gesammtindustrie (vgl. Begründung zum III. Entwurf, R.-T.-Dr.-S. 1884 III S. 77) ermittelten Ziffern folgende Belastungsziffern (Unfallgefahr-Verhältnißziffern) zu Grunde zu legen:

Verletzung mit tödtlichem Verlauf	10
Verletzung mit dauernder völliger Erwerbsunfähigkeit	30
Verletzung mit dauernder theilweiser Erwerbsunfähigkeit	15
Verletzung mit vorübergehender theilweiser Erwerbsunfähigkeit (von mehr als 13 Wochen)	1

(A. N. V S. 334).

[2]) Körperverletzung oder Tödtung, d. h. wenn dieselben mittelbar oder unmittelbar als Folge eines bei dem Betriebe eingetretenen Unfalls sich darstellen, cf. § 1 und Anm. 16, 17 zu demselben. Ersetzt wird hier wie im Haftpflichtgesetz nur Schaden an Leib und Leben, nicht auch Sachbeschädigung (an Kleidern ꝛc.) oder ein anderer Nachtheil.

Ungeeignetes Verhalten des Verletzten während des Heilverfahrens (z. B. Nichtbefolgung der ärztlichen Vorschriften, Trunkfälligkeit ꝛc.) schließt nach den Bestimmungen des Gesetzes über das Verschulden der Arbeiter bei der Entstehung des Unfalls (vgl. Anm. 1) auch den Entschädigungsanspruch aus, wenn der Verletzte dadurch absichtlich den Tod oder schwere Nachtheile für seine Gesundheit herbeigeführt hat. Aber auch im Uebrigen bleibt die Entschädigung ausgeschlossen, wenn und soweit zwischen den Folgen und dem Betriebsunfall ein ursächlicher Zusammenhang nicht mehr besteht, und dies gilt insbesondere dann, wenn die völlige oder theilweise Erwerbsunfähigkeit (bzw. ein bestimmter Grad der letzteren) nachweislich nur in Folge eines schuldhaften Verhaltens des Verletzten in Bezug auf die ärztlichen Anordnungen verblieben ist (A. N. IV S. 196). Dasselbe kann bei unbefugter Ablehnung der Krankenhauspflege der Fall sein (A. N. V S. 138). Es wird

meinde-Krankenversicherung) von dem Unternehmer desjenigen Betriebes zu erstatten[38a]), in welchem der Unfall sich ereignet hat. Die zur Ausführung dieser Bestimmung erforderlichen Vorschriften erläßt das Reichs-Versicherungsamt[38b]).

(Abs. 10) [35a])Den nach § 1[39]) versicherten Personen, welche nicht nach den Bestimmungen des Krankenversicherungsgesetzes versichert sind[40]), hat der Betriebsunternehmer die in den §§ 6 und 7 des Kranken-

---

hier viel auf sachverständiges Gutachten und ärztlichen Ausspruch ankommen. Besonderen Benachtheiligungen durch Verschleppen der Krankheit, Simulation rc. kann übrigens die Genossenschaft in vielen Fällen durch Unterbringung des Verletzten in ein Krankenhaus (§ 8) oder durch Selbstübernehmen der ärztlichen Behandlung des Verletzten während der ersten 13 Wochen nach dem Unfall (§ 10) entgehen.

Körperverletzung ist hier wie im Reichsstrafrecht (§ 223 Str.-G.-B.) jede Einwirkung auf den Körper eines Menschen, durch welche derselbe eine Störung des körperlichen Wohlbefindens erleidet. Vgl. Oppenhoff, Anm. 2 zu § 223 Str.-G.-B. Sie ist nicht auf äußere Verletzung (laesio) des Körpers (Verwundungen und Verstümmelungen) beschränkt, sondern umfaßt auch Störungen der inneren Körpertheile, überhaupt aller Funktionen der äußeren und inneren Organe. So gehören auch Störungen der geistigen Funktionen (eigentliche Geisteskrankheiten, Gedächtnißschwäche rc.) hierher; cf. Eger, Haftpflichtgesetz, II. Aufl. S. 61 u. 62. Dagegen genügt nicht ein bloßes körperliches Mißbehagen, sondern die Körperverletzung muß die Arbeitsfähigkeit beeinträchtigen bez. einen materiellen Schaden hervorrufen. Die Einwirkung kann auch eine psychische (Gemüthserschütterung, Schreck rc.) sein, Erk. des R.-Ob.-Hand.-Ger v. 2. Februar 1877 (Entsch. 21, S. 412). Wenn auch die Körperverletzung in der Regel und nach der Natur der Sache als gewaltsam und plötzlich sich darstellen wird, so ist begrifflich doch auch eine allmählig körperschädigende Wirkung nicht ausgeschlossen, sobald dieselbe durch einen „Unfall", nicht durch den regelmäßigen normalen Betrieb (Anm. 17 zu § 1) hervorgerufen wird, dessen schädliche Folgen erst nach und nach hervortreten. So werden die allmählig sich geltend machenden Folgen (vgl. Anm. 5) außergewöhnlicher Erschütterungen rc., z. B. einer Kesselexplosion, nicht aber z. B. die allmählige Erblindung des wegen seines Berufs als Heizer der Einwirkung der Hitze und der Flugasche aus der Feuerbuchse der Maschine regelmäßig ausgesetzten Arbeiters als Körperverletzung im Sinne dieses Gesetzes anzusehen sein. Ebenso hat d. R.-V.-A. durch Rek.-Besch. (A. N. II S. 252) das Vorhandensein eines „Unfalls" in einem Falle verneint, wo ein Arbeiter, dessen Hand durch langdauernde Handhabung der Schaufel schwielig geworden war, in Folge Entzündung des schwieligen Theils eine steife Hand davongetragen hatte. Vgl. Anm. 16, 17 zu § 1.

versicherungsgesetzes[32]) vorgesehenen Unterstützungen einschließlich des aus dem vorhergehenden Absatze sich ergebenden Mehrbetrages für die ersten Wochen[41]) aus eigenen Mitteln zu leisten.

[35a])Streitigkeiten[35]), welche aus Anlaß der in den beiden vorhergehenden Absätzen enthaltenen Bestimmungen unter den Betheiligten entstehen, werden nach Maßgabe des § 58 Absatz 1 des Krankenversicherungsgesetzes entschieden, und zwar in den Fällen des letztvorhergehenden Absatzes von der für Ortskrankenkassen des Beschäftigungsortes zuständigen Aufsichtsbehörde[42]). (Abs. 11.)

[2a]) Tödtung. Der Tod (vgl. Anm. zu § 6) kann sofort oder erst später eintreten. Es ist nur erforderlich, daß er Folge eines bei dem Betriebe sich ereignenden Unfalls ist; der Unfall muß wirklich die unmittelbare oder mittelbare Ursache des Todes sein. Vgl. Anm. 16 zu § 1. Das ist er auch, wenn nach einem Betriebsunfall Blutvergiftung hinzutritt und den Tod zur Folge hat (A. N. III S. 8). Derselbe Gesichtspunkt wird auch entscheiden, wenn mehrere Ursachen zusammenwirken, um den Tod (oder die Körperverletzung) herbeizuführen, denn der Schadensersatz ist gesetzlich fixirt, kann also nicht wie beim Haftpflichtgesetz je nach dem Maße, in welchem die verschiedenen Ursachen (u. a. das Verschulden des Verletzten) zusammengewirkt haben, abgestuft werden (cf. Eger, Haftpflichtgesetz, II. Aufl., S. 67). Es genügt, wenn der Unfall beim Zusammenwirken mehrerer Ursachen mit in's Gewicht fällt (A. N. III S. 134). Hiernach bleibt der Anspruch bestehen, wenn der Unfall den wegen eines bisherigen Leidens des Verletzten voraussichtlich nahe bevorstehenden Tod nur beschleunigt, oder wenn sonst der körperliche Zustand die Folgen der Verletzung (deren Schwere und Dauer) verschlimmert, z. B. wenn ein Augenkranker in Folge des Unfalls das Sehvermögen verliert, während ein Mann mit gesunden Augen nur eine Schwächung der Sehkraft hätte davontragen können, wenn Alter, zarte Konstitution, schwache Knochen, anderweit bestehende Leiden (z. B. Lungenemphysem) in ihrem Zusammenwirken mit der Verletzung die Erwerbsunfähigkeit bedingen oder vermehren (A. N. III S. 134, V S. 162). Solche kränkliche Personen werden meist auch einen geringeren Verdienst gehabt haben und in Folge dessen eine geringere Rente beziehen.

[3]) Heilverfahren ohne Beschränkung, wie sie das Krankenversicherungsgesetz kennt (in der Gemeindekrankenversicherung werden nur freie ärztliche Behandlung, freie Arzenei, und freie [sog. kleine] Heilmittel, wie Brillen und Bruchbänder gewährt [§ 6 a. a. O.]). Nachträgliche Operationen zur Beseitigung etwa noch verbliebener Mängel an einzelnen Gliedmaßen behufs Erhöhung der Erwerbsfähigkeit sind kein „Heilverfahren", vgl. Anm. 4 zu § 7. Schon im eigenen Interesse werden die Berufsgenossenschaften vom Beginne ihrer Verpflichtungen an für ein möglichst intensives Heilverfahren (z. B. durch

Unterbringung in Krankenhäuser ꝛc.) sorgen, weil auf diese Weise die Erwerbsfähigkeit des Verletzten thunlichst erhalten oder baldmöglichst wieder hergestellt, und dadurch die zu gewährende Rente vermindert wird (cf. § 5 Abs. 2 Nr. 2, Abs. 5, § 65); auch ist es aus gleichem Grunde zu empfehlen, daß die Berufsgenossenschaften schon während der Karenzzeit, d. h. während der ersten 13 Wochen, in welchen die Sorge für den Verletzten den Krankenkassen (bez. der Gemeinde-Krankenversicherung) obliegt, aus eigenen Mitteln dazu beisteuern, um dem Verletzten zur Beschleunigung der Heilung eine möglichst intensive Behandlung oder auch andere Heilmittel zukommen zu lassen, als aus der Krankenversicherung zu gewähren sind, z. B. Badereisen. Der § 10 Abs. 3 steht dem nicht entgegen, da eben eine Verminderung der von der Genossenschaft zu leistenden Entschädigungsbeträge bezweckt wird. Das R.-V.-A. hat auf das Räthliche derartiger Maßnahmen wiederholt hingewiesen (A. N. III S. 55, IV S. 284, V S. 133); die aus solchen Anlässen entstehenden Ausgaben sollen aber nicht als „Kosten des Heilverfahrens", sondern unter der Rubrik „Unfallverhütungskosten" besonders aufgeführt werden (A. N. IV S. 270, V S. 361). Rathsam ist auch die rechtzeitige Lieferung von solchen Vorrichtungen, die nach abgeschlossener Heilung eine Erleichterung der den Verletzten gebliebenen körperlichen Mängel, und dadurch eine Hebung der Erwerbsfähigkeit zur Folge haben, z. B. künstliche Gliedmaßen u. a.

Zum Heilverfahren sind nicht nur die Wiedererlangung der Gesundheit im engeren Sinne, sondern auch bei notorisch unheilbaren Verletzungen die nur auf Linderung der Schmerzen, auf Abwendung einer Verschlechterung des gegenwärtigen Körperzustandes, auf thunlichste Hinhaltung des tödtlichen Ausgangs ꝛc. gerichteten Bemühungen zu rechnen. Im Uebrigen gehören selbstverständlich auch freie Arznei und Heilmittel hierher.

[4]) Vom Beginn der vierzehnten Woche. Wegen der ersten 13 Wochen vgl. Anm. 3, sowie § 8. Vgl. allg. Motive (oben S. 53), sowie aus den besonderen Motiven zu § 5: „Hiernach sollen also die Kosten des Heilverfahrens der durch Unfall Verletzten, sowie die Entschädigung derselben im Falle einer durch den Unfall herbeigeführten Erwerbsunfähigkeit bis zum Ablauf der dreizehnten Woche von den Krankenkassen getragen und erst von diesem Zeitpunkt ab die Kosten des Heilverfahrens und die Entschädigung des Verletzten von der Unfallversicherung übernommen werden. Im Falle der Tödtung dagegen ist die den Hinterbliebenen des Getödteten zustehende Rente sogleich vom Tage des Todes ab von der Unfallversicherung zu übernehmen, welcher auch die zu gewährenden Beerdigungskosten unbeschadet der Bestimmung in § 8 zur Last fallen" (Mot. S. 45).

Das Heilverfahren beginnt also mit dem Eintritt des Unfalls und endet erst, wenn ein weiteres Heilverfahren nicht mehr nöthig ist. Aehnlich steht es mit der baaren Entschädigung. Denn das Krankengeld ist von den Krankenkassen mindestens (vorbehaltlich statutarischer Mehrleistungen) während 13 Wochen zu leisten, „und zwar auch dann, wenn vor Ablauf derselben die ärztliche Behandlung des Erkrankten wegen eingetretener Rekonvalescenz oder wegen Unheilbarkeit des Leidens aufgehört hat, vorausgesetzt, daß die Erwerbsunfähigkeit fortdauert und als Folge der Krankheit anzusehen ist" (Komm.-Ber. z. Kr.-Vers.-Ges., R.-T.-Dr.-S. 1883 Nr. 211 S. 20, vgl. v. Woedtke Komm. z. Kr.-Vers.-Ges. Anm. 4 zu § 5). Vgl. Anm. 5. Der durch Unfall invalid Gewordene erhält also nach Ablauf der ersten zwei Tage ohne Unterbrechung Krankengeld bezw. Rente; die Rente fällt erst fort, wenn Erwerbsunfähigkeit nicht mehr vorliegt, also ihr Grund fortgefallen ist, § 85.

Wird nach Beendigung des ersten Heilverfahrens ein abermaliges Heilverfahren erforderlich, so erfolgt dasselbe, soweit es in die ersten 13 Wochen seit der Verletzung fällt, zu Lasten der Krankenkasse ꝛc., im Uebrigen zu Lasten der Unfallversicherung.

4a) Die Bestimmung, daß die Unfallversicherung bezw. die Berufsgenossenschaft erst nach Ablauf der ersten 13 Wochen eintreten soll, wird als die Einführung der Carenzzeit bezeichnet, wenngleich dieser Ausdruck insofern nicht recht zutrifft, als der Empfangsberechtigte in dieser Zeit eine Fürsorge ja nicht entbehrt, sondern die Schadloshaltung nur von einem andern Verpflichteten (den Krankenkassen event. dem Unternehmer statt der Berufsgenossenschaft) erhält. Nothwendig ist eine solche anderweitige Fürsorge für die kleineren Unfälle bezw. für die ersten Wochen um deswillen, weil die nothwendig für größere Bezirke zu bildenden Genossenschaften unmöglich alle kleinen Unfälle, welche naturgemäß eine Erledigung in kleinen örtlichen Verbänden erfahren müssen, abwickeln und kontrolliren können, ferner um deswillen, weil auch der Arbeiter einen, wenn auch nur geringfügigen Beitrag zu der Fürsorge für Unfälle (im Ganzen) leisten muß, wenn er, was wünschenswerth ist, an der Verwaltung betheiligt werden soll (wie ja auch der Arbeitgeber zu den Lasten der Krankenversicherung, und zwar in sehr erheblichem Maße (mit $^1/_3$ der Gesammtlast), beizutragen hat). Das Verlangen, daß der Arbeitgeber die Gesammtkosten aller seine Arbeiter treffenden Unfälle ebenso allein tragen solle, wie den Schaden an seinem todten Betriebskapital, ist, wie in den Verhandlungen mit Recht hervorgehoben, innerlich unbegründet, weil der Arbeiter keine todte Waare, kein Betriebsmaterial ist. Vgl. noch aus dem Komm.-Ber. S. 12:

„Ein Vertreter der verbündeten Regierungen führte aus, bei der Frage der Carenzzeit handle es sich darum, ob der Arbeiter einen Beitrag zur Unfallversicherung leisten solle oder nicht. In weiten Kreisen spreche man sich dafür aus, man sei dort der Meinung, die Unfallversicherung werde nur dann ihre Aufgabe ausreichend erfüllen, wenn die Arbeiter zufolge des von ihnen gezahlten Beitrages die ihnen zu Theil werdende Entschädigung nicht als ein bloßes Geschenk ansehen könnten. Der von ihnen durch Vermittelung der Krankenkassen gezahlte Beitrag bilde zugleich das unumgängliche Aequivalent für die Heranziehung der Arbeiter zur Verwaltung. Außerdem würde durch Uebertragung der Fürsorge für die sämmtlichen kleineren Unfälle an die

Krankenkassen die geschäftliche Behandlung und die gesammte Verwaltung ganz außerordentlich erleichtert. Auch pflegen ja schon jetzt die Krankenkassen diese Fürsorge während dreizehn Wochen für die durch Unfall Beschädigten zu treffen, obwohl dabei die Zahl der haftpflichtigen Fälle, in denen Erstattung der Kosten erfolgt, eine verschwindende Minderzahl darstelle. Endlich liege, wie ziemlich ausnahmelos anerkannt werde, nur in der Carenzzeit ein Schutzmittel gegen die Gefahr der Simulation."

Was die Dauer dieser sog. Carenzzeit anbetrifft, so sind für die Bemessung derselben auf 13 Wochen wesentlich die historische Entwickelung der Krankenversicherung und Zweckmäßigkeitsgründe maßgebend gewesen. In der Reichstagskommission war die von der Vorlage in diesem Umfang bemessene Dauer zuerst auf 4 Wochen herabgesetzt, doch wurde bei der zweiten Lesung die Regierungsvorlage wieder hergestellt. Für die Wiederherstellung „sprachen sich nachdrücklich die Vertreter der verbündeten Regierungen aus. Die Frage sei gar nicht politischer, sondern wesentlich praktischer Natur. Aus praktischen Erwägungen sei die dreizehnwöchentliche Carenzzeit in den Entwurf eingesetzt worden; sie habe sich in diesem Umfange bei den Krankenkassen historisch entwickelt. Eine Abkürzung sehe arbeiterfreundlich aus, habe aber in Wahrheit nur eine ganz minimale Bedeutung. Die aufgenommene Unfallstatistik ergebe für 4 Monate 5 681 Unfälle, welche eine mehr als 28 Tage dauernde Erwerbsunfähigkeit zur Folge haben, also für das Jahr rund 17 000 Unfälle mit 850 000 Arbeitstagen. Ziehe man davon die Summe der innerhalb der Grenze von 4 Wochen fallenden Krankentage = 476 000 ab, so bleibe ein Mehrbetrag von höchstens 400 000 Krankentagen; lege man sodann einen Arbeitslohn von 2,50 Mk. pro Tag zu Grunde, so ergebe sich, daß für diesen Mehrbetrag an Krankentagen gegenüber einer Carenzzeit von 4 Wochen ein weiteres Krankengeld von 500 000 Mark durch die Krankenkassen aufgebracht werden müsse. Hiervon entstammten 334 000 Mark den Beiträgen der Arbeiter, was auf eine Gesammtzahl von 2 Millionen Arbeiter ausgeschlagen $1/6$ Mark pro Kopf und Jahr darstelle. Letzteres sei der Betrag, um welchen der Arbeiter mehr belastet werde, sofern man sich entschließe, die Carenzzeit von 4 auf 13 Wochen auszudehnen" (Komm.-Ber. S. 13), d. h. sofern man sich entschließe, den Krankenkassen die Unfälle nicht blos bis zu 4, sondern bis zu 13 Wochen Erwerbsunfähigkeit zuzuweisen. In den weiteren Verhandlungen ist sodann noch wiederholt hervorgehoben worden, daß die Herabsetzung der Carenzzeit von 13 auf 4 Wochen für die Krankenkassen, welche gegenwärtig und nach dem Krankenversicherungsgesetz alle Unfälle bis zu 13 Wochen zu tragen hätten, einfach ein Geschenk bedeute; auf ein solches würden die Kassen schwerlich besonderen Werth legen, weil es für die Arbeiter einen reellen Werth von kaum 20 Pf. pro Jahr und Kopf habe, während dadurch die Zahl der von den Genossenschaften abzuwickelnden Unfälle um ein Mehrfaches vergrößert werden würde. Diese Mehrbelastung stehe zu dem Werth der Sache in keinem Verhältniß und sei für eine Selbstverwaltung auf ehrenamtlicher Grundlage unerträglich. Auch eine Mitbetheiligung der Berufsgenossenschaft an der Fürsorge für die ersten 13 Wochen in der Art, daß dieselben den Krankenkassen einen Zuschuß zum Krankengelde der Verletzten zu gewähren hätten, stieß wegen der hierdurch nothwendig bedingten schwierigen Verwaltung und Abrechnung mit den Krankenkassen auf unüberwindliche praktische Schwierigkeiten.

Schließlich führte in dritter Lesung des Gesetzentwurfs der immer von Neuem hervortretende Wunsch, dem von einem Unfall getroffenen Arbeiter wenigstens für einen Theil derjenigen Zeit, für welche er hiernach auf die Krankenkassen anzuweisen ist, eine höhere Entschädigung zu gewähren, als die letzteren in Form des gesetzlichen Krankengeldes zu zahlen haben, ohne doch die Krankenkassen von der ihnen nach der historischen Entwickelung bereits gegenwärtig obliegenden Fürsorge für die ersten 13 Wochen zu entlasten oder die Berufsgenossenschaften mit zu schwierigen Verwaltungsgeschäften zu belasten, zu dem im Abs. 9 eingeschlagenen und wohl gangbaren Wege.

Hiernach soll, falls die Krankenkassen nicht schon ihrerseits entsprechende Mehrleistungen gewähren, nach Ablauf der ersten 4 Wochen der Unternehmer desjenigen Betriebes, in dem sich der Unfall ereignet hat, auf eigene Kosten das gesetzliche Krankengeld von 50 pCt. auf 66⅔ pCt. des Lohnes bis dahin erhöhen, daß die Berufsgenossenschaften auf Grund des Gesetzes die Fürsorge zu übernehmen haben. Diese Bestimmung charakterisirt sich als Novelle zum Krankenversicherungsgesetz und berührt die Leistungen der Berufsgenossenschaften gar nicht, die der Krankenkassen nur insofern, als die letzteren diesen Zuschuß zum Krankengeld vorzuschießen und von dem betr. Betriebsunternehmer wieder einzuziehen haben.

Allerdings wird hierdurch ein dritter Interessent, der Betriebsunternehmer in Person, in die Fürsorge für den Unfall hineingezogen, was mit dem System des Gesetzes wenig harmonirt; auch ist zu beachten, daß in den Krankenkassen diejenigen Personen, welche durch Unfall erwerbsunfähig geworden sind, nunmehr eine höhere Fürsorge genießen, als die aus anderweiten Krankheitsursachen vorübergehend erwerbsunfähigen Personen. Will man hierüber aber hinwegsehen, so ist anzuerkennen, daß die gegen eine Heranziehung der Berufsgenossenschaften geltend gemachte praktische Schwierigkeit vermieden, und die angestrebte Erhöhung ohne neue praktische Schwierigkeiten doch erreicht wird. Die Betriebsunternehmer, in deren Betrieben sich der Unfall ereignet hat, können die wirkliche Dauer der Krankheit leicht kontroliren und den Zuschuß ohne schwierige Verrechnungen an die örtlich nahestehende Krankenkasse bei Gelegenheit der ihnen im Allgemeinen obliegenden Einzahlung der regelmäßigen Kassenbeiträge abführen; sie werden auch in dieser ihnen persönlich drohenden Mehrbelastung einen gewissen Antrieb sehen, die größtmöglichste Fürsorge zur Verhütung von Unfällen eintreten zu lassen. Aus diesen Gründen konnte die Abänderung zugestanden werden.

Hiernach können bei Betriebsunfällen kumulativ drei Verpflichtete konkurriren. Vom Eintritt des Todes ab trägt die Berufsgenossenschaft die ganze Last (cf. § 6). Hat dagegen der Unfall nicht den Tod, sondern eine Körperverletzung zur Folge, so liegt die Fürsorge für den Verletzten ob:

a) während der ersten 4 Wochen den Krankenkassen allein, und zwar in derjenigen Höhe, in welcher dieselben nach Gesetz oder Statut für den Fall der Krankheit einzutreten haben;

b) vom Beginn der 5. bis zum Beginn der 14. Woche den Krankenkassen und dem einzelnen Betriebsunternehmer insofern, als erstere ihre gesetzlichen oder statutarischen Leistungen weiter zu erfüllen, für den Fall aber, daß das hiernach zu gewährende Krankengeld den gesetzlichen Betrag (50 pCt.) nicht übersteigt, dasselbe auf Kosten des Betriebsunternehmers bis zu 66⅔ pCt. zu erhöhen haben, vgl. Abs. 9;

c) vom Beginn der vierzehnten Woche ab den Berufsgenossenschaften, welche dabei befugt sind, die Fürsorge bis zur Beendigung des Heilverfahrens gegen Kostenerstattung den Krankenkassen zu übertragen, vgl. Abs. 8.

(In den Fällen a) und b) tritt, wenn der Verletzte nicht Mitglied einer Krankenkasse ist, der betr. Betriebsunternehmer persönlich für die Leistungen der Kasse ein, vgl. Abs. 10.)

Die Krankenpflege für die ganze Dauer des Heilverfahrens in einer Hand zu belassen, bez. gegen Ersatz der nach Ablauf von 13 Wochen erwachsenden Kosten den Krankenkassen zuzuweisen, hat für die Einheitlichkeit der Behandlung und für die Vereinfachung der Verwaltung offenbar erhebliche Vortheile. Man hat jedoch davon Abstand genommen, eine derartige Regelung obligatorisch zu treffen, hat dieselbe vielmehr in das Belieben der Genossenschaften gestellt. Während der Entwurf (in der Begründung) die Erwartung aussprach, daß ein derartiges Arrangement freiwillig werde getroffen werden, ist die Reichstagskommission einen Schritt weiter gegangen und hat die Berufsgenossenschaften ausdrücklich ermächtigt, den Krankenkassen die fernere Fürsorge für die Verunglückten bis zur Beendigung des Heilverfahrens zu übertragen. Fortan steht es also nicht mehr im Belieben beider Theile, ob sie ein derartiges Arrangement eingehen wollen, sondern nur ein Theil, die Berufsgenossenschaft, ist zur Entschließung hierüber berechtigt, während die Krankenkasse zur Uebernahme verpflichtet ist, sobald die Berufsgenossenschaft von ihrem Recht Gebrauch macht; cf. Anm. 30fg.

Die Frage, ob nun auch sämmtliche, der Unfallversicherung unterworfene Personen während der ersten 13 Wochen auf anderweite Fürsorge zu rechnen haben, ist, soweit es sich um die nach § 1 dieses Gesetzes versicherten Personen handelt, zu bejahen; denn soweit für dieselben nicht die Krankenversicherung eintritt, hat der Unternehmer für diese Zeit aufzukommen, Abs. 10. Betriebsbeamte mit einem 2000 Mark übersteigenden Arbeitsverdienst dagegen, auf welche etwa die Versicherungspflicht statutarisch erstreckt worden ist (§ 2

Abs. 1), haben allerdings der Regel nach keine Krankenversicherung, falls sie nicht auf Grund ihres gesetzlichen Rechts einer Ortskrankenkasse ꝛc. oder der Gemeindekrankenversicherung freiwillig beigetreten sind, § 4 Abs. 2, § 19 Abs. 3, § 63 Abs. 2, § 72 K.-V.-G.; vgl. v. Woedtke, Kommentar zu demselben Anm. 7 zu § 4. Auch der Unternehmer hat für sie nicht einzutreten. Hierin kann aber ein schwerwiegender Mißstand nicht gefunden werden. „Im Allgemeinen befinden sich dieselben in der Lage, die Kosten der Krankenpflege für die erste Zeit (sc. die ersten 13 Wochen) nach dem Unfall aus eigenen Mitteln bestreiten zu können, ohne dadurch einer Gefährdung ihrer wirthschaftlichen Existenz ausgesetzt zu sein ꝛc." (Motive S. 46). — Das Haftpflichtgesetz tritt für derartige Beamte, wenn auf dieselben die Versicherungspflicht erstreckt worden ist (§ 2), auch dann außer Kraft, wenn der Unfall eine Erwerbsunfähigkeit von weniger als 13 Wochen zur Folge hat. § 95.

Fragt man nun, wie sich die Gesammtunfälle nach ihrer Zahl und nach ihrem Belastungswerth auf die Krankenkassen und auf die Unfallversicherung vertheilen, so ergiebt sich, daß diejenigen Unfälle, welche den Krankenkassen zufallen, der Anzahl nach bedeutend überwiegen, nach ihrem finanziellen Belastungswerth aber durchaus zurücktreten.

Nach den Ergebnissen der Unfallstatistik vom Jahr 1881 (S. 8) betragen von der Gesammtheit aller ermittelten Unfälle (88722 im Jahre)

a) die Unfälle mit tödtlichem Ausgang . . . . 2,2 pCt.
b) „ „ „ nachfolgender dauernder Erwerbsunfähigkeit 1,9 „
c) „ „ „ „ vorübergehender „ 95,9 „

Von den Unfällen unter c haben zur Folge gehabt:

1. eine Erwerbsunfähigkeit von 1 bis 14 Tagen . . . . . 56,9 pCt.
2. „ „ „ 15 bis 28 „ . . . . . 23,1 „
3. „ „ „ mehr als 28 Tagen . . . . 20,0 „

Von den letzteren (unter c) haben 12,923 pCt. (Unfallstatistik S. 19), d. h. 2202 Unfälle oder rund 2,5 pCt. aller Unfälle eine vorübergehende Erwerbsunfähigkeit von mehr als 13 Wochen zur Folge. Hiernach veranlassen 93,4 pCt. aller Unfälle eine Erwerbsunfähigkeit bis zu 13 Wochen, sind also von den Krankenkassen zu erledigen, während 6,6 pCt. (bei rund 2 Millionen Versicherten [cf. jedoch Anm. 1] 5900 Fälle) aller Unfälle den Berufsgenossenschaften verbleiben.*) Nach den Rechnungsergebnissen des R.-V.-A. (A. N. IV S. 89, V S. 11) stellt sich dies Verhältniß für die Krankenkassen noch günstiger, da hiernach für 1886 90 pCt., für 1887 etwa 85 pCt. aller zur Anmeldung gelangten Unfälle ein Eintreten der Berufsgenossenschaften erforderlich gemacht haben.

Wichtiger aber als die Zahl ist offenbar der finanzielle Belastungswerth der einzelnen Unfälle. Derselbe ist unter Berücksichti-

*) Die Berichtigung der Zahlen der früheren Auflagen verdankt Verfasser dem Mathematiker H. Beckmann.

gung der für die einzelnen Unfälle ermittelten Krankentage (deren Zahl naturgemäß mit der Schwere des Unfalls zunimmt) und der nach dem Gesetzentwurf zu zahlenden Entschädigungen, welche bei Tod, namentlich aber bei dauernder Invalidität ungleich bedeutender sind, wie bei vorübergehender Erwerbsunfähigkeit (cf. Anm. 1), dahin ermittelt worden (Bödiker, Unfallstatistik S. 20), daß auf die Unfallversicherung bei 13wöchiger Carenzzeit 83½ pCt., auf die Krankenkassen rund 16½ pCt. der gesammten Unfallast entfallen. Hierbei ist, wie der Staatssekretär des Innern ausdrücklich konstatirt hat, im Interesse der Sicherheit der Rechnung und Summen überall nach oben gegriffen. Erwägt man dann ferner, daß der Arbeitgeber zu den Krankenkassen (mit Ausschluß der freien Hülfskassen, deren Mitglieder das Zusammenwirken mit den Arbeitgebern und deren Betheiligung an den Kosten der Krankenversicherung verschmähen, während sie gleichwohl jederzeit in eine Kasse eintreten können, zu welcher der Arbeitgeber beiträgt) ⅓ der Gesammtbeiträge leisten, so ergiebt sich, daß die Arbeiter bei 13wöchiger Carenzzeit durch die Beiträge zu den Krankenkassen nur ⅔ von 16½ pCt., also nur 11 pCt. der gesammten Unfalllast tragen, während der Rest von 89 pCt., außer dem nach Abs. 9 zu leistenden Zuschuß, den Unternehmern zufällt. Bei Zugrundelegung der aus den Rechnungsergebnissen des R.-V.-A. oben mitgetheilten Ziffern muß sich dies Verhältniß sogar noch weit günstiger für die Versicherten stellen, so daß dieselben keine 8 pCt. der gesammten Unfallast zu tragen haben werden. Dabei darf ferner nicht übersehen werden, daß die Unternehmer ja auch zu den Lasten der nicht durch Unfälle hervorgerufenen Krankheiten ⅓ beitragen, und die Belastung aus solchen anderen Krankheiten ist, wenn man die Zahl der Krankentage in Betracht zieht, nach der vom Kais. Stat. Amt im Jahre 1887 aufgemachten Statistik der Krankenkassen (Stat. d. Deutschen Reichs N. F. Bd. 24 S. 121) nicht weniger als etwa 16mal so groß, wie die Belastung aus den durch Unfälle hervorgerufenen. Vor dem Erlaß des Krankenversicherungsgesetzes hatten dagegen die Krankenkassen, soweit sie überhaupt für Erwerbsunfähigkeit entschädigten, oft ohne Beihülfe der Unternehmer die ganzen aus Unfällen erwachsenden Kosten zu tragen. Die Belastung der Arbeiter wird also in Zukunft erheblich geringer, während die Sicherheit gegen die Folgen der Unfälle wächst. Es ergiebt sich hieraus:

a) daß der Vorwurf, den Arbeitern werde ein überwiegender Theil der Unfallast neu aufgebürdet, unbegründet ist;

b) daß die Arbeiter einen Theil der Unfallbelastung tragen und daher ein gewisses Maaß von Betheiligung an der Verwaltung der Unfallversicherung beanspruchen können.

Eine solche Betheiligung ist ihnen in den §§ 41 fg. eingeräumt worden.

[5]) nach Eintritt, zuerst an demjenigen Tage, welcher durch seine Benennung dem auf den Unfall folgenden Tage entspricht, also, wenn der Unfall am Mittwoch sich ereignet, am Donnerstage über 13 Wochen. An demselben

Tage ist die gesetzliche Krankenunterstützung zu Ende gegangen, so daß sich die Unfallunterstützung lückenlos anschließt (A. N. III S. 12). Vgl. Anm. 4. Der Tag des Unfalls wird also, wenn derselbe nur eine Körperverletzung herbeigeführt hat, nicht mitgerechnet, wohl aber, wenn der Unfall den Tod zur Folge gehabt hat, vgl. Anm. 3[a] zu § 6. Auch bei solchen Folgen des schädlichen Betriebsereignisses (Unfall, vgl. Anm. 17 zu § 1), welche sich erst später herausstellen, beginnt die Fürsorgepflicht der Berufsgenossenschaft mit dem Ablauf der 13. Woche nach Eintritt des Unfalls. Hiernach haben die Krankenkassen in ihrem Verhältniß zu den Berufsgenossenschaften aus eigenen Mitteln nur diejenige Fürsorge zu leisten, zu welcher sie in den ersten 13 Wochen nach dem Eintritt des Betriebsereignisses verpflichtet sind. Nach Ablauf dieser Zeit hat in allen Fällen die B.-G. einzutreten, unabhängig davon, ob und event. wie lange vorher die Krankenkasse ihrerseits zu Leistungen genöthigt war (A. N. IV S. 244).

[5a]) welche .. entstehen. Die Feststellung der Kosten für das Heilverfahren liegt der Genossenschaft ob, § 57. Dieselbe wird daher auch über die Nothwendigkeit und Angemessenheit der zu diesem Zweck gemachten Aufwendungen zu entscheiden haben (vorbehaltlich des schiedsgerichtlichen Verfahrens, § 62), und hierbei insbesondere darauf Rücksicht nehmen müssen, welche Aufwendungen den Verhältnissen des Verletzten, sowie dem zu erreichenden Erfolg vernünftigerweise entsprechen. (cf. Eger a. a. O. S. 297.)

[6]) für die Dauer der Erwerbsunfähigkeit, vgl. Anm. 20. Die Entscheidung des Reichsgerichts vom 23. Dezember 1879 (Entsch. I. 66), nach welcher eine nach dem Haftpflichtgesetz bewilligte Rente während einer Strafhaft des Empfängers (Zuchthaus, Gefängniß) ruht, da der Betreffende während seiner Detention so wie so nicht hätte arbeiten können und deshalb während dieser Zeit einen Schaden durch die Verletzung nicht erleide, hält das R.-V.-A. für den Geltungsbereich der Unfallversicherung nicht für zutreffend, da die Folgen des Betriebsunfalls auch während der Strafhaft unverändert fortbestehen (A. N. IV S. 298). Die Unfallrente darf hiernach während einer Freiheitsstrafe oder gar während der Dauer einer gerichtlichen Untersuchung (A. N. V S. 139) nicht eingestellt werden.

[7]) Die Rente ist demnächst an Stelle des Krankengeldes neben den Kosten des Heilverfahrens zu zahlen.

[8]) nach Maßgabe des Arbeitsverdienstes, nicht nach festen Pauschsummen, weil durch letztere, wie die Motive der ersten Unfallgesetzvorlage ausführen, die mannigfaltigen Unterschiede, welche durch die Verschiedenheit der Lohnhöhe in den verschiedenen Gegenden und Industriezweigen bedingt sind, also die bisherige wirthschaftliche Lage der Verletzten nicht genügend berücksichtigt werden könnte, und der eingeführte Modus jede weitere Unterscheidung der versicherten Personen entbehrlich macht.

[9]) zu berechnen. Die Rente ist ein Prozentsatz des Arbeitsverdienstes, d. h. des gesammten Verdienstes, also des Jahresverdienstes, letzterer ein viel-

faches des durchschnittlichen Tagesverdienstes. Da die Anzahl der Arbeitstage und der Tagelohn, welche ein und derselbe Arbeiter während verschiedener Jahre oder mehrere gleichartige Arbeiter während eines Jahres in demselben Betriebe wirklich haben absolviren bezw. beziehen können, außerordentlich verschieden sind, ohne daß diese Verschiedenheiten die Unfallgefahr und den Durchschnittsverdienst beeinträchtigen — die Arbeitszeit ist vielleicht durch Krankheit, Betriebseinschränkung zc unterbrochen, oder wegen besonders flotten Geschäftsganges vorübergehend erhöht worden —, so durfte nicht der wirkliche Jahresverdienst oder die Zahl der wirklich absolvirten Arbeitstage den Maßstab für die Bemessung der Rente bilden, sondern es war ein Maßstab zu wählen, welcher zwar die thatsächlichen Lohnverhältnisse des letzten Jahres und des betr. Arbeiters berücksichtigt, dieselben aber nach allgemeinen Durchschnittssätzen regulirt. Solche Durchschnittssätze werden ebenso für die Berechnung des Tagesverdienstes, wie für den Multiplikator bei Berechnung des Jahresverdienstes vorgeschrieben.

Der Jahresverdienst ist also ein vielfaches des durchschnittlichen Tagesverdienstes. Bei einem Verletzten, welcher während des ganzen letzten Jahres in demselben Betriebe beschäftigt war, wird dieser durchschnittliche Tagelohn nach seinem eigenen Individualverdienst in der Weise gefunden, daß man den wirklichen Gesammtverdienst des Verunglückten während des letzten Jahres (einschl. Tantièmen und Naturalbezügen, § 3 Abs. 1) durch die Zahl der wirklich absolvirten Arbeitstage (cf. Anm. 12) dividirt (hierdurch wird die Berücksichtigung von Ueberstunden und besonderen Arbeitstagen ermöglicht), und den hieraus sich ergebenden Durchschnittsbetrag entweder reduzirt, § 5 Abs. 5 (wenn er über 4 Mark täglich beträgt), oder erhöht, § 5 Abs. 5 (wenn er den ortsüblichen Tagelohn nicht erreicht). Hat der Verletzte in dem Betriebe nicht ein volles Jahr (cf. Anm. 14) gearbeitet, so kommt nicht sein Individualverdienst, sondern der Klassen-Verdienst gleichartiger Arbeiter eventuell aus Nachbarbetrieben in Rechnung, § 5 Abs. 4. Der für den Verunglückten ermittelte durchschnittliche Tagesverdienst wird mit der durchschnittlichen (üblichen) Zahl der Arbeitstage — im Allgem. 300, falls nicht die übliche Betriebsweise eine andere Zahl als Regel ergiebt (cf. Anm. 6 zu § 3) — multiplizirt, — § 3 Abs. 2 (cf. in § 5 Abs. 3 das Zitat § 3); ein Bruchtheil der so erhaltenen Zahl ist die Unfallrente, § 5 Abs. 6, § 6. Vgl. auch Entsch. d. R.-V.-A. v. 24. September 1886. — Hiernach erhält z. B. ein ganz invalide gewordener Arbeiter, welcher in einem Betriebe, dessen übliche Betriebsweise keine besondere Abweichung von der allgemeinen Regel aufweist, so daß also die Zahl 300 in Rechnung zu ziehen ist, während des letzten Jahres thatsächlich 300 Tage gearbeitet und dabei insgesammt 600 Mark verdient hat, an Jahresrente

$$\frac{600}{300} \cdot 300 \cdot \frac{2}{3} = 400 \text{ Mark};$$

wenn er in demselben während 320 Tagen 1000 Mark verdient hat,

$$\frac{1000}{320} \cdot 300 \cdot \frac{2}{2} = 625 \text{ Mark;}$$

wenn er in demselben während 280 Tagen 1500 Mark, für den Tag also mehr als durchschnittlich 4 Mark verdient hat, so daß nur $\left(\frac{1560}{280} =\right)$ 5,36 abzüglich $^2/_3$ des Ueberschusses über 4, also im Ganzen nur 4,45 Mark als Tagesverdienst in Rechnung kommen, $4{,}45 \cdot 300 \cdot \frac{2}{3} = 890$ Mark.

Kleine Modifikationen dieser Berechnung ergeben sich

b) bei denjenigen Personen, deren Jahresarbeitsverdienst sich aus mindestens wochenweise fixirten Beträgen zusammensetzt (§ 3 Abs. 2). Auch bei diesen Personen muß der durchschnittliche Tagesverdienst nach Maßgabe des § 5 Abs. 2 ermittelt und reduzirt oder erhöht werden; als Divisor und Multiplikator gilt die Zahl der wirklichen Arbeitstage, so daß bei Jahreslöhnung der effektive Jahresverdienst nach Reduktion des 4 M. täglich übersteigenden Betrages der Rentenberechnung zu Grunde zu legen ist (A. N. III S. 133). Sofern aber in solchen Fällen die Zahl der wirklichen Arbeitstage nicht zu ermitteln sein sollte, wird sowohl als Divisor wie demnächst als Multiplikator die Zahl von 300 Arbeitstagen in Rechnung kommen müssen, weil dies die Durchschnittszahl ist, von der das Gesetz ausgeht, weil ferner eine dauernde Beschäftigung über diese Zeit hinaus nicht stattzufinden pflegt, eine kürzere Beschäftigung während eines Jahres aber ebenso wenig anzunehmen ist, indem die etwa ausfallenden Arbeitstage durch den für Zeitperioden fixirten Lohn mit gedeckt sind (cf. Anm. 6 zu § 3, Anm. 3 zu § 10);

b) bei denjenigen Personen, welche wegen noch nicht beendigter Ausbildung keinen Lohn oder weniger, als der ortsübliche Tagelohn beträgt, beziehen (§ 3 Abs. 3). Hier fällt die Berechnung des Tagesverdienstes fort und an die Stelle tritt das Dreihundertfache des ortsüblichen Tagelohns, welcher zur Zeit überall niedriger als 4 Mark pro Arbeitstag ist. Vgl. Anm. 9 zu § 3.

c) In Fällen, in welchen ein Versicherter während eines Jahres zeitweise (als Lehrling wegen nicht beendeter Ausbildung) weniger, zeitweise (als Gesell) mehr als den ortsüblichen Tagelohn verdient hat und der Durchschnittsverdienst für den Tag hinter dem ortsüblichen Tagelohn zurückblieb, will das R.-V.-A. bei Berechnung des der Rente zu Grunde zu legenden Arbeitsverdienstes eine gesonderte Berechnung der beiden Lohnbezüge vorgenommen wissen, indem für die Dauer der Gesellenzeit der thatsächliche, für die Dauer der Lehrlingszeit der Ortslohn in Betracht gezogen werden soll (A. N. IV S. 215, 293).

[10]) während des letzten Jahres, vom Tage des Unfalls zurückgerechnet (cf. Abs. 4); also nicht das Kalender- oder das Rechnungs-Jahr.

[10a]) in dem Betriebe. Höhere oder niedrigere Löhne in anderen Betriebszweigen, in denen der Verletzte während des Jahres zeitweise beschäftigt gewesen ist, kommen nicht in Betracht. So wird ein Maurer, der im Winter in einer Zuckerfabrik gegen niedrigeren Lohn arbeitet und dort verunglückt, nur

nach dem Satze für die Zuckerfabrikarbeiter (vgl. Anm. 6 zu § 3) entschädigt, ohne Rücksicht auf seinen im Sommer höheren Verdienst als Maurer (A. N. III S. 9). In der Land- und Forstwirthschaft dagegen, in welcher nach Durchschnittslöhnen, nicht nach Individuallöhnen entschädigt wird, muß bei der Festsetzung des Durchschnittslohnes auch der außergewöhnliche Verdienst, welchen nach der Ortsgewohnheit die betr. landwirthschaftlichen Arbeiter zeitweise erzielen, in Betracht gezogen werden, cf. v. Woedtke, landw. Unf.-Vers., Anm. 16 zu § 6.

[11]) Gehalt oder Lohn, cf. § 3, Abs. 1. Eine dem Betr. aus Anlaß eines früheren Unfalls etwa zustehende Unfallrente ist natürlich nicht einzurechnen (A. N. V S. 355).

[12]) durchschnittlich für den Arbeitstag, im Allgemeinen ohne Rücksicht auf die Zahl der Arbeitsstunden. Letztere werden in dem wirklich bezogenen Lohn genügend zum Ausdruck kommen.

Wird aber die Arbeitsdauer auf die einzelnen Arbeitstage derart ungleich vertheilt, daß an einigen Tagen eine übermäßig große, an anderen Tagen dafür (zur Ausgleichung) gar keine Arbeitsleistung stattfindet — wenn z. B. ein Arbeiter 20 Stunden hintereinander zu arbeiten hat, um dann während der nächsten 20 Stunden zu feiern — so werden diejenigen Tage, an welchen der Arbeiter mit Rücksicht auf die erhöhte Arbeitsleistung an anderen Tagen gar nicht gearbeitet hat, als Arbeitstage mit in Anrechnung zu bringen sein.

Wenn die Arbeitszeit nach Tag- und Nachtschicht wechselt, wird auch die Zeit der Nachtschicht als Arbeitstag zu berechnen sein. Vgl. Anm. 6a zu § 3.

[13]) übersteigende. Nach dem Krankenversicherungsgesetz kommt, wie auch nach den älteren Unfallgesetzvorlagen, immer nur der Höchstbetrag von 4 Mark täglich in Betracht. Die in dem vorliegenden Gesetz getroffene „Aenderung erscheint nothwendig, um den besser gestellten Arbeitern und Betriebsbeamten einen ihrer bisherigen wirthschaftlichen Lage mehr entsprechenden Unterhalt zu sichern" (Mot. S. 46). Die Kürzung muß auch bei höher gelohnten, nach den Bestimmungen des Statuts (§ 2) versicherten Betriebsbeamten, sowie bei versicherten Betriebsunternehmern vorgenommen werden (A. N. II S. 14). Vgl. Anm. 4 zu § 2.

Diesem Maximalbetrag entspricht ein Minimalbetrag, cf. Anm. 18. Die gleiche Kürzung tritt bei der Erhebung der Beiträge ein, § 10.

[14]) nicht ein volles Jahr, wenn der Arbeiter vor weniger als Jahresfrist in den Betrieb eingetreten, oder der Betrieb selbst erst vor weniger als Jahresfrist begonnen ist. Bei Betrieben, welche periodisch intermittiren, z. B. Maurern, Zuckerfabriken 2c., gilt als Jahr das Betriebsjahr, d. h. die übliche Betriebszeit während des Kalenderjahres.

[15]) derselben Art, d. h in derselben Kategorie mit gleichwerthiger Arbeitsleistung. Hängt die Höhe des Arbeitsverdienstes in demjenigen Betriebe, in welchem der Unfall sich ereignete, oder in demjenigen Betriebe, welcher zur Vergleichung herangezogen wird, von der Länge der Zeit ab, welche der Ar-

beiter in dem Betriebe schon beschäftigt ist — in einzelnen Betrieben erhalten Arbeiter während des ersten Jahres ihrer Beschäftigung täglich etwa 2 Mark, während des zweiten Jahres etwa 2,20 Mark, später 2,30 Mark ꝛc. — so kann der vor Ablauf des ersten Jahres verunglückte Arbeiter Entschädigung nur nach Maßgabe der während des ersten Jahres gezahlten Löhnung beanspruchen.

[16]) oder, d. h. wenn in demselben Betriebe Arbeiter von der Kategorie des Verletzten nicht ein Jahr hindurch beschäftigt worden sind. Sind derartige Arbeiter nicht zu ermitteln, so kann die Rente nach den Lohnverhältnissen des Nachfolgers des Verletzten berechnet werden (A. N. IV S. 292).

[17]) durchschnittlich, ꝛc. für den Arbeitstag (cf. Abs. 3). Der Multiplikator richtet sich nach § 3 Abs. 2 (A. N. III S. 37). Ein Durchschnitt aus den etwa vorhandenen mehreren gleichartigen Nachbarbetrieben braucht nicht gezogen zu werden. Die Reduktion des den Betrag von 4 Mark täglich übersteigenden Lohns (nach Abs. 3) hat auch in diesem Fall stattzufinden.

[18]) Erreicht . . nicht. „Da nicht sowohl die Zerstörung und Schmälerung der zeitigen Erwerbsthätigkeit, als vielmehr die Vernichtung und Beeinträchtigung der Erwerbsfähigkeit die Grundlage für die Höhe der zu gewährenden Unfallentschädigung bildet, so erscheint es gerechtfertigt, nicht nur den thatsächlich bezogenen Lohn, sondern auch den unter normalen Verhältnissen mindestens zu erlangenden Arbeitsverdienst in Berücksichtigung zu ziehen. Aus diesem Grunde ist zur Beseitigung von Härten, insbesondere in denjenigen Fällen, in denen z. B. wegen mangelnden Absatzes eine vorübergehende Einschränkung der Arbeitszeit und somit des Arbeitsverdienstes eintritt, die Festsetzung eines der Schadensregulirung zu Grunde zu legenden Minimallohnsatzes geboten. Als solcher wird in Uebereinstimmung mit den Vorschriften des Krankenversicherungsgesetzes der durch die höhere Verwaltungsbehörde nach Anhörung der Gemeindebehörde für Erwachsene festgesetzte ortsübliche Tagelohn gewöhnlicher Tagelöhner anzunehmen sein, dessen Normirung auf Grund genauer Ermittelungen durch eine Stelle erfolgt, welche die maßgebenden Verhältnisse vollständig zu übersehen in der Lage ist" (Mot. S. 46). Dieser Lohnsatz wird als Minimum für jeden Arbeitstag in Ansatz gebracht, welcher nach der Beschaffenheit des Betriebes bei Berechnung des Jahresarbeitsverdienstes in Betracht kommt, d. h. in der Regel für 300 Arbeitstage, ev. aber auch mehr oder weniger, § 3 Abs. 2 (A. N. II S. 274). Der ortsübliche Tagelohn kommt auch bei gemischten Betrieben zur Berechnung, wenn der Verletzte in dem unter das U.-V.-G. fallenden Betriebstheil nur zeitweise beschäftigt gewesen ist und demgemäß der in diesem Betriebstheil verdiente und von der B.-G. in Betracht zu ziehende Lohn nur einen Theil seines Gesammtlohns ausmacht (A. N. III S. 121), vgl. Anm. 3 zu § 1.

Vgl. im Uebrigen Anm. 9 (insbesondere auch ad c), sowie die Anm. 9, 11, 12 zu § 3.

[19]) beträgt. Wegen der Zahlbarkeit der Rente (monatlich pränumerando) vgl. § 66.

Ueber die Gründe, welche dazu geführt haben, die Entschädigung nicht gleich dem vollen, sondern gleich einem Bruchtheil des derzeitigen Arbeitsverdienstes festzustellen, cf. oben den Auszug aus den allgemeinen Motiven des ersten Entwurfs S. 43. Es mag noch darauf hingewiesen werden, daß die Arbeitsunfähigkeit mit zunehmendem Alter von selbst sich mindert und daß der Verdienst durch Krankheit, verdienstlose Zeiten 2c. beeinträchtigt werden kann. Wollte man trotzdem den vollen gegenwärtigen Verdienst zur Grundlage der Entschädigung des Verletzten machen, so würde man ihn auf Grund seines Unfalls vor solchen, den Gesunden bedrohenden Verminderungen seines Einkommens sicher stellen; er würde also thatsächlich in der Regel eine Verbesserung gegen die letzteren erfahren. Eine Fürsorge durch Sicherstellung des vollen gegenwärtigen Arbeitsverdienstes wäre also nicht nur ein voller Schadensersatz, sondern geradezu eine Prämie auf den Unfall. Der volle Schaden, den der Verunglückte erleidet, wird vielmehr in der Regel schon dann gedeckt, wenn ihm zwei Drittel seines gegenwärtigen Verdienstes sichergestellt werden. Durch das Gesetz ist der Schaden, den der Arbeiter erleidet, gewissermaßen auf Grund einer praesumtio iuris et de iure gesetzlich fixirt; der zu gewährende Bruchtheil des Arbeitsverdienstes ist der Schaden, den der Arbeiter erleidet, nicht ein Bruchtheil dieses Schadens, so daß dem Arbeiter ein Theil des Schadens nicht ersetzt würde. Der Arbeiter erhält Ersatz für den vollen Schaden, den er erleidet; ihm wird nichts entzogen; wie hoch aber dieser Schaden sei, berechnet nicht er, sondern unter Berücksichtigung einer ganzen Reihe wichtiger und zutreffender, aber nicht mit gleicher Schärfe ins Auge fallender Momente das Gesetz. Vgl. auch Anm. 22. Höhere Renten dürfen nach § 10 Abs. 3 nicht bewilligt werden (A. N. II S. 74).

[20]) völlige Erwerbsunfähigkeit ist nicht eine augenblickliche Erwerbslosigkeit, sondern die unter Berücksichtigung der thatsächlichen Verhältnisse voraussichtlich bestehende Unmöglichkeit, fortan nach Maßgabe seiner körperlichen und geistigen Kräfte und seiner Vorbildung einen (nicht etwa ganz unsicheren) Arbeitsverdienst zu beziehen. Vgl. Anm. 1. Bei der Beurtheilung ist es (nach A. N. II S. 229) unerheblich, daß der Verletzte bisher vergeblich sich um Arbeit bemüht hat; die konkrete Arbeitsgelegenheit kommt nicht in Betracht, sondern nur die abstrakte Arbeitsfähigkeit und deren Maaß. Der Verlust eines Armes oder Beines wird daher in der Regel nicht als völlige Erwerbsunfähigkeit angesehen werden können (vgl. A. N. II S. 229), wohl aber der Verlust beider Arme oder beider Beine. Verlust eines Auges bewirkt theilweise Erwerbsunfähigkeit (A. N. IV S. 291).

Anderweite von dem Arbeitsverdienst unabhängige Einnahmen, z. B. aus Vermögen, Alimentationsansprüchen 2c., ändern nichts an der Erwerbsunfähigkeit; dieselbe ist nicht gleichbedeutend mit Erwerbslosigkeit oder Dürftigkeit. Arbeiter oder Betriebsbeamte, welchen kraft Arbeitsvertrages gegen den Betriebsunternehmer ein Anspruch auf Fortbezug des Gehalts 2c. zusteht, haben, soweit sie in Folge eines Unfalls erwerbsunfähig geworden sind, trotzdem einen ungeschmälerten Anspruch aus § 5. Dasselbe soll von einem Arbeiter gelten, welcher, obwohl durch Unfall in der objektiven Erwerbsfähigkeit beschränkt, trotzdem subjektiv und thatsächlich zur Zeit eine Einbuße an seinem Arbeitsverdienst nicht erleidet, sowohl dann, wenn das bisherige Arbeitsverhältniß einstweilen fortdauert (A. N. II S. 251), als auch dann, wenn der Verletzte durch anderweite Beschäftigung sogar einen noch höheren Verdienst hat als vor dem Unfall (A. N. IV S. 290). Vgl. Anm. 1.

Im Uebrigen wird bei der Frage, ob und inwieweit der Verletzte noch die Möglichkeit eines Arbeitserwerbs habe, und ob er deshalb als ganz oder nur theilweis erwerbsunfähig gelten müsse, ebenso wie für das Haftpflichtgesetz die bisherige Lebensstellung des Verletzten nicht ohne Bedeutung sein. Die gewöhnlichen Arbeiter, deren bisherige Verrichtungen ohne bestimmte Vorbildung oder Lehre keine oder nur geringe manuelle Geschicklichkeit erforderten, welche also bisher gewöhnliche Handarbeit verrichtet haben, brauchen bei kleineren Verletzungen nicht einmal als theilweis erwerbsunfähig zu gelten, sobald sie andere ebenso einfache Arbeit noch verrichten können, wenn dieselbe auch von ihrer bisherigen Beschäftigung abweicht; sie können ihre Thätigkeit als gewöhnliche Handarbeiter auch in ähnlichen Beschäftigungen fortsetzen, cf. Erk. d. R.-O.-H.-G. v. 30. Juni 1874 (Entsch. 14 S. 44), ebenso A. N. III S. 9. Verletzungen der bei der Arbeit vorzugsweise betheiligten Gliedmaßen, insbesondere der Hände, werden jedoch bei gewöhnlichen Tagearbeitern in der Regel die Erwerbsfähigkeit vermindern, sofern die Verletzungen nicht etwa ganz unbedeutend sind und keinerlei Handarbeit verhindern (A. N. III S. 50, 356; IV S. 291). Demgegenüber wird von Personen, welche eine besondere (insbesondere höhere) Ausbildung genossen haben, nicht verlangt werden können, daß sie in ganz untergeordneten Stellungen (z. B. als Lohnschreiber oder Portiers ꝛc.), oder in Stellungen, welche eine ganze neue Ausbildung erfordern, fortan thätig sein und um deswillen, weil die Möglichkeit eines solchen Erwerbs nicht ausgeschlossen sei, als nur theilweis erwerbsunfähig sich betrachten lassen sollen. Sie werden vielmehr, wenn sie in Folge des Unfalls unfähig werden, ihre bisherige oder eine derselben gleichartige Thätigkeit auszuüben, einstweilen für ganz erwerbsunfähig gelten müssen, allerdings mit dem Vorbehalt, daß, wenn sie demnächst wirklich eine neue Stellung erlangt und dadurch den Nachweis der Erwerbsfähigkeit thatsächlich erbracht haben, später auf Grund des § 65 eine anderweite Feststellung ihres Anspruchs auf Rente zu erfolgen hat. Bei denselben wird dann nur noch beschränkte Erwerbsunfähigkeit anzunehmen sein, letztere aber wegen des von dem R.-V.-A. aufgestellten Grundsatzes, daß eine durch den Unfall herbeigeführte Beschränkung in der Wahlfähigkeit (vgl. Anm. 1) eine Beschränkung der Erwerbsfähigkeit darstellt, wohl immer.

[21]) für die Dauer, wegen späterer Veränderungen vgl. § 65.

[22]) 66⅔ Prozent. „Damit wird der Arbeiter, wenigstens im Vergleich mit den Angehörigen anderer Berufsarten, nicht ungünstig gestellt. Er erhält

damit beispielsweise, ohne Rücksicht auf sein Alter, die gleiche Pension, welche nach § 41 des Gesetzes, betreffend die Rechtsverhältnisse der Reichsbeamten, vom 31. März 1873 (Reichs-Gesetzbl. S. 61) einem Reichsbeamten zu Theil wird, wenn er nach 43 Dienstjahren in den Ruhestand übertritt. Einen weiteren Vergleichungspunkt bietet das Militärpensionsgesetz vom 27. Juni 1871 (Reichs-Gesetzbl. S. 175)" (Motive des ersten Gesetzentwurfs). Nach der zum Reichsbeamtengesetz erlassenen Novelle v. 21. April 1886 (R.-G.-Bl. S. 80) erhält der Reichsbeamte fortan schon nach 35 Dienstjahren $^2/_3$ seines Diensteinkommens als Pension; dasselbe gilt auch für den Preußischen Staatsbeamten.

Bei den Kommissionsberathungen wurde darauf hingewiesen, daß man sich hüten müsse, durch eine von humanitären Erwägungen diktirte weitergehende Steigerung der Rente eine Prämie auf den Unfall zu setzen (Komm.-Ber. S. 15). Das österreichische Gesetz bemißt die Rente nur auf 60 Proz. Vgl. auch Anm. 19.

[23]) Arbeitsverdienst d. h. Jahresarbeitsverdienst, cf. Anm. 9.

[24]) theilweiser Erwerbsunfähigkeit, d. h. wenn noch eine verwerthbare Arbeitsfähigkeit, ein gewisses Maaß von Erwerbsfähigkeit zurückgeblieben ist, vergl. A. N. III S. 141. cf. Anm. 20. Unabhängig von dieser Unterscheidung ist die Unterscheidung nach dauernder und vorübergehender Erwerbsunfähigkeit, welche nur für die Rechtsmittel und die Zuständigkeit der Genossenschaftsorgane von Bedeutung ist, §§ 57, 63.

[25]) Bruchtheil. Der Entwurf hatte eine Maximalhöhe von 50 Proz. des Arbeitsverdienstes, also von $^3/_4$ der Entschädigung für Ganzinvalidität vorgesehen, „da anzunehmen ist, daß der Verletzte, wenn ihm überhaupt noch ein Rest von Erwerbsfähigkeit geblieben ist, im Stande sein wird, durch seinen Verdienst die ihm zu Theil werdende Entschädigung mindestens bis zu dem Betrage der bei voller Erwerbsfähigkeit zu leistenden zu ergänzen. Auch die dem Soldaten zu Theil werdende Pension beträgt, wenn er größtentheils erwerbsunfähig ist, nahezu $^3/_4$ (180 Mark) der Pension bei voller Erwerbsunfähigkeit (252 Mark)" (Motive des ersten Gesetzentwurfs). Die zahlenmäßige Beschränkung hat die Reichstagskommission fallen lassen, weil die theilweise Erwerbsunfähigkeit der völligen Erwerbsunfähigkeit sich sehr nähern könne.

„Der dem Beschädigten zuzusprechende Bruchtheil der Rente soll sich zu der vollen Rente verhalten wie der verlorene Theil der Erwerbsfähigkeit zu der vollen Erwerbsfähigkeit" (R.-V.-A.). Das Maaß der verlorenen Erwerbsfähigkeit läßt sich nur nach der verbliebenen Erwerbsfähigkeit bestimmen. Wer also noch $^1/_4$ seines bisherigen Verdienstes (nach diesem, nicht nach dem Höchstbetrage der Rente, ist die Rechnung aufzumachen, A. N. III S. 141) erwerben kann, dem sind $^3/_4$ der vollen Rente, also $^1/_2$ seines bisherigen durchschnittlichen Jahresverdienstes (vgl. Anm. 4 zu § 3, Anm. 9 zu § 5) zuzusprechen. „Es entspricht dem Wortlaut und der Absicht des Gesetzes, daß (ein so bemessener Schadensersatz) zusammen mit dem Ertrage der dem Verletzten verbliebenen Erwerbsfähigkeit den Betrag der Rente für volle Erwerbsfähigkeit übersteigt" (A. N. II S. 229).

[25a]) nach dem Maaße. Eine bindende Skala für den Verlust an Erwerbsfähigkeit, welcher durch Verletzungen bestimmter Gliedmaßen herbeigeführt wird, läßt sich selbstredend nicht aufstellen, da alles von der Lage der thatsächlichen Verhältnisse abhängt.*) Es ist zweckmäßig, vorbehaltlich späterer Herabsetzung gemäß § 65 einstweilen und zwar so lange eine relativ erhebliche Verminderung der Erwerbsfähigkeit anzunehmen, bis der Verletzte an den durch den Unfall veränderten körperlichen Zustand sich erst gewöhnt und gelernt hat, mit den verstümmelten Gliedern sich einzurichten. Vgl. Anm. 2 zu § 65.

[26]) und seinen Hinterbliebenen. Die Bestimmung der Vorlage, daß die Hinterbliebenen auch bei Vorsatz des Verletzten ihre Entschädigungsansprüche behalten sollten, ist von der Reichstagskommission gegen den Widerspruch eines Regierungsvertreters gestrichen worden, weil diese Bestimmung „eine Verletzung des Rechtsgefühls, unter Umständen sogar einen Anreiz zum Selbstmord einzuschließen scheine. Daß die Industrie für die Hinterbliebenen eines Arbeiters aufkommen solle, der einen Unfall vorsätzlich herbeigeführt, möglicherweise nicht nur sich, sondern auch Andere verletzt und die Unternehmer in hohem Grade geschädigt habe, lasse sich nicht rechtfertigen, zumal ein durch Vorsatz herbeigeführter Unfall nicht als ein Betriebsunfall im eigentlichen Sinne angesehen werden könne. Habe zudem der Verunglückte selbst keinen Anspruch gehabt, so könne derselbe auch nicht auf seine Angehörigen übergehen" (Komm.-Ber. S. 16).

[26a]) vorsätzlich. Ueber die Nothwendigkeit, die Schuldfrage zurücktreten zu lassen, vgl. oben den Auszug aus den allg. Motiven der ersten Vorlage (S. 42).

Grober Leichtsinn, Schlägereien ꝛc. entziehen also nicht den Anspruch auf Rente, vgl. Anm. 17 zu § 1. „Unter den subjektiven Unfallmomenten wird nur dem vorsätzlichen Verhalten die Bedeutung beigemessen, daß dadurch die Entschädigungsverbindlichkeit der B.-G. ausgeschlossen wird" (A. N. IV S. 214).

Vorsatz ist bewußtes Wollen, hier des körperschädigenden Ereignisses (Unfalls, vgl. Anm. 17 zu § 1). Der Vorsatz „soll sich auf die Kausalität der Handlung, nicht auf ihre juristische Qualifikation beziehen", vgl. v. Liszt, Lehrbuch des Strafrechts, 2. Aufl. S. 158 und Rosin a. a. O. S. 318. Er hat nur Zurechnungsfähigkeit zur Voraussetzung (Selbstmord bei Geistesstörung entzieht die Rente nicht, A. N. IV S. 238). Beim Vorsatz will man einen bestimmten Erfolg, beim Versehen ist er nicht gewollt, cf. Förster, Theorie u. Praxis d. Preuß. Privatrechts I. 3. Aufl. S. 143. Wer sich verletzen wollte (gleichgültig, ob er eine leichtere, oder dieselbe schwere Verletzung herbeizuführen beabsichtigte, welche er demnächst thatsächlich davongetragen hat), oder wer Andere verletzen wollte und dabei sich selbst beschädigte, erhält für sich und seine Angehörigen keine Unfallentschädigung. Vergl. auch Anm. 7 zu § 95.

[27]) Berufsgenossenschaften bezw. deren Organe innerhalb ihrer durch

*) Vgl. jedoch Dr. L. Becker, Kgl. Bezirksphysikus und Stabsarzt a. D., Anleitung zur Bestimmung der Arbeits- und Erwerbsunfähigkeit nach Verletzungen. Berlin, bei Th. Chr. Fr. Enslin, 1888.

das Statut abgegrenzten Befugnisse. cf. Anm. 1, 6 zu § 57. Bei den fiskalischen Post-, Eisenbahnbetrieben 2c. tritt an Stelle der Berufsgenossenschaft das Reich oder der Staat, für dessen Rechnung die Verwaltung geführt wird. (§ 2 A.-G.).

[28]) befugt, cf. Anm. 4.

[29]) Krankenkasse oder Knappschaftskasse oder Gemeinde-Krankenversicherung, cf. Anm. 8 zu § 80.

[30]) Fürsorge. Das Recht des Verletzten auf umfassendes Heilverfahren und Unfallrente in dem Umfang, in welchem sie nach Ablauf der ersten dreizehn Wochen geleistet werden müssen (Abs. 2, 6), wird hierdurch nicht berührt. Ueberträgt also die Berufsgenossenschaft nicht nur die Fortsetzung des Heilverfahrens, sondern auch die Gewährung der Baarentschädigung an die Krankenkassen, wozu sie unzweifelhaft befugt ist (A. N. II S. 133, vgl. auch Anm. 6 zu § 7), so haben letztere die volle Rente, nicht das geringere Krankengeld, an den Verletzten zu zahlen und von der Berufsgenossenschaft wieder einzuziehen. Letztere aber ist auch befugt, nur das eigentliche Heilverfahren den Krankenkassen zu übertragen und die Unfallrente an den Beschädigten (durch Vermittelung der Post) direct abführen zu lassen, und dies wird ihr im Allgemeinen bequemer sein. Die Wahl steht nur der Berufsgenossenschaft, nicht den Krankenkassen oder den Verletzten zu.

Als Ersatz ihrer Aufwendungen für das Heilverfahren liquidirt die Krankenkasse in der Regel die Pauschsumme. Soweit sie ausnahmsweise höhere Aufwendungen hat machen müssen (z. B. durch Zuziehung von Spezialärzten), kann sie diese in der wirklich aufgewendeten und erforderlich gewesenen Höhe liquidiren.

Bei Verpflegung in einem Krankenhause ist, wie der Komm.-Ber. (S. 16) konstatirt, die Krankenkasse an den Pauschalbetrag nicht gebunden, kann vielmehr ihre wirklichen Auslagen liquidiren.

In welchem Umfange die Krankenkassen in einer außerordentlichen Weise für die Verletzten zu sorgen haben, kann die Berufsgenossenschaft, vorbehaltlich ihrer Verhaftung für die daraus entstehenden Kosten, bestimmen. Die näheren Modalitäten werden durch Vereinbarung zu regeln sein.

Wegen der (zweckdienlichen) Betheiligung der B.-G. an der Krankenfürsorge während der ersten 13 Wochen vgl. Anm. 3.

[30a]) Heilverfahren. Ueber diesen Zeitpunkt hinaus braucht die Krankenkasse die Fürsorge nicht zu übernehmen, insbesondere nicht bis zur etwaigen Wiedergewinnung der Arbeitsfähigkeit des Verletzten. Die Dauer des Heilverfahrens fällt mit der Dauer der Arbeitsunfähigkeit keineswegs zusammen (A. N. V S. 196).

[31]) gilt als Ersatz, entsprechend dem § 27 Abs. 3, § 57 Abs. 5 K.-V.-G., (cf. § 75 a. a. O.), mit dem Unterschiede, daß dort jene Pauschsumme obligatorisch ist und weitergehende Forderungen ausschließt, hier aber höhere Aufwendungen liquidirt werden dürfen.

[32]) Die §§ 6 und 7. K.-V.-G. enthalten die Minimalleistungen für Krankheitsfälle. Sie lauten, soweit sie hier in Betracht kommen:

§ 6. (Absatz 1.) „Als Krankenunterstützung ist zu gewähren:

1. vom Beginn der Krankheit ab freie ärztliche Behandlung, Arznei, sowie Brillen, Bruchbänder und ähnliche Heilmittel;
2. im Falle der Erwerbsunfähigkeit, vom dritten Tage nach dem Tage der Erkrankung ab für jeden Arbeitstag ein Krankengeld in Höhe der Hälfte des ortsüblichen Tagelohns gewöhnlicher Tagearbeiter."

(Absatz 4.) „Das Krankengeld ist wöchentlich postnumerando zu zahlen."

§ 7. (Absatz 1.) „An Stelle der in § 6 vorgeschriebenen Leistungen kann freie Kur und Verpflegung in einem Krankenhause gewährt werden, und zwar:

1. für diejenigen, welche verheirathet oder Glieder einer Familie sind, mit ihrer Zustimmung, oder unabhängig von derselben, wenn die Art der Krankheit Anforderungen an die Behandlung oder Verpflegung stellt, welchen in der Familie des Erkrankten nicht genügt werden kann,
2. für sonstige Erkrankte unbedingt.

(Absatz 2.) Hat der in einem Krankenhause Untergebrachte Angehörige, deren Unterhalt er bisher aus seinem Arbeitsverdienste bestritten hat, so ist neben der freien Kur und Verpflegung die Hälfte des in § 6 festgesetzten Krankengeldes zu leisten."

In dem Fall des § 7 Absatz 2 ist auch die Erhöhung (cf. Abs. 9 des zur Erörterung stehenden § 5) nur zur Hälfte zu gewähren, so daß also die Angehörigen statt 1/4 (§ 7 K.-V.-G.) die Hälfte von 2/3, also 1/3 des Arbeitslohns erhalten.

[33]) Krankengeldes, also verschieden, je nachdem es sich um eine Gemeinde-Krankenversicherung (§ 6 a. a. O.) oder Hülfskasse (§ 75 a. a. O.) einerseits oder um eine organisirte Krankenkasse (Orts-, Betriebs- [Fabrik-], Bau-, Innungs- oder Knappschaftskasse, §§ 20, 64, 72, 73, 74 a. a. O.) andererseits handelt. In letzteren bildet der (event. abzustufende) Durchschnittslohn der betr. Arbeiterkategorie, soweit er 3 Mk. oder in klassenweiser Abstufung 4 Mk. pro Arbeitstag nicht übersteigt, in ersteren der ortsübliche Tagelohn gewöhnlicher Tagearbeiter den Maßstab, von welchem das Krankengeld im Mindestbetrage 50 Proz. betragen muß; bei Betriebs- (Fabrik-), Baukrankenkassen und Knappschaftskassen kann an dessen Stelle durch das Kassenstatut der wirkliche Arbeitsverdienst bis zu 4 Mark täglich gesetzt werden (§ 64 Nr. 1, §§ 72, 73 a. a. O.). Der hiernach für die ärztliche Behandlung 2c. zu erstattende Betrag muß individuell (nach der Höhe des dem Verunglückten kraft Gesetzes zustehenden Minimal-Krankengeldes) berechnet werden.

[34]) nachgewiesen werden. Auch die Nothwendigkeit und Angemessenheit, nicht bloß die Thatsache der Aufwendung ist im Streitfall darzuthun.

[35]) Streitigkeiten. § 58 K.-V.-G. lautet:

(Abs. 1.) „Streitigkeiten, welche ..... entstehen, werden von der Aufsichtsbehörde entschieden. Gegen deren Entscheidung findet binnen zwei Wochen nach Zustellung derselben die Berufung auf den Rechtsweg mittelst Erhebung der Klage statt. Die Entscheidung ist vorläufig vollstreckbar, soweit es sich um Streitigkeiten handelt, welche Unterstützungsansprüche betreffen.

(Abs. 2.) Streitigkeiten über ..... werden im Verwaltungsstreitverfahren entschieden. Wo ein solches nicht besteht, findet die Vorschrift des Absatzes 1 mit der Maßgabe Anwendung, daß die vorläufige Vollstreckbarkeit der Entscheidung der Aufsichtsbehörde ausgeschlossen ist."

Hiernach sind also zu entscheiden:

a) Streitigkeiten zwischen Berufsgenossenschaften und Krankenkassen aus der den letzteren übertragenen Fürsorge für Verletzte über die ersten 13 Wochen hinaus (§ 5 Abs. 8 U.-V.-G.) — im Verwaltungsstreitverfahren event. von der Aufsichtsbehörde vorbehaltlich des Rechtsweges mit Aufschub der Vollstreckung;

b) Streitigkeiten wegen des von Unternehmern zu erstattenden Zuschusses zum Krankengeld von der fünften Woche ab (§ 5 Abs. 9 U.-V.-G.), sowie

c) Streitigkeiten wegen der Fürsorgepflicht der Unternehmer für solche Verletzte, welche einer Krankenkasse nicht angehören, während der ersten 13 Wochen (Abs. a. a. O.) von der Aufsichtsbehörde vorbehaltlich des Rechtsweges mit sofortiger Vollstreckbarkeit der Entscheidungen (Abs. 11).

Zuständig ist in den Fällen der Absätze 8, 9 die Aufsichtsbehörde über die Krankenkassen (§§ 44, 66, 72, 74, 84 K.-V.-G., bei der Gemeindekrankenversicherung die Gemeindeaufsichtsbehörde, bei Innungskrankenkassen die Aufsichtsbehörde der Innung, bei Hülfskassen ohne Beitrittszwang die landesrechtlich bestellte Aufsichtsbehörde, § 33 R.-G. v. 7. April 1876); in den Fällen des Abs. 10 die Aufsichtsbehörde über Ortskrankenkassen, cf. Anm. 42. Das R.-V.-A. hat in diesen Fällen keine Entscheidung.

[35a]) Wegen der Regiebauarbeiten vgl. Bem.*) zu diesem §, sowie Anm. 1[a] zu § 95.

[36]) Vom Beginn der fünften Woche (vgl. Anm. 4), d. h. vom 29. Tage ab, wobei der Tag des Unfalls nicht mitzuzählen ist (§ 2 Bek. d. R.-V.-A. v. 30. September 1885, vgl. Anm. 38b). Die 3tägige Carenzzeit (§ 6 Ziffer 2 K.-V.-G.) kommt nicht in Betracht (A. N. II S. 73).

[36a]) auf mindestens zwei Drittel, aus einer Krankenkasse allein oder aus mehreren Krankenkassen zusammen; cf. § 5 Bek. v. 30. September 1885, siehe Anm. 38b. Vgl. auch Anm. 4.

[37]) Arbeitslohnes, vgl. Anm. 33.

[37a]) zu bemessen. Diese Verpflichtung der Krankenkassen ist nicht dadurch bedingt, daß der Kasse „von dem Verletzten" der Nachweis, daß ein

Betriebsunfall vorliegt, erbracht wird. Die Kasse muß sich vielmehr über die Sachlage orientiren, vgl. §§ 45, 54 (A. N. II S. 2).

[38]) niedrigeren Krankengeld. Krankenkassen, welche nach den Kassenstatuten gemäß §§ 21 Nr. 2, 64, 72, 73, 74, 75, 85 K.-V.-G. schon ihrerseits zwei Drittel des Lohnes oder mehr als Krankengeld zahlen, haben gegen die Unternehmer keinen Anspruch. Eingeschriebene oder auf Grund landesrechtlicher Vorschriften errichtete Hülfskassen, deren Mitgliedschaft von der Betheiligung an einer anderen Kasseneinrichtung befreit (§ 75 K.-V.-G), sind gesetzlich verpflichtet, an Krankengeld entweder mindestens 50 Proz. des ortsüblichen Tagelohns neben freier ärztlicher Behandlung 2c., oder mindestens 75 Proz. des ortsüblichen Tagelohns ohne freie ärztliche Behandlung zu zahlen. Hülfskassen, welche ihre Unterstützungen nach der letzteren Alternative gewähren, haben von der 5. Woche ab $^{11}/_{12}$ des Lohnes zu gewähren, und können davon $^{1}/_{6}$ erstattet verlangen. Derartige Hülfskassen kommen aber hier überhaupt nur dann in Betracht, wenn sie dem § 75 K.-V.-G. genügen, §§ 1, 4 Bek. d. R.-V.-A. v. 30. September 1885, siehe Anm. 38b.

[38a]) zu erstatten, auf Liquidation der Kasse, und zwar im Allg. nach Ablauf der 13. Woche oder nach der früheren Wiederherstellung bezw. dem früheren Tode. § 8 d. R.-V.-A. Bek. v. 30. September 1885, siehe Anm. 38b.

[38b]) Das Reichs-Versicherungsamt hat diese Vorschriften in der Bekanntmachung vom 30. September 1885 (A. N. I S. 283) erlassen. Dieselbe ist im Anhang abgedruckt.

[39]) nach § 1. Für die statutarisch versicherten Betriebsbeamten mit mehr als 2000 Mark Jahresverdienst gilt diese Bestimmung nicht, cf. Anm. 4.

[40]) nicht . . . versichert sind. Hierher gehören insbesondere die ohne Lohn beschäftigten, sowie diejenigen Personen, „deren Beschäftigung ihrer Natur nach eine vorübergehende oder durch den Arbeitsvertrag im voraus auf einen Zeitraum von weniger als einer Woche beschränkt ist" (§ 1 K.-V.-G.), falls auf die letzteren nicht die Krankenversicherungspflicht statutarisch erstreckt ist (§ 2 Nr. 1 a. a. O.) oder falls sie nicht freiwillig einer Krankenkasse beigetreten sind und auf Grund dieses Beitritts Krankenunterstützung erhalten, § 4 Abs. 2, § 6 Abs. 3, § 19 Abs. 3, § 26 Abs. 4 Nr. 4, §§ 64, 72 a. a. O. — Auch das Gesinde kann hierher gehören, § 4, § 26 Abs. 4 Nr. 4 a. a. O.

[41]) für die ersten dreizehn Wochen (2c. nach Eintritt des Unfalls, vgl. Anm. 5), und zwar anscheinend nicht nur dann, wenn die Berufsgenossenschaft nach Maßgabe dieses Gesetzes einzutreten hat, also wenn ein Fall vorliegt, welcher nach Eintritt des Todes oder wegen einer nach Ablauf von 13 Wochen noch bestehenden Erwerbsunfähigkeit 2c. demnächst von der Genossenschaft abzuwickeln ist, sondern für alle, auch die kleineren Unfälle. Dafür fällt auch in diesem Fall das Haftpflichtgesetz 2c. fort, dessen Beseitigung für alle durch dieses Gesetz betroffenen Personen Mitzweck des Gesetzes ist. Vgl. Anm. 4 sowie § 95 und Anm. 1 dazu.

[42]) Aufsichtsbehörde, d. h. nach § 44 K.-V.-G. „unter Ober-

§ 6.*)

Im Falle der Tödtung[1]) ist als Schadensersatz außerdem zu leisten:

1. als Ersatz der Beerdigungskosten[2]) das Zwanzigfache des nach § 5 Absatz 3 bis 5 für den Arbeitstag ermittelten Verdienstes[3]), jedoch mindestens dreißig Mark;
2. eine den Hinterbliebenen des Getödteten vom Todestage[3a]) an zu gewährende Rente[4]), welche nach den Vorschriften des § 5 Absatz 3 bis 5 zu berechnen ist.

*) § 6 gilt auch für den Bereich des Ausdehnungsgesetzes, §§ 1, 3 A.-G. Für Bau-Arbeiter ist die Bestimmung des letzten Absatzes modificirt, vgl. Anm. 15; im Uebrigen gilt § 6 auch im Gebiet der B.-U.-G. (§ 6 a. a. O.).

---

aufsicht der höheren Verwaltungsbehörde in Gemeinden von mehr als zehntausend Einwohnern von der Gemeindebehörde, übrigens von den seitens der Landesregierungen zu bestimmenden Behörden."

Zu § 6.

[1]) Tödtung, sobald der Tod als mittelbare oder unmittelbare Folge des Unfalls eintritt; der Unfall braucht nicht die alleinige, muß aber eine Hauptursache des Todes sein. cf. Anm. 2[a] zu § 5. Ist die Todesursache nicht ohne Weiteres festzustellen, so empfiehlt es sich, unter Berufung auf § 101 die Sektion der Leiche zu beantragen. Einem solchen Ansuchen müssen die betr. öffentlichen Behörden entsprechen (A. N. II S. 291). Ueber die Fälligkeit der Leistungen im Fall der Tödtung vgl. § 66.

[2]) Beerdigungskosten. Der Anspruch auf dieselben steht demjenigen zu, welcher die Beerdigung bewirkte und nachweist, daß er dadurch Kosten hatte; ein etwa verbleibender Ueberschuß fließt den Hinterbliebenen zu (A. N. II S. 275). Sind auch aus Krankenkassen Sterbegelder gezahlt, so ist der von denselben gezahlte Betrag innerhalb der hier vorgesehenen Höhe den letzteren zu erstatten (§ 8); im Streitfall sind die Beträge, sofern keine Einigung erfolgt, gerichtlich zu hinterlegen (A. N. II S. 275). Die Beerdigungskosten, welche die Unfallversicherung gewährt, werden, weil nach dem Durchschnittsverdienst (§ 5) berechnet, in der Regel höher sein, als die nach dem ortsüblichen Tagelohn berechneten Sterbegelder der Krankenkassen (§ 20 K.-V.-G.), falls letztere nicht etwa von der Bestimmung in § 21 Nr. 6 a. a. O. Gebrauch gemacht haben, oder falls nicht etwa Hülfskassen ohne Beitrittspflicht (§ 75 a. a. O.), Knappschaftskassen (§ 74 a. a. O.) oder ältere fortbestehende Krankenkassen (§ 85 Abs. 4 a. a. O.) höhere Sterbegelder fortgewähren.

[3]) des für den Arbeitstag ermittelten Verdienstes, cf. Anm. 9 bis 11 zu § 5.

[3a]) vom Todestage an. Der Todestag ist zu Gunsten der Hinter-

Dieselbe beträgt[5]):

a) für die Wittwe[6]) des Getödteten bis zu deren Tode oder Wiederverheirathung[7]) zwanzig Prozent, für jedes hinterbliebene[8]) vaterlose Kind[9]) bis[9a]) zu dessen zurückgelegtem fünfzehnten Lebensjahre fünfzehn Prozent und wenn das Kind auch mutterlos ist oder wird, zwanzig Prozent des Arbeitsverdienstes[3]).

Die Renten der Wittwen und der Kinder dürfen zusammen sechzig Prozent des Arbeitsverdienstes[3]) nicht übersteigen; ergiebt sich ein höherer Betrag, so werden die einzelnen Renten in gleichem Verhältnisse[10]) gekürzt.

---

bliebenen mitzurechnen, die Rente ist also auch für den Tag, an welchem der Tod eintrat, zu zahlen. (A. N. III S. 11). Vgl. Anm. 5 zu § 5.

[4]) Rente. cf. Anm. 9 fg. zu § 5. Die Vorschriften dieses Paragraphen wegen der Rente an Hinterbliebene beruhen auf der Alimentationspflicht des Verletzten.

[5]) beträgt. Die Hinterbliebenen können in keinem Falle eine gleich hohe Entschädigung beanspruchen, wie dem Getödteten zu Theil geworden sein würde, wenn er als völlig Erwerbsunfähiger am Leben geblieben wäre, weil der eigene Unterhalt des Verunglückten fortfällt. „Da die Frau des Arbeiters .... in der Regel schon bei Lebzeiten desselben an der erwerbenden Thätigkeit theilnimmt, so ist die Annahme berechtigt, daß sie als Wittwe durch ihren Arbeitsverdienst mit einem Zuschusse von 20 Proz. des Verdienstes des Mannes vor Dürftigkeit geschützt und sich in keiner wesentlich schlechteren Lage, als zu Lebzeiten des Mannes befinden wird, zumal sich dieser Zuschuß beim Vorhandensein von Kindern .... erhöht. Bei Bemessung der Rente für die Kinder ist zu berücksichtigen, daß in der Arbeiterbevölkerung auch diese mit zunehmendem Alter und damit wachsenden Kosten ihres Unterhalts mehr und mehr zu erwerbender Arbeit angehalten werden und daß sie mit beendigtem Volksschulunterricht, also spätestens mit vollendetem fünfzehnten Lebensjahre, meistens in die Lage kommen, den eigenen Unterhalt verdienen zu können." (Motive des ersten Entwurfs.)

Vgl. auch Anm. 5 zu § 7.

[6]) Wittwe. Dem Wittwer einer verunglückten Arbeiterin spricht das Gesetz einen Anspruch auf Rente nicht zu (A. N. V S. 154). Dasselbe gilt nach dem Haftpflichtgesetz v. 7. Juni 1871, dem Gemeinen Recht, dem Preuß. Allgem. Landrecht und anderen Landesrechten Deutschlands, auch nach dem Preuß. Eisenbahngesetz v. 3. November 1838. cf. darüber Urth. d. Reichsgerichts v. 5. Januar 1881 (Entsch. III S. 319). Thatsächliche Entfernung der Eheleute von einander bewirkt noch keine Trennung der Ehe; die abwesende

Im Falle der Wiederverheirathung [11]) erhält die Wittwe den dreifachen Betrag ihrer [11a]) Jahresrente als Abfindung.

Der Anspruch der Wittwe ist ausgeschlossen [12]), wenn die Ehe erst nach dem Unfalle geschlossen worden ist;

b) für Ascendenten [13]) des Verstorbenen, wenn dieser ihr einziger [13a]) Ernährer war, für die Zeit bis zu ihrem Tode oder bis zum Wegfall der Bedürftigkeit [13b]) zwanzig Prozent [14]) des Arbeitsverdienstes [3]).

Wenn mehrere der unter b benannten Berechtigten vorhanden sind, so wird die Rente den Eltern vor den Großeltern gewährt.

Frau wird also beim Tode des Mannes rentenberechtigte Wittwe (A. N. IV S. 230). Eine Konkubine ist keine Ehefrau, kann also auch nicht Wittwe werden. Verunglückt eine in einem Betrieb beschäftigte Wittwe, welche auf Grund des § 6 Rente erhält, selbst, so erhält sie neben ihrer Wittwenrente die Invalidenrente unverkürzt.

[7]) oder Wiederverheirathung. Eine versicherte verheirathete oder unverheirathete Arbeiterin, welche verunglückt, wird nach § 5 aus eigenem Recht entschädigt, behält also ihre Rente bis zum Tode ohne Rücksicht auf etwaige Verheirathung oder Wiederverheirathung, welche auch ihre Erwerbsfähigkeit nicht vermehren wird.

[8]) hinterbliebene. Die Rechte des zur Zeit des Todesfalls bereits concipirten, aber nicht geborenen Kindes richten sich nach Landesrecht. Im Gemeinen Recht wird der nasciturus berücksichtigt, denn nasciturus pro iam nato habetur, quoties de commodis eius quaeritur, l. 7. 26. D. 1, 5; l. 231 D. 50, 17. Dasselbe wird auf Grund des § 12 I. 1. Allg. Landrechts auch für das Preußische Recht gelten. Vgl. Urtheil des Reichsoberhandelsgerichts v. 12. Februar 1878 (XXIII S. 197). Die Renten der schon lebenden Berechtigten werden einstweilen gezahlt werden müssen, als komme der nasciturus nicht in Frage: erst wenn er lebend zur Welt gekommen ist, wird event. nach § 6 Nr. 2a Abschn. 2 die Kürzung vorzunehmen sein.

[9]) Kind. Wenn ein männlicher Arbeiter verunglückt, so haben Anspruch auf Rente (außer der Wittwe und event. den Ascendenten) seine eigenen ehelichen Kinder und die den ehelichen gleichstehenden legitimirten (Windscheid, Pandekten, II. 493; §§ 596, 597, 600 II. 2 A. L.-R.), adoptirten oder arrogirten (Windscheid, Pandekten, II. S. 848; § 681 II. 2 A. L.-R.) Kinder, auch Kinder in der Einkindschaft (§ 732 II. 2 A. L.-R.), aber nach einer Plenar-Entscheidung des Reichs-Versicherungsamts (A. N. II S. 129) nicht seine außerehelichen mit einer anderen Frauensperson erzeugten Kinder, auch

Wenn die unter b bezeichneten mit den unter a bezeichneten Berechtigten konkurriren, so haben die ersteren einen Anspruch nur, soweit für die letzteren der Höchstbetrag der Rente nicht in Anspruch genommen wird.

Die Hinterbliebenen eines Ausländers[15]), welche zur Zeit des Unfalls nicht im Inlande wohnten[16]), haben keinen Anspruch auf die Rente.

---

wenn bezüglich dieser seine Vaterschaft durch gerichtliches Urtheil oder Anerkenntniß festgestellt ist (die Entscheidung wird begründet mit dem Hinweis auf den Geist und die Entstehung des Gesetzes); ebensowenig Stiefkinder (cf. Förster Theorie und Praxis des Preuß. Privatrechts III 673, sowie A. N. III S. 133), Pflegekinder (cf. Förster a. a. O. S. 585) oder Schwiegerkinder, weil diese Kategorien keine leiblichen Kinder des Getödteten sind, Schwiegerkinder auch nicht weniger als 15 Jahre alt sein werden. Ob „Brautkindern" ein Anspruch zusteht, richtet sich danach, ob sie in dem betr. Rechtsgebiet die Rechte der ehelichen haben. Dies ist im Streitfall nach § 63 Abs. 2 durch den Richter festzustellen (A. N. III S. 9). Wegen der unehelichen Kinder vgl. auch Anm. 12.

Verunglückt eine Arbeiterin, so haben ihre unehelichen, nicht durch Ehe legitimirten Kinder sofort, ihre ehelichen oder legitimirten Kinder erst dann einen Anspruch auf Rente, wenn auch der Vater schon todt ist oder demnächst (in Folge Unfalls oder anderweit) stirbt, und zwar gleich zum erhöhten Betrage. Den Anspruch unehelicher Kinder einer Frauensperson erkennt das Reichs-Versicherungsamt in der citirten Entscheidung (A. N. II S. 179) ausdrücklich an. Bei adoptirten Kindern einer Frauensperson kommt es darauf an, ob die Adoptivmutter unverheirathet oder verheirathet ist. Im ersteren Fall erhält das Kind beim Tode der Adoptivmutter die Rente sofort, im letzteren Fall erst beim Tode des Vaters. Just, landw. U.-V.-G., Anm. 18 zu § 7 G. v. 5. Mai 1886.

Unerheblich ist, ob das Kind vor oder nach dem Unfall geboren wird; es kommt nur darauf an, daß das Kind zur Zeit des Todes hinterbleibt. Dies gilt auch dann, wenn die Ehe erst nach dem Unfall geschlossen ist. In letzterer Beziehung werden die Kinder anders behandelt als die Wittwe, cf. Anm. 12.

Die von dem Verfasser unter Bezugnahme auf l. 10 § 9 D. II. 4; l. 84, 201 de V. S. (D. L. 16); §§ 40, 41 I. 1, § 1145 I. 11, § 1972 II. 8. Preuß. A.-L.-R. vertretene Ansicht, daß unter „Kindern" auch weitere Descendenten (Enkel ꝛc.) zu verstehen seien, wird von dem R.-V.-A. nicht getheilt (A. N. IV S. 83),

9a) bis. Da in diesen Fällen der Endtermin der Rente kalendermäßig feststeht, so dürfen die Feststellungen und Anweisungen dieser Renten von vornherein auf die in Betracht kommende Zeit erfolgen. In anderen Fällen ist eine Zeitangabe unzulässig (A. N. II S. 55). Stirbt das Kind früher, so soll nach Meinung d. R.-V.-A. die für den betr. Monat im voraus gezahlte Rente nur bis zu dem in den Lauf dieses Monats fallenden Todestag, nicht bis zum Ende des Monats behalten werden dürfen, also antheilig zurückgezahlt werden müssen (A. N. IV S. 84). Diese Ansicht wird anderweit unter gleichartigen Verhältnissen nicht getheilt, erscheint auch mit Rücksicht darauf, daß mit dem Beginne des Monats der Anspruch auf die den Alimenten ähnliche Rente materiell, nicht blos formell, bereits erworben ist, bedenklich.

[10]) in gleichem Verhältniß wie im ersten Absatz des al. a. Beim Ausscheiden eines Berechtigten wächst dessen Antheil bis zum Gesammthöchstbetrage oder dem Höchstbetrage der Einzelrenten den übrigen Berechtigten zu. Vgl. Anm. 11b, 14.

[11]) im Falle der Wiederverheirathung. Diese Bestimmung „ist aus der Erwägung hervorgegangen, daß es sowohl im allgemeinen Interesse als in demjenigen der zur Leistung der Entschädigung Verpflichteten liegt, die Wiederverheirathung der Wittwen zu erleichtern, während ein bei der Wiederverheirathung eintretender völliger Verlust der Rente leicht Veranlassung werden kann, daß Wittwen ein außereheliches Verhältniß eingehen" (Mot. S. 47).

[11a]) ihrer, also derjenigen (bei Vorhandensein mehrerer renteberechtigter Kinder gekürzten) Jahresrente, auf welche die Wittwe am Tage der Wiederverheirathung Anspruch hatte (A. N. IV S. 301).

[11b]) Abfindung. Die Abfindungssumme gilt nicht als Rente; die in Folge der Abfindung fortfallende bisherige Wittwenrente wächst den rentenberechtigten Kindern an (A. N. V S. 162).

[12]) ausgeschlossen. Die Vorlage wollte in diesem Falle auch den Anspruch der Kinder der Wittwe ausschließen. Die Kommission hat dies mit Rücksicht auf diejenigen Fälle, „in welchen eine solche Eheschließung nur die nachträgliche, um des Gewissens willen vorgenommene Sanktionirung eines zuvor bereits vorhandenen Verhältnisses sei, geändert, um dadurch zu bewirken, „daß zwar die nach dem Unfall geschlossene Ehe der hinterlassenen Wittwe Entschädigungsansprüche nicht verleiht, daß dagegen die Kinder des Verstorbenen .... günstiger gestellt werden, und zwar sowohl in dem Falle, daß sie jener Ehe entsprossen, als in dem andern, daß sie durch die Eheschließung nachträglich legitimirt, wie endlich in dem immerhin möglichen dritten Falle, daß sie ohne vorausgegangene Eheschließung von dem Verstorbenen als seine Kinder ausdrücklich anerkannt sind" (Komm.-Ber. S. 17). Vgl. übrigens Anm. 9. Die Genossenschaft kann das Anerkenntniß anfechten, cf. § 63 Abs. 2.

[13]) Ascendenten. „Es ist den bedürftigen Ascendenten des Verstorbenen ein Anspruch auf die Gewährung einer Rente nur unter der Voraussetzung eingeräumt worden, daß der Verunglückte ihr einziger Ernährer gewesen ist, sie also nachweislich auch vor dem Unfall unterstützt hat, weil ihnen andernfalls aus dem Unfall ein ökonomischer Nachtheil nicht erwachsen ist. Auch in diesem Falle soll die Rente nur mit der Begrenzung auf 20 Proz. des Arbeitsverdienstes des Verstorbenen gewährt werden, und bei einer Konkurrenz von

Ascendenten mit sonstigen Entschädigungsberechtigten soll die Gesammtrente den Höchstbetrag von 50 Proz. dieses Jahresarbeitsverdienstes nicht überschreiten" (Mot. S. 47). Wie die Motive des ersten Entwurfs ausführen, wird diese Beschränkung den thatsächlichen Verhältnissen, wie sie bei Lebzeiten des Arbeiters bezüglich der Unterstützung von Ascendenten neben dem Unterhalt eigener Familie bestanden haben, voraussichtlich entsprechen.

Es ist zu beachten, daß den Ascendenten nur im Fall und für die Dauer der Bedürftigkeit eine Rente zusteht. Bei der Wittwe und den Kindern ist dagegen die Bedürftigkeit nicht Voraussetzung des Entschädigungsanspruchs. Bedürftigkeit liegt nicht vor, wenn der Kapitalbestand des Vermögens zur Unterhaltung (z. B. durch Ankauf einer Leibrente) ausreicht, sofern der betr. Ascendent nur für sich selbst zu sorgen hat (A. N. V S. 355). Die Stiefmutter ist keine Ascendentin, sofern sie nicht etwa durch Adoption oder Einkindschaft mit dem Verletzten verbunden war (A. N. III S. 133).

[13a]) einziger Ernährer. Es kommt darauf an, ob der Verstorbene thatsächlich der einzige Ernährer des Ascendenten gewesen ist; unerheblich ist, ob noch andere (etwa im Rechtswege) zur Ernährung des letzteren angehalten werden können (A. N. II S. 228). Als thatsächlicher Ernährer gilt der Verunglückte dann, wenn er den Ascendenten zur Zeit des Unfalls dauernd, jedoch ungeachtet zeitweiser durch äußere Umstände bedingter Unterbrechungen (A. N. IV S. 206), im Wesentlichen allein unterhalten, ihn vor Armuth und Elend geschützt hat. Hoffnungen auf zukünftige Unterstützung durch den Verletzten kommen nicht in Betracht (A. N. III S. 210). Geringfügige andere Einnahmen, die der Ascendent nebenher bezog, z. B. aus eigenem kleinen Grundbesitz, aus Hausirhandel, Handreichungen Seitens anderer Kinder, zumal wenn die letzteren an seinem Tisch mit beköstigt sind, ihre Handreichungen also einen Geldwerth nicht darstellen, ändern nichts an dem Recht des Ascendenten auf Rente (A. N. II S. 229, III S. 8, 142).

[13b]) Wegfall der Bedürftigkeit, vgl. § 65.

[14]) zwanzig Prozent. Diesen Betrag haben gleich nahe berechtigte Ascendenten zu theilen. Stirbt demnächst einer derselben, so wächst dem Ueberlebenden die Rente des Verstorbenen zu; eine Minderung im Fall des Todes ist nicht zulässig, cf. Erk. d. R.-Ob.-Hand.-Ger. vom 23. Februar 1878 (23, S. 299). Ebenso A. N. II S. 56.

[15]) Ausländer, d. h. Nichtdeutsche (R.-G. v. 1. Juni 1870, R.-G.-Bl. S. 355). „Der letzte Absatz des § 6, dessen Ergänzung sich in § 67 findet, regelt das Verhältniß der im Inlande beschäftigten ausländischen Arbeiter. Eine völlige Ausschließung derselben von der Unfallversicherung erscheint nicht gerechtfertigt und würde dem Bedenken begegnen, daß dadurch für die Betriebsunternehmer eine Prämie auf möglichst ausgedehnte Beschäftigung ausländischer Arbeiter gesetzt werden würde. Andererseits liegt keine Veranlassung vor, die Mittel der zur Entschädigungsleistung Verpflichteten zur Unterstützung von Ausländern zu verwenden, welche im Auslande leben. Dazu kommt, daß

§ 7.*)

(Abs. 1.) [1])An Stelle[1a]) der im § 5 vorgeschriebenen Leistungen kann[2]) bis zum beendigten Heilverfahren[3]) freie Kur und Verpflegung in einem Krankenhause[4]) gewährt[5]) werden und zwar:

*) § 7 gilt auch für den Bereich des Ausdehnungsgesetzes (§§ 1, 3 A.-G.) wie des Bau-Unfallversicherungsgesetzes (§ 6 B.-U.-G.)

Noch zu § 6.

die Zahlung von Renten an solche Ausländer zu erheblichen Weiterungen führen und eine schwer durchzuführende Kontrole erfordern würde. Es soll daher den Hinterbliebenen eines Ausländers ein Anspruch auf die Rente nur dann zustehen, wenn sie zur Zeit des Unfalls den Aufenthalt des Getödteten im Inlande getheilt haben" (Mot. S. 47).

Nach § 6 i. f. in Verbindung mit § 67 ist also das Verhältniß der Ausländer das folgende:

ein Ausländer, welcher verunglückt, erhält selbst auch dann Rente (§ 5), wenn er nicht im Reichsgebiet wohnt; darf aber nach § 67 abgefunden werden. Ueber die Höhe der Abfindungssumme findet ev. schiedsgerichtliches Verfahren statt (A. N. III S. 18);

die Hinterbliebenen eines Ausländers erhalten Rente nur, wenn sie zur Zeit des Unfalls im Inlande wohnten (§ 6 i. f.); verlassen sie später dasselbe, so bleibt ihr Anspruch unberührt.

Für die im Baugewerbe (der Maurer, Zimmerer, Erdarbeiter 2c.) und bei Regiebauten beschäftigten versicherten Personen sind jedoch diese Grundsätze durch §§ 39, 48, 51 des Bauunfallgesetzes vom 11. Juli 1887 (R.-G.-Bl. S. 287) in mehrfacher Beziehung geändert (vgl. Anm. 2 bis 4 zu § 67):

die Höhe der ev. Abfindungssumme von Ausländern ist auf den dreifachen Betrag der Jahresrente fixirt;

solange der Berechtigte nicht im Inlande wohnt (ohne Rücksicht darauf, ob es sich um Inländer, Ausländer, oder Hinterbliebene von Ausländern handelt), ist die Genossenschaft befugt, die Zahlung der Entschädigungsrenten einzustellen.

Die Nachsendung der Renten erfolgt selbstverständlich auf Kosten und Gefahr des Empfängers, wobei dieser sein Fortleben und eventuell seine fortdauernde Invalidität nachzuweisen hat.

[16]) wohnten. Nach den Motiven (vgl. Anm. 15) scheint nicht das juristische Domizil, sondern der gewöhnliche Aufenthalt gemeint zu sein. Ueber den Unterschied vgl. Erk. des Bundesamts f. d. Heimathwesen v. 20. Januar 1877 (S. V S. 102) u. v. 12. Februar 1881 (S. V 1882 S. 424): „Wohnsitz" ist der Mittelpunkt des bürgerlichen Lebens und der Geschäfte, der wirthschaftlichen und juristischen Thätigkeit (vgl. §§ 12fg. C.-P.-O., sowie Preuß. M. d. V. S. 178); „gewöhnlicher Aufenthalt" (opp. vorübergehender [Fremden-] Aufenthalt) ist ein Verweilen, bei welchem die Verhältnisse auf eine längere Dauer hinweisen.

1. für Verunglückte, welche verheirathet sind oder bei einem Mitgliede ihrer Familie wohnen, mit ihrer Zustimmung oder unabhängig von derselben, wenn die Art der Ver=

Zu § 7.

[1]) Ganz ähnliche Bestimmungen gelten auch für die Krankenversicherung, § 7 K.=V.=G. „Mehr noch als für Krankheitsfälle im Allgemeinen besteht für Unfälle das Bedürfniß, die nachtheiligen Folgen derselben durch eine zweckentsprechende ärztliche Behandlung des Verunglückten nach Möglichkeit zu beseitigen und seine Wiederherstellung zu fördern. Aus diesem Grunde ist nach dem Vorgange des Hülfskassengesetzes und des Krankenversicherungsgesetzes vorgeschrieben, daß an die Stelle der in § 5 festgesetzten Entschädigung die Verpflegung in einem Krankenhause treten kann. Es erscheint indessen billig, daß diese Art der Fürsorge solchen, welche bei Mitgliedern ihrer Familie wohnen, gegen ihren Willen nicht aufgedrungen werden darf, wenn es nicht im Interesse der Heilung nothwendig ist.

Soweit der Verunglückte Angehörige hat, denen ein Entschädigungsanspruch im Falle seines Todes zustehen würde, erscheint es angemessen, denselben die für diesen Fall festgesetzte Entschädigung auch für die Zeit der Verpflegung des Verunglückten in dem Krankenhause zu gewähren" (Motive S. 47).

[1a]) an Stelle. Die Leistungen aus § 5 sind also während der Unterbringung im Krankenhause einstweilen einzustellen.

[2]) kann, nach Wahl der Berufsgenossenschaft (A. N. II S. 17), welche bei Ausübung dieses Wahlrechts befugt ist, einen angemessenen Termin für den Eintritt in das Krankenhaus festzusetzen (A. N. V S. 359). Es ist zweckmäßig, von der Befugniß des § 8 umfassenden Gebrauch zu machen (vgl. Just a. a. O., Anm. 4). Uebrigens präjudizirt die Unterbringung in einem Krankenhause, zumal über dieselbe meist schleunig befunden werden muß, der Prüfung nicht, ob eine (dauernde) Verpflichtung zur Gewährung einer Rente überhaupt vorliegt; diese Frage kann vielmehr weiterer Prüfung vorbehalten werden (A. N. III S. 133, IV S. 177).

Das Wahlrecht wird ausgeübt von demjenigen Genossenschaftsorgan, welches zur Rentenfestsetzung berufen ist, und zwar durch Ertheilung eines, der Berufung auf schiedsgerichtliche Entscheidung unterliegenden formellen Bescheides (A. N. II S. 292).

Im Interesse der Beschleunigung kann dieser formelle Bescheid durch eine formlose (nicht mit der Berufungsklausel versehene) Aufforderung an den Verletzten vorbereitet werden, sich in ein näher zu bezeichnendes Krankenhaus zu begeben, widrigenfalls die Genossenschaft unter Umständen, wenn nämlich demnächst die verbleibende Erwerbsunfähigkeit als Folge der schuldhaften Weigerung, in ein Krankenhaus zu gehen, sich herausstellt, die Rente würde mindern können. (Vgl. Anm. 2 zu § 5.) Der förmliche Bescheid, durch welchen das Wahlrecht ausgeübt wird, ist aber jedenfalls nachzuholen, mag der Verletzte

letzung Anforderungen an die Behandlung oder Verpflegung stellt, denen in der Familie nicht genügt werden kann;

2. für sonstige Verunglückte in allen Fällen.

(Abs. 2.) Für die Zeit der Verpflegung des Verunglückten in dem Krankenhause steht den im § 6 Ziffer 2 bezeichneten Angehörigen desselben die daselbst angegebene[6]) Rente[7]) insoweit zu, als sie auf dieselbe im Falle des Todes des Verletzten einen Anspruch haben würden.

---

der vorläufigen Aufforderung nachgekommen sein oder nicht (vgl. Rundschreiben des R.-V.-A v. 11. Januar 1888, siehe Anhang).

Hören die Leistungen nach § 7 auf, um einer anderweiten Leistung nach § 5 Platz zu machen, so bedarf es einer völlig neuen Festsetzung mittels eben solchen formellen Bescheides (A. N. III S. 133, IV S. 197).

Wer sich unbefugt weigert, in ein Krankenhaus zu gehen, oder wer dasselbe unbefugt verläßt, oder sonst den ärztlichen Anordnungen nicht nachkommt, verliert nicht nur das Heilverfahren, sondern unter Umständen auch die Rente, nämlich dann und insoweit, als die verbleibende Erwerbsunfähigkeit nach ärztlichem Gutachten durch das Unterbleiben der Krankenhauspflege hervorgerufen oder vermehrt worden ist. Vgl. A. N. IV S. 197, 333, sowie Anm. 2 zu § 5. Nachträgliche Einwilligung in die Krankenhauspflege läßt den Entschädigungsanspruch (ohne rückwirkende Kraft) wieder aufleben; etwaige Mehraufwendungen, welche durch die Säumniß hervorgerufen sind, braucht jedoch die Versicherungsanstalt nicht zu tragen (A. N. V S. 359).

[3]) bis zum beendigten Heilverfahren, auch wenn die Entschädigung bereits festgestellt ist (A. N. II S. 292), aber nicht länger (A. N. IV S. 283). Wird aus Anlaß des Unfalls demnächst ein neues Heilverfahren erforderlich (cf. Anm. 4 zu § 5), so kann natürlich auch bei diesem letzteren Unterbringung in ein Krankenhaus eintreten (nach Ertheilung eines besonderen Bescheides, vgl. Anm. 2). Es kann dies ein wirksames Mittel werden, Simulanten zu entlarven, welche ihre ganz oder zum Theil wiedererlangte Erwerbsfähigkeit verbergen wollen. Ein „Heilverfahren" aber ist es nicht, wenn nach vollständiger Heilung zur Beseitigung von noch verbliebenen Unebenheiten, welche die Erwerbsfähigkeit beeinträchtigen, eine neue Operation vorgenommen werden soll (A. N. IV S. 284).

[4]) Krankenhaus oder ähnliche Heilanstalt, z. B. Irrenhaus, oder in Privatpflege eines Spezialarztes (A. N. IV S. 197), aber nicht Siechenhaus. Letzteres könnte dazu führen, daß die Verunglückten in die Gemeindearmenhäuser untergebracht werden, deren Zustand und Verwaltung vielfach sehr bedauerliche sind. Vgl. v. Woedtke, Komm. z. landw. U.- u. K.-V.-G. Anm. 4 zu § 8.

[5]) gewährt. Etwaige Reisekosten des Verletzten, der sich in das Krankenhaus begeben soll, hat die Berufsgenossenschaft zu gewähren (A. N. III S. 27).

Verhältniß zu Krankenkassen, Armenverbänden 2c.

§ 8.*)

[1] [2]) Die Verpflichtung der eingeschriebenen Hülfskassen, sowie der sonstigen Kranken-, Sterbe-, Invaliden- und anderen Unterstützungskassen [3]), den von Betriebsunfällen betroffenen Arbeitern und Betriebsbeamten sowie deren Angehörigen und Hinterbliebenen (Abs. 1.)

*) § 8 gilt auch für den Bereich des Ausdehnungsgesetzes (§§ 1, 3 A.-G.) und des Bau-Unfallversicherungsgesetzes (§ 6 B.-U.-G.).

---

[6]) die daselbst angegebene. Höhere Renten dürfen nach § 10 Abs. 3 nicht bewilligt werden (A. N. II S. 74). Vgl Anm. 5 zu § 10.

[7]) Rente. Auch diese Rente kann durch Vermittelung der Krankenkasse, welcher der Verletzte angehört, gezahlt werden, vgl. Anm. 30 zu § 5. Diese „Familienrente" hat die rechtliche Natur einer Zuschußentschädigung für den Verletzten selbst (A. N. V S. 358), ist unabhängig von den in § 7 behandelten Renten für Wittwen, Waisen oder Ascendenten (A. N. IV S. 281) und kann, wenn sie im Laufe eines Monats fällig oder hinfällig wird, mit der dem Verletzten zustehenden Unfallrente aufgerechnet werden; doch ist dies möglichst zu vermeiden (A. N. V S. 343). Sie währt im Uebrigen nur solange, wie das Heilverfahren im Krankenhause selbst (A. N. V S. 358), und ist, wenn die Erwerbsunfähigkeit des Verletzten, welche im Krankenhause geheilt werden soll, „voraussichtlich vorübergehend" ist (§§ 57, 63), nicht rekursfähig (A. N. IV S. 281).

Ob diese Rente für Angehörige an den Verletzten selbst gezahlt werden kann, richtet sich nach dem örtlichen bürgerlichen Recht; im Allg. ist es zulässig, wenn es sich um Renten der Ehefrau und der Kinder handelt, bei Ascendenten aber nur auf Grund besonderer Vollmacht (A. N. II S. 292).

Zu § 8.

[1]) Die in dem früheren Entwurf vor dem Wort „Verpflichtung" noch befindlichen Worte: „auf gesetzlicher Vorschrift beruhende" sind fortgelassen, um jeden Zweifel darüber auszuschließen, daß auch statutarische Mehrleistungen der Kassen 2c., welche das Maaß der gesetzlichen Mindestleistungen übersteigen, in Kraft bleiben.

[2]) Im § 8 Abs. 1 hält der Satz 1 die Verpflichtung aller Krankenkassen und Armenverbände, die von ihnen geschuldete Unterstützung zu gewähren, den berechtigten Verletzten gegenüber in vollem Umfange aufrecht, nicht nur während derjenigen Zeit, in welcher aus der Unfallversicherung als solcher nichts geleistet wird (Karenzzeit), sondern auch insoweit, als die letztere einzutreten hat. Für den letzteren Fall gibt dann aber Satz 2 desselben Absatzes 1 den Kassen und Armenverbänden der Berufsgenossenschaft gegenüber einen Erstattungsanspruch: die Kassen treten insoweit, als der Verletzte bezw. dessen Hinterbliebene von der Berufsgenossenschaft Entschädigung zu erhalten haben, aber schon von der Kasse entschädigt sind, in den Ent-

Unterstützungen zu gewähren, sowie die Verpflichtung von Gemeinden oder Armenverbänden[4]) zur Unterstützung hülfsbedürftiger Personen wird durch dieses Gesetz nicht berührt.[5]) Soweit auf Grund solcher Verpflichtung Unterstützungen in Fällen gewährt sind, in welchen dem Unterstützten nach Maßgabe dieses Gesetzes ein Entschädigungsanspruch zusteht, geht der letztere bis zum Betrage der

schädigungsanspruch dieser Verletzten ein (vgl. Anm. 5). Es handelt sich dabei insbesondere um das Sterbegeld (§ 20 Abs. 1 Ziffer 3 K.-V.-G.) und um statutarische Mehrleistungen der Krankenkassen nach Ablauf der ersten 13 Wochen (§ 21 Ziffer 1 a. a. O.) Die Berechtigten haben — schon um die Möglichkeit doppelter Zahlung seitens der beiden Verpflichteten zu verhüten — sich zunächst an die ihnen lokal nähere Krankenkasse rc. zu wenden (cf. unten die Mot.); die Berufsgenossenschaft erstattet letzterer die Auslagen (bis zu der Höhe, zu der ihre eigene Verpflichtung besteht) und gewährt den Berechtigten den denselben von ihr geschuldeten Mehrbetrag, cf. Anm, 8 zu § 57. Der praktische Erfolg ist also, daß die Verletzten unter allen Umständen dasjenige, worauf sie auf Grund dieses Gesetzes Anspruch haben, erhalten, aber nur einmal; ferner, daß die Verpflichtungen aus der Unfallversicherung principaler Natur sind, so daß den Berufsgenossenschaften eine Erleichterung aus korrespondirenden Verpflichtungen anderer Anstalten nicht erwächst; endlich, daß die anderen Verbände (Kassen) zu der Höhe, in welcher ihre Leistungen durch die Unfallversicherung gedeckt werden, erleichtert werden. In Anwendung auf das Sterbegeld also liegt die Sache so: die Berufsgenossenschaft haftet unter allen Umständen für das Sterbegeld in Höhe des in § 6 angegebenen Betrages, und erstattet denselben der Krankenkasse rc., soweit diese jenen Betrag hat zahlen müssen; ist das Sterbegeld aus letzterer höher, so wird die Krankenkasse zu dem überschießenden Betrage nicht befreit. Gewährt die Krankenkasse Krankenunterstützung über 13 Wochen hinaus, so wird die letztere von der Berufsgenossenschaft insoweit erstattet, als die Unterstützungspflicht der letzteren nach § 5 reicht. Die Erstattungsverbindlichkeit der Berufsgenossenschaft bezieht sich aber, was nicht zu übersehen ist, nur auf solche Unterstützungen, welche sowohl aus der Unfallversicherung, wie aus anderen Kassen zu leisten sind, also nicht auf die Fürsorge für Verletzte während der ersten 13 Wochen, weil für diese Zeit eine Verpflichtung der Berufsgenossenschaften nach §§ 5, 6 überhaupt nicht besteht.

Die vorstehende Bestimmung des Gesetzes weicht von den Vorschlägen der früheren Entwürfe insofern ab, als letztere die Verpflichtung der Krankenkassen rc., den durch Betriebsunfälle betroffenen Arbeitern und deren Hinterbliebenen Unterstützungen zu gewähren, zur Vermeidung des gleichzeitigen Bezuges beider Benefizien insoweit aufheben wollten, als die Unfallversicherung Platz greift. Wenn nun gegenwärtig umgekehrt die Verpflichtung der Krankenkassen aufrecht erhalten, ihnen aber ein Erstattungsanspruch gegen die Berufsgenossenschaften eingeräumt ist, so „empfiehlt sich diese Aenderung nicht blos aus dem

geleisteten Unterstützung auf die Kassen, die Gemeinden oder die Armenverbände über[6]), von welchen die Unterstützung gewährt worden ist.

Das Gleiche[7]) gilt von den Betriebsunternehmern und Kassen, welche die den bezeichneten Gemeinden und Armenverbänden obliegende Verpflichtung zur Unterstützung auf Grund gesetzlicher Vorschrift erfüllt haben. (Abs. 2.)

Grunde, weil die Unterstützungskassen den Verhältnissen ungleich näher stehen und die Zahlungen an die Entschädigungsberechtigten — es kommen hier vorzugsweise die Sterbegelder in Frage — schneller bewirken können als die Berufsgenossenschaften, sondern auch besonders zu dem Zweck, damit nicht, wenn Differenzen zwischen den Unterstützungskassen und den Berufsgenossenschaften über die Verpflichtung zur Entschädigung des vom Unfall Betroffenen und seiner Hinterbliebenen entstehen, letztere auf jede Unterstützung bezw. Entschädigung bis zum Austrag dieser Differenzen verzichten müssen" (Mot. S. 48).

Wegen des Verhältnisses zu civilrechtlichen Entschädigungsansprüchen ꝛc. vgl. §§ 95 fg.

[3]) Unterstützungskassen. Hierher gehören alle Kassen, an welche ein rechtlicher Anspruch auf Unterstützung besteht, ohne Unterschied, ob die Kasse auf Grund gesetzlicher oder statutarischer Verpflichtung, oder auf Grund einer Liberalität oder eines anderen für die betr. Arbeiter rechtsbegründenden Akts errichtet worden ist (A. N. I S. 3). Sind mehrere ersatzberechtigte Kassen vorhanden, so muß sich die B.-G. mit ihnen allen abfinden, und zwar vorbehaltlich besonderer Abmachungen in der Regel nach dem Verhältniß der Leistungen jeder zum Ersatz berechtigten Kasse (A. N. II S. 57). Ist eine baldige Erledigung nicht zu erreichen, so empfiehlt sich die Hinterlegung des Betrages, §§ 7 fg. Preuß. Hinterlegungsordnung v. 14. März 1879 (G.-S. S. 249).

[4]) Armenverbände. „Ebenso soll die gesetzliche Verpflichtung der Gemeinden und sonstiger Verbände, durch Unfall hülfsbedürftig gewordenen Arbeitern Unterstützung zu gewähren, durch die Versicherung keine Veränderung erleiden, jedoch soll auch ihnen das zu diesem Zweck Geleistete von den Berufsgenossenschaften erstattet werden und zu dem Ende der Entschädigungsanspruch des Unterstützten gegen die letzteren bis zum Betrage der geleisteten Unterstützung auf die fragliche Gemeinde oder den betreffenden Verband bezw. auf diejenigen, welche die Verpflichtung derselben auf Grund gesetzlicher Vorschrift erfüllt haben, übergehen" (Mot. S. 47).

Durch diese Bestimmung wird die Armenpflege wirksam entlastet.

[5]) nicht berührt. Aehnlich steht es mit dem Verhältniß der Unfallversicherung zur Invaliditäts- und Altersversicherung. Wenn ein Betriebsunfall eine Unfallrente zur Folge hat, so ist diese von der B.-G. unter allen Umständen, und unabhängig von etwaigen gleichzeitigen Ansprüchen des Verletzten an die Versicherungsanstalten, auf Invaliden- oder Altersrente zu zahlen (§ 9 Abs. 2 Inv.-G.). Andererseits ist die Versicherungsanstalt gesetzlich

verpflichtet, auch in solchen Fällen, in denen der Verletzte seinen Rentenanspruch um deswillen, weil die Invalidität durch Betriebsunfall hervorgerufen ist, an sich gegen die Berufsgenossenschaften zu richten hätte, auf Antrag des Verletzten zunächst die Invalidenrente ihrerseits zu bewilligen; sie darf dann wegen ihrer Auslagen an die B.-G. sich regressiren. Im Einzelnen stellt sich die Sache wie folgt:

1. Die Invalidität ist durch einen nicht „bei dem Betriebe" entstandenen Unfall oder in einem Betriebe, welcher nicht unter die Unfallversicherung fällt, hervorgerufen. Dann schuldet natürlich die Vers.-Anstalt die Rente ausschließlich.
2. Die Invalidität ist durch Betriebsunfall in einem Betriebe, welcher unter die Unfallversicherung fällt, hervorgerufen. Dann muß die zuständige B.-G. die Feststellung der Rente (von Amtswegen, §§ 57, 59 U.-V.-G.) ihrerseits bewirken und die Rente zahlen. Aber auch die Versicherungsanstalt kann kraft Gesetzes in die Lage kommen, diese Rente festsetzen und zahlen zu müssen (§ 76 Inv.-G.), nämlich dann, wenn ein Antrag des Verletzten vorliegt und es sich um eine dauernde Erwerbsunfähigkeit im Sinne und Umfange des Invaliditätsgesetzes handelt, auch die sonstigen Voraussetzungen des Invaliditätsgesetzes vorliegen, insbesondere die Wartezeit erfüllt und das Versicherungsverhältniß nicht etwa erloschen ist (§§ 9, 11, 16, 32 Inv.-G.). Wenn nun in derartigen Fällen die Versicherungsanstalt die Rente festgesetzt und gezahlt hat, so befindet sie sich der B.-G. gegenüber in derselben Lage, wie eine andere Hülfs-, Kranken- oder Invalidenkasse gemäß § 8 U.-V.-G., d. h. der Anspruch des Invaliden auf Unfallrente gegen die B.-G. geht auf die Versicherungsanstalt über, sie wird Rechtsnachfolgerin des Invaliden und kann sich an die verpflichtete B.-G. bis zur Höhe ihrer Leistungen regressiren (§ 8 U.-V.-G., § 76 Inv.-G.). Die Feststellung, ob die B.-G. zur Gewährung von Unfallrenten verpflichtet ist, erfolgt auf dem im U.-V.-G. vorgesehenen Wege (Entscheidung des zuständigen Organs der B.-G., Berufung an das Schiedsgericht, Rekurs an das R.-V.-A.). Ist hiernach die Regreßpflicht der B.-G. festgestellt, so muß sie das von der Versicherungsanstalt Geleistete in Höhe ihrer eigenen Verpflichtung erstatten, wobei etwaige Streitigkeiten von dem ordentlichen Richter entschieden werden (vgl. Anm. 6, sowie § 76 Inv.-G.), und sie muß ferner das Mehr an Unfallrente kraft ihrer gesetzlichen Verpflichtung übernehmen bez. nachzahlen. Ist aber die Invalidenrente höher wie die Unfallrente (was wenigstens in den ersten 30 Jahren, solange die Invalidenrente ihrem Höchstbetrag sich noch nicht nähern kann, schwerlich der Fall sein wird), so bleibt das Mehr zu Lasten der Versicherungsanstalt (§ 9 Abs. 2 Inv.-Ges.; man beachte dort das Wörtchen „insoweit").
3. Stößt dem Empfänger einer Invaliden- oder Altersrente später ein Betriebsunfall zu, so hat die B.-G. die Sache zu instruiren und die

Unfallrente voll zu zahlen. Um den Betrag der letzteren ruht die Invaliden- oder Altersrente, falls beide Renten zusammen den voraussichtlichen Höchstbetrag der Invalidenrente (415 M.) übersteigen (§ 34 Ziffer 1 Inv.-Ges.). Also auch in diesem Falle tritt bei gleichzeitigen Verbindlichkeiten der Versicherungsanstalt (Invaliditätsversicherung) und der Berufsgenossenschaft (Unfallversicherung) eine Entlastung der ersteren ein, wenn auch in etwas anderer Form als im § 8 U.-V.-G. vorgesehen ist.

4. Empfänger einer Unfallrente können auf ihren Antrag, falls die Unfallrente den Mindestbetrag der Invalidenrente (114,70 M.) erreicht, von der Versicherungs- bezw. Beitragspflicht zur Invaliditätsversicherung befreit werden (§ 4 Abs. 3 Inv.-G.). Geschieht dies nicht, oder ist die bisherige Anwartschaft durch freiwillige Beiträge erhalten bezw. noch nicht erloschen (§ 32 Inv.-G.), so muß, wenn später der Empfänger der Unfallrente invalid (im Sinne des Inv.-G.) oder 71 Jahre alt wird, die Invaliden- bezw. Altersrente gleichfalls gewährt werden. Aber die letztere Rente ruht dann ebenfalls, solange und soweit beide Renten zusammen den Betrag von 415 M. übersteigen; die Entlastung der Versicherungsanstalt tritt also in gleichem Maaße ein wie in dem Fall zu 3.

[6]) geht — über. Auf rückständiges Schulgeld und ähnliche öffentliche Lasten bezieht sich das Erstattungsrecht der Gemeinde nicht (A. N. V S. 360).

Die Kasse 2c. ist gesetzlicher Rechtsnachfolger des Entschädigungsberechtigten. Sie muß also eine gegen den letzteren ergangene rechtskräftige Entscheidung auch gegen sich gelten lassen (A. N. IV S. 196). Als Rechtsnachfolgerin ist sie ferner zur Verfolgung der auf sie übergegangenen Ansprüche des Verletzten gegen die Berufsgenossenschaft vor dem Schiedsgericht, nicht vor dem Civilgericht, neben dem Verletzten befugt (vgl. A. N. IV S. 196, 348); etwaige weitere Streitigkeiten über Auszahlung 2c. dürfte analog § 76 Inv.-Ges. der Civilrichter zu entscheiden haben. „Der Gerichtsstand vor den Schiedsgerichten ist nicht ein höchstpersönliches Privilegium der Arbeiter, sondern eine für diese Art von Entschädigungsansprüchen bestellte Einrichtung" (Entsch. d. Schiedsgerichts Stuttgart v. 18. April 1888), ein forum speciale rei. In der letztbezeichneten Entscheidung des Schiedsgerichts Stuttgart wird ferner angenommen, daß das Schiedsgericht nur über die Existenz des Anspruchs, nicht über dessen Betrag entscheiden könne; denn über letzteren finde noch nach § 57 Abs. 4 (woselbst genau dieselben Fälle wie nach § 8 U.-V.-G. behandelt werden!) und § 58 Abs. 2 K.-V.-G. das Verwaltungsstreitverfahren statt, welches letztere wiederum auf den streitigen Anspruch selbst sich nicht erstrecken könne. Umgekehrt hat das Preuß. Ob.-Verw.-G. die Zulässigkeit des Verwaltungsstreitverfahrens hier verneint (Entsch. d. Preuß. Ob.-Verw.-Gerichts XVI S. 372), weil es nicht die Absicht des Gesetzgebers gewesen sein könne, die Vorschriften der §§ 57, 58 K.-V.-G., welche sich nur auf die Krankenversicherung beziehen, auch für die Unfallver-

Träger der Versicherung (Berufsgenossenschaften).

§ 9.*)

(Abs. 1.) Die Versicherung erfolgt auf Gegenseitigkeit durch die Unternehmer[1]) der unter § 1 fallenden Betriebe, welche zu diesem Zweck in Berufsgenossenschaften[2]) vereinigt werden. Die Berufsgenossenschaften sind für bestimmte Bezirke[3]) zu bilden und umfassen inner-

*) Abs. 1 gilt nicht für die Post-, Telegraphen-, Marine-, Heeres-Betriebe, für die fiskalischen Eisenbahn-Betriebe, sowie für die den Berufsgenossenschaften nicht unterstellten fiskalischen Binnenschiffahrts-, Baggerei-, Flösserei-, Prahm- und Fähr-Betriebe, (§§ 2, 3 A. 5), ebensowenig für die den Berufsgenossenschaften nicht angeschlossenen fiskalischen und kommunalen Regiebauten (§§ 4 Ziffer 2, 3, § 5 B.-U.-G.), ebensowenig für Regiebauten von Privatpersonen (§ 4 Ziffer 4, § 16 B.-U.-G.).

Von der Bestimmung des § 9 Abs. 1 Satz 2 kann für die nicht fiskalischen Eisenbahn-, sowie für die sonstigen Transportbetriebe z. Th. abgesehen werden (cf. § 11 des Ausdehnungsgesetzes).

Abs. 2 bis 5 gelten auch für der Bereich des Ausdehnungsgesetzes (§ 3 A.-G.) und sachlich auch für den Bereich des Bau-Unfallversicherungsgesetzes (§§ 3, 9 B.-U.-G.).

Abs. 4 und 5 haben für das Gebiet des Ausd.-G. keine Bedeutung (§ 2 A.-G.), gelten aber für den Bereich des Bau-Unfallvers.-G. (§ 12 B.-U.-G.).

---

sicherung gelten zu lassen. Da für die materiell gleichartigen Fälle von Hülfskassen, Invalidenkassen, Gemeinden 2c. eine den §§ 57, 58 K.-V.-G. entsprechende Bestimmung fehlt, muß angenommen werden, daß für diese Fälle des § 8 U.-V.-G. das Verwaltungsstreitverfahren nicht gelten soll. Dieser Auffassung dürfte beizutreten sein. Es erscheint daher das Schiedsgericht wenigstens in Preußen auch zur Entscheidung in quanto legitimirt. Vgl. auch Anm. 5.

[7]) Das Gleiche. Die Schlußbestimmung soll landesgesetzlichen Vorschriften, wie sie namentlich in Süddeutschland bestehen, Rechnung tragen (Motive des ersten Entwurfs), und entspricht dem § 57 Abs. 3 K.-V.-G.

Zu § 9.

[1]) Unternehmer, also auch das Reich und die Bundesstaaten (vgl. jedoch Anm. 4), ebenso Kommunalverbände, Aktiengesellschaften, Handelsgesellschaften, Minderjährige 2c. Im Uebrigen vgl. Anm. 5. Diese Unternehmer bewirken grundsätzlich die Unfallversicherung ihrer Arbeiter auf Gegenseitigkeit in besonders errichteten Verbänden (Berufsgenossenschaften).

Bei Regiebauten gilt jedoch dieser Grundsatz nicht. Reich, Staat und für leistungsfähig erklärte Kommunalverbände können bei ihren Regiebauten die Unfallversicherung auf eigene Schultern nehmen und sie ähnlich, wie dies dem Reich und dem Staat für Heeres-, Eisenbahnbetriebe 2c. durch das Ausdehnungsgesetz gestattet ist (vgl. Anm. 4), durch besondere Ausführungsbehörden durchführen. Bei Regiebauten in den fiskalischen unter § 1 Ziffer 1 des Ausdehnungsgesetzes fallenden Betrieben ist dies sogar obligatorisch.

Bei Regiebauten von sonstigen Verbänden und von Privatpersonen (soweit es sich nicht um Theile eines andern versicherungspflichtigen Betriebes handelt, halb derselben alle[4]) Betriebe derjenigen Industriezweige, für welche sie errichtet sind.

Als Unternehmer[3]) gilt derjenige, für dessen Rechnung[5]) der Betrieb erfolgt. (Abs. 2.)

Betriebe, welche wesentliche Bestandtheile verschiedenartiger[6]) Industriezweige umfassen, sind derjenigen Berufsgenossenschaft zuzutheilen, welcher der Hauptbetrieb angehört. (Abs. 3.)

Die Berufsgenossenschaften können unter ihrem Namen[7]) Rechte erwerben und Verbindlichkeiten eingehen, vor Gericht klagen und verklagt werden. (Abs. 4.)

Für die Verbindlichkeit der Berufsgenossenschaft haftet den Gläubigern derselben nur das Genossenschaftsvermögen. (Abs. 5.)

---

§ 1 Abs. 4, § 4 Ziffer 4 A.-G., Anm. 18 zu § 1 U.-V.-G.) erfolgt die Unfallversicherung nicht durch die Unternehmer des Regiebaues oder eine Mehrheit von Unternehmern solcher Regiebauten, sondern durch die örtlich zuständige Berufsgenossenschaft der Baugewerbetreibenden, aber in besonderen, eine Pertinenz dieser Berufsgenossenschaften bildenden Versicherungsanstalten, auf Kosten theils der Unternehmer solcher Regiebauten (Bauherren), theils der Gemeinde, in deren Bezirk der Bau ausgeführt wird (bei Bauten mit höchstens 6 Arbeitstagen), gegen Prämie. Die Errichtung solcher Versicherungsanstalten ist für alle Baugewerks-B.-G. obligatorisch.

[2]) Berufsgenossenschaften. Wegen der Form der Unfallversicherung und der zu ihrer Durchführung vorgesehenen Organisation, insbesondere darüber, daß die Versicherung in korporativen Verbänden mit Selbstverwaltung auf Gegenseitigkeit erfolgen soll, über den Beitrittszwang zu denselben und über die Ausschließung der Privatversicherungsgesellschaften cf. oben S. 9, 44. Die Grundlage des ersten Entwurfs war die büreaukratisch centralisirte Versicherung; der zweite Entwurf basirte auf Bezirksgenossenschaften für verschiedene Betriebszweige mit gleicher Unfallgefahr, und organisirte daher nach den Betriebseinrichtungen; der nunmehr Gesetz gewordene dritte Entwurf basirt auf Berufsgenossenschaften, d. h. Verbänden für wirthschaftlich gleiche oder verwandte Betriebe, organisirt also nach dem Beruf, nach der Gemeinsamkeit der wirthschaftlichen Interessen der einzelnen Betriebszweige.

Der Kommissionsbericht (S. 17) hebt hervor:

„Der Paragraph ist nach zwei Richtungen hin von prinzipieller Bedeutung. Er schließt die sämmtlichen Privatgesellschaften von der Versicherung aus, indem er dieselbe auf gesetzlich normirte Körperschaften von öffentlich-rechtlichem Charakter überträgt, und er bestimmt über die Bildung dieser letzteren. Nach beiden Richtungen gab er zu ausgedehnten Diskussionen Anlaß."

a. Den Vertheidigern der Privatversicherungsgesellschaften ist von den Regierungsvertretern insbesondere entgegengehalten worden, daß die hohen Verwaltungskosten und das z. Th. von Erfolg begleitete Bestreben, hohe Dividenden zu erzielen, nothwendig auf die von den Unternehmern zu zahlende Prämie zurückwirken müßten; „zugleich führe das Interesse des Geschäfts zu einer höchst skrupulösen Auswahl unter den die Versicherung nachsuchenden Unternehmern", sowie dazu, die Entschädigungsansprüche möglichst zu beschränken und z. Th. aus formalen Gründen auf den Weg des Processes zu verweisen. Insbesondere aber könne keine Privatversicherungsgesellschaft die durchaus erforderliche unbedingte Garantie bieten, daß der verunglückte Arbeiter seine Rente auch wirklich erhalte; denn ein wirksamer Schutz dagegen, daß die Gesellschaft im entscheidenden Augenblick bankerott ist oder sich auflöst, sobald ein ihre Leistungsfähigkeit in Frage stellendes Massenunglück eintritt (wobei nicht nur die jetzt verunglückten, sondern vielleicht auch die früher bereits als renteberechtigt anerkannten Arbeiter ins Freie fallen möchten), lasse sich nicht finden. Wenn auch bei der Zulassung der Gesellschaft eine behördliche Untersuchung über ihre Leistungsfähigkeit stattfinde, so könne sich doch schon binnen kurzer Zeit die Lage der Gesellschaft vollständig ändern. Daß die Privatversicherungsgesellschaften keinerlei gute Leistungen aufzuweisen hätten, solle darum nicht behauptet werden; die verbündeten Regierungen seien jedoch der Ueberzeugung, daß die gleichen Leistungen ohne jene Nachtheile und Mängel von nach Maßgabe des Gesetzes ins Leben zu rufenden Genossenschaften erwartet werden dürften. „Formale Rücksichten zum Schaden der Versicherten würden hier viel weniger zur Geltung kommen können, und die Gefahr nicht länger bestehen, daß materiell begründete Ansprüche der Arbeiter an juristischen Finessen scheiterten. Feste Prämien, in denen man einen Vorzug der Privatgesellschaften erblickt habe, existiren nur bei Aktiengesellschaften, nicht bei den auf Gegenseitigkeit begründeten. . . . Der Versicherte seinerseits finde nach den Bestimmungen des Gesetzes sogar größeren Schutz gegen zu hohe Belastung; gegen irrige Einstellung in die Gefahrenklasse bleibe der Rekurs an die Behörde, während bei den Privatgesellschaften, die ihren Tarif geheimzuhalten pflegten, eine solche Remedur nicht geboten und der Versicherte lediglich dem guten Willen der Agenten oder Vorstände überlassen sei" (Komm.-Ber. S. 12). Im Uebrigen wurde noch hervorgehoben, daß man ja keine Privatgesellschaft zwingen könne, Unternehmer aufzunehmen; es würde also eine ganze Reihe von Risiken, und zwar die schlechteren, ungedeckt bleiben, was bei einem auf Gesetz beruhenden Versicherungszwange doch nicht angehe.

Aber auch neben den Berufsgenossenschaften haben die Privatgesellschaften nicht zugelassen werden können, und zwar wegen der „Gefahr, welche das Nebeinanderbestehen der beiden Anstalten für die Leistungsfähigkeit der Berufsgenossenschaften einschließe; dieselben würden, so zu sagen, im Keime erstickt werden. In den ersten Jahren würden die Privatgesellschaften durch Unterbietung in den Prämien eine möglichst große Anzahl von Unternehmern an sich zu ziehen suchen, um dann zu geeigneter Zeit damit in die Höhe zu gehen; die guten Risiken würden sie ohnehin vorwegnehmen. Auch die Divergenz in Betreff der Unfallverhütungsvorschriften, je nachdem ein Betrieb in einer öffentlichen oder einer privaten Genossenschaft versichert sei, müsse zu Unzuträglichkeiten führen" (Komm.-Ber. S. 21). Die Privatgesellschaften würden in der Versicherung gegen Einzelunfälle und gegen Reisegefahr, sowie in der Unfallversicherung bezüglich der nicht unter dieses Gesetz fallenden Personen, z. B. der Unternehmer oder der höher gelohnten Beamten (vgl. jedoch § 2), ein ausreichendes Feld ihrer Thätigkeit finden; sofern sich wirklich eine Geschäftsverminderung ergeben sollte, würden die bei ihnen angestellten Personen in den Berufsgenossenschaften Verwendung finden können*). Thatsächlich hat denn auch insbesondere die Versicherung gegen Einzelunfälle einen großen Umfang angenommen; dieselbe gilt für lukrativer wie die bisherige Kollektivversicherung, und so sind alle Benachtheiligungen, welche den Privatgesellschaften aus der öffentlichen Unfallversicherung anfänglich zu erwachsen schienen, wieder ausgeglichen.

b. Ueber die Ausdehnung der Berufsgenossenschaften lassen sich die Motive (zu § 9) folgendermaßen aus: „Nach den Darlegungen (im allgemeinen Theil) sollen im allgemeinen die großen wirthschaftlichen Verbände, die aus der freien Initiative der Berufsgenossen hervorgegangen sind, als Typus der Berufsgenossenschaften gelten. Wie einzelne dieser Verbände sich nicht über das ganze Reichsgebiet erstrecken, sondern sich auch auf große lokal abgegrenzte Wirthschaftsgebiete beschränken, so sollen auch die Berufsgenossenschaften sich über das ganze Reichsgebiet ausdehnen, soweit nicht für einzelne Bezirke besondere Berufsgenossenschaften gebildet werden."

Hierbei ist es nach den Beschlüssen der Reichstagskommission lediglich verblieben, wenn auch durch Einschiebung der Worte „für bestimmte Bezirke", anscheinend eine kleine Nüance beliebt worden ist. In der Kommission ist ausdrücklich konstatirt worden, daß unter dem Ausdruck „bestimmte Bezirke" das Reichsgebiet mitverstanden sei; „die Leistungsfähigkeit der Verbände sei die Minimalgrenze, wie die Ausdehnung auf das gesammte Reichsgebiet die Maximalgrenze bilde" (Komm.-Ber. S. 23). Schlagender kann die Uebereinstimmung der Vorlage mit den durch den Reichstag lediglich gebilligten Beschlüssen seiner Kommission nicht dargethan werden, als durch folgende Ausführung des Kommissionsberichts (S. 24):

„Der Sinn (der gegenwärtigen Fassung des § 9) findet, wie in den Ver-

---

*) Einer Resolution des Reichstages wegen Entschädigung von Beamten der Privatunfallversicherungsgesellschaften vom 17. Juni 1884 (Sten. Ber. S. 1130) hat der Bundesrath keine Folge geben können. Das Reichs-Versicherungsamt hat sich für die Unterbringung dieser Beamten bei den Berufsgenossenschaften 2c. lebhaft interessirt; thatsächlich sind viele derselben bei den letzteren verwendet. Auch im Reichs-Versicherungsamt sind solche Beamte beschäftigt worden.

handlungen der Kommission hervorgehoben wurde, seine ausreichende und zutreffende Erläuterung in nachfolgender Stelle der Motive (S. 38):

„Wenn der Entwurf hinsichtlich der für die Organisation dieser korporativen Genossenschaften maßgebenden allgemeinen Gesichtspunkte davon ausgeht, daß eine kräftige Entwickelung des genossenschaftlichen Lebens und eine erfolgreiche Verwaltung durch genossenschaftliche Organe nur möglich ist, wenn dem Begriff und Wesen der Berufsgenossenschaften entsprechend, in ihnen nur solche gewerbliche Betriebe vereinigt werden, welche auf wirthschaftlichem Gebiet im Allgemeinen gleiche oder verwandte Interessen und Vorbedingungen des Betriebes haben, so folgt derselbe hierin nur den bei der Bildung der freiwilligen Vereine eingeschlagenen Wegen. Das gleiche wird hinsichtlich der Abgrenzung der Berufsgenossenschaften zu geschehen haben. Wie dieses bei den freiwilligen wirthschaftlichen Vereinen der Fall ist, wird auch für die Abgrenzung der Berufsgenossenschaften die Gemeinsamkeit der wichtigeren Interessen die Grundlage bilden müssen und demgemäß die territoriale Abgrenzung nach kleineren Wirthschaftsgebieten in so weit Platz greifen dürfen, als nach der Entwickelung der einzelnen Industriezweige die wirthschaftlichen Interessen derselben dieses bedingen und die Leistungsfähigkeit der zu bildenden Berufsgenossenschaften dadurch nicht in Frage gestellt wird."

Diese unbedingte Leistungsfähigkeit ist das wichtigste Erforderniß jeder Berufsgenossenschaft; denn der Fall, daß eine Genossenschaft leistungsunfähig wird und daß die Bestimmungen des § 33 Anwendung finden, darf niemals vorkommen, cf. Anm. 7 zu § 33. Vorbehaltlich dieses Erfordernisses und vorbehaltlich der regulirenden Thätigkeit des Bundesraths ist im Uebrigen die ganze Organisation lediglich in das Belieben der Industrie gestellt. Die Industrie selbst sollte sich gruppiren, wie sie es für zweckmäßig hielt, ohne an ein bestimmtes Tableau gebunden zu sein; wo sie dies ihren Interessen förderlich erachtete, stand ihr eine Ausdehnung über das Reich zu; es blieb ihr aber auch überlassen, für große Industriezweige mehrere Genossenschaften nach Wirthschaftsgebieten (Bezirken) zu bilden.

Ergiebt sich später die Unzweckmäßigkeit der getroffenen Abgrenzung, so sind nach § 31 Aenderungen in dem Bestande der Genossenschaften zulässig. Die Thätigkeit der Behörde ist überall nur eine regulirende und ausgleichende.

Thatsächlich bestehen, nachdem die Organisation nunmehr abgeschlossen ist, auf Grund des U.-V.-G. 55 Berufsgenossenschaften, auf Grund des § 1 Ziffer 1 A.-G. 2, und auf Grund des § 1 Ziffer 2 bis 5 A.-G. noch 5, im Ganzen also 62 Berufsgenossenschaften (außer den fiskalischen, von den B.-G. eximirten Betrieben, vgl. Anm. 4). Dazu kommen dann noch die auf Grund des Bau-Unfallversicherungsgesetzes errichtete Tiefbau-Berufsgenossenschaft und die auf Grund des See-Unfallversicherungsgesetzes errichtete See-Berufsgenossenschaft.

Außerdem bestehen 48 auf Grund des landwirthschaftlichen Unfallversicherungsgesetzes errichtete land- und forstwirthschaftliche Berufsgenossenschaften, welche letztere meist nur den Bezirk einzelner Provinzen ꝛc. oder kleinerer Bundesstaaten umfassen. Die 64 industr. (und Verkehrs-)B.-G. haben fortlaufende Ordnungsnummern, ebenso die 48 landw. B.-G.; die letzteren bilden in sich eine fortlaufende Reihe und werden durch ein vorgesetzes L von den gleichen Ordnungsnummern der industr. B.-G. unterschieden (A. N. IV S. 210). Von diesen umfassen auf Grund des

	U.-V.-G.	A.-G.	B.-U.-G.	S.-U.-G.	zusammen
das ganze Gebiet des Reichs	22	4	1	1	26
mehrere Bundesstaaten	22	2	—	—	24
Betriebe eines einzelnen Bundesstaates, und zwar					
Preußen	5	1	—	—	6
Bayern	2	—	—	—	2
Sachsen	2	—	—	—	2
Württemberg	1	—	—	—	1
Elsaß-Lothringen	1	—	—	—	1
	55	7	1	1	64.

Vgl. A. N. V S. 198. Das Verzeichniß dieser B.-G. siehe im Anhang.

Genossenschaften für größere Bezirke, insbesondere für den ganzen Umfang des Reichs, können durch Einrichtung von Sektionen die Verwaltung decentralisiren (cf. Anm. 2 zu § 19), mehrere Genossenschaften Vereinbarungen zu gemeinsamer Uebernahme der Unfallast treffen (§ 30). Die Berufsgenossen können also auf verschiedenen Wegen dasselbe erreichen — decentralisirte Verwaltung und breite Schultern für die Uebernahme der Unfallast — mögen sie umfangreiche Genossenschaften bilden und demnächst decentralisiren, oder mögen sie kleine Genossenschaften errichten und dieselben demnächst zur gemeinsamen Tragung des Risikos vereinigen. Vgl. Anm. 2 zu § 19. Zur Zeit haben von den B.-G. unter dem U.-V.-G. 43, von den B.-G. unter dem A.-G. 3, außerdem die See-B.-G., zusammen also 47 Berufsgenossenschaften Sektionsbildungen, dagegen von den B.-G. unter dem U.-V.-G. 12, unter dem A.-G. 4, außerdem die Tiefbau-B.-G., zusammen also 17 Berufsgenossenschaften keine Sektionsbildungen. Vereinigungen mehrerer B.-G. auf Grund des § 30 U.-V.-G. sind noch nicht erfolgt.

[3]) bestimmte Bezirke, einschließlich des Reichsgebiets, cf. Anm. 1. Ueber die räumliche Begrenzung des Bezirks vgl. Anm. 5 zu § 46.

[4]) alle, selbstverständlich mit der Beschränkung nach Abs. 3, aber ohne Unterscheidung von Hauptberuf oder Nebenberuf. Ueber eine Ausnahme für die Knappschaftsgenossenschaft vgl. Anm. 1 zu § 94. Reich und Bundesstaaten genießen jedoch z. Th. eine Ausnahmestellung. Nach dem Ausdehnungsgesetz sind nämlich Betriebe (Fabriken ꝛc.) der Marine und der Heeresverwaltungen, der Post- und Telegraphen- und der fiskalischen Eisenbahnverwaltun-

gen einschl. der hierbei vorkommenden fiskalischen Regiebauten aus der berufsgenossenschaftlichen Organisation herausgehoben; in ihnen wird die Unfallversicherung durch das Reich bezw. den Bundesstaat für eigene Rechnung und unter der Verwaltung besonderer Ausführungsbehörden bewirkt (§ 2 A.-G.). Dasselbe gilt von fiskalischen Baggerei-, Binnenschiffahrts-, Flößerei, Prahm- und Fährbetrieben (§ 2 A.-G.) und von anderen fiskalischen Regiebauten (§ 4 Ziffer 2 B.-U.-G.), sofern nicht das Reich bezw. der Bundesstaat rücksichtlich dieser auf die Exemtion verzichtet. Für andere unter das U.-V.-G. fallende fiskalische Betriebe gilt die Exemtion nicht. Alle Bestandtheile solcher eximirten Betriebe fallen mit den letzteren selbst fortan unter das Ausdehnungsgesetz bezw. Bau-Unfallversicherungsgesetz. Andererseits bleiben Eisenbahn- und Schifffahrtsbetriebe, welche Bestandtheile einer Fabrik oder eines anderen unter § 1 U.-V.-G. fallenden Unternehmens sind, als Nebenbetriebe dieser letzteren unter dem U.-V.-G. Dasselbe gilt von den Nebenbetrieben der Seeschiffahrtsbetriebe (A. N. IV S. 169). Ebenso gilt ein land- oder forstwirthschaftlicher Betrieb nach Lage der Gesetzgebung niemals als Nebenbetrieb eines industr. Betriebes (A. N. IV S. 229, 239, 337). Vgl. §§ 2, 12 A.-G.

Die Zugehörigkeit zu den B.-G. tritt ex lege ein. „Diejenigen Personen, welche Arbeiter einstellen, um sich deren Arbeitsleistung unmittelbar anzueignen und zur Erzielung des Unternehmergewinnes zu verwerthen, sollen in korporativer Zusammenfassung auch die mit der Beschäftigung der Arbeiter verbundene Unfallgefahr tragen" (A. N. III S. 202). Diejenige B.-G., zu welcher der Unternehmer, in dessen Betrieb der Verletzte zur Zeit des Unfalls beschäftigt war, nach der Art jenes Betriebes gehört, hat für den Unfall aufzukommen; „jede B.-G. soll, soweit gesetzliche Bestimmungen nicht entgegen stehen, die Folgen derjenigen Unfälle tragen, welche die ihr zugehörige Industrie direkt oder indirekt erzeugt." Wegen der Hülfskräfte vgl. Anm. 3, 20 zu § 1; wegen der Beschäftigung von Arbeitern außerhalb der eigentlichen Betriebsstätte Anm. 16 zu § 1.

[5]) für dessen Rechnung. Unternehmer ist also Derjenige, dem das ökonomische Ergebniß des Betriebes Vortheil oder Nachtheil bringt, welcher die gewerbliche Anlage ihrem Zwecke gemäß, um den Unternehmergewinn zu erzielen, ausnutzt. Auf das Eigenthum an der Anlage kommt es ebensowenig an (wegen der Kraftstellenmiether vgl. Anm. 25 zu § 1) wie auf die Modalitäten der Löhnung, d. h. darauf, von wem und in welcher Weise die Arbeiter gelohnt werden, ob direkt durch die Unternehmer oder durch Mittelpersonen (Werkmeister 2c.), und wie die Arbeiter gelöhnt werden, ob in Tagelohn, Stücklohn (Akkord) oder in einer Quote der Einnahme (A. N. I S. 209, 344, 363; II S. 229; III S. 182).

Aus diesem Grunde ergiebt sich Folgendes: Unternehmer ist, wenn der Betrieb verpachtet ist, der Pächter, nicht der Verpächter (cf. jedoch unten ad e); bei im Nießbrauch befindlichen Anlagen der Nutznießer 2c. cf. Erk. d. R.-Ob.-H.-G. vom 7. Oktober 1876 (Entsch. 21. S. 175), sowie Anl. d. R.-V.-A. vom 14. Juli 1884 Nr. 9.

Betriebsunternehmer ist ferner rücksichtlich sämmtlicher in dem Betriebe beschäftigter Personen: a) bei einem Ziegeleibetriebe, in welchem ein Ziegelmeister die Ziegelsteine durch selbstgeworbene und selbstgelohnte Arbeiter anfertigt, und dafür (als Lohn) eine feste Vergütung (nach der Quantität der producirten Waare, also Akkordlohn) von dem Ringofenbesitzer erhält, während letzterer über das Produkt verfügt — nicht der Ziegelmeister, sondern der Ziegeleibesitzer (A. N. I S. 209, III S. 351), welcher letztere sich die Notizen über die Löhnung der Arbeiter behufs Aufstellung der Lohnlisten (§§ 60, 71) beschaffen muß (A. N. I S. 364); b) bei Weinkellereibetrieben, in welchen die Kellerarbeiten von selbständigen Küfermeistern derart in Akkord übernommen sind, daß sie die Gesellen und Gehülfen selbst annehmen und lohnen — nicht der Küfermeister, sondern die Kellereifirma, deren Zwecken die Küferei dient (A. N. I S. 344); c) bei Fuhrwerksbetrieben, in welchen die Kutscher derart gelohnt werden, daß sie eine Quote des Fahrgeldes oder den eine festgesetzte Summe übersteigenden Betrag der Tageseinnahme als Lohn für sich behalten, — nicht diese Kutscher, sondern der Fuhrherr (A. N. II S. 230); d) bei Schiffahrtsbetrieben, bei welchen der Kahnführer als Lohn einen Antheil an der Fracht erhält, — nicht der Kahnführer, sondern der Schiffseigenthümer (A. N. II S. 230); e) bei dem Flößereibetriebe einer Holzhandlung, in welchem die Hölzer an Fischermeister übergeben werden, die dann wiederum Gehülfen annehmen, — nicht die Fischermeister, sondern die Holzhandlung rücksichtlich der Fischermeister und ihrer Gehülfen (A. N. III S. 182); f) im Grubenbetriebe, wenn die „Anpächter" einen sehr hohen Betrag der Bruttoeinnahmen an den Grubenbesitzer zu zahlen haben, so daß dieser Betrag als Unternehmergewinn, der den Anpächtern bleibende Betrag als Arbeitslohn sich darstellt — nicht der Anpächter, sondern der Grubenbesitzer (A. N. III S. 20); g) beim Betriebe einer Kiesgrube, welcher in Akkord gegeben war, aber ausschließlich für Rechnung und im Interesse der Gemeinde erfolgt, die Gemeinde (A. N. III S. 31). Vgl. auch Anm. 12 i. f., 27a zu § 1.

Wenn ein Hausindustrieller, z. B. ein Weber, mit einem ihm gehörigen oder von ihm gepachteten Motor oder mit mindestens 10 Arbeitern arbeitet, so ist er der beitragspflichtige Unternehmer, und nicht der Kaufmann (Fabrikant ꝛc.), für den er arbeitet.

[6]) verschiedenartige. Betriebsanlagen, welche wesentliche, von einander abhängige Bestandtheile verschiedenartiger Industriezweige umfassen — z. B. wenn mit einer Waggonfabrik eine für deren Zwecke bestimmte Gasfabrik, ein Dampfkrahn, eine Eisenbahnanlage ꝛc. verbunden ist oder wenn ein Bergwerk eine eigene Coakerei hat, eine Getreidemühle gleichzeitig Sägemühle ist ꝛc. — sind aus Zweckmäßigkeitsgründen einer einzigen Genossenschaft, und zwar derjenigen zugewiesen, welcher der Hauptbetrieb (die Waggonfabrik ꝛc.) zugehört. Im konkreten Fall kann es unter Umständen zweifelhaft sein, welcher Theil des Gesammtbetriebes den Hauptbetrieb darstellt. Es muß dann hierüber nach objektiven Kriterien entschieden werden; ein Wahlrecht des Be-

sitzers erkennt das R.-V.-A. nicht an (A. N. I S. 140). Entscheidend ist, welcher Theil des Gesammtbetriebes überwiegt (A. N. III S. 323). Im Streitfalle ist nach § 37 zu verfahren. Vgl. auch Anm. 30 zu § 1. Nach dem in dieser Anm. 30 zu § 1 erörterten Grundsatz des § 1 Abs. 6 kommt es nicht darauf an, ob die verschiedenartigen Industriezweige, welche die Anlage umfaßt, sämmtlich versicherungspflichtig sind; auch solcher Bestandtheil einer unter die Unfallversicherung fallenden einheitlichen Anlage, welcher, wenn er allein betrieben würde, nicht versicherungspflichtig sein würde, fällt, wenn er Nebenbetrieb ist, unter die Unfallversicherung, so die Möbeltischlerei (als Handwerk), sobald sie einen Theil des in der Hauptsache die Bautischlerei ausübenden Betriebes ist (A. N. II S. 296). Dagegen sind an sich nicht versicherungspflichtige Theile der Anlage, welche an sich den Hauptbestandtheil der letzteren ausmachen, oder welche gleichberechtigt neben den anderen Betriebstheilen stehen, kein Nebenbetrieb, auch nicht versicherungspflichtig. In diesem Sinne kann also eine Anlage in einen versicherungspflichtigen und in einen nicht versicherungspflichtigen Theil zerfallen. Es handelt sich auch hier um Thatfragen.

In der Bestimmung des § 9 Abs. 3 in Verbindung mit der Vorschrift des § 1 Abs. 6 kommt der Grundsatz zum Ausdruck, daß die Nebensache der Hauptsache folgt, cf. Mot. zu § 12 Ausd.-Ges. Die Bestimmung bezieht sich aber, wie vorstehend dargelegt, nach dem Wortlaut des Gesetzes nur auf von einander abhängige Einrichtungen, bez. auf Theile eines Gesammtbetriebes; „es muß zwischen Haupt- und Nebenbetrieb ein gewisser, sich gegenseitig bedingender Zusammenhang verlangt werden" (A. N. IV S. 228), vgl. Anm. 22 zu § 1. Die Bestimmung bezieht sich ferner nur auf Betriebe, welche verschiedenen Industriezweigen angehörige fertige Fabrikate oder Halbfabrikate herstellen, nicht auf Betriebe, welche, wie Zündhütchenfabriken, nur verschiedene Manipulationen durchzumachen haben, um ein fertiges Produkt herzustellen, im Uebrigen aber einen selbständigen in sich abgeschlossenen Industriezweig bilden (A. N. I S. 84). Landwirthschaft ist kein Industriezweig; der landw. Betrieb auf Rieselfeldern einer Zuckerfabrik gilt daher nicht als Nebenbetrieb der letzteren (A. N. IV S. 239), vgl. Anm. 4. Sind die mehreren (verschiedenen oder gleichartigen) Betriebe desselben Unternehmens von einander unabhängig, so besteht kein Gesammtbetrieb, sondern eine Summe von Einzelbetrieben mit Personalunion Liegen solche einzelnen Betriebe in den Bezirken verschiedener Genossenschaften oder Sektionen, so gehört der Unternehmer einer jeden dieser Genossenschaften oder Sektionen, natürlich aber nur mit demjenigen Betriebe als Mitglied an, welcher in dem Bezirk der betr. Genossenschaft 2c. belegen ist. Vgl. A. N. I S. 209.

Zweigniederlassungen sind im Allg. selbständige Betriebe. Hängen sie aber derartig von dem Hauptgeschäft ab, daß die Betriebshandlungen in der Zweigniederlassung als von dem Hauptbetrieb ausgehend, oder nur durch

Aufbringung der Mittel.

§ 10.*)

Die Mittel zur Deckung der von den Berufsgenossenschaften (Abs. 1.) zu leistenden Entschädigungsbeträge und der Verwaltungskosten werden durch Beiträge aufgebracht[1]), welche von den Mitgliedern[2]) nach Maßgabe[3]) der in ihren Betrieben von den Versicherten verdienten Löhne und Gehälter beziehungsweise des Jahresarbeitsverdienstes

*) § 10 gilt im Allg. auch für den Bereich des Ausdehnungsgesetzes, aber nicht für die Post-, Telegraphen-, Marine- und Heeres-Betriebe, ebensowenig für die fiskalischen Eisenbahnbetriebe und die einer Berufsgenossenschaft nicht zugewiesenen fiskalischen Baggerei-, Binnenschiffahrts-, Flösserei-, Prahm- und Fähr-Betriebe. § 3 A.-G.

Abs, 1, 2, 4 gelten nicht für den Bereich des Bau-Unfallvers.-Ges., wohl aber Abs. 3 (§§ 10, 12 B.-U.-G.).

---

denselben ermöglicht, anzusehen sind, so handelt es sich auch bei ihnen um Haupt- und Nebenbetrieb (A. N. II S. 13, III S. 26).

[7]) unter ihrem Namen. Dadurch sind den Berufsgenossenschaften die Rechte juristischer Personen in der Form beigelegt worden, in welcher dies in neueren Gesetzen vielfach geschehen ist, weil die „Berufsgenossenschaften Träger dauernder Verbindlichkeiten sein sollen". Vgl. § 19 Civ.-Pr.-O.:

> „Der allgemeine Gerichtsstand .... der Korporationen .... wird durch den Sitz derselben bestimmt. Als Sitz gilt, wenn nicht ein Anderes erhellt, der Ort, wo die Verwaltung geführt wird .....
>
> Neben dem durch die Vorschriften dieses Paragraphen bestimmten Gerichtsstande ist ein durch Statut oder in anderer Weise besonders geregelter Gerichtsstand zulässig."

Zu § 10.

[1]) aufgebracht — umgelegt. Ueber das Umlageprincip im Gegensatz zum Deckungskapitalprincip vgl. zunächst die allg. Motive oben S. 61. Nach dem jetzt angenommenen Umlageverfahren wird für jedes Rechnungsjahr nur derjenige Betrag an Entschädigungen von den Mitgliedern baar aufgebracht, welcher in diesem Rechnungsjahr baar auszuzahlen war, vgl. jedoch auch die Uebergangsbestimmung des § 100. Bis zum Eintritt des Beharrungszustandes (etwa im 75. Versicherungsjahr; jedoch wird schon etwa vom 45. Jahr ab die Steigerung nur gering sein) wird sich der Jahresbedarf fortwährend steigern, weil zu den neuen Ausgaben, die jedes Jahr erfordert, die durch die Unfälle der Vorjahre hervorgerufenen Zahlungen an Renten 2c. abzüglich der dem Werthe nach geringeren Abgänge hinzutreten; bei Aufbringung des Kapitalwerths der einzelnen Renten (Kapitaldeckungsverfahren) würde dagegen die Last zwar in den ersten Jahren eine höhere sein, sich aber demnächst gleich bleiben. Das Umlageverfahren bedingt hiernach erhebliche Jahresdifferenzen; zu einiger Ausgleichung derselben dient die Ansammlung des Reservefonds (§ 18).

jugendlicher und nicht ausgebildeter Arbeiter (§ 3 Absatz 3), sowie der statutenmäßigen Gefahrentarife (§ 28) jährlich umgelegt[1]) werden.

(Abs. 2.) Löhne und Gehälter, welche während der Beitragsperiode[4]) durchschnittlich den Satz von vier Mark täglich übersteigen, kommen mit dem vier Mark übersteigenden Betrage nur zu einem Drittel in Anrechnung.

In den Kommissionsverhandlungen „erklärten die Vertreter der verbündeten Regierungen, man könne in Betreff der beiden einander gegenübergestellten Systeme verschiedener Ansicht sein. Ein absolut durchschlagender, jede Gegenrede ausschließender Beweis für den Vorzug des einen oder anderen lasse sich nicht führen, die Regierungen hätten jedoch jetzt ebenso wie in der Vorlage des Jahres 1882 aus guten Gründen sich auf den Boden des Umlageverfahrens gestellt". Es wurde hervorgehoben, „dasselbe entspreche am meisten der Gesammtrichtung des Gesetzes, welches die Industrie in ihrer Solidarität für die Betriebsunfälle haftbar macht"; und „empfehle sich durch die außerordentliche Einfachheit des Verfahrens. Man bedürfe nach seiner Einführung keines versicherungstechnischen Apparats, keiner weitläufigen Kassenverwaltung; das effectiv Geleistete werde durch die Post liquidirt und demnächst auf die Mitglieder der Berufsgenossenschaften durch die Vorstände umgelegt, ganz ähnlich wie in den Gemeinden die nothwendigen Jahresausgaben auf die Gemeindemitglieder" (Komm.-Ber. S. 26, 27).

Neben anderen Vortheilen soll das Umlageverfahren voraussichtlich einen erheblichen finanziellen Gewinn bringen. Einer regierungsseitig aufgestellten und in der „Nordd. Allg. Zeitung" (Nr. 171 fg. pro 1884) veröffentlichten Berechnung, welche auch zu den Akten der Reichstagskommission hinübergegeben ist (vgl. Komm.-Ber. S. 27), sind hierüber folgende Zahlen zu entnehmen, die für die Gesammtindustrie unter Zugrundelegung der im Entwurf festgesetzten, durch den Reichstag aber z. Th. erhöhten Entschädigungsbeträge und der in Anm. 1 zu § 5 erörterten Annahmen sich ergeben haben.

Für 1 615 253 versicherte männliche Arbeiter mit einem Durchschnittsverdienst von 750 Mark jährlich würden bei einem Zinsfuß von 4 Proz. alljährlich rund 13 500 000 Mark an Deckungskapitalien (für den Anfang jedes Jahres geltend) erhoben werden müssen. Fast genau dieselbe Summe ist, wenn der jedesmalige Jahresbedarf umgelegt wird, am Anfang des 17. Jahres aufzubringen. (Vgl. auch Anm. 7 zu § 18.) Während die Last bei Deckungskapitalien von Anfang an sich gleich bleibt, steigt sie bei dem Umlageverfahren bis zu dem Beharrungszustande, welcher nach 75 Jahren eintritt (denn erst nach 75 Jahren ist das Gesammt-Unfall-Risiko der Invaliden des ersten Jahres, von denen ein Theil 15 Jahre alt ist, als ablaufend anzusehen; cf. die Tabelle I. der Denkschrift zur 2. Vorlage), und beträgt alsdann 22 855 000 Mark. Die Steige-

Zu anderen Zwecken [5]) als zur Deckung der von der Genossenschaft zu leistenden Entschädigungsbeträge und der Verwaltungskosten [6]), zur Gewährung von Prämien [7]) für Rettung Verunglückter und für Abwendung von Unglücksfällen, sowie zur Ansammlung des Reservefonds (§ 18) dürfen weder Beiträge [7a]) von den Mitgliedern der Genossenschaft erhoben werden, noch Verwendungen aus dem Vermögen der Genossenschaft erfolgen. (Abs. 3.)

---

rung, anfänglich sehr bedeutend, nimmt von Jahr zu Jahr ab, so daß der Jahresbetrag von 22 Millionen schon im 45. Jahre erreicht wird. Man könnte also auch in diesem Jahre schon von einem Beharrungszustand sprechen, wenn man eine Differenz von weniger als einer Million außer Betracht läßt. In den ersten 17 Jahren (d. h. bis zu demjenigen Zeitpunkt, in welchem bei dem Umlageverfahren derjenige Jahresbetrag erreicht wird, welcher jährlich zu zahlen ist, wenn von vornherein Deckungskapitalien aufgebracht werden) werden bei dem Umlageverfahren erhebliche Jahresaufwendungen erspart; nach Ablauf dieser 17 Jahre ist die Jahreslast aus dem Umlageverfahren dauernd größer, als wenn von Anfang an Deckungskapitalien aufgebracht wären, und übersteigt nach dem Eintritt des Beharrungszustandes die letztere um jährlich 22 855 000 — 13 510 564 = ca. 9 344 000 Mark. Die Gesammtaufwendungen aber, welche bis zum Eintritt des Beharrungszustandes nach jedem der beiden Systeme zu machen sein würden, sollen eine Ersparniß zu Gunsten des Umlageprincips ergeben. Bis zum Schluß des 75. Jahres seien nämlich unter Anrechnung von Zins und Zinseszins — welche bei dem Umlageverfahren für diejenigen Beträge erspart bezw. der Industrie erhalten werden, die nicht unmittelbar zur Deckung laufender Entschädigungen gebraucht werden (vgl. auch Anm. 1 zu § 69), während sie bei dem Deckungskapitalverfahren voll in Rechnung treten müßten — insgesammt aufzuwenden:

nach dem Deckungskapitalverfahren 6 303 770 000
nach dem Umlageverfahren . . . 6 060 810 000

mithin nach dem Umlageverfahren weniger 242 960 000, ein Kapital, dessen Zinsen zu 4 Proz. (falls man das Kapital als solches hätte!) ausreichen würden, um den nach dem Umlageverfahren dauernd zu zahlenden Mehrbetrag von jährlich 9 344 000 Mark zu decken. Diese Ziffern würden sich modifiziren, wenn erst die aus der Unfallverhütung (§§ 78 fg.) mit Sicherheit zu erwartende erhebliche Verminderung der Unfälle, und damit der Unfallast, zur Geltung komme.

Der Hauptvortheil aber, welchen man für die Industrie in finanzieller Beziehung aus dem Umlageverfahren herausgerechnet hat, soll darin liegen, daß die Industrie die ihr verbleibenden Kapitalien nicht nur zu demjenigen niedrigen Zinsfuß, zu welchem die pupillarisch sicher anzulegenden Deckungskapitalien genutzt werden können (früher etwa 4 Proz., jetzt kaum $3^1/_2$ Proz.), sondern als Betriebskapital mindestens zu 6 Proz. nutzen kann, — ein Vor-

(Abs. 4.) Behufs Beschaffung der zur Bestreitung der Verwaltungskosten erforderlichen Mittel können die Berufsgenossenschaften von den Mitgliedern für das erste Jahr einen Betrag im voraus[8]) erheben[9]). Falls das Statut hierüber nichts Anderes bestimmt, erfolgt die Aufbringung dieser Mittel nach Maßgabe der Zahl der von den Mitgliedern in ihren Betrieben beschäftigten versicherungspflichtigen Personen[10]) (§ 11).

---

theil, dessen Gesammtwerth bei einer Zinsdifferenz von nur 2 Proz. für den Anfang des 76. Jahres auf rund 3 252 000 000 Mark beziffert worden ist.

Den Werth dieser Rechnung wollen zwar die Vertheidiger des Anlage- oder Kapitaldeckungsverfahrens nicht gelten lassen; sie befürchten vom Umlageverfahren vielmehr eine Entlastung der Gegenwart zum Nachtheil der Zukunft, und daraus die Gefahr einer späteren Leistungsunfähigkeit der Industrie. Es würde zu weit führen, auf das Für und Wider einzugehen; es genüge, zu erwähnen, daß diesen Befürchtungen entgegengetreten und namentlich darauf hingewiesen worden ist, wie die möglichen Schwankungen, welche, wenn es sich um einzelne Unternehmer handle, bedenklich werden könnten, innerhalb der Berufsgenossenschaften von angemessener Größe sich leicht ausgleichen würden, und daß nach der Grundidee des Gesetzes durch die aus den einzelnen Betrieben hervorgegangenen Invaliden ja nicht die einzelnen Unternehmer, sondern die Berufsgenossenschaften als solche belastet werden, diese aber so umfassend sein müssen, daß sie die Last leicht und sicher tragen können. (Vergl. Komm.-Ber. S. 26 fg.) Dem Kapitaldeckungsverfahren wurde aber insbesondere auch der Umstand entgegen gehalten, daß zuverlässige Grundlagen für die Berechnung noch fehlten, und voraussichtlich erst nach langjährigen statistischen Beobachtungen zu beschaffen gewesen sein würden.

Mag übrigens der finanzielle Effekt des Umlageprinzips auch nicht den oben berechneten Betrag erreichen, namentlich da die jetzt obligatorische Ansammlung des Reservefonds, durch welchen zwischen den Gegensätzen hat vermittelt werden sollen, Aenderungen in jenen Zahlen bewirken wird, so bietet doch das Umlageverfahren auch abgesehen von etwaigen finanziellen Vorzügen gewisse anderweite Vortheile, welche schließlich für dessen Annahme ausschlaggebend gewesen sind. Im Einzelnen lassen sich dieselben, wie im Wesentlichen auch in den oben erwähnten Ausführungen in der „Nordd. Allg. Zeitung" geschehen, wie folgt darlegen. Es läßt sich zu Gunsten des Umlageverfahrens geltend machen:

a) der öffentlich-rechtliche Charakter der Berufsgenossenschaften als Träger der Versicherungslast. Es entspricht dem Wesen dieser sich fortwährend verjüngenden, dauernden Verbände ebenso, wie dem der Kommunalverbände, nicht mehr als die effektiven Bedarfssummen alljährlich umzulegen. Für derartige Verbände, welche vermöge eines gesetzlichen Beitrittszwanges die Garantie fortwährenden Bestandes in sich tragen, erscheint es nicht durchaus erforderlich, nach den Grundsätzen der Versicherungstechnik bemessene Deckungskapitalien oder dementsprechende Prämien zu erheben.

Wenn im Laufe der Jahre die Mitglieder wechseln, so ist das unerheblich. Treten nämlich die Kinder an die Stelle der Väter, oder wird ein Betrieb anderweitig vererbt, so findet eine Kontinuität der betheiligten Rechtssubjekte statt. Dies gilt auch bei etwaiger Auseinandersetzung mehrerer Geschwister in Beziehung auf den Betrieb, insofern bei der Werthschätzung des letzteren die Unfallversicherungslast nothwendigerweise berücksichtigt werden muß. Wird ein Betrieb verkauft, so äußert sich im Kaufpreis der Werth der auf dem Betriebe ruhenden Last. Tritt ein Unternehmer nach Jahren mit einem neuerrichteten Betriebe in die Genossenschaft ein, so kennt er vorher die in der Genossenschaft zu übernehmende Last. Diese Last ist also ein Faktor seines geschäftlichen Kalküls, und er hat volle Freiheit, je nach dem Ergebnisse seiner Kalkulation sich zu entscheiden, ob er diesen oder einen anderen Betrieb errichten, ob er ein Gut kaufen, Handwerker, Gelehrter oder Rentier werden will;

b) die Nothwendigkeit, die neue, weil über das Haftpflichtgesetz weit hinausgehende Versicherungslast allmählig aufzulegen. Wenn auch ein großer Theil der Fabriken schon bisher freiwillig Unfallversicherungsverträge bis zu einem gewissen Maße geschlossen hatte, so war doch die Mehrzahl der Betriebe, namentlich die kleinen Betriebe, nicht versichert. Bei Annahme des Deckungskapitalprinzips würde man die ganze neue Last unvermittelt auf die Schultern der damaligen Betriebsunternehmer, die zum großen Theil bisher nicht versichert hatten, gelegt haben. Ein solches Verfahren erweckte schon um deswillen Bedenken, weil die Zahl der Unfälle mit der Zunahme der Schutzvorrichtungen ꝛc. von Jahr zu Jahr abnehmen wird, so daß man also mit der relativ höchsten Last begonnen haben würde. Aus letzterem folgt ferner,

c) daß, da die Kosten für die Maßregeln zur Unfallverhütung, welche für die Zukunft eine wesentliche Entlastung der Genossenschaften in Aussicht stellen, von der jetzigen Generation aufgebracht werden müssen, letztere also erhebliche Aufwendungen machen muß, deren Vortheil erst in der Zukunft zu Tage treten wird, — die hieraus sich ergebende Belastung der Gegenwart zu Gunsten der Zukunft einer Ausgleichung bedarf. Für das Umlageverfahren spricht ferner

d) die für die ersten Jahre unvermeidliche Unsicherheit der Gefahrenklassen-Gruppirung. Sind innerhalb einer Genossenschaft Betriebszweige oder einzelne Betriebe in zu hohe Gefahrenklassen eingeschätzt, so ist die ungerechte Ueberlastung in den ersten 5 Jahren bei dem Umlageprinzip eine dem Werthe nach geringe.

Später aber hat man genügendes statistisches Material, um eine zutreffendere Abgrenzung der Gefahrenklassen vorzunehmen. Nicht minder wichtig ist

e) der Umstand, daß bei dem Deckungsverfahren der große Betrag an Kapitalreserven, welcher der produktiven Verwendung innerhalb der Industrie entzogen wird, mit der äußersten Vorsicht und Sorgfalt angelegt und verwaltet werden muß, was viele Verwaltungsarbeit und schwere Verantwortlichkeit mit sich bringt. Diese würden die Berufsgenossenschaften unverhältnißmäßig belasten, auch die Kosten und Weiterungen der Verwaltung erhöhen. Ohne Justitiarius würde kaum eine Genossenschaft auskommen, wenn sie in eine solche Geldwirthschaft hineingerathen sollte. Daraus ergiebt sich zu Gunsten des Umlageverfahrens ferner

f) der Vortheil einer leichteren Gewinnung geeigneter Vorstandsmitglieder für die Genossenschaften, da Niemand gern die verantwortliche Verwaltung so großer Reserven wird auf sich nehmen mögen. Als weitere Vortheile wird man noch hervorheben können, daß

g) die anfänglich geringen Beiträge der Rücksicht auf die Exportfähigkeit unserer Industrie entsprechen, eine Rücksicht, welche solange, bis die Nachbarstaaten zu ähnlichen Maßregeln, wie sie das gegenwärtige Gesetz vorsieht, sich genöthigt sehen, eine thunlichst niedrige Belastung erfordert. Lange wird sich das Ausland gleichartigen Maßregeln nicht entziehen können, wie es denn thatsächlich in manchen Nachbarstaaten schon jetzt sich zu regen anfängt (cf. darüber Bödiker, Die Unfallgesetzgebung in den Europäischen Staaten);

h) daß bei Massenunfällen das Deckungsverfahren so ungeheuere Aufwendungen auf einmal erfordern würde, daß deren Aufbringung unter Umständen mit einem Schlage einen blühenden Industriezweig, wenn auch vielleicht nicht vernichten, so doch in seiner Lebensfähigkeit und in seinem Gedeihen erheblich beeinträchtigen könnte.

Immerhin bleibt gegen das Umlageverfahren der Einwand bestehen, daß bei demselben ein großer Theil der Lasten, welche die Gegenwart auferlegt (diese Last besteht in der Aufbringung von Renten, welche Jahre lang zu zahlen sind), erst in der Zukunft aufgebracht wird. Die finanziellen Nachtheile dieser jährlichen Steigerung werden aber, solange es sich allein um die Unfallversicherung handelt, einen bedrohlichen Charakter nicht annehmen und haben gegenüber den mancherlei Vortheilen des Umlageverfahrens mit in den Kauf genommen werden müssen. Bedrohlich wäre die Sache geworden, wenn auch die Lasten der Invaliditäts- und Altersversicherung im Umlageverfahren hätten aufgebracht werden müssen; denn die Nachtheile dieses Verfahrens wachsen offenbar in geometrischer Progression, wenn man dasselbe kumulirt. Es ist deshalb nur zu begrüßen, daß für die letztere Maßregel die Kapitaldeckung durchgedrungen ist.

Bei gewerblichen Tiefbaubetrieben treten die Gründe, welche bei anderen Unternehmungen das Umlageverfahren rathsam erscheinen ließen, insbesondere um deswillen zurück, weil derartige Baubetriebe die Ständigkeit anderer Anlagen vermissen lassen. Für diese gewerblichen Tiefbaubetriebe ist deshalb das Umlageverfahren durch das Deckungskapitalverfahren ersetzt, § 10 B.-U.-G. In den bei den Baugewerbegenossenschaften errichteten Versicherungsanstalten für Regiebauten (vgl. Anm. 1 zu § 9) werden die Mittel, soweit es sich um kleine Regiebauten (mit höchstens 6 Arbeitstagen) handelt, durch Umlage auf die Gemeinden, bei größeren Regiebauten durch im voraus bestimmte Prämien der Bauherren, also nach dem Versicherungsprinzip, aufgebracht (§ 21 B.-U.-G.).

[2]) Mitglieder, § 34. Es ist unzulässig und rechtlich unwirksam, wenn Betriebsunternehmer oder Berufsgenossenschaften einen Theil der Last den Arbeitern auflegen. Vgl. § 99. Verspätet eingetretene Mitglieder sollen nur noch zu den Beiträgen des letzten Jahres herangezogen werden dürfen, vgl. Anm. 15 zu § 1.

[3]) nach Maßgabe. Maßgebend für die Beiträge der Unternehmer ist im Allgemeinen der Betrag, den dieselben für die Beitragsperiode thatsächlich an Lohn und Gehalt gezahlt haben.

Die Bestimmungen über die Berechnung der Löhne und Gehälter, insbesondere auch die nur theilweise Berücksichtigung des den Betrag von 4 Mark übersteigenden Tagesverdienstes, sind eine nothwendige Konsequenz der entsprechenden Vorschriften des § 5 über die Unfallentschädigung. Die Leistungen der Mitglieder der Genossenschaften sollen im Allgemeinen dem Risiko, mit welchem letztere die Genossenschaft belasten, entsprechen. Das Wort „durchschnittlich" kann daher hier nicht auf die Gesammtheit der von allen in einem Betriebe Beschäftigten verdienten Arbeitslöhne, sondern nur auf den Verdienst jedes Einzelnen bezogen werden; denn ein Arbeitgeber, welcher 100 Arbeiter gegen 3 Mark täglichen Lohn und 100 Arbeiter gegen 5 Mark täglichen Lohn beschäftigt, belastet die Genossenschaft mit einem niedrigeren Risiko, als ein Unternehmer, welcher 200 Arbeiter gegen 4 Mark Tageslohn beschäftigt. Demgemäß ist für diejenigen Arbeiter, deren Lohn den Betrag von täglich 4 Mark nicht übersteigt, einfach der wirkliche Jahresarbeitsverdienst, wie er sich aus den Lohnlisten und Büchern ergiebt, zu Grunde zu legen; bei denjenigen Arbeitern aber, bei welchen der Betrag von 4 Mark überschritten wird, muß für jeden Einzelnen der Mehrbetrag mit einem Drittel hinzugesetzt werden.

Der der Berechnung zu Grunde zu legende Jahresarbeitsverdienst wird zum Theil auf ähnliche Weise ermittelt, wie bei § 5, nämlich:

a) bei jugendlichen und den wegen noch nicht beendigter Ausbildung geringe gelohnten versicherten Personen (§ 3 Abs. 3) durch Multiplikation des ortsüblichen Tagelohnes gewöhnlich erwachsener Tagearbeiter mit der Zahl 300 bezw. eines der Beschäftigungsdauer entsprechenden Theilbetrages von 300;

b) bei ausgebildeten Arbeitern, welche nach Maßgabe der wirklichen Arbeitsleistung gelöhnt werden, dadurch, daß der wirkliche Jahresverdienst derselben durch die Zahl der wirklich absolvirten Arbeitstage dividirt und, soweit er 4 Mark pro Arbeitstag übersteigt, nach § 10 Abs. 3 reduzirt, demnächst aber mit der Zahl der wirklichen Arbeitstage wieder multiplizirt wird.

c) Bei Personen, welche (wie meist die Beamten) im Pauschsatz Löhnung nach gewissen Perioden (Wochen, Monaten, Jahren) erhalten, ist behufs Ermittelung, ob und um wie viel der wirkliche Jahresarbeitsverdienst den Betrag von täglich 4 Mark übersteigt und deshalb zu reduciren ist, ebenfalls die Zahl der wirklich absolvirten Arbeitstage, sofern diese Zahl aber nicht zu ermitteln sein sollte, die im § 3 als Regel angenommene Zahl von 300 Arbeitstagen zu Grunde zu legen (vgl. Anm. 9 zu § 5); der so ermittelte durchschnittliche Tagesverdienst ist dann mit dem der Beschäftigungsdauer entsprechenden Theil von 300 zu multipliziren.

In letzterem Falle wäre also bei einem Beamten, welcher erst seit 5 Monaten gegen einen Monatslohn von 150 Mark in dem Betriebe beschäftigt war, im Jahr also 1800 Mark verdient haben würde, dieser Jahresverdienst durch 300 zu dividiren, um zu ermitteln, wieviel an dem durchschnittlichen Tagesverdienst zu kürzen ist; der so ermittelte anrechnungsfähige durchschnittliche Tagesverdienst wäre dann mit dem seiner wirklichen Dienstzeit entsprechenden Theil von 300 zu multipliziren. Der Lohn jenes Beamten wäre hiernach mit $4,67 \times 125 = 583,75$ Mark bei der Umlegung zu berücksichtigen.

Die Berechnung bei der Umlegung unterscheidet sich also insbesondere dadurch von der Berechnung, wie sie bei Festsetzung der Rente zu Grunde gelegt wird (cf. Anm. 9 zu § 5), daß die bei der letzteren vorgeschriebene event. Erhöhung des thatsächlichen Lohns erwachsener ausgebildeter Arbeiter auf den ortsüblichen Tagelohn gewöhnlicher Tagearbeiter (§ 5 Abs. 5) fortfällt (ebenso A. N. II S. 8), ferner daß die Substituirung gleichartiger Arbeiterkategorien bei einer noch nicht ein Jahr hindurch fortgesetzten Beschäftigung (§ 5 Abs. 4) unterbleibt, und daß als Multiplikator nicht eine Durchschnittszahl, sondern die Zahl der wirklichen Arbeitstage dient.

Im Uebrigen handelt es sich hier um das Rechnungsjahr (§§ 70, 71, 77), nicht, wie im Fall des § 5, um den von einem bestimmten Ereigniß ab zurückdatirten Zeitraum eines Jahres.

[4]) Beitragsperiode, d. h. dasjenige Rechnungsjahr, für welches die Umlegung erfolgt. Die hier vorgesehene Kürzung bezieht sich sowohl auf die Beiträge für Arbeiter, wie auf die Beträge für Betriebsbeamte und versicherte Betriebsunternehmer (A. N. II S. 14).

[5]) Zu anderen Zwecken. „Die Uebernahme anderweiter Verpflichtungen als derjenigen, welche durch diesen Entwurf den Genossenschaften auferlegt worden sind, seitens derselben und die Erhebung von Beiträgen zu Zwecken,

welche dem Gesetze fremd sind, soll verhindert werden; dagegen fallen Abrundungen, welche sich bei der Erhebung der Beiträge als nothwendig herausstellen, nicht unter das Verbot" (Motive S. 40). Diese Bestimmung entspricht dem § 29 Abs. 2 des Krankenversicherungsgesetzes, dem § 13 des Hülfskassengesetzes, dem § 100b Abs. 1, 2 des Innungsgesetzes v. 18. Juli 1881, sowie dem § 44 Abs. 3 und 4 des Invaliditätsgesetzes und enthält die in Folge des gesetzlichen Beitrittszwanges ganz besonders nothwendige Beschränkung der Beiträge und Leistungen auf das für die besonderen Zwecke des Gesetzes erforderliche Maß. Die Motive zu § 98a Abs. 3 des citirten Gesetzes v. 18. Juli 1881 bemerken unter Hinweis auf den § 100b Abs. 1, 2 desselben: „(hierdurch) soll Vorsorge getroffen werden, daß nicht mit Hülfe einer für bestimmte Zwecke gesetzlich anerkannten Organisation ungesetzliche oder fremdartige Zwecke verfolgt werden können."

Die Beschränkung auf die Entschädigungsbeträge, die Verwaltungskosten (cf. auch § 30), die Prämien und die Ansammlung des Reservefonds hat u. a. auch die Folge, daß außerordentliche Unterstützungen ebenso, wie nach dem Krankenversicherungsgesetz, unzulässig sind, ebenso die Erhöhung von Renten, sollte sie auch im Fall des § 7 Abs. 2 nur zu dem Zwecke erfolgen, um den Verletzten zur Zustimmung zu seiner Ueberführung in ein Krankenhaus zu vermögen (A. N. II S. 74), welcher es nicht einmal bedarf, vgl. Anm. 2 zu § 7. Zulässig dagegen sind Aufwendungen für eine intensivere Heilpflege während der ersten 13 Wochen; vgl. Anm. 3 zu § 5.

Für die Berufsgenossenschaften der Baugewerbetreibenden können indessen anderweite Ausgaben und zwar aus den Versicherungsanstalten entstehen. Sofern nämlich die Prämien der Bauherren und die Beiträge der Gemeinden nicht ausreichen, um die der Versicherungsanstalt aus den Unfällen bei Regiebauten erwachsende Belastung zu decken, muß die Berufsgenossenschaft, welche als Träger der Versicherung deren Risiko zu übernehmen hat, eintreten. Umgekehrt hat die Berufsgenossenschaft aber auch Anspruch auf die Ueberschüsse der Versicherungsanstalten. §§ 16, 17, 21, 24, 48 B.-U.-G.

[6]) Verwaltungskosten. Soweit das Gesetz nicht ausdrücklich Beschränkungen vorsieht, sind die Berufsgenossenschaften in ihrer Verwaltung, und folgeweise auch in der Verwendung ihrer Fonds zu Verwaltungszwecken nicht beschränkt. Bezüglich der Verwaltungskosten für das erste Jahr vgl. Abs. 4. Der Reservefonds darf zu Verwaltungskosten im Allg. nicht eher verwendet werden, als bis derselbe den laufenden doppelten Jahresbedarf übersteigt, und nicht vor Ablauf des 11. Jahres, § 18. Wegen der Verwaltungskosten der Sektionen vgl. Anm. 2 zu § 19.

Die Verwaltungskosten sind natürlich in den verschiedenen B.-G. je nach der größeren oder geringeren Kostspieligkeit ihrer Einrichtung, je nach der räumlichen Entfernung, in welcher die zugehörigen Betriebe liegen, und je nach der Zahl und wirthschaftlichen Bedeutung der zugehörigen Betriebsunternehmer von sehr verschiedener Höhe. Im Durchschnitt der älteren 62 B.-G.

betrugen sie im Jahre 1886 67 Pf., im Jahre 1887 etwa 70 Pf. auf den Kopf der Versicherten, ein Betrag, der an sich nicht zu hoch erscheint. Man darf, wenn man über die Höhe der Verwaltungskosten im Verhältniß zu den verausgabten Entschädigungsbeträgen sich beklagt, nicht übersehen, daß in Folge des Umlageverfahrens die zur Auszahlung gelangten Jahresbeträge der Renten nicht die Belastung aus den Renten darstellen, das vielmehr nur der Kapitalwerth dieser Jahresbeträge als die durch die Unfallversicherung hervorgerufene Belastung angesehen und mit der Höhe der Verwaltungskosten in Vergleich gestellt werden darf. Von dem Kapitalwerth der bewilligten Renten betrugen aber die Verwaltungskosten im Jahre 1887 im Durchschnitt nur etwa 5 Proz. und auf 100 Mark anrechnungsmäßige Löhne entfielen in demselben Jahr an laufenden Verwaltungskosten nur 12 Pf., an Gesammtverwaltungskosten nur 15 Pf. durchschnittlich. (Vgl. A. N. V S. 11.) Diese Beträge können als zu hoch kaum angesehen werden, namentlich wenn man bedenkt, daß bei den bestverwalteten Privatversicherungsgesellschaften die Verwaltungskosten 20 und mehr Prozent ihrer Gesammtausgaben (dieselben entschädigten durch Kapital, nicht durch Rente) betrugen.

[7a]) Beiträge. Berufsgenossenschaften für Baugewerbetreibende können durch das Statut bestimmen, daß ihre Mitglieder vierteljährlich Vorschüsse auf ihre Beiträge zu entrichten haben. Für die erst durch das Bauunfallgesetz erfaßten gewerblichen Tiefbaubetriebe mit ihren Nebenbetrieben sind diese Vorschüsse kraft Gesetzes obligatorisch, §§ 10, 48 B.-U.-G. Ueber Berechnung und Höhe der Vorschüsse vgl. § 10 a. a. O.

[8]) im voraus. Diese im voraus für das erste Jahr erhobenen Verwaltungskosten hatten die Natur von Vorschüssen, über welche bei der Umlegung der thatsächlich erwachsenen Verwaltungskosten des ersten Jahres (§ 71) Rechnung zu legen war. Für die Verwaltungskosten der späteren Jahre können die B.-G. entweder einen bleibenden sog. „eisernen" Betriebsfonds beschaffen, von dessen jährlicher Verrechnung Abstand genommen werden kann (bei der erstmaligen Umlage war Abrechnung erforderlich, weil der Vorschuß damals nach einem vorläufigen, nicht wie jetzt nach dem endgültigen Vertheilungsmaßstab aufzubringen war, A. N. II S. 92); oder sie müssen jedes Jahr von Neuem einen Betrag zur Deckung der Verwaltungskosten umlegen und denselben bei der nächstfolgenden Umlage den einzelnen Mitgliedern anrechnen (A. N. III S. 214).

Thatsächlich wird dadurch die Bestimmung in § 10 Abs. 4, daß für Verwaltungskosten „des ersten Jahres" ein Betrag im voraus erhoben werden kann, dahin verallgemeinert, daß hierzu ein Vorschuß auch für alle ferneren Jahre erhoben werden darf; nur der Maßstab für die Aufbringung des Vorschusses ist ein verschiedener.

[9]) erhoben. Die Zwangsvollstreckung ist erst nach endgültiger Aufnahme des betr. Betriebes in das Genossenschaftskataster (§ 37) zulässig, und erfolgt

II. Bildung und Veränderung der Berufsgenossenschaften.

Ermittelung der versicherungspflichtigen Betriebe.

§ 11.*)

[1])Jeder Unternehmer eines unter den § 1 fallenden Betriebes (Abs. 1.) hat den letzteren binnen einer von dem Reichs-Versicherungsamt zu bestimmenden und öffentlich bekannt zu machenden Frist†) unter Angabe[2]) des Gegenstandes und der Art desselben, sowie der Zahl der durchschnittlich darin beschäftigten versicherungspflichtigen Personen bei der unteren Verwaltungsbehörde[3]) anzumelden[4]). (Abs. 1.)

Für die nicht angemeldeten Betriebe hat die untere Verwaltungsbehörde[3]) die Angaben nach ihrer Kenntniß der Verhältnisse zu ergänzen.

*) § 11 gilt im Allg. auch für den Bereich des Ausdehnungsgesetzes, aber nicht für die Post-, Telegraphen-, Marine- und Heeres-Betriebe, ebensowenig für die fiskalischen Eisenbahnbetriebe und die einer Berufsgenossenschaft nicht zugewiesenen fiskalischen Baggerei-, Binnenschiffahrts-, Flösserei-, Prahm- und Fähr-Betriebe. § 3 A.-G.

Vgl. zu diesem § die Anleitung des Reichs-Versicherungsamts v. 14. Juli 1884.

Für gewerbliche Tiefbaubetriebe ist durch § 11 B.-U.-G. ähnliche Bestimmung getroffen.

---

dann gemäß § 74 durch Requisition der zuständigen Landesbehörden (A. N. II S. 204).

[10]) Personen, aus Zweckmäßigkeitsgründen behufs rascher und einfacher Beschaffung der gleich von Anfang an, und zwar in der ersten Zeit wegen der einmaligen Einrichtungskosten in besonders hohem Maaße, erforderlichen Baarmittel.

Zu § 11.

[1]) Die Bestimmungen des § 11 hatten einen dreifachen Zweck: a) Beschaffung des Materials für die Bildung und vorläufige Abgrenzung der Berufsgenossenschaften (§§ 12 fg.), b) Beschaffung der Grundlage für die Genossenschaftskataster (§ 37), c) Hinweisung der Betheiligten auf die neue gesetzliche Regelung, insbesondere behufs Vorbereitung von Anträgen auf freiwillige Bildung von Berufsgenossenschaften (§ 12). Vgl. A. N. I S. 23.

Ueber die Anmeldung hat das R.-V.-A. eingehende Bestimmungen erlassen, und darin die Versicherungspflicht erörtert. Vgl. Anl. v. 14. Juli 1884 (A. N. I

---

†) Das R.-V.-A. hat folgende Termine bestimmt: a) für die Betriebe, die unter das U.-V.-G. fallen, bis zum 1. September 1884, b) bezüglich der durch Beschlüsse des Bundesraths (cf. Bek. v. 22. Januar 1885 und v. 27. Mai 1886) für versicherungspflichtig erklärten Baugewerbe (cf. oben Zusätze zu § 1) bis zum 2. März 1885 (Bek. v. 11. Februar 1885) bezw. bis zum 1. September 1886 (Bek. v. 10. Juni 1886); für die unter das Ausdehnungsgesetz fallenden, in Berufsgenossenschaften zu vereinigenden Betriebe bis zum 20. Juli 1885 (Bek. v. 5. Juni 1885).

(Abs. 3.) Dieselbe ist befugt, die Unternehmer nicht angemeldeter Betriebe zu einer Auskunft darüber innerhalb einer zu bestimmenden Frist durch Geldstrafen im Betrage bis zu einhundert Mark anzuhalten.

(Abs. 4.) Die untere Verwaltungsbehörde[3]) hat ein nach den Gruppen, Klassen und Ordnungen der Reichs-Berufsstatistik[5]) geordnetes Verzeichniß sämmtlicher Betriebe ihres Bezirks unter Angabe des Gegenstandes und der Art des Betriebes, sowie der Zahl der darin beschäftigten versicherungspflichtigen Personen aufzustellen. Das Verzeichniß ist der höheren Verwaltungsbehörde einzureichen und von dieser erforderlichenfalls hinsichtlich der Einreihung der Betriebe in die Gruppen, Klassen und Ordnungen der Reichs-Berufsstatistik zu berichtigen.

(Abs. 5.) Die höhere Verwaltungsbehörde[3]) hat ein gleiches Verzeichniß sämmtlicher versicherungspflichtigen Betriebe ihres Bezirks dem Reichs-Versicherungsamt einzureichen.

S. 374) und 5. Juni 1885 (A. N. I S. 160. Nachdem die Organisation der Berufsgenossenschaften nunmehr beendet ist, gelten für die Anmeldung neu entstehender Betriebe die z. Th. gleichartigen Vorschriften des § 35, vgl. Anm. 1 zu § 35.

²) Angabe. Diese Angaben waren zur vorläufigen Uebersicht über den Umfang der Versicherung und der Betriebe erforderlich, eine Uebersicht, welche für die Abgrenzung der Berufsgenossenschaften (§§ 12 ff.) sowie für das Stimmrecht in den Generalversammlungen und den provisorischen Genossenschaftsversammlungen (§§ 13, 16) von entscheidender Bedeutung war.

³) untere, höhere Verwaltungsbehörde, § 109.

⁴) hat .... anzumelden. „Für die definitive Zugehörigkeit der einzelnen Betriebe zu einer Berufsgenossenschaft ist diese Anmeldung nicht entscheidend (§§ 34 ff.)“ (Motive S. 47); denn die definitive Zugehörigkeit wird erst nach Prüfung und Anerkennung derselben durch die Genossenschaft, durch das Genossenschaftskataster und durch den Mitgliedschein begründet, § 37. Dagegen war die Anmeldung eine definitive, und brauchte nach Konstituirung der Genossenschaft nicht wiederholt zu werden, § 35.

⁵) Reichs-Berufsstatistik. Die in Betracht kommenden Gruppen, Klassen und Ordnungen der Reichsberufsstatistik wurden seiner Zeit von dem R.-V.-A. den Behörden mitgetheilt. Sie ergeben sich auch aus der ersten Uebersicht des R.-V.-A. über die Ergebnisse der Anmeldungen, vgl. A. N. I S. 26, und sind in Anlage A, jedoch ohne Wiederaufnahme der Bezeichnungen der einzelnen zugehörigen Varietäten, abgedruckt.

Freiwillige Bildung der Berufsgenossenschaften.

§ 12.*)

Die Bildung[1]) der Berufsgenossenschaften erfolgt auf dem Wege der Vereinbarung der Betriebsunternehmer unter Zustimmung[2]) des Bundesraths. Die Zustimmung des Bundesraths kann versagt[3]) werden:

1. wenn die Anzahl der Betriebe, für welche die Berufsgenossenschaft gebildet werden soll, oder die Anzahl der in

*) § 12 gilt im Allg. auch für den Bereich des Ausdehnungsgesetzes, aber nicht für die Post-, Telegraphen-, Marine- und Heeres-Betriebe, ebensowenig für die fiskalischen Eisenbahnbetriebe und die einer Berufsgenossenschaft nicht zugewiesenen fiskalischen Baggerei-, Binnenschiffahrts-, Flösserei-, Prahm- und Fähr-Betriebe (§ 3 A.-G.), ebensowenig für den Geltungsbereich des Bau-Unfallversicherungsgesetzes (§ 4 B.-U.-G.).

Zu § 12.

[1]) Bildung der Berufsgenossenschaften. Vgl Anm. 1 zu § 9, sowie die Nachweisungen über die Berufsgenossenschaften bei Anm. 3 zu § 15 bezw. in der Anlage. Unbedingte Leistungsfähigkeit und die Gemeinsamkeit der wirthschaftlichen Interessen, also Gleichartigkeit der Betriebszweige sind die wesentlichsten Erforderniße für die Bildung der Berufsgenossenschaften. Die Motive sagen hierüber (S. 49):

„Aufgabe des Gesetzes ist, die Bildung von Berufsgenossenschaften zu sichern, welche in ihrer Abgrenzung zur nachhaltigen Erfüllung der ihnen obliegenden Pflichten und zur Ausübung der damit verbundenen Rechte befähigt sind. Soweit dieses Ziel auf dem Wege der freien Vereinbarung der Berufsgenossen zu erreichen ist, liegt kein Grund zu einer behördlichen Festsetzung und Abgrenzung der Berufsgenossenschaften vor.

„Um indessen eine Gewähr für die Herstellung leistungsfähiger Bildungen zu gewinnen, bedarf es einer Instanz, von deren Genehmigung die Abgrenzung der einzelnen Genossenschaften abhängig zu machen ist. Als diese Instanz ist der Bundesrath in Aussicht genommen."

Nach dem Kommissionsbericht (S. 28) ist von der vorgängigen Aufstellung eines Tableaus für die Bildung der Genossenschaften Abstand genommen, „nicht so sehr wegen der Schwierigkeit der Aufgabe als vielmehr, weil man die Wünsche der Industrie entgegennehmen wolle und das Hauptgewicht auf freiwillige Bildungen lege. Die Aufstellung allgemeiner Normen für die Prüfung der Leistungsfähigkeit sei kaum möglich; sehr verschiedene Momente müßten dabei in Betracht kommen, die Unfallgefahr, die Gewähr der Bestandsfähigkeit, aber auch die Erwägung, daß nicht einzelne Zweige übrig bleiben dürften, welche aus sich zur Bildung leistungsfähiger Genossenschaften nicht ausreichten. Man müsse nothwendig individualisiren und darum zuvor die Wünsche und Interessen der einzelnen Industrien prüfen." Vgl. Anm. 3 zu § 15, Anm. 2 zu § 33.

denselben beschäftigten Arbeiter zu gering[4]) ist, um die dauernde Leistungsfähigkeit der Berufsgenossenschaft in Bezug auf die bei der Unfallversicherung ihr obliegenden Pflichten zu gewährleisten;

2. wenn Betriebe von der Aufnahme in die Berufsgenossenschaft ausgeschlossen[5]) werden sollen, welche wegen ihrer geringen Zahl oder wegen der geringen Zahl der in ihnen beschäftigten Arbeiter eine eigene leistungsfähige Berufsgenossenschaft zu bilden außer Stande sind, und auch einer anderen Berufsgenossenschaft zweckmäßig nicht zugetheilt werden können;

3. wenn eine Minderheit[6]) der Bildung der Berufsgenossenschaft widerspricht und für einzelne Industriezweige oder Bezirke eine besondere Berufsgenossenschaft zu bilden beantragt, welche als dauernd leistungsfähig zu erachten ist.

---

[2]) Zustimmung. Vgl. Anm. 3 zu § 15.

[3]) kann versagt werden. Haben die Wünsche der Betheiligten bei der ersten Bildung der Berufsgenossenschaften nicht berücksichtigt werden können, so ist durch die Zulassung von Aenderungen in dem Bestand der Genossenschaften (§§ 31 fg.) für spätere Zeit die Berücksichtigung solcher Wünsche doch noch möglich gemacht.

[4]) zu gering. „Die Genehmigung an die Bedingung zu knüpfen, daß die zu bildenden Berufsgenossenschaften eine bestimmte Anzahl von Betrieben oder eine gewisse Anzahl von in denselben beschäftigten Arbeitern umfassen, erscheint nicht wohl angängig, da diese Faktoren allein die Leistungsfähigkeit einer Berufsgenossenschaft nicht bestimmen, dieselbe vielmehr auch von anderen Momenten, insbesondere von der wirthschaftlichen Lage der betreffenden Industriezweige, wesentlich abhängt" (Motive S. 49).

Bei einem Industriezweig, welcher Massenunfällen ausgesetzt ist, oder bei welchem das wirthschaftliche Gedeihen von besonderen lokalen oder internationalen Verhältnissen, von der Mode u. a. abhängt, wird daher der Umfang anders zu bemessen sein, als bei sonstigen Industriezweigen, in welchen dies nicht der Fall ist.

[5]) ausgeschlossen. Hierdurch „ist Fürsorge getroffen, daß nicht einzelne Industriezweige oder Bezirke, welche wegen der geringen Zahl ihrer Betriebe oder wegen der geringen Zahl der in diesen Betrieben beschäftigten Arbeiter eine leistungsfähige Genossenschaft zu bilden außer Stande sind, von der Aufnahme in diejenige Genossenschaft, welcher sie nach ihren wirthschaftlichen Interessen und den Vorbedingungen des Betriebs angehören, ausgeschlossen werden können" (Mot. S. 49).

§ 13.*)

Die Beschlußfassung über die Bildung der Berufsgenossenschaften erfolgt durch die zu diesem Zweck zu einer Generalversammlung zu berufenden Betriebsunternehmer mit Stimmenmehrheit. (Abs. 1.)

*) § 13 gilt im Allg. auch für den Bereich des Ausdehnungsgesetzes, aber nicht für die Post-, Telegraphen-, Marine- und Heeres-Betriebe, ebensowenig für die fiskalischen Eisenbahnbetriebe und die einer Berufsgenossenschaft nicht zugewiesenen fiskalischen Baggerei-, Binnenschiffahrts-, Flösserei-, Prahm- und Fähr-Betriebe (§ 3 A.-G.), ebensowenig für den Geltungsbereich des Bau-Unfallversicherungsgesetzes (§ 4 B.-U.-G.).

Vgl. zu diesem § das Schreiben des R.-V.-A. v. 24. Juli 1884.

---

6) Minderheit. „Die Vorschrift bezweckt den Schutz der Minorität in denjenigen Fällen, in denen die Bildung einer Berufsgenossenschaft für ein größeres Wirthschaftsgebiet oder für mehrere Industriezweige in der Generalversammlung beschlossen worden ist, obwohl die Betriebsunternehmer eines kleineren Wirthschaftsgebiets oder einzelner dieser Industriezweige für sich eine Berufsgenossenschaft zu bilden wünschen, welche als dauernd leistungsfähig zu erachten ist. Hier soll der Bundesrath befugt sein, seine Genehmigung zu der beantragten Bildung der Genossenschaft zu versagen" (Mot. S. 49).

Hiernach muß die widersprechende Minderheit die Mehrheit der Stimmen für diejenigen Betriebe umfassen, für welche die kleinere Genossenschaft gewünscht wird.

Zu § 13.

1) Anträge. „Bei Anträgen auf freiwillige Bildung von Berufsgenossenschaften wird eine Garantie dafür geboten werden müssen, daß dieselben voraussichtlich den Intentionen der Majorität der Berufsgenossen entsprechen. Aus diesem Grunde erscheint die Vorschrift, daß die Anträge durch eine größere Zahl von Berufsgenossen unterstützt sein müssen, wobei die Anzahl der von denselben beschäftigten Arbeiter angemessen zu berücksichtigen ist, geboten" (Mot. S. 50).

2) Reichs-Versicherungsamt. „Eine Betheiligung des Reichs-Versicherungsamts . . . empfiehlt sich . . ., um erfolglose Generalversammlungen zu vermeiden. Insbesondere wird es Aufgabe des Reichs-Versicherungsamts sein, durch Benehmen mit den Betheiligten dahin zu wirken, daß die Anträge auf Bildung von Genossenschaften eine sachgemäße Abgrenzung derselben im Auge haben. Zu diesem Zweck wird das Reichs-Versicherungsamt auch Anträge auf Bildung von Genossenschaften mit dem Anheimgeben einer Korrektur den Antragstellern zurückgeben können" (Mot. S. 50).

3) innerhalb vier Monaten. Soweit binnen dieser Frist genügend unterstützte Anträge nicht gestellt waren, wurden die Berufsgenossenschaften nicht mehr auf dem Wege der Vereinbarung, sondern gemäß § 15 nach Anhörung von Vertretern der betheiligten Industriezweige durch den Bundesrath gebildet.

4) mit einzuladen. Die letzteren hatten in separato abzustimmen, weil die Entscheidung bei dem Bundesrath beruht.

(Abs. 2.) Anträge[1]) auf Einberufung der Generalversammlung sind an das Reichs-Versicherungsamt[2]) zu richten; dasselbe hat, sofern es nicht den Fall des § 12 Ziffer 1 für vorliegend erachtet, den Anträgen stattzugeben, wenn dieselben innerhalb vier Monaten[3]) nach dem Inkrafttreten dieses Gesetzes und mindestens von dem zwanzigsten Theil der Unternehmer derjenigen Betriebe, für welche die Berufsgenossenschaft gebildet werden soll, oder von solchen Unternehmern, welche mindestens den zehnten Theil der in diesen Betrieben vorhandenen versicherungspflichtigen Personen beschäftigen, gestellt werden.

(Abs. 3.) Erachtet das Reichs-Versicherungsamt die Voraussetzungen des § 12 Ziffer 1 für vorliegend, so ist von demselben die Entscheidung des Bundesraths einzuholen.

(Abs. 4.) Findet das Reichs-Versicherungsamt bei der Prüfung von Anträgen auf Einberufung der Generalversammlung, daß der unter § 12 Ziffer 2 vorgesehene Fall vorliegt, so hat dasselbe die Unternehmer der dabei in Betracht kommenden Betriebe zum Zweck der Beschlußfassung über die Abgrenzung der Berufsgenossenschaft zu der Generalversammlung mit einzuladen[4]).

§ 14.*)

(Abs. 1.) [1])Auf Grund der unter § 11 erwähnten Verzeichnisse werden die Betriebsunternehmer von dem Reichs-Versicherungsamt unter

*) § 14 gilt im Allg. auch für den Bereich des Ausdehnungsgesetzes, aber **nicht** für die Post-, Telegraphen-, Marine- und Heeres-Betriebe, ebensowenig für die fiskalischen Eisenbahnbetriebe und die einer Berufsgenossenschaft nicht zugewiesenen fiskalischen Baggerei-, Binnenschiffahrts-, Flösserei-, Prahm- und Fähr-Betriebe (§ 3 A.-G.), ebensowenig für den Geltungsbereich des Bau-Unfallversicherungsgesetzes (§ 4 B.-U.-G.).

Zu § 14.

[1]) Die auf Grund dieses § eintretende Betheiligung an der Generalversammlung entscheidet noch nicht über die Zugehörigkeit zu einer Genossenschaft; über diese entscheiden erst später die Vorstände der Genossenschaften (vorbehaltlich der Beschwerde an das R.-V.-A.) durch die Eintragung in das Genossenschaftsregister bezw. durch Ausstellung des Mitgliedscheins, §§ 34 ff.

Das Gesetz unterscheidet die Generalversammlung von der Genossenschaftsversammlung; ersterer Ausdruck wird gebraucht für die Versammlungen behufs Berathung über die Bildung von Genossenschaften (§ 13); sind letztere gebildet, so heißen die Versammlungen der Mitglieder Genossenschaftsversammlungen (§§ 16, 22).

Angabe der ihnen zustehenden Stimmenzahl zur Generalversammlung einzeln eingeladen.

Jeder Unternehmer oder Vertreter eines Betriebes, in welchem nicht mehr als 20 versicherungspflichtige Personen beschäftigt werden, hat eine, darüber hinaus bis zu 200 für je 20 und von (Abs. 2.)

---

²) Stimme. „Die Abmessung der den Unternehmern oder Vertretern der Betriebe eingeräumten Stimmenzahl ist nothwendig, um von vorn herein ein richtiges, den Interessen der Betriebsunternehmer an der Unfallversicherung entsprechendes Verhältniß bei den Abstimmungen über die Bildung der Genossenschaften zu sichern" (Motive S. 50).

Hier ist ebenso wie im § 11 an die durchschnittliche Zahl der beschäftigten versicherungspflichtigen Personen zu denken.

³) bevollmächtigten Leiter, also nur solche, welche die Geschäftsführung in dem Betriebe besorgen oder doch an derselben (im Ganzen oder als Leiter einzelner Abtheilungen eines größeren Betriebes) Theil nehmen. Der Begriff ist nicht zu eng zu fassen; zugelassen sind also auch die kaufmännischen Leiter eines gewerblichen Unternehmens; ob dieselben die Befugniß zur Prokurazeichnung haben, ist unerheblich (A. N. I S. 209). Die Mitglieder des Aufsichtsraths einer Aktiengesellschaft als solche sind weder Leiter noch selbständige Vertreter des Unternehmens, da ihnen gesetzlich untersagt ist, die Geschäfte der Gesellschaft zu führen (H.-G.-B. Art. 225a in d. Fassung d. Nov. v. 18. Juli 1884). A. N. I S. 86.

Der Leiter muß durch Spezialvollmacht legitimirt sein (A. N. I S. 112).

⁴) ihres Betriebes. Disponenten ꝛc anderer Betriebe können also nicht zu Vertretern bestellt werden.

⁵) vertreten. Die Interessenten haben es hiernach in der Hand, ohne große Mühe und Kosten ihre Interessen durch Bestellung geeigneter Vertreter wahrzunehmen. Nach den Motiven soll auf einen thunlichst umfangreichen Gebrauch von dieser Vertretungsbefugniß hingewirkt werden, „und zwar nicht allein im Interesse der Geschäftsvereinfachung, sondern auch namentlich, um zu ermöglichen, daß bei Interessenkollisionen die verschiedenen Gesichtspunkte im Verhältniß ihrer Bedeutung ohne übermäßige Opfer an Geld und Zeit zur Geltung kommen. Vermöge der nach dem Entwurf zulässigen Bevollmächtigung wird es möglich sein, Generalversammlungen zu erlangen, in denen die Verhandlung nicht durch eine übergroße Anzahl persönlich erscheinender Betheiligter erschwert wird. Es wird dem Reichs-Versicherungsamt unbenommen sein, schon vor dem Erlaß der Einladungen zur Generalversammlung darauf hinzuwirken, daß von der Befugniß zur Bevollmächtigung in größerem Umfange Gebrauch gemacht wird. Auch die bestehenden wirthschaftlichen Vereinigungen werden die Möglichkeit bieten, eine derartige Einwirkung auf die Betriebsunternehmer auszuüben" (Mot. S. 50).

200 an für je 100 mehr versicherungspflichtige Personen eine weitere Stimme[2]).

(Abs. 3.) Abwesende Betriebsunternehmer können sich durch stimmberechtigte Berufsgenossen oder durch einen bevollmächtigten Leiter[3]) ihres[4]) Betriebes vertreten[5]) lassen.

(Abs. 4.) Die Generalversammlung findet in Gegenwart eines Vertreters des Reichs-Versicherungsamts statt, welcher dieselbe zu eröffnen, die Wahl des aus einem Vorsitzenden, zwei Schriftführern und mindestens zwei Beisitzern bestehenden Vorstandes herbeizuführen und, bis dieselbe erfolgt ist, die Verhandlungen zu leiten hat.

(Abs. 5.) Die Generalversammlung hat unter der Leitung ihres Vorstandes außer über den auf Bildung der Berufsgenossenschaft gerichteten Antrag, welcher zu ihrer Einberufung Anlaß gegeben hat, auch über die aus ihrer Mitte dazu etwa gestellten Abänderungsanträge[6]) Beschluß zu fassen.

(Abs. 6.) Auf Verlangen des Vertreters des Reichs-Versicherungsamts, welcher jederzeit gehört werden muß, erfolgt die Abstimmung über die in Bezug auf die Abgrenzung der Berufsgenossenschaft gestellten Anträge getrennt nach Industriezweigen oder Bezirken.

(Abs. 7.) Ueber die Verhandlungen der Generalversammlung ist ein Protokoll aufzunehmen, welches die gestellten Anträge, sowie die gefaßten Beschlüsse — letztere unter Angabe des Stimmverhältnisses sowie der Art der Abstimmung — enthalten muß. Das Protokoll ist innerhalb acht Tagen nach der Generalversammlung durch den Vorstand dem Reichs-Versicherungsamt einzureichen und demnächst dem Bundesrath[7]) (§ 12) vorzulegen.

Ohne ausdrückliche Substitutionsermächtigung ist der bevollmächtigte Vertreter nicht befugt, die Vertretung seines Auftraggebers einem Dritten zu übertragen (A. N. 1 S. 85).

Die privatschriftlichen Vollmachten zur Vertretung sind gebühren- und stempelfrei (§ 102), eine notarielle oder gerichtliche Vollmacht darf nicht verlangt werden.

[6]) Abänderungsanträge. „Hat die Generalversammlung zunächst nur den Zweck, den Betriebsunternehmern Gelegenheit zu geben, über die beantragte Bildung der Berufsgenossenschaften Beschluß zu fassen, so ergiebt sich doch aus der Natur der Sache, daß in derselben Anträge auf anderweite Abgrenzung der Berufsgenossenschaft — Vereinigung mit einer anderen Berufsgenossenschaft, Ausscheidung einzelner Industriezweige und Zutheilung derselben an eine andere

Bildung der Berufsgenossenschaften durch den Bundesrath.

§ 15.*)

Für diejenigen Industriezweige, für welche innerhalb der im § 13 festgesetzten Frist genügend unterstützte Anträge auf Einberufung der Generalversammlung zur freiwilligen Bildung einer Berufsgenossenschaft nicht gestellt worden sind, werden die Berufsgenossenschaften durch den Bundesrath nach Anhörung von Ver- (Abs. 1.)

*) § 15 gilt im Allg. auch für den Bereich des Ausdehnungsgesetzes, aber nicht für die Post-, Telegraphen-, Marine- und Heeres-Betriebe, ebensowenig für die fiskalischen Eisenbahnbetriebe und die einer Berufsgenossenschaft nicht zugewiesenen fiskalischen Baggerei-, Binnenschiffahrts-, Flösserei-, Prahm- und Fährbetriebe (§ 3 A.-G.), ebensowenig für den Geltungsbereich des Bau-Unfallversicherungsgesetzes (§ 4 B.-U.-G.).

Berufsgenossenschaft, Uebernahme einzelner Industriezweige aus einer anderen Berufsgenossenschaft, Aenderung der räumlichen Grenzen — gestellt werden können, und daß dergleichen Anträge zur Berathung und Abstimmung zu bringen sind. Die Generalversammlungen bieten somit die beste Gelegenheit, über die Wünsche und die Bedürfnisse der einzelnen Industriezweige bezüglich der Abgrenzung der Berufsgenossenschaften eingehende und vollständige Information zu erhalten. Aus diesem Grunde empfiehlt es sich, zu denselben einen Vertreter des Reichs-Versicherungsamtes zuzuziehen" (Mot. S. 50).

[7]) Bundesrath. Derselbe hat über die Genehmigung der Beschlüsse zu befinden, § 12. Wird dieselbe versagt, so kann derselbe den Betheiligten eine weitere Frist für die Fassung anderweiter Beschlüsse gewähren (§ 15 Abs. 1), in welchem Fall dann abermalige Generalversammlungen zu berufen sind, für die § 14 maßgebend bleibt. Wird die Genehmigung ertheilt, so muß der betr. Beschluß veröffentlicht werden, § 15 Abs. 2.

Zu § 15.

[1]) Vertretern. „Die Auswahl dieser Vertreter wird dem Bundesrath überlassen werden können, nachdem die Industriezweige in der Lage gewesen sind, durch Anträge auf Einberufung der Generalversammlung eine unmittelbare Geltendmachung ihre Wünsche und Interessen herbeizuführen. Sind diese Wünsche und Interessen bereits auf andere Weise zum Ausdruck gelangt, z. B. im Falle des § 12 Ziffer 3 in der betreffenden Generalversammlung, so würde eine nochmalige Anhörung der Betheiligten in der Regel zwecklos und demgemäß nicht weiter erforderlich sein" (Mot. S. 50).

[2]) gebildet. Nach Abs. 2 sind zu unterscheiden: „errichtete" (§ 15 Abs. 1) und „genehmigte" (§ 12) Berufsgenossenschaften. Die Zahl der letzteren beträgt (einschl. 7 für den Geltungsbereich des A.-G.) 56, die Zahl der ersteren dagegen nur 6. (Vgl. A. N. II S. 69.) Es ergiebt sich hieraus, daß die Organisation der Unfallversicherung in den weitaus meisten Fällen nach den Wünschen der Industrie hat erfolgen können.

tretern der betheiligten Industriezweige gebildet[2]). Dasselbe geschieht, wenn den gestellten Anträgen in Rücksicht auf § 12 Ziffer 1 nicht stattgegeben, oder wenn den Beschlüssen, welche in einer nach § 14 berufenen Generalversammlung gefaßt sind, die Genehmigung versagt worden ist, sofern nicht der Bundesrath den Betheiligten eine weitere Frist für die Fassung anderweiter Beschlüsse gewährt.

(Abs. 2.) Die Beschlüsse des Bundesraths, durch welche Berufsgenossenschaften errichtet, sowie die beantragte Bildung freiwilliger Berufsgenossenschaften genehmigt werden, sind unter Bezeichnung der Bezirke und Industriezweige, für welche die einzelnen Berufsgenossenschaften gebildet sind, durch den Reichsanzeiger zu veröffentlichen[3]).

---

[3]) zu veröffentlichen. „Von wem die Bekanntmachung zu erlassen ist, wird nicht ausdrücklich gesagt, doch ergiebt der Zusammenhang des Gesetzes, daß dies vom Reichs-Versicherungsamt zu geschehen hat, in dessen Hand die sämmtlichen auf die Ausführung desselben gerichteten Maßregeln gelegt sind" (Komm.-B. S. 30). Vgl. die Veröffentlichungen des R.-V.-A. über die Bildung der Berufsgenossenschaften, insbesondere deren Bezirke und die zu den einzelnen B.-G. gehörenden Industriezweige in A. N. I S. 143, II S. 295 (für den Geltungsbereich d. U.-V.-G.), I S. 216 für die Privatbahnen (§ 1 Ziffer 1 A.-G.), II S. 50, 67 (für den Geltungsbereich des § 1 Ziffer 2 bis 5 A.-G.) (cf. Anhang); ferner über die Organisation der Unfallversicherung (Sektionseintheilung, Schiedsgerichte, Sitz, Namen und Wohnort der Vorsitzenden der Genossenschaften, Sektionen und Schiedsgerichte) die neue Veröffentlichung vom 1. Mai 1889 in A. N. V S. 197. Außerdem hat das R.-V.-A. alphabetische Verzeichnisse der Gewerbezweige aufgestellt, welche zu den einzelnen Berufsgenossenschaften (sofern einzelne Betriebe nicht etwa als wesentliche Bestandtheile eines Hauptbetriebes unter die für den letzteren bestehende Berufsgenossenschaft fallen, § 9 Abs. 3) gehören. Diese wichtigen alphabetischen Verzeichnisse, aus denen die Behörden sowie jeder Industrielle ersehen kann, wohin jeder Betrieb rücksichtlich der Unfallversicherung gehört, finden sich (für d. U.-V.-G.) in A. N. I S. 254, deren Nachträge in A. N. II S. 204, III S. 132, für d. A.-G. in A. N. II S. 134. Diese alphab. Verzeichnisse nebst den Organisationsnachweisungen sind den einzelnen Schiedsgerichten und unteren Verwaltungsbehörden in besonderen Heften, die fortlaufend ergänzt werden, zugegangen.

Die Veröffentlichungen sollen u. a. die Unternehmer in den Stand setzen, bei etwaigen Veränderungen in ihrem Betriebe zu prüfen, ob diese Veränderungen Einfluß auf die Zugehörigkeit zur Genossenschaft haben, cf. Anm. 1 zu § 38.

Das Verzeichniß der Berufsgenossenschaften findet sich in den Anlagen.

Statut der Berufsgenossenschaften.

§ 16.*)

[1])Die Berufsgenossenschaften regeln[2]) ihre innere Verwaltung sowie ihre Geschäftsordnung durch ein von der Generalversammlung ihrer Mitglieder (Genossenschaftsversammlung) zu beschließendes Statut[3]). Bis zum Zustandekommen eines gültigen Genossenschaftsstatuts (§ 20) finden die im § 14 enthaltenen Bestimmungen über die Einladung zu der Generalversammlung, die Ausübung des Stimmrechts der Genossenschaftsmitglieder und die Betheiligung eines Vertreters des Reichs-Versicherungsamts[4]) an den Verhandlungen auch auf die Genossenschaftsversammlungen Anwendung[5]). (Abs. 1.)

Die Genossenschaftsversammlung wählt bei ihrem erstmaligen Zusammentreten einen aus einem Vorsitzenden, einem Schriftführer und mindestens drei Beisitzern bestehenden provisorischen[6]) Genossenschaftsvorstand, welcher bis zur Uebernahme der Geschäfte durch den auf Grund des Statuts gewählten Vorstand die Genossenschaftsversammlung leitet und die Geschäfte der Genossenschaft führt. (Abs. 2.)

Die Mitglieder[7]) der Berufsgenossenschaften können sich in der Genossenschaftsversammlung durch andere stimmberechtigte Mitglieder oder durch einen bevollmächtigten Leiter[8]) ihres Betriebes vertreten[9]) lassen. (Abs. 3.)

*) § 16 gilt im Allg. auch für den Bereich des Ausdehnungsgesetzes (§ 3 U.-G.) sowie für den Bereich des Bau-Unfallversicherungsgesetzes (§ 12 B.-U.-G.; vgl. Anm. 3), aber **nicht** für die Post-, Telegraphen-, Marine- und Heeres-Betriebe, ebensowenig für die fiskalischen Eisenbahnbetriebe, die einer Berufsgenossenschaft nicht zugewiesenen fiskalischen Baggerei-, Binnenschiffahrts-, Flösserei-, Prahm- und Fähr-Betriebe und die unter besondere Ausführungsbehörden gestellten fiskalischen oder kommunalen Regiebaubetriebe (§ 3 A.-G., § 47 B.-U.-G.).

Zu § 16.

[1]) Sobald die Industrie nach Maßgabe der §§ 12—15 in Berufsgenossenschaften gegliedert ist, müssen diese letzteren sich konstituiren und an die Lösung ihrer Aufgaben herantreten. Zu dem Zweck sollen diejenigen Personen, welche nach den bisherigen provisorischen Feststellungen Mitglieder der Genossenschaften sind, in einer ersten „Genossenschaftsversammlung" (vgl. Anm. 1 zu § 14) ein Statut berathen und gleichzeitig einen provisorischen Vorstand wählen. Dieses Statut bedarf der Bestätigung. Ist diese erfolgt, so beruft der provisorische Vorstand nach Maßgabe der Bestimmungen des Statuts die konstituirende Genossenschaftsversammlung, welche ihrerseits den definitiven Vorstand wählt. Wenn letzterer seine Funktionen übernommen hat, so ist die Thätigkeit des provisorischen Vorstandes beendet.

[2]) **regeln.** Die Berufsgenossen haben volle Selbstverwaltung bei der

§ 17.*)

Das Genossenschaftsstatut [1]) muß Bestimmung treffen:

1. über Namen und Sitz der Genossenschaft;
2. über die Bildung des Genossenschaftsvorstandes [2]) und über den Umfang seiner Befugnisse;
3. über die Berufung [3]) der Genossenschaftsversammlung, sowie über die Art [4]) ihrer Beschlußfassung;

*) § 17 gilt im Allg. auch für den Bereich des Ausdehnungsgesetzes (§ 3 A.-G.) und des Bau-Unfallversicherungsgesetzes (§ 12 B.-U.-G.; vgl. Anm. 1), aber nicht für die Post-, Telegraphen-, Marine- und Heeres-Betriebe, ebensowenig für die fiskalischen Eisenbahnbetriebe, die einer Berufsgenossenschaft nicht zugewiesenen fiskalischen Baggerei-, Binnenschiffahrts-, Flösserei-, Prahm- und Fähr-Betriebe und die unter besondere Ausführungsbehörden gestellten fiskalischen oder kommunalen Regiebaubetriebe (§ 3 A.-G., § 47 B.-U.-G.).

Lösung der ihnen obliegenden gemeinsamen Aufgaben; die Mitwirkung der Behörde tritt auf Grund des Gesetzes nur da ein, wo sie zur Sicherung wesentlicher öffentlich-rechtlicher Zwecke der Unfallversicherung unumgänglich erscheint.

[3]) Statut. Bei den von den Berufsgenossenschaften eximirten fiskalischen Betrieben (cf. Bem.*)) treten an die Stelle des Genossenschaftsstatuts Ausführungsvorschriften der Ausführungsbehörden, cf. §§ 2, 10 Ausd.-G. Dasselbe gilt auf Grund des Bau-Unfallversicherungsgesetzes für diejenigen Regiebauverwaltungen von Kommunalverbänden (Provinzen, Kreisen), welche auf Antrag von der höheren Verwaltungsbehörde für „leistungsfähig" erklärt sind, die Unfallversicherung für die bei diesen Regiebauten beschäftigten Personen auf eigene Schultern zu nehmen (§ 46 B.-U.-G.).

Baugewerks-Berufsgenossenschaften haben außerdem für die von ihnen zu errichtenden Versicherungsanstalten (vgl. Anm. 1 zu § 9) ein Nebenstatut aufzustellen, welches ebenfalls der Genehmigung des R.-V.-A. unterliegt (§ 18 B.-U.-G.). Wegen des Normalstatuts vgl. Anm. 1 zu § 17.

[4]) Reichs-Versicherungsamt, event. Landes-Versicherungsamt § 92. In diesem Stadium der Organisation beginnt die Thätigkeit des letzteren.

[5]) Anwendung, weil die Genossenschaft „zunächst noch der eigenen Organe, sowie der statutarischen Normen für die Form ihrer Verwaltung ermangelt".

[6]) provisorischen. Ueber seine Befugnisse vgl. Rundschreiben d R.-V.-A. v. 1. Juli 1885 (A. N. I S. 175.)

[7]) Mitglieder, § 34.

[8]) Leiter ihres Betriebes, cf. Anm. 6, 7 zu § 14.

[9]) vertreten, cf. Anm. 8 zu § 14. Der Vertreter muß (falls er nicht Betriebsleiter ist) derselben B.-G., braucht aber nicht demselben Industriezweig anzugehören (A. N. I S. 178).

Zu § 17.

[1]) Das Genossenschaftsstatut „hat vorzugsweise die Aufgabe, die allgemeine Verwaltungsorganisation der Genossenschaft und diejenigen Verhält-

4. über das Stimmrecht[5]) der Mitglieder der Genossenschaft und die Prüfung ihrer Vollmachten[6]);
5. über das von den Organen der Genossenschaft bei der Einschätzung der Betriebe in die Klassen des Gefahrentarifs[7]) zu beobachtende Verfahren[8]) (§ 28);
6. über das Verfahren[8]) bei Betriebsveränderungen, sowie bei Aenderungen in der Person[9]) des Unternehmers (§§ 37 letzter Abs., 38, 39);
7. über die Folgen der Betriebseinstellungen[10]), insbesondere über die Sicherstellung der Beiträge der Unternehmer, welche den Betrieb einstellen;

---

nisse, welche dauernder Natur sind, zu regeln" (Motive). Wegen der eximirten fiskalischen etc. Betriebe vgl. Anm. 3 zu § 16. Sämmtlichen Statuten der industr. B.-G. liegt das vom R.-V.-A. entworfene Normalstatut (A. N. I Nr. 2) zu Grunde; für die Statuten der Baugewerks-Berufsgenossenschaften sind in Folge der Bestimmungen des Bau-Unfallversicherungsgesetzes Nachträge erforderlich geworden, welche gleichfalls auf einem von dem R.-V.-A. verfaßten Normalentwurf (A. N. III S. 332) beruhen. Dasselbe gilt für die von den Baugewerks-Berufsgenossenschaften zu errichtenden Nebenstatuten (vgl. Anm. 3 zu § 16); das Normalnebenstatut des R.-V.-A. ist A. N. III S. 333 veröffentlicht.

2) Genossenschaftsvorstand. cf. §§ 22—27. Derselbe kann auch aus Delegirten der Sektionsvorstände (§ 19) gebildet werden.

3) Berufung, z. B. durch Bekanntmachung in öffentlichen Blättern.

4) Art ihrer Beschlußfassung, z. B. wieviel Mitglieder anwesend sein müssen, ob absolute Mehrheit entscheidet u. a. Vgl. die §§ 10, 51 des Normalstatuts.

5) Stimmrecht. Es muß sowohl den kleineren wie den größeren Unternehmern eine ausgiebige Wahrung ihrer Interessen möglich sein.

Uebrigens bestimmt das Statut nur darüber, in welchem Umfang den Einzelnen das Stimmrecht zusteht. Die Berechtigung als solche, Stimmen in der Genossenschaftsversammlung zu führen, ist nach ausdrücklicher Vorschrift des Gesetzes (§ 34 Abs. 2) nur von dem Besitz der bürgerlichen Ehrenrechte abhängig.

6) Vollmachten, cf. Anm. 5 zu § 14.

7) Gefahrentarif. Die Aufstellung des Tarifs und die Einschätzung in die einzelnen Klassen desselben soll nach § 28 in der Regel durch die Genossenschaftsversammlung oder den von derselben hiermit beauftragten Ausschuß oder Vorstand erfolgen. „Es bleibt indessen dem freien Ermessen der Genossenschaftsversammlung überlassen, die allgemeinen Grundsätze, nach welchen die Einschätzung in die Gefahrentarife zu bewirken ist, und event. diese Tarife selbst im Statut festzusetzen" (Motive S. 52). Obligatorisch hat man dies

8. über die den Vertretern der versicherten Arbeiter zu gewährenden Vergütungssätze[11]) (§§ 44 Abs. 4, 49 Abs. 2, 55 Abs. 1);
9. über die Aufstellung, Prüfung und Abnahme der Jahresrechnung;
10. über die Ausübung der der Genossenschaft zustehenden Befugnisse zum Erlaß von Vorschriften behufs der Unfallverhütung und zur Ueberwachung der Betriebe (§§ 78ff.);
11. über die Voraussetzungen einer Abänderung[12]) des Statuts[13]).

letztere nicht machen wollen, weil wesentliche Aenderungen der Betriebseinrichtungen auch auf den Grad der Unfallgefahr von Einfluß sind und deshalb von Zeit zu Zeit Abänderungen der Gefahrentarife erforderlich werden, bei denen die Weitläufigkeiten einer Statutenänderung besser vermieden werden, ferner, weil es „nur ausnahmsweise möglich sein wird, in der das Statut berathenden Genossenschaftsversammlung bereits definitive Beschlüsse über die Bildung der Gefahrenklassen und die Höhe der in denselben zu leistenden Beiträge zu fassen" (Motive S 52). Man hat sich daher darauf beschränkt, in dieser Beziehung obligatorisch nur Vorschriften über das Verfahren bei der Einschätzung in die Tarife und bei Betriebsveränderungen zu fordern.

[8]) Verfahren. „Insbesondere wird zu bestimmen sein, von welchen Organen die Einschätzung in die Gefahrentarife vorzunehmen ist (cf. § 28), welche Angaben die Betriebsunternehmer über ihre Einrichtungen und Anlagen zum Zweck der Veranlagung zu machen haben, innerhalb welcher Fristen dieses zu geschehen hat, in welcher Weise die Veranlagung zu bewirken ist, wenn die erwähnten Angaben nicht rechtzeitig gemacht worden sind, welche Betriebsänderungen für die Einschätzung in die Gefahrentarife als bestimmend anzusehen sind und in welchen Fristen dieselben zur Kenntniß der Genossenschaftsorgane gebracht werden müssen" (Motive S. 52). Vgl. auch Anm. 2 zu § 38.

[9]) in der Person. Eine Aenderung in der Person des Betriebsunternehmers gilt nicht als Betriebseinstellung, sondern wird besonders behandelt, vgl. Ziffer 7 § 37 Abs. 8. Denn die Zugehörigkeit des Betriebes, des Unternehmens, als solche wird dadurch nicht geändert, daß die Person des Betreibenden, des Unternehmers, sich ändert. Aenderungen in der Person des Betriebsunternehmers sollen nach § 37 Abs. 8 angezeigt werden; das Statut hat die Modalitäten und die Fristen für diese Anzeige festzusetzen. Ist diese Anzeige nicht erfolgt, so bleibt der ausscheidende Unternehmer neben dem neu eintretenden Unternehmer weiter haftbar, es wird also in diesem Fall für die Folge ein Gesammtschuldverhältniß beider Personen begründet. Dies gilt jedoch nach Entscheidungen des R.-V.-A. nicht für die Vergangenheit. Für diese soll vielmehr ausschließlich der bisherige, inzwischen ausgeschiedene Unternehmer haften, und die Haftbarkeit des neuen Unternehmers soll sich lediglich auf die-

jenige Zeit erstrecken, von welcher ab er kraft Gesetzes Mitglied der Berufsgenossenschaft geworden ist (A. N. III S. 352). Auch durch das Statut kann der neue Unternehmer nicht für Reste des alten haftbar erklärt werden (A. N. IV S. 35). Von dem alten Unternehmer kann eine Sicherstellung seiner Beiträge, wie sie für den Fall der „Betriebseinstellung" gesetzlich vorgesehen ist (Anm. 14), bei Abgabe des Betriebes nur dann gefordert werden, wenn das Statut dies vorschreibt (A. N. III S. 31); letzteres ist zulässig.

[10]) Eine Betriebseinstellung — opp. Wechsel in der Person des Unternehmers, vgl. Anm. 9 — liegt nur dann vor, wenn die Absicht besteht, den Betrieb dauernd aufzulösen; § 68 Nr. 1 Abs. 1 des Krankenversicherungsgesetzes braucht dafür den Ausdruck „Auflösung". Zeitweilige, durch die Art des Betriebes bedingte periodisch wiederkehrende Einstellungen oder Einschränkungen des Betriebes (cf. § 67 Abs. 3 des Krankenversicherungsgesetzes), wie sie z. B. bei Zuckerfabriken, Brennereien 2c. vorkommen, gehören nicht hierher. Vgl. A. N. III S. 25).

Da die Zugehörigkeit des Betriebes mit der Einstellung desselben erlischt (cf. § 34), so kann der Fall eintreten, daß am Schluß eines Rechnungsjahres ein Betrieb nicht mehr versicherungspflichtig ist und deshalb den Vorschriften des Gesetzes (über die Aufbringung der Beiträge 2c.) nicht mehr unterliegt, obwohl er während eines Theils dieses Zeitabschnitts noch versicherte Arbeiter beschäftigt hat und folgeweise für diese Zeit noch beitragspflichtig war. Es muß also Vorsorge getroffen werden, daß ein solcher Betrieb nach Verhältniß der Zeit, für welche der Unternehmer noch Mitglied der Genossenschaft war, zu den Beiträgen herangezogen werden kann (cf. Motive zur 2. Vorlage, R.-T.-Dr.-S. 1882 Nr. 19 S. 73). Für die in Zukunft fällig werdenden Beiträge haftet der ausscheidende Betrieb nicht, weil er nur, so lange er zur Genossenschaft gehört, an den Jahreslasten partizipirt, und letztere nach dem Umlageprinzip nur in derjenigen Höhe aufzubringen sind, welche die in jedem Jahr zu leistenden Zahlungen erforderlich machen.

Die für den aufgelösten Betrieb pro rata temporis noch zu zahlenden Beiträge des laufenden Jahres, welche erst am Schluß des Rechnungsjahres fällig sind (§§ 70, 71), werden in der Regel durch Niederlegung einer Kaution sichergestellt werden müssen. Der zweite Gesetzentwurf enthielt hierüber detaillirte Vorschriften *). Gegenwärtig hat man die näheren Bestimmungen dem

*) § 70 des II. Entwurfs (R.-T.-Dr.-S. 1883 N. 19) lautet:
Wird ein unter den § 1 fallender Betrieb eingestellt, so hat der Betriebsunternehmer binnen vier Wochen dem Vorstand der Genossenschafts- oder Verbandsabtheilung davon Anzeige zu machen und für die Zeit vom Ablauf des letzten Rechnungshalbjahres die im § 68 Abs. 1 vorgeschriebene Nachweisung (sc. über die während dieses Zeitraums im Betriebe beschäftigt gewesenen versicherten Personen und die von denselben verdienten Löhne und Gehälter) einzureichen, gleichzeitig auch zwei Procent des aus der Nachweisung sich ergebenden anrechnungsfähigen Betrages der Löhne und Gehälter als Kaution für den am Schlusse des laufenden Halbjahrs fälligen Beitrag einzuzahlen.

Statut überlassen, „um so mehr, als die Höhe der Kaution nicht für alle Berufsgenossenschaften gleichmäßig zu bemessen sein wird, sondern sich nach dem Betrage der voraussichtlich zu zahlenden Beiträge wird richten müssen" (Motive S. 53)*). Die Kautionsbeträge sind im Verwaltungszwangsverfahren beizutreiben (§ 74) und würden im Konkurs ein Vorzugsrecht nach § 54 Nr. 3 der Konkursordnung haben. „Eröffnet der Unternehmer den Betrieb wieder, so muß er neu eintreten" (Komm.-Ber. S. 30), d. h. seine Zugehörigkeit zur Genossenschaft beginnt von Neuem kraft Gesetzes, es muß aber neue Anmeldung des Betriebes erfolgen, vgl. § 35.

[11]) Vergütungssätze, um deren angemessene und billige Normirung zu kontroliren (Mot.). Die Vergütung für die Vertreter der Arbeiter besteht in den Fällen der §§ 44, 49, 55 in dem Ersatz für entgangenen Arbeitsverdienst, in den Fällen der §§ 44, 49 außerdem in dem Ersatz der baaren Auslagen, vgl. Anm. 2 zu § 55. Zu den baaren Auslagen gehören u. a. die Reisekosten, die zuweilen (wie im § 25) besonders genannt werden. Zehrgelder rechnet der § 47 des Normalstatuts in die Entschädigung für den entgangenen Arbeitsverdienst (?)

Soll den Mitgliedern der Genossenschaften bei Wahrnehmung von Genossenschaftsgeschäften als Mitglieder der Vorstände, als Vertrauensmänner oder als Beisitzer des Schiedsgerichts (§§ 25, 49) eine Entschädigung für den ihnen hieraus erwachsenden Zeitverlust zustehen, was zulässig ist, so muß das Statut hierüber Bestimmung treffen (§ 25). Soweit das Statut derartige Bestimmungen nicht enthält, steht den Genossenschaftsmitgliedern nur der Anspruch auf Ersatz der baaren Auslagen (Reisekosten, Diäten) zu. Die hierfür zu gewährenden Sätze brauchen nicht durch das Statut, sondern können durch die Genossenschaftsversammlung bestimmt werden. Denn bei diesen Bezügen der Mitglieder der Genossenschaft braucht das Reichs-Versicherungsamt die Angemessenheit nicht zu kontroliren; es kann dies der Selbstverwaltung der Berufsgenossen überlassen bleiben.

[12]) Abänderung. Ueber die Auflösung einer Genossenschaft oder die Ausscheidung einzelner Industriezweige 2c. aus derselben giebt das Gesetz (§ 31 ff.) Bestimmungen, so daß es besonderer Bestimmungen des Statuts darüber nicht nothwendig bedarf.

Wird dieser Vorschrift nicht genügt, so hat der Vorstand den anrechnungsfähigen Betrag der Löhne und Gehälter seinerseits festzustellen und zwei Procent desselben von dem Betriebsunternehmer einzuziehen.

Von der als Kaution eingezahlten Summe wird demnächst der nach Maßgabe des nachgewiesenen oder festgestellten Lohn- und Gehaltsbetrages zu berechnende Beitrag bestritten.

Der überschießende Betrag der Kaution wird dem Betriebsunternehmer zurückgezahlt, ein etwaiger Mehrbetrag des Beitrags von demselben eingezogen.

*) Der § 40 des Normalstatuts (cf. Anm. 1) verlangt als Kaution das Doppelte des letztgezahlten Jahresbeitrags, für die Zeit vom Ablauf des letzten Rechnungsjahres bis zur Betriebseinstellung antheilig berechnet.

§ 18.*)

Die Berufsgenossenschaften haben[1]) einen Reservefonds[2]) anzusammeln. An Zuschlägen zur Bildung desselben sind bei der erstmaligen Umlegung[2a]) der Entschädigungsbeträge dreihundert Pro- (Abs. 1.)

*) § 18 gilt im Allg. auch für den Bereich des Ausdehnungsgesetzes, aber nicht für die Post-, Telegraphen-, Marine- und Heeres-Betriebe, ebensowenig für die fiskalischen Eisenbahnbetriebe und die einer Berufsgenossenschaft nicht zugewiesenen fiskalischen Baggerei-, Binnenschiffahrts-, Flösserei-, Prahm- und Fähr-Betriebe (§ 3 A.-G.), ebensowenig für den Geltungsbereich des Bau-Unfallversicherungsgesetzes. Vgl. für letzteren vielmehr §§ 13, 17 Abs. 2 B.-U.-G.

---

[13]) Der Inhalt des Statuts wird durch diese Vorschriften natürlich nicht erschöpft. Außer weiteren, in §§ 2, 10, 18, 19, 24, 25 (49), 29 schon im Gesetz erwähnten fakultativen Bestimmungen wird vielmehr das Statut auch noch eine Reihe anderer, für die Verwaltung der Genossenschaft wichtiger Punkte zu regeln haben. Dahin gehören u. a. Bestimmungen darüber, wie es bei Veränderung in der Person des Betriebsunternehmers (durch Verkauf, Erbgang, Eingehung eines Sozietätsverhältnisses ꝛc., vgl. Anm. 9) mit der Mitgliedskarte (§ 27) gehalten werden soll (vergl. auch Anm. 1 zu § 27), ob und welche Publikationsorgane bestimmt, wie die von der Genossenschaft zu wählenden Beisitzer zum Schiedsgericht gewählt werden sollen (Anm. 3 zu § 47) u. a. Vgl. auch Anm. 1 zu § 23, Anm. 1 zu § 27, Anm. 2 zu § 72.

Wegen der Knappschaftsberufsgenossenschaft vgl. § 94.

Zu § 18.

[1]) haben, also obligatorisch. Die Vorlage wollte die Ansammlung nur fakultativ gestatten. Letzteres ist für die Land- und Forstw. bestehendes Recht, § 17 Ges. v. 5 Mai 1886.

[2]) Reservefonds. Solange die Beiträge noch niedrig sind, also in den ersten Jahren des Bestehens der Berufsgenossenschaften, sollen die letzteren durch jährlich fallende Zuschläge zu den zu zahlenden Entschädigungsbeiträgen einen Reservefonds ansammeln. Derselbe dient nicht nur dazu, um im Fall der Noth ein verfügbares Kapital von erheblicher Höhe zur Hand zu haben, sondern auch dazu, damit demnächst seine Zinsen zur Verminderung der Jahreslasten verwendet werden können.

Für die Verwaltung des Reservefonds haftet der Vorstand wie ein Vormund seinem Mündel (§ 26); er hat also für sichere Anlegung der Gelder Sorge zu tragen (cf. Anm. 1 zu § 26), und zwar nach Maßgabe der Bestimmungen des § 76. Zu Verwaltungskosten darf der Reservefonds nicht verwendet werden, auch nicht in der Form, daß derselbe verpfändet oder hinterlegt wird, um den zur Deckung von Verwaltungskosten erforderlichen Betrag darlehnsweise zu beschaffen (A. N. III S. 214).

Für die Versicherungsanstalt der Baugewerks-B.-G. (vgl. Anm. 1 zu § 9) ist ein besonderer Reservefonds zu bilden, welcher für die Zwecke der Berufs-

zent, bei der zweiten zweihundert, bei der dritten einhundertundfünfzig, bei der vierten einhundert, bei der fünften achtzig, bei der sechsten sechszig und von da an bis zur elften Umlegung jedesmal zehn Prozent weniger als Zuschlag zu den Entschädigungsbeträgen[3]) zu erhebeu. Nach Ablauf der ersten elf Jahre sind die Zinsen des Reservefonds dem letzteren solange weiter[4]) zuzuschlagen, bis dieser den doppelten Jahresbedarf[5]) erreicht hat. Ist das letztere der Fall, so können die Zinsen insoweit, als der Bestand des Reservefonds den laufenden doppelten Jahresbedarf[6]) übersteigt, zur Deckung der Genossenschaftslasten verwendet werden[7]).

---

genossenschaft nicht verwendet werden darf, § 17 Abs. 2 B.-U.-G. Zur Ansammlung dieses Reservefonds sind die Prämien der zur Versicherungsanstalt beitragenden Regiebauunternehmer entsprechend zu erhöhen, § 24 Abs. 1 a. a. O.

2a) bei der ersten Umlegung (im Jahr 1887) sind die Entschädigungsbeträge (und Verwaltungskosten) für fünf Vierteljahre, d. h. vom 1. Oktober 1885 bis zum 31. Dezember 1886, zu Grunde gelegt (A. N. II S. 369, III S. 12).

3) Entschädigungsbeträge. Es handelt sich also um prozentuale Zuschläge zu denjenigen Beträgen, welche an die Postverwaltungen zur Deckung für die von ihnen geleisteten Vorschüsse abzuführen sind, einschl. der an Ausländer gezahlten Kapitalabfindungen (A. N. IV S. 86), sowie zuzüglich der Beträge für Sterbegelder und Heilkosten, vgl. § 69. Die Verwaltungskosten, desgleichen die auf Grund des § 100 etwa zu übernehmenden Lasten bleiben unberücksichtigt, weil für deren Höhe ein sicherer Anhalt fehlt, dieselbe auch in der ersten Zeit von Zufälligkeiten abhängen wird. Die Zuschläge werden nach demselben Verhältniß aufgebracht, wie die Entschädigungsbeträge selbst, also bei einer statutarischen Theilung des Risikos zwischen den Berufsgenossenschaften und ihren Sektionen (§ 29) in demselben Antheil, wie die Entschädigungsbeträge selbst, von den Sektionen getragen (A. N. III S. 40).

4) weiter. Während der ersten elf Jahre sollen also die Zinsen des Reservefonds demselben unbedingt zugeschlagen werden, auch wenn derselbe den doppelten Jahresbedarf übersteigt.

5) Jahresbedarf im Sinne des § 10, also einschließlich der Verwaltungskosten, jedoch ausschließlich der für die Ansammlung des Reservefonds auszuschreibenden Beträge.

6) den laufenden doppelten Jahresbedarf, d. h. den Jahresbedarf des letztverflossenen Rechnungsjahres, für welches im laufenden Jahre die Umlegung erfolgt, §§ 70, 71.

7) Durch die in diesem Paragraphen vorgesehenen Zuschläge wird im Durchschnitt aller unter das Gesetz fallender Personen anscheinend erreicht werden, daß der Reservefonds im Laufe des zwölften Rechnungsjahres,

Auf Antrag des Genossenschaftsvorstandes kann die Genossenschaftsversammlung jederzeit weitere Zuschläge zum Reservefonds beschließen, sowie bestimmen, daß derselbe über den doppelten Jahresbedarf erhöht werde. Derartige Beschlüsse bedürfen der Genehmigung des Reichs-Versicherungsamts [8]). (Abs. 2.)

In dringenden Bedarfsfällen kann die Genossenschaft mit Genehmigung des Reichs-Versicherungsamts [8]) schon vorher die Zinsen und erforderlichenfalls auch den Kapitalbestand des Reservefonds angreifen. Die Wiederergänzung [9]) erfolgt alsdann nach näherer Anordnung des Reichs-Versicherungsamts [8]). (Abs. 3.)

---

in welchem zum letzten Male besondere Zuschläge (zu der elften Umlage für das elfte Rechnungsjahr) erhoben werden, mit Zinsen und Zinseszinsen à 4 pCt. den Betrag von mehr als 40 Millionen Mark — für die versicherungspflichtige Gesammtindustrie (mit Ausschluß der Baugewerke) berechnet, cf. Anm. 1 zu § 5 sowie den Schluß der vorliegenden Anmerkung —, und im Laufe des fünfzehnten Rechnungsjahres, unter Hinzurechnung der weiter aufgekommenen Zinsen, insoweit diese nicht anderweitig verwendet sein sollten, mehr als den doppelten Betrag des für den Beharrungszustand im fünfundsiebenzigsten Jahr (cf. Anm. 1 zu § 10) erforderlichen Jahresbedarfs erreicht hat.

Nach den mehrerwähnten, in der „Norddeutschen Allg. Zeitung" regierungsseitig veröffentlichten Berechnungen (vgl. Anm. 1 zu § 10) wird nämlich der wahrscheinliche Betrag, welcher bei der (nach der Unfallstatistik) zu Grunde gelegten Anzahl von 1 615 253 männlichen Arbeitern (cf. aber Anm. 1 zu § 5) und 750 Mark Durchschnitts-Jahreslohn in den einzelnen Jahren aufzubringen ist, auf den Anfang des Jahres bezogen (so daß also der Betrag erst im nächstfolgenden Jahre umzulegen ist), wie folgt berechnet. Es sind aufzubringen:

für das	an Entschädigungen.	zum Reservefonds		also zusammen (ohne Verwaltungskosten.) (cf. S. 194)
1. Jahr	688 000 M. vgl. S. 194)	300 Proz.	= 2 064 000 M.	2 752 000 M.
2. „	1 708 000 „	200 „	= 3 416 000 „	5 124 000 „
3. „	2 752 000 „	150 „	= 4 128 000 „	6 880 000 „
4. „	3 758 000 „	100 „	= 3 758 000 „	7 516 000 „
5. „	4 723 000 „	80 „	= 3 778 400 „	8 501 400 „
6. Jahr	5 529 000 „	60 „	= 3 317 400 „	8 846 400 „
7. „	6 554 200 „	50 „	= 3 277 100 „	9 831 300 „
8. „	7 412 000 „	40 „	= 2 964 800 „	10 376 800 „
9. „	8 232 000 „	30 „	= 2 469 600 „	10 701 600 „
10. „	9 016 000 „	20 „	= 1 803 200 „	10 819 200 „
11. „	9 761 000 „	10 „	= 976 100 „	10 737 100 „
12. „	10 468 000 „			10 468 000 „

für das	an Entschädigungen.	zum Reservefonds.	also zusammen (ohne Verwaltungskosten) (cf. unten)
13. „	11142000 M.		11142000 M.
14. „	11781000 „		
15. „	12387000 „		
16. „	12971000 „		
17. „	13533000 „ *)		
20. „	15054000 „		
30. „	19074000 „		
45. „	22064000 „		
60. „	22804000 „		
75. „	22855000 „		
76. „	22855000 „		

Hiernach würde der Reservefonds mit Zinsen in runder Summe betragen**):

bei der	1. Umlage	2064000 Mark,
„ „	2. „	5562560 „
„ „	3. „	9913062 „
„ „	4. „	14067585 „
„ „	5. „	18408688 „
„ „	6. „	22462436 „
„ „	7. „	26638033 „
„ „	8. „	30668354 „
„ „	9. „	34364688 „
„ „	10. „	37542476 „
„ „	11. „	40020275 „
„ „	12. „	41621086 „

Es würden also schon bei der 12. Umlage die Zinsen des ganzen Reservefonds zur Erleichterung der Genossenschaftslasten herangezogen werden können, da der in diesem Jahre bereits aufgelaufene Betrag des Reservefonds das Doppelte der in diesem Jahre aufzubringenden Entschädigungsbeträge, einschl. der voraussichtlichen Verwaltungskosten, erheblich übersteigen wird.

Ein Zwang zur Verwendung der Zinsen besteht nicht, da nach Abs. 2 die Maximalgrenze des Reservefonds — vorbehaltlich der Genehmigung des Reichs-Versicherungsamtes — auch über den doppelten Jahresbedarf hinaus erhöht werden kann.

Der für das erste Rechnungsjahr in Ansatz gebrachte Betrag von nur

*) ungefähr derselbe Betrag wäre für die gleiche Anzahl versicherter Personen und einen gleich hohen Durchschnittsverdienst bei dem Deckungskapitalprinzip von Anfang an konstant zu erheben.

**) Die Berichtigung der in den früheren Auflagen angegebenen Zahlen verdankt Verfasser dem Mathematiker H. Beckmann.

§ 19.*)

Das Statut kann die Zusammensetzung der Genossenschafts- (Abs. 1.) versammlung aus Vertretern [1]), die Eintheilung der Berufsgenossen-

*) § 19 gilt im Allg. auch für den Bereich des Ausdehnungsgesetzes (§ 3 A.-G.), sowie des Bau-Unfallversicherungsgesetzes (§ 12 B.-U.-G.) aber **nicht** für die Post-, Telegraphen-, Marine- und Heeres-Betriebe, ebensowenig für die fiskalischen Eisenbahnbetriebe, die den Berufsgenossenschaften nicht zugewiesenen fiskalischen Baggerei-, Binnenschiffahrts-, Flösserei-, Prahm- und Fähr-Betriebe und die unter besondere Ausführungsbehörden gestellten fiskalischen oder kommunalen Regiebaubetriebe (§§ 2, 3 A.-G., § 47 B.-U.-G.).

Noch zu § 18.

688000 Mark erscheint auf den ersten Blick sehr niedrig. Es ist aber „zu beachten, daß die im ersten Jahre versorgungsberechtigt werdenden Personen (1542 Invaliden, 1124 Wittwen, 2254 Waisen, 85 Aszendenten) im Durchschnitt nur die Hälfte einer vollen Jahresversorgung beziehen, da die Versorgungsberechtigung der einzelnen Personen nur nach und nach eintritt, so daß die am letzten Tage des ersten Jahres versorgungsberechtigt werdenden Personen nur mit Einem Tage in Betracht kommen. Das selbstverständliche Resultat ist, daß, abgesehen von dem Sterbegelde, für jede Person im ersten Jahre durchschnittlich nur der Satz für ein halbes Jahr in Betracht gezogen werden darf. Ueberdies ist die Hauptlast, nämlich die der Invaliden, im ersten Jahre sogar nur mit $^3/_8$ einer vollen Jahreslast anzusetzen, denn durch die 13wöchige Karenzzeit, auf welcher die Rechnung beruht, fällt ein Quartal für jeden Invaliden aus; es bleiben mithin nur 3 Quartale; hiervon der halbe Durchschnitt (wie oben) macht $^3/_8$. Für die folgenden Jahre ist dann der Zugang, Abgang und die Karenzzeit zu berücksichtigen. Dies ist bei den in ihren Resultaten mitgetheilten Rechnungen geschehen."

Dies Bild bezieht sich allerdings auf die Gesammtindustrie und auf die durch die Erhebungen nach § 11 dieses Gesetzes überholten Angaben der Unfallstatistik von 1881; nach den Nachweisungen über die Zahl der versicherten Personen (vgl. Anm. 1 zu § 5) müssen sich die obigen Ziffern schon für die Gesammtheit der unter das U.-V.-G. fallenden Betriebe erhöhen. In den einzelnen Genossenschaften wird sich das Bild voraussichtlich erst recht anders und zwar verschieden gestalten. Immerhin gewährt es einen Ueberblick, in welchem Verhältniß sich voraussichtlich die Last in den einzelnen Jahren entwickeln, und welchen Einfluß der Reservefonds auf die Gestaltung der finanziellen Lage der Genossenschaften und der Unternehmer gewinnen wird.

[8]) Reichs-Versicherungsamt, event. Landes-Versicherungsamt, § 92.

[9]) Die Wiederergänzung des ganz oder zum Theil verbrauchten Reservefonds hat nicht durch das Gesetz geregelt werden können, weil dieselbe nach den Umständen zu erfolgen haben und namentlich bei außergewöhnlichen Verhältnissen (Krieg ꝛc.) nicht immer nach Maßgabe der Bestimmungen des ersten Absatzes möglich sein wird.

schaft in örtlich abgegrenzte Sektionen[2]), sowie die Einsetzung von Vertrauensmännern[3]) als örtliche Genossenschaftsorgane vorschreiben. Enthält dasselbe Vorschriften dieser Art, so ist[4]) darin zugleich über die Wahl der Vertreter, über Sitz und Bezirk der Sektionen, über die Bildung der Sektionsvorstände und über den Umfang ihrer Befugnisse, sowie über die Abgrenzung der Bezirke der Vertrauensmänner, die Wahl der letzteren und ihrer Stellvertreter[4a]) und den Umfang[5]) ihrer Befugnisse Bestimmung zu treffen.

(Abs. 2.) Die Abgrenzung der Bezirke der Vertrauensmänner, sowie die Wahl der letzteren und ihrer Stellvertreter[4a]) kann von der Genossenschaftsversammlung dem Genossenschaftsvorstande übertragen werden[6]).

Ist der Reservefonds angegriffen, so können die Zinsen des übrig gebliebenen oder wieder angesammelten Kapitals nicht eher wieder zur Deckung von Genossenschaftslasten verwendet werden, als bis durch die Ansammlungen der doppelte Jahresbedarf wieder erreicht ist.

Wegen einer besonderen Zweckbestimmung des Reservefonds vgl. § 74 Abs. 2.

Zu § 19.

[1]) Vertretern. Das Gesetz überläßt „in Gemäßheit des in demselben durchgeführten Prinzips der Selbstverwaltung die Entscheidung über die Zusammensetzung der Genossenschaftsversammlungen der freien Entschließung der Berufsgenossenschaft. Wird sich auch im allgemeinen die Einführung einer ständigen Vertretung der Berufsgenossen in der Genossenschaftsversammlung empfehlen, so liegt doch ein Grund, in dieser Beziehung die freie Selbstbestimmung einzuschränken, um so weniger vor, als die Erfahrungen, welche bei einzelnen der bestehenden freien wirthschaftlichen Vereinigungen gemacht worden sind, darthun, daß durch die Berechtigung sämmtlicher Mitglieder, an den Generalversammlungen theilzunehmen, besondere Schwierigkeiten nicht entstehen, während die hierdurch bewirkte größere Annäherung der Berufsgenossen an einander wesentliche Vortheile bietet. Die Berufsgenossenschaften werden die Theilnahme an den Genossenschaftsversammlungen ihren Mitgliedern um so eher gewähren können, als diesen allgemein gestattet ist, ihre Rechte in den Genossenschaftsversammlungen durch Bevollmächtigte wahrzunehmen" (Mot. S. 53). Vgl. § 16 Abs. 3. Den Vertretern (Delegirten) dürfen durch Statut mäßige Tagegelder und die baaren Auslagen für Fahrkosten (Retourbillet II. Kl.) bewilligt werden (A. N. III S. 23).

In der Land- und Forstw. muß die Genossenschaftsversammlung aus Vertretern bestehen, falls die Landesgesetzgebung nichts anderes vorschreibt, § 23 Ges. v. 5. Mai 1886.

[2]) Sektionen, zum Zweck der Decentralisation der Verwaltung im Interesse einer schleunigen und sachlichen Erledigung der Geschäfte. Die Motive

führen aus, daß die räumliche Ausdehnung der Genossenschaften in den überwiegend meisten Fällen die Einrichtung von Sektionen erforderlich machen wird; hierbei werden „die Erfahrungen der freien wirthschaftlichen Vereine als zweckmäßiger Anhalt dienen können. Die mannigfaltigen Verschiedenheiten, welche bezüglich der Verwaltung dieser Vereine, deren große Mehrzahl ebenfalls in Sektionen eingetheilt ist, bestehen, liefern den Beweis, wie wenig eine einheitliche Verwaltungsorganisation für alle Berufsgenossenschaften den Interessen und den Wünschen der Betheiligten, sowie den praktischen Bedürfnissen entsprechen würde" (Mot. S. 54).

Durch die Einrichtung von Sektionen ist die Möglichkeit gegeben, unbeschadet des Einstehens größerer Verbände für die Unfallast den Schwerpunkt der Verwaltung (insbesondere durch die Feststellung der Unfallentschädigungen, § 57) in kleinere Kreise zu legen und auf diese Weise einerseits breite unbedingt leistungsfähige Schultern für die Uebernahme der Unfallast, andererseits aber auch lokale Verwaltung zu erlangen. Die Thätigkeit des Genossenschaftsvorstandes kann sich dann im Wesentlichen auf die generelle Leitung beschränken. Insbesondere ist dies für die das ganze Gebiet des Reichs umfassenden B.-G. werthvoll, deren Verwaltung, wenn sie einheitlich vom Genossenschaftsvorstande geführt würde, zu schwerfällig sein möchte. Andererseits vermehrt eine ungerechtfertigt große Anzahl von Sektionen auch die Verwaltungskosten der B.-G. Darüber, in welchem Umfange die B.-G. von der Eintheilung in Sektionen Gebrauch gemacht haben, vgl. Anm. 1 a. E. zu § 9.

Die Funktionen der Sektionen und ihrer Vorsteher sind durch das Statut zu regeln. Vgl. §§ 22 fg., 26 des Normalstatuts (A. N. I S. 15).

Durch das Statut kann auch bestimmt werden, daß die Verwaltungskosten der Sektion lediglich auf die Mitglieder derselben umgelegt werden (cf. Anm. 1 zu § 71). In diesem Sinne gelten als Verwaltungskosten der Sektion alle Auslagen, welche durch die Existenz der Sektion und ihrer Organe (Vertrauensmänner) und durch die in eigener Zuständigkeit erfolgende Thätigkeit dieser Organe erwachsen, dagegen nicht die Kosten einer Thätigkeit, welche diese Organe lediglich als Beauftragte des Genossenschaftsvorstandes entwickeln. Im Falle des § 57 Abs. 1 Ziffer 1 hat also, wenn das Statut solche Bestimmung enthält, die Sektion die Kosten dieser Festsetzung und der vorgängigen Untersuchung, soweit letztere nicht von der Ortspolizeibehörde übernommen werden, selbst zu tragen (A. N. II S. 11), ebenso die Rechtsanwaltskosten für Vertretung der Sektion vor dem Schiedsgericht (A. N. III S. 32). Vgl. Anm. 7a zu § 50. In der Genossenschaftsrechnung sind derartige Kosten nur summarisch nach Titeln aufzuführen (A. N. II S. 82).

Die Sektionen sind für räumlich abgegrenzte Bezirke zu bilden; eine besondere Organisation einzelner Betriebsarten (cf. Anm. 3 zu § 78) ist nicht vorgesehen und in dem Rahmen dieses Gesetzes nicht angängig.

Wegen besonderer Knappschafts-Berufsgenossenschaften vgl. § 94.

[3]) Vertrauensmänner (örtliche Beauftragte § 57), für enge Bezirke.

Diese Organe können entweder direkt unter dem Genossenschaftsvorstand oder zunächst unter dem Sektionsvorstande stehen, und neben oder an Stelle der letzteren eingesetzt werden.

„Die Einführung des Instituts der Vertrauensmänner wird sich empfehlen, wenn die Betriebe wenig konzentrirt sind und sich über weite Gebiete erstrecken, weil dann die Sektionen allein nicht genügen würden, um die Anknüpfung und Aufrechterhaltung persönlicher Beziehungen zwischen dem Sektionsvorstande und den Betriebsunternehmern zu ermöglichen. Da die Bezirke der Vertrauensmänner ungleich enger begrenzt werden können, so würden durch die Einsetzung derselben sich die Verwaltungskosten erheblich vermindern. Den Vertrauensmännern würde die Kontrole über die Schutzmaßregeln in den Fabriken und die Mitwirkung bei der Feststellung der Unfälle übertragen werden können; außerdem würde denselben in denjenigen Fällen, in denen Sektionen nicht gebildet sind, in denen sie also direkt unter dem Vorstande der Berufsgenossenschaft fungiren, die vorläufige Fürsorge für die Verunglückten und deren Hinterbliebene zur Pflicht gemacht werden können" (Mot. S. 54). Das Gesetz erwähnt die Vertrauensmänner in den §§ 18, 21, 24, 25, 26, 47, 54, 57, 60, 61, 88. Ueber die Funktionen und die Stellvertretung der Vertrauensmänner vgl. A. N. I S. 352.

Es leuchtet ein, daß das Institut der Vertrauensmänner einer großen Ausbildung fähig ist und in zahlreichen Fällen dazu benutzt werden kann, die Verbindung zwischen einzelnen Industriellen und größeren Centralverbänden zu vermitteln. Aehnliche Einrichtungen bestehen in landschaftlichen Creditvereinen, städtischen Feuerversicherungsgesellschaften u. a.

4) so ist. Auch die Zusammensetzung und Berufung der Sektionsversammlungen, sowie die Art der Beschlußfassung hat das Statut zu regeln, wie dies in § 23 vom 5. Mai 1886 für die Land- und Forstwirthschaft vorgeschrieben wird. Ebendaselbst ist vorgesehen, daß die Wahl der Sektionsvorstände den Sektionsversammlungen und die im Abs. 3 vorgesehenen Funktionen den Sektionsvorständen übertragen werden können.

4a) Stellvertreter. Ein Vertrauensmann kann auch mehrere Stellvertreter erhalten, welche dann auch als seine Hülfsorgane fungiren dürfen (A. N. I S. 352).

5) Umfang ihrer Befugnisse. Vergl. §§ 29 fg. des Normalstatuts (A. N. I S. 16). Ueber das Requisitionsrecht vgl. § 101. Der Sektionsvorstand sowie der Genossenschaftsvorstand können Beamte als Geschäftsführer 2c. anstellen. Die letzteren dürfen aber den Vorstand in den gesetzlichen oder statutarischen Befugnissen und Verpflichtungen schon um deswillen nicht vertreten, „weil die dem öffentlichen Recht angehörenden ehrenamtlichen Funktionen des Vorstandes durch eine Privatvollmacht auf eine außerhalb des Vorstandes stehende Person nicht übertragen werden können". Hiernach ist die Thätigkeit des Geschäftsführers im Wesentlichen beschränkt auf die interne Bearbeitung, welche ihm hinsichtlich aller Angelegenheiten übertragen werden kann, sowie auf

§ 20.*)

Das Genossenschaftsstatut bedarf zu seiner Gültigkeit der Genehmigung[1]) des Reichs-Versicherungsamts[2]). (Abs. 1.)

Gegen die Entscheidung desselben, durch welche die Genehmigung versagt[2a]) wird, findet binnen einer Frist von vier Wochen, vom Tage der Zustellung[3]) an den provisorischen Genossenschaftsvorstand (§ 16), die Beschwerde an den Bundesrath statt. (Abs. 2.)

Wird innerhalb dieser Frist Beschwerde nicht eingelegt oder wird die Versagung der Genehmigung des Statuts vom Bundesrath aufrecht erhalten, so hat[4]) das Reichs-Versicherungsamt[2]) innerhalb vier Wochen die Mitglieder der Genossenschaft zu einer neuen Genossenschaftsversammlung behufs anderweiter Beschlußfassung über das Statut einzuladen[5]). Wird auch dem von dieser Versammlung beschlossenen Statut die Genehmigung endgültig versagt, so wird ein solches von dem Reichs-Versicherungsamt[2]) erlassen[6]). (Abs. 3.)

Abänderungen des Statuts bedürfen der Genehmigung des Reichs-Versicherungsamts[2]), gegen deren Versagung[7]) binnen einer Frist von vier Wochen die Beschwerde an den Bundesrath zulässig ist. (Abs. 4.)

*) § 20 gilt im Allg. auch für den Bereich des Ausdehnungsgesetzes (§ 3 A.-G.), sowie für den Bereich des Bau-Unfallversicherungsgesetzes (§ 12 B.-U.-G.), aber nicht für die Post-, Telegraphen-, Marine- und Heeres-Betriebe, ebensowenig für die fiskalischen Eisenbahnbetriebe, die den Berufsgenossenschaften nicht zugewiesenen fiskalischen Baggerei-, Binnenschiffahrts-, Flösserei-, Prahm- und Fähr-Betriebe und die unter besondere Ausführungsbehörden gestellten fiskalischen oder kommunalen Regiebaubetriebe (§§ 2, 3 A.-G., § 47 B.-U.-G.).

---

die Unterzeichnung derjenigen Korrespondenzen mit Mitgliedern, welche an sich nicht rechtsverbindlicher Natur und nicht durch Gesetz oder Statut ausdrücklich dem Vorstand vorbehalten sind. Dagegen müssen diese letzten Gegenstände, so die Begutachtung von Unfallverhütungsvorschriften, die Feststellung von Entschädigungen, die Veranlagung der Betriebe zu den Klassen des Gefahrentarifs, die Abschließung von Verträgen mit Aerzten ꝛc., ferner die gesammte Vertretung der Sektion nach außen, insbesondere die Unterzeichnung von Schriftstücken an Behörden, dem ehrenamtlichen Vorstande als solchem verbleiben (A. N. II S. 341). Vgl. Anm. 3 zu § 22, Anm. 1 zu § 25, Anm. 3 zu § 37.

6) kann übertragen werden, vgl. Anm. 3 a. E.

Zu § 20.

1) Genehmigung, behufs Wahrung der öffentlichen Interessen, cf. allg. Mot. S. 31.

2) Reichs-Versicherungsamt, event. Landes-Versicherungsamt, § 92.

Veröffentlichung des Namens und Sitzes der Genossenschaft ꝛc.

§ 21.*)

(Abs. 1.) Nach endgültiger Feststellung des Statuts hat der Genossenschaftsvorstand durch den Reichsanzeiger bekannt zu machen [1]):

1. den Namen und den Sitz der Genossenschaft,
2. die Bezirke der Sektionen und der Vertrauensmänner,
3. die Zusammensetzung des Genossenschaftsvorstandes [2]) und der Sektionsvorstände [2]), sowie die Namen der Vertrauensmänner und ihrer Stellvertreter.

(Abs. 2.) Etwaige Aenderungen sind in gleicher Weise zur öffentlichen Kenntniß zu bringen.

*) § 21 gilt im Allg. auch für den Bereich des Ausdehnungsgesetzes (§ 3 A.-G.), sowie für den Bereich des Bau-Unfallversicherungsgesetzes (§ 12 B.-U.-G.), aber nicht für die Post-, Telegraphen-, Marine- und Heeres-Betriebe, ebensowenig für die fiskalischen Eisenbahnbetriebe, die den Berufsgenossenschaften nicht zugewiesenen fiskalischen Baggerei-, Binnenschiffahrts-, Flösserei-, Prahm- und Fähr-Betriebe und die unter besondere Ausführungsbehörden gestellten fiskalischen oder kommunalen Regiebaubetriebe (§§ 2, 3 A.-G., § 47 B.-U.-G.).

[2a]) versagt. Bei der Ausführung des U.-V.-G. und des A.-G. ist dieser Fall überhaupt nicht vorgekommen.

[3]) Zustellung, cf. § 110.

[4]) hat. Eine derartige zweite Verhandlung über das Statut muß stattfinden, wenn dem ersten Entwurf endgültig die Genehmigung versagt ist. Weitere Verhandlungen sind nicht ausgeschlossen, aber nicht vorgeschrieben.

„Da das Gesetz erst in Kraft treten kann, wenn für alle Industriezweige Genossenschaften konstituirt sind, so ist die äußerstenfalls eintretende behördliche Befugniß zum Erlasse des Statuts nicht zu entbehren" (Mot. S. 55).

[5]) einzuladen. Dabei sind die Bestimmungen in § 14 wiederum maßgebend, vgl. § 16.

[6]) erlassen. Wenn die Genossenschaftsversammlung überhaupt ein Statut zu beschließen sich weigert, so wird die Verwaltung der Genossenschaft auf Grund des § 27 durch das Reichs- (Landes-) Versicherungsamt organisirt.

[7]) Versagung. Der versagende Bescheid muß nach § 110 zugestellt werden.

Zu § 21.

[1]) bekannt zu machen. Diese Bekanntmachungen sind schon um deswillen wichtig, weil aus denselben die höhere Verwaltungsbehörde ihre Kenntniß von der Zusammensetzung der (Genossenschafts- oder Sektions-) Vorstände wird schöpfen müssen, wenn sie darüber nach § 23 Bescheinigungen ertheilen soll. Durch die Genossenschaftsstatuten sind außerdem noch besondere Anzeigen über den Ausfall der Vorstandswahlen an die höhere Verwaltungsbehörde vorgeschrieben. Diese Veröffentlichungen und Anzeigen kann das R.-V.-A. nach § 89 durch Strafen erzwingen.

Genossenschaftsvorstände.

§ 22.*)

Dem Genossenschaftsvorstande[1]) liegt die gesammte Verwaltung der Genossenschaft ob, soweit nicht einzelne Angelegenheiten durch Gesetz oder Statut der Beschlußnahme der Genossenschaftsversammlung[2]) vorbehalten oder anderen Organen[3]) der Genossenschaft übertragen sind. (Abs. 1.)

Die Beschlußfassung der Vorstände kann in eiligen Fällen[4]) durch schriftliche Abstimmung erfolgen. (Abs. 2.)

Der Beschlußnahme der Genossenschaftsversammlung müssen vorbehalten werden: (Abs. 3.)

1. die Wahl[5]) der Mitglieder des Genossenschaftsvorstandes,
2. die Prüfung und Abnahme der Jahresrechnung,
3. Abänderungen[6]) des Statuts.

*) § 22 gilt im Allg. auch für den Bereich des Ausdehnungsgesetzes (§ 3 A.-G.), sowie für den Bereich des Bau-Unfallversicherungsgesetzes (§ 12 B.-U.-G.), aber nicht für die Post-, Telegraphen-, Marine- und Heeres-Betriebe, ebensowenig für die fiskalischen Eisenbahnbetriebe, die den Berufsgenossenschaften nicht zugewiesenen fiskalischen Baggerei-, Binnenschiffahrts-, Flösserei-, Prahm- und Fährbetriebe und die unter besondere Ausführungsbehörden gestellten fiskalischen oder kommunalen Regiebaubetriebe (§§ 2, 3 A.-G., § 47 B.-U.-G.).

---

[2]) Vorstände. Auch die Namen ꝛc. von Ersatzmännern der Vorstandsmitglieder sind zu veröffentlichen. Dieselben treten beim Ausscheiden ihres Vormannes an die Stelle desselben und vertreten ihn in Behinderungsfällen. (Vgl. A. N. I S. 288.)

Zu § 22.

[1]) Genossenschaftsvorstand. An die Stelle des Genossenschaftsvorstandes und der Genossenschaftsversammlung treten für die in Anm.*) benannten fiskalischen und kommunalen Betriebe Ausführungsbehörden. cf. §§ 2, 3 d. Ausd.-G., § 47 B.-U.-G.

[2]) Der Genossenschaftsversammlung sind durch Gesetz, außer den im § 22 bezeichneten Angelegenheiten, vorbehalten worden:

§ 16: die Vereinbarung des Statuts.

§ 18: die Beschlußfassung über weitere Zuschläge des Reservefonds und über die Erhöhung desselben.

§ 24: die Bestrafung derjenigen Genossen, welche die auf sie getroffenen Wahlen unbefugt ablehnen.

§ 25: die Festsetzung der Pauschsätze für die Reisekosten-Entschädigung der Genossenschaftsorgane und für die aus der Genossenschaft gewählten Mitglieder des Schiedsgerichts, § 49; ebenso die Regelung des Verhältnisses zwischen den ehrenamtlichen Organen und den Beamten der Genossenschaft, cf. Anm. 1 zu § 25.

§ 28: die Beschlüsse über die Bildung der Gefahrenklassen und Aufstellung des Gefahrentarifs (vorbehaltlich der Uebertragung an den Vorstand 2c.), die Beschlußfassung über die Abänderung desselben auf Grund der periodischen Revisionen, und die Bestimmung über Zuschläge oder Nachlässe von den Beiträgen aus Anlaß der Zahl der in einzelnen Betrieben vorgekommenen Unfälle.

§ 30: die Vereinigung mit anderen Genossenschaften zu gemeinsamer Uebernahme des Risikos und die Untervertheilung der in solchem Fall der Genossenschaft erwachsenen Auflage unter die Berufsgenossen.

§§ 31—33: Beschlußfassungen über die Abänderung des Bestandes der Genossenschaften.

§§ 78 fg: die Beschlußfassung über Erlaß von Unfallverhütungsvorschriften, denn die Vorstände haben **neben** dem Antrag auf Genehmigung der Unfallverhütungsvorschriften noch ein Gutachten darüber abzugeben (§ 78), und dies wäre entbehrlich, wenn die Vorstände selbst derartige Vorschriften erlassen dürften.

Außerdem erwähnt das Gesetz (§ 19), daß die Genossenschaftsversammlungen die Abgrenzung der Vertrauensmännerbezirke, sowie die Wahl der Vertrauensmänner und ihrer Stellvertreter, falls darüber im Statut nichts bestimmt wird, den Vorständen übertragen können. Vgl. § 7 des Normalstatuts (A. N. I S. 12) sowie Anm 1.

[3]) **Organen.** Als solche kennt das Gesetz die Vertrauensmänner und die Sektionsvorstände (§ 19), Ausschüsse des Genossenschaftsvorstandes zur Aufstellung oder Aenderung des Gefahrentarifs (§ 28), Ausschüsse des Genossenschafts- oder des Sektionsvorstandes zur Festsetzung der Entschädigungen (§ 57), besondere Kommissionen zu letztgedachtem Zweck (§ 57), Beauftragte (§ 82). Wegen der Sektionsversammlungen vgl. Anm. 4 zu § 19.

Auch **Beamte** (Geschäftsführer) können an der Verwaltung der Genossenschaft betheiligt werden; nur dürfen die Vorstände ihre verantwortliche Thätigkeit nicht auf einen bureaukratischen Apparat abwälzen; sie dürfen „den Generalsekretär nicht in den Vordergrund schieben". Auch eine Theilung der Verantwortlichkeit zwischen den Organen der Genossenschaft einerseits und bezahlten Beamten andererseits ist unstatthaft. Mit Rücksicht hierauf hat die Reichstagskommission es abgelehnt, in diesem Paragraph neben den „Organen" auch „Beamte" anzuführen, wobei aber das Recht zur Anstellung von Beamten für zweifellos erachtet ist (Komm.-Ber. S. 33). **Ueber die Befugnisse der Geschäftsführer** vgl. Anm 5 zu § 19, Anm. 1 zu § 25.

[4]) **eilige Fälle**; die Festsetzungen der Entschädigungen sind immer eilig, § 58. Von der Befugniß, die Beschlußfassung durch schriftliche Abstimmung herbeizuführen, wird insbesondere dann Gebrauch zu machen sein, wenn es sich lediglich um kalkulatorische Maßnahmen, um Bewilligung des Sterbegeldes, der Renten für Personen, die zweifellos ganz invalide sind, 2c. handelt.

[5]) **Wahl**, wegen der besonderen Wichtigkeit dieser Wahl.

[6]) **Abänderung**, § 17 Ziffer 11.

§ 23.*)

Die Genossenschaft wird durch ihren Vorstand gerichtlich und außergerichtlich vertreten[1]). Die Vertretung erstreckt sich auch auf diejenigen Geschäfte und Rechtshandlungen, für welche nach den Gesetzen eine Spezialvollmacht erforderlich ist. (Abs. 1.)

Durch die Geschäfte, welche der Vorstand der Genossenschaft und die Vorstände der Sektionen, sowie die Vertrauensmänner innerhalb der Grenzen ihrer gesetzlichen und statutarischen Vollmacht im Namen der Genossenschaft abschließen, wird die letztere berechtigt und verpflichtet. (Abs. 2)

Zur Legitimation der Vorstände bei Rechtsgeschäften genügt[2]) die Bescheinigung[3]) der höheren Verwaltungsbehörde[4]), daß die darin bezeichneten Personen den Vorstand bilden. (Abs. 3.)

*) § 23 gilt im Allg. auch für den Bereich des Ausdehnungsgesetzes (§ 3 A.-G.), sowie für den Bereich des Bau-Unfallversicherungsgesetzes (§ 12 B.-U.-G.), aber nicht für die Post-, Telegraphen-, Marine- und Heeres-Betriebe, ebensowenig für die fiskalischen Eisenbahnbetriebe, die den Berufsgenossenschaften nicht zugewiesenen fiskalischen Baggerei-, Binnenschiffahrts-, Flösserei-, Prahm- und Fährbetriebe und die unter besondere Ausführungsbehörden gestellten fiskalischen oder kommunalen Regiebaubetriebe (§§ 2, 3 A.-G., § 47 B.-U.-G.).

§ 24.*)

Wählbar[a]) zu Mitgliedern der Vorstände und zu Vertrauensmännern sind nur[1]) die stimmberechtigten Mitglieder der Genossenschaft beziehungsweise deren gesetzliche Vertreter[1a]). Nicht wählbar (Abs. 1.)

*) § 24 gilt im Allg. auch für den Bereich des Ausdehnungsgesetzes (§ 3 A.-G.), sowie für den Bereich des Bau-Unfallversicherungsgesetzes (§ 12 B.-U.-G.), aber nicht für die Post-, Telegraphen-, Marine- und Heeres-Betriebe, ebensowenig für die fiskalischen Eisenbahnbetriebe, die den Berufsgenossenschaften nicht zugewiesenen fiskalischen Baggerei-, Binnenschiffahrts-, Flösserei-, Prahm- und Fährbetriebe und die unter besondere Ausführungsbehörden gestellten fiskalischen oder kommunalen Regiebaubetriebe (§§ 2, 3 A.-G., § 47 B.-U.-G.).

Zu § 23.

[1]) vertreten. Der analoge § 28 Ges. v. 5. Mai 1886 (R.-G.-Bl. S. 132) enthält am Schlusse des Abs. 1 folgenden Satz: „Durch das Statut kann die Vertretung auch einem Mitgliede oder mehreren Mitgliedern des Vorstandes übertragen werden." Dazu bemerken die Mot. des erwähnten Gesetzes (R.-T.-Dr.-S. 1885/86 Nr. 75 S 59): „Durch diese dem dritten Satz des § 35 Abs. 1 K.-V.-G. entsprechende Bestimmung .... wird nicht eine Abänderung sondern nur eine Klarstellung des § 23 des Unfallversicherungsgesetzes, in welchem diese Bestimmung fehlt, beabsichtigt."

[2]) genügt, d. h. es darf nicht Mehr gefordert werden, doch kann sich der Richter ꝛc. auch mit anderweiten glaubhaften Nachweisen begnügen.

ist, wer durch gerichtliche Anordnung in der Verfügung über sein Vermögen beschränkt ist.

(Abs. 2.) Die Ablehnung[2]) der Wahl ist nur aus denselben Gründen zulässig, aus welchen das Amt eines Vormundes abgelehnt werden kann. Eine[3]) Wiederwahl kann abgelehnt werden.

(Abs. 3.) Genossenschaftsmitglieder, welche eine Wahl ohne solchen Grund ablehnen, können auf Beschluß der Genossenschaftsversammlung für die Dauer der Wahlperiode[4]) zu erhöhten Beiträgen[5]) bis zum doppelten Betrage herangezogen werden.

(Abs. 4.) Das Statut kann bestimmen, daß die von den Unternehmern bevollmächtigten Leiter[6]) ihrer Betriebe zu Mitgliedern der Vorstände und zu Vertrauensmännern gewählt werden können.

---

[3]) Bescheinigung. Dieselbe ist in der Regel gebühren- und stempelfrei,. § 102.

[4]) höhere Verwaltungsbehörde, § 109. „Diese Bescheinigung ist naturgemäß von derjenigen höheren Verwaltungsbehörde auszustellen, in deren Bezirk der Vorstand seinen Sitz hat“ (Mot. S. 55). Vgl. Anm. 1 zu § 21.

Zu § 24.

a) wählbar. Wenn die Voraussetzungen der Wählbarkeit fortfallen, so erlischt gleichzeitig auch die Fähigkeit, das betr. Amt weiter zu bekleiden. Hiernach zieht das Ausscheiden aus einer Firma, welche Mitglied der B.-G. war, den Verlust des Amts als Vorstandsmitglied ꝛc. nach sich (A. N. II S. 91). Vgl. Anm. 9 zu § 42, Anm. 3 zu § 47.

[1]) nur, vorbehaltlich der nach Abs. 4 dem Statut überlassenen Erweiterung. In Knappschafts-Berufsgenossenschaften können die Knappschaftsältesten stimmberechtigte Mitglieder der Vorstände sein, wenn das Statut dies gestattet, § 94. Vorstandsmitglieder von Krankenkassen, welche gleichzeitig Mitglieder der B.-G. sind, sind wählbar und dürfen wegen ihres Amts als Vorstandsmitglied der Krankenkasse nicht ablehnen (A. N. I S. 202). Ebenso ausländische Genossenschaftsmitglieder (A. N. III S. 18).

[1a]) gesetzliche Vertreter. Dahin gehört der Konkursverwalter eines in Konkurs gerathenen versicherungspflichtigen Betriebes. Der Konkursverwalter kann für den letzteren einen Betriebsleiter bestellen, und dieser ist im Falle des Abs. 4 wählbar zum Vorstandsmitglied und Vertrauensmann (A. N. I S. 344).

[2]) Ablehnung. Diese Bestimmung gilt auch für die Beisitzer des Schiedsgerichts, § 49. Die Ablehnungsbefugniß richtet sich, wie alle den persönlichen Rechtszustand betreffenden Rechtsverhältnisse, nach dem Recht des Domicils des Gewählten (A. N. I S. 290). Für Preußen vgl. § 23 der preußischen Vormundsch.-Ordnung v. 5. Juli 1875 (Ges.-S. S. 431):

§ 25.*)

Die Mitglieder der Vorstände und die Vertrauensmänner verwalten ihr Amt als unentgeltliches Ehrenamt [1]), sofern nicht durch das Statut eine Entschädigung für den durch Wahrnehmung der Genossenschaftsgeschäfte ihnen erwachsenden Zeitverlust bestimmt wird. Baare Auslagen werden ihnen von der Genossenschaft ersetzt, und zwar, soweit sie in Reisekosten [2]) bestehen, nach festen, von der Genossenschaftsversammlung zu bestimmenden Sätzen [3]).

*) § 25 gilt im Allg. auch für den Bereich des Ausdehnungsgesetzes (§ 3 A.-G.), sowie für den Geltungsbereich des Bau-Unfallversicherungsgesetzes (§ 12 B.-U.-G.), aber nicht für die Post-, Telegraphen-, Marine- und Heeres-Betriebe, ebensowenig für die fiskalischen Eisenbahnbetriebe, die den Berufsgenossenschaften nicht zugewiesenen fiskalischen Baggerei-, Binnenschiffahrts-, Flösserei-, Prahm- und Fähr-Betriebe und die unter besondere Ausführungsbehörden gestellten fiskalischen oder kommunalen Regiebaubetriebe (§§ 2, 3 A.-G., § 47 B.-U.-G.).

Noch zu § 24.

„Die Uebernahme einer Vormundschaft können ablehnen:

1. weibliche Personen;
2. wer das sechszigste Lebensjahr überschritten hat;
3. wer bereits mehr als eine Vormundschaft oder Pflegschaft führt;
4. wer an einer die ordnungsmäßige Führung der Vormundschaft hindernden Krankheit leidet;
5. wer nicht in dem Bezirk des Vormundschaftsgerichts seinen Wohnsitz hat;
6. wer nach Maßgabe des § 58 zur Stellung einer Sicherheit angehalten wird;
7. wer fünf oder mehr minderjährige eheliche Kinder hat.

Die Führung einer Gegenvormundschaft steht im Sinne der Nr. 3 der Führung einer Vormundschaft oder Pflegschaft nicht gleich.

Das Ablehnungsrecht geht verloren, wenn es nicht bei dem Vormundschaftsgericht vor der Verpflichtung geltend gemacht wird."

Nach § 60 Inv.-Ges. v. 22. Juni 1889 steht für die Ehrenämter bei der Invaliditätsversicherung die Wahrnehmung eines auf Grund der Unfallversicherungsgesetze übertragenen Ehrenamts der Führung einer Vormundschaft gleich. Für den umgekehrten Fall fehlt es einstweilen an einer gleichartigen gesetzlichen Vorschrift.

Die Weigerung der Annahme eines eingeschriebenen Briefes, durch welchen einem Genossen eine Wahl angezeigt werden soll, steht der Ablehnung nicht gleich. In solchem Fall muß das Benachrichtigungsschreiben durch Vermittelung der zuständigen Aufsichtsbehörde oder unteren Verwaltungsbehörde (§ 101) anderweit zugestellt (bezw. dessen Inhalt mitgetheilt) werden (A. N. I S. 364).

[3]) Eine Wiederwahl, d. h. nur eine. Die Wahl muß für eine Wahlperiode angenommen, kann für die unmittelbar darauf folgende nächste Wahl-

§ 26.*)

(Abs. 1.) Die Mitglieder der Vorstände, sowie die Vertrauensmänner haften der Genossenschaft für getreue Geschäftsverwaltung [1]), wie Vormünder [2]) ihren Mündeln.

(Abs. 2.) Mitgleder der Vorstände, sowie Vertrauensmänner, welche absichtlich zum Nachtheil der Genossenschaft handeln, unterliegen der Strafbestimmung [3]) des § 266 des Strafgesetzbuchs.

*) § 26 gilt im Allgem. auch für den Bereich des Ausdehnungsgesetzes (§ 3 A.-G.) und des Bau-Unfallversicherungsgesetzes (§ 12 B.-U.-G.), aber nicht für die Post-, Telegraphen-, Marine- und Heeres-Betriebe, ebensowenig für die fiskalischen Eisenbahnbetriebe, die den Berufsgenossenschaften nicht zugewiesenen fiskalischen Baggerei-, Binnenschiffahrts-, Flösserei-, Prahm- und Fährbetriebe und die unter besondere Ausführungsbehörden gestellten fiskalischen oder kommunalen Regiebaubetriebe (§§ 2, 3 A.-G., § 17 B.-U.-G.).

---

periode abgelehnt, muß aber nach dem Ablauf der letzteren, also für die dritte Wahlperiode wieder angenommen werden, worauf wiederum eine Ablehnung erfolgen darf.

[4]) Wahlperiode. Die Dauer derselben ist durch das Statut festzusetzen.

[5]) erhöhte Beiträge, welche, wie alle Beiträge, im Verwaltungszwangsverfahren beigetrieben werden, § 74.

[6]) Leiter ihrer Betriebe, cf. Anm. 1, sowie die Anm. 6, 7 zu § 14.

Zu § 25.

[1]) Ehrenamt, entsprechend den allgemeinen Grundsätzen der Selbstverwaltung. Nur baare Auslagen sollen ersetzt werden. Dies Prinzip kann aber nach den Beschlüssen der Reichstagskommission durch das Statut insoweit unterbrochen werden, als nach dem letzteren auch der Zeitverlust, den die Vorstandsmitglieder im Dienst der Genossenschaft erleiden, soll entschädigt werden können, „damit auch nichtvermögenden aber befähigten Genossenschaftsmitgliedern die Geschäftsführung übertragen werden könne" (Komm.-Ber. S. 33). Da das Gesetz eine Beschränkung nicht vorsieht, wird anzunehmen sein, daß die Genossenschaften, weil sie nach § 16 die innere Verwaltung selbst regeln, die Entschädigung für den Zeitverlust auch in einem Pauschquantum, einem fixirten Jahresbetrag bewilligen können. Ein derart fixirter Betrag trägt aber auch dann nicht den Charakter des Gehalts (als einer Entschädigung für die Mühwaltung, welche mit dem Amt des Vorstandsmitgliedes verbunden ist), sondern nur den Charakter der Entschädigung für den Zeitverlust. Die ehrenamtlichen Vorstandsmitglieder sind also niemals bezahlte Beamte der Genossenschaft.

„Soweit Beamte zur Besorgung der Geschäfte der Berufsgenossenschaft angestellt werden müssen (Sekretäre, Kassenführer), wird denselben selbstverständlich eine Entschädigung gewährt werden können. Die Stellung dieser Beamten und ihr Verhältniß zu den ehrenamtlichen Organen der Genossenschaft wird durch das Statut oder durch besondere Beschlüsse der Genossenschaftsversammlungen zu regeln sein" (Mot. S. 55).

Durch das Statut oder besondere Beschlüsse der Genossenschaftsversammlung können also Beamte (Geschäftsführer 2c.) auch an der Geschäftsleitung betheiligt werden, jedoch nur in beschränktem Maaße und unter Verantwortlichkeit der Genossenschaftsorgane, cf. Anm. 5 zu § 19, Anm. 3 zu § 22.

2) Reisekosten, cf. Anm. 11 zu § 17.

3) Die Bestimmungen dieses Paragraphen gelten auch für die Beisitzer des Schiedsgerichts, § 49.

Zu § 26.

1) getreue Geschäftsverwaltung. Demgemäß müssen die Vorstände in denjenigen Fällen, in welchen eine Regreßnahme wegen vorsätzlicher oder schuldhafter Herbeiführung eines Unfalls begründet ist (§§ 116 fg.), von dem Regreß in der Regel Gebrauch machen; wo es ihnen räthlich erscheint, hiervon Abstand zu nehmen, wird rechtzeitig (§ 117 Abs. 4) die Zustimmung der Genossenschaftsversammlung einzuholen sein (A. N. III S. 352).

2) Vormünder, nach den einschlagenden Bestimmungen der Landesgesetze des Wohnorts des Vorstandsmitglieds, vgl. Anm. 2 zu § 24, Anm. 3 zu § 76. Für Preußen kommen folgende Bestimmungen der Vormundschaftsordnung vom 5. Juli 1875 (G.-S. S. 431) in Betracht:

§ 32. „Der Vormund . . . haftet für die Sorgfalt, welche ein ordentlicher Hausvater auf seine eigenen Angelegenheiten verwendet.

Die Einrede der Theilung unter mehreren Verhafteten ist ausgeschlossen . . . .

§ 39. . . . . Versäumt oder verzögert der Vormund die Anlegung von Geldern, so muß er die anzulegende Summe mit sechs vom Hundert jährlich verzinsen.

§ 40. Der Vormund darf Vermögensgegenstände des Mündels nicht in seinem Nutzen verwenden. Er hat das trotzdem in seinem Nutzen verwendete Geld von der Verwendung an zu verzinsen. Den Zinsfuß bestimmt das Vormundschaftsgericht nach seinem Ermessen auf acht bis zwanzig vom Hundert.

Eine Hypothek oder Grundschuld, welche auf einem Grundstück des Vormunds haftet, darf derselbe für den Mündel nicht erwerben."

Ueber die Haftung der Vormünder nach den bayrischen Partikularrechten vgl. v. Roth, bayerisches Civilrecht, Bd. I § 98 S. 520 fg.

Die Bestimmung, daß Genossenschaftsgelder pupillarisch sicher angelegt werden müssen, findet sich in § 76.

3) Strafbestimmung. § 266 Str.-G.-B. lautet, soweit er hier in Betracht kommt:

§ 27.*)

Solange die Wahl der gesetzlichen[1]) Organe einer Genossenschaft nicht zu Stande kommt[2]), solange ferner diese Organe die Erfüllung ihrer gesetzlichen oder statutarischen Obliegenheiten verweigern, hat das Reichs-Versicherungsamt[3]) die letzteren auf Kosten der Genossenschaft wahrzunehmen oder durch Beauftragte wahrnehmen zu lassen.

*) § 27 gilt im Allg. auch für den Bereich des Ausdehnungsgesetzes (§ 3 A.-G.) und des Bau-Unfallversicherungsgesetzes (§ 12 B.-U.-G.), aber nicht für die Post-, Telegraphen-, Marine- und Heeres-Betriebe, ebensowenig für die fiskalischen Eisenbahnbetriebe, die den Berufsgenossenschaften nicht zugewiesenen fiskalischen Baggerei-, Binnenschiffahrts-, Flösserei-, Prahm- und Fähr-Betriebe und die unter besondere Ausführungsbehörden gestellten fiskalischen oder kommunalen Regiebaubetriebe (§§ 2, 3 A.-G., § 47 B.-U.-G.).

„Wegen Untreue werden mit Gefängniß, neben welchem auf Verlust der bürgerlichen Ehrenrechte erkannt werden kann, bestraft:

1. Vormünder . . wenn sie absichtlich zum Nachtheile der ihrer Aufsicht anvertrauten Personen oder Sachen handeln; . . . .

Wird die Untreue begangen, um sich oder einem Andern einen Vermögensvortheil zu verschaffen, so kann neben der Gefängnißstrafe auf Geldstrafe bis zu dreitausend Mark erkannt werden."

Zu § 27.

[1]) gesetzliche Organe sind nicht blos die Genossenschaftsvorstände und Genossenschaftsversammlungen, welche das Gesetz obligatorisch vorschreibt, sondern auch die auf Grund dieses Gesetzes fakultativ durch das Statut einzurichtenden Organe (Sektionsvorstände (§ 19), Vertrauensmänner (§ 19), Ausschüsse (§§ 28, 57), Kommissionen (§ 57), Beauftragte (§ 82)). Das Reichs-(Landes-)Versicherungsamt wird diesen letzteren Kategorien gegenüber von der Befugniß des § 27 so lange keinen Gebrauch machen, als durch das Statut im Falle einer Renitenz für eine geeignete Wahrnehmung ihrer statutarischen Obliegenheiten Sorge getragen ist und hiernach verfahren wird. Im Uebrigen vgl. § 24 Abs. 3, § 89.

[2]) nicht zu Stande kommt. Bei der ersten Konstituirung einer Genossenschaft tritt nach § 16 bis zur Uebernahme der Geschäfte durch den Vorstand der provisorische Genossenschaftsvorstand, nicht das Reichs-(Landes-)Versicherungsamt, ein, vorausgesetzt natürlich, daß dessen Wahl zu Stande kommt. Ist dies nicht der Fall, so tritt auch an die Stelle dieser provisorischen Organe das Reichs-(Landes-)Versicherungsamt.

[3]) Reichs-Versicherungsamt, eventuell Landes-Versicherungsamt, § 92.

Bildung der Gefahrenklassen.

§ 28.*)

Durch die Genossenschaftsversammlung[a]) sind[1]) für die zur Genossenschaft gehörigen Betriebe je nach dem Grade der mit denselben verbundenen Unfallgefahr entsprechende Gefahrenklassen[2]) zu bilden und über die Höhe der in denselben zu leistenden Beiträge (Gefahrentarif) Bestimmungen zu treffen. (Abs. 1.)

Durch Beschluß der Genossenschaftsversammlung[a]) kann die Aufstellung und Aenderung des Gefahrentarifs einem Ausschusse oder dem Vorstande übertragen werden. (Abs. 2.)

*) § 28 gilt im Allg. auch für den Bereich des Ausdehnungsgesetzes (§ 3 A.-G.) und des Bau-Unfallversicherungsgesetzes (§ 12 B.-U.-G.), aber nicht für die Post-, Telegraphen-, Marine- und Heeres-Betriebe, ebensowenig für die fiskalischen Eisenbahnbetriebe und die den Berufsgenossenschaften nicht zugewiesenen fiskalischen Baggerei-, Binnenschiffahrts-, Flösserei-, Prahm- und Fähr-Betriebe, sowie die unter besondere Ausführungsbehörden gestellten fiskalischen oder kommunalen Regiebaubetriebe (§§ 2, 3 A.-G. § 47 B.-U.-G.).

Zu § 28.

a) Genossenschaftsversammlung. Nur dieser steht die Beschlußfassung darüber zu, ob und nach welchen Gesichtspunkten eine Abänderung der Gefahrenklasse oder des Gefahrentarifs erfolgen soll. Die Ausführung des gefaßten Abänderungsbeschlusses kann durch die Genossenschaftsversammlung oder durch das Statut dem Vorstande oder einem Ausschuß übertragen werden (A. N. III S. 358, IV S. 200).

[1]) sind. Die Aufstellung von Gefahrenklassen mit verschieden hohen Beiträgen ist obligatorisch; das Gesammtrisiko der Genossenschaft wird auf die Genossen unter Berücksichtigung der anrechnungsfähigen Löhne und Gehälter nach der Höhe vertheilt, in welcher jeder Einzelne nach dem Umfang und der Beschaffenheit seines Betriebes die Gesammtheit gefährdet.

Die Genossenschaft kann dann einen Theil des Gesammtrisikos (§ 29), die Knappschafts-B.-G. (§ 94) sogar das ganze Risiko, den Sektionen auflegen, kann aber auch mit anderen Genossenschaften zu gemeinsamer Tragung des Risikos zusammentreten (§ 30). Im ersteren Falle muß der Vertheilungsmaßstab auch innerhalb der Sektionen derselbe sein, wie innerhalb der Genossenschaft (§ 29); im Fall des § 30 dagegen findet dieser Modus für die Aufbringung des gemeinsam zu tragenden Entschädigungsbetrages nur dann statt, wenn die Genossenschaftsversammlung nicht einen andern Maßstab bestimmt, was ihr freisteht (§ 30).

[2]) Gefahrenklassen, Veranlagung. In den Gefahrenklassen werden die Beiträge nach dem Maß der Unfallgefahr unter Berücksichtigung der verschiedenen Höhe der Belastung, welche Tod, dauernde oder vorübergehende Invalidität zur Folge hat (vgl. Anm. 1 i. f. zu § 5), verschieden abgestuft (Ge-

(Abs. 3.) Die Aufstellung und Abänderung des Gefahrentarifs bedarf der Genehmigung des Reichs-Versicherungsamts[3]). Wird ein Gefahrentarif von der Genossenschaft innerhalb einer vom Reichs-Versicherungsamt zu bestimmenden Frist nicht aufgestellt, oder dem aufgestellten die Genehmigung versagt, so hat das Reichs-Versicherungsamt[3]) nach Anhörung[4]) der mit der Aufstellung beauftragten Organe der Genossenschaft den Tarif selbst festzusetzen[5]).

(Abs. 4.) Die Veranlagung[2]) der Betriebe zu den einzelnen Gefahrenklassen liegt nach näherer Bestimmung des Statuts (§ 17) den Organen der Genossenschaft ob. Gegen die Veranlagung steht dem Betriebsunternehmer binnen einer Frist[6]) von zwei Wochen die Beschwerde an das Reichs-Versicherungsamt[3]) zu.

(Abs. 5.) Der Gefahrentarif ist nach Ablauf von längstens zwei Rech-

---

fahrentarif), etwa so, daß das Maß der Unfallgefahr für die höchste Gefahrenklasse = 100 gesetzt und dasjenige der übrigen danach in einem Prozentsatz bestimmt wird (Motive zum 2. Gesetzentwurf S. 55), welcher letztere in bestimmten Ziffern (10, 20, 30 ꝛc.) zum Ausdruck zu bringen ist (A. N. IV S. 205). Die Verhältnißziffer der einzelnen Gefahrenklassen (Gefahrenziffer; der Ausdruck „Beitragsfuß“ soll vermieden werden, A. N. IV S. 201) bildet zusammen mit dem anrechnungspflichtigen Lohnbetrage des Unternehmers (§ 10 Abs. 1) die Berechnungsgrundlage für die Umlegung des Jahresbedarfs (A. N. III S. 22). Das Gesetz „will die größere oder geringere Unfallgefahr für die Leistungen der einzelnen Betriebe zu den Kosten der Unfallversicherung maßgebend sein lassen. Es entspricht dies der Billigkeit, da die Unfallgefahr nicht blos in den einzelnen Industriezweigen, sondern auch innerhalb derselben je nach der größeren oder geringeren Vollkommenheit der Betriebseinrichtungen eine verschiedene ist“ (Motive S. 55). Die Unterscheidung der einzelnen Gefahrenklassen wird aber nach objektiven äußerlich erkennbaren Merkmalen zu erfolgen haben, welche scharf genug zu bezeichnen sind, „um den Mitgliedern der Berufsgenossenschaften eine gewisse Kontrole über die Richtigkeit der Veranlagung der einzelnen Betriebe zu ermöglichen“ (Motive). Die Zahl der Gefahrenklassen ist unbeschränkt; es können so viel Gefahrenklassen gebildet werden, als die Verschiedenheit der Unfallgefahr erforderlich macht.

Bei der Einschätzung der Betriebe in die Gefahrenklassen ist die weitgehendste Individualisirung zulässig, indem auch für Betriebe gleicher Art, je nachdem sie mit guten Einrichtungen und Schutzvorkehrungen versehen sind oder nicht, eine niedrigere oder höhere Gefahrenklasse vorgesehen wird (A. N. II S. 81). Die verschiedenen Theile eines Betriebes können in verschiedene Klassen des Gesammttarifs eingeschätzt, es kann aber für einen Betrieb, dessen einzelne Haupttheile verschieden gefährlich sind, auch eine Durchschnitts-

nungsjahren und sodann mindestens von fünf zu fünf Jahren unter Berücksichtigung der in den einzelnen Betrieben vorgekommenen Unfälle einer Revision[7]) zu unterziehen. Die Ergebnisse derselben sind mit dem Verzeichnisse der in den einzelnen Betrieben vorgekommenen, auf Grund dieses Gesetzes zu entschädigenden Unfälle der Genossenschaftsversammlung[a]) zur Beschlußfassung über die Beibehaltung oder Aenderung der bisherigen Gefahrenklassen oder Gefahrentarife vorzulegen. Die Genossenschaftsversammlung[a]) kann den Unternehmern nach Maßgabe der in ihren Betrieben vorgekommenen Unfälle für die nächste Periode[7a]) Zuschläge[8]) auflegen oder Nachlässe bewilligen. Die über die Aenderung der bisherigen Gefahrenklassen oder Gefahrentarife gefaßten Beschlüsse bedürfen zu ihrer Gültigkeit der Genehmigung des Reichs-Versicherungsamts[3]); demselben ist das Verzeichniß[9]) der vorgekommenen Unfälle vorzulegen.

---

gefahrenziffer festgestellt werden, obwohl letzteres nicht immer empfehlenswerth ist (A. N. I S. 287, IV S. 203). Um behufs gerechter Einschätzung der einzelnen Betriebe in die Gefahrenklassen vergleichbare Zahlen zu gewinnen, muß für dieselbe die gleiche Beschäftigungsdauer der Versicherten zu Grunde gelegt, d. h. der Begriff eines „Vollarbeiters" eingeführt werden, worunter ein gewisses bestimmtes Maaß an Arbeitszeit verstanden wird, z. B. 280 im Jahre geleistete Tagewerke, oder eine regelmäßig das Jahr hindurch geleistete tägliche Schicht von 8 Stunden ꝛc. Wo ein bestimmter Brauch einen Anhalt nicht bietet, wird zweckmäßig 300 × 10 = 3000 Arbeitsstunden = 1 Vollarbeiter zu setzen sein (A. N. V S. 335). Vgl. auch Anm. 1a zu § 39. Bei der Einschätzung können Versicherungstechniker zugezogen, müssen Nebenbetriebe, welche Einfluß auf die Gefährlichkeit des Hauptbetriebes haben, berücksichtigt werden ꝛc. Eine weitergehende Individualisirung nach subjektiven Merkmalen, insbesondere nach der Persönlichkeit des Unternehmers und seiner Betriebsbeamten, sowie nach der Sorgsamkeit in Bezug auf die Unfallverhütung ist, wie auch in dem Komm.-Bericht (S. 34) erwähnt wird, nach dem Gesetz nicht zulässig; auch die (rein subjektive) Zugehörigkeit zu einem Dampfkessel-Revisionsverein darf nicht als gefahrvermindernde Moment in Anschlag gebracht werden (A. N. I S. 216). Erwägt man, daß derartige subjektive Momente in hohem Maße unsicher sind, daß in den Persönlichkeiten mehr oder minder häufig ein Wechsel eintritt oder doch möglich ist, so kann es nur als eine im Interesse der Genossenschaften liegende Maßregel angesehen werden, wenn die Berücksichtigung solcher Momente ausgeschlossen ist. Derartige subjektive Momente können aber demnächst nach Abs. 5 insofern Berücksichtigung finden, als sie auf die Zahl der Unfälle von Einfluß sind und dann in dieser Zahl zur Erscheinung kommen.

Etwa vorgekommene Unbilligkeiten der Einschätzung können durch die im Abs. 5 vorgesehenen Tarifrevisionen demnächst ausgeglichen werden; bei der Geringfügigkeit der ersten Umlagen fallen derartige wohl unvermeidliche Fehler in den ersten Jahren nicht in's Gewicht.

Gesichtspunkte für die Aufstellung des Gefahrentarifs siehe in A. N. II S. 14, IV S. 201, V S. 331; genehmigte Gefahrentarife in A. N. II S. 161 fg., 185 fg., 209 fg., 234 fg., IV S. 313 ꝛc. Das Schema eines Normal-Gefahrentarifs („als Anhalt") gibt das R.-V.-A. in A. N. IV S. 205; dasselbe hat seither weitverbreitete Anwendung gefunden (A. N. V S. 336).

Die Aufstellung der für die Zwecke des Gefahrentarifs erforderlichen Statistik bleibt jeder einzelnen Berufsgenossenschaft überlassen*); das Unfallverzeichniß (vgl. Anm. 9) wird hierzu verwendet werden können. Das R.-V.-A. führt nur eine Unfallstatistik für die Zwecke der Unfallverhütung, vgl. Anm. 1 zu § 78.

Gegen die Aufstellung des Tarifs und die Abgrenzung der Gefahrenklassen gegen einander hat der einzelne Betriebsunternehmer kein Rechtsmittel; seine Interessen werden auch in dieser Beziehung von dem Reichs- (Landes-) Versicherungsamt und zwar von Amtswegen wahrgenommen. Diesem mußte die Genehmigung des Tarifs schon um deswillen vorbehalten bleiben, um „die kleinen und weniger gefährlichen Betriebe vor einer zu starken Heranziehung zu den Kosten der Unfallversicherung im Verhältniß zu den größeren und gefährlicheren Betrieben zu schützen" (Mot. S. 55). Nur gegen seine Einschätzung in die einzelnen Klassen des Gefahrentarifs steht dem Unternehmer ein Rechtsmittel zu (Abs. 4). Zum Zweck der Einschätzung haben die Unternehmer auf Erfordern Angaben über ihre Betriebsverhältnisse zu machen; sind sie hierin säumig, so können diese Angaben anderweit erhoben werden, wofür der Unternehmer gemäß § 86 die zu liquidirenden Kosten zu erstatten hat (A. N. II S. 276). Innerhalb der Tarifperiode darf die einmal erfolgte Veranlagung, sofern es sich nicht etwa um eine im Einverständnisse mit dem betr. Unternehmer event. auf erhobene Beschwerde zulässige Richtigstellung einer irrigen Einschätzung handelt, nicht erhöht werden (A. N. III S. 378, IV S. 86); dieselbe gilt vielmehr für die Dauer der Tarifperiode. Vgl. jedoch § 39.

³) Reichs-Versicherungsamt, event. Landes-Versicherungsamt, § 92.

⁴) nach Anhörung, um den Organen „Gelegenheit zu geben, die von der Behörde erhobenen Anstände zu beseitigen" (Mot. S. 56).

⁵) selbst festzusetzen, „da die Aufstellung eines Gefahrentarifs obligatorisch und ohne dieselbe eine Umlegung der Mitgliederbeiträge nicht möglich ist" (Mot. S. 55), die ganze Einrichtung also ohne Gefahrentarif nicht funktioniren kann.

*) vgl. Luscher, Unfallstatistik der Berufsgenossenschaften und ihr Einfluß auf die Beiträge ihrer Mitglieder. Düsseldorf 1889. Selbstverlag.

⁶) Frist. Die Veranlagung muß daher nach § 110 zugestellt werden. Es kann auch eine Zwischeninstanz (durch Statut) insofern eingeschoben werden, als gegen die Veranlagung zunächst Remonstration oder Beschwerde an den Genossenschaftsvorstand zugelassen werden darf. Die Frist zur Beschwerde an das R.-V.-A. läuft dann erst nach Zustellung des Bescheids des letzteren (A. N. III S. 152).

⁷) Revision, „weil die Erfahrungen über den Umfang der Unfallgefahr in den einzelnen Industriezweigen und Betriebsarten noch nicht abgeschlossen sind und niemals absolut sein werden" (Mot. S. 56). Diese Revision betrifft nur die Aufstellung der Gefahrenklassen und das Beitragsverhältniß der Klassen zu einander, wofür das Unfallverzeichniß die nöthigen Unterlagen gibt. Erfolgt hierin eine Aenderung nicht, so ist eine allgemeine Revision der Einschätzung der einzelnen Betriebe in die Gefahrenklassen nicht nothwendig, weil nicht vorgeschrieben. Wegen neuer Einschätzung in Folge von Betriebsänderungen vgl. § 39. Die erste Revision ist nach zwei Umlagen, also gemäß der Bek. des Reichskanzlers v. 23. Februar 1885 (vgl. dieselbe bei § 77) nach Ablauf des Jahres 1887 (A. N. II S. 275, IV S. 199) erfolgt. Ueber die Ergebnisse dieser Revision und die daraus zu entnehmenden Winke für die Zukunft vgl. A. N. V S. 331. Eine Revision kann auf Beschluß der Genossenschaftsversammlung auch innerhalb einer Tarifperiode vorgenommen werden (A. N. III S. 358).

^7a^) Periode, d. h. Zeitraum zwischen zwei Tarifrevisionen, nicht Rechnungsjahr (A. N. III S. 358).

⁸) Zuschläge, welche als Mehrbeiträge nach § 74 im administrativen Zwangsverfahren beigetrieben werden.

Diese von der Reichstagskommission eingefügten Bestimmungen „bezwecken einmal eine Vermehrung der objektiven Kriterien der Einschätzung und damit eine Steigerung der Individualisirung und sollen dem Reichs-Versicherungsamt seine Aufgabe erleichtern. Sie knüpfen ferner das eigenste Interesse des Unternehmers an die möglichste Verhütung von Unfällen, indem sie der Genossenschaftsversammlung das Recht geben, nach Maßgabe der in den einzelnen Betrieben wirklich vorgekommenen Unfälle Zuschläge aufzuerlegen oder Nachlässe zu bewilligen" (Komm.-Bericht S. 33).

Die Bestimmung dient also im Wesentlichen zur Korrektur des Gefahrentarifs und darf in der Praxis nicht so angewendet werden, daß sie lediglich eine Belohnung für die thatsächlich bewirkte geringere Belastung der Genossenschaft durch Unfälle, oder eine Bestrafung für den umgekehrten Fall darstellt, sobald nicht die Zahl der Unfälle mit den Betriebseinrichtungen in ursächlichem Zusammenhang steht, sondern vielleicht auf reinen Zufälligkeiten oder höherer Gewalt beruht.

⁹) Verzeichniß. Auf die Führung dieses Unfallverzeichnisses ist wegen seiner Bedeutung für die Revision der Gefahrentarife und die richtige Einschätzung der Betriebe besondere Sorgfalt zu verwenden. Vorschriften über die Anlegung des Unfallverzeichnisses vgl. A. N. V S. 331 fg., ein Schema für dasselbe („als Anhalt") A. N. V S. 339. Das Verzeichniß soll fortlaufend

Theilung des Risikos.

§ 29.*)

(Abs. 1.) Durch das Statut[1]) kann vorgeschrieben werden, daß die Entschädigungsbeträge[2]) bis zu fünfzig Prozent[3]) von den Sektionen zu tragen sind[4]), in deren Bezirken[5]) die Unfälle eingetreten sind.

(Abs. 2.) Die hiernach den Sektionen zur Last fallenden Beträge sind auf die Mitglieder derselben nach Maßgabe der für die Genossenschaft festgesetzten Gefahrenklassen und der in diesen zu leistenden Beiträge (§§ 10, 28) umzulegen.

*) § 29 gilt im Allg. auch für den Bereich des Ausdehnungsgesetzes (§ 3 A.-G.) und des Bau-Unfallversicherungsgesetzes (§ 12 B.-U.G.), aber nicht für die Post-, Telegraphen-, Marine- und Heeres-Betriebe, ebensowenig für die fiskalischen Eisenbahnbetriebe und die den Berufsgenossenschaften nicht zugewiesenen fiskalischen Baggerei-, Binnenschiffahrts-, Flösserei-, Prahm- und Fähr-Betriebe, sowie die untere besondere Ausführungsbehörden gestellten fiskalischen oder kommunalen Regiebaubetriebe (§§ 2, 3 A.-G., § 47 B.-U-G.).

---

geführt werden; eine Vermischung der entschädigungspflichtigen (§§ 5, 6) und der kleineren Unfälle muß in demselben unterbleiben (A. N. III S. 154).

Zu § 29.

[1]) Durch das Statut, also nur mit Genehmigung des Reichs- (Landes-) Versicherungsamts, § 20 Abs. 1. „Die Ertheilung dieser Genehmigung wird von der Leistungsfähigkeit der Sektionen in Bezug auf die ihnen daraus erwachsenden Lasten und von dem Maße der zu tragenden Gefahr abhängen" (Motive S. 56).

[2]) Entschädigungsbeträge, einschl. der Zuschläge zum Reservefonds (A. N. III S. 40), vgl. Anm. 3 zu § 18. Wegen der Verwaltungskosten der Sektionen vgl. Anm. 2 zu § 19.

[3]) fünfzig Procent, „um eine übermäßige Belastung der Sektionen schon durch das Gesetz zu verhindern" (Motive). Die Knappschaftsberufsgenossenschaft ist an diese Obergrenze nicht gebunden, § 94.

[4]) zu tragen sind. Durch eine solche Uebertragung wird insbesondere das Interesse der Sektionen „an einer sparsamen und gewissenhaften Verwaltung sowie an der Verhütung von Unfällen und demgemäß an der sorgsameren Beaufsichtigung der Betriebsanlagen gefördert. Träger der Versicherung bleiben aber auch in diesen Fällen die Berufsgenossenschaften. Sie haften demgemäß für die Quote, welche den einzelnen Sektionen etwa auferlegt wird" (Motive S. 56). Diese Haftung der Genossenschaft ist subsidiarisch.

Den Postverwaltungen gegenüber ist die Theilung des Risikos einflußlos, cf. Anm. 1 zu § 70.

Die Untervertheilung innerhalb der Sektion erfolgt nach dem allgemeinen Vertheilungsmaßstab (§§ 10, 28).

Gemeinsame Tragung des Risikos.

§ 30.*)

Vereinbarungen von Genossenschaften, die von ihnen zu leistenden Entschädigungsbeträge ganz oder zum Theil gemeinsam zu tragen, sind zulässig. Derartige Vereinbarungen [1]) bedürfen zu ihrer Gültigkeit der Zustimmung der betheiligten Genossenschaftsversammlungen, sowie der Genehmigung des Reichs-Versicherungsamts [2]). Dieselben dürfen nur mit dem Beginn eines neuen Rechnungsjahres [3]) in Wirksamkeit treten. (Abs. 1.)

Die Vereinbarung hat sich darauf zu erstrecken, in welcher Weise der gemeinsam zu tragende Entschädigungsbetrag auf die betheiligten Genossenschaften zu vertheilen ist. (Abs. 2.)

Ueber die Vertheilung des auf eine jede Genossenschaft entfallenden Antheils an der gemeinsam zu tragenden Entschädigung unter die Mitglieder der Genossenschaft entscheidet die Genossenschaftsversammlung. Mangels einer anderweiten Bestimmung [4]) erfolgt die Umlage dieses Betrages in gleicher Weise, wie die der von der Genossenschaft nach Maßgabe dieses Gesetzes zu leistenden Entschädigungsbeträge (§§ 10, 28). (Abs. 3.)

*) § 30 gilt im Allg. auch für den Bereich des Ausdehnungsgesetzes (§ 3 A.-G.) und des Bau-Unfallversicherungsgesetzes (§ 12 B.-U.-G.), aber **nicht** für die Post-, Telegraphen-, Marine- und Heeres-Betriebe, ebensowenig für die fiskalischen Eisenbahnbetriebe und die den Berufsgenossenschaften nicht zugewiesenen fiskalischen Baggerei-, Binnenschiffahrts-, Flösserei-, Prahm- und Fähr-Betriebe, sowie für die unter besondere Ausführungsbehörden gestellten fiskalischen oder kommunalen Regiebaubetriebe (§§ 2, 3 A.-G., § 47 B.-U.-G.).

---

[5]) Bezirken, nicht räumlich, sondern einschließlich aller Arbeiten und Betriebstheile (auch außerhalb des räumlichen Sektionsgebiets), welche zu den in dem Sektionsbezirk ihren Sitz habenden selbständigen Betrieben gehören (A. N. III S. 27). Vgl. Anm. 6 zu §. 9 sowie Anm. 5 zu § 46.

Zu § 30.

[1]) Derartige Vereinbarungen lassen die berufsgenossenschaftliche Gliederung der Industriezweige unberührt und fallen lediglich unter den Gesichtspunkt der Rückversicherung; sie werden, worauf die Motive hinweisen, insbesondere in zwei Fällen vorkommen:

a) unter verwandten Industriezweigen, „deren Vereinigung in eine Berufsgenossenschaft mit Rücksicht auf die Verschiedenheit ihrer Interessen und der von ihnen zu verfolgenden Ziele nicht hat erfolgen können", welche aber die gemeinsame Uebernahme der Unfallge-

Abänderung des Bestandes der Berufsgenossenschaften.

§ 31.*)

Nach erfolgtem Abschluß der Organisation der Berufsgenossenschaften sind Aenderungen[1]) in dem Bestande der letzteren mit dem Beginn eines neuen Rechnungsjahres[2]) unter nachstehenden Voraussetzungen zulässig:

1. Die Vereinigung mehrerer Genossenschaften erfolgt auf übereinstimmenden Beschluß der Genossenschaftsversammlungen mit Genehmigung des Bundesraths[3]).

*) § 31 gilt im Allg. auch für den Bereich des Ausdehnungsgesetzes (§ 3 A.-G.), sowie mit einer Modifikation (vgl. Anm. 3a) für den Bereich des Bau-Unfallversicherungsgesetzes, aber nicht für die Post-, Telegraphen-, Marine- und Heeresbetriebe, ebensowenig für die fiskalischen Eisenbahnbetriebe und die den Berufsgenossenschaften nicht zugewiesenen fiskalischen Baggerei-, Binnenschiffahrts-, Flösserei-, Prahm- und Fähr-Betriebe, sowie die unter besondere Ausführungsbehörden gestellten fiskalischen oder kommunalen Regiebaubetriebe (§§ 2, 3, A.-G., § 47 B.-U.-G.)

---

fahr oder eines Theiles derselben als in ihrem beiderseitigen Interesse liegend wünschen";

b) wenn für einen Industriezweig mehrere territoriale Genossenschaften neben einander gebildet worden sind.

„Auf diese Weise wird die Vertheilung des Risikos auf weitere und engere Kreise, auf welche vielfach in Interessentenkreisen Werth gelegt worden ist, ermöglicht" (Motive S. 56). Auf die Verhaftung der einzelnen Berufsgenossenschaften, insbesondere den Postverwaltungen gegenüber, ist ein derartiges Arrangement einflußlos, cf. Anm. 1 zu § 70. Die Anweisung des zu zahlenden Entschädigungs-Betrages erfolgt also auch hier durch den Vorstand derjenigen Genossenschaft, welcher der betr. Betrieb angehört, Anm. 4 zu § 69.

²) Reichs-Versicherungsamt, event. Landes-Versicherungsamt, § 92.

³) Rechnungsjahr, § 77.

⁴) Mangels einer anderweiten Bestimmung. Nur in besonderen Ausnahmefällen wird von der gesetzlichen Regel abzuweichen sein.

Zu § 31.

¹) Aenderungen. „Da die bisherigen Erfahrungen auf dem Gebiete der Unfallversicherung nicht ausreichen, um als Grundlage dauernder, unabänderlicher Einrichtungen dienen zu können, empfiehlt es sich nicht, die Beweglichkeit in der Abgrenzung der Berufsgenossenschaften zu beschränken. Im Gegentheil erfordert die Rücksicht auf die Verschiedenartigkeit der Entwickelung der einzelnen Industriezweige Bestimmungen, welche dem aus der veränderten Gestaltung der thatsächlichen Verhältnisse sich ergebenden Bedürfnisse nach Aenderungen in dem Bestande der Berufsgenossenschaften in möglichst einfacher

2. Das Ausscheiden einzelner Industriezweige oder örtlich abgegrenzter Theile aus einer Genossenschaft und die Zutheilung derselben zu einer anderen Genossenschaft erfolgt auf Beschluß[3a]) der betheiligten Genossenschaftsversammlungen[a]) mit Genehmigung des Bundesraths[3]). Die Genehmigung kann versagt werden, wenn durch das Ausscheiden die Leistungsfähigkeit einer der betheiligten Genossenschaften in Bezug auf die ihr obliegenden Pflichten gefährdet wird.

Weise Rechnung tragen. Hierbei wird der Freiheit der Bewegung ein möglichst weiter Spielraum zu gewähren und die Entscheidung über etwaige Aenderungen ebenfalls in erster Reihe den Interessenten selbst zu überlassen und die behördliche Genehmignng bezw. Anordnung auf diejenigen Fälle zu beschränken sein, in denen entweder eine Verständigung derselben nicht erzielt wird, oder Fürsorge dafür zu treffen ist, daß bei den beabsichtigten Veränderungen die Interessen der bei denselben Betheiligten angemessen gewahrt werden. Hierdurch ist zugleich die Möglichkeit geboten, Wünschen der Betriebsunternehmer, welche bei der ersten Bildung der Berufsgenossenschaften keine Berücksichtigung gefunden haben, Rechnung zu tragen" (Motive S. 57).

Derartige Veränderungen können in 3 Fällen vorkommen:

a) es werden mehrere Genossenschaften mit einander vereinigt, § 31 Nr. 1, 2, § 32 Abs. 1, 5;

b) oder es treten einzelne Theile (nach örtlicher Begrenzung oder nach Industriezweigen) aus einer Genossenschaft in eine andere über, § 31 Nr. 2, 3, § 32 Abs. 2, 4 bis 6 (Beispiele derartiger Veränderungen enthalten die Beschlüsse des Bundesraths vom 17. August 1887 und vom 16. Mai 1889; durch ersteren sind die örtlichen Bezirke verschiedener Eisen- und Stahl-B.-G., durch letzteren die sachlichen Gebiete der Papierverarbeitungs-, der chemischen, der Edel- und Unedel-Metall-, der Töpferei- und der Baugewerks-B.-G. verändert worden. Vgl. Anm. zu B.-G. 4, 8, 11, 12, 16, 18, 29, 43 in Anlage C);

c) oder es treten derartige einzelne Theile aus einer Genossenschaft aus und bilden eine neue Genossenschaft, § 31 Nr. 4, § 32 Abs. 3 bis 6.

1a) Genossenschaftsversammlungen. Jede betheiligte Berufsgenossenschaft, welcher ein von der Genossenschaftsversammlung einer anderen B.-G. beschlossener Antrag wegen Ausscheidung von Industriezweigen oder örtlichen Theilen zugestellt wird, ist verpflichtet, hierüber einen Beschluß ihrer Genossenschaftsversammlung herbeizuführen (A. N. V S. 165).

2) mit dem Beginn eines neuen Rechnungsjahres (§ 77), so daß die Aenderungen mit diesem Zeitpunkt in's Leben treten. Für die Zuständigkeit bei Festsetzung von Renten, Entscheidung auf Berufungen &c. nach dem Ins-

3. Wird die Vereinigung mehrerer Genossenschaften oder das Ausscheiden einzelner Industriezweige oder örtlich abgegrenzter Theile aus einer Genossenschaft und die Zutheilung derselben zu einer anderen Genossenschaft auf Grund eines Genossenschaftsbeschlusses beantragt, dagegen von der anderen betheiligten Genossenschaft abgelehnt [2a]), so entscheidet auf Anrufen der Bundesrath [3]).

4. Anträge auf Ausscheidung einzelner Industriezweige oder örtlich abgegrenzter Theile aus einer Genossenschaft und Bildung einer besonderen Genossenschaft für dieselben sind zunächst der Beschlußfassung der Genossenschaftsversammlung zu unterbreiten und sodann dem Bundesrath [3]) zur Entscheidung vorzulegen. Die Genehmigung zur Bildung der neuen Genossenschaft kann versagt werden, wenn einer der im § 12 Ziffer 1 und 2 angegebenen Gründe vorliegt.

Wird die Genehmigung ertheilt, so erfolgt die Beschlußfassung über das Statut für die neue Genossenschaft nach Maßgabe [4]) der Bestimmungen in den §§ 16 bis 20.

---

lebentreten der Veränderung fragt es sich, ob die Entschädigung, wenn auch nur theilweise, auf die bisherige Berufsgenossenschaft entfällt, d. h. ob der gesetzliche Beginn des Rentengenusses zc. in die Zeit des verflossenen oder des laufenden Jahres entfällt. Im letzteren Fall sind ausschließlich die Organe und Schiedsgerichte der neueren, im ersteren Falle dagegen ausschließlich die Organe und Schiedsgerichte der älteren B.-G. für den ganzen Anspruch zuständig; doch sollen sich die Organe der älteren B.-G. in solchen Fällen, z. B. wenn es sich um die Frage handelt, ob Rechtsmittel einzulegen sind, mit den Organen der neuen B.-G. in Verbindung setzen (A. N. IV S. 80).

2a) abgelehnt, vgl. Anm. 1a.

3) Bundesrath. „Es muß Gewähr dafür gegeben werden, daß nicht heterogene Genossenschaften sich vereinigen" (Komm.-Ber. S. 34), denn solche Vereinigungen würden dem Princip des Gesetzes nicht entsprechen, cf. Anm. 1 zu § 9. Im Uebrigen hat der Bundesrath in den Fällen dieses Paragraphen dieselbe Stellung, welche ihm in § 12 für die erste Bildung der Genossenschaften gegeben worden ist; er hat also insbesondere auch die Minoritäten zu schützen (cf. Komm.-Ber. a. a. O.). Der Bundesrath tritt aber hier nur auf Anrufen ein; Anordnungen desselben wegen Abänderung bestehender Berufsgenossenschaften sind nicht zugelassen. Die dem Bundesrath in § 15 für die erste Bildung von Genossenschaften eingeräumten Zwangsbefugnisse fallen also, sobald Genossenschaften einmal gebildet sind, fort.

§ 32.*)

[1])Werden mehrere Genossenschaften zu einer Genossenschaft vereinigt, so gehen mit dem Zeitpunkte, zu welchem die Veränderung in Wirksamkeit tritt[2]), alle Rechte und Pflichten der vereinigten Genossenschaften auf die neugebildete Genossenschaft über. (Abs. 1.)

Wenn einzelne Industriezweige oder örtlich abgegrenzte Theile aus einer Genossenschaft ausscheiden und einer anderen Genossenschaft angeschlossen werden, so sind von dem Eintritt dieser Veränderung ab die Entschädigungsansprüche[2a]), welche gegen die erstere Genossenschaft aus den in Betrieben der ausscheidenden Genossenschaftstheile eingetretenen Unfälle erwachsen sind, von der Genossenschaft zu befriedigen[2b]), welcher die Genossenschaftstheile nunmehr angeschlossen sind. (Abs. 2.)

Scheiden einzelne Industriezweige oder örtlich abgegrenzte Theile aus einer Genossenschaft unter Bildung einer neuen Ge- (Abs. 3.)

*) § 32 gilt auch für den Bereich des Ausdehnungsgesetzes (§ 3 A.-G.) und des Bau-Unfallversicherungsgesetzes (§ 12 B.-U.G.). ist aber auf die einer Berufsgenossenschaft nicht zugewiesenen fiskalischen, kommunalen etc. Betriebe nur analog anzuwenden (§ 3 A.-G, § 47 B.-U.-G,).

3a) auf Beschluß. Solche nach § 1 Abs. 8 durch den Bundesrath für versicherungspflichtig erklärten und dadurch dem Unfallversicherungsgesetz unterstellten gewerblichen Baubetriebe, welche nach dem Baunfallgesetze in die Tiefbau-B.-G. fallen würden, können durch den Bundesrath ohne Beschluß der Genossenschaftsversammlungen aus dieser B.-G. ausgeschieden und anderen B.-G. zugewiesen werden, § 12 B.-U.-G. Dies ist rücksichtlich der Ofensetzer 2c. bei Bauten geschehen, vgl. Zusatz zu § 1.

4) nach Maßgabe; es ist also ein provisorischer Vorstand zu wählen 2c.

Zu § 32.

1) § 32 behandelt die Rechtswirkungen der im § 31 erörterten Fälle von Veränderungen in dem Bestande der Genossenschaften, cf. Anm. 1 zu § 31.

Das R.-V.-A. erachtet den in § 32 vorgeschriebenen Grundsatz, nach welchem bei einer auf Beschluß (§ 31) eintretenden Bestandsveränderung von B.-G. (Ausscheiden ganzer Industriezweige oder örtlich abgegrenzter Theile) Rentenansprüche für die Zukunft übergehen, auch für solche Fälle als anwendbar, in welcher die Bestandsveränderung durch ein Gesetz herbeigeführt wird (z. B. Uebergang von Fuhrwerks- 2c. Betrieben an die landw. B.-G.), A. N. V S. 6; ebenso aber auch in solchen Fällen, in denen einzelne Betriebe aus anderen Gründen als infolge einer Betriebsveränderung (§ 38), also z. B. wegen irrthümlicher Katastrirung, oder wegen anderweiter Entschließung über die Zugehörigkeit gewisser Betriebszweige, zu einer anderen (auch landw.) B.-G.

nossenschaft aus, so sind von dem Zeitpunkte der Ausscheidung ab die Entschädigungsansprüche, welche gegen die erstere Genossenschaft aus den in Betrieben der ausscheidenden Genossenschaftstheile eingetretenen Unfällen erwachsen sind, von der neugebildeten Genossenschaft zu befriedigen.[2b])

(Abs. 4.) Insoweit[2c]) zufolge des Ausscheidens von Industriezweigen oder örtlich abgegrenzten Theilen Entschädigungsansprüche auf andere Genossenschaften übergehen, haben die letzteren Anspruch auf einen entsprechenden[3]) Theil des Reservefonds und des sonstigen[3a]) Vermögens derjenigen Genossenschaft, aus welcher die Ausscheidung stattfindet.

(Abs. 5.) Die vorstehenden Bestimmungen können durch übereinstimmenden Beschluß der betheiligten Genossenschaftsversammlungen abgeändert oder ergänzt werden.

(Abs. 6.) Streitigkeiten, welche in Betreff der Vermögensauseinandersetzung zwischen den betheiligten Genossenschaften entstehen, werden mangels Verständigung derselben über eine schiedsgerichtliche Entscheidung[4]) von dem Reichs-Versicherungsamt[5]) entschieden.

übergehen (A. N. III S. 39, V S. 90). „Die vom Gesetz vorgesehene Rechtsnachfolge bezweckt die völlige Lösung der Beziehungen zwischen dem überwiesenen Betriebe und der überweisenden Berufsgenossenschaft und begreift deshalb folgerichtig die Uebertragung der Rechte und Pflichten nach Maßgabe des Bestandes bei Eintritt dieser Veränderung (vgl. § 32 Abs. 2 U.-V.-G.)." Der neuen B.-G. fallen ja auch fortan die Beiträge zu. Dagegen findet ein Uebergang der Rentenlast nicht statt bei einem Wechsel in Folge von Betriebsveränderungen gemäß § 38 (A. N. III S. 378), ebensowenig bei dem Ausscheiden eines gemäß § 4 Ziffer 3 B.-U.-G. für leistungsfähig erklärten Kommunalverbands (A. N. V S. 166), weil in Fällen der letzteren Art durch die bisher gezahlten Prämien die Schuld an die Versicherungsanstalt der Baugewerks-B.-G., welcher der ausscheidende Kommunalverband bisher angehörte, bereits gedeckt ist. Vgl. Anm. 4 zu § 34, Anm. 2 zu § 37, Anm. 8 zu § 38.

[2]) in Wirksamkeit tritt. Dieser Zeitpunkt muß in dem übereinstimmenden Beschluß der Genossenschaften angegeben sein, cf. Anm. 2 zu § 31.

Bis zu der nach Ablauf des kommenden Rechnungsjahres vorzunehmenden Umlage muß dann der Gefahrentarif aufgestellt und genehmigt und die Einschätzung in die Klassen desselben erfolgt sein (§ 28 Abs. 3, 4), damit die Umlegung der im vergangenen Jahre für die neue Genossenschaft vorgeschossenen Beträge rechtzeitig erfolgen kann.

[2a]) Entschädigungsansprüche — zu befriedigen, aber nicht die auf

Auflösung von Berufsgenossenschaften.

§ 33.*)

[1]) Berufsgenossenschaften, welche zur Erfüllung der ihnen durch (Abs. 1) dieses Gesetz auferlegten Verpflichtungen leistungsunfähig [2]) werden,

*) § 33 gilt im Allg. auch für den Bereich des Ausdehnungsgesetzes (§ 3 A.-G.) und des Bau-Unfallversicherungsgesetzes (§ 12 B.-U.-G.), aber **nicht** für die Post-, Telegraphen-, Marine- und Heeres-Betriebe, ebensowenig für die fiskalischen Eisenbahnbetriebe, die den Berufsgenossenschaften nicht zugewiesenen fiskalischen Baggerei-, Binnenschiffahrts-, Flösserei-, Prahm- und Fähr-Betriebe, sowie die unter besondere Ausführungsbehörden gestellten fiskalischen oder kommunalen Regiebaubetriebe (§§ 2, 3 A.-G., § 47 B.-U.-G.)

---

deren Feststellung verwandten oder der bisherigen Genossenschaft sonst erwachsenen Kosten zu erstatten (A. N. V S. 166).

2b) zu befriedigen. Die bisher verpflichtete B.-G. hat dann der Post eine Einstellungsanweisung zugehen zu lassen (A N. IV S. 211).

2c) insoweit. Eine Vermögensüberweisung hat also nur dann zu erfolgen, wenn auch eine Rentenverpflichtung übergeht (A. N. V S. 7).

3) entsprechenden, nach dem Kapitalwerth der Gesammtlasten der alten Genossenschaft im Verhältniß zu dem Kapitalwerth der von der neuen Genossenschaft zu übernehmenden Lasten. Der Kapitalwerth ist nach technischen Grundsätzen zu berechnen, wobei die im Interesse der Tiefbau-B.-G. aufgestellten Rechnungen (A. N. V S. 78) anzuwenden sind (A. N. V S. 8).

3a) sonstigen. Hierhin gehört Alles, was bei einer nach kaufmännischen Regeln aufgestellten Bilanz unter „Aktiva" aufzuführen gewesen wäre, also auch ein etwa vorhandener eiserner Betriebsfonds, aber nicht ein laufender aus Vorschüssen gebildeter Betriebsfonds, ebensowenig ein etwaiger Geldwerth von Katastern, Akten ꝛc. (A. N. V S. 166). Vgl. übrigens Absatz 5.

4) schiedsgerichtliche Entscheidung. Auch hier ist der freien Verständigung der Berufsgenossen voller Spielraum gelassen. Bei der schiedsgerichtlichen Entscheidung ist aber nicht an das bei der Entschädigung für Betriebsunfälle fungirende Schiedsgericht der §§ 46 ff. zu denken. Das Reichs- (event. Landes-) Versicherungsamt wird auch dann eintreten müssen, wenn der Schiedsvertrag außer Kraft getreten ist; vgl. darüber, sowie über das Verfahren ꝛc. die §§ 851 ff. der Civ.-Proz.-Ordn.

5) Reichs-Versicherungsamt event. Landes-Versicherungsamt, § 92.

Zu § 33.

1) Vgl. die Ausführungen in den allg. Motiven (oben S. 61).

2) leistungsunfähig. Wann die Leistungsunfähigkeit eintritt, ist Thatfrage, cf. aus den allgem. Motiven: „die Leistungsunfähigkeit einer Genossenschaft wird nicht bereits anzunehmen sein, wenn einzelne Betriebsunternehmer die aus der Unfallfürsorge ihnen erwachsenden Kosten nicht zu tragen vermögen, oder wenn durch Krisen vorübergehend die Lage der der Genossenschaft angehörigen Industriezweige ungünstig beeinflußt wird. Andererseits wird das

können auf Antrag des Reichs-Versicherungsamts[3]) von dem Bundesrath aufgelöst[4]) werden. Diejenigen Industriezweige, welche die aufgelöste Genossenschaft gebildet haben, sind anderen Berufsgenossenschaften nach deren Anhörung zuzutheilen[5]). Mit der Auflösung der Genossenschaft gehen deren Rechtsansprüche[6]) und Verpflichtungen[7]), vorbehaltlich der Bestimmung im § 92, auf das Reich[8]) über.

Eintreten des Reichs auch nicht davon abhängig gemacht werden dürfen, daß die zwangsweise Beitreibung der Mitgliederbeiträge gegen sämmtliche Betriebsunternehmer wegen Unvermögens derselben nicht hat erfolgen können."

Im Uebrigen ist hierbei, wie aus dem Komm.-Ber. S. 36 hervorgeht, weniger an Massenunfälle, als an den völligen Niedergang ganzer Industriezweige zu denken. Vgl. auch Anm. 1 zu § 12.

[3]) Reichs-Versicherungsamt, event. Landes-Versicherungsamt, § 92.

[4]) Die Auflösung und Zutheilung erfolgt uno actu.

[5]) zuzutheilen. Die Zutheilung erfolgt frei von Schulden und Verpflichtungen; erst von dem Augenblick an, in welchem die Zutheilung in's Leben tritt, fallen Unfälle, die in den zugetheilten Betrieben neu eintreten, dem neuen Verbande zu. Die zugetheilten Unternehmer treten in die Rechtsverhältnisse ihrer neuen Berufsgenossen ein, tragen also hinfort zu den Lasten der bisher in dieser Genossenschaft eingetretenen Unfälle ebenso bei, wie die älteren Mitglieder der letzteren.

Die Zutheilung kann nur zu verwandten oder zu solchen Genossenschaften erfolgen, denen jene Betriebe ihrer Natur nach am nächsten stehen, cf. Anm. 3 zu § 31, sowie § 37 Abs. 4. Ein Widerspruch gegen die Zutheilung steht der betheiligten Genossenschaft nicht zu.

[6]) Rechtsansprüche, z. B. gegen Betriebsunternehmer auf Zahlung rückständiger Beiträge. Erhebliche Vermögensobjekte können, da der Reservefonds verbraucht sein muß, im Uebrigen wohl nicht vorhanden sein und gehen, soweit sie vorhanden sind, in das Eigenthum des Reichs (oder im Fall des § 92 in das Eigenthum des Bundesstaates) über.

[7]) Verpflichtungen. Das Reich übernimmt also an Stelle des zahlungsunfähigen Schuldners die Weiterzahlung der Renten (§§ 5, 6).

[8]) auf das Reich. Hierin liegt eine durch die Konkurrenz der Bundesstaaten im Fall des § 92 abgeschwächte Garantie des Reichs für die Berufsgenossenschaften, allerdings in einer Beschränkung, daß sie wohl niemals praktisch werden wird. „Die Reichsgarantie hat vorwiegend nur eine theoretische Bedeutung; sie bildet den konsequenten Abschluß des Systems, soll aber, wenn irgend möglich, niemals praktisch werden" (Komm.-Ber. S. 29); es handelt sich „um eine theoretische Konstruktion einzelner außerordentlicher Fälle"; die Vorschrift „hat wesentlich dekorative Bedeutung und hat einen realen Werth für

III. Mitgliedschaft des einzelnen Betriebes. Betriebsveränderungen.

Mitgliedschaft.

§ 34.*)

[1]) Mitglied der Genossenschaft ist jeder Unternehmer [2]) eines im Bezirke derselben belegenen Betriebes [3]) derjenigen Industriezweige, (Abs. 1.)

*) § 34 gilt im Allg. auch für den Bereich des Ausdehnungsgesetzes, aber nicht für die Post-, Telegraphen-, Marine- und Heeres-Betriebe, ebensowenig für die fiskalischen Eisenbahnbetriebe und die den Berufsgenossenschaften nicht zugewiesenen fiskalischen Baggerei-, Binnenschiffahrts-, Flösserei-, Prahm- und Fährbetriebe (§§ 2, 3 A.-G.). Für das Gebiet des Bau-Unfallversicherungsgesetzes vgl. §§ 14, 16 B.-U.-G.

---

die Regel nur darum, weil dadurch auf die Vermeidung unsolider Bildungen hingewirkt wird" (a. a. O. S. 36).

Es handelte sich hierbei also nicht um einen Reichszuschuß als dauernde Einrichtung, sondern lediglich um eine Garantie für einzelne außerordentliche Fälle, wie sie Staaten auch anderen öffentlich-rechtlichen Korporationen nicht werden versagen können, welche durch die Gesetzgebung des betr. Staates in's Leben gerufen sind und öffentliche Pflichten zu übernehmen gehabt haben.

Der Zustimmung des Reichstags bedarf es bei der Uebernahme der Verpflichtungen der aufgelösten Betriebe nicht. „Die Nöthigung, die gewährte Reichshülfe in den Etat einzustellen, wenn auch der Posten nicht verweigert werden könne, werde doch wegen der zu erwartenden Kritik vor einer unberechtigten Anwendung des § 33 schützen" (Komm.-Ber. S. 36).

Die Ueberweisung an die Gesammtheit der Berufsgenossenschaften statt auf das Reich ist in Erwägung gezogen, jedoch wegen der praktischen Schwierigkeiten und weil zu bezweifeln sei, ob eine rechtliche Grundlage für eine derartige Uebertragung vorhanden wäre, aufgegeben worden (cf. Komm.-Ber. S. 36).

Zu § 34.

[1]) Die bisherigen Bestimmungen behandelten die Konstituirung, die Verfassung und die Veränderung der Genossenschaften; die folgenden Vorschriften regeln die Rechtsverhältnisse der Mitglieder innerhalb der Genossenschaften.

[2]) Unternehmer, vgl. Anm. 4, 5 zu § 9. Die versicherten Arbeiter und Beamten sind nicht Mitglieder. Bei den Krankenkassen ist es umgekehrt.

[3]) belegenen Betriebes sc. versicherungspflichtigen, in welchem Arbeiter beschäftigt werden (vgl. A. N. I S. 96), auch wenn die Beschäftigungsdauer der Arbeiter nur kurz ist (A. N. I S. 344). Darauf, ob der Betrieb dauernd oder nur vorübergehend in Gang ist, kommt es nicht an (A. N. II S. 13).

Entscheidend für die Zugehörigkeit zur Genossenschaft (und zur Sektion) ist also der Sitz des (versicherungspflichtigen) Betriebes, nicht der Wohnsitz des Unternehmers. Der Betriebssitz „kann durch das Vorhandensein von Befür welche die Genossenschaft errichtet ist. Die Mitgliedschaft beginnt[4]) für die Unternehmer der zur Zeit des Inkrafttretens des Gesetzes versicherungspflichtigen Betriebe mit diesem Zeitpunkte[5]), für die Unternehmer später entstehender oder versicherungspflichtig werdender[6]) Betriebe mit dem Zeitpunkte der Eröffnung[7]) beziehungsweise des Beginns der Versicherungspflicht derselben.

(Abs. 2.) Stimmberechtigt[8]) ist jedes Mitglied der Genossenschaft, sofern es sich im Besitz der bürgerlichen Ehrenrechte befindet.

---

triebsanlagen, Verkaufsstätten, Waarenlagern äußerlich erkennbar, oder aus Eintragungen in Firmen- oder Gewerberegister zu entnehmen sein" (A. N. II S. 13). Wegen der Zweigniederlassungen (Zweiggeschäfte), welche im Allg. als besondere Betriebe im Sinne des Gesetzes aufzufassen sind, und wegen der Zugehörigkeit zu mehreren Genossenschaften oder Sektionen beim Vorhandensein mehrerer selbständiger Betriebe desselben Unternehmers vgl. Anm. 6 zu § 9. Wegen im Inlande belegener Bestandtheile ausländischer Betriebe vgl. Anm. 3 zu § 1.

[4]) beginnt. „Jeder an sich versicherungspflichtige Betriebsunternehmer wird kraft des Gesetzes Mitglied derjenigen Genossenschaft, zu welcher er nach Maßgabe der Abgrenzung der letzteren und nach Maßgabe des von ihm betriebenen Industriezweiges gehört. Die Anwendung dieses Grundsatzes auf den konkreten Fall wird dergestalt zu konstatiren sein, daß sowohl für die Betheiligten, als auch für die Behörden volle Klarheit über die Zugehörigkeit zur Genossenschaft herrscht. Dies soll durch die Einrichtung von Genossenschaftskatastern und die Ausstellung von Mitgliedscheinen erreicht werden" (Mot. S. 51).

Die Versicherung besteht in Kraft, auch wenn ein Mitgliedschein nicht ertheilt oder von dem betr. Betriebsunternehmer nicht angenommen, bezw. wenn das qu. Unternehmen in das Genossenschaftskataster nicht aufgenommen worden ist, sobald nur die objektiven, von dem Gesetz gestellten Voraussetzungen vorliegen. Bei der Ueberweisung vorgekommene Omissionen sind, sobald sie entdeckt werden, spätestens bei Eintritt eines Unfalls, der zu Entschädigungen führt (§ 59 Abs. 3), durch Aufnahme in das Genossenschaftskataster bez. durch nachträgliche Ueberweisung abzustellen, vgl. § 36. Die Versicherung ist in solchem Falle auf den Beginn der Versicherungspflicht zurückzudatiren, woraus sich die Verpflichtung zur Nachzahlung desjenigen Betrages folgern läßt, welcher in den bereits verflossenen Jahren hätte gezahlt werden müssen. Freilich wird sich diese Nachforderung nicht immer ausführen lassen. Das R.-V.-A. zieht übrigens diese Folgerung nicht, vgl. Anm. 15 zu § 1, Anm. 2 zu §. 10.

Umgekehrt soll die Eintragung in das Genossenschaftskataster und Ausstellung des Mitgliedscheins die formale Folge haben, daß Unfälle in dem so katastrirten Betriebe einstweilen von dieser Genossenschaft entschädigt werden müssen, auch wenn die Aufnahme des Betriebes in die Genossenschaft nur aus Irrthum erfolgt ist. Nach demnächstiger Ueberweisung des Betriebes in die richtige B.-G. hat die letztere für die Zukunft die früher aus dem Betriebe erwachsenen Renten zu übernehmen, da der Grundsatz des § 32 auch auf solche Fälle Anwendung finden soll (Anm. 1 zu § 32); für die Vergangenheit soll dagegen vorbehaltlich anderweiter Vereinbarung zwischen den betheiligten Berufsgenossenschaften die bisherige Genossenschaft verpflichtet bleiben (A. N. II S. 55, III S. 39, IV S. 69). Bei Wechsel in Folge von Betriebsveränderungen hat jedoch stets die frühere B.-G. allein aufzukommen. Vgl. Anm. 1 zu § 32, Anm. 2 zu § 37, Anm. 8 zu § 38.

Wechselt der Inhaber des Betriebes (Betriebsunternehmer) im Laufe eines Rechnungsjahres, so beginnt die Mitgliedschaft des neuen Unternehmers bezw. seine Beitragsverpflichtung erst mit dem Zeitpunkt seines Eintritts in den Betrieb, vgl. Anm. 9, 10 zu § 17.

Darüber, daß alphabetische Verzeichnisse der zu den einzelnen Berufsgenossenschaften gehörigen Betriebszweige aufgestellt und veröffentlicht sind, vgl. Anm. 4 zu § 15. Das Verzeichniß der Berufsgenossenschaften findet sich in der Anlage.

Die Ermittelung der einzelnen zur Berufsgenossenschaft gehörigen Betriebe erfolgt durch die den Unternehmern auferlegten Betriebsanmeldungen (§§ 11, 35) bezw. Ueberweisungen (§§ 36, 38), im Uebrigen durch den Genossenschaftsvorstand, vgl. Anm. 3 zu § 35.

Die Erhebung von Eintrittsgeldern ist unzulässig. Denn neu entstehende Betriebe sind auf Grund des Gesetzes Mitglieder der für den betr. Betriebszweig bestehenden Genossenschaft. Die Erhebung von Eintrittsgeld würde sich daher als eine auf die Eröffnung neuer Betriebe von Konkurrenten gelegte Steuer darstellen, und eine solche kennt das Gesetz nicht.

[5]) mit diesem Zeitpunkt, d. h. also, soweit es sich um die materielle Versicherung handelt, mit dem Zeitpunkt, zu welchem nach § 111 die materiellen Bestimmungen dieses Gesetzes durch Kais. Verordnung mit Zustimmung des Bundesraths in Kraft gesetzt sind; soweit es sich um die zur Vorbereitung der Versicherung erforderlichen Maßnahmen handelt, dann, wenn die Genossenschaft errichtet ist.

[6]) versicherungspflichtig werdender, z. B. wenn Betriebe nachträglich den Charakter einer „Fabrik" (§ 1) annehmen. Dies kann geschehen, wenn eine gewerbliche Anlage ohne Kraftmaschine nachträglich, etwa in Folge von Erweiterungen, auf regelmäßige Beschäftigung von mindestens 10 Arbeitern basirt wird, oder wenn in einem kleineren Betriebe, der bisher ohne Kraftmaschine arbeitete, eine solche neu eingestellt wird, oder wenn eine Kraftmaschine, die bisher nur vorübergehend bei einer Betriebsanlage benutzt wurde, derselben dauernd einverleibt wird. Vgl. Anm. 2 zu § 38.

Die Bestimmung des Zeitpunktes, mit welchem eine solche Veränderung in Kraft tritt, unterliegt der Beurtheilung des Einzelfalls.

[7]) Zeitpunkt der Eröffnung. Derartige Unternehmer, deren Betriebe

Betriebsanmeldung.

§ 35.*)

(Abs. 1.) Der Betriebsunternehmer, welcher seinen Betrieb nicht bereits[1]) nach Maßgabe des § 11 angemeldet hat, ist verpflichtet[2]), binnen einer Woche, nachdem er Mitglied[3]) einer Genossenschaft geworden ist (§ 34), der unteren Verwaltungsbehörde[4]), in deren Bezirk der Betrieb belegen ist, eine Anzeige[5]) zu erstatten, welche

*) § 35 gilt im Allg. auch für den Bereich des Ausdehnungsgesetzes (§ 3 A.-G.) und des Bau-Unfallversicherungsgesetzes (vgl. § 15 B.-U.-G), aber nicht für die Post-, Telegraphen-, Marine- und Heeres Betriebe, ebensowenig für die fiskalischen Eisenbahnbetriebe und die den Berufsgenossenschaften nicht zugewiesenen fiskalischen Baggerei-, Binnenschiffahrts-, Flösserei-, Prahm- und Fähr-Betriebe, sowie die unter besondere Ausführungsbehörden gestellten fiskalischen oder kommunalen Regiebaubetriebe §§ 2, 3 A.-G. § 47 B.-U.-G.) Wegen anderer Regiebaubetriebe sind im Allg. besondere Nachweisungen vorgeschrieben, vgl. § 22 B.-U.-G.

---

erst später versicherungspflichtig werden, treten, sobald dieser Zeitpunkt eintritt, in die sämmtlichen Rechtsverhältnisse und Verbindlichkeiten der Genossenschaft ein, participiren also insbesondere auch an der Belastung aus früheren Unfällen. Vgl. Anm. 4.

[8]) Stimmberechtigt. Ueber die Ausübung des Stimmrechts entscheiden allgemeine Grundsätze. Handlungsunfähige und Minderjährige haben sich durch ihre gesetzlichen Vertreter, juristische Personen durch ihre Vorstände vertreten zu lassen; Miteigenthümer müssen sich darüber, wer von ihnen das Stimmrecht ausüben soll, einigen. Beim Mangel einer abweichenden Bestimmung steht den selbständigen Frauen (alleinstehenden Frauen, Handelsfrauen), welche als Betriebsunternehmerinnen Mitglieder der Genossenschaft sind, das Erscheinen in der Genossenschaftsversammlung zu, während andere Frauen von ihren Ehemännern als ihren gesetzlichen Vertretern sich vertreten lassen müssen. Abstimmung durch Bevollmächtigte ist zulässig, wenn die letzteren stimmberechtigte Mitglieder oder bevollmächtigte Leiter von Betrieben des Auftraggebers sind, § 16 Abs. 3.

Ueber den Umfang des Stimmrechts entscheidet das Statut, § 17 Ziffer 4.

[9]) bürgerliche Ehrenrechte. Personen, welche nicht im Besitz derselben sind, können sich „in der Ausübung eines Rechts, welches sie nicht besitzen, durch Andere nicht vertreten lassen" (Motive).

Zu § 35.

[1]) nicht bereits. „Die im § 35 konstituirte Anzeigepflicht entspricht derjenigen des § 11. Dieselbe gilt einmal für alle Betriebsunternehmer, welche aus irgend welchen Gründen dem § 11 nicht nachgekommen sind, sodann für diejenigen Unternehmer, welche erst später" (d. h. erst nach dem 1. Sept. 1884, cf. A. N. I S. 111) „ihre Betriebe eröffnet haben, oder deren bisher freie Be-

1. den Gegenstand und die Art[6]) des Betriebes,
2. die Zahl[7]) der versicherten[8]) Personen,
3. die Berufsgenossenschaft, welcher der Betrieb angehört[9]),
4. falls es sich um einen nach dem Inkrafttreten des Gesetzes neu begonnenen oder versicherungspflichtig gewordenen[10]) Betrieb handelt, den Tag[11]) der Eröffnung beziehungsweise des Beginns der Versicherungspflicht

angiebt. Die Anzeige ist in zwei Exemplaren einzureichen. Ueber dieselbe ist eine Empfangsbescheinigung[12]) zu ertheilen.

Wird die Anzeige nicht rechtzeitig erstattet, so findet die Vorschrift des § 11 Absatz 3 Anwendung. (Abs. 2.)

---

triebe erst später versicherungspflichtig werden. Der § 35 hat also eine auf die Dauer des Gesetzes berechnete Bedeutung, während der § 11 den Charakter einer vorübergehenden Bestimmung trägt" (Mot. S. 58). Vgl. Anm. 6 zu § 34. Zur Anzeige verpflichtet ist nach A. N. I S. 85 auch der Konkursverwalter. Die Anzeige ist auch bei der Verlegung eines Betriebes in den Bezirk einer anderen unteren Verwaltungsbehörde zu erstatten (A. N. II S. 2), aber nicht bei einem Wechsel in der Person des Betriebsunternehmers, § 37 Abs. 8 (A. N. III S. 143).

[2]) verpflichtet. Bei nicht rechtzeitiger Anzeige, ohne Rücksicht auf den Grund der Unterlassung oder Verspätung, also auch bei Fahrlässigkeit, unterliegt der Unternehmer folgenden Nachtheilen:

a) er muß der unteren Verwaltungsbehörde auf deren Erfordern das Material für die nunmehr von ihr zu machende Anzeige liefern, widrigenfalls er sich Strafen bis zu 100 Mark, welche dieselbe festsetzen kann, aussetzt, § 35 Abs. 2, § 11 Abs. 3;

b) er muß sich, wenn die Androhung und Einziehung der Geldstrafe den gewünschten Erfolg nicht gehabt hat, gefallen lassen, daß die untere Verwaltungsbehörde die Angaben nach ihrer Kenntniß der Verhältnisse selbst macht, § 36 Abs. 3, § 11 Abs. 2;

c) er kann nachträglich mit einer Ordnungsstrafe bis zu 300 Mark durch den Genossenschaftsvorstand belegt werden, § 104. „Der Vorstand wird hierbei nach Lage der Verhältnisse zu entscheiden haben, ob etwa die Anmeldung in gutem Glauben unterlassen worden war, oder ob die Umstände eine Bestrafung erheischen" (Mot. S. 59).

[3]) Mitglied, d. h. nachdem sein Betrieb versicherungspflichtig geworden ist, § 34. Ob die Voraussetzungen der Versicherungspflicht vorliegen, muß der Unternehmer bezw. (wenn er selbst keine Anzeige erstattet) die untere Verwaltungsbehörde (§ 36 Abs. 3) nach Lage des konkreten Falls prüfen. Die

generelle Ermittelung sämmtlicher zur Genossenschaft gehöriger Betriebe nach bestimmten von der Genossenschaft aufgestellten, vielleicht unrichtigen Merkmalen darf — nachdem gemäß § 11 die erste Ermittelung stattgefunden hat —, der unteren Verwaltungsbehörde nicht zugemuthet werden; diese generelle Ermittelung ist vielmehr nach § 37 Abs. 2 Sache des Genossenschaftsvorstandes vorbehaltlich der nach § 101 zu erbittenden Mitwirkung der Behörden bei einzelnen konkreten Fällen (A. N. I S. 369).

[4]) unteren Verwaltungsbehörde, § 109. „Die Anzeige soll an die untere Verwaltungsbehörde gerichtet werden, damit diese einen vollständigen Ueberblick über die in ihrem Bezirke vorhandenen versicherungspflichtigen Betriebe erhalte, wie denn auch alle Mitgliedscheine und alle die Mitgliedschaft ablehnenden Bescheide durch ihre Hände gehen. Sie ist somit fortlaufend im Vollbesitz des Materials über die für die Unfallversicherung maßgebenden Verhältnisse der in ihrem Bezirke vorhandenen Betriebe. Es ist nothwendig, daß in dieser Weise jeder Betrieb durch eine mit öffentlicher Autorität ausgerüstete Instanz in Bezug auf seine Zugehörigkeit zu einer Genossenschaft fortlaufend kontrolirt werde" (Mot. S. 59). Auch Veränderungen in der Zugehörigkeit zur Genossenschaft werden der unteren Verwaltungsbehörde bekannt, § 38.

[5]) Anzeige zu erstatten. Für die Anzeige ist die Verwendung des in A. N. I S. 346 von dem R.-V.-A. angerathenen Formulars (cf. Anl.) zu empfehlen. Eine ähnliche Anzeige, aber direkt an den Genossenschaftsvorstand, ist bei Veränderungen des Betriebes, welche für die Zugehörigkeit zur Genossenschaft bezw. für dessen Einschätzung in den Gefahrentarif von Bedeutung sind, zu erstatten, §§ 38, 39.

[6]) Art des Betriebes, cf. Anm. 4 zu § 78.

[7]) Zahl, wegen des Stimmrechts. Auch hier handelt es sich, wie im § 11, nur um die Durchschnittszahl. Die Angabe der genauen Zahl wird erst zu Zwecken der Umlegung (§ 71) verlangt. Unrichtige Angaben hierüber unterliegen der Strafbestimmung des § 103 Nr. 1.

[8]) versicherten, nicht zu versichernden, „weil die Versicherung unabhängig von der Betriebsanmeldung eintritt" (Mot. S. 58). cf. Anm. 4 zu § 34. In anderen Fällen (z. B. § 11) spricht das Gesetz von „versicherungspflichtigen" Personen in der gleichen Bedeutung.

[9]) angehört, „um dem Unternehmer Gelegenheit zu geben, sich darüber zu erklären, welcher Genossenschaft er nach seiner Meinung zuzuweisen sein wird". Die Ermittelung dieser Genossenschaft wird ihm durch die alphabetischen Verzeichnisse der Gewerbebetriebe (vgl. Anm. 4 zu § 15) erleichtert. „Diese Erklärung des Unternehmers hat die Bedeutung, daß die untere Verwaltungsbehörde, der die Weiterleitung der Anzeigen an die Genossenschaftsvorstände im § 36 übertragen wird, gebunden ist, die Anzeige an den in derselben bezeichneten Vorstand gelangen zu lassen. Dies ist für den Unternehmer namentlich in denjenigen Fällen von Werth, in denen es zweifelhaft sein kann,

§ 36.*)

Die untere Verwaltungsbehörde¹) hat jeden in ihrem Bezirke (Abs. 1.)
belegenen Betrieb, über welchen die Anzeige (§ 35) erstattet ist, binnen einer Woche²) nach dem Eingange der letzteren durch Einsendung eines Exemplars derselben dem Vorstande der in der Anzeige bezeichneten Genossenschaft zu überweisen²ᵃ).

Gehört der Betrieb nach Ansicht der unteren Verwaltungsbehörde (Abs. 2.)
einer andern als der in der Anzeige bezeichneten Genossenschaft an,

*) § 36 gilt im Allg. auch für den Bereich des Ausdehnungsgesetzes (§ 3 A.-G.) und des Bau-Unfallversicherungsgesetzes (§ 15 B.-U.-G.), aber nicht für die Post-, Telegraphen-, Marine- und Heeres-Betriebe, ebensowenig für die fiskalischen Eisenbahnbetriebe und die den Berufsgenossenschaften nicht zugewiesenen fiskalischen Baggerei-, Binnenschiffahrts-, Flösserei-, Prahm- und Fähr-Betriebe und die unter besondere Ausführungsbehörden gestellten fiskalischen oder kommunalen Regie-Baubetriebe (§§ 2, 3 A.-G., § 47 B.-U.-G.).

---

welcher Genossenschaft ein Betrieb seinem Gegenstande und seiner Art nach angehört" (Mot. S. 59); namentlich also, wenn der Fall des § 9 Abs. 3 vorliegt.

Die von dem Unternehmer benannte Genossenschaft kommt dann, wenn der Betrieb nach Ansicht der unteren Verwaltungsbehörde einer anderen Genossenschaft überwiesen werden soll, zuerst in die Lage, sich darüber schlüssig zu machen, ob sie dem Antrag des Unternehmers stattgeben und den letzteren aufnehmen will.

¹⁰) versicherungspflichtig geworden, cf. Anm. 6 zu § 34.

¹¹) Tag der Eröffnung 2c. Unrichtige Angabe unterliegt der Strafbestimmung des § 103 Ziffer 2.

¹²) Empfangsbescheinigung. Das für dieselbe von der unteren Verwaltungsbehörde etwa verwendete Porto fällt der Genossenschaft nicht zur Last, weil es sich hier um eine direkte, der ersteren durch das Gesetz auferlegte selbständige Verpflichtung, nicht um Fälle des § 101 handelt. Ebenso ist es bei den Fällen des § 36.

Zu § 36.

¹) untere Verwaltungsbehörde, § 109.

²) binnen einer Woche, damit die Zugehörigkeit der einzelnen Betriebe möglichst bald festgestellt werden kann.

²ᵃ) überweisen . . . zuzustellen . . . bewirken, vgl. Anm. 1, 3, 12 zu § 35.

³) Abschrift der Anzeige zuzustellen, während die Anzeige selbst der in derselben genannten Genossenschaft zugeht, § 36 Abs. 1. „Auf diese Weise werden die beiden Genossenschaftsvorstände und Betriebsunternehmer in den Stand gesetzt, sich über die Frage zu verständigen, eventuell den Streit zur

so ist dem Vorstande dieser Genossenschaft, unter gleichzeitiger Benachrichtigung des Vorstandes der in der Anzeige bezeichneten Genossenschaft und des Betriebsunternehmers, eine Abschrift[3]) der Anzeige zuzustellen[2a]).

(Abs. 3.) Für Betriebe, über welche eine Anzeige nicht erstattet ist, hat die untere Verwaltungsbehörde die Ueberweisung[4]) binnen einer Woche nach Ablauf der von ihr in Gemäßheit des § 35 Absatz 2 bestimmten Frist dadurch zu bewirken[2a]), daß sie die in § 35 Ziffer 1 bis 4 bezeichneten Angaben selbst macht.

Genossenschaftskataster.

§ 37.*)

(Abs. 1.) Die Genossenschaftsvorstände haben auf Grund der von dem Reichs-Versicherungsamt ihnen mitzutheilenden Verzeichnisse[1]) der versicherungspflichtigen Betriebe (§ 11) und der später erfolgenden Ueberweisungen (§ 36) Genossenschaftskaster[2]) zu führen.

*) § 37 gilt im Allg. auch für den Bereich des Ausdehnungsgesetzes (§ 3 A.-G.) und des Bau-Unfallversicherungsgesetzes (§ 15 B.-U.-G.), aber nicht für die Post-, Telegraphen-, Marine- und Heeres-Betriebe, ebensowenig für die fiskalischen Eisenbahnbetriebe und die den Berufsgenossenschaften nicht zugewiesenen fiskalischen Baggerei-, Binnenschiffahrts-, Flösserei-, Prahm- und Fähr-Betriebe, sowie die unter besondere Ausführungsbehörden gestellten fiskalischen oder kommunalen Regie-Baubetriebe ((§§ 2, 3 A.-G., § 47 B.-U.-G.).

Entscheidung des Reichs-Versicherungsamts vorzubereiten (§ 37)" (Mot. S. 59). cf. Anm. 9 zu § 37.

[4]) die Ueberweisung ist später nachzuholen, wenn sie aus Versehen unterblieben sein sollte, cf. Anm. 4 zu § 34, sowie § 59 Abs. 3.

Zu § 37.

[1]) mitzutheilende Verzeichnisse, soweit sie dieselben nach vorgängiger Prüfung für zutreffend ansehen, § 37 Abs. 2; soweit dies nicht geschieht, haben sie die Unternehmer der nicht aufgenommenen Betriebe zu benachrichtigen, § 37 Abs. 4.

„Die vom Reichs-Versicherungsamt erfolgte Einreihung eines Betriebes, welche in der Einladung zur ersten Generalversammlung (§ 14) zum Ausdruck gekommen ist, kann einer selbstverwaltenden Korporation gegenüber um so weniger entscheidend sein, als jener ersten Klassifizirung naturgemäß eine völlig erschöpfende Prüfung jedes einzelnen Falles nicht immer wird vorangehen können. Ueberdies handelt es sich um wichtige vermögensrechtliche Interessen der Genossenschaften und der einzelnen Berufsgenossen (bei 1000 Mark Jahresverdienst hat ein zur Invalidität führender Unfall eines Arbeiters einen Belastungswerth von 7875,9 Mark, ein tödtlicher Unfall von 2713,5 Mark)" Mot.

Die Aufnahme[2a]) der einzelnen Genossen in das Kataster erfolgt nach vorgängiger Prüfung ihrer Zugehörigkeit zur Genossenschaft. (Abs. 2.)

Den in das Kataster aufgenommenen Genossen werden vom Genossenschaftsvorstande durch Vermittelung der unteren Verwaltungsbehörde[3a]) Mitgliedscheine[4]) zugestellt[5]). Ist die Genossenschaft in Sektionen[6]) eingetheilt, so muß der Mitgliedschein die Sektion, welcher der Unternehmer angehört, bezeichnen. Wird die Aufnahme in das Kataster abgelehnt, so ist hierüber ein mit Gründen ver- (Abs. 3.)

S. 58), cf. Anm. 1 zu § 5. Diese Verzeichnisse dürfen nicht veröffentlicht werden, weil in denselben Betriebsverhältnisse der einzelnen Unternehmer mitgetheilt sind, deren Veröffentlichung den letzteren unerwünscht sein kann (A. N. II S. 172). Vgl. Anm. 3 zu § 40.

[2]) Genossenschaftskataster, cf. Anm. 4 zu § 34. Das Genossenschaftskataster bildet die rechtliche Grundlage für den Bestand der Genossenschaft und muß daher fortlaufend richtig erhalten werden. Unfälle, die in den katastrirten Betrieben vorgekommen sind, müssen von der Genossenschaft auch dann entschädigt werden, wenn der (versicherungspflichtige) Betrieb an sich nicht zur Genossenschaft gehören würde, und zwar vorbehaltlich anderweiter Vereinbarung bis zur Ueberweisung an eine andere Genossenschaft, (A. N. II S. 55, III S. 39). Wegen Streichung vgl. Anm. 2a. Vgl. auch Anm. 8 zu § 38. Ein (nicht obligatorisches) Formular für das Kataster hat das R.-V.-A. veröffentlicht A. N. I S. 200.

[2a]) Aufnahme. Auf Grund dieser Bestimmung müssen die Genossenschaftsorgane vorbehaltlich des Beschwerdeweges feststellen, wer als „Unternehmer" (§ 9) der versicherungspflichtigen Betriebe anzusehen ist (A. N. II S. 209), und dürfen die Heranziehung ganzer Kategorien von Betrieben, deren Versicherungspflicht zweifelhaft ist (cf. § 1 Abs. 5), beschließen. Die Ermittelung der zur Genossenschaft, insbesondere der zu diesen zweifelhaften Kategorien gehörigen Betriebe liegt der Genossenschaft ob (vgl. Anm. 3 zu § 35). Gegen die Heranziehung ist die Beschwerde an das R.-V.-A. zulässig, welches auf Grund des § 1 Abs. 5 für ganze Kategorien, nach § 37 Abs. 4 aber auch in konkreten Fällen endgültig (§ 88) entscheidet. Sind die von einer Genossenschaft in Anspruch genommenen Betriebe schon Mitglied einer andern Genossenschaft, so hat die erstere Genossenschaft unter Achtung des Besitzstandes eine Einigung mit der letzteren Genossenschaft zu versuchen, wobei dem Unternehmer und event. der betheiligten unteren Verwaltungsbehörde Gelegenheit zur Aeußerung zu geben ist. Wird Einverständniß nicht erzielt, so ist nach Analogie des § 38 Abs. 3 die Entscheidung des R.-V.-A. anzurufen (A. N. II S. 229). Nachträgliche Streichung eines (offenbar irrthümlich aufgenommenen) Betriebes kann, wenn die Aufnahme in das Kataster einmal endgültig bewirkt ist und

sehener Bescheid dem Betriebsunternehmer durch Vermittelung der unteren Verwaltungsbehörde[3a]) zuzustellen.

(Abs. 4.) Gegen die Aufnahme in das Kataster, sowie gegen die Ablehnung derselben steht dem Unternehmer binnen einer Frist von zwei Wochen nach erfolgter Zustellung des Mitgliedscheins beziehungsweise des ablehnenden Bescheides die Beschwerde[6a]) an das Reichs-Versicherungsamt[7]) zu. Dieselbe ist bei der unteren Verwaltungsbehörde[3a]) einzulegen. Stellt sich bei der Verhandlung der Beschwerde heraus, daß der Betrieb keiner der vorhandenen Genossenschaften zugehört, so ist derselbe durch das Reichs-Versicherungsamt[7]) derjenigen Genossenschaft zuzuweisen, der er seiner Natur nach am nächsten steht[8]).

(Abs. 5.) Wird gegen einen ablehnenden Bescheid von dem Betriebsunternehmer innerhalb der angegebenen Frist Beschwerde nicht erhoben, so hat[9]) die untere Verwaltungsbehörde[3a]) den Fall dem Reichs-Versicherungsamt[7]) zur Entscheidung vorzulegen.

(Abs. 6.) Wird in dem Falle des § 36 Absatz 2[10]) die Mitgliedschaft des Unternehmers von dem Vorstande der in der Anzeige bezeich-

---

nicht Betriebsänderung oder Betriebseinstellung vorliegt (§§ 38, 17 Z. 7), nur in Uebereinstimmung sämmtlicher Betheiligter oder durch Entscheidung des R.-V.-A. bewirkt werden (A. N. I S. 365, II S. 55). Betheiligt sind der Unternehmer, die Genossenschaft, aus deren Kataster der letztere gestrichen werden soll, die andere Genossenschaft, in deren Kataster er übertragen werden soll, oder, sofern der Betrieb nicht als versicherungspflichtig angesehen wird, die untere Verwaltungsbehörde. Bei Streichung muß der Mitgliedschein durch Vermittelung der unteren Verwaltungsbehörde wieder eingezogen werden (A. N. I S. 365). Vgl. die vorstehende Anm. 2, sowie Anm. 4 zu § 34.

[3]) Genossenschaftsvorstande. Ein von anderen Organen (z. B. vom Geschäftsführer „im Auftrage") unterschriebener, oder nicht auf dem vorschriftsmäßigen Wege zugestellter Bescheid ist unverbindlich, und hat den Beginn der zweiwöchentlichen Beschwerdefrist nicht zur Folge (A. N. I S. 289). Vgl. Anm. 5 zu § 19.

[3a]) untere Verwaltungsbehörde, § 109, cf. Anm. 4 zu § 35, sowie Anm. 3. Derselben bleibt überlassen, die Zustellung (auch an ausländische Betriebsunternehmer) zu bewirken (A. N. III S. 122).

[4]) Mitgliedschein. cf. Anm. 4 zu § 34. Die Mitgliedscheine „sind Beurkundungen des unter den Betheiligten bestehenden Einverständnisses oder der im Streitfalle vom Reichs-Versicherungsamt getroffenen Entscheidung über die Zugehörigkeit eines bestimmten Betriebes zu einer be-

neten Genossenschaft anerkannt, so liegt diesem die Verpflichtung ob, hiervon dem Vorstande der anderen Genossenschaft Mittheilung zu machen [11]). Letzterer ist berechtigt, innerhalb zwei Wochen nach dem Empfange der Mittheilung gegen die Anerkennung der Mitgliedschaft beim Reichs-Versicherungsamt [7]) die Beschwerde zu erheben [12]).

Den Sektionsvorständen sind Auszüge aus dem Kataster in Betreff der zu ihren Sektionen gehörenden Unternehmer mitzutheilen. (Abs. 7.)

Jeder Wechsel [13]) in der Person desjenigen, für dessen Rechnung der Betrieb erfolgt, ist von dem Unternehmer binnen einer durch das Statut festzusetzenden Frist dem Genossenschaftsvorstande behufs Berichtigung des Katasters [14]) anzuzeigen. Ist die Anzeige von dem Wechsel nicht erfolgt, so werden die auf die Genossenschaftsmitglieder umzulegenden Beiträge von dem in das Kataster eingetragenen Unternehmer für dasjenige Rechnungsjahr einschließlich forterhoben, in welchem die Anzeige geschieht, ohne daß dadurch der neue Unternehmer von der auch ihm gesetzlich [15]) obliegenden Verhaftung für die Beiträge entbunden ist. (Abs. 8.)

---

stimmten Genossenschaft" (Mot. S. 58). Vor Zustellung des Mitgliedscheins brauchen Lohnnachweisungen nicht eingereicht zu werden (A. N. V S. 119). Das Gesetz geht davon aus, daß der Mitgliedschein auf die Person bezw. den Namen (Firma) des Unternehmers, nicht auf den Betrieb als solchen ausgestellt wird. Ein (nicht obligatorisches) Formular hat das R.-V.-A. veröffentlicht A. N. I S. 202.

Tritt in der Person des Unternehmers eine Veränderung ein, so muß der Mitgliedschein, wie sich aus § 37 Abs. 8 ergiebt, berichtigt werden. Ausscheidende Mitglieder haben die Mitgliedscheine zurückzugeben. Die nähere Regelung bleibt dem Statut überlassen. Vgl. Anm. 2a.

5) zugestellt, nach § 110, weil die Zustellung den Lauf einer Frist (Abs. 4) bedingt. Einer besonderen Annahme-Erklärung Seitens des Betriebsunternehmers bedarf es nicht. Wird die Annahme ausdrücklich ohne gesetzlichen Grund verweigert, so ist der Mitgliedschein am Ort der Zustellung zurückzulassen (vgl. §§ 156, 170 C.-P.-O.). A. N. II S. 81.

Die durch die Zustellung des Mitgliedscheins entstehenden (Porto- rc.) Kosten fallen nach § 101 der Genossenschaft zur Last (A. N. II S. 5, 12).

6) Sektionen, § 19.

6a) Beschwerde, vgl. Anm. 3.

7) Reichs-Versicherungsamt, eventuell Landes-Versicherungsamt. § 92. Die Entscheidungen sind endgültig, § 88.

„Die sämmtlichen Entscheidungen des Reichs-Versicherungsamts ...... wirken ex tunc, da die Betriebsunternehmer kraft des Gesetzes Mitglieder der für sie bestimmten Genossenschaft werden, und es nur darauf ankommt, daß konstatirt werde, welcher Genossenschaft sie beim Inkrafttreten des Gesetzes bezw. beim Beginn der Versicherungspflicht angehörten" (Mot. S. 60). Vgl. jedoch Anm. 15 zu § 1, Anm. 2 zu § 10, Anm. 4 zu § 34.

[8]) am nächsten steht, nämlich in wirthschaftlicher Beziehung.

[9]) hat, also obligatorisch. „Für den Fall, daß der Unternehmer einen ablehnenden Bescheid erhält und bei demselben sich beruhigt, muß die von der unteren Verwaltungsbehörde bejahte Frage, ob der Betrieb nach § 1 versicherungspflichtig ist, und im Falle der Anerkennung dieser Versicherungspflicht die Frage, welcher Genossenschaft der in Frage stehende Betrieb zuzuweisen ist, anderweit erörtert werden, weil sonst versicherungspflichtige Betriebe außerhalb der Gesammtorganisation verbleiben könnten" (Mot. S. 60). Dasselbe gilt (cf. Anm. 1) aus gleichen Gründen für die Ablehnung derjenigen Betriebe, deren Versicherungspflicht das Reichs-Versicherungsamt auf Grund der vorläufigen Ermittelungen (§ 11) einstweilen angenommen und mittels des Verzeichnisses der Genossenschaft überwiesen hat, § 37 Abs. 1, 2.

[10]) in dem Falle des § 36 Abs. 2. „Endlich bedarf noch der Fall der Regelung, in welchem der Betriebsunternehmer einer bestimmten Genossenschaft überwiesen sein will, während die untere Verwaltungsbehörde den Betrieb als zu einer anderen Genossenschaft gehörig erachtet und deshalb dem Vorstande der letzteren eine Abschrift der Anzeige mitgetheilt hat. Sind in diesem Falle die Genossenschaftsvorstände einig, daß der Betrieb einer der Genossenschaften angehört, so erfolgt dessen Aufnahme in das Kataster der betreffenden Genossenschaft, und es steht nur dem Betriebsunternehmer das Recht zu, sich beschwerend an das Reichs-Versicherungsamt zu wenden. Sind die Vorstände darin einig, daß der Betrieb keiner der beiden Genossenschaften angehört, so ertheilen sie ablehnende Bescheide, und der Betriebsunternehmer oder, falls dieser sich bei dem ablehnenden Bescheide beruhigt, die untere Verwaltungsbehörde ruft die Entscheidung des Reichs-Versicherungsamts an. Beansprucht dagegen jeder der beiden Vorstände den Betrieb für seine Genossenschaft, so hat der Vorstand der in der Anzeige genannten Genossenschaft die Mitgliedschaft des Betriebes für seine Genossenschaft auszusprechen, dem anderen Vorstande hiervon Mittheilung zu machen, und der letztere kann danach die Entscheidung des Reichs-Versicherungsamts anrufen. ......

„Sollte das Reichs-Versicherungsamt bei der Prüfung eines Falles zu der Ueberzeugung gelangen, daß der Betrieb keiner der bisher in Frage gekommenen Genossenschaften, sondern einer dritten angehöre, so wird dies in den Entscheidungsgründen auszusprechen und die untere Verwaltungsbehörde zu ersuchen sein (§ 101), daß sie, falls der Unternehmer sich bei dieser dritten Genossenschaft in Folge der Entscheidung nicht freiwillig zur Aufnahme meldet, ihrerseits die Anmeldung bewirke. Das darauf folgende Verfahren wird mit

Betriebsveränderungen.

§ 38.*)

Jeder Betriebsunternehmer ist verpflichtet[1]), Aenderungen seines Betriebes, welche für die Zugehörigkeit zu einer Genossenschaft von Bedeutung sind[2]), dem Genossenschaftsvorstande binnen einer durch das Statut festzusetzenden Frist anzuzeigen. Erachtet letzterer in Folge dieser Anzeige, oder ohne den Empfang einer solchen von Amtswegen[3]) die Ueberweisung des Betriebes an eine andere Genossenschaft für geboten[4]), so theilt er dies unter Angabe der Gründe dem Betriebsunternehmer durch Vermittelung der unteren Verwaltungsbehörde[5]) und dem betheiligten Genossenschaftsvorstande mit[6]). Sowohl der letztere, als auch der Betriebsunternehmer können innerhalb zwei Wochen gegen die Ueberweisung bei dem überweisenden Genossenschaftsvorstande Widerspruch[7]) erheben. (Abs. 1.)

*) § 38 gilt im Allg. auch für den Bereich des Ausdehnungsgesetzes (§ 3 A.-G.) und des Bau-Unfallversicherungsgesetzes (§ 15 B.-U.-G.), aber **nicht** für die Post-, Telegraphen-, Marine- und Heeres-Betriebe, ebensowenig für die fiskalischen Eisenbahnbetriebe, die den Berufsgenossenschaften nicht zugewiesenen fiskalischen Baggerei-, Binnenschiffahrts-, Flösserei-, Prahm- und Fähr-Betriebe, sowie die unter besondere Ausführungsbehörden gestellten fiskalischen oder kommunalen Regie-Baubetriebe (§§ 2, 3 A.-G., § 47 B.-U.-G.).

---

der Ueberweisung des Betriebes an eine bestimmte Genossenschaft abschließen" (Mot. S. 60).

[11]) Mittheilung zu machen, cf. Anm. 5.

[12]) Beschwerde erheben. Außerdem hat auch der Unternehmer das Beschwerderecht, wenn er mit der Entscheidung der Sache nicht einverstanden ist, vgl. Anm. 10.

[13]) Wechsel, durch Erbgang Kauf, Pacht ꝛc. Vgl. Anm. 9, 10 zu § 17. Der Behörde ist ein solcher Wechsel nicht anzuzeigen, vgl. Anm. 1 zu § 35.

[14]) Kataster. Wegen des Mitgliedscheins vgl. Anm. 4.

[15]) gesetzlich, weil er nach § 34 kraft Gesetzes Mitglied der Genossenschaft ist. Das hier zum Ausdruck gebrachte System der doppelten Verhaftung ist dem preußischen Gebäudesteuergesetz entlehnt. Selbstverständlich ist der Beitrag für den Betrieb nur einmal zu entrichten. Ist der Wechsel durch Ableben des früheren Unternehmers eingetreten, so haften neben demjenigen, der den Betrieb angetreten hat, die Miterben nach den Bestimmungen des Erbrechts. Im Uebrigen vgl. wegen der Haftbarkeit des ehemaligen und des späteren Inhabers des Betriebes Anm. 9, 10 zu § 17, Anm. 4 zu § 34.

Zu § 38.

[1]) verpflichtet, Strafbestimmung in § 104, von der aber nur je nach den Umständen Gebrauch zu machen ist, vgl. Anm. 2 ad c zu § 35. Ueber

(Abs. 2.) Wird innerhalb dieser Frist kein Widerspruch erhoben, so erfolgt die Ab- beziehungsweise Zuschreibung [8]) des Betriebes in den Genossenschaftskatastern, sowie die Ausstellung eines anderweiten Mitgliedscheins für den Betriebsunternehmer.

(Abs. 3.) Wird gegen die Ueberweisung Widerspruch erhoben, oder beansprucht der Vorstand einer dritten Genossenschaft unter dem Widerspruch des Betriebsunternehmers oder des Vorstandes der Genossenschaft, welcher der Betrieb bisher angehörte, die Ueberweisung des letzteren, so hat [9]) der Vorstand der Genossenschaft, welcher der Betrieb bisher angehört hat, die Entscheidung des Reichs-Versicherungsamts [10]) zu beantragen. Dasselbe entscheidet nach Anhörung des betheiligten Betriebsunternehmers sowie der Vorstände der betheiligten Genossenschaften.

(Abs. 4.) Wird dem Ueberweisungsantrage stattgegeben, so tritt die Aenderung in der Zugehörigkeit zur Genossenschaft von dem Tage ab in Wirksamkeit [11]), an welchem der Antrag dem betheiligten Genossenschaftsvorstande zugestellt ist.

---

die Bestrafung hat der Vorstand derjenigen Genossenschaft zu befinden, welcher der säumige Unternehmer bis zu der Aenderung thatsächlich angehört hat, cf. Anm. 2 zu § 103.

[2]) Aenderungen, welche . . . von Bedeutung sind. Vgl. Anm. 9, 10 zu 17. Welche Veränderungen hierher gehören, wird der Unternehmer nach den für die Bildung der Genossenschaften zu erlassenden Bekanntmachungen selbst beurtheilen können" (Motive S. 60). Vgl. Anm. 3 zu § 15. Hierher gehört auch der Fall, wenn ein Betrieb, der bisher Nebensache war, zum Hauptbetrieb wird oder umgekehrt (A. N. V S. 344); ebenso der Fall, wenn ein Betrieb Aenderungen erleidet, die seine Versicherungspflicht ausschließen, z. B. wenn aus einem Betriebe, der mit weniger als 10 Personen arbeitet, eine bisher dauernd verwendete Kraftmaschine entfernt und etwa nur noch vorübergehend in dem Betriebe verwendet wird, oder wenn ein Unternehmen, dessen Versicherungspflicht nur durch Verwendung von regelmäßig 10 oder mehr Arbeitern begründet war, durch dauernde Verminderung dieser regelmäßigen Arbeiterzahl eingeschränkt wird (§ 1 Abs. 4) ꝛc. Vgl. Anm. 6 zu § 34.

[3]) von Amtswegen, „wenn der Betriebsunternehmer, trotz erfolgter wesentlicher Aenderungen seines Betriebes, aus seiner bisherigen Genossenschaft nicht ausscheiden will, während der Vorstand der letzteren ihn einer anderen Genossenschaft zu überweisen beabsichtigt" (Motive). Von diesen Veränderungen des Betriebes werden die Vorstände auf Grund des § 82 Kenntniß erlangen. Fälle des gesetzlichen Ausscheidens aus Berufsgenossenschaften vgl. in § 12 A.-G., § 9 Abs. 3 B.-A.-G., § 1 Abs. 2 L.-U.-V.-G.

[4]) geboten. Auf die Anzeige der Betriebsänderung muß der Unternehmer eine Benachrichtigung auch in dem Falle erhalten, wenn eine Ueberweisung von dem Vorstand nicht beabsichtigt wird, damit er event. im Wege der Beschwerde eine solche durch Vermittelung des R.-V.-A. herbeiführen kann.

[5]) unteren Verwaltungsbehörde, § 109; cf. Anm. 4 zu § 35.

[6]) theilt mit, nach § 110.

[7]) Widerspruch. Der Widerspruch kann sich sowohl darauf, daß ein Anlaß zur Ueberweisung überhaupt nicht vorliegt, als auch darauf gründen, daß eine dritte Genossenschaft betheiligt sei. In letzterem Fall muß diese dritte Genossenschaft von dem Reichs- (Landes-) Versicherungsamt ebenfalls gehört werden, cf. Abs. 3 a. E.

[8]) Ab- und Zuschreibung. Vermögensüberweisungen oder Uebertragung von Rentenansprüchen auf die neue B.-G. haben in diesen Fällen nicht stattzufinden. Die Fälle von Betriebsveränderungen, von denen hier die Rede ist, entsprechen nicht dem § 32, sondern sind ähnlich wie Betriebseinstellungen zu behandeln, vgl. Anm. 9, 10 zu § 17. „Eine gesetzliche Unterlage für solchen — übrigens auch in der Natur der Sache nicht begründeten — Uebergang, wie sie im Falle des § 72 und den damit verwandten Fällen vorhanden ist, fehlt im Fall der Betriebsveränderung nach § 38" (A. N. III S. 378). Der Uebertritt in die neue B.-G. erfolgt mithin ohne Mitnahme von Rechten oder Lasten; dagegen tritt der Betrieb in alle Rechte und Pflichten der neuen B.-G. ein. Hiernach ist die in der 3. Aufl. dieses Kommentars an dieser Stelle enthaltene Ausführung zu berichtigen. Vgl. Anm. 1 zu § 32.

[9]) hat zu beantragen, falls nicht der Widerspruch oder der Anspruch der dritten Genossenschaft zu allseitiger Zufriedenheit erledigt wird. cf. Motive S. 61: „Will der betheiligte Vorstand des erhobenen Widerspruchs ungeachtet die Ueberweisung des Betriebes an die andere Genossenschaft durchführen, so muß derselbe die Entscheidung des Reichs-Versicherungsamts beantragen."

[10]) Reichs-Versicherungsamt, event. Landes-Versicherungsamt, § 92. Vgl. auch Anm. 7 zu § 37.

[11]) in Wirksamkeit. „Durch die Bestimmung, daß der Tag der Zustellung des Ueberweisungsantrages für die Aenderung in der Zugehörigkeit zur Genossenschaft maßgebend sein soll — mag dem gestellten Antrage (bezw. dem von einer anderen Genossenschaft erhobenen Ueberweisungsanspruche) ohne weiteres entsprochen, oder mag durch das Reichs-Versicherungsamt zu Gunsten des Antrags entschieden werden — soll jeder Zweifel darüber beseitigt werden, mit welchem Zeitpunkt der Wechsel in der Mitgliedschaft mit ihren Folgen eintritt" (Mot. S. 61). Ohne eine solche Bestimmung würde der Moment maßgebend sein, mit welchem die Veränderung in dem Betrieb eingetreten ist; dieser Moment aber ist nachträglich nur mit Mühe festzustellen. — Tritt ein Wechsel ein, so ist sofort die Einschätzung in die Gefahrenklassen herbeizuführen.

§ 39.*)

In Betreff der Anmeldung von Aenderungen[1]) in dem Betriebe, welche für dessen Einschätzung[1a]) in den Gefahrentarif (§ 28) von Bedeutung sind, sowie in Betreff des weiteren Verfahrens hat das Genossenschaftsstatut[2]) Bestimmung zu treffen. Gegen den auf die Anmeldung der Aenderung oder von Amtswegen erfolgenden Bescheid[3]) des Genossenschaftsvorstandes oder des Ausschusses (§ 28) steht dem Betriebsunternehmer binnen einer Frist von zwei Wochen[5]) die Beschwerde[4]) an das Reichs-Versicherungsamt[5]) zu.

*) § 39 gilt im Allg. auch für den Bereich des Ausdehnungsgesetzes (§ 3 A.-G.) und des Bau-Unfallversicherungsgesetzes (§ 15 B.-U.-G.), aber nicht für die Post-, Telegraphen-, Marine- und Heeres-Betriebe, ebensowenig für die fiskalischen Eisenbahnbetriebe, die den Berufsgenossenschaften nicht zugewiesenen fiskalischen Baggerei-, Binnenschiffahrts-, Flösserei-, Prahm- und Fähr-Betriebe, sowie die unter besondere Ausführungsbehörden gestellten fiskalischen oder kommunalen Regie-Baubetriebe (§§ 2, 3 A.-G.. § 47 B.-U.-G.).

Zu § 39.

1) Aenderungen. Vergleiche Anm. 9, 10 zu § 17, Anm. 2 zu § 38. Unterlassene Anmeldung macht strafbar, § 104. Bei der Frage, ob und in welchem Umfange eine Strafe auferlegt werden soll, wird zu berücksichtigen sein, ob der Unternehmer nach den Umständen (z. B. dann, wenn er die Grundsätze für die Einschätzung in den Gefahrentarif kannte, oder wenn der Tarif die Klassen dergestalt scharf abgrenzt, daß ihre Merkmale leicht erkennbar sind) wissen mußte, daß die Aenderungen für die Einschätzung in den Gefahrentarif von Bedeutung sind (vgl. Anm. 2 ad c zu § 35).

Ist die Anzeige unterblieben, so werden die Vorstände bei den Revisionen der Betriebe, die ihnen bezw. ihren Beauftragten nach § 82 zustehen, die erforderliche Kenntniß von den Aenderungen gewinnen und dann von Amtswegen einschreiten können.

1a) Einschätzung. Durch Veränderungen in einzelnen Theilen des Betriebes kann die Beitragsziffer des Gesammtbetriebes modificirt werden (A. N. IV S. 178).

2) Genossenschaftsstatut, „weil das hierbei einzuschlagende Verfahren den Verhältnissen der einzelnen Berufsgenossenschaften angepaßt werden muß.

So ist namentlich daran zu erinnern, daß nicht selten bei gewissen Industriezweigen (chemischen und Farbenfabriken) einzelne Versuchsapparate vorübergehend in Betrieb gesetzt werden; das Statut wird zu bestimmen haben, ob und inwiefern solche, die Gefährlichkeit des Betriebes beeinflussende Versuchseinrichtungen eine Anmeldepflicht begründen. In anderen Betrieben ändert sich die Betriebsart im Laufe des Jahres: es wird z. B. im Winter mit Dampfkraft, im Sommer mit Wasserkraft gearbeitet, Centrifugen werden

§ 40.*)

Binnen vier Wochen nach Ablauf des Rechnungsjahres[1]) hat (Abs. 1.) der Genossenschaftsvorstand ein Verzeichniß der beim Schlusse des Rechnungsjahres zur Genossenschaft gehörenden Mitglieder dem Reichs-Versicherungsamt[2]) nach einem von diesem vorzuschreibenden Formular[3]) einzureichen. Ein gleiches Verzeichniß ist binnen derselben Frist der höheren Verwaltungsbehörde[4]) sowie jedem Mitgliede der Genossenschaft mitzutheilen.

Das Reichs-Versicherungsamt kann den Vorstand von diesen (Abs. 2.) Verpflichtungen ganz oder theilweise entbinden[5]).

*) § 40 gilt im Allg. auch für den Bereich des Ausdehnungsgesetzes (§ 3 A.-G.) sowie des Bau-Unfallversicherungsgesetzes (§ 15 B.-U.-G.), aber nicht für die Post-, Telegraphen-, Marine- und Heeres-Betriebe, ebensowenig für die fiskalischen Eisenbahnbetriebe, die den Berufsgenossenschaften nicht zugewiesenen fiskalischen Baggerei-, Binnenschiffahrts-, Flösserei-, Prahm- und Fähr-Betriebe, sowie die unter besondere Ausführungsbehörden gestellten fiskalischen oder kommunalen Regie-Baubetriebe (§§ 2, 3 A.-G., § 47 B.-U.-G.).

---

zeitweise eingestellt u. s. w.; auch für solche Fälle wird das Statut Vorkehrung zu treffen haben" (Motive S. 61).

[3]) Bescheid, wegen dessen Zustellung vgl. § 110.

[4]) die Beschwerde „hat naturgemäß die aufschiebende Wirkung, so daß erst mit dem Tage der Entscheidung die von dem Reichs-Versicherungsamt etwa beschlossene Aenderung der Gefahrenklasse in Kraft tritt" (Motive S. 62).

[5]) Reichs-Versicherungsamt, event. Landes-Versicherungsamt, § 92. cf. Anm. 7 zu § 37, Anm. 11 zu § 38.

Zu § 40.

[1]) Rechnungsjahr, § 77.

[2]) Reichs-Versicherungsamt, event. Landes-Versicherungsamt, §. 92.

[3]) Formular, vorgeschrieben vom R.-V.-A. in A. N. III S. 8. Ergänzung durch gewisse die Eingliederung in die genossenschaftliche Organisation betreffende Angaben ist zugelassen; unzulässig dagegen ist die Aufnahme von Angaben über die Betriebsverhältnisse der Unternehmer, wie Art und Umfang des Betriebes (Betriebseinrichtungen, Motoren, Arbeiterzahl). Vgl. Anm. 1 zu § 37.

[4]) der höheren Verwaltungsbehörde, § 109, „in deren Bezirke Betriebe der Genossenschaftsmitglieder belegen sind" .... „Weitergehende Mittheilungen über die im Laufe des Jahres hinsichtlich des Bestandes der Mitglieder vorkommenden Aenderungen sind nicht erforderlich. Die untere Verwaltungsbehörde befindet sich fortlaufend im Besitz des Materials; eventuell kann von dieser oder von dem Genossenschaftsvorstande jederzeit Auskunft erlangt werden" (Motive S. 62).

IV. Vertretung der Arbeiter.

Vertretung der Arbeiter.

§ 41.*)

(Abs. 1.) Zum[1]) Zweck der Wahl von Beisitzern[2]) zum Schiedsgericht (§ 46), der Begutachtung der zur Verhütung von Unfällen zu erlassenden Vorschriften (§§ 78, 81) und[3]) der Theilnahme an der Wahl zweier nichtständiger Mitglieder[2]) des Reichs=Versicherungsamts (§ 87) werden für jede[4]) Genossenschaftssektion[5]) und, sofern die Genossenschaft nicht in Sektionen getheilt ist, für die Genossenschaft[5]) Vertreter der Arbeiter gewählt.

Abs. 2.) Die Zahl der Vertreter muß der Zahl der von den Betriebsunternehmern in den Vorstand der Sektion beziehungsweise der Genossenschaft gewählten Mitglieder[6]) gleich[7]) sein.

*) § 41 gilt auch für den Bereich des Ausdehnungsgesetzes, aber für die einer Berufsgenossenschaft nicht zugewiesenen fiskalischen Betriebe, sowie für den Bereich des Bau-Unfallversicherungsgesetzes mit einigen Modifikationen (§§ 3, 5, 9 A.-G., §§ 35, 47 B.-U.-G.).

---

[5]) entbinden, wenn bei einzelnen Genossenschaften, z. B. bei solchen mit einer großen Zahl von Betrieben, die alljährliche Einreichung bezw. Mittheilung eines Verzeichnisses der einzelnen Betriebe sich nicht als erforderlich herausstellen sollte" (Motive a. a. O.). Diese Entbindung ist zunächst für das letzte Quartal 1885, sodann für das Rechnungsjahr 1886, schließlich aber allgemein „bis auf Weiteres" erfolgt (A. N. IV S. 7).

Zu § 41.

[1]) cf. Anm. 4a) i. f. zu § 5. Den Arbeitern sind wesentliche Funktionen in der Verwaltung der Unfallversicherung eingeräumt. Sie sind berufen, durch erwählte Vertreter

a) die Hälfte der Beisitzer und Stellvertreter zu den Schiedsgerichten zu wählen (§§ 41, 46), dadurch auf die Festsetzung der zu gewährenden Entschädigungen einen wesentlichen Einfluß zu üben (§ 62), und hierin die Interessen der Versicherten und ihrer Hinterbliebenen zu wahren;

b) in demselben Umfang wie die Unternehmer (§ 41 Abs. 2, § 87 Abs. 3, § 93 Abs. 2) an der Zusammensetzung des Reichs- (Landes-) Versicherungsamts durch Wahl zweier nichtständiger Mitglieder desselben (nebst Stellvertretern) Theil zu nehmen und dadurch bei der Rechtsprechung sowie bei Handhabung der Aufsicht über die Berufsgenossenschaften in letzter Instanz thätig einzugreifen (§§ 88, 89), nach dem Inkrafttreten der Invaliditäts- und Altersversicherung aber auch bezüglich dieser letzteren Einrichtung die gleichen Funktionen auszuüben (§ 133 Abs. 2 Inv.-Ges. v. 22. Mai 1889);

c) in gleicher Zahl wie die Unternehmer an der den Vorständen der Genossenschaften und Sektionen (§ 41 Abs. 2, § 79) obliegenden Berathung und Beschlußfassung bezw. Begutachtung von Unfallverhütungsvorschriften sich zu betheiligen, sowohl bezüglich derjenigen, welche die Genossenschaften für ihren Bezirk oder Theile desselben beabsichtigen (§§ 78, 79), wie bezüglich derjenigen, welche die Landesbehörden erlassen wollen (§ 81), während die letzteren bisher an ähnliche Beschränkungen nicht gebunden waren;

d) an den Unfalluntersuchungen (§§ 45, 53) Theil zu nehmen und dadurch nicht nur die Interessen der Krankenkassen wahrzunehmen, sondern auch auf die vollständige und richtige Feststellung der Entstehungsursache und der Bedeutung des Unfalls sowie auf die Ermittelung der Entschädigungsberechtigten eine Einwirkung zu üben.

Diese äußerst wichtigen Befugnisse haben die Arbeiter durch Vertreter auszuüben, welche aus der Wahl der Vorstände von Krankenkassen hervorgehen, während die Bestimmungen der Vorlage, nach welcher diese Vertretung eine festorganisirte, unter eigenen aus ihrer Mitte gewählten Vorsitzenden, bei Unfallverhütungsvorschriften aber unter dem Vorsitz von Beamten beschließende Körperschaft (Arbeiterausschuß) bilden sollte, durch den Reichstag trotz des Widerspruchs der Regierungsvertreter beseitigt ist. Man hielt eine derartige Organisation der Arbeiter in festen Körperschaften für bedenklich, weil die Gefahr bestehe, daß derartige Organisationen neben der Berufsgenossenschaft zu Organisationen gegen die Berufsgenossenschaften werden möchten, und weil man dadurch, statt die Klassengegensätze zu versöhnen, dieselben vielmehr künstlich befestigen könnte. Vorstandsmitglieder haben Arbeiter nicht werden können, weil sie nicht Mitglieder der Genossenschaften sind, und weil die Ausübung der autonomen Befugnisse, welche den Genossenschaften übertragen sind, durch einen zur Hälfte aus Nichtmitgliedern dieser Genossenschaften bestehenden Vorstand ein in sich widerspruchsvolles Verhältniß sein würde. (Vgl. Komm.-Ber. S. 37 ff.)

Die Wahl dieser „Vertreter der Arbeiter", und zwar für die Funktionen ad a bis c bei jeder Genossenschaftssektion in derselben Anzahl, wie die von den Unternehmern gewählten Vorstandsmitglieder, und die Wahl von je zwei Ersatzmännern wird durch die Vorstände von Krankenkassen (unter Ausschluß der in den Vorständen vertretenen Arbeitgeber) vollzogen Wahlberechtigt sind für die Funktionen ad a bis c die im Bezirk der Sektion domizilirten Orts-, Betriebs- (Fabrik-), Innungs- und Knappschaftskassen, falls denselben mindestens 10 in der Sektion versicherte Personen angehören; für die vierte Funktion sämmtliche Krankenkassen des Bezirks, welchen mindestens 10 in der Genossenschaft versicherte Personen angehören. Für die Funktionen ad a bis c erfolgt die Wahl nach Maßgabe eines Regulativs, welches, je nachdem die

Genossenschaft oder Sektion über das Gebiet eines Bundesstaates hinausreicht oder nicht, von dem R.-V.-A. bezw. der Landes-Zentralbehörde zu erlassen ist (§ 43), unter Leitung eines Beauftragten dieser Behörden; für die Funktionen ad d mag jede wahlberechtigte Krankenkasse über die Vollziehung der Wahl nach eigener Entschließung befinden.

Die für die ersteren Funktionen gewählten Vertreter der Arbeiter treten zur Wahl der Beisitzer des Schiedsgerichts (cf. oben ad a) nach Maßgabe des Regulativs (§§ 43, 47 Abs. 2), zur Wahl der Mitglieder des Reichs-Versicherungsamts (cf. oben ad b) nach Maßgabe der von dem Bundesrath zu treffenden Bestimmungen und unter Leitung des R.-V.-A. (§ 87) als Wahlkörper zusammen; zur Berathung und Beschlußfassung bezw. zur Begutachtung der Unfallverhütungsvorschriften (cf. oben ad c) vereinigen sie sich mit den Genossenschaftsvorständen zu gemeinsamer Thätigkeit (§§ 79, 81); zu den Unfalluntersuchungen (cf. oben ad d) wird der erwählte Bevollmächtigte geladen (§ 54).

Vgl. aus den Motiven S. 63: „In diesen Vertretern finden die Versicherten eine berufsmäßige Vertretung, welche ihre in den Rahmen des vorliegenden Gesetzes fallenden Interessen zu wahren geeignet ist. Bei der Verhütung und Untersuchung der Unfälle, bei der Festsetzung der Entschädigungen und sogar bei der Handhabung der Aufsicht in letzter Instanz greifen diese Vertreter theils direkt, theils durch die von ihnen gewählten Personen mitthätig ein. Auf diese Weise ist auch den Arbeitern eine zur positiven Mitarbeit an gemeinnützigen Aufgaben erziehende Selbstverwaltungsthätigkeit eröffnet worden."

Es leuchtet ein, daß dieses Institut außerordentlich ausbildungsfähig ist und daß demselben zugleich mit der in dem Genossenschaftsvorstand sich darstellenden Vertretung der Arbeitgeber später insbesondere auch die Wahrnehmung anderer Interessen übertragen werden kann, z. B. die Regelung des Arbeitsnachweises 2c.

In Knappschafts-Berufsgenossenschaften können durch das Statut den Knappschaftsältesten die Funktionen der Vertreter der Arbeiter übertragen werden, § 94.

²) Beisitzern . . Mitglieder, einschließlich der Stellvertreter derselben.

³) und. Ueber die vierte, den Vertretern der Arbeiter (Bevollmächtigten der Krankenkasse) eingeräumte Funktion, die Theilnahme an den Unfalluntersuchungsverhandlungen, verbreitet sich § 45. Für die Wahl der Vertreter zu dieser Funktion gelten zum Theil abweichende Vorschriften, vgl. Anm. 1 zu § 45.

⁴) jede. „Dieser enge Anschluß an die Organisation der Genossenschaft, welcher ebenso bei der Errichtung der Schiedsgerichte wiederkehrt, so daß also die Bezirke der Sektion, der Vertreter der Arbeiter und des Schiedsgerichts sich decken, entspricht der Natur der Sache" (Mot. S. 63).

⁵) Sektion . . Genossenschaft. Vgl. Anm. 5 zu § 46. Für die den Berufsgenossenschaften nicht zugewiesenen fiskalischen Betriebe (Post-, Telegraphen-, Marine-, Heeres-, Eisenbahn-, Baggerei-, Binnenschiffahrts-, Flösserei-, Prahm- und Fähr-Betriebe) sowie die unter besondere Ausführungsbehörden gestellten fiskalischen oder kommunalen Regie-Baubetriebe erfolgt die Wahl

§ 42.*)

Die Wahl erfolgt durch die Vorstände[1]) derjenigen Orts-, Betriebs- (Fabrik-) und Innungs-Krankenkassen[2]), sowie derjenigen Knappschaftskassen, welche im Bezirke der Sektion beziehungsweise der Genossenschaft ihren Sitz haben und welchen mindestens zehn[3]) in den Betrieben der Genossenschaftsmitglieder[4]) beschäftigte versicherte Personen angehören, unter Ausschluß der Vertreter der Arbeitgeber[5]). Wählbar[5a]) sind nur männliche, großjährige[6]), auf Grund dieses Gesetzes versicherungspflichtige[7]) Kassenmitglieder[8]), welche in Betrieben der Genossenschaftsmitglieder und im Bezirke[9]) der Sektion beziehungsweise der Genossenschaft beschäftigt sind, sich im Besitze der bürgerlichen Ehrenrechte befinden und nicht durch richterliche Anordnung in der Verfügung über ihr Vermögen beschränkt sind.

*) § 42 findet auch im Geltungsbereich des Ausdehnungsgesetzes und des Bau-Unfallversicherungsgesetzes (z. Th. analoge) Anwendung (§ 3 A.-G., § 35 B.-U.-G.) Vgl. auch Anm. 2, 5a.

für den Geschäftsbereich jeder Ausführungsbehörde, vgl. § 5 d. Ausd.-G., § 47 B.-U.-G.

6) Mitglieder einschließlich des Vorsitzenden.

7) gleich sein, damit bei den Berathungen über die Maßregeln zur Unfallverhütung die Interessen der Arbeitnehmer nicht zu Gunsten der Interessen der Arbeitgeber benachtheiligt werden.

Für die den Berufsgenossenschaften nicht zugewiesenen fiskalischen 2c. Betriebe (vgl. Anm. 5) fehlen die Voraussetzungen des § 41 Abs. 2, weil dort keine Genossenschaftsvorstände, sondern die zum Theil büreaukratisch organisirten Ausführungsbehörden (Dienstbehörden) bestehen. Für diese Betriebe setzt das Gesetz die Zahl der Vertreter der Arbeiter auf mindestens drei fest; eine Obergrenze ist nicht gegeben. Vgl. §§ 5, 9 d. Ausd.-G. und die Begründung zu §§ 5, 6 desselben, sowie Anm. 2 zu § 43 dieses Gesetzes.

Zu § 42.

1) Vorstände. Fehlt es an einem Vorstande, z. B. wenn die Aufsichtsbehörde nach § 45 K.-V.-G. eingetreten ist, oder wollen der Vorstand bezw. die dem Arbeiterstande angehörenden Mitglieder desselben von dem Wahlrecht keinen Gebrauch machen, so ruht einstweilen die Wahlberechtigung der betr. Kasse (A. N. II S. 3).

2) Krankenkassen. „Das Gesetz über die Krankenversicherung der Arbeiter vom 15. Juni 1883 bietet in der durch dasselbe geschaffenen organischen Gliederung der Arbeiter eine geeignete Grundlage für die Zusammensetzung der . . . Arbeitervertretung . . . Die aus freier Wahl der Arbeiter hervorgegangenen Vorstandsmitglieder derjenigen Orts- und Betriebs- (Fabrik-)

Krankenkassen sowie derjenigen Knappschaftskassen, welchen die in den Betrieben der Genossenschaftsmitglieder beschäftigten versicherten Personen angehören, werden in dem Entwurf dazu ausersehen", die Vertreter der Arbeiter zu wählen (Mot. S. 63). Mit Rücksicht auf die Einbeziehung der Baugewerbe sind demnächst die Innungskassen hinzugetreten. Auch bei der Invaliditäts- und Altersversicherung wählen die Vorstände dieser Krankenkassen (unter Betheiligung der Verwaltungen der Gemeindekrankenversicherung oder von Gemeindebehörden) die zur Verwaltung berufenen Interessenten, und zwar sowohl die Arbeitgeber wie die Arbeitnehmer, indem diesen Kassenvorständen 2c. die Wahl der Mitglieder des Ausschusses der Versicherungsanstalten übertragen worden ist (§ 48 Inv.-Ges. v. 22. Juni 1889). Nach dem Bau-Unfallversicherungsgesetz sind für die Bezirke aller Berufsgenossenschaften für Baugewerbetreibende und die Bezirke der denselben entsprechenden Ausführungsbehörden auch Bau-Krankenkassen (§§ 69fg. K.-V.-G.) wahlberechtigt, §§ 35 Abs. 2, 47, 48 B.-U.-G.

Da die berechtigten Kassen hier ausdrücklich genannt sind, so ist die Gemeindekrankenversicherung, welche sonst im Sinne dieses Gesetzes den Krankenkassen gleichsteht (cf. Anm. 8 zu § 80), hier um so weniger betheiligt, als dieselbe einen „Vorstand" und „Kassenmitglieder" überhaupt nicht hat. Ebensowenig, wie die Gemeindekrankenversicherung, sind die eingeschriebenen oder auf Grund landesrechtlicher Vorschriften errichteten Hülfskassen ohne Beitrittszwang (§ 75 K.-V.-G.) berechtigt, an der Wahl sich zu betheiligen. Die Motive sagen hierüber (S. 64): „An der Wahl auch die Vorstände der eingeschriebenen freien Hülfskassen zu betheiligen, erscheint unthunlich. Der Bestand der letzteren ist, weil auf der Freiwilligkeit der Mitglieder beruhend, unsicher; die Größe der Kassenbezirke, die Unterschiede in der Organisation, sowie die Verschiedenartigkeit in der Berufsstellung der Kassenmitglieder schließen die Hineinziehung dieser Kassen als solche in die für die Unfallversicherung vorgesehene Organisation aus. Es kommt hinzu, daß die Durchführung der Wahlen zu den Vertretern der Arbeiter bei der Betheiligung der freien Kassen in manchen Fällen unverhältnißmäßig erschwert werden würde. Während bei Beschränkung der Wahl auf die Orts-, Betriebs- (Fabrik-) und Knappschaftskassen die Anzahl der den einzelnen Kassen angehörenden Mitglieder, welche in Betrieben der betreffenden Genossenschaft beschäftigt sind, aus den Büchern des Kassenvorstandes direkt festgestellt wird, bedürfte es bei der Hineinziehung der freien Kassen einer Befragung der einzelnen Betriebsunternehmer oder der einzelnen Betriebsarbeiter, ob die letzteren freien Kassen angehören und wo deren Vorstände ihren Sitz haben. Kurz, es würden unabsehbare Weiterungen erforderlich werden, welche nicht einmal die Gewähr zu bieten vermöchten, zu einem befriedigenden Ergebnisse zu kommen. Ueberdies liegt kein ausreichender Grund vor, die eingeschriebenen freien Kassen an der Wahl zu betheiligen. Denn die Mitglieder der letzteren haben auf die Theilnahme an den gesetzlich geordneten Kassen verzichtet und den Zusammenhang mit ihren Arbeitgebern selbst um den Preis, die Kassenbeiträge allein zu bezahlen, aufgegeben. Es beruht die Einrichtung (der Vertreter der Arbeiter) auf Gedanken, welchen die freien Kassen widerstreben.

Nichtsdestoweniger werden die Interessen der Mitglieder der eingeschriebenen und sonstigen freien Kassen, soweit dieselben durch die Vorlage berührt werden, durch (die Vertreter der Arbeiter) mitgewahrt. Die letzteren vertreten gleichmäßig alle innerhalb der Berufsgenossenschaft beschäftigten Arbeiter und sind dazu kraft des Gesetzes legitimirt."

Sie vertreten also auch die Interessen derjenigen Versicherten, welche Mitglieder der Gemeindekrankenversicherung und sonstiger nicht wahlberechtigter Kassen sind (z. B. solcher Kassen, denen weniger als 10 Versicherte angehören).

Reisekosten 2c. dürfen den Vorstandsmitgliedern der Krankenkassen aus Anlaß der Wahl nicht gewährt werden. Das Unfallversicherungsgesetz gewährt solche Entschädigung nur den gewählten Vertretern (§ 44); und aus dem Vermögen der Krankenkassen dürfen derartige Ausgaben nicht gemacht werden (§§ 29, 64 K.-V.-G.), da sie nicht zu den Verwaltungskosten der Krankenkassen gerechnet werden können. Es empfiehlt sich daher die Bildung kleiner Wahlbezirke cf. Anm. 1 zu § 43) oder ein thunlichst umfangreicher Gebrauch der Schriftlichkeit; (cf. Anm. 2 zu § 44; Anm. 2 zu § 55. Das Wahlregulativ des R.-V.-A. und des Preuß. Handelsministers lassen die Kassenvorstände schriftlich wählen.

[3]) mindestens zehn. „Durch die Beschränkung der Wahlberechtigung auf diejenigen Orts- 2c. Kassen, welchen mindestens zehn in den Betrieben der Genossenschaftsmitglieder beschäftigte versicherte Personen angehören, sollen im Interesse der Vereinfachung des Wahlgeschäfts diejenigen Ortskassen ausgeschlossen werden, denen nur vereinzelte Arbeiter aus der betreffenden Berufsgenossenschaft angehören; bei Betriebs- (Fabrik-) und Knappschaftskassen dürfte jene Beschränkung kaum jemals praktisch werden" (Mot. S. 64).

[4]) in den Betrieben der Genossenschaftsmitglieder. Bei den einer Berufsgenossenschaft nicht zugewiesenen fiskalischen 2c. Betrieben (cf. Anm. 5 zu § 41) giebt es keine Genossenschaftsmitglieder, sondern nur einzelne Betriebsverwaltungen. Da § 42 auf diese Betriebe „entsprechende" Anwendung finden soll (cf. Begründung zu §§ 3 bis 10 d. Ausd.-G.), so kommen bei ihnen solche Kassen in Frage, welchen mindestens 10 in dem Geschäftsbereich der betr. Ausführungsbehörde beschäftigte versicherte Personen angehören, cf. §§ 5, 6 d. Ausd.-G., §§ 35 Abs. 2, 47 B.-U.-G.

[5]) Vertreter der Arbeitgeber, §§ 38, 64, 72 K.-V.-G.

[5a]) wählbar. Für Berufsgenossenschaften aller Baugewerbetreibenden und für die Bezirke der solchen Berufsgenossenschaften entsprechenden Ausführungsbehörden ist nach dem Bau-Unfallversicherungsgesetze als weiteres Erforderniß der Wählbarkeit hingestellt, daß die Gewählten Deutsche und bei Bauarbeiten der Genossenschaftsmitglieder 2c. dauernd beschäftigt sein müssen, §§ 35 Abs. 3, 47, 48 B.-U.-G.

§ 43.*)

Die Vertheilung [1]) der Vertreter der Arbeiter auf örtlich abzugrenzende Theile der Genossenschaft wird mittelst eines Regulativs [2]) bestimmt, welches durch das Reichs-Versicherungsamt oder, sofern es sich um eine Genossenschaft oder Sektion [3]) handelt, welche über die Grenzen eines Landes nicht hinausgeht [4]), durch die Landes-Zentralbehörde [5]) oder die von derselben zu bestimmende höhere Verwaltungsbehörde [5]) zu erlassen ist [6]).

*) § 43 gilt auch für den Bereich des Ausdehnungsgesetzes und des Bau-Unfallversicherungsgesetzes, für die einer Berufsgenossenschaft nicht zugewiesenen fiskalischen etc. Betriebe aber mit einigen Modifikationen (§§ 3, 5, 9 A.-G., §§ 35, 47 B.-U.-G.).

---

6) großjährige. Die Großjährigkeit beginnt mit der Vollendung des 21. Lebensjahres, Ges. v. 17. Febr. 1875 (R.-G.-Bl. S. 71).

7) versicherungspflichtige, auch nach § 2 Abs. 1 (A. N. I S. 373); denn auch die auf Grund der gesetzlichen Bestimmungen angeordnete statutarische Versicherungspflicht ist eine Versicherungspflicht „auf Grund dieses Gesetzes," da sie in dem letzteren ihren Ursprung hat. Bloße Versicherungsberechtigung aber (§ 2 Abs. 2) macht nicht wählbar.

8) Kassenmitglieder, also nicht Betriebsunternehmer, da dieselben jenen Kassen nicht als Mitglieder angehören (vgl. Anm. 2 zu § 34), wohl aber neben den Arbeitern auch Betriebsbeamte. Nur die von den Vertretern der Arbeiter gewählten Beisitzer der Schiedsgerichte müssen unter allen Umständen dem Arbeiterstande angehören, dürfen also nicht Beamte sein, § 47 Abs. 4. Aus der Mitte der wählenden Mitglieder der Kassenvorstände brauchen die Vertreter nicht genommen zu werden.

9) im Bezirke. Auf Grund einer Erklärung der Regierungsvertreter konstatirt der Kommissionsbericht (S. 41), „daß ein auf Grund des § 41 gewählter Vertreter der Arbeiter diese seine Qualität verliert, sobald er den Bezirk der Sektion bezw. Genossenschaft verläßt, für welche er gewählt war". Dasselbe gilt, wenn die sonstigen Voraussetzungen der Wählbarkeit fortfallen, namentlich wenn ein gewählter Vertreter aus den wahlberechtigten Kassen ausscheidet (z. B. zu einer eingeschriebenen Hülfskasse ohne Beitrittszwang übertritt), die Versicherungspflicht einbüßt (z. B. indem er selbst Unternehmer wird), die bürgerlichen Ehrenrechte verliert, zum Verschwender erklärt wird ꝛc. Vgl. Anm. a zu § 24, Anm. 3 zu § 47.

Zu § 43.

1) Vertheilung. Das Gesetz schreibt die Bildung von Wahlbezirken vor, auf welche die zu wählenden Vertreter der Arbeiter zu vertheilen sind. Die Vertheilung „wird unter Berücksichtigung der Zahl der in Betracht kommenden, bei den einzelnen Kassen versicherten Arbeiter erfolgen, und wird darauf Bedacht zu nehmen sein, daß die Gewählten möglichst über den ganzen (Sek-

tions-)Bezirk vertheilt, und daß danach die Wahlbezirke eingetheilt werden" (Mot. S. 64).

²) Regulativ. Dasselbe hat Bestimmung zu treffen, wie die Zahl der zu wählenden Vertreter auf die einzelnen wahlberechtigten Kassen (nach örtlichen Bezirken) zu vertheilen ist (§ 43), wie bei der Wahl der Vertreter zu verfahren ist (§ 44), und wie die gewählten Vertreter die ihnen obliegende Wahl der Beisitzer zum Schiedsgericht (und deren Stellvertreter) zu vollziehen haben (§ 47 Abs. 4).

Bei den den Berufsgenossenschaften nicht zugewiesenen fiskalischen ꝛc. Betrieben (vgl. Anm. 5 zu § 41) wird das Regulativ von der für den Erlaß der Ausführungsvorschriften zuständigen Behörde (Centralinstanz) oder in deren Auftrag erlassen. In demselben sind außerdem noch die Zahl der Vertreter (cf. Anm. 6 zu § 41) und die denselben zu gewährenden Vergütungssätze (§§ 44, Abs. 4, 49 Abs. 2, 55 Abs. 1) festzustellen. Vgl. § 5 d. Ausd.-G.

Das Regulativ des R.-V.-A. v. 26. September 1885 (für Genossenschaften oder Sektionen, welche über das Gebiet eines einzelnen Bundesstaates hinausgehen) siehe A. N. 1 S. 244; vgl. dazu die Anweisung des R.-V.-A. in A. N. I S. 360, welche auch für den Geltungsbereich anderer Regulative beachtenswerthe Fingerzeige enthält, sowie A. N. III S. 144. Das revidirte Regulativ des Preuß. Handels-Ministers (für solche industr. Genossenschaften oder Sektionen, welche nur Preuß. Gebietstheile umfassen) v. 23. Juli 1887 ist mehrfach abweichend. Außerdem sind für die nur Preuß. Gebietstheile umfassenden Sektionen der Knappschafts-B.-G., sowie für die verschiedenen Reichs- und die Preuß. Staatsverwaltungen bezw. die übrigen in Betracht kommenden Bundesstaaten besondere Regulative ergangen.

Der Bestimmung des Gesetzes, daß in dem Regulativ die Wahlbezirke für die einzelnen Arbeitervertreter bestimmt werden sollen, ist meist dadurch genügt, daß auf der Rückseite der einzelnen Stimmzettel für die wahlberechtigten Krankenkassen die Wahlbezirke angegeben sind und hierauf in dem Regulativ hingewiesen ist.

³) Sektion. Nur für solche Sektionen, deren Bezirke über die Grenzen eines Bundesstaates hinausgehen, wird das Regulativ von dem Reichs-Versicherungsamt erlassen. Dasselbe gilt für Genossenschaften, welche nicht in Sektionen eingetheilt sind.

⁴) nicht hinausgeht. Vgl. Anm. 5 zu § 46.

⁵) höhere Verwaltungsbehörde, § 109. Man hat den Landesbehörden, denen die Verhältnisse bekannt sind, die Ordnung dieser Angelegenheit überlassen wollen.

⁶) zu erlassen ist. „Sollte es sich herausstellen, daß die getroffenen Anordnungen sich nicht bewähren, oder daß deren Abänderung in Folge eintretenden Wechsels der Verhältnisse (Betriebseröffnungen und Betriebseinstellungen) nothwendig ist, so kann einem solchen Bedürfnisse durch Abänderung des Regulativs Abhülfe verschafft werden" (Mot. S. 65).

§ 44.*)

(Abs. 1.) Die Wahl[1]) der Vertreter der Arbeiter erfolgt[2]) nach näherer Bestimmung des Regulativs[3]) unter der Leitung eines Beauftragten[4]) derjenigen Behörde, von welcher das Regulativ erlassen worden ist.

(Abs. 2.) Für jeden Vertreter sind ein erster und ein zweiter Ersatzmann

*) § 44 gilt auch für den Bereich des Ausdehnungsgesetzes und des Bau-Unfallversicherungsgesetzes, für die einer Berufsgenossenschaft nicht zugewiesenen fiskalischen etc. Betriebe aber mit einigen Modifikationen (§§ 3, 5, 9, A.-G., §§ 35, 47 B.-U.-G.].

Zu § 44.

¹) Wahl. Eine Nöthigung zur Annahme der Funktionen als Arbeitervertreter kennt das Gesetz nicht. Wegen der Annahme des Amtes als Schiedsrichter vgl. dagegen § 49. Ueber Streitigkeiten, welche sich auf die Gültigkeit der vollzogenen Wahlen beziehen, entscheidet das Reichs- (Landes-) Versicherungsamt, vgl. §§ 89, 102, sowie § 5 d. Ausd.-G.

²) erfolgt. „Ueber die Durchführung der Wahlen, welche unter der Leitung eines Vertreters derjenigen Behörde, welche das Regulativ erlassen hat, stattzufinden haben, soll das letztere (§ 43) ebenfalls nähere Bestimmungen enthalten. Dies gilt namentlich von der Regelung der Frage, ob die Wahl auf schriftlichem oder mündlichem Wege erfolgen soll" (Mot. S. 65). cf. Anm. 1 zu § 42.

³) Regulativ, vgl. § 43 und Anm. 2 zu demselben.

⁴) Beauftragte. „Die Behörden werden in der Auswahl der Kommissarien zur Abhaltung der Wahlen nicht auf ihre eigenen Mitglieder beschränkt sein, sondern auch andere Personen, insbesondere staatliche und kommunale Lokalbeamte, mit ihrer Vertretung betrauen können" (Mot. S. 65). In der Regel sind die Schiedsgerichtsvorsitzenden mit der Leitung der Wahlen für den Bezirk der betr. Sektion betraut.

Auslagen der Beauftragten sind im Geltungsbereich des Wahlregulativs des R.-V.-A., soweit sie für die Wahl der Arbeitervertreter erforderlich werden, bei dem R.-V.-A., soweit sie aber bei der Wahl der Beisitzer zum Schiedsgericht entstehen, bei der betheiligten Berufsgenossenschaft zur Erstattung zu liquidiren. Im Geltungsbereich des Regulativs des Preuß. Handelsministers ist Schreib-, Bureauhülfe ꝛc. den Beauftragten von der Provinzialregierung zur Verfügung zu stellen. Die Beauftragten des Reichs-Vers.-Amts genießen für ihre desfallsige Korrespondenz Portofreiheit, wenn die Sendungen mit der Bezeichnung „Reichs-Dienstsache" versehen sind. Denn derartige Postsendungen betreffen reine Reichs-Dienstangelegenheiten. Soweit aber die Durchführung der Unfallversicherung den Landesbehörden und deren Organen oder den Berufsgenossenschaften obliegt, kann deren Korrespondenz als Reichs-Dienstsache nicht angesehen und der Portofreiheit nicht theilhaft werden, es müßte denn sein, daß der andere Theil eine Reichsbehörde ist und die Sendung ausschließlich ein von dieser wahrzunehmendes Interesse des

zu wählen, welche denselben in Behinderungsfällen zu ersetzen und im Falle des Ausscheidens[6]) für den Rest der Wahlperiode[6]) in der Reihenfolge ihrer Wahl einzutreten haben.

Die Wahl erfolgt auf vier Jahre. Alle zwei Jahre scheidet die Hälfte der Vertreter und Ersatzmänner aus. Die erstmalig Ausscheidenden werden durch das Loos bestimmt, demnächst entscheidet das Dienstalter. Die Ausscheidenden können wiedergewählt werden. (Abs. 3.)

Die Vertreter erhalten aus der Genossenschaftskasse[7]) auf Anweisung des Genossenschaftsvorstandes[8]) nach den durch das Genossenschaftsstatut[9]) zu bestimmenden Sätzen Ersatz für nothwendige baare Auslagen[10]) und entgangenen Arbeitsverdienst. Gegen die Anweisung ist die Beschwerde an diejenige Behörde, welche das Regulativ erlassen hat (§ 43), zulässig. Dieselbe entscheidet endgültig. (Abs. 4.)

Reichsdienstes betrifft. Die Postsendungen der Beauftragten der Landes-Zentralbehörde genießen hiernach die Portofreiheit im Allg. nicht.

Ueberhaupt „kann die Korrespondenz in Unfallversicherungs-Angelegenheiten nur dann als portofreie Reichssache angesehen werden, wenn sie die den Reichsbehörden oder deren Organen in dieser ihrer Eigenschaft übertragene Durchführung der gesetzlichen Vorschriften über die Unfallversicherung betrifft, und wenn dieselbe lediglich in dem von der Behörde vertretenen Interesse des Reichsdienstes ergeht". Schreiben des Reichs-Post-Amts v. 1. April 1886, mitgetheilt A. N. II S. 72. Portoerleichterungen für Drucksachen im Massenversandt sind den Berufsgenossenschaften gewährt durch Abänderung der Postordnung v. 8. März 1879, erfolgt durch den Staatssekretair des Reichs-Postamts am 16. Januar 1886. Vgl. dieselbe in A. N. III S. 3.

[5]) Ausscheiden. Wegen des Erlöschens des Mandats vgl. Anm. 8 zu § 42.

[6]) Wahlperiode. Dieselbe beginnt mit dem Tage des Inkrafttretens der Unfallversicherung, also für den Geltungsbereich des Unfallversicherungsgesetzes und des § 1 Ziffer 1 des Ausdehnungsgesetzes mit dem 1. Oktober 1885, für den Geltungsbereich des § 1 Ziffer 2 bis 5 des Ausdehnungsgesetzes mit dem 1. Juli 1886, für den Geltungsbereich des Bau-Unfallversicherungsgesetzes mit dem 1. Januar 1888, und dauert 4 Jahre, vgl. Abs. 3.

[7]) Genossenschaftskasse, weil die Vertreter der Arbeiter „zur Theilnahme an der Erfüllung von Aufgaben der Genossenschaft berufen sind" (Mot. S. 65). Die Liquidationen der zur Wahl der Schiedsgerichtsbeisitzer vor dem Beauftragten erscheinenden Arbeitervertreter (§ 47 Abs. 4) bescheinigt der Beauftragte (vgl. Formular A. N. I S. 362); das R.-V.-A. hat dafür gesorgt,

§ 45.*)

(Abs. 1.) Die Vorstände[1]) der Krankenkassen und der Knappschaftskassen, welchen mindestens zehn in den Betrieben der Genossenschaftsmitglieder beschäftigte versicherte Personen angehören[2]), wählen[3]) alle zwei Jahre aus der Zahl ihrer Kassenmitglieder[4]) zum Zweck der Theilnahme an den Unfalluntersuchungen (§ 54) für den Bezirk einer oder mehrerer[5]) Ortspolizeibehörden[6]) je einen Bevollmächtigten und zwei Ersatzmänner[7]), deren Name und Wohnort den betheiligten Ortspolizeibehörden[6]) mitzutheilen ist.

(Abs. 2). Die dem Vorstande der Kasse angehörenden Vertreter der Arbeitgeber nehmen an der Wahl nicht theil.

*) § 45 findet auch im Bereich des Ausdehnungsgesetzes und des Bau-Unfallversicherungsgesetzes (z. Th. analoge) Anwendung (§ 3 A.-G., § 35 B.-U.-G.).

---

daß den Beauftragten zur sofortigen Auszahlung dieser Liquidationen Kostenvorschüsse von den Berufsgenossenschaften überwiesen werden.

Bei den einer Genossenschaft nicht zugewiesenen fiskalischen Betrieben (vgl. Anm. 5 zu § 41) zahlt die Betriebskasse oder sonstige Staats- bezw. Reichskasse.

[8]) Genossenschaftsvorstandes. Da es sich hier nicht um eine Anweisung auf die Post handelt, und der in den Motiven angegebene Grund, aus welchem nur dem Genossenschaftsvorstand, nicht auch den sonstigen Organen der Genossenschaft die Ausstellung der Zahlungsanweisungen auf die Post übertragen ist (cf. Anm. 5 zu § 69), hier nicht zutrifft, so wird auch den sonstigen Organen der Genossenschaften (Sektionsvorständen, Vertrauensmännern) die Anweisung dieser Beträge auf die Genossenschaftskasse durch das Statut übertragen werden können. Dies empfiehlt sich im Interesse der beschleunigten Auszahlung, da die Arbeiter auf ihren Arbeitsverdienst in der Regel angewiesen sind. Vgl. auch Anm. 7.

An die Stelle des Vorstandes treten bei den einer Genossenschaft nicht zugewiesenen fiskalischen 2c. Betrieben (vgl. Anm. 5 zu § 41) die in den Ausführungsvorschriften bezeichneten Behörden.

[9]) Genossenschaftsstatut. An dessen Stelle tritt bei den einer Genossenschaft nicht zugewiesenen fiskalischen 2c. Betrieben das Regulativ, cf. Anm. 3 zu § 49 und § 5 d. Ausd.-G.

[10]) baare Auslagen, cf. Anm. 11 zu § 17. Die Festsetzung (vergl. Anm. 4 zu § 49) steht im Fall des § 47 Abs. 4 dem die Wahlhandlung leitenden Beamten (vgl. Anm. 7), im Fall des § 79 den Vorständen zu.

Zu § 45.

[1]) Auch zur Theilnahme an den Unfall-Untersuchungsverhandlungen (§ 54) sind Vertreter der Arbeiter berufen, cf. Anm. 1 zu § 41. Es sind aber nicht

dieselben Vertreter, welche die in den §§ 46, 78, 87 erwähnten Funktionen wahrzunehmen haben, und welche auf die in den §§ 41 bis 44 erörterte Weise gewählt werden; zur Theilnahme an den Unfall-Untersuchungsverhandlungen werden vielmehr besondere Vertreter (Bevollmächtigte der Krankenkassen) gewählt, deren Wahl in mehrfacher Beziehung von der Wahl der für die sonstigen Funktionen gewählten Vertreter abweicht. Die Abweichungen haben insbesondere in dem Bestreben ihren Grund, an den Unfall-Untersuchungsverhandlungen, an welchen der Verletzte sowie seine Hinterbliebenen, außerdem aber auch die für die ersten dreizehn Wochen zur Fürsorge berufene Krankenkasse ein besonderes Interesse haben, solche Vertreter der Arbeiter zu betheiligen, welche die Verhältnisse, unter denen der Unfall sich ereignet hat, sowie die Lage der von dem Unfall betroffenen Personen aus eigener Erfahrung kennen und mit dem Verunglückten Genossen einer und derselben Krankenkasse waren.

Die Abweichungen bestehen insbesondere in Folgendem:

a) Wahlberechtigt sind hier (§ 45) die Vorstände aller Kategorien von Krankenkassen — einschl. der Hülfskassen ohne Beitrittszwang, sofern sie in den Rahmen der durch das Krankenversicherungsgesetz geschaffenen organischen Gliederung der Arbeiter, welche die Grundlage für die Vertretung der Arbeiter bildet, fallen, d. h. sofern sie den Bedingungen des § 75 K.-V.-G. genügen (A. N. I S. 289) —, dort (§ 41) nur die Vorstände von Orts-, Betriebs- (Fabrik-), Innungskranken- und Knappschaftskassen;

b) wählbar sind hier auch Mitglieder von Hülfskassen, dort nicht;

c) die Wahlperiode beträgt hier zwei, dort vier Jahre;

d) die Wahl erfolgt hier für den Bezirk einer oder mehrerer Ortspolizeibehörden, dort für den Bezirk einer Genossenschaft oder Genossenschaftssektion; der Bezirk, für den hier gewählt wird, deckt sich also nicht, wie dort, mit der Organisation der Genossenschaft;

e) jede wahlberechtigte Kasse wählt hier ihre Bevollmächtigten nur für Unfalluntersuchungen bei Verletzung *ihrer eigenen* Kassenmitglieder, dort hingegen vertreten die Gewählten die Interessen aller Versicherten (A. N. I S. 371);

f) die Gewählten erhalten, wenn sie in Thätigkeit treten, hier nur Ersatz für den entgangenen Arbeitsverdienst nach den von dem Genossenschaftsstatut bestimmten Sätzen (§ 55, cf. Anm. 2 zu demselben), dort außerdem (nach den von dem Genossenschaftsstatut aufgestellten Sätzen) Reisekosten sowie Ersatz für sonstige baare Auslagen, § 44, cf. 11 zu § 17.

Kassen mit weniger als zehn versicherten Mitgliedern, sowie die Gemeindekrankenversicherung sind auch hier nicht wahlberechtigt (A. N. I S. 215, 371). Jeder Kassenvorstand ist für den ganzen Kassenbezirk nur an dem Ort wahlberechtigt, an welchem die Kasse ihren Sitz hat; örtliche Verwaltungsstellen sind nicht wahlberechtigt, und können nur insofern berücksichtigt werden, als für ihre resp. Bezirke von dem Kassenvorstande besondere Bevollmächtigte gewählt werden dürfen (A. N. I S. 289).

[2]) welchen . . . . . . angehören. Vgl. Anm. 3, 4 zu § 42.

[3]) wählen. Wahlen erfolgen für jede Genossenschaft, in deren Betrieben mindestens zehn versicherte Kassenmitglieder beschäftigt sind, wenn diese auch über verschiedene Orte vertheilt sind.

Gewählt wird für jede Genossenschaft je ein Bevollmächtigter nebst je zwei Ersatzmännern, und zwar für den Bezirk der Ortspolizeibehörde, oder wenn die Kasse sich über die Bezirke mehrerer Ortspolizeibehörden erstreckt, für den Bezirk je einer oder mehrerer bestimmter Ortspolizeibehörden. Im letzteren Fall haben die Wahlberechtigten die Bezirke der Bevollmächtigten abzugrenzen. Vgl. Anm. 1 i. f.

Ist die Kasse für mehrere Genossenschaften wahlberechtigt, so kann sie für alle oder für einzelne (industr.) Genossenschaften dieselben Personen zu Bevollmächtigten oder Ersatzmännern bestellen; indessen ist dies nicht empfehlenswerth (A. N. I S. 216) und für die Land- und Forstwirthschaft direkt ausgeschlossen (vgl. v. Woedtke, land- und forstw. U.-V.-G. Anm. 9 zu § 59).

[4]) aus der Zahl der Kassenmitglieder. Nach der oben (Anm. 1) dargelegten Tendenz des Gesetzes, daß die Gewählten den Verletzten thunlichst nahe stehen sollen, müssen die Gewählten, wie die Vertreter der Arbeiter nach § 42, unfallversicherungspflichtig sein (vgl. Anm. 7 bis 9 zu § 42). Auch müssen sie die übrigen Erfordernisse des § 42 haben, müssen also im Besitz der Ehrenrechte, männlich, großjährig und in der Verfügung über ihr Vermögen nicht beschränkt sein, denn die Entstehungsgeschichte dieses Paragraphen läßt Abweichungen von der Vorschrift des § 42 nicht zu. (Ebenso A. N. I S. 215). Nach der Regierungsvorlage gehörte nämlich die Theilnahme an den Unfall-Untersuchungsverhandlungen zu den Funktionen des Arbeiterausschusses, dessen sonstige Funktionen dieselben waren, wie die im § 41 aufgezählten. Die Vorschriften über die Wählbarkeit zum Arbeiterausschuß sind, soweit sie hier in Frage kommen, aus dem § 42 der Regierungsvorlage in den § 42 des Gesetzes übernommen, und aus den Verhandlungen, die über die Beseitigung der Arbeiterausschüsse und deren Ersetzung durch Vertreter der Arbeiter geführt worden sind, ist nichts zu entnehmen, was auf die Absicht schließen lassen könnte, daß man zu den Funktionen des § 45 weniger zuverlässige Leute hat wählen lassen wollen, wie zu den Funktionen nach § 41. — Vgl. auch Anm. 6.

[5]) einer oder mehrerer, nach Wahl der Kassenvorstände. Vergl. Anm. 3.

[6]) Ortspolizeibehörde (cf. Anm. 6 zu § 51), da diese die Unfall-Untersuchung zu führen haben.

Bei den unter Reichs- oder Staatsverwaltung stehenden Betrieben werden nun aber die Unfall-Untersuchungen keineswegs ausschließlich von der Ortspolizeibehörde geführt; die betreffende Untersuchungsbehörde wird vielmehr von der vorgesetzten Dienstbehörde der betreffenden fiskalischen Verwaltung bestimmt,

V. Schiedsgerichte.

Schiedsgerichte.

§ 46.*)

¹) Für jeden ²) Bezirk einer Berufsgenossenschaft ²ᵃ) oder, sofern (Abs. 1.) dieselbe in Sektionen getheilt ist, einer Sektion, wird ein Schiedsgericht ³) errichtet.

*) § 46 findet auch im Bereich des Ausdehnungsgesetzes und des Bau-Unfallversicherungsgesetzes (z. Th. analoge) Anwendung (§§ 3, 6 A.-G., §§ 36, 47 B.-U.-G.). Vgl. auch Anm. 2a.

---

§ 51 Abs. 5, § 56. Bei den einer Berufsgenossenschaft nicht zugewiesenen fiskalischen ꝛc. Betrieben (vgl. Anm. 5 zu § 41) werden daher die Kassen die Wahl dieser Vertreter der Arbeiter nicht für den Bezirk einzelner Ortspolizeibehörden, sondern für den Bezirk von Dienstbehörden (die ja auch über einen oder mehrere Ortspolizeibezirke sich erstrecken) vorzunehmen, und die Namen der Gewählten an die Dienstbehörden mitzutheilen haben. Das Nähere wird durch die Ausführungsvorschriften zu regeln sein, § 10 A.-G. Bei den in einer Berufsgenossenschaft stehenden fiskalischen Betrieben muß es den die Untersuchung führenden Behörden überlassen bleiben, wegen des erwählten Bevollmächtigten der Krankenkasse mit der Ortspolizeibehörde sich in Verbindung zu setzen.

⁷) und zwei Ersatzmänner. Die Reihenfolge, in welcher diese Personen zur Thätigkeit berufen sind, wird hier nicht bestimmt, anders wie in § 44. Es ist also auch eine Vertheilung der Funktionen unter die Vertreter und Ersatzmänner mit gegenseitiger Substitution zulässig (A. N. I S. 216).

Für Unfall-Untersuchungsverhandlungen, welche bei Unfällen in Transportbetrieben auf der Fahrt erforderlich werden, kann der Kassenvorstand im konkreten Fall noch einen besonderen Vertreter für den generell gewählten Bevollmächtigten bestellen, und ist dabei nicht auf den Kreis der Kassenmitglieder beschränkt (§ 13 A.-G.). Bezweckt wird damit, daß auch an dem möglicherweise weit entfernten Ort, an dem die Untersuchung geführt wird, ein dort anwesender Vertrauensmann der Kasse sich soll betheiligen können, während es den für die regelmäßigen Fälle gewählten Bevollmächtigten oft nicht möglich sein würde, die weite Reise zu unternehmen.

Zu § 46.

¹) Die Bildung der Schiedsgerichte steht „in Uebereinstimmung mit dem Entwurf von 1882, und in Gegensatz zu dem Entwurf von 1881. Nach letzterem sollte die erste Feststellung der Entschädigungsansprüche durch die damals beabsichtigte Reichsversicherungsanstalt erfolgen, während sie gegenwärtig den Organen der versicherungspflichtigen Unternehmer obliegt.

„Der Natur der Sache nach konnte aber gegen die Entscheidung einer dem Streit der Privatinteressen entrückten und die Bürgschaft voller Unbe-

(Abs. 2.) Der Bundesrath kann anordnen, daß statt eines Schiedsgerichts deren mehrere nach Bezirken gebildet werden.

(Abs. 3.) Der Sitz[4]) des Schiedsgerichts wird von der Zentralbehörde des Bundesstaates, zu welchem der Bezirk desselben gehört, oder, sofern der Bezirk über die Grenzen eines Bundesstaates hinausgeht[5]), im Einvernehmen mit den betheiligten Zentralbehörden von dem Reichs-Versicherungsamt bestimmt.

---

fangenheit in sich tragenden Reichsbehörde, der Arbeitnehmer unbedenklicher auf den kostspieligen, zeitraubenden und schwierigen Rechtsweg verwiesen werden, als gegenwärtig, wo die erste Feststellung durch die Vertreter der zahlungspflichtigen Interessenten erfolgt. Innerhalb des Systems und auf dem Boden des gegenwärtigen Entwurfs würde die Verweisung der streitigen Entschädigungsansprüche der Arbeitnehmer auf den Rechtsweg den Grundgedanken der Vorlage nicht entsprechen" (Motive zum Gesetzentwurf von 1882). Gegenwärtig unterliegen in allen Gesetzen über Unfallversicherung die Ansprüche verletzter Versicherter und ihrer Hinterbliebenen auf Unfallentschädigung

zunächst der Feststellung durch die Organe der Berufsgenossenschaft bezw. die Ausführungsbehörde;

in erster (Berufungs-) Instanz der Entscheidung des Schiedsgerichts;

in zweiter (Rekurs-) Instanz, soweit eine solche überhaupt nachgelassen ist, der Entscheidung des Reichs- (Landes-) Versicherungsamts.

Wenn hier von nur zwei Instanzen gesprochen wird, so erklärt sich dies daraus, daß die Feststellung durch die Genossenschaftsorgane gewissermaßen die Handlung einer Partei darstellt. An sich hat der Verletzte, sofern nicht in einzelnen Fällen das Urtheil des Schiedsgerichts endgültig ist, drei Stellen, welche über seine Ansprüche entscheiden (Genossenschaftsorgane, Schiedsgericht, Reichs-Versicherungsamt).

In gleicher Weise ist auch bei der Invaliditäts- und Altersversicherung der Instanzenzug geregelt; auch hier entscheidet auf Berufungen gegen die Entschließungen des Anstaltsvorstandes ein besonderes, den für die Unfallversicherung errichteten Schiedsgerichten nachgebildetes Schiedsgericht, gegen dessen Entscheidung dann aber nur noch bei Rechtsverletzung ein weiteres Rechtsmittel, nämlich die Revision bei dem Reichs-Vers.-Amt, zugelassen ist. Die Zuständigkeit der Schiedsgerichte geht also insofern bei der Invaliditätsversicherung weiter als bei der Unfallversicherung. Vgl. §§ 70 fg., 77, 79 Inv.-G. v. 22. Juni 1889. Vgl. auch Anm. 3.

[3]) jeden. Die Bezirke des Schiedsgerichts decken sich mit den Bezirken der Genossenschaftssektionen und den Bezirken, für welche Vertreter der Arbeiter gewählt werden, schließen sich also enge an die Organisation der Genossenschaft selbst an, jedoch mit der Maßgabe, daß der Bundesrath die Vermehrung der Schiedsgerichte soweit anordnen kann, als das Bedürfniß (leichter Erreichbar-

keit) erfordert; denn leicht erreichbar müssen die Schiedsgerichte sein: „namentlich bei den von den Genossenschaftsorganen gar nicht oder nur theilweise anerkannten Invaliditätsfällen werden die Arbeiter das größte Gewicht darauf legen, vor dem Schiedsgerichte ihre Sache persönlich zu vertreten und sich den Schiedsrichtern vorzustellen" (Motive S. 66).

Bei den den Genossenschaften nicht zugewiesenen fiskalischen ꝛc. Betrieben (cf. Anm. 5 zu § 41) wird ein Schiedsgericht mindestens für den Geschäftsbereich einer jeden Ausführungsbehörde errichtet. Auch hier deckt sich also (vorbehaltlich einer weiteren Vermehrung der Schiedsgerichte) der Organisationsbezirk (Geschäftsbereich der Ausführungsbehörde) mit dem Bezirk, für welchen Vertreter der Arbeiter gewählt werden, und dem Bezirk, für welchen das Schiedsgericht errichtet wird. Vgl. § 6 d. Ausd.-Ges., sowie Anm. 4 zu § 41.

2a) Berufsgenossenschaft. In den Berufsgenossenschaften für Baugewerbtreibende erstreckt sich die Zuständigkeit der berufsgenossenschaftlichen Schiedsgerichte auch auf die Unfälle solcher Personen, welche in der Versicherungsanstalt der Baugewerks-B.-G. (vgl. Anm. 1 zu § 9) versichert sind, § 36 B.-U.-G.; vgl. Anm. 5 zu § 10.

3) Schiedsgericht. Die Funktionen der Schiedsgerichte ergeben sich aus § 62: sie bilden die erste und mit Rücksicht auf die Untersuchung der thatsächlichen Verhältnisse besonders wichtige Berufungsinstanz bei Feststellung der Entschädigungen aus Anlaß eines Unfalls, sowohl, was deren Höhe, als was den Entschädigungsanspruch im Princip (letzteres mit der Ausnahme des § 63 Abs. 2) anbetrifft. Die Schiedsgerichte haben also ganz besondere Bedeutung „für die verunglückten Arbeiter oder deren Hinterbliebene, um zu ihrem Recht zu gelangen, wenn sie mit den Feststellungen der Genossenschaftsorgane nicht zufrieden sind" (Motive S. 66).

Das Schiedsgericht hat den Charakter eines dauernd fungirenden Spezialgerichtshofs, nicht die Bedeutung eines auf Grund eines Schiedsvertrags für einen einzelnen Fall gebildeten Schiedsgerichts im Sinne der §§ 851 fg. der Civilprozeßordnung. Anders bei der Entscheidung vermögensrechtlicher Streitigkeiten bei Abänderung des Bestandes der Genossenschaften, § 32. „Reichsbehörden, denen die Portofreiheit zustände, sind die Schiedsgerichte nicht, da ihre Mitglieder als solche weder vom Kaiser oder in dessen Namen ernannt werden, noch seinen Befehlen Folge zu leisten verpflichtet sind, noch auch die Rechtsprechung der Schiedsgerichte im Namen des Reichs geübt wird". Schreiben des Reichs-Post-Amts v. 1. April 1886, A. N. II S. 72. Vgl. Anm. 4 zu § 44. Ueber die Vertretung der Parteien durch Rechtsanwälte vor dem Schiedsgericht vgl. Anm. 7 zu § 50; die Thätigkeit der Anwälte braucht im schiedsgerichtlichen und Rekurs-Verfahren wohl durchweg nicht von Belang zu sein (A. N. III S. 167, IV S. 280).

4) Der Sitz ist an einen Ort zu legen, „an welchem ein zur Uebernahme des Vorsitzes geeigneter Staats- oder Kommunalbeamter vorhanden ist" (Mot. S. 66). Der Sitz des Schiedsgerichts fällt wohl ohne Ausnahme zusammen

§ 47.*)

(Abs. 1.) Jedes Schiedsgericht besteht aus einem ständigen Vorsitzenden und aus vier Beisitzern[1]).

(Abs. 2.) Der Vorsitzende wird aus der Zahl der öffentlichen[2]) Beamten, mit Ausschluß der Beamten derjenigen Betriebe, welche unter dieses Gesetz fallen, von der Zentralbehörde des Landes, in welchem der Sitz des Schiedsgerichts belegen ist, ernannt. Für den Vorsitzenden

*) § 47 findet auch im Bereich des Ausdehnungsgesetzes und des Bau-Unfallversicherungsgesetzes (z. Th. analoge) Anwendung (§§ 3, 6 A.-G., §§ 36, 47 B.-U.-G.). Vgl. Anm. 7.

---

mit dem Sitz der Sektion, für deren Bezirk dasselbe besteht. Vgl. die bei Anm. 4 zu § 15 erwähnten Veröffentlichungen.

[5]) hinausgeht. Bei der Beurtheilung, ob der Bezirk eines Schiedsgerichts (Genossenschaftssektion ꝛc.) über die Grenzen eines Bundesstaates hinausgeht, ist nach der auch hier anwendbaren Auslegung, welche der Gesetzgeber den §§ 5, 6 des Ausdehnungsgesetzes in den Motiven gegeben hat, nicht der räumliche Umfang der einzelnen zur Genossenschaft bez. zum Schiedsgericht gehörigen Betriebe, sondern die Belegenheit des Betriebssitzes bez. derjenigen Orte maßgebend, an welchen der Betrieb oder ein einzelner Theil des Betriebes verwaltet wird. Vgl. Anm. 4 zu § 29.

Zu § 47.

[1]) vier Beisitzern, und zwar nach der Zweckbestimmung und Natur des Schiedsgerichts, insbesondere um die Unparteilichkeit seiner Entscheidung zu sichern, aus einer gleichen Anzahl von Arbeitgebern und Arbeitnehmern.

„Im Wege der Ausführungsbestimmungen wird dafür zu sorgen sein, daß Namen und Wohnort der gewählten Beisitzer und Stellvertreter zur Kenntniß der Zentralbehörde, welche den Vorsitzenden ernennt, gelangen, damit diese die im § 48 vorgesehene Bekanntmachung zu erlassen und den Vorsitzenden mit den nöthigen Mittheilungen zu versehen in der Lage ist“ (Motive S. 67).

[2]) öffentlichen, Staats- oder Kommunal-Beamten, cf. Anm. 4 zu § 46. Die Leitung des Schiedsgerichts durch einen unbetheiligten öffentlichen Beamten ist eine „Verstärkung der Bürgschaften für die Unparteilichkeit und Selbständigkeit des Schiedsgerichts“ (Motive), die um so mehr wiegt, als der Vorsitzende von der Genossenschaft eine Vergütung nicht erhalten darf, cf. Anm. 7 zu § 50. Die an demselben Ort errichteten Schiedsgerichte verschiedener B.-G. sind meist unter den Vorsitz desselben Beamten gestellt.

[3]) wählbar. Die Wählbarkeit setzt ferner den Besitz der bürgerlichen Ehrenrechte voraus (A. N. V S. 168), vgl. § 42, § 47 Abs. 3.

„Kommt bei einem Beisitzer eine der Voraussetzungen seiner Wählbarkeit in Wegfall, übernimmt z. B. ein von der Genossenschaft gewählter Beisitzer eines der im § 47 Abs. 3 erwähnten Genossenschaftsämter, oder hört ein von

ist in gleicher Weise ein Stellvertreter zu ernennen, welcher ihn in Behinderungsfällen vertritt.

Zwei Beisitzer werden von der Genossenschaft oder, sofern die Genossenschaft in Sektionen getheilt ist, von der betheiligten Sektion gewählt. Wählbar[3] sind die stimmberechtigten Genossenschaftsmitglieder sowie die von denselben bevollmächtigten Leiter[4] ihrer Betriebe, sofern sie weder[5] dem Vorstande der Genossenschaft, noch dem Vorstande der Sektion, noch den Vertrauensmännern angehören und nicht durch richterliche Anordnung in der Verfügung über ihr Vermögen beschränkt sind. (Abs. 3.)

Die beiden anderen Beisitzer werden nach näherer Bestimmung[6] des Regulativs (§ 43) von den im § 41 bezeichneten Vertretern der Arbeiter aus der Zahl der in den Betrieben der Genossenschaft beschäftigten, dem Arbeiterstande angehörenden[7] versicherten Personen, welche den im § 42 genannten Kassen angehören, gewählt[8]. (Abs. 4.)

Für jeden Beisitzer sind ein erster und ein zweiter Stellvertreter zu wählen, welche ihn in Behinderungsfällen zu vertreten haben. (Abs. 5.)

Die Beisitzer und Stellvertreter werden auf vier Jahre gewählt. Alle zwei Jahre scheidet die Hälfte der Beisitzer und ihrer Stellvertreter aus. Die erstmalig Ausscheidenden werden durch das Loos bestimmt, demnächst entscheidet das Dienstalter. Scheidet ein Beisitzer während der Wahlperiode aus, so treten für den Rest derselben die Stellvertreter in der Reihenfolge ihrer Wahl für ihn ein. Ausscheidende Beisitzer und Stellvertreter sind wieder wählbar[9][10]. (Abs. 6.)

---

den Vertretern der Arbeiter gewählter Beisitzer auf, zu der Zahl der Versicherten" (oder Arbeiter, vgl. Anm. 7) „zu gehören, so erlischt das Mandat und die Stellvertreter rücken in der Reihenfolge ihrer Wahl in die Stelle des Ausscheidenden ein" (Motive S. 66). Ein Erlöschen des Mandats erfolgt auch bei der Einstellung des Betriebes (A. N. II S. 127). Dasselbe gilt, wenn ein Arbeiterbeisitzer Beschäftigung in einer anderen Sektion (oder in einem anderen Schiedsgerichtsbezirk) nimmt (A. N. V S. 167). Lediglich vorübergehende Beschäftigungslosigkeit, Strike, zeitweiliges Aufgeben der Beschäftigung in der später nicht verwirklichten Absicht, sich selbständig zu machen, soll jedoch (aus praktischen Gründen) die Fortdauer des Amts nicht hindern (A. N. V S. 168). Ersatzwahlen haben für ausscheidende Beisitzer solange, als Stellvertreter vorhanden sind, nicht stattzufinden (A. N. II S. 205), weil die Stellvertreter kraft Gesetzes in die erledigte Stelle des Beisitzers einrücken. cf. Anm. a zu § 24, Anm. 8 zu § 42, Anm. 3 zu § 50.

„In welcher Weise die Genossenschaft, oder sofern die Genossenschaft in

Sektionen getheilt ist, die Sektion die Wahl der Beisitzer vollziehen soll, wird durch das Statut zu regeln sein" (Motive S. 66). Wegen Annahme der Wahl, welche durch Geldstrafe erzwungen werden kann, vgl. § 49.

Bei den einer Genossenschaft nicht zugewiesenen fiskalischen rc. Betrieben (cf. Anm. 5 zu § 41) werden diese aus dem Stande der Arbeitgeber zu bestellenden Beisitzer des Schiedsgerichts nicht gewählt (denn es fehlt dort an einer wahlfähigen Mehrheit von Genossenschaftsmitgliedern und an einer Genossenschaft oder Sektion, welche die Wahl vornehmen könnte), sondern von der Ausführungsbehörde ernannt, § 6 A. G., § 47 B.-U.-G. Sie dürfen der Ausführungsbehörde nicht angehören.

Eine Besetzung des Schiedsgerichts mit Personen, welche die Wählbarkeit nicht oder nicht mehr besitzen, macht solche Entscheidungen, bei denen diese Personen mitgewirkt haben, nichtig (A. N. IV S. 207, 349), §§ 501, 513 Nr. 1, 542 Abs. 1 Nr. 1 C.-P.-O. Vgl. Anm. 3 zu § 50.

4) Leiter ihrer Betriebe. Ihre Wahlfähigkeit hängt in diesem Falle nicht davon ab, ob das Statut ihre Wählbarkeit zu Mitgliedern des Vorstandes ausgesprochen hat, § 24 Abs. 4. Vgl. im Uebrigen Anm. 6, 7 zu § 14.

5) weder rc., weil die Genossenschaftsorgane mit der ersten Feststellung der Entschädigungsansprüche betraut sind (§§ 57 fg.), und „jede aus der Betheiligung an den Verhandlungen möglicher Weise sich ergebende Voreingenommenheit oder Einwirkung fern zu halten ist" (Motive S. 66). Auf die Eigenschaft als Vorstandsmitglied einer Krankenkasse kommt es nicht an (A. N. I S. 202).

6) nach näherer Bestimmung. Das Regulativ wird also auch weitere Beschränkungen der passiven Wählbarkeit aufstellen und insbesondere im Geiste dieses Gesetzes vorschreiben können, daß die Beisitzer analog §§ 42, 47 Abs. 3 im Besitz der bürgerlichen Ehrenrechte und in der Verfügung über ihr Vermögen durch richterliche Anordnung nicht beschränkt sein sollen. Uebrigens folgert das R.-V.-A. eine derartige Beschränkung der Wählbarkeit auch ohne besondere Bestimmungen des Regulativs schon aus dem Geiste des Gesetzes (A. N. V S. 168).

7) dem Arbeiterstande angehörende. Betriebsbeamte (Obersteiger rc.) sind also nicht wählbar. Diese Bestimmung ist durch den Reichstag eingefügt (cf. Sten. Ber.-S. 922). Für die Schiedsgerichte der Baugewerbetreibenden und der denselben entsprechenden Ausführungsbehörden gilt ferner dasselbe, was für die Arbeitervertreter der letzteren vorgeschrieben worden ist, nämlich, daß die Beisitzer Deutsche und dauernd beschäftigt sein sollen, §§ 35 Abs. 3, 36, 47, 48 B.-U.-G.

8) gewählt. Vgl. Anm. 3.

9) wieder wählbar, um die Kontinuität der Entscheidungen zu wahren.

10) Ueber die Ablehnung der Wahl und Wiederwahl, sowie darüber, daß es sich um ein Ehrenamt handelt, für dessen Wahrnehmung Entschädigungen nur beschränkt zulässig sind, vgl. § 24 Abs. 2 und § 25, welche nach § 49 Abs. 2 auf die Beisitzer des Schiedsgerichts Anwendung finden, sowie § 49 Abs. 2 selbst.

§ 48.*)

Der Name und Wohnort des Vorsitzenden, sowie der Mitglieder des Schiedsgerichts und der Stellvertreter derselben ist von der Landes-Zentralbehörde (§ 47 Abs. 2) in dem zu deren amtlichen Veröffentlichungen bestimmten Blatte öffentlich bekannt zu machen.

*) § 48 findet auch im Geltungsbereich des Ausdehnungsgesetzes und des Bau-Unfallversicherungsgesetzes Anwendung (§ 3 A.-G., § 36 B.-U.-G.).

§ 49.*)

Der Vorsitzende und dessen Stellvertreter, die Beisitzer und deren Stellvertreter sind mit Beziehung auf ihr Amt zu beeidigen[1]). (Abs. 1.)

Auf das Amt der Beisitzer des Schiedsgerichts finden die Bestimmungen der §§ 24 Absatz 2 und 25 Anwendung. Die von den Versicherten gewählten Beisitzer erhalten[2]) nach den durch das Genossenschaftsstatut[3]) zu bestimmenden Sätzen Ersatz für den ihnen in Folge ihrer Theilnahme an den Verhandlungen entgangenen (Abs. 2.)

*) § 49 findet auch im Geltungsbereich des Ausdehnungsgesetzes und des Bau-Unfallversicherungsgesetzes (z. Th. analoge) Anwendung (§§ 3, 5 A.-G.; §§ 36, 47 B.-U.-G.).

Zu § 48.

Für Preußen haben die Bekanntmachungen im Allg. durch den „Reichs- und Kgl. Preuß. Staatsanzeiger" zu erfolgen.

Der besonders wichtige Name und Wohnort der Schiedsgerichtsvorsitzenden erhellt auch aus den Veröffentlichungen des Reichs-Versicherungsamts (vgl. Anm. 4 zu § 15). Siehe jetzt A. N. V S. 197.

Zu § 49.

[1]) beeidigen. Vgl. § 1 d. Kais. Verordnung v. 2. November 1885 (R.-G.-Bl. S. 279), siehe § 50. Eine geeignete Eidesnorm für die Beisitzer siehe in A. N. IV S. 284.

[2]) erhalten. Beide Kategorien von Beisitzern erhalten also kraft des Gesetzes Ersatz für baare Auslagen (Reisekosten, Zehrgelder), und zwar aus der Genossenschaftskasse (§ 50 Abs. 5). Die Beisitzer aus dem Stande der Versicherten erhalten außerdem kraft des Gesetzes Ersatz für den entgangenen Arbeitsverdienst; die Beisitzer aus dem Stande der Unternehmer können eine Entschädigung für den entgangenen Zeitverlust nur dann erhalten, wenn das Statut dies vorsieht. Die Höhe der den Beisitzern aus dem Stande der Versicherten zuständigen Bezüge bestimmt das Statut; die Höhe der den Beisitzern aus dem Stande der Arbeitgeber gebührenden Sätze bestimmt die Genossenschaftsversammlung durch einfachen der Abänderung unterworfenen Beschluß, cf. Anm. 11 zu § 17. Fast durchweg ist der Ersatz für baare Auslagen und entgangenen Arbeitsverdienst, bez. für baare Auslagen und Zeitverlust in ungetrennter Summe oder doch derart festgesetzt, daß neben einer pauschalisirten

Arbeitsverdienst. Die Festsetzung[4]) des Ersatzes, sowie der baaren Auslagen erfolgt durch den Vorsitzenden.

(Abs. 3.) Die Behörde, welche das im § 43 vorgesehene Regulativ erlassen hat, ist berechtigt[5]), die Uebernahme und die Wahrnehmung der Obliegenheiten des Amts eines Beisitzers oder Stellvertreters durch Geldstrafen bis zu fünfhundert Mark gegen die ohne gesetzlichen Grund[6]) sich Weigernden zu erzwingen. Die Geldstrafen fließen zur Genossenschaftskasse[7]).

(Abs. 4.) Verweigern die Gewählten gleichwohl ihre Dienstleistung, oder kommt eine Wahl nicht zu Stande[8]), so hat, solange und soweit dies der Fall ist, die untere Verwaltungsbehörde[9]), in deren Bezirk der Sitz des Schiedsgerichts belegen ist, die Beisitzer aus der Zahl der Arbeitgeber und Arbeitnehmer zu ernennen[10]).

Entschädigung nur noch Reisekosten (nach Maßgabe der Entfernungen) gewährt werden.

[3]) Genossenschaftsstatut. Bei den einer Berufsgenossenschaft nicht zugewiesenen fiskalischen ꝛc. Betrieben (cf. Anm. 5 zu § 41) werden die den Beisitzern aus dem Stande der Arbeitnehmer zustehenden Vergütungssätze durch das Regulativ festgesetzt (§ 5 A.-G., § 47 B.-U.-G); cf. Anm. 2 zu § 43.

[4]) Festsetzung, d. h. die Anwendung der festgestellten Sätze auf den einzelnen Fall (Feststellung der Entfernungen und der Reise- und Verhandlungstage). Der Vorsitzende setzt die von den Empfangsberechtigten aufgestellte Liquidation fest und weist dieselbe zur Zahlung an. Eine Beschwerde (vgl. Anm. 4 zu § 55) ist auch für diese Fälle gegeben; sie steht sowohl dem Beisitzer, wie der Berufsgenossenschaft zu, und ist durch Vermittelung des Vorsitzenden an das Reichs-Versicherungsamt zu richten (A. N. II S. 253). Die Beschwerde hat jedoch keine aufschiebende Wirkung; die Genossenschaft darf also die Zahlung der angewiesenen Beträge, welche ihr obliegt, nicht verzögern, wenngleich sie Beschwerde einlegen will.

[5]) berechtigt, nicht verpflichtet.

[6]) ohne gesetzlichen Grund, cf. Anm. 2, 3 zu § 24.

[7]) zur Genossenschaftskasse, weil die „Genossenschaft die ganzen Kosten des Schiedsgerichts, mit Ausnahme der etwaigen Remuneration des Vorsitzenden trägt" (Mot. S. 66). Bei den einer Berufsgenossenschaft nicht zugewiesenen fiskalischen ꝛc. Betrieben (cf. Anm. 5 zu § 41) trägt die Kosten das Reich bezw. der Staat oder der Kommunalverband.

[8]) nicht zu Stande, also auch dann, wenn Arbeitervertreter wegen Mangels an wahlberechtigten Krankenkassen nicht haben gewählt werden können.

[9]) untere Verwaltungsbehörde, § 109.

Verfahren vor dem Schiedsgericht.

§ 50.*)

Der Vorsitzende beruft das Schiedsgericht und leitet[1]) die Verhandlungen[1a]) desselben. Das Schiedsgericht ist befugt, denjenigen Theil des Betriebes, in welchem der Unfall vorgekommen ist, in Augenschein zu nehmen, sowie Zeugen und Sachverständige[2]) — auch eidlich[2a]) — zu vernehmen. (Abs. 1.)

Das Schiedsgericht ist nur beschlußfähig[3]), wenn außer dem (Abs. 2.)

*) § 50 findet auch im Geltungsbereich des Ausdehnungsgesetzes und des Bau-Unfallversicherungsgesetzes (z. Th. analoge) Anwendung (§§ 1, 3 A.-G., §§ 36, 47 B.-U.-G.)

---

[10]) zu ernennen, damit im Interesse der Entschädigungsberechtigten trotz der Renitenz eine schiedsgerichtliche Entscheidung ermöglicht werde.

Zu § 50.

[1]) leitet. Der Vorsitzende kann die Verhandlungen des Schiedsgerichts in zweckentsprechender Weise selbständig vorbereiten, insbesondere schon vor der ersten mündlichen Verhandlung Akten einfordern, Auskunft einholen, auch die von den Parteien benannten Zeugen und Sachverständigen schon zur ersten mündlichen Verhandlung, also ohne vorgängigen Beweisbeschluß des Schiedsgerichts selbst, laden (A. N. IV S. 236).

Verhandlungen. Die Verhandlungen des Schiedsgerichts zielen auf Ergründung materieller Wahrheit ab. Bei Erhebung des Beweises ist also das Schiedsgericht an die Anträge der Parteien nicht gebunden; es gilt vielmehr freie Beweiserhebung sowie freie Beweiswürdigung (A. N. IV. S. 236). Vgl. jedoch Anm. 2. Zum Zweck der Beweisaufnahme kann das Schiedsgericht auch das persönliche Erscheinen des Verletzten anordnen. In diesem Falle handelt es sich um einen Theil des Beweisverfahrens, was für die Kostenfrage von Bedeutung ist, vgl. Anm. 7. Die Kostenerstattung kann in solchen Fällen bei der Ladung des Verletzten in Aussicht gestellt werden, auch kann sich unter Umständen ein Benehmen mit der Berufsgenossenschaft wegen Gewährung eines Kostenvorschusses an den unvermögenden Verletzten empfehlen (A. N. IV. S. 252). Ueber die Vertretung der Genossenschaft vor dem Schiedsgericht vgl. Anm. 4 zu § 57.

[2]) Zeugen und Sachverständige. Die Ermächtigung, Zeugen und Sachverständige zu vernehmen, „erscheint namentlich für diejenigen Fälle unentbehrlich, in denen über die Frage gestritten wird, ob eine Verletzung die Folge eines bei dem Betriebe vorgekommenen Unfalls ist oder nicht" (Mot. S. 67).

Das Schiedsgericht hat auch Requisitionsbefugniß, § 101.

Nach § 17 V. v. 2. November 1885 (R.-G.-Bl. S. 279) finden über die Verpflichtung, sich als Zeuge oder Sachverständiger vernehmen zu lassen, im Allg. die Bestimmungen der Civilprozeßordnung, über die Gebührensätze und die Festsetzung, also auch die Anweisung der Gebühren für die Vernommenen aber

Vorsitzenden eine gleiche[4]) Anzahl von Arbeitgebern und Arbeitnehmern und zwar mindestens je einer als Beisitzer mitwirken.

(Abs. 3.) Die Entscheidungen[5]) des Schiedsgerichts erfolgen nach Stimmenmehrheit.

(Abs. 4.) Im Uebrigen wird das Verfahren vor dem Schiedsgericht durch Kaiserliche Verordnung[6]) mit Zustimmung des Bundesraths geregelt.

(Abs. 5.) Die Kosten[7]) des Schiedsgerichts, sowie die Kosten[7]) des Verfahrens vor demselben trägt die Genossenschaft[7a]).

(Abs. 6.) Dem Vorsitzenden des Schiedsgerichts und dessen Stellvertreter darf eine Vergütung[8]) von der Genossenschaft nicht gewährt werden.

---

die Bestimmungen der Gebührenordnung für Zeugen rc. v. 30. Juni 1878 (R.-G.-Bl. S. 173) Anwendung. Das Schiedsgericht (bezw. dessen Vorsitzender) setzt den Betrag fest; die Beschwerde ist nach Maßgabe der §§ 531 bis 538 der Civilprozeßordnung (welche in § 17 der Gebührenordnung angezogen sind) durch Einreichung einer Beschwerdeschrift, und zwar, von dringenden Fällen abgesehen, regelmäßig bei dem betr. Schiedsgericht selbst einzulegen. Letzteres kann der Beschwerde durch Beschluß Folge geben, andernfalls muß es die Sache dem R.-V.-A. zur Entscheidung vorlegen (A. N. II S. 253). Die Beschwerde hat in der Regel keine aufschiebende Wirkung, § 17 Abs. 3 V. v. 2. November 1885, § 17 Abs. 3 d. Gebührenordnung v. 30. Juni 1878 (R.-G.-Bl. S. 173), § 535 C.-P.-O.; die Genossenschaft muß also für sofortige Zahlung sorgen. Ihr bleibt überlassen, ob dies durch Begründung besonderer Zahlstellen am Sitze des Schiedsgerichts (der Sektion) oder durch Ueberweisung eiserner Vorschüsse an den Schiedsgerichts-Vorsitzenden oder wie sonst geschehen soll. Vgl. A. N. III S. 6.

[2a]) auch eidlich, wegen der Bedeutung der zur Entscheidung stehenden Streitfälle. Eideszuschiebung Seitens einer Partei oder Auferlegung des (Erfüllungs- oder Reinigungs-) Eides Seitens des Schiedsgerichts ist unzulässig (A. N. IV S. 237).

[3]) beschlußfähig. „Durch die hinsichtlich der Beschlußfähigkeit getroffene Bestimmung soll verhütet werden, daß eine schiedsrichterliche Entscheidung anders als unter gleichmäßiger Theilnahme der den Arbeitgebern und Arbeitern entnommenen Beisitzer ergehen kann" (Mot. S. 67). Die Beschlußfähigkeit setzt voraus, daß bei den Mitwirkenden die Voraussetzungen für ihre Wählbarkeit noch fortdauern, vgl. Anm. 9 zu § 42, Anm. 3 zu § 47. Die Schiedsgerichtsvorsitzenden sind daher angewiesen, die Personalien der Beisitzer und ihrer Stellvertreter im Auge zu behalten, bei gegebener Veranlassung die Frage nach der Berechtigung derselben, als Mitglied des Schiedsgerichts zu fungiren, auch von Amtswegen zu prüfen und behufs event. Feststellung, vorbehaltlich der Zuständigkeit in Streitfällen (89), das Weitere zu veranlassen. Zu diesem Zweck sollen die Vorstände und Vertrauensmänner den Schiedsgerichtsvor-

sitzenden regelmäßig über alle Thatsachen, welche die Berechtigung der Beisitzer und Stellvertreter betreffen, Mittheilung machen und diese Mittheilung auf alle Fälle erstrecken, welche hinsichtlich der Fortdauer dieser Befähigung zu irgend welchem Zweifel Anlaß bieten (A. N. II S. 127). Auch die Beisitzer selbst sollen von etwaigen, die Fortdauer ihrer Wählbarkeit in Frage stellenden Veränderungen Anzeige machen, und zu diesem Zweck eine vom R.-V.-A. verfaßte Anleitung erhalten (A. N. V S. 97).

[4]) gleiche Anzahl. Sollte eine ungleiche Anzahl von Arbeitgebern und Arbeitnehmern erscheinen, so hat eine Stimmenthaltung stattzufinden, vgl. § 15 V. v. 2. Nov. 1885 (s. Anm. 6).

[5]) Entscheidungen, Rekurs an das Reichs- (Landes-) Versicherungsamt vgl. § 63, „dessen Zusammensetzung (§§ 87, 90) für eine unparteiische Entscheidung die erforderliche Gewähr bietet" (Motive). Die Verhandlungen, Urkunden und Entscheidungen sind gebühren- und stempelfrei, § 102. Die Urtheile müssen den Parteien zugestellt werden. Dies kann auch auf anderem Wege als durch die Post geschehen, jedoch muß dann stets die Thatsache und das Datum der Zustellung in den Akten glaubhaft und unzweideutig ersichtlich gemacht werden, sei es durch Quittung des Empfängers, sei es durch Behändigungs- (nicht Absendungs-) Vermerk einer in ihrer amtlichen Eigenschaft erkennbar gemachten Person (A. N. IV S. 238). Eine Belehrung über Rechtsmittel bei der Zustellung von Urtheilen der Schiedsgerichte ist nicht vorgeschrieben und nicht zweckmäßig, weil der Rekurs nicht allgemein zulässig ist und über die Zulässigkeit im einzelnen Falle das R.-V.-A., nicht das Schiedsgericht entscheidet (A. N. IV S. 238).

[6]) Kais. Verordnung, v. 2. Nov. 1885 (R.-G.-Bl. S. 279).*) Dieselbe ist im Anhang abgedruckt.

[7]) Kosten, einschließlich der Gebühren 2c. für die Beisitzer, vgl. Anm. 2 zu § 49, sowie der Gebühren für die Zeugen und Sachverständigen, Anm. 2 zu § 50. Aehnlich ist es wegen der Kosten des Verfahrens vor dem Reichs-Versicherungsamt, Anm. 1 zu § 91. Ueber die Portokosten vgl. Anm. 4 zu § 44, Anm. 3 zu § 46. Die „Kosten des Schiedsgerichts" sind die Kosten der Gerichtshaltung (z. B. Gebühren der Beisitzer, Lokalmiethe, Büreau- und Expeditionsdienst 2c., A. N. I S. 222); die „Kosten des Verfahrens vor demselben" sind die Prozeßkosten. Diese beiden Arten von Kosten trägt also die Genossenschaft, eine Erstattung derselben ist ausgeschlossen (A. N. IV S. 237); doch erscheint es fraglich, ob sich diese Verpflichtung auch auf frivol oder gar dolose verursachte Zeugengebühren erstreckt. Die den Parteien erwachsenen außergerichtlichen Kosten (Anwalts-, eigene Reisekosten 2c.) können nach § 18 V. v. 2. Nov. 1885 (vgl. Anm. 6), welcher sich nur auf solche Extrajudizialien bezieht (A. N. IV S. 237), durch Entscheidung des Schieds-

*) Dr. W. Zeller, Großh. Hess. Reg.-Rath, Verordnung über das Verfahren vor den auf Grund des Unfallversicherungsgesetzes errichteten Schiedsgerichten v. 2. Nov. 1885. Berlin 1889, Verlag von Siemenroth und Worms.

gerichts dem unterliegenden Gegner auferlegt werden (vgl. A. N. III S. 18), aber nur auf Antrag, welcher vor der Urtheilsfällung zu stellen ist (A. N. III S. 17, 51; IV S. 276); andernfalls hat jede Partei ihre eigenen Extrajudizialien selbst zu tragen (A. N. IV S. 276). Der Unterliegende trägt also seine eigenen Extrajudizialien jederzeit selbst; die obsiegende Berufsgenossenschaft braucht dem unterliegenden Versicherten die dem letzteren entstandenen Anwalts- oder Reisekosten nicht zu erstatten. Eine Entscheidung des Schiedsgerichts, welche solche Erstattung an den Unterliegenden gleichwohl vorschreiben sollte, wäre irrthümlich (vgl. A. N. IV S. 252). Nur in einem Falle können auch dem unterliegenden Versicherten die durch sein Erscheinen vor dem Schiedsgericht entstandenen Kosten sowie die Versäumniß von der obsiegenden Berufsgenossenschaft zu vergüten sein, nämlich dann, wenn der Versicherte nicht lediglich als Partei zur Wahrnehmung seiner Rechte, sondern auf Grund einer ausdrücklichen Anordnung des Schiedsgerichts erschienen ist, welches im Wege des Beweisverfahrens sein Erscheinen zu den Zweck vorgeschrieben hat, um durch eigene Anschauung von dem Zustande des Verletzten ein Urtheil über dessen Erwerbsunfähigkeit zu erlangen. Dann handelt es sich nicht mehr um Extrajudizialien, sondern um Kosten des Beweisverfahrens (A. N. IV S. 253). Vgl. Anm. 1a. Entscheidungen des Schiedsgerichts über die Kostenerstattung sind Zubehör der Entscheidung in der Hauptsache und nur gleichzeitig mit dieser letzteren, nicht aber allein mittels Rekurses anfechtbar (A. N. II S. 206). Nur dann, wenn die eine Partei die Entscheidung in der Hauptsache mittelst Rekurses angefochten hat und hierdurch die Sache zur materiellen Prüfung an das R.-V.-A. gelangt ist, soll die andere Partei für berechtigt erachtet werden, ohne auch ihrerseits materiellen Rekurs einzulegen, lediglich die Kostenfrage zur Entscheidung zu verstellen (A. N. V S. 317). Ist der zu erstattende Betrag dieser Extrajudizialien seiner Höhe nach nicht von dem Schiedsgericht, sondern demnächst von dem Vorsitzenden im Wege der Dekretur festgesetzt, so ist gegen diese Verfügung Beschwerde an das Schiedsgericht gestattet; eine weitere Beschwerde findet nicht statt (A. N. III S. 134, IV S. 237). Rechtsanwaltskosten für Vertretung einer Partei vor dem Schiedsgericht (ebenso auch vor dem R.-V.-A.) sind nach freiem Ermessen und nach der von dem Anwalt zweckentsprechend verwendeten Zeit von Fall zu Fall festzusetzen; die Gebührenordnung für Rechtsanwälte v. 7. Juli 1879 (R.-G.-Bl. S. 176) findet keine Anwendung. Die Sätze sind im Allg. niedriger zu bemessen, vgl. Anm. 3 zu § 46.

7a) Genossenschaft, bei den unter das Ausdehnungsgesetz fallenden, einer Genossenschaft nicht zugewiesenen fiskalischen rc. Betrieben (cf. Anm. 5 zu § 41) das Reich, der Bundesstaat bezw. die Kommunalverbände. Vgl. Anm. 8. Die Kosten der Gerichtshaltung und des Verfahrens (Zeugengebühren rc.) dürfen nicht den Sektionen auferlegt werden, sind vielmehr einheitlich auf sämmtliche Genossenschaftsmitglieder umzulegen (A. N. II S. 2); anders aber die Extrajudizialen, vgl. Anm. 2 zu § 19.

8) Vergütung; hierdurch „wird die Möglichkeit ausgeschlossen, dem Vor-

VI. Feststellung und Auszahlung der Entschädigungen.

Anzeige und Untersuchung der Unfälle.

§ 51.*)

[1])Von jedem[2]) in einem versicherten Betriebe vorkommenden Unfall, durch welchen eine in demselben beschäftigte Person[3]) getödtet wird oder eine Körperverletzung erleidet, welche eine Arbeitsunfähigkeit von mehr als drei Tagen[4]) oder den Tod zur Folge (Abs. 1.)

*) § 51 hat für die in dem Ausdehnungsgesetz bezeichneten Transportbetriebe einige Zusätze erfahren.

Für die in dem Ausdehnungsgesetz benannten fiskalischen Betriebe bewendet es bei der Vorschrift des § 51 Abs. 5. Vgl. §§ 3, 13 d. Ausd.-G.

Im Uebrigen gilt der § auch für den Geltungsbereich des Ausdehnungsgesetzes (§ 1 A.-G.) und des Bau-Unfallversicherungsgesetzes (§ 37 B.-U.-G.).

---

sitzenden des Schiedsgerichts und dessen Stellvertreter irgend welche Vergütung aus Genossenschaftsmitteln zu gewähren. Dies erschien nothwendig, um ihre Unabhängigkeit zu wahren" (Mot. S. 67).

Hiernach dürfen dem Vorsitzenden als solchem und seinem Stellvertreter auch keine Reise- und Zehrkosten aus Genossenschaftsmitteln vergütet werden. Soweit den zu Schiedsgerichts-Vorsitzenden ernannten öffentlichen Beamten nach den betr. dienstpragmatischen Bestimmungen Reisekosten und Diäten zustehen, müssen diese von der Landesregierung getragen werden; in Preußen sind dieselben für die Industrie im Allg. auf die Reisekosten- und Diätenfonds der Regierungen zu verrechnen. Richter erhalten als Schiedsgerichts-Vorsitzende Reisekosten und Diäten nicht nach Maßgabe der für richterliche Geschäfte, sondern nach den für allgemeine Staatsbeamte geltenden Sätzen.

Auch Remunerationen dürfen den Schiedsgerichtsvorsitzenden aus Reichs- oder Staatsmitteln gewährt werden. Dies geschieht u. a. in Preußen je nach dem besonders zu erhebenden Umfang der Arbeitslast. Vgl. Anm. 7 zu § 49. Zweifelhaft kann es freilich sein, ob bei den einer Genossenschaft nicht zugewiesenen fiskalischen Betrieben (cf. Anm. 5 zu § 41), welche auf Reichs- bezw. Staatsmittel angewiesen sind, den als Vorsitzenden fungirenden Staatsbeamten aus Staatsmitteln, den als Vorsitzenden fungirenden Reichsbeamten aus Reichsmitteln eine besondere Entschädigung für diese Funktion gewährt werden dürfe. Selbstverständlich gilt dieser Zweifel nicht von den gesetzlichen Reisekosten und Diäten.

Zu § 51.

[1]) Die §§ 51, 52 regeln das Unfallmeldewesen, die §§ 55 bis 56 die polizeiliche Untersuchung der Unfälle.

„Für die einfache und sichere Feststellung der den Betheiligten aus der Unfallversicherung erwachsenden Entschädigungsansprüche ist es wichtig, daß die einzelnen Unfälle, welche einen Entschädigungsanspruch zur Folge haben, nicht erst durch die Erhebung des letzteren, sondern sobald als thunlich zur Kenntniß der Organe der Genossenschaft gelangen. Das Unfallmeldewesen hat

hat [5]), ist von dem Betriebsunternehmer bei der Ortspolizeibehörde [6]) schriftliche Anzeige [6a]) zu erstatten.

(Abs. 2.) Dieselbe muß binnen zwei Tagen nach dem Tage erfolgen, an welchem der Betriebsunternehmer von dem Unfall Kenntniß erlangt hat.

(Abs. 3.) Für den Betriebsunternehmer kann derjenige [7]), welcher zur Zeit des Unfalls den Betrieb oder den Betriebstheil, in welchem sich der Unfall ereignete, zu leiten hatte, die Anzeige erstatten; im

---

außerdem nicht nur das statistische Material zu schaffen, welches für die fortschreitende Vervollkommung der Eintheilung der Betriebe in Gefahrenklassen von Werth ist, sondern auch den Genossenschaftsvorständen und den Gewerbeaufsichtsbehörden die Kenntniß der Unfallursachen zu vermitteln, deren sie für ihre auf Verminderung der Unfälle gerichtete Thätigkeit bedürfen" (Mot. S. 67).

[2]) von jedem, „ohne Rücksicht darauf, ob die Entschädigung voraussichtlich von den Krankenkassen (der Gemeinde-Krankenversicherung) zu leisten oder nach diesem Gesetz zu behandeln sein wird" (Mot. S. 67).

[3]) eine in demselben beschäftigte Person, ohne Rücksicht auf deren Versicherung (cf. auch Anm. 1). Die Anzeige ist also auch zu erstatten, wenn von dem Unfall nicht versicherte Betriebsbeamte mit einem Jahreseinkommen von mehr als 2000 Mark betroffen worden sind.

[4]) von mehr als 3 Tagen. Die ganz geringfügigen Unfälle, — und als solche betrachtet das Gesetz diejenigen, welche gar keine Arbeitsunfähigkeit oder nur eine solche bis zu drei Tagen zur Folge haben, — würden im Verhältniß zu ihrer geringen Bedeutung zu viel Schreibwesen verursachen. Selbstverständlich bleiben die Ansprüche der Beschädigten aus dem Krankenversicherungsgesetz unberührt; es fällt nur die Anzeige von dem Unfall und die polizeiliche Untersuchung desselben fort.

[5]) zur Folge hat. Mit voller Sicherheit lassen sich die voraussichtlichen Folgen auch geringfügiger Unfälle nicht vorher übersehen; in ihrer praktischen Anwendung aber wird diese Bestimmung zu Schwierigkeiten kaum führen, da der Unternehmer oder dessen Vertreter den Unfall, welcher gegen die ursprüngliche Annahme ernstere Folgen gehabt hat, nachträglich anzumelden haben wird, sobald er erfährt, daß die Arbeitsunfähigkeit länger dauert. Die Anzeigefrist läuft in solchem Fall erst von dem letzten Zeitpunkt ab. Es ergiebt sich dies aus den Motiven (S. 68), welche ausführen, daß die Frist so kurz wie möglich habe bemessen werden müssen und deshalb auf zwei Tage von dem Tage an festgestellt worden sei, „an welchem der Verpflichtete von dem Eintritt der die Verpflichtung bedingenden Thatsache Kenntniß erhält"; die Verpflichtung wird aber nach Abs. 1 bedingt durch die Thatsache, daß die Arbeitsunfähigkeit länger als 3 Tage dauert.

Verspätete Anzeige ist straffällig, § 104 Abs. 2. Bei Verhängung der

Falle der Abwesenheit oder Behinderung des Betriebsunternehmers ist er dazu verpflichtet.

Das Formular[8]) für die Anzeige wird vom Reichs-Versicherungsamt[8a]) festgestellt. (Abs. 4.)

Die Vorstände der unter Reichs- oder Staatsverwaltung stehenden Betriebe haben die in Absatz 1 vorgeschriebene Anzeige der vorgesetzten Dienstbehörde[9]) nach näherer Anweisung derselben zu erstatten. (Abs. 5.)

Strafe wird der Vorstand zu erörtern haben, ob die Verhältnisse eine sofortige Anzeige des Unfalls verlangt haben oder ob der Verpflichtete nach der Sachlage annehmen konnte, daß die Anzeige nicht erforderlich sein werde, vgl. Anm. 2 ad c zu § 35.

[6]) Ortspolizeibehörde, zum Zweck der thatsächlichen Feststellung und zu Zwecken der Unfallstatistik, Vgl. Absatz 5.

„Welche Behörden in den einzelnen Bundesstaaten die den Ortspolizeibehörden in diesem Gesetze zugewiesenen Funktionen zu übernehmen haben, bestimmen die zuständigen Centralbehörden, ohne hierbei auf diejenigen Behörden beschränkt zu sein, welche nach der Behördenorganisation des Landes als die Ortspolizeibehörden anzusehen sind" (Motive S. 68). cf. § 109.

Zuständig ist diejenige Ortspolizeibehörde, in deren Bezirk der Unfall sich ereignet hat (A. N. I S. 365). Für die unter das Ausdehnungsgesetz fallenden Transportbetriebe bezw. die in diesen auf der Fahrt im Inlande sich ereignenden Unfälle ist „zur Vermeidung von Zweifeln" die Ortspolizeibehörde, in deren Bezirk sich der Unfall ereignete, ausdrücklich als zuständig bestimmt; doch kann dort auch der Behörde des ersten Aufenthaltsorts die Anzeige erstattet werden, und diese ist für Unfälle, die sich bei Transportbetrieben im Ausland ereignen, allein zuständig. § 13 d. Ausd.-G.

[6a]) Anzeige, nicht auch weitere Mittheilungen über den Verlauf der Sache. Letzteren muß die Ortspolizeibehörde im Auge behalten (A. N. I S. 363)

[7]) kann derjenige. „Da die Anzeige oft am zweckmäßigsten nicht von dem Unternehmer selbst, welcher zur Zeit des Unfalls den Betrieb oder den betreffenden Theil desselben zu leiten hatte, erstattet wird und da Vorsorge getroffen werden muß, daß die Anzeige auch dann nicht unterbleibt, wenn der Betriebsunternehmer durch Abwesenheit oder aus anderen Gründen an der Erstattung derselben verhindert ist, so soll der bezeichnete Betriebsleiter die Anzeige für den Unternehmer erstatten können und dazu verpflichtet sein, wenn der Unternehmer behindert oder abwesend ist" (Mot. S. 68).

Wer als Leiter des Betriebes oder Betriebstheiles anzusehen ist, und ob der Fall der Abwesenheit oder Behinderung des Betriebsunternehmers vorliegt, ist thatsächliche Frage. cf. Anm. 6 zu § 14.

[8]) Formular, da Form und Inhalt der Anzeige nach den Bedürfnissen

§ 52.*)

Die Ortspolizeibehörden¹), im Falle des § 51 Absatz 5 die Betriebsvorstände²), haben über die zur Anzeige gelangenden Unfälle ein Unfallverzeichniß³) zu führen.

*) § 52 findet auch im Geltungsbereich des Ausdehnungsgesetzes und des Bau-Unfallversicherungsgesetzes Anwendung (§§ 1, 3, 13, A.-G., § 37 B.-U.-G.).

§ 53.*)

Jeder zur Anzeige gelangte¹) Unfall, durch welchen eine versicherte Person getödtet ist oder eine Körperverletzung erlitten hat,

*) § 53 findet auch im Geltungsbereich des Ausdehnungsgesetzes und des Bau-Unfallversicherungsgesetzes Anwendung (§§ 1, 3, 13, A.-G., § 37 B.-U.-G.).

Noch zu § 51.

der Unfallversicherung und der Gewerbe-Aufsichtsbehörden eingerichtet werden müssen. Das Formular ist A. N. I S. 222 vorgeschrieben (vgl. Erläuterungen dazu A. N. I S. 286, II S. 82) und im Anhang abgedruckt. Dasselbe ist in dem vorgeschriebenen Format in den Buchhandlungen und an anderen bei der Ortspolizeibehörde zu erfragenden Stellen zu beziehen.

⁸ᵃ) Reichs-Versicherungsamt, ohne Konkurrenz des Landes-Versicherungsamts.

⁹) vorgesetzten Dienstbehörde. „Auch von den Unfällen, welche sich in den unter Verwaltung von Reichs- und Staatsbehörden stehenden Betrieben ereignen, soll von den Vorständen Anzeige an die vorgesetzte Dienstbehörde erstattet werden. Es erscheint aber gerathen, den letzteren nähere Bestimmungen über die Erstattung der Anzeige vorzubehalten" (Mot. S. 68). Welche Behörde als „Vorstand" im Sinne dieser Bestimmung anzusehen ist, wird namentlich bei umfangreichen, z. B. fiskalischen Eisenbahnbetrieben die betriebsleitende bezw. die Centralbehörde bestimmen.

Zu § 52.

¹) Ortspolizeibehörden, vgl. Anm. 6 zu § 51.

²) Betriebsvorstände, vgl. Anm. 9 zu § 51.

³) Unfallverzeichniß. „Die Vorschrift des § 52 soll Sicherheit dafür gewähren, daß das die Betriebsunfälle betreffende statistische Material stets vollständig und bereit gehalten wird" (Mot. S. 68).

Der Begriff des Unfallverzeichnisses im Gegensatz zu bloßen Anzeigelisten bedingt die Eintragung des weiteren Verlaufs der Sache (Tod, Dauer der Arbeitsunfähigkeit). Die Ortspolizeibehörden haben zum Zweck dieser Eintragungen die Sache weiter zu verfolgen. Vgl. auch Anm. 6a zu § 53. Für das Unfallverzeichniß sind von den Landesregierungen nach Benehmen mit dem Reichs-Versicherungsamt im Wesentlichen übereinstimmende Formulare und Vorschriften erlassen worden. Vgl. für Preußen die Bek. v. 7. Novbr. 1885 (R.-A. Nr. 266 I. Beilage). Diese Bekanntmachung ist nebst Formular in der Anlage abgedruckt.

die voraussichtlich den Tod oder eine Erwerbsunfähigkeit[2]) von mehr als dreizehn Wochen zur Folge haben wird[3]), ist von der Ortspolizeibehörde[4]) sobald wie möglich[5]) einer Untersuchung[6]) zu unterziehen, durch welche festzustellen sind[7]);

1. die Veranlassung und die Art des Unfalls,
2. die getödteten oder verletzten Personen,
3. die Art der vorgekommenen Verletzungen,
4. der Verbleib der verletzten Personen,
5. die Hinterbliebenen der durch den Unfall getödteten Personen, welche nach § 6 dieses Gesetzes einen Entschädigungsanspruch erheben können.

Zu § 53.

[1]) zur Anzeige gelangte. Die Behörde ist aber nicht an die Anzeige gebunden, sondern kann kraft ihrer amtlichen Stellung auch bei den auf andere Weise zu ihrer Kenntniß gelangten Unfällen ex officio einschreiten.

[2]) Erwerbsunfähigkeit im Sinne des § 5, also ohne Rücksicht darauf, ob dieselbe eine vorübergehende, völlige oder theilweise ist (A. N. II S. 82).

[3]) zur Folge haben wird. Für andere geringere Unfälle erfordert dies Gesetz die polizeiliche Untersuchung nicht, da die Unfallversicherung bei geringfügigeren Verletzungen nicht betheiligt ist. Um aber ein Urtheil darüber zu gewinnen, ob der zur Anzeige gebrachte Unfall voraussichtlich den Tod oder eine Erwerbsunfähigkeit von mehr als 13 Wochen zur Folge haben wird, ist der Verlauf der Sache, auf welchen die Anzeige des Unternehmers sich nicht zu erstrecken hat, von der Ortspolizeibehörde von Amtswegen und selbständig zu verfolgen. Vgl. auch Anm. 6a zu § 51, Anm. 3 zu § 52. Verlangt die B.-G. bei kleineren Unfällen ihrerseits eine polizeiliche Untersuchung, so liegt der Fall des § 101 vor und es sind daher Seitens der B.-G. die durch die Untersuchung entstehenden Kosten zu ersetzen (A. N. IV S. 232). Im Uebrigen gehen die Kosten der Unfalluntersuchung zu Lasten der Polizeibehörde, vgl. Anm. 4.

[4]) Ortspolizeibehörde, cf. § 56. „Für die Untersuchung der Unfälle (§§ 53, 54), welche voraussichtlich einen Entschädigungsanspruch auf Grund dieses Gesetzes zur Folge haben werden, bedarf es einer außerhalb der Parteien stehenden Instanz. Da die Genossenschaft selbst Partei ist, so liegt es am nächsten, die Feststellung des Unfalls der Ortspolizeibehörde zu übertragen. Sie hat die Autorität des öffentlichen Amts für sich, ist dem Ort des Unfalls nahe, in der Regel mit den Personen und Betrieben bekannt und zu schleunigem Eingreifen jederzeit in der Lage" (Mot. S. 68).

Zuständig und zur Führung der Untersuchung kraft Gesetzes verpflichtet (A. N. II S. 292) ist im Allg. (cf. § 56) diejenige Behörde, an welche die Anzeige (§ 51) zu erstatten ist (Anm. 6 zu § 51). In den durch das Ausdehnungsgesetz betroffenen Transportbetrieben kann bei Unfällen, die sich auf der Fahrt ereignen, „auf Antrag Betheiligter (§ 54) die der Ortspolizeibehörde vorgesetzte Behörde die Untersuchung auch durch andere Ortspolizeibehörden herbeiführen" (§ 13 d. Ausd.-Ges.). In Folge dieser gesetzlichen Verpflichtung besteht denn auch kein Anspruch der untersuchenden Ortspolizeibehörden auf Erstattung der durch die Unfalluntersuchung erwachsenen Kosten Seitens der Berufsgenossenschaft gemäß § 101 (A. N. III S. 52). Dies gilt jedoch nur dann, wenn die gesetzlichen Voraussetzungen für die Unfalluntersuchung wirklich vorlagen, d. h. wenn der Unfall den Tod oder eine mehr als 13 wöchentliche Erwerbsunfähigkeit voraussichtlich zur Folge hat. Waren diese Folgen nicht vorauszusehen, und wird die Ortspolizeibehörde dennoch um Vornahme der Untersuchung unter Bezugnahme auf § 101 von der Genossenschaft ersucht, so muß sie zwar dem Ersuchen Folge leisten, kann dann aber Erstattung der Kosten beanspruchen. Die Frage, ob der Unfall derartige Folgen voraussichtlich haben wird, ist von Fall zu Fall zu prüfen. Die Genossenschaften sollen bei ihren Erklärungen genau angeben, ob sie die Erledigung kostenlos oder kostenpflichtig erwarten (Rundschreiben d. R.-V.-A. v. 11. Januar 1888, A. N. IV S. 48 fg.). Vgl. A. N. IV S. 232.

Nur bei Reichs- oder Staatsbetrieben wird die zur Führung der Untersuchung berufene Behörde von der vorgesetzten Dienstbehörde jedesmal besonders bestellt, § 56.

[5]) sobald wie möglich, also, falls die Bedeutung des Unfalls von vorn herein feststeht, alsbald nach der Anzeige; falls aber die längere Dauer der Erwerbsunfähigkeit (über 13 Wochen hinaus) erst später wahrscheinlich oder gewiß wird, spätestens alsdann, wenn die Ueberzeugung von dieser Bedeutung des Unfalls gewonnen worden ist. Eine besondere Frist für die Anberaumung der Verhandlungen und für die Ladung der zur Theilnahme Berechtigten kann der Ortspolizeibehörde nicht gesetzt werden; sie muß sich nach den Umständen richten (A. N. II S. 4).

[6]) Untersuchung. Die Unfalluntersuchung ist keine wesentliche Voraussetzung für die Erlassung des Feststellungsbescheides der Berufsgenossenschaft, auch keine nothwendige Erkenntnißquelle für die Beurtheilung des Unfalls und der Entschädigungspflicht. Die Genossenschaft kann zwar ev. durch Beschwerde bei der Dienstaufsichtsbehörde auf Einleitung und Durchführung der Untersuchung dringen, braucht aber nicht deren Durchführung abzuwarten, namentlich dann nicht, wenn alle für die Rentenfestsetzung erheblichen Thatsachen ohnedies feststehen (A. N. II S. 206). Andrerseits ist die Unfalluntersuchung sehr geeignet, um im Interesse der Genossenschaft wie des Verletzten allerlei Zweifel aufzuklären und hierdurch späteren Streitigkeiten, ev. kostspieligen Beweisaufnahmen im weiteren Verfahren vorzubeugen. Es liegt also namentlich im Interesse der Genossenschaft, von ihrem Rechte zur Theilnahme an den Untersuchungsverhandlungen umfassenden Gebrauch zu machen und durch geeignete Anregungen (vgl. auch § 58 Abs. 2) auf die vollständige Aufklärung

§ 54.*)

An den Untersuchungsverhandlungen können theilnehmen[1]: (Abs. 1.) Vertreter der Genossenschaft[2], der von dem Vorstande der Kranken=

*) § 54 findet auch im Geltungsbereich des Ausdehnungsgesetzes (z. Th. mit Modifikationen) Anwendung (§§ 1, 3, 13, A.-G.). Dasselbe gilt für den Bereich des Bau-Unfallversicherungsgesetzes (§§ 37, 46, 47, B.-U.-G.).

des Sachverhalts hinzuwirken. (Rundschreiben d. R.=V=A. v. 11. Januar 1888, A. N. IV S. 48 fg.).

Im Uebrigen bleibt es der Ortspolizeibehörde überlassen, wie sie ihrer Aufgabe, die Unfalluntersuchung zu führen und dabei das Erforderliche „festzustellen", gerecht werden will. Die Genossenschaften dürfen sich also eine Leitung dieser Untersuchungsverhandlungen nicht anmaßen. Genügt ihnen das Verfahren der Ortspolizeibehörde nicht, so steht ihnen die Beschwerde bei der der Ortspolizeibehörde vorgesetzten Dienstbehörde zu. Andrerseits können die Genossenschaften zwar auch bei den Unfalluntersuchungen ebenso wie aus anderen Anlässen, nicht nur Anregungen geben, sondern auch Anträge stellen, z. B. Vernehmung bestimmt bezeichneter Zeugen, Ausgrabung einer Leiche rc. Die Folge eines solchen Vorgehens würde aber sein, daß die Ortspolizeibehörde die beantragten Maßnahmen nicht mehr auf ihre Kosten als Theil der ihr obliegenden Unfalluntersuchung durchführt, sondern dieselben als Akt der Rechtshülfe (§ 101), gerichtet auf die Sicherung bestimmter Beweise, auf Verantwortung und Kosten der beantragenden Genossenschaft vornimmt (A. N. III S. 336).

[7]) festzustellen sind. „Die Untersuchung soll nicht nur diejenigen Thatsachen feststellen, welche zur Vervollständigung des statistischen Materials dienen oder für die Thätigkeit der Aufsichtsbehörden eine Bedeutung haben, sondern hauptsächlich auch diejenigen Verhältnisse thunlichst klarlegen, welche für die demnächstige Feststellung der Entschädigungsansprüche in Betracht kommen" (Mot. S. 68). Vgl. aber Anm. 6. Wegen Ergänzung dieser Feststellungen, welche zur Festsetzung der Entschädigung etwa nöthig sein sollte, vgl. Anm. 1 zu § 57. Die durch Vernehmung von Zeugen und Sachverständigen erwachsenen Kosten hat die Genossenschaft nur insoweit zu tragen, als Sachverständige „auf ihren Antrag" vernommen sind (A. N. II S. 4, III S. 52). Die zur Feststellung der Existenz von Hinterbliebenen etwa erforderlichen (Pfarr=, Standesamts= rc.) Atteste hat die Ortspolizeibehörde zu beschaffen, ohne daß der Berufsgenossenschaft dadurch Kosten erwachsen; derartige Atteste sind nach § 102 gebührenfrei (A. N. II S. 12, IV S. 232.).

Zu § 54.

[1]) können theilnehmen. „Um allen hierbei in Frage kommenden Interessen gerecht zu werden, soll den Betheiligten, d. i. der Genossenschaft und den Entschädigungsberechtigten, Gelegenheit gegeben werden, sich bei den Untersuchungsverhandlungen vertreten zu lassen und von dem Ergebniß der=

kasse, welcher der Getödtete oder Verletzte zur Zeit des Unfalls angehört hat, gewählte Bevollmächtigte[3]) (§ 45), sowie der Betriebsunternehmer, letzterer entweder in Person oder durch einen Vertreter[4]). Zu diesem Zweck ist dem Genossenschaftsvorstande[5]), dem Bevollmächtigten der Krankenkasse[6]) und dem Betriebsunternehmer von der Einleitung[7]) der Untersuchung rechtzeitig Kenntniß zu geben. Ist die Genossenschaft in Sektionen getheilt, oder sind von der Genossenschaft Vertrauensmänner bestellt, so ist die Mittheilung von der Einleitung der Untersuchung an den Sektionsvorstand[8]) beziehungsweise an den Vertrauensmann zu richten.

(Abs. 2.) Außerdem sind, soweit thunlich, die sonstigen Betheiligten und auf Antrag und Kosten der Genossenschaft Sachverständige zuzuziehen.

---

selben Kenntniß zu nehmen" (Mot. S. 69). Vgl. Anm. 6 zu § 53. „Der Beschädigte oder dessen Vertreter soll regelmäßig zu den Verhandlungen beigezogen werden" (Komm.-Ber. S. 43). Es genügt die Einladung. Ob derselben Folge geleistet wird oder werden kann (z. B. bei Abwesenheit, Krankheit zc.), ist ohne Bedeutung.

[2]) der Genossenschaft, welche wegen ihrer Vertretung öffentliche Behörden oder Organe anderer Genossenschaften requiriren kann, § 101.

[3]) Bevollmächtigte, im Interesse des Verletzten oder seiner Hinterbliebenen; außerdem aber auch im Interesse der Arbeitervertreter selbst. „Indem den Vertretern der Arbeiter auf diese Weise eine fortlaufende Mitwirkung bei der Untersuchung der Unfälle eingeräumt wird, werden dieselben gleichzeitig für die Begutachtung der Unfallverhütungsvorschriften (§§ 79 u. 81) geschult" (Mot. S. 69). Darüber, daß für die Untersuchung von Unfällen auf der Fahrt in Transportbetrieben noch ein besonderer Vertreter dieses Bevollmächtigten von der Krankenkasse bestellt werden kann (§ 13 A.-G.), vgl. Anm. 7 zu § 45. Gehörte der Verletzte einer wahlberechtigten Krankenkasse nicht an, so kann zwar ein beliebiger anderer Arbeiter zugezogen werden, doch ist dies nicht erforderlich, und gewährt jedenfalls keinen Anspruch gegen die Genossenschaft auf Vergütung für den entgangenen Arbeitsverdienst (A. N. I S. 371).

[4]) Vertreter, welcher sich event. zu legitimiren hat.

[5]) Genossenschaftsvorstand, bei den einer Berufsgenossenschaft nicht zugewiesenen fiskalischen zc. Betrieben (cf. Anm. 5 zu § 41) die Ausführungsbehörde, § 2 A.-G., § 46 B.-U.-G.

[6]) Bevollmächtigte der Krankenkasse. Bei Unfällen auf der Fahrt in Transportgewerben muß die die Untersuchung führende Ortspolizeibehörde auch der Krankenkasse selbst Kenntniß geben, damit diese event. einen besonderen Vertreter des Bevollmächtigten bestellen kann. § 13 d. Ausd.-G. (vgl. Anm. 3).

§ 55.*)

Dem Bevollmächtigten der Krankenkasse, welcher an der Untersuchung des Unfalls theilgenommen [1]) hat, wird nach den durch das Genossenschaftsstatut [1a]) zu bestimmenden Sätzen für den ent- (Abs. 1.)

*) § 55 findet (z. Th. mit Modifikationen) auch im Geltungsbereich des Ausdehnungsgesetzes Anwendung (§§ 1, 3, 5 A.-G.). Dasselbe gilt für den Geltungsbereich des Bau-Unfallversicherungsgesetzes (§§ 37, 46, 47 B.-U.-G.).

---

[7]) Einleitung. Die Untersuchung wird in einem zu diesem Zweck von der Polizeibehörde anzuberaumenden Termin geführt. Von diesem ist den Betheiligten „rechtzeitig", d. h. thunlichst frühzeitig (vgl. Anm. 5 zu § 53), Kenntniß zu geben. Jedoch kann in dieser Beziehung eine bestimmte Direktive (wie lange vorher die Termine mitzutheilen sind) nicht gegeben werden, da die Natur der Unfalluntersuchungen oft sofortige Verhandlungen erheischt (z. B. wenn es sich um Feststellung des objektiven Thatbestandes an Ort und Stelle, um Vernehmung schwer verletzter Personen ꝛc. handelt). Vgl. A. N. II S. 17.

[8]) an den Sektionsvorstand ꝛc., also immer nur an ein, und zwar an dasjenige Genossenschaftsorgan, welches der Behörde am nächsten ist. „Diese Bestimmung hat lediglich praktische Gründe. Glaubt der Vertrauensmann bezw. der Sektionsvorstand bei schwierigeren und wichtigeren Fällen, z. B. Massenunfällen, daß der Genossenschaftsvorstand zur Untersuchung hinzuzuziehen sei, so bleibt es ihm überlassen, denselben zu benachrichtigen. Welche Folge die benachrichtigte Stelle der ihr von Seiten der Ortspolizeibehörde zugehenden Mittheilung zu geben hat, wird sie nach der inneren Verfassung der Genossenschaft zu ermessen haben. Auch in diesem Stadium der Verhandlung wird mithin den Knappschaftskassenvorständen seitens der Genossenschaften die Betheiligung an der Untersuchung der Unfälle eingeräumt werden können" (Mot. S. 69).

Zu § 55.

[1]) theilgenommen, vgl. Anm. 3 i. f. zu § 54.

[1a]) Genossenschaftsstatut. Bei den einer Genossenschaft nicht zugewiesenen fiskalischen ꝛc. Betrieben (cf. Anm. 5 zu § 41) treten an dessen Stelle die Ausführungsvorschriften, § 5 A.-G., § 46 B.-U.-G.

[2]) für den entgangenen Arbeitsverdienst, nicht aber auch für die baaren Auslagen (bezw. Reisekosten). Der Grund für diese einschränkende Bestimmung liegt darin, daß die Krankenkassen genöthigt werden sollen, solche Personen zu Bevollmächtigten zu bestellen, die am Ort des Unfalls oder in möglichster Nähe desselben ihren Wohnsitz haben, und denen demgemäß die persönlichen Verhältnisse des Verletzten und seiner Hinterbliebenen, sowie die technischen Einrichtungen desjenigen Betriebes, in welchem der Unfall sich ereignet hat, bekannt sind. Außerdem aber soll auch ein gewerbsmäßiges Umherreisen vermieden werden, cf. Komm.-Ber. S. 44. Ein Vorschlag, die Wählbarkeit zum Beauftragten der Krankenkasse vom Beschäftigungsort abhängig

gangenen Arbeitsverdienst[2]) Ersatz[3]) geleistet. Die Festsetzung[4]) erfolgt durch die Ortspolizeibehörde[5]).

(Abs. 2.) Von dem über die Untersuchung aufgenommenen Protokolle, sowie von den sonstigen Untersuchungsverhandlungen ist den Betheiligten auf ihren Antrag Einsicht und gegen Erstattung der Schreibgebühren Abschrift zu ertheilen.

§ 56.*)

Bei den im § 51 Absatz 5 bezeichneten Betrieben bestimmt die vorgesetzte Dienstbehörde[1]) diejenige Behörde[2]), welche die Untersuchung nach den Bestimmungen der §§ 53 bis 55 vorzunehmen und die Vergütung für den Bevollmächtigten der Krankenkasse (§ 45) festzusetzen[3]) hat.

*) § 56 gilt auch für den Bereich des Ausdehnungsgesetzes und des Bau-Unfallversicherungsgesetzes (§§ 3, 13 Ausd.-G., §§ 37, 46 B.-U.-G.).

---

zu machen, ist abgelehnt worden. Vgl. auch Anm. 7 zu § 45. Einem Bevollmächtigten, welchem durch die Theilnahme an der Verhandlung ein Arbeitsverdienst überhaupt nicht entgeht, indem er etwa mit festem Gehalt angestellt ist, wird natürlich auch kein Ersatz für diesen nicht eintretenden Verlust gewährt (A. N. II S. 17).

³) Ersatz. Dem Vertreter der Genossenschaft ist nach § 25 Ersatz für baare Auslagen, sowie, falls das Statut dies zuläßt, Vergütung für die Zeitversäumniß zu gewähren, wenn er zu den Vorständen oder zu den Vertrauensmännern gehört. Ist dies nicht der Fall, so werden die Organe der Genossenschaft nach Anm. 6 zu § 10 einen entsprechenden Satz bewilligen dürfen.

⁴) Festsetzung. cf. Anm. 4 zu § 49. „Gegen die Festsetzung ist die im § 44 generell vorgesehene Beschwerde zulässig" (Mot. S. 69), welche hier an die der Ortspolizeibehörde vorgesetzte Dienstbehörde zu richten ist (A. N. II S. 324). Dieselbe entscheidet endgiltig.

⁵) Ortspolizeibehörde, cf. Anm. 6 zu § 45, Anm. 6 zu § 51. Bei Unfällen, die sich in Reichs- oder Staatsbetrieben ereignen, tritt an die Stelle der betr. Ortspolizeibehörde diejenige Behörde, welche die den ersteren vorgesetzte Dienstbehörde bestimmt, § 56.

Zu § 56.

¹) vorgesetzte Dienstbehörde, auf Anzeige des Betriebsvorstandes, § 51 Abs. 5. „Aus Gründen der Disziplin und der Ressortverhältnisse" ist diese Bestimmung getroffen (Mot. S. 68).

²) diejenige Behörde. Die vorgesetzte Dienstbehörde „kann also auch die Ortspolizeibehörde mit der Untersuchung betrauen" (Mot. S. 68).

³) festzusetzen, cf. Anm. 3 zu § 55. Die Beschwerde geht an die beauftragende Staatsbehörde 2c.

Entscheidung der Vorstände.

§ 57.*)

Die Feststellung[1]) der Entschädigungen[2]) für die durch Unfall (Abs. 1.) verletzten Versicherten[3]) und für die Hinterbliebenen der durch Unfall getödteten Versicherten erfolgt[4])

1. sofern die Genossenschaft in Sektionen eingetheilt ist, durch den Vorstand der[5]) Sektion, wenn es sich handelt
   a) um den Ersatz der Kosten des Heilverfahrens[6]),
   b) um die für die Dauer einer voraussichtlich vorübergehenden[7]) Erwerbsunfähigkeit zu gewährenden Rente,
   c) um den Ersatz der Beerdigungskosten[8]);
2. in allen übrigen[9]) Fällen durch den Vorstand der[5]) Genossenschaft.

*) § 57 Abs. 1, 2 sind für die einer Berufsgenossenschaft nicht zugewiesenen fiskalischen etc. Betriebe durch die besondere Bestimmung des § 7 a. a. O. ersetzt. Im Uebrigen gilt § 57 auch für den Bereich des Ausdehnungsgesetzes (§§ 1, 3, 7 A.-G.), sowie des Bau-Unfallversicherungsgesetzes (§§ 37, 47 B.-U.-G.).

Zu § 57.

[1]) Feststellung. „Die Feststellung der Entschädigungen soll ohne weiteren Antrag der Berechtigten durch die dazu berufenen Organe der Genossenschaften von Amtswegen eingeleitet werden, und zwar unverzüglich, sobald die Thatsachen, welche die Art und den Umfang des Entschädigungsanspruchs bedingen, feststehen (§ 58). In den meisten Fällen wird für diese Feststellung bereits durch die nach §§ 53 und 54 vorgenommene Untersuchung die erforderliche Grundlage gewonnen sein" (vgl. auch Anm. 6 zu § 53); „soweit dieselbe der Ergänzung bedarf, können die Organe anderer Genossenschaften oder die Polizeibehörden wegen Vornahme der erforderlichen Ermittelungen in Anspruch genommen werden (§ 98, jetzt § 101). Die Unfalluntersuchung ist aber, wie schon in Anm. 6 zu § 53 bemerkt wurde und hier wegen der Wichtigkeit der Sache wiederholt werden muß, keine wesentliche Voraussetzung für die Erlassung des Feststellungsbescheides der Berufsgenossenschaften, auch keine nothwendige Erkenntnißquelle für die Beurtheilung des Unfalls und der Entschädigungspflicht (A. N. II S. 205). Außerdem ist die Feststellung zu beschleunigen, vgl. § 58. Hiermit steht in Zusammenhang, daß das für die Feststellung der Entschädigung zuständige Organ der Genossenschaften bezw. der Vorsitzende dieser Organe, sobald ein Entschädigungsanspruch (innerhalb der Karenzzeit oder später) erhoben oder von Amtswegen geprüft werden muß, diese Feststellung auf geeignete Weise auch seinerseits derart vorbereiten soll, daß thunlichst schon mit Beginn der 14. Woche dem Verletzten die in § 57 Abs. 3 vorgeschriebene Mittheilung ge-

(Abs. 2.) Das Genossenschaftsstatut kann bestimmen, daß die Feststellung der Entschädigungen in den Fällen der Ziffer 1 und 2 durch einen Ausschuß[10]) des Sektionsvorstandes oder durch eine besondere Kommission oder durch örtliche Beauftragte[10a]) (Vertrauensmänner) und in den Fällen der Ziffer 2 auch durch den Sektionsvorstand oder durch einen Ausschuß[10]) des Genossenschaftsvorstandes zu bewirken ist.

(Abs. 3.) Vor der Feststellung der Entschädigung ist dem Entschädigungsberechtigten durch Mittheilung der Unterlagen[11]), auf Grund deren dieselbe zu bemessen ist, Gelegenheit zu geben[12]), sich binnen einer Frist[13]) von einer Woche zu äußern[14]).

---

macht werden kann (Rundschreiben d. R.-V.-A. v. 11. Januar 1888, A. N. IV S. 48).

Die Feststellung und Anweisung der Entschädigungen darf nur dann von vorn herein auf einen kalendermäßig bestimmten Endtermin beschränkt werden, wenn der Endtermin des Bezugsrechts zweifellos oder sonst kalendermäßig feststeht, z. B. Vollendung des fünfzehnten Jahres eines rentenberechtigten Kindes, § 7 Ziffer 2a (A. N. II S. 55), oder wenn zur Zeit der Erlassung des Feststellungsbescheides der Endtermin des Bezugsrechts bereits eingetreten war. Im Uebrigen ist eine Beschränkung des Bezugsrechts auf eine bestimmte Zeit durchaus unzulässig, und führt zu zahlreichen Weiterungen, wie in wiederholten Bescheiden des R.-V.-A. ausgesprochen ist. Vgl insbesondere A. N. III S. 351. Feststellungen sollen vielmehr in der Regel in folgender Form bewirkt werden:

„vom . . ten . . . 18 . . bis zur Beendigung des Heilverfahrens“ (wenn vorher das Maaß der Erwerbsunfähigkeit nicht übersehen werden kann), bzw.

„vom . . ten . . . 18 . . an bis auf Weiteres und zwar für die Dauer Ihrer (voraussichtlich vorübergehenden) (gänzlichen, theilweisen) Erwerbsunfähigkeit“.

(Rundschreiben d. R.-V.-A. v. 11. Januar 1888, A. N. IV S. 48). Vgl. auch Anm. 8 zu 59.

Ein formeller Bescheid (§ 61) ist bei allen vor die Genossenschaft gelangenden, in einem derselben zugehörigen Betriebe erfolgten Unfällen unentbehrlich. In demselben ist die Entschädigungspflicht entweder anzuerkennen oder abzulehnen. Einfache Verweisung an die untere Verwaltungsbehörde ist nur dann zulässig, wenn für den betreffenden Betrieb bezw. denjenigen Hauptbetrieb, zu welchem jener als Nebenbetrieb gehört (§ 9 Abs. 3), ein Mitgliedschein nicht ertheilt war, § 59 Abs. 4 (A. N. II S. 125, III S. 28). Ein formeller Bescheid muß die Berufungsklausel enthalten (§ 62 Abs. 4), ebenso die im § 61 vorgeschriebenen Hinweise. Auch empfiehlt es sich, in den Bescheid den wesentlichen Inhalt des § 4 der V. v. 2. Nov. 1885 (s. Anh.) aufzunehmen und daneben die Empfangsberechtigten darauf hinzuweisen, daß sie ihren Rechten durch Erhebung einer geringeren Rente als der, die sie beansprucht haben, nichts vergeben (Rundschreiben d. R.-V.A. v. 11. Jan. 1888, A. N. IV S. 48). Ein formeller Bescheid wird nicht ertheilt in den Fällen des § 58 Abs. 4; wegen Unterbringung in ein Krankenhaus vgl. Anm. 3, 4 zu § 7.

Es ist im Interesse der Versicherten und der Genossenschaft zu vermeiden, daß dieselbe Sache wegen Fehlens der nöthigen Unterlagen von den höheren Instanzen in die Vorinstanzen zurückgewiesen werden muß. Zu dem Zweck ist es in solchen Fällen, in denen das Genossenschaftsorgan den Anspruch schlechtweg abgelehnt hatte, ohne das Maaß der Entschädigung festzustellen, erforderlich, daß das Genossenschaftsorgan, sobald gegen den ablehnenden Bescheid Berufung eingelegt wird, die Unterlagen für die event. Feststellung der Höhe der Entschädigung schleunig beschafft und dem Schiedsgericht zugehen läßt, damit dann dieses und event. das R.-V.-A. in der Lage ist, seinerseits den Betrag der Entschädigung festsetzen zu können. Letzteres ist sehr wohl zulässig; dem Einwande, daß hierdurch den Betheiligten eine Instanz entzogen werde, ist damit zu begegnen, daß nicht die theoretische Frage, ob sich ein Betriebsunfall ereignet hat, sondern die konkrete Frage des geldwerthen Rentenanspruchs einer bestimmten Person der eigentliche Gegenstand der vom Entschädigungsberechtigten beantragten Entscheidung ist (Rundschr. v. 11. Januar 1888, A. N. IV S. 48).

[2]) Entschädigungen. Die Existenz eines Entschädigungsanspruchs ist lediglich davon abhängig, daß der Unfall „bei dem Betriebe" eines unter den § 1 fallenden Unternehmens vorgekommen ist, daß der Verletzte zu den „in" dem Betriebe beschäftigten versicherten (§§ 1, 2) Personen gehört, und daß eine Beschädigung vorliegt, für welche nach §§ 5, 6 Ersatz zu leisten ist; der Anspruch fällt bei dem Vorhandensein dieser Erfordernisse nur dann fort, wenn der Verletzte den Unfall vorsätzlich herbeigeführt hat, § 5 Abs. 8.

Wegen Beschleunigung der Feststellung vgl. Anm. 1 zu § 66.

[3]) verletzten Versicherten, soweit dieselben von den Berufsgenossenschaften Entschädigung zu beziehen haben, also soweit die Folgen der Verletzung über 13 Wochen hinaus währen.

Man beachte: die Feststellung des Unfalls, welcher das Eintreten der Berufsgenossenschaft zur Folge hat, die Feststellung seiner Ursachen sowie die Ermittelung der entschädigungsberechtigten Personen erfolgt nach § 53 durch die Behörden gleich nach Eintritt des Unfalls, bezw. sobald sich herausstellt, daß der Unfall voraussichtlich das Eintreten der Genossenschaft zur Folge haben wird. Die Feststellung der von der Berufsgenossenschaft zu leistenden Entschädigung erfolgt dagegen nach §§ 57, 58 durch die Organe der Genossenschaft „sobald als möglich" in der Regel im Anschluß an jene Untersuchungen (vgl. jedoch Anm. 1), wenn auch zunächst nur vorläufig.

[4]) erfolgt. „Der § 57 weist die Feststellung der Entschädigung in den weniger wichtigen und eiligeren Fällen den Sektionsvorständen, in den übrigen

Fällen den Genossenschaftsvorständen zu. Dies entspricht dem Aufbau der Organisation auch für den Fall, wenn durch das Statut ein Theil der Last den Sektionen übertragen wird (§ 19)."

„Dabei ist indessen vorgesehen, daß es der Genossenschaft unbenommen bleibt, durch das Statut die Feststellung der Entschädigungen je nach den besonderen Verhältnissen der Genossenschaft auch anderweitig zu regeln. Soweit bei dieser Regelung die Interessen der Genossenschaft in Frage kommen, ist es ihre Sache, dieselben zu wahren; soweit die Interessen der Arbeiter dabei betheiligt sind, enthält der § 58 die gegen etwaige Verzögerungen gebotenen Kautelen. Uebrigens bietet die Nothwendigkeit der Genehmigung des Statuts und die Aufsicht des Reichs-Versicherungsamts die Gewähr, daß die Interessen der Arbeiter durch die Bestellung der mit der Feststellung der Entschädigungen betrauten Organe und deren Geschäftsführung nicht gekränkt werden. In materieller Hinsicht aber haben die Arbeiter und deren versorgungsberechtigte Hinterbliebene das Rechtsmittel der Berufung an das Schiedsgericht."

„Die den Genossenschaften in Betreff der Auswahl ihrer Organe gelassene Freiheit kann unter Umständen auch für die Arbeiter von wesentlichem Nutzen sein. Vermöge derselben können z. B. die Knappschaftskassenvorstände und deren Organe mit der Festsetzung der Entschädigungen betraut werden, was den Bergarbeitern nur erwünscht sein dürfte" (Mot. S. 69).

Die nach § 57 zuständigen Genossenschaftsorgane vertreten die Genossenschaft kraft eigenen Rechts und selbständig; ihre innerhalb der gesetzlichen oder statutarischen Kompetenz verbleibenden Entscheidungen unterliegen also nicht der Nachprüfung höherer Genossenschaftsorgane (A. N. I S. 370). Vgl. Anm. 3 zu § 61. Dieselben Organe vertreten die Genossenschaft auch im demnächstigen Verfahren vor dem Schiedsgericht (A. N. IV S. 218); jedoch sind auch höhere Organe der Genossenschaft, sofern das Statut nichts Gegentheiliges vorsieht, zur selbständigen Vertretung, event. durch besonders bestellte Bevollmächtigte, befugt (A. N. III S. 11, IV S. 219). Vgl. Anm. 4 zu § 63.

Stellt sich demnächst heraus, daß ein unzuständiges Genossenschaftsorgan die Feststellung getroffen hat, so darf das Schiedsgericht nicht materiell entscheiden, sondern muß die Sache behufs anderweiter Feststellung an das zuständige Genossenschaftsorgan verweisen. (Diesen Satz hat das R.-V.-A. für den Fall aufgestellt, daß ein Sektionsvorstand eine Rente wegen vorübergehender Erwerbsunfähigkeit bewilligt hatte, diese Festsetzung aber mit der Behauptung angefochten war, daß es sich um dauernde Erwerbsunfähigkeit handele, für welche statutgemäß der Sektionsvorstand nicht zuständig war, A. N. III S. 9). Vgl. Anm. 7.

Für die einer Genossenschaft nicht zugewiesenen fiskalischen ꝛc. Betriebe (cf. Anm. 5 zu § 41) haben die in den Absätzen 1 und 2 dieses § geordneten Zuständigkeiten der Genossenschaftsorgane keine Bedeutung. Für sie erfolgt vielmehr „die Feststellung der Entschädigung durch die in den Ausführungsvorschriften (der Centralbehörde) zu bezeichnende Behörde," § 7 A.-G., § 47 B.-U.-G.

[5]) der Sektion, der Genossenschaft, d. h. derjenigen Genossenschaft oder Sektion, welche zur Leistung der Entschädigung verpflichtet ist, auch wenn sich dieselbe bei dem Ermittelungsverfahren durch andere Genossenschaften 2c. hat vertreten lassen, vgl. Anm. 2 zu § 101. Wegen der durch die Festsetzungen der Sektionen und ihrer Organe verursachten Kosten vgl. Anm. 2 zu § 19.

Zur Entschädigung verpflichtet ist diejenige Genossenschaft, „in" deren Betrieben der Arbeiter bei Eintritt des Unfalls beschäftigt war, auch wenn die Beschäftigung nur eine vorübergehende war und der Arbeiter nach einander in Betrieben verschiedener Genossenschaften beschäftigt wurde. Vgl. A. N. I S. 344 sowie Anm. 3, 16, 20 zu § 1 (Hülfskräfte), Anm. 4 zu § 9, Anm. 3 zu § 34. Irrthümliche Ertheilung eines Mitgliedscheins nöthigt zur Entschädigung, wenn nicht etwa die Aufnahme dolose erwirkt war (A. N. II S. 55). Vgl. Anm. 4 zu § 34.

[6]) Heilverfahren. Die Ausübung der den Genossenschaften in § 5 Abs. 8 eingeräumten Befugniß steht, sofern es sich um voraussichtlich vorübergehende Erwerbsunfähigkeit handelt, den Sektionsvorständen zu. Denselben kann diese Befugniß durch das Statut auch für andere Fälle übertragen werden, cf. Anm. 1.

[7]) voraussichtlich vorübergehend ist eine Erwerbsunfähigkeit dann, wenn sie in absehbarer, nicht zu langer Zeit (längstens binnen einigen Monaten) beseitigt sein wird. Nur für solche kleineren Fälle glaubte man den Rekurs gegen die Entscheidungen der Schiedsgerichte versagen zu können, § 63 (vgl. Anm. 3 zu § 63). Darauf, ob der Grad der Erwerbsunfähigkeit sich ändern wird, kommt es nicht an, sondern nur darauf, ob die Erwerbsunfähigkeit selbst, als solche, voraussichtlich vorübergehend sein wird (A. N. IV S. 189). Die Abgrenzung der Zeitdauer, welche eine Erwerbsunfähigkeit währen kann, um als „vorübergehend" zu gelten, ist Sache der Vereinbarung zwischen den betheiligten Genossenschaftsorganen; zweckmäßig ist es, die Dauer von sechs Monaten nach dem Unfall als Grenze für die „vorübergehende" Erwerbsunfähigkeit zu vereinbaren. Ob im konkreten Fall die Erwerbsunfähigkeit in diesem Sinne „voraussichlich" vorübergehend sein, d. h. weniger als 6 Monate dauern wird, darüber ist im Allg. ärztliches Gutachten entscheidend (A. N. III S. 137). Der Umstand allein, daß das Ende der Erwerbsunfähigkeit in ferner Zukunft wahrscheinlich ist, genügt nicht (A. N. III S. 202). Hält sich im konkreten Fall nach den vorstehend entwickelten Grundsätzen ein Sektionsvorstand für materiell zuständig, d. h. nimmt er an, daß die Erwerbsunfähigkeit „voraussichtlich vorübergehend" in obigem Sinne sein wird, so hat er seinerseits kraft eigenen Rechts und ohne Nachprüfung durch den Genossenschaftsvorstand (A. N. IV S. 350) über die Gewährung der Rente zu befinden; wird es aber streitig oder ist der (Sektions-)Vorstand bedenklich, ob eine Erwerbsunfähigkeit in obigem Sinne „voraussichtlich vorübergehend" ist, so ist die Sache zur Ent-

scheidung an dasjenige Genossenschaftsorgan abzugeben, welches über den weiterreichenden Anspruch zu befinden hat (A. N. III S. 9, 137). Vgl. Anm. 4. Gegen den Bescheid (nach Anm. 1 soll in den Feststellungsbescheid ein Vermerk aufgenommen werden, falls die Rente für eine „voraussichtlich vorübergehende" Erwerbsfähigkeit bewilligt wird) stehen dann die gewöhnlichen Rechtsmittel zu, welche sich insbesondere auch dagegen richten können, daß die Erwerbsunfähigkeit als eine voraussichtlich vorübergehende angesehen worden sei, vgl. Anm. 4.

„Sollte ein und derselbe Unfall zunächst dem Sektionsvorstande (Vertrauensmann) und demnächst dem Genossenschaftsvorstande Veranlassung zur Feststellung einer Entschädigung geben, z. B. wenn sich herausstellt, daß ein Verletzter nach beendigtem Heilverfahren dauernd invalide geworden ist, so wird der Genossenschaftsvorstand weder zu Gunsten, noch zu Ungunsten des Verletzten an die Unterlagen, z. B. die Lohnhöhe, gebunden sein, auf welche der Sektionsvorstand ꝛc. seine Entscheidung gegründet hat" (Mot. S. 70).

[8]) Ersatz der Beerdigungskosten. Der Ersatz hat nach den Bestimmungen des § 8 in der Regel an die Krankenkasse zu dem von ihr geleisteten Betrage, zur Höhe des geschuldeten Ueberschusses aber an die Hinterbliebenen des Verletzten selbst zu erfolgen, soweit nicht in besonderen Fällen zwischen den Organen der Unfallversicherung und den Vorständen der Krankenkassen eine anderweite Vereinbarung stattfindet.

[9]) in allen übrigen, d. h. den schwereren Fällen (Festsetzung der Rente bei voraussichtlich nicht vorübergehender, völliger oder theilweiser Erwerbsunfähigkeit (cf. Anm. 7), sowie der Renten der Hinterbliebenen).

[10]) Ausschuß von mindestens 2 Personen (A. N. III S. 19), etwa am Sitze des Vorstands. Dadurch wird bei Feststellung der Entschädigungen ein Zusammenwirken aller Vorstandsmitglieder, die vielleicht entfernt wohnen, entbehrlich (vgl. A. N. II S. 13). Von Errichtung und Besetzung derartiger Ausschüsse (und Kommissionen) haben die Genossenschaften den Vorsitzenden sämmtlicher betheiligter Schiedsgerichte Mittheilung zu machen (A. N. III S. 215). Die Feststellungsbescheide solcher besonderen Ausschüsse müssen von allen Mitgliedern derselben vollzogen werden; doch kann das zur Einsetzung dieses Ausschusses berufene Genossenschaftsorgan beschließen, daß nur ein Mitglied zu vollziehen braucht. Hiervon ist dem Schiedsgerichtsvorsitzenden Mittheilung zu machen (A. N. III S. 377).

[10a]) örtliche Beauftragte, welche aber mit den in § 82 erwähnten „Beauftragten" (Revisionsingenieuren) nicht identisch sind und demgemäß Mitglieder der Genossenschaft sein müssen (A. N. IV S. 178).

[11]) die Unterlagen, welche der Entschädigung zu Grunde gelegt werden sollen, sind (nach den Motiven S. 70) insbesondere die in Ansatz gebrachte Lohnhöhe (cf. § 60), der anerkannte Grad der Invalidität, die Anzahl der Hinterbliebenen.

[12]) Gelegenheit zu geben, aus Zweckmäßigkeitsgründen, vgl. Anm. 14. Die betreffende Mittheilung ist nach § 110 zuzustellen. Eine bindende Bedeu-

§ 58.*)

[1])Sind versicherte Personen in Folge des Unfalls getödtet, so haben die im § 57 bezeichneten Genossenschaftsorgane[2]) sofort[3]) nach Abschluß der Untersuchung (§ 53 bis 56) oder, falls der Tod erst später eintritt, sobald[3]) sie von demselben Kenntniß erlangt haben, die Feststellung[4]) der Entschädigung vorzunehmen. (Abs. 1.)

*) § 58 gilt (z. Th. analog) auch für den Bereich des Ausdehnungsgesetzes (§§ 1, 3, 7 A.-G.), ebenso auch für den Bereich des Bau-Unfallversicherungsgesetzes (§§ 37, 46 B.-U.-G.).

Noch zu § 57.

tung für die demnächstige Feststellung hat die Mittheilung nicht; dieselbe ist lediglich als ein formfreies Vorbereitungsfahren anzusehen, welches aber vorgeschrieben ist und deshalb stattfinden muß. Diese Mittheilung kann der Vorsitzende des Feststellungsorgans (welchem überhaupt die Vorbereitung obliegt, vgl. Anm. 1) selbst bewirken. Es empfiehlt sich, dem Verletzten dabei mitzutheilen, „man beabsichtige, auf Grund der betr. Unterlagen dem Feststellungsorgan vorzuschlagen, eine Rente von ... M. zu bewilligen. Damit ist dem Verletzten ausreichende „Gelegenheit gegeben", die mitgetheilten Unterlagen in thatsächlicher Beziehung zu prüfen und sich über die Tragweite zu unterrichten, welche das Feststellungsorgan den Unterlagen für die Bemessung der Höhe der Rente voraussichtlich beilegen wird. Der Empfangsberechtige ist befugt, aber nicht verpflichtet, sich zu äußern; äußert er sich, so kann die Aeußerung zur Grundlage weitergehender „Verhandlungen" zwischen ihm und der Genossenschaft gemacht werden, und derartige Vereinbarungen sind ja der erklärte Zweck dieser Verhandlungen (vgl. Anm. 14). Aeußert sich der Empfangsberechtigte nicht, so knüpfen sich an dieses Schweigen gleichwohl keine Rechtsfolgen. Das Feststellungsorgan selbst ist an die von seinem Vorsitzenden dem Entschädigungsberechtigten „mitgetheilten" Unterlagen insbesondere insoweit nicht gebunden, wie sich dieselben lediglich als ein Urtheil oder eine Schätzung des Vorsitzenden darstellen; doch werden die Vorsitzenden bald so viel praktischen Blick sich erwerben, daß ihr Urtheil in der Regel zutreffend sein wird. Schon bei „Mittheilung der Unterlagen" oder noch früher hat der Vorsitzende die Abstimmungsliste vorzubereiten oder den Termin zur Feststellungssitzung anzuberaumen, so daß spätestens in der 15. Woche die Sitzung abgehalten bezw. schriftlich abgestimmt werden kann. Der betr. Beschluß ist in den Akten in der Wortfassung zu entwerfen und von allen Mitwirkenden zu unterschreiben (Rundschreiben d. R.-V.-A. v. 11. Januar 1888, A. N. IV S. 48).

Ein förmlicher Bescheid muß auch im Falle der Einigung erfolgen (A. N. III S. 136). Vgl. Anm. 1a zu § 66.

[13]) Frist. Die Normirung einer nur kurzen Frist erscheint geboten, um die Festsetzung der Entschädigung nicht ungebührlich zu verzögern. Eine solche Verzögerung würde die Interessen der Verletzten schwerer schädigen, als die

(Abs. 2.) Sind versicherte Personen in Folge des Unfalls körperlich verletzt[5]), so ist sobald als möglich[6]) die ihnen zu gewährende Entschädigung festzustellen.

(Abs. 3.) Für diejenigen verletzten Personen, für welche noch nach Ablauf von dreizehn Wochen eine weitere ärztliche Behandlung behufs Heilung der erlittenen Verletzungen nothwendig ist, hat sich die Feststellung zunächst mindestens auf die bis zur Beendigung des Heilverfahrens zu leistenden Entschädigungen zu erstrecken[7]). Die weitere Entschädigung ist, sofern deren Feststellung früher nicht möglich ist, nach Beendigung des Heilverfahrens unverzüglich zu bewirken.

(Abs. 4.) In den Fällen des Absatzes 2 und 3[8]) ist bis zur definitiven Feststellung der Entschädigung noch vor Beendigung des Heilverfahrens vorläufig[9]) eine Entschädigung zuzubilligen.

---

gegenwärtig vorliegende Möglichkeit, daß die letzteren (z. B. durch Krankheit) behindert sein können, in der vorgeschriebenen Frist ihre Erklärung abzugeben. Uebrigens kann die Behörde die Frist erstrecken.

[14]) sich . . zu äußern, „um durch vorgängige Verhandlungen unter den Betheiligten die Sachlage klar zu stellen und unnöthigen Verhandlungen vor den Schiedsgerichten vorzubeugen" (Mot. S. 70).

Zu § 58.

[1]) cf. Anm. 1 zu § 57.

[2]) Genossenschaftsorgane, bez. Behörden, innerhalb ihrer gesetzlichen oder statutarischen Zuständigkeit, vgl. Anm. 2 zu § 31, Anm. 4, 7 zu § 57.

[3]) sofort . . . sobald d. h. spätestens zu diesem Zeitpunkt, cf. Anm. 4 zu § 22, sowie Anm. 6 zu § 53, Anm. 1 zu § 57.

[4]) Feststellung. Darüber ist den Empfangsberechtigten ein schriftlicher nach § 110 zuzustellender Bescheid zu ertheilen, § 62. Die für das Feststellungsverfahren erforderlichen Urkunden (Geburtsschein rc.) haben die Feststellungsorgane sich selbst zu beschaffen (kostenlos, § 102), soweit sie nicht bereits bei den Unfalluntersuchungen beschafft sind (A. N. V S. 167).

[5]) verletzt, d. h. derart, daß sie nach §§ 5, 6 Ansprüche an die Berufsgenossenschaften geltend zu machen haben.

[6]) sobald als möglich, d. h. spätestens (vgl. Anm. 1 zu § 57) sofort nach beendigter Untersuchung, eventuell vorläufig, cf. Abs. 4.

[7]) zu erstrecken. Falls die Genossenschaft von der Befugniß Gebrauch macht, die fernere Fürsorge für den Verletzten bis zur Beendigung des Heilverfahrens der Krankenkasse zu übertragen (§ 5 Abs. 8), so hat sich die Festsetzung auf dasjenige zu erstrecken, was den Verletzten außer den Bezügen aus der Krankenkasse noch von der Berufsgenossenschaft zu leisten ist, cf. Anm. 30

§ 59.*)

Entschädigungsberechtigte, für welche die Entschädigung nicht von Amtswegen[1]) festgestellt ist, haben ihren Entschädigungsanspruch bei Vermeidung des Ausschlusses vor Ablauf von zwei Jahren[2]) nach dem Eintritt des Unfalls[3]) bei dem zuständigen Vorstande[4]) anzumelden. (Abs. 1.)

*) § 59 Abs. 4 gilt nicht für die unter das Ausdehnungsgesetz fallenden, einer Berufsgenossenschaft nicht zugewiesenen fiskalischen Betriebe (§ 8 A.-G.) und nicht mehr für Bauarbeiter aller Art (§ 37 Abs. 2 B.-U.-G.). Im Uebrigen aber gilt § 59 auch für den Bereich des Ausdehnungsgesetzes und des Bau-Unfallversicherungsgesetzes (§§ 3, A.-G., §§ 37, Abs. 1, 46 B.-U.-G.).

---

zu § 5. Der Zusatz beruht auf Beschlüssen der Reichstagskommission und ist bestimmt, die Möglichkeit eines Vakuums auszuschließen.

[8]) des Abs. 2 und 3, analog auch bei Entschädigung der Hinterbliebenen Getödteter. (A. N. III S. 19).

[9]) vorläufig, d. h. in allen Fällen, in denen die erhobenen Ansprüche an sich anerkannt werden, die Entschädigungen aber dem Betrage nach (wegen Zweifel über den Jahresverdienst) nicht sofort festgestellt werden können (A. N. III S. 20). Lediglich zu dem Zweck, um eine Herabminderung der Renten gemäß § 63 vorzubereiten, darf § 58 Abs. 4 nicht angewendet werden (A. N. IV S. 347).

Ist eine endgültige Feststellung rechtzeitig möglich, so bedarf es selbstredend einer vorläufigen Feststellung nicht. Es handelt sich hier um einen Nothbehelf für einzelne Fälle zur Vermeidung eines Vakuums. Derartige vorläufige Zubilligungen erfolgen nicht durch förmlichen „Bescheid" und sind demgemäß durch ein Rechtsmittel nicht anfechtbar (A. N. III S. 357).

Zu § 59.

[1]) nicht von Amtswegen, cf. Anm. 1 zu § 57. Dies kann vorkommen:

a) wenn ein in einem versicherungspflichtigen Betriebe eingetretener Unfall nicht angemeldet und auch nicht auf andere Weise zur amtlichen Kenntniß gelangt ist;

b) wenn ein solcher Unfall zwar angemeldet, die Feststellung der Entschädigung aber unterblieben ist, z. B. um deswillen, weil eine mehr als 13wöchentliche (gänzliche oder theilweise) Erwerbsunfähigkeit (§ 53) nicht hat vorausgesehen werden können, und bei Ablauf von 13 Wochen die Heilung anscheinend thatsächlich eingetreten war;

c) wenn bei dem Feststellungsverfahren Entschädigungsberechtigte nicht ermittelt sind, indem z. B. ein den Anspruch begründendes Verwandtschaftsverhältniß nicht anerkannt wurde;

d) wenn ein Unfall in einem Betriebe vorgekommen ist, der, obwohl versicherungspflichtig, einer Berufsgenossenschaft überhaupt nicht zu-

(Abs. 2.) Nach Ablauf dieser Frist ist der Anmeldung nur dann[5]) Folge zu geben, wenn zugleich glaubhaft bescheinigt[6]) wird, daß die Folgen des Unfalls erst später bemerkbar geworden sind oder daß der Entschädigungsberechtigte von der Verfolgung seines Anspruchs durch außerhalb seines Willens liegende Verhältnisse abgehalten worden ist.

(Abs. 3.) Wird der angemeldete Entschädigungsanspruch anerkannt, so ist die Höhe der Entschädigung sofort festzustellen[7]); anderenfalls ist der Entschädigungsanspruch durch schriftlichen Bescheid abzulehnen[8]).

---

gewiesen worden ist, und das Verfahren des § 59 Abs. 4 nicht stattgefunden hat.

[2]) vor Ablauf von zwei Jahren. Die Vorlage hatte nur ein Jahr in Aussicht genommen. Es handelt sich hier um eine Präklusivfrist für die Geltendmachung aller nicht von Amtswegen festgestellten Ansprüche. Die Frist beginnt, wie nach § 8 des Haftpflichtgesetzes und Art. 908 d. H.-G.-B., mit dem Eintritt des Ereignisses (Verletzung, § 59; demnächstiger Tod, § 65) ohne Rücksicht auf die Kenntniß des Berechtigten von seinem Anspruch; sie beginnt mit diesem Zeitpunkt also auch für denjenigen Verletzten, welcher anscheinend keine Nachtheile für seine Gesundheit erlitten oder doch wegen der Carenzeit von 13 Wochen keinen Anspruch gegen die Berufsgenossenschaft erhalten hat, und bei dem sich dauerbende Nachtheile aus der Verletzung erst später herausstellen.

Diese Folgen sind insofern gemildert worden, als nach den Beschlüssen der Reichstagskommission auch nach Ablauf jener Präklusivfrist die Anmeldung unter gewissen Umständen zulässig sein soll. Nach Ablauf von zwei Jahren aber hat der Verletzte bereits bei der Anmeldung seines Anspruchs glaubhafte Bescheinigung beizubringen (d. h. durch schriftliche Urkunden wahrscheinlich zu machen), und zwar entweder darüber, daß die Verletzung und deren Folgen mit einem Betriebsunfall zusammenhängen und erst später, d. h. nach Ablauf der zwei Jahre, bemerkbar geworden sind, oder darüber, daß er von der Verfolgung seines Anspruchs durch außerhalb seines Willens liegende Verhältnisse (z. B. längere Abwesenheit) abgehalten worden ist.

Während also das Haftpflichtgesetz die Verfolgung eines Entschädigungsanspruchs nach Ablauf von zwei Jahren ausschließt, wird dieselbe nach dem Unfallversicherungsgesetz nur erschwert. Hierin liegt eine gewichtige Konzession an die Empfangsberechtigten. Andererseits konnte aber von der Festsetzung einer Frist für die Anmeldung im Interesse der Genossenschaften nicht Abstand genommen werden, weil der Zusammenhang zwischen dem Unfall und den angeblich später auftretenden Folgen desselben um so schwerer zu er-

Ereignete sich der Unfall, in Folge dessen der Entschädigungsanspruch erhoben wird, in einem Betriebe, für welchen ein Mitgliedschein von einer Genossenschaft nicht ertheilt war[9]), so hat die Anmeldung des Entschädigungsanspruchs bei der unteren Verwaltungsbehörde[10]) zu erfolgen, in deren Bezirk der Betrieb belegen ist. Dieselbe hat den Entschädigungsanspruch mittelst Bescheides zurückzuweisen[8]), wenn sie den Betrieb, in welchem der Unfall sich ereignet hat, für nicht unter den § 1 fallend[11]) erachtet; anderenfalls hat sie die Feststellung der Genossenschaft, welcher der Betrieb angehört, nach Maßgabe der §§ 34 bis 37 herbeizuführen, und, nachdem diese Feststellung erfolgt ist, den angemeldeten Entschädigungsanspruch dem zuständigen Vorstande zur weiteren Veranlassung zu überweisen, auch dem Entschädigungsberechtigten hiervon schriftlich Nachricht zu geben[12]). (Abs. 4.)

---

kennen sein wird, je später hierüber Erhebungen angestellt werden, und weil die Berufsgenossenschaft ein erhebliches Interesse daran hat, daß nicht erst nach Ablauf längerer Zeit Nachforderungen für längst vergangene Fälle gegen sie erhoben werden. Die Berufsgenossenschaft muß gegen frivole Ansprüche, welche ja kostenlos erhoben werden können, geschützt werden (Komm.-Ber. S. 44).

Ueber Beginn und Ende der Frist vgl. Anm. 2 zu § 110.

Mit dem Tage, an welchem die Frist abläuft, muß die Anmeldung bei der zuständigen Instanz eingegangen sein. Ein Ruhen der Frist während derjenigen Zeit, in welcher das einer unzuständigen Behörde eingereichte Schriftstück an die zuständige Behörde abgegeben wird, kennt das Gesetz nicht.

[3]) nach dem Eintritt des Unfalls. War der Tod erst später eingetreten, so läuft die Präklusivfrist für die Geltendmachung aller nicht von Amtswegen geprüften Entschädigungsansprüche von Hinterbliebenen erst von dem Tode des Verletzten an, § 65.

[4]) Vorstand, bei den einer Genossenschaft nicht zugewiesenen fiskalischen rc. Betrieben (Anm. 5 zu § 41) die in den Ausführungsvorschriften bezeichnete, zur Feststellung der Entschädigung berufene Behörde.

Welcher Vorstand zuständig ist, wird der Betriebsunternehmer, event. der Vertrauensmann, event. die untere Verwaltungs- oder Ortsbehörde angeben können, an die sich der Entschädigungsberechtigte wenden mag (A. N. II S. 15).

[5]) nur dann, cf. Anm. 3.

[6]) bescheinigt, cf. Anm. 3.

[7]) festzustellen, nach Maßgabe der §§ 57, 58, 61. Gleichzeitig wird der

Vorstand eventuell über die Bestrafung des mit der Anzeige säumigen Unternehmers (§ 104 Abs. 2) zu befinden und der Ortspolizeibehörde zur Berichtigung des Unfallverzeichnisses (§ 52) Mittheilung zu machen haben.

[8]) festzustellen . . . abzulehnen . . . zurückzuweisen; wegen der Form der in den Bescheid aufzunehmenden Belehrungen und wegen der Zustellung (gegen Posteinlieferungs-, nicht gegen Rückschein, A. N. III S. 27) vgl. Anm. 12 zu § 57 sowie §§ 62, 110. Dies gilt auch für die von der unteren Verwaltungsbehörde gemäß Abs. 4 zu ertheilenden Bescheide (A. N. IV S. 232). Das Genossenschaftsorgan darf die Verhandlung und Bescheidung nicht ablehnen, wenn es die Entschädigungsverpflichtung um deswillen bestreitet, weil der Unfall nicht „bei dem Betriebe" eingetreten sei, muß dann vielmehr einen formellen ablehnenden Bescheid erlassen, gegen welchen die Rechtsmittel (Berufung an das Schiedsgericht ꝛc.) gegeben sind (A. N. II S. 158, I S. 371). Vgl. auch Anm. 1 zu § 57. Alle angemeldeten Entschädigungsansprüche müssen entweder festgestellt oder abgelehnt werden; ein Uebergehen aus irgend einem Grunde läßt das Gesetz nicht zu (A. N. V S. 154).

[9]) nicht ertheilt war. Die Bestimmungen dieses Absatzes bilden eine seltene Ausnahme, und sind auf andere als die in demselben angegebenen Fälle (Unfall in einem Betriebe, dessen Zugehörigkeit zu einer Genossenschaft nicht feststeht) nicht anzuwenden. Vgl. Anm. 1 i. f. zu § 57 sowie A. N. II S. 371. „(Ebenso) kann der Fall vorkommen, daß Entschädigungsansprüche aus Anlaß eines Unfalls erhoben werden, welcher sich in einem einer Genossenschaft nicht zugewiesenen Betriebe ereignete. Wird ein solcher Anspruch innerhalb der für alle nicht von Amtswegen geprüften" (bezw. festgestellten) „Ansprüche geltenden Präklusivfrist von (. . . . zwei Jahren . . . .) erhoben, so wird die untere Verwaltungsbehörde zunächst festzustellen haben, ob der Betrieb, in dem der Unfall sich ereignet hat, unter den § 1 fällt oder nicht. Im letzteren Falle muß der Anspruch abgewiesen, im ersteren Falle die Zuweisung des Betriebes zu einer Genossenschaft nachträglich bewirkt und demnächst das ordentliche Entschädigungsverfahren eingeleitet werden. Diese Zuweisung erfolgt nach Maßgabe der §§ 34 bis 37, so daß, wenn eine Genossenschaft die von der unteren Verwaltungsbehörde angenommene Zugehörigkeit des Betriebes zu ihr bestreitet, schließlich das Reichs-Versicherungsamt die Frage auf Betreiben der unteren Verwaltungsbehörde zu entscheiden hat. Weist die untere Verwaltungsbehörde den Verletzten oder dessen Hinterbliebene um deswillen ab, weil sie den Betrieb für nicht versicherungspflichtig erachtet, so kann dem Verletzten oder seinen Hinterbliebenen die Beschwerde an das Reichs-Versicherungsamt nicht verschränkt werden (§ 62)" (Mot. S. 70).

[10]) untere Verwaltungsbehörde, § 109.

[11]) nicht unter § 1 fallend. In diesem Falle findet die Beschwerde an das Reichs- (Landes-) Versicherungsamt statt, § 62 Abs. 1.

[12]) Auf die einer Berufsgenossenschaft nicht zugewiesenen fiskalischen

§ 60.*)

Die Mitglieder der Genossenschaft¹) sind verpflichtet, auf Erfordern der Behörden und Vorstände (Vertrauensmänner) (§ 57) binnen einer Woche¹ᵃ) diejenigen Lohn- und Gehaltsnachweisungen²) zu liefern, welche zur Feststellung der Entschädigung erforderlich sind.

*) § 60 gilt im Allg. auch für den Bereich des Ausdehnungsgesetzes (§§ 1, 3 A.-G.) und des Bau-Unfallversicherungsgesetzes (§§ 37 B.-U.-G.), aber **nicht** für die Post-, Telegraphen-, Marine- und Heeres-Betriebe, ebensowenig für die fiskalischen Eisenbahnbetriebe und die einer Berufsgenossenschaft nicht zugewiesenen fiskalischen Baggerei-, Binnenschiffahrts-, Flösserei-, Prahm- und Fähr-Betriebe, sowie die unter besondere Ausführungsbehörden gestellten fiskalischen oder kommunalen Regiebaubetriebe (§§ 2, 3 A.-G., § 47 B.-U.-G.).

Betriebe (Anm. 5 zu § 41) findet Abs. 4 dieses § keine Anwendung. Wenn dort die zur Feststellung der Entschädigung berufene Behörde (cf. Anm. 4 zu § 57) die Entschädigung um deswillen ablehnt, weil der Betrieb oder derjenige Theil der Verwaltung, in welchem der Unfall sich ereignet hat, nicht unter das Gesetz fällt, so bedarf es nur einer Bestimmung über das hiergegen zustehende Rechtsmittel. Dieses wird durch § 8 des Ausd.-G. geregelt.

Ebenso findet § 59 Abs. 4 gegenwärtig überhaupt keine Anwendung mehr auf Betriebsunfälle bei irgendwelchen Bauarbeiten, vgl. § 37 Abs. 2 B.-U.-G.:

> „Die Bestimmung des § 59 Abs. 4 a. a. O. tritt außer Kraft für Betriebsunfälle, welche sich bei Bauarbeiten ereignen, nachdem dieses Gesetz seinem ganzen Umfange nach in Kraft getreten ist."

Diese Vorschrift findet nach § 48 B.-U.-G.

> „bei den im Geltungsbereiche des Unfallversicherungsgesetzes errichteten Berufsgenossenschaften für Baugewerbetreibende gleichfalls Anwendung".

Nach den Motiven zum B.-U.-G. (S. 32) sind nämlich „Unfälle bei Bauausführungen solcher Bauunternehmer, für welche ein Mitgliedschein nicht ertheilt war, (nach § 4 Ziffer 4 des Gesetzes) fortan ebenso von der Berufsgenossenschaft bezw. Versicherungsanstalt zu erledigen, wie Unfälle in Betrieben solcher Baugewerbetreibenden, bezüglich deren die Zugehörigkeit zur Genossenschaft durch einen Mitgliedschein festgestellt war. Der Umweg über die untere Verwaltungsbehörde ist daher entbehrlich. Soweit bei derartigen Unfällen die Entschädigung nicht von Amtswegen festgesetzt ist, haben die Berechtigten durch die im § 59 Abs. 1 bis 3 des Unfallversicherungsgesetzes vorgesehene Anmeldung bei dem zuständigen Vorstande in Verbindung mit den gegen einen ablehnenden Bescheid des letzteren nach §§ 62 Abs. 2 und 63 Abs. 1 zugelassenen Rechtsmitteln jederzeit die Möglichkeit, zu ihrem Recht zu gelangen."

Zu § 60.

¹) Mitglieder der Genossenschaft, bei Regiebauten auch die sonstigen Unternehmer (Bauherren), welche nicht Mitglieder der Genossenschaft sind,

§ 61.*)

[1])Ueber die Feststellung der Entschädigung hat[1a]) der Vorstand[2]) (Ausschuß, Vertrauensmann), welcher dieselbe vorgenommen hat, dem Entschädigungsberechtigten einen schriftlichen Bescheid[3]) zu ertheilen[4]), aus welchem die Höhe der Entschädigung und die Art ihrer Berechnung zu ersehen ist. Bei Entschädigungen für erwerbsunfähig gewordene Verletzte ist namentlich anzugeben, in welchem Maße die Erwerbsunfähigkeit angenommen worden ist.

*) § 61 gilt (z. Th. analog) auch für den Bereich des Ausdehnungsgetzes (§§ 1, 3, 7 A.-G.) und des Bau-Unfallversicherungsgesetzes (§§ 37, 46, 47 B.-U.-G.).

---

sondern ihre Bauarbeiter in der Versicherungsanstalt versichern, § 37 Abs. 3 B.-U.-G.

[1a]) binnen einer Woche, weil das Verfahren zu beschleunigen ist.

[2]) Lohn- und Gehaltsnachweisungen, unter Berücksichtigung der Tantièmen und Naturalbezüge, § 3 Abs. 1.

„Die Höhe des Arbeitsverdienstes des Getödteten oder Verletzten, nach welcher die Entschädigung zu berechnen ist, kann nur auf Grund einer Nachweisung über die in dem Betriebe, in welchem der Unfall sich ereignet hat, während des letzten Jahres an den Verletzten gezahlten anrechnungsfähigen Löhne oder Gehälter festgestellt werden. War der Verletzte noch nicht ein Jahr in dem Betriebe beschäftigt, so ist derjenige Betrag zu Grunde zu legen, welchen während dieses Zeitraums Arbeiter derselben Art in demselben Betriebe oder in benachbarten gleichartigen Betrieben durchschnittlich bezogen haben (§ 5 Abs. 4).“ Mot. S. 71.

Ungehorsam ist strafbar nach § 104 Abs. 1; unrichtige Angaben sind straffällig nach § 103 Nr. 1. Vgl. Anm. 2 ad c zu § 35. Ueber die Befugnisse der Vorstände zur Kontrole der Angaben vgl. § 82.

Zu § 61.

[1]) „Als Abschluß der Verhandlungen ist dem Entschädigungsberechtigten ein schriftlicher Bescheid zu ertheilen, welcher alle für die Berechnung der Höhe der Entschädigung maßgebend gewesenen Faktoren angiebt.

Auf Grund dieses Bescheides ist der Entschädigungsberechtigte in der Lage, zu prüfen, ob er bei der Festsetzung der Höhe der Entschädigung sich beruhigen, oder die schiedsgerichtliche Entscheidung anrufen will.

Außer diesem Bescheide empfängt der Entschädigungsberechtigte seitens der Genossenschaft eine Bescheinigung über die ihm zustehenden Bezüge unter Angabe der mit der Auszahlung beauftragten Postanstalt und der Zahlungstermine (§ 64). Auf Grund dieses Berechtigungsausweises kann er unbeschadet einer etwaigen Berufung an das Schiedsgericht die festgestellten Beträge erheben“ (Mot. S. 71), da die Berufung keine aufschiebende Wirkung hat, § 62 Abs. 4.

Berufung gegen die Entscheidung der Behörden und Genossenschaftsorgane.

§ 62.*)

Gegen den Bescheid der unteren Verwaltungsbehörde¹), durch (Abs. 1.) welchen der Entschädigungsanspruch aus dem Grunde abgelehnt

*) § 62 Abs. 1 ist für die unter das Ausdehnungsgesetz fallenden, einer Berufsgenossenschaft nicht zugewiesenen fiskalischen Betriebe durch eine besondere Bestimmung (§ 8 A.-G.) ersetzt und findet auf Baubetriebe aller Art seit dem Inkrafttreten des Bauunfallversicherungsgesetzes überhaupt keine Anwendung mehr, vgl. Anm. 1. Im Uebrigen gilt § 62 auch für den Bereich des Ausdehnungsgesetzes (§§ 1, 3 A.-G.). In des Bereich des Bau-Unfallversicherungsgesetzes finden Abs. 3 und 5 entsprechende Anwendung (§ 38 Abs. 2 B.-.U.-G.), während die Vorschriften des Abs. 2 und 4 durch die gleichartige Bestimmung des § 38 Abs. 1 B.-U.-G. ersetzt sind.

Wegen etwaiger Wiedereinziehung gezahlter Beträge in Folge der späteren Entscheidungen vgl. Anm. 3 zu § 64.

1a) hat, also obligatorisch. Ein Verzicht auf förmlichen Bescheid ist unzulässig (A. N. III S. 136).

²) Vorstand, vgl. Anm. 4 zu § 59.

³) Bescheid. Vgl. Anm. 6 zu § 53, sowie Anm. 1, 7, 10a zu § 57. Ein solcher Bescheid ist auch erforderlich, wenn die Genossenschaft auf Grund des § 7 freie Kur und Verpflegung in einem Krankenhause gewähren, oder wenn sie nach § 67 Ausländer durch Kapital abfinden will, vgl. Anm. 2 zu § 67.

Wegen der in den Bescheid aufzunehmenden Belehrungen vgl. § 62 Abs. 4.

Durch diesen Feststellungsbescheid des Sektionsvorstandes ꝛc. wird für den Entschädigungsberechtigten ein selbständiges Recht begründet, welches der einseitigen Einwirkung der Genossenschaftsorgane auch dann, wenn der Bescheid offenbar falsch ist, entzogen ist. Den Berechtigungsausweis (§ 64) muß vielmehr der Genossenschaftsvorstand lediglich auf Grund dieses Feststellungsbescheides ausstellen. Jedoch können dabei Schreibfehler, Rechenfehler und ähnliche offenbar formelle Unrichtigkeiten, ev. unter entsprechender Benachrichtigung der Betheiligten, berichtigt werden, § 290 C.-P.-O. Dieser Feststellungsbescheid bleibt zu Gunsten des Entschädigungsberechtigten solange in Kraft, bis die Feststellung durch das Schiedsgericht oder das R.-V.-A. abgeändert wird oder durch die Genossenschaftsorgane auf Grund des § 65 eine anderweite Feststellung wegen „Veränderung der Verhältnisse" erfolgt (A. N. II S. 74). Vgl. Anm. 4 zu § 57, Anm. 3 zu § 65. Dagegen können die Organe der B.-G. in favorem des Verletzten eine reformatio in melius vornehmen, auch einen neuen Bescheid zu dem Zweck erlassen, um die Möglichkeit einer Verfolgung im schiedsgerichtlichen Verfahren zu eröffnen (A. N. IV S. 186, V S. 140).

⁴) zu ertheilen. Der Bescheid ist nach § 110 zuzustellen. Anm. 8 zu § 59, weil sich die Frist des § 62 daran knüpft. Vgl. Anm. 1 zu § 63.

Zu § 62.

¹) untere Verwaltungsbehörde, § 109. In den unter das Ausdehnungsgesetz fallenden, einer Berufsgenossenschaft nicht zugewiesenen fiskalischen Betrieben (Anm. 5 zu § 41) entscheidet darüber, ob der Betrieb, in

wird, weil der Betrieb, in welchem der Unfall sich ereignet hat, für nicht unter den § 1 fallend erachtet wird (§ 59 Abs. 4), steht dem Verletzten und seinen Hinterbliebenen die Beschwerde an das Reichs-Versicherungsamt[2]) zu. Dieselbe ist binnen vier Wochen[3]) nach der Zustellung des ablehnenden Bescheides bei[3a]) der unteren Verwaltungsbehörde[1]) einzulegen.

(Abs. 2.) Gegen den Bescheid, durch welchen der Entschädigungsanspruch

---

welchem der Unfall sich ereignete, unter den § 1 fällt, die zur Feststellung der Entschädigung berufene Behörde. Gegen ihren ablehnenden Bescheid finden nach § 8 d. Ausd.-Ges. dieselben Rechtsmittel in derselben Frist statt, wie hier nach Abs. 1 des § 62 d. U.-V.-G.; nur werden dieselben dort bei dem iudex ad quem eingelegt. Für Bauarbeiter aller Art ist seit dem Inkrafttreten des Bau-Unfallversicherungsgesetzes die Vorschrift des § 59 Abs. 4 außer Kraft getreten (vgl. Anm. 12 zu § 59), und damit fällt für Bauarbeiter auch die Vorschrift des § 62 Abs. 1, weil diese den Fall des § 59 Abs. 4 zur nothwendigen Voraussetzung hat.

[2]) Reichs-Versicherungsamt, event. Landes-Versicherungsamt, § 92.

[3]) binnen vier Wochen. Binnen dieser Frist muß die Berufung, d. h. die Erklärung, daß Berufung eingelegt werde (A. N. IV S. 177), bei dem Schiedsgerichtsvorsitzenden eingegangen sein. Ueber Beginn und Ablauf der Frist vgl. Anm. 3 zu § 110.

[3a]) bei. Vgl. Anm. 1.

Das R.-V.-A. hat grundsätzlich anerkannt, daß die Wiedereinsetzung in den vorigen Stand wegen Versäumung einer Frist auf Grund von Naturereignissen (z. B. Liegenbleiben des Postzugs in Folge Schneefalls) zulässig sei, daß aber die einschlagenden Bestimmungen der Civilprozeßordnung über das Verfahren, die Fristen rc. an sich und ohne Weiteres nicht in Betracht kommen (A. N. III S. 134).

[3b]) Berufung, auch in den Fällen der §§ 7 bezw. 67 (vgl. Anm. 3 zu § 61) aber nicht in den Fällen des § 58 Abs. 4 (vgl. Anm. 9 zu § 58. Berufung steht event. auch den in die Rechte des Verletzten eintretenden Krankenkassen oder Armenverbänden zu (vgl. Anm. 2, 6 zu § 8); Anschlußberufung oder Widerklage (vgl. § 482 C.-P.-O.) ist nicht zulässig, weil sie im Gesetz nicht vorgesehen sind, die Berufung an das Schiedsgericht naturgemäß auch nur einem Theil der Interessenten, nämlich dem Verletzten oder seinen Hinterbliebenen, zustehen kann, indem der andere Betheiligte, die Genossenschaft, durch ihre Organe den Bescheid selbst erlassen hat (A. N. III S. 357, IV S. 347). Der B.-G. bleibt ev. überlassen, von der Ermächtigung des § 65 Gebrauch zu machen. Vgl. Anm. 5 zu § 63.

[4]) muß. Die Bestimmung wurde auf Beschluß der Reichstagskommission im Interesse der Arbeiter in das Gesetz aufgenommen. Derartige Belehrungen hatte auch § 29 des früheren Preuß. Kompetenzgesetzes v. 26. Juni 1876 so-

aus einem anderen als dem vorbezeichneten Grunde abgelehnt wird (§ 59 Abs. 3), sowie gegen den Bescheid, durch welchen die Entscheidung festgestellt wird (§ 61), findet die Berufung[3b]) auf schiedsrichterliche Entscheidung statt.

Die Berufung[3b]) ist bei Vermeidung des Ausschlusses binnen vier Wochen[3]) nach der Zustellung des Bescheides bei dem Vorsitzenden desjenigen Schiedsgerichts (§ 47) zu erheben, in dessen Bezirk der Betrieb, in welchem der Unfall sich ereignet hat, belegen ist. (Abs. 3.)

Der Bescheid muß[4]) die Bezeichnung der für die Berufung zuständigen Behörde beziehungsweise des Vorsitzenden des Schiedsgerichts[5]), sowie die Belehrung über die einzuhaltenden Fristen enthalten. (Abs. 4.)

Die Berufung[3b]) hat keine[6]) aufschiebende Wirkung. (Abs. 5.)

---

wohl für die Verwaltungsbehörden wie für die Verwaltungsgerichte vorgeschrieben, während sie in den späteren Organisationsgesetzen v. 26. Juli 1880 und v. 30. Juli 1883 wieder in Fortfall gekommen sind.

Es fragt sich:

a) Welche Folge hat eine Unterlassung der Belehrung? Wir möchten dafür halten, daß hierdurch der Bescheid selbst nicht nichtig wird, einmal, weil das Gesetz selbst dies nicht vorsieht, sodann, weil die Belehrung für die Betheiligten nur eine Erleichterung darstellt, während sie auch ohne dieselbe schon aus den gesetzlichen Bestimmungen (deren Unkenntniß nach allgemeiner Rechtsregel nicht entschuldigt) über die Berufungsfrist 2c. unterrichtet sein müßten. Aehnlich für das frühere Preußische Verwaltungsrecht von Brauchitsch, Organisationsgesetze, I. Aufl., S. 225 (Anm. 4 zu § 29 Komp.-Ges.) Das Reichs-Versicherungsamt scheint dagegen „vorbehaltlich der Entscheidung in Einzelfällen" anzunehmen, daß die Unterlassung der Belehrung den Bescheid nichtig macht, „so daß er nicht als ein Bescheid im Sinne des Gesetzes anzusehen, vielmehr geeigneten Falls nach erfolgter Ergänzung gemäß § 62 Abs. 4 nachträglich von Neuem zuzustellen ist, und daß dann die Berufungsfrist erst von der Zustellung des ergänzten Bescheides an zu laufen beginnt" — daß jedoch die Bedenken „gegenstandslos" werden, der Bescheid also in Kraft bleibt, wenn trotz des Fehlens der Belehrung doch rechtzeitig die Berufung bei dem zuständigen Schiedsgericht eingelegt worden sei (A. N. II S. 125).

Es muß abgewartet werden, ob das R.-V.-A. diesen Standpunkt dann festhalten wird, wenn es sich um die verwaltungsgerichtliche Entscheidung konkreter Fälle, also um Rechtsprechung, nicht wie in dem citirten Rundschreiben (welches dazu bestimmt ist, den Organen der Genossenschaft die Beachtung der gesetzlichen Vorschriften einzu-

Entscheidung des Schiedsgerichts. Rekurs an das Reichs-Versicherungsamt.

§ 63.*)

(Abs. 1.) Die Entscheidung des Schiedsgerichts ist dem Berufenden[1]) und demjenigen Genossenschaftsorgane[1a]), welches den angefochtenen Bescheid erlassen hat, zuzustellen[2]). Gegen die Entscheidung[2b]) steht in den Fällen des § 57 Ziffer 2[3]) dem Verletzten oder dessen Hinterbliebenen, sowie dem Genossenschaftsvorstande[4]) binnen einer Frist

*) § 63 gilt (z. Th. analog) auch für den Bereich des Ausdehnungsgesetzes (§§ 1, 3 A.-G.) und des Bau-Unfallversicherungsgesetzes (§§ 38, 46 B.-U.-G.).

---

schärfen) um Verwaltungsgrundsätze handelt. Einstweilen tritt das Bedenken entgegen, daß ein Bescheid, welchem die vorgeschriebene Belehrung fehlt, nicht in dem einen Fall wirksam, in dem andern Fall nichtig sein kann, je nach der Folge, welche dieser Mangel gehabt hat. Ein mit einem bestimmten Mangel behafteter Bescheid dürfte entweder in allen Fällen nichtig, oder in allen Fällen gültig sein.

b) Welche Folgen hat eine irrige Belehrung? Die Antwort dürfte aus ähnlichen Gründen wie ad a) dahin lauten müssen, daß an den gesetzlichen Bestimmungen durch irrige Belehrungen nichts geändert wird. Zum Schutz der Betheiligten gegen derartige Irreführungen gab § 29 Preuß. Komp.-Ges. den angerufenen Behörden die Befugniß, die Frist für gewahrt zu erklären, sobald die in der Belehrung irrig angegebene Frist gewahrt sei. Eine derartige Bestimmung kennt das vorliegende Reichsgesetz zwar nicht, jedoch wird man dieselbe vielleicht analog anwenden können. Uebrigens dürfte bei der Einfachheit der hier in Frage kommenden Fristen und Instanzen ein Irrthum in der Belehrung kaum vorkommen.

5) Vorsitzenden des Schiedsgerichts, § 48.

6) keine, „damit der Verletzte oder seine Hinterbliebenen wenigstens den von den Vorständen (Vertrauensmännern rc.) nach § 61 festgesetzten Betrag alsbald erheben können. Dies ist unbedenklich, weil die verpflichtete Genossenschaft ihrerseits sich bereit erklärt hat, diesen Betrag zu leisten. Daß die Zahlungsanweisung (§ 69) rechtzeitig ertheilt wird, kann nöthigenfalls durch das Reichs-Versicherungsamt im Aufsichtswege erzwungen werden" (Motive S. 72). Vgl. Anm. 6 zu § 63.

Zu § 63.

1) dem Berufenden. Ihm persönlich darf, braucht aber nicht der Bescheid zugestellt zu werden, wenn er einen vorschriftsmäßig bestellten Vertreter hat. Durch die Zustellung an die Partei selbst wird in allen Fällen die Rekursfrist gewahrt (A. N. II S. 37). Im Uebrigen muß die Zustellung, sofern es

von vier Wochen[4a]) nach der Zustellung[4b]) der Entscheidung der Rekurs[5]) an das Reichs-Versicherungsamt[5a]) zu. Derselbe hat keine aufschiebende Wirkung[6]).

Bildet in dem Falle des § 6 Ziffer 2 die Anerkennung oder Nichtanerkennung des Rechtsverhältnisses zwischen dem Getödteten und dem die Entschädigung Beanspruchenden die Voraussetzung des Entschädigungsanspruchs, so kann das Schiedsgericht[7]) den Betheiligten aufgeben[8]), zuvörderst die Feststellung des betreffenden Rechtsverhältnisses im ordentlichen Rechtswege[9]) herbeizuführen. In diesem Falle ist die Klage bei Vermeidung des Ausschlusses des Entschädigungsanspruchs binnen einer vom Schiedsgericht[7]) zu bestimmenden, mindestens auf vier Wochen[10]) zu bemessenden Frist nach der Zustellung des hierüber ertheilten Bescheides des Schiedsgerichts[7]) zu erheben. (Abs. 2.)

Nach erfolgter rechtskräftiger Entscheidung des Gerichts hat das Schiedsgericht[7]) auf erneuten Antrag[11]) über den Entschädigungsanspruch zu entscheiden. (Abs. 3.)

---

sich um prozeßunfähige Personen, insbesondere Minderjährige handelt, an den gesetzlichen Vertreter nach den Bestimmungen des Landesrechts, in Preußen an den Vater oder Vormund, erfolgen (A. N. III S. 135).

Bei mehreren Berufenden ist jedem eine Ausfertigung des Bescheides zuzustellen (A. N. III S. 38).

1a) Genossenschaftsorgan, vgl. Anm. 4 zu § 59.

2) zuzustellen, § 110. Hier wünscht das R.-V.-A. einen Rückschein (A. N. III S. 27).

2a) Gegen die Entscheidung, nicht gegen einen vor dem Schiedsgericht etwa abgeschlossenen Vergleich. Letzterer kann nur nach allgemeinen Regeln angefochten werden (A. N. IV S. 215). Der Rekurs ist nur gegen „Entscheidungen" zulässig, durch welche der Streitgegenstand materiell ganz oder theilweise erledigt wird, nicht aber gegen die während des Verfahrens ergehenden Beschlüsse (z. B. Wiedereinsetzung in den vorigen Stand), welche eine derartige Entscheidung nicht enthalten (A. N. IV S. 207.)

3) in den Fällen des § 57 Ziffer 2. Für die Entschädigungsberechtigten ist also eine Berufung gegen die Entscheidungen des Schiedsgerichts nicht gegeben, wenn es sich um die Feststellung der Beerdigungskosten, um den Ersatzanspruch für die Kosten des Heilverfahrens nach Ablauf der ersten 13 Wochen und um die Feststellung der Rente bei voraussichtlich vorübergehender Erwerbsunfähigkeit (cf. Anm. 7 zu § 57) nach Ablauf der ersten 13 Wochen handelt. Diese kleineren Fälle sollen bald endgültig erledigt werden, damit das Verfahren nicht etwa noch schwebt, wenn die Arbeitsfähigkeit schon wieder

erlangt ist. Demgemäß steht dem Fall, daß eine Rente für voraussichtlich vorübergehende Erwerbsunfähigkeit bewilligt ist, derjenige gleich, wenn zur Zeit der Einlegung des Rekurses die Erwerbsunfähigkeit bereits beseitigt war (A. N. IV S. 177); auch in diesem Fall ist daher der Rekurs ausgeschlossen. Ebenso darf der Rekurs im Allg. nicht ausschließlich wegen des Kostenpunkts (Anm. 7 zu § 50) erhoben werden (A. N. II S. 206). Dagegen ist eine weitere Instanz gegeben:

a) den Verletzten gegen die Feststellung der Renten im Falle einer voraussichtlich nicht vorübergehenden (Anm. 7 zu § 57) völligen oder theilweisen Erwerbsunfähigkeit (für die Zeit nach Ablauf der ersten 13 Wochen);

b) den Hinterbliebenen gegen die Feststellung ihrer Renten nach § 6; Ansprüche aus § 7 Abs. 2 sind aber nur dann rekursfähig, wenn auch der Hauptanspruch des Verletzten selbst rekursfähig ist, vgl. Anm. 7 zu § 7.

Die Genossenschaft hat in den ersteren Fällen gar keine, in den letzteren Fällen nur eine Beschwerde-Instanz. Darüber, ob ein Fall voraussichtlich vorübergehender oder nicht vorübergehender Erwerbsunfähigkeit vorliegt, die Sache also appellabel ist oder nicht, entscheidet im Streitfall das über seine Kompetenz selbst entscheidende Reichs-(Landes-)Versicherungsamt. Vgl. Anm. 4 zu § 57. Sobald wegen eines von mehreren streitigen Punkten Rekurs zulässig ist, unterliegen auch die sämmtlichen anderen Forderungen der Beurtheilung des R.-V.-A., auch wenn die letzteren an sich nicht rekursfähig sein sollten (A. N. IV S. 197).

[4]) Genossenschaftsvorstand, bez. für die einer Genossenschaft nicht zugewiesenen fiskalischen 2c. Betriebe (Anm. 5 zu § 41) die Ausführungsbehörde. Nur der Genossenschaftsvorstand, nicht dasjenige andere Organ, welches in der betr. Sache die Genossenschaft bisher vertreten hat (§ 57), ist zur Einlegung des Rekurses und zur Vertretung der Genossenschaft im Rekursverfahren vor dem R.-V.-A. befugt (A. N. III S. 11, IV S. 218).

[4a]) vier Wochen. Vgl. Anm. 3 zu § 62. Innerhalb dieser Frist muß auch die Rekurs-Begründung eingehen; auf Berücksichtigung verspätet eingehender Schriften hat die Partei keinen Anspruch (A. N. II S. 291.).

[4b]) nach der Zustellung, auch vor derselben, sobald nur die Entscheidung verkündet ist (A. N. III S. 37).

[5]) Rekurs. Ein Anschlußrekurs oder Widerklage (§ 482 C.-P.-O.) ist nicht zulässig, weil er in dem Gesetz, welches die zugelassenen Rechtsmittel in §§ 62 und 63 erschöpfend behandeln will, nicht vorgesehen ist (A. N. III S. 357). Vgl. Anm. 3b zu § 62.

Die Zustellung der Rekursbescheide ist von Amtswegen zu betreiben (A. N. III S. 210). Vgl. § 110.

[5a]) Reichs-Versicherungsamt, event. Landes-Versicherungsamt, § 92, nicht der Richter, weil diese sachverständigen Administrativbehörden mit richter-

lichen Funktionen (analog dem Bundesamt für das Heimathwesen und dem Oberverwaltungsgericht) für die hier vorkommenden, meist thatsächliche Fragen betreffenden Entscheidungen geeigneter sind wie die ordentlichen Gerichte, vor welchen das Verfahren außerdem vermuthlich kostspieliger sein würde. Auf dem Gebiet der Armenpflege hat man mit analogen Instituten günstige Erfahrungen gemacht. Vgl. Komm.-Ber. S. 45. Uebrigens wird das Reichs-(Landes-)Versicherungsamt in Streitfällen dieser Art um zwei richterliche Mitglieder verstärkt, § 90 Abs. 3. Das Landes-Versicherungsamt hat zur Vermeidung eines negativen Kompetenzkonflikts die Akten an das Reichs-Versicherungsamt zur Entscheidung abzugeben, wenn sich bei den Verhandlungen Zweifel darüber herausstellen, ob der betreffende Betrieb nicht zu einer anderen, einem andern Versicherungsamt unterstellten landwirthschaftlichen oder industriellen Berufsgenossenschaft gehört, § 101 Abs. 4, landw. U.-V.-G., vgl. § 92.

6) keine aufschiebende Wirkung. cf. Anm. 6 zu § 62. Es wird also einstweilen die durch das Schiedsgericht festgestellte Entschädigung gezahlt, auch wenn das Genossenschaftsorgan seinerseits den Anspruch überhaupt verneint hatte und gegen das Urtheil des Schiedsgerichts Rekurs einzulegen beabsichtigt (Rundschreiben d. R.-V.-A. v. 11. Januar 1888, A. N, IV S. 48). Hat das Schiedsgericht nur ausgesprochen, daß eine Entschädigung im Prinzip zustehe, ohne deren Höhe festzusetzen (vgl. Anm. 1 i. f. zu § 57), so muß die Genossenschaft ihrerseits diesen Betrag auch dann festsetzen und zur Auszahlung bringen, wenn sie Rekurs einlegen will. Andernfalls würde die Bestimmung des Gesetzes, daß der Rekurs keine aufschiebende Wirkung habe, zum Nachtheil des Versicherten umgangen werden (A. N. III S. 207).

Wegen Wiedereinziehung überzahlter Beträge vgl. Anm. 6 zu § 65.

7) das Schiedsgericht, auch das Reichs-(Landes-) Versicherungsamt, falls erst vor diesem die betr. Frage aufgeworfen wird, oder falls erst dieses die richterliche Entscheidung über das Rechtsverhältniß für wünschenswerth erachtet. Vgl. A. N. III S. 9.

8) kann aufgeben, mittels Bescheides und gemäß § 110. „Nur in einem Falle mußte dem Schiedsgericht die Befugniß beigelegt werden, die Kläger auf den Rechtsweg zu verweisen, dann nämlich, wenn es sich um die Anerkennung oder Nichtanerkennung des die Voraussetzung eines Entschädigungsanspruchs bildenden Rechtsverhältnisses zwischen dem Getödteten und dem die Entschädigung Beanspruchenden (§ 6 Ziffer 2), also z. B. um die Rechtsgültigkeit einer Ehe handelt. Die Fälle, in welchen das Vorhandensein eines solchen Rechtsverhältnisses streitig ist, werden nur selten vorkommen. Liegt aber ein solcher Fall vor, so wird die Möglichkeit zu gewähren sein, über die präjudizielle Rechtsfrage die Entscheidung der ordentlichen Gerichte herbeizuführen. Dagegen soll die nach Entscheidung der Rechtsfrage erforderliche Feststellung der Entschädigung auch in Fällen dieser Art dem Schiedsgericht vorbehalten bleiben" (Motive S. 72). Praktisch angewendet ist diese Vorschrift in einem Falle, wo

Berechtigungsnachweis.

§ 64.*)

(Abs. 1.) Nach[1]) erfolgter Feststellung der Entschädigung (§ 57) ist dem Berechtigten von Seiten des Genossenschaftsvorstandes[2]) eine Be-

*) § 64 gilt (z. Th. analog) auch für den Bereich des Ausdehnungsgesetzes (§§ 1, 3 A.-G.) und des Bau-Unfallversicherungsgesetzes (§§ 38, 46 B.-U.-G.).

---

es sich um die Frage handelte, ob Brautkindern die Rechte der ehelichen Kinder zukommen (A. N. III S. 9).

[9]) im ordentlichen Rechtswege. § 568 Civ.-Proceß-Ordnung: „Für die Rechtsstreitigkeiten, welche die Trennung, Ungültigkeit oder Nichtigkeit einer Ehe oder die Herstellung des ehelichen Lebens zum Gegenstand haben (Ehesachen), ist das Landgericht, bei welchem der Ehemann seinen allgemeinen Gerichtsstand hat, ausschließlich zuständig."

[10]) vier Wochen. Vgl. Anm. 3 zu § 62. „Die Präklusivfristbestimmung im Absatz 2 ist nothwendig, damit die Sache in absehbarer Zeit zum Abschluß gebracht wird. Dagegen erscheint es nicht erforderlich, auch noch für den Fall, wenn der Entschädigungsberechtigte mit seiner gerichtlichen Klage durchgedrungen ist, eine Präklusivfrist zu bestimmen, innerhalb welcher der Antrag auf Festsetzung der Entschädigung zu erheben ist" (Motive S. 72), weil offenbar der durch den Spruch des Richters für entschädigungsberechtigt Erklärte nicht säumen wird, die Feststellung der Höhe der Entschädigung herbeizuführen.

[11]) auf erneuten Antrag. Das Gesetz sagt nicht, ob der Antrag auch von der Genossenschaft gestellt werden kann. Bei dem Interesse aber, welches die letztere an dem Abschluß des Verfahrens hat, dessen Kosten ihr zur Last fallen, wird ihr die Befugniß, den Antrag zu stellen, nicht versagt werden können.

Zu § 64.

[1]) Vgl. die Anm. zu § 61. Der Berechtigungsausweis muß ertheilt werden, auch wenn der Feststellungsbescheid, auf den er sich gründet, noch nicht rechtskräftig ist (Abs. 2), und muß nach einer etwaigen Abänderung in Folge schiedsgerichterlichen Verfahrens erneuert werden, auch wenn die B.-G. Rekurs einlegt, denn die Rechtsmittel haben keine aufschiebende Wirkung (Rundschreiben d. R.-V.-A. v. 11. Jan. 1888, vgl. A. N. IV S. 48).

[2]) Genossenschaftsvorstandes, an dessen Stelle bei den einer Genossenschaft nicht zugewiesenen fiskalischen 2c. Betrieben (Anm. 5 zu § 41) die Ausführungsbehörde tritt (§ 2 A.-G., § 46 B.-U.-G.).

[3]) Bescheinigung. Diesen „Berechtigungsausweis" (cf. Ueberschrift und Abs. 2) hat, ebenso wie die Zahlungsanweisung an die Post, immer der Genossenschaftsvorstand zu ertheilen, wenn auch die Feststellung einem anderen Organ obgelegen hat (§ 57). Beanstandung oder Nachprüfung der von den Sektionsvorständen 2c. innerhalb ihrer Zuständigkeit getroffenen Feststellungen steht dem Genossenschaftsvorstand dabei nicht zu (vgl. Anm. 4 zu

scheinigung[3]) über die ihm zustehenden Bezüge unter Angabe[4]) der mit der Zahlung beauftragten Postanstalt (§ 69) und der Zahlungstermine auszufertigen.

Wird in Folge des schiedsgerichtlichen Verfahrens der Betrag der Entschädigung geändert[5]), so ist dem Entschädigungsberechtigten ein anderweiter Berechtigungsausweis zu ertheilen. (Abs. 2.)

Veränderung der Verhältnisse.

§ 65.*)

Tritt in den Verhältnissen, welche für die Feststellung der Entschädigung[1]) maßgebend gewesen sind, eine wesentliche[2]) Ver-

*) § 65 gilt (z. Th. analog) auch für den Bereich des Ausdehnungsgesetzes (§§ 1, 3 A.-G.) und des Bau-Unfallversicherungsgesetzes (§§ 38, 45 B.-U.-G.).

---

§ 57). Wegen des Formulars für den Berechtigungsausweis (es wird Benutzung des für die Zahlungsanweisung an die Post benutzten Formulars empfohlen) vgl. A. N. I S. 354.

[4]) unter Angabe. „In dem Berechtigungsausweis, dessen Absendung an die Entschädigungsberechtigten gleichzeitig mit der Uebersendung der Zahlungsanweisung an die obere Postbehörde (§ 69) zu bewirken ist, erfolgt die Angabe der mit der Zahlung beauftragten Postanstalt durch den Hinweis, daß die Zahlung durch diejenige Postanstalt werde geleistet werden, zu deren Bezirk der Wohnort (die Wohnung) des Empfangsberechtigten gehört. Von der Nennung des Namens dieser Postanstalt ist mit Rücksicht auf die Möglichkeit von Veränderungen in den Bezirken der Postanstalten abzusehen.". § 4 der Geschäftsanweisung, betr. die Auszahlungen durch die Post, v. 27. Septbr. 1885 (A. N. I S. 224).

[5]) geändert. „In dem Falle, wenn die erste Feststellung der Genossenschaftsorgane durch die schiedsgerichtliche Entscheidung abgeändert wird, bedarf es einer anderweiten Benachrichtigung der Post seitens der Genossenschaft, sowie der Ausstellung eines anderweiten Berechtigungsausweises für den Empfangsberechtigten. Dasselbe ist der Fall, wenn auf erhobenen Rekurs das Reichs-Versicherungsamt die Festsetzung des Schiedsgerichts ändert. In dem Falle, wenn der in einer früheren Instanz festgestellte und bereits zur Anweisung gelangte Entschädigungsbetrag später rechtsgültig ermäßigt wird, muß das Zuvielgezahlte wieder eingezogen werden. Die hieraus möglicherweise sich ergebende Inkonvenienz erscheint indessen gegenüber den Vortheilen des im Entwurf vorgeschlagenen Verfahrens äußerst gering" (Motive S. 72).

Zu § 65.

[1]) für die Feststellung der Entschädigung, d. h. für die Entschädigungsberechtigung oder für die Höhe der festgesetzten Entschädigung. „Veränderungen" der Verhältnisse sollen nach Entscheidungen des R.-V.-A. nur dann berücksichtigt werden, wenn sie sich auf den Unfall beziehen. Da-

änderung ein, so kann eine anderweitige Feststellung[3]) derselben auf Antrag oder von Amtswegen erfolgen.

(Abs. 2) Ist der Verletzte, für welchen eine Entschädigung auf Grund des § 5 festgestellt war, in Folge der Verletzung gestorben, so muß der Antrag auf Gewährung einer Entschädigung für die Hinterbliebenen, falls deren Feststellung nicht von Amtswegen erfolgt ist, bei Vermeidung des Ausschlusses, vor Ablauf von zwei Jahren[4]) nach dem Tode des Verletzten bei dem zuständigen Vorstande[5]) angemeldet werden. Nach Ablauf dieser Frist ist der Anmeldung nur dann Folge zu geben, wenn zugleich glaubhaft bescheinigt wird, daß der Entschädigungsberechtigte von der Verfolgung seines Anspruchs durch außerhalb seines Willens liegende Verhältnisse abgehalten worden ist. Im übrigen finden auf das Verfahren die Vorschriften der §§ 57 bis 64 entsprechende Anwendung.

(Abs. 3.) Eine Erhöhung[6]) der in § 5 bestimmten Rente kann nur für die Zeit nach Anmeldung des höheren Anspruchs gefordert werden.

(Abs. 4.) Eine Minderung[6]) oder Aufhebung[6]) der Rente tritt von dem Tage ab in Wirksamkeit, an welchem der dieselbe aussprechende Bescheid (§ 61) den Entschädigungsberechtigten zugestellt ist.

---

gegen sollen Veränderungen der Verhältnisse in Folge solcher Ereignisse, welche mit dem Unfall keinen Zusammenhang haben, sondern einen neuen Grund der Erwerbsunfähigkeit darstellen (z. B. selbständig sich entwickelnde Krankheit; auch Strafhaft soll hierhin gehören) die Anwendung des § 70 nicht begründen (A. N. IV S. 298). Vgl. Anm. 6 zu § 5.

[2]) wesentliche Veränderung. Die Feststellung, ob eine Veränderung „wesentlich" sei, ist Sache der Beurtheilung des Einzelfalls; es lassen sich für diese Beurtheilung nur allgemeine, keineswegs erschöpfende Anhaltepunkte geben. Die Motive erwähnen: (theilweise oder völlige) „Wiedergewinnung der Erwerbsfähigkeit, Eintritt völliger Erwerbsunfähigkeit bei einem nach scheinbarer Heilung der Verletzung für nur theilweis erwerbsunfähig Erachteten, nachträglicher Eintritt des Todes eines Verletzten u. s. w." Im Allgemeinen wird jede Veränderung als wesentlich anzusehen sein, welche auf das Maaß der Erwerbsfähigkeit, soweit dieselbe durch den Unfall beeinträchtigt war (Anm. 1), von nicht unerheblichem Einfluß ist. Die Aenderung muß den Zustand des Verletzten, d. h. seine Erwerbsfähigkeit betreffen; Aenderung des Arbeitgebers und der Arbeitsgelegenheit im Allgemeinen, bezw. des bisherigen Arbeitsverhältnisses sind für sich allein nicht zu berücksichtigen (A. N. II S. 251). Die bloße Voraussetzung, daß eine Aenderung der Verhältnisse eintreten werde, mag sie auch auf einem ärztlichen Gutachten dahin, daß der Verletzte

wieder erwerbsfähig werden werde, beruhen, genügt nicht zur Begründung eines Feststellungsbescheides nach § 65 (A. N. III S. 351). Vgl. Anm. 1 zu § 57. Eine zu berücksichtigende Veränderung der Verhältnisse liegt auch dann vor, wenn die Erwerbsunfähigkeit, sobald der Fall in seinen Folgen abgeschlossen ist, für die Dauer sich anders herausstellt, als bei der Rentenfestsetzung bald nach dem Unfalle mit Rücksicht auf die Nothwendigkeit, die durch den Unfall veränderten Funktionen der Gliedmaßen erst einzuüben und sich an die Veränderung der körperlichen Leistungsfähigkeit erst zu gewöhnen, für die Uebergangszeit vorläufig angenommen worden war (A. N. III S. 352, IV S. 299).

Eine auf Kosten der B.-G. erfolgte Ausbildung verletzter Personen zur Wahrnehmung von Obliegenheiten, zu deren Erfüllung sie vor dem Unfall nicht befähigt waren, kann als „Veränderung der Verhältnisse" gelten (A. N. IV S. 338).

Wenn ein Rentenempfänger sich fortgesetzt der von der Genossenschaft angeordneten ärztlichen Untersuchung, durch welche die Fortdauer des bisherigen Grades der Erwerbsunfähigkeit konstatirt werden soll, grundlos entzieht, oder eine derartige Untersuchung um deswillen nicht vorgenommen werden kann, weil der Aufenthaltsort unbekannt ist, so kann die Genossenschaft aus diesem Verhalten je nach Lage der Verhältnisse die für den Rentenempfänger ungünstigste Schlußfolgerung bezüglich der Aufbesserung seiner Erwerbsfähigkeit ziehen und demgemäß nach § 65 die Rente herabsetzen (A. N. V S. 138, 140).

„Die Fälle des Heranwachsens der Kinder über das fünfzehnte Lebensjahr hinaus oder des vorzeitigen Todes derselben, desgleichen die Fälle der Wiederverheirathung der Wittwe werden ohne eigentliche Wiederaufnahme des Entschädigungsverfahrens im Wege der Berechnung auf Grund der früher festgestellten Unterlagen und nach Maßgabe des § 6 durch die Organe der Genossenschaft erledigt. Ein Streit wird in solchen Fällen kaum entstehen. Eventuell steht aber auch hier den Entschädigungsberechtigten die Berufung an das Schiedsgericht offen" (Mot. S. 73). cf. auch Anm. 6, sowie Anm. 9 zu § 58, Anm. 3 zu § 61.

³) anderweitige Feststellung, also eine Wiederaufnahme des Entschädigungsverfahrens, welche sowohl dem Verpflichteten wie dem Berechtigten freisteht. Auch bei dem neuen Ermittelungsverfahren kann die Genossenschaft andere Genossenschaften oder Behörden um Vertretung requiriren, § 101.

Es bedarf bei derartigen anderweiten Feststellungen eines formellen, der Berufung auf schiedsgerichtliche Entscheidung unterliegenden Bescheides des zuständigen Genossenschaftsorgans (A. N. II S. 292). Tritt aber die Veränderung (z. B. erhebliche Besserung des früher angenommenen Zustandes laut ärztlichen Attestes) zu einer Zeit ein, zu welcher das Rekursverfahren (aber nicht das Berufungsverfahren, vgl. A. N. IV S. 347) gegen die Feststellung noch schwebt, so kann das R.-V.-A. diese Veränderung auch bei dem Rekursverfahren selbst berücksichtigen, sofern dies beantragt und die Veränderung festgestellt wird (A. N. III S. 209, IV S. 347). In solchen Fällen bedarf es also keines formellen Abänderungsbescheides Seitens der Genossenschaft. In allen anderen Fällen darf eine Herabsetzung der Rente auch während schwebenden Verfahrens nur durch besonderen Feststellungsbescheid des Vorstandes erfolgen, und dies wird auch bei Veränderungen im Laufe des Rekursverfahrens die Regel bilden müssen. Gegen derartige während des schwebenden Verfahrens erlassenen Abänderungsbescheide sind ev. die Rechtsmittel besonders einzulegen; der Verletzte soll hierauf hingewiesen werden (Rundschr. d. R.-V.-A. v. 11. Januar 1888, vgl. A. N. IV S. 48).

Bei Bescheiden auf Grund des § 55 bedarf es nicht nothwendig der vorgängigen Mittheilung der Unterlagen, wie sie für die Fälle des § 57 Abs. 3 vorgeschrieben ist, wenngleich eine solche Mittheilung oft zweckmäßig sein kann. Dagegen sind dem Empfangsberechtigten spätestens in dem betr. formellen Bescheide genau die Thatsachen (auch die Beweismittel) mitzutheilen, welche die wesentliche Veränderung begründen sollen, damit der Berechtigte in den Stand gesetzt werde, sich sachgemäß zu vertheidigen (Rundschr. d. R.-V.-A. v. 11. Januar 1888, vgl. A. N. IV S. 48).

[4]) vor Ablauf von zwei Jahren. cf. Anm. 2, 3 zu § 59. Die Vorlage sah auch hier eine Präklusivfrist von nur einem Jahr vor.

[5]) zuständigen Vorstand, § 57 Abs. 1 Ziffer 2, Abs. 2. Für die einer Genossenschaft nicht zugewiesenen fiskalischen rc. Betriebe (Anm. 5 zu § 41) vgl. Anm. 4 zu § 59.

[6]) Erhöhung — Minderung — Aufhebung. Für die Erhöhung der Rente entscheidet also der Zeitpunkt der Anmeldung des höheren Anspruchs; für die Minderung oder Aufhebung entscheidet dagegen die Zustellung desjenigen Bescheides (des zuständigen Genossenschaftsorgans), welcher die Minderung rc. ausspricht (§ 61), letzteres auch dann, wenn die Rente ausdrücklich unter der auflösenden Bedingung „für die Dauer der Erwerbsunfähigkeit" bewilligt war (A. N. III S. 11). Ob dies auch im Fall der Simulation gelten würde, hat das R.-V.-A. dahingestellt sein lassen. Wegen des Instanzenzuges finden die allgemeinen Bestimmungen Anwendung.

Die Festsetzung des Termins, mit welchem die Aenderung in Kraft treten soll, war zur Vermeidung von Streitigkeiten erforderlich. Bei einer Erhöhung der Rente sollen Nachforderungen ausgeschlossen werden, welche für die Zeit, von welcher ab die nachtheilige Veränderung eingetreten ist, bis zur Anmeldung dieser Veränderung etwa erhoben werden könnten; bei einer Ermäßigung oder Aufhebung der Rente muß der Rentenempfänger thunlichst gegen Rückzahlungen geschützt werden, welche für die Zeit bis zum Erlaß des die Ermäßigung aussprechenden Bescheides etwa verlangt werden könnten. Derartige Rückzahlungen würden den Rentenempfänger in der Regel höchst empfindlich treffen. Etwaige Ueberzahlungen (indem z. B. eine von dem Schiedsgericht festgesetzte und wegen der sofortigen Vollstreckbarkeit dieser Entscheidung gezahlte Rente im Rekursverfahren ermäßigt worden ist) dürfen nur in angemessenen Beträgen, etwa bis zu $1/3$ der bezogenen Rente, durch Kürzung (Aufrechnung) von den Empfängern

Fälligkeitstermine.

§ 66.*)

Die Kosten des Heilverfahrens (§ 5 Ziffer 1) und die Kosten der Beerdigung (§ 6 Ziffer 1) sind binnen acht Tagen[1]) nach ihrer Feststellung zu zahlen[2]). (Abs. 1.)

Die Entschädigungsrenten der Verletzten und der Hinterbliebenen der Getödteten sind in monatlichen Raten im voraus[3]) zu zahlen[2]). Dieselben werden auf volle fünf Pfennig für den Monat nach oben abgerundet. (Abs. 2.)

*) § 66 gilt auch für den Bereich des Ausdehnungsgesetzes (§§ 1, 3 A.-G.) und des Bau-Unfallversicherungsgesetzes (§ 38 B.-U.-G.).

---

wieder eingezogen werden (A. N. III S. 163, IV S. 198, V S. 167); eine Kürzung der Rente soll aber ganz ausgeschlossen sein, wenn die Ueberzahlung durch ein Versehen der Genossenschaftsorgane veranlaßt ist (A. N. V S. 167).

Darüber, ob Verhältnisse eintreten, welche eine Minderung oder Aufhebung der Rente bedingen, werden die Berufsgenossenschaften eine fortlaufende Kontrole einrichten. Hierzu sind insbesondere die Vertrauensmänner geeignet. Die Genossenschaften sind aber nach § 101 auch befugt, zu diesem Zweck sich der Mitwirkung aller Staats- und Kommunalbehörden, sowie der Organe anderer Berufsgenossenschaften zu bedienen.

Zu § 66.

[1]) binnen acht Tagen, weil „die Zahlung dieser zur Bestreitung des dringlichsten Bedürfnisses erforderlichen Kosten thunlichst bald erfolgen, eine kleine Frist zwischen der Festsetzung und der Zahlung aber schon um deswillen liegen muß, weil erst die Anweisung an die Zahlstelle (§ 69) ausgestellt und bei der letzteren eingegangen sein muß" (Mot. S. 73). Da die Zahlungsanweisung dem Genossenschaftsvorstande (Anm. 3 zu § 64), die Feststellung der Kosten des Heilverfahrens und der Beerdigungskosten aber in der Regel dem Sektionsvorstande oder Vertrauensmann (§ 57) obliegt, so müssen die letzteren diese Festsetzung unverzüglich bewirken und an den Vorstand einsenden, weil sonst die Frist nicht innegehalten werden kann. § 11 der Geschäftsanweisung, betreffend die Auszahlungen durch die Post, v. 27. September 1885 (A. N. I S. 224).

Die Zahlung muß immer durch die Post erfolgen (§ 69); nur für Knappschaftskassen ist eine Ausnahme zugelassen (§ 94).

Sofortige Abschlagszahlungen bezw. Vorschüsse durch ein Genossenschaftsorgan (z. B. wenn im Fall der Noth Sterbegelder durch den Vertrauensmann sofort nach der Feststellung vorschußweise gezahlt werden) sind zwar zulässig, begründen aber zwischen dem Empfänger und dem zahlenden Genossenschaftsorgan (z. B. Vertrauensmann) nur ein Privatrechtsverhältniß, „dessen Abwickelung in der Weise wird erfolgen können, daß der Entschädigungsberechtigte

Ausländische Entschädigungsberechtigte.

§ 67.*)

Die Genossenschaft[1]) kann Ausländer[2]), welche dauernd das Reichsgebiet verlassen, durch eine Kapitalzahlung[3]) für ihren Entschädigungsanspruch abfinden[4]).

*) Der § 67 ist für **alle bei Bauarbeiten** beschäftigten Personen durch § 39 B.-U.-G. ausser Kraft gesetzt, vgl. Anm. 2 (§§ 39, 48 B.-U.-G.). Im Uebrigen gilt § 67 (z. Th. analog) auch für den Bereich des Ausdehnungsgesetzes (§§ 1, 3 A.-G.).

---

sich damit einverstanden erklärt, daß in der Post-Zahlungsanweisung die Auszahlung „zu Händen" des Vorschießenden vorgesehen wird" (A. N. II S. 55).

²) zu zahlen. An wen die Auszahlung erfolgen muß, wenn der Verletzte minderjährig ist, richtet sich nach den bürgerlichen Gesetzen am Domizil des Empfangsberechtigten. Als Regel sind die Zahlungen an den Vormund zu leisten (A. N. II S. 56).

Vgl. auch Anm. 7 zu § 7.

³) in monatlichen Raten im voraus. „Die Vorauszahlung der Entschädigungsrenten entspricht der Alimentennatur der letzteren; die Zahlungsperioden waren im Interesse der Berechtigten kurz zu bemessen, jedoch durfte auch die durch allzuhäufige Zahlungen eintretende Geschäftsbelastung der Zahlstellen nicht unberücksichtigt bleiben" (Mot. S. 73). Besteht der Anspruch nur noch für einen Theil des Monats, z. B. wenn im Laufe desselben ein hinterbliebenes vaterloses Kind das 15. Lebensjahr zurücklegt, so hat sich die Zahlungsanweisung auf den entsprechenden Betrag zu beschränken (A. N. II S. 55). Vgl. Anm. 6 zu § 65, Anm. 5 zu § 68.

Zu § 67.

¹) Genossenschaft, im Allg. nach § 22 durch den Vorstand oder die sonstigen Feststellungsorgane der Genossenschaft (Sektionsvorstand, Vertrauensmann) innerhalb ihrer gesetzlichen (§ 57) oder statutarischen Zuständigkeit zur Feststellung der Entschädigungen (A. N. IV S. 344); bei den einer Genossenschaft nicht zugewiesenen fiskalischen 2c. Betrieben (Anm. 5 zu § 41) das Reich, bez. der Bundesstaat oder der Kommunalverband durch die Ausführungsbehörde, § 2 A.-G., § 46 B.-U.-G.

²) Ausländer (cf. Anm. 15 zu § 6) können eventuell abgefunden werden, wenn die Genossenschaft von ihrer entsprechenden Befugniß Gebrauch macht. Nur der Genossenschaft steht das Wahlrecht zu. Kommt eine Vereinbarung über die Abfindung nicht zu Stande, so hat die Berufsgenossenschaft ihren Beschluß, ob und durch welchen Betrag sie abfinden will, durch einen der Berufung im schiedsgerichtlichen Verfahren unterliegenden Feststellungsbescheid dem Rentenempfänger zu eröffnen (A. N. III S. 18).

Erachten die höheren Instanzen (Schiedsgericht, R.-Vers.-Amt) das Abfindungskapital nicht für ausreichend, so dürfen sie nur den Abfindungsbescheid aufheben und den früheren Rechtszustand (Gewährung der Rente) wiederher-

Unpfändbarkeit der Entschädigungsforderungen.

§ 68.*)

[1])Die den Entschädigungsberechtigten auf Grund dieses Gesetzes zustehenden Forderungen können mit rechtlicher Wirkung[2]) weder verpfändet, noch auf Dritte übertragen, noch für andere als die im § 749 Absatz 4 der Civilprozeßordnung[3]) bezeichneten Forderungen der Ehefrau und ehelichen Kinder und die des ersatzberechtigten[4]) Armenverbandes gepfändet[5]) werden.

*) § 68 gilt auch für den Bereich des Ausdehnungsgesetzes (§§ 1, 3 A.-G.) und des Bau-Unfallversicherungsgesetzes (§ 38 B.-U.-G.).

Noch zu § 67.

stellen; dagegen dürfen sie nicht die Abfindung ihrerseits anderweit bemessen, weil dadurch das allein der Berufsgenossenschaft zustehende Wahlrecht, gegen ein ihr angemessen erscheinendes Kapital abzufinden, beschränkt werden würde (A. N. IV S. 299). Die B.-G. hat in solchen Fällen zu prüfen, ob sie (durch einen neuen Bescheid) eine anderweit bemessene Abfindung gewähren will.

Für sämmtliche Bauarbeiter dagegen ist der event. Abfindungsbetrag auf den dreifachen Betrag der Jahresrente normirt worden. Der § 37 B.-U.-G. lautet nämlich:

> „Solange der Berechtigte nicht im Inlande wohnt, ist die Genossenschaft befugt, die Zahlung der Entschädigungsrenten einzustellen."
>
> „Ist der Berechtigte ein Ausländer, so kann ihn die Genossenschaft (vgl. Anm. 1) für seinen Entschädigungsanspruch mit dem dreifachen Betrage der Jahresrente abfinden."

Diese Vorschriften finden nach § 48 Abs. 1 a. a. O. „bei den im Geltungsbereich des Unfallversicherungsgesetzes errichteten Berufsgenossenschaften für Baugewerbtreibende gleichfalls Anwendung", und gelten nach § 48 Abs. 2 „auch für die nach dem Gesetze, betreffend die Ausdehnung der Unfall- und Krankenversicherung vom 28. Mai 1885 (Reichs-Gesetzbl. S. 159) versicherten, bei Bauarbeiten beschäftigten Personen".

Eine analoge Ausdehnung der Vorschriften des Bau-Unf.-V.-G. für andere industr. Berufsgenossenschaften ist, nachdem der Reichstag seiner Zeit die gleichartigen Bestimmungen des Entwurfs ausdrücklich reprobirt hatte, ausgeschlossen (A. N. V S. 138).

Kehrt der Abgefundene demnächst gleichwohl zurück, so kann er, falls er wegen Bedürftigkeit die Armenpflege in Anspruch nehmen muß, ausgewiesen werden.

[3]) Kapitalzahlung. Die Bestimmung der Vorlage, daß, falls die Genossenschaft von ihrem Recht Gebrauch machen wolle, der dreifache Betrag der Jahresrente als Entschädigung zu zahlen sei, ist von der Reichstags-

Auszahlungen durch die Post.

§ 69.*)

(Abs. 1.) [1])Die Auszahlung[2]) der auf Grund dieses Gesetzes zu leistenden Entschädigungen wird auf Anweisung[3]) des Genossenschaftsvorstandes[4]) vorschußweise[5]) durch die Postverwaltungen[6]), und zwar in der Regel durch dasjenige Postamt, in dessen Bezirk der Entschädigungsberechtigte zur Zeit des Unfalls seinen Wohnsitz hatte, bewirkt.

*) § 69 gilt (z. Th. analog) auch für den Bereich des Ausdehnungsgesetzes (§§ 1, 3 A.-G.) und des Bau-Unfallversicherungsgesetzes (§§ 38, 46 B.-U.-G.).

---

kommission gestrichen, durch das B.-U.-G. für Bauarbeiter aber wieder eingeführt worden, vgl. Anm. 2.

[4]) abfinden. Die Vorlage wollte außerdem die Berechtigung zum Bezuge der Entschädigungen ruhen lassen, solange der Berechtigte nicht im Inland wohne. Die Kommission des Reichstags hat diese Bestimmung fallen lassen, dieselbe ist jedoch für Bauarbeiter durch das B.-U.-G. wieder eingeführt worden, vgl. Anm. 2.

Zu § 68.

[1]) „Die hier eingeräumten Rechtswohlthaten sollen verhindern, daß die Entschädigungen dem Berechtigten entzogen und zu Zwecken verwendet werden, für welche sie nicht bestimmt sind" (Mot. S. 73).

Die Vorschrift entspricht einer ähnlichen Bestimmung im Krankenversicherungsgesetz (§ 56), sowie im Hülfskassengesetz (§ 10). Aus den Motiven des letzteren ist zu erwähnen: „Die Unterstützung hat in der Hauptsache den Zweck, für die Zeit der Arbeitsunfähigkeit an die Stelle des durch eigene Arbeitskraft erworbenen Unterhalts zu treten. Wie das Gesetz, betr. die Beschlagnahme des Arbeits- oder Dienstlohns, vom 21. Juni 1869 diesen Unterhalt dem Erwerber ungeschmälert erhalten will, so ist folgerichtig auch jene Unterstützung vor einer Schmälerung zu bewahren."

[2]) mit rechtlicher Wirkung. Dergl. Handlungen und Rechtsgeschäfte sind also nichtig; die Kasse, welche auf Grund solcher Rechtsgeschäfte an einen Dritten zahlt, wird durch die Zahlung von ihrer Verpflichtung, an den Versicherten zu zahlen, nicht befreit und muß event. noch einmal zahlen. cf. Anm. 4 zu § 99.

[3]) nach § 749 Abs. 4 der Civilprozeßordnung „ist die Pfändung ohne Rücksicht auf den Betrag zulässig, wenn sie zur Befriedigung der Ehefrau und der ehelichen Kinder des Schuldners wegen solcher Alimente beantragt wird, welche für die Zeit nach Erhebung der Klage und für das diesem Zeitpunkt vorausgehende letzte Vierteljahr zu entrichten sind".

[4]) ersatzberechtigten Armenverbandes (cf. § 8), wenn derselbe einen Arbeiter, der auf Grund eines Unfalls Entschädigungsrenten bezieht, im Fall

Verlegt der Entschädigungsberechtigte seinen Wohnsitz, so hat (Abs. 2.) er die Ueberweisung der Auszahlung der ihm zustehenden Entschädigung an das Postamt seines neuen Wohnorts bei dem Vorstande[4]), von welchem die Zahlungsanweisung erlassen worden ist, zu beantragen.

---

der Bedürftigkeit unterstützt hat, und zur Höhe des Geleisteten die Unfallrente, welche der Unterstützte zu beanspruchen hat, mit Beschlag belegt.

Auch Gemeinden, welche Hülfsbedürftige zu unterstützen haben, gelten im Sinne dieses Paragraphen als Armenverbände, voraussichtlich auch wohl die Betriebsunternehmer und Kassen, welche die den Armenverbänden obliegende Verpflichtung kraft gesetzlicher Vorschrift erfüllt haben (§ 8 Abs. 2).

[5]) gepfändet. Auch eine Aufrechnung auf geschuldete Renten (behufs Wiedereinziehung überzahlter Beträge) soll immer insofern zulässig sein, als die Genossenschaften „unter dem Zwange des Gesetzes" wegen der Vorausbezahlung der Renten und der sofortigen Vollstreckbarkeit noch nicht rechtskräftiger Festsetzungen genöthigt worden sind, Beträge im Voraus zu zahlen, die sich demnächst als zu hoch herausstellen. Vgl. Anm. 6 zu § 65.

Zu § 69.

[1]) „Zur Vermeidung hoher Verwaltungskosten muß der Bedarf der Berufsgenossenschaften an besoldeten Beamten möglichst gering bemessen und die Abwickelung der Auszahlungsgeschäfte in einer den Bedürfnissen der Arbeiter möglichst entgegenkommenden Weise sichergestellt werden. Die Einrichtung von Zahlstellen der einzelnen Genossenschaften würde den Apparat derselben unverhältnißmäßig vergrößern und für die Rentenempfänger wegen der räumlichen Entfernungen manche Unzuträglichkeiten im Gefolge haben, während die Postverwaltungen das Zahlungsgeschäft in der für alle Betheiligten bequemsten Weise zu erledigen im Stande sind.

Die Zahlung der festgesetzten Entschädigungen soll demnach auf Anweisung der Genossenschaftsvorstände vorschußweise durch die Postverwaltung, in der Regel durch dasjenige Postamt, in dessen Bezirk der Entschädigungsberechtigte zur Zeit des Unfalls seinen Wohnsitz gehabt hat, bewirkt werden.

Die Verstärkung der Betriebsfonds, deren die Postverwaltungen zur Leistung der Vorschüsse etwa bedürfen werden, wird durch Ueberweisung der erforderlichen Summen aus Reichsmitteln zu bewirken sein. (cf. Anm. 6).

Eine Vergütung seitens der Genossenschaften für den entstehenden Zinsverlust ist ebensowenig in Aussicht genommen, wie eine von den ersteren zu leistende Entschädigung der Postverwaltungen für die Belastung derselben mit dem Auszahlungsgeschäfte" (Mot. S. 74).

Man hat dabei angenommen, daß letzteres bei der großen Zahl der Postämter eine erhebliche Vermehrung der Arbeitslast derselben nicht verursachen werde; „nur bei den Centralstellen und Oberpostdirektionen werde allenfalls eine Mehrarbeit eintreten, welche eine Vermehrung der Beamten erheischen könne" (Komm.-Ber. S. 48). Thatsächlich ist indessen die durch das Auszahlungsgeschäft entstehende Mehrbelastung der Postanstalten nicht unerheblich.

Was aber die Erstattung des durch die Verauslagung der Entschädigungen den Postverwaltungen entstehenden Zeitverlustes anbelangt, so ist es „der Reichs- und Staatsanstalten nicht würdig, mit den Berufsgenossenschaften in relativ geringfügige Zinsberechnungen einzutreten, wo es sich einzig darum handelt, den Interessen der Arbeiter auf die einfachste und bequemste Weise gerecht zu werden" (Komm.-Ber. S. 48).

²) Auszahlung. Ueber die Auszahlungen hat das R.-V.-A. im Einvernehmen mit den Zentral-Postbehörden die „Geschäftsanweisung für die Vorstände der Berufsgenossenschaften, betr. die Auszahlungen durch die Post", v. 27. Septbr. 1885 (A. N. I S. 224) erlassen. Durch die Bek. v. 24. Juli 1887 (A. N. IV S. 3) hat dieselbe einige Abänderungen erfahren. In der hieraus sich ergebenden Fassung ist die Geschäftsanweisung im Anhang abgedruckt. Der Anweisung sind zahlreiche Formulare zu Zahlungsanweisungen und Quittungen beigegeben, deren Verwendung das R.-V.-A. für obligatorisch erklärt hat, derart, daß Abweichungen seitens der einzelnen Genossenschaften unzulässig sind. Höchstens können geringe handschriftliche Ergänzungen gestattet werden, wenn sich die Nothwendigkeit derartiger Modifikationen bei dem Gebrauch ergiebt. A. N. II S. 86. Bei Krankenkassenvorständen, welche Renten für die Berufsgenossenschaft verauslagt haben und nunmehr die Auslagen erstattet erhalten (§ 5 Abs. 8, § 8), kann von einer Bescheinigung der Unterschrift abgesehen werden, so daß die einfache Unterschrift des Kassenvorstandes genügt (A. N. III S. 27).

„Auf Zahlungen in das Ausland finden die Bestimmungen des § 69 U.-V.-G. bezw. der diesseitigen Geschäftsanweisung v. 27. Septbr. 1885 keine Anwendung. Derartige Zahlungen sind von Seiten der Berufsgenossenschaft unmittelbar in geeigneter Weise zu bewirken" (A. N. II S. 56). Auch Arzthonorar, Verwaltungskosten, Beamtengehälter ꝛc. sind nicht vorschußweise von der Post, sondern direkt aus der Genossenschafts- bezw. Sektionskasse zu bezahlen (A. N. III S. 208).

Wegen der Auszahlung an die gesetzlichen Vertreter der Empfangsberechtigten bezw. an Vormünder vgl. Anm. 7 zu § 7 bezw. Anm. 2 zu § 66.

³) Anweisung. Wegen Rechtzeitigkeit derselben vgl. Anm. 6 zu § 62.

⁴) Genossenschaftsvorstandes. „Wenngleich die Feststellung der Entschädigungen nach § 57 auch durch Sektionsvorstände, Ausschüsse oder Vertrauensmänner soll erfolgen können, so überträgt doch der Entwurf die Ausstellung der Anweisungen auf die Post im Interesse der Sicherheit und Uebersichtlichkeit nur den Genossenschaftsvorständen selbst" (Mot. S. 74), welche ja auch den Berechtigungsausweis (§ 64) ausstellen. Der Genossenschaftsvorstand hat aber nicht die Befugniß zur Nachprüfung und Bean-

Liquidationen der Post.

§ 70.*)

[1])Binnen acht Wochen nach Ablauf jedes Rechnungsjahres[2]) haben die Zentral-Postbehörden[3]) den einzelnen Genossenschaftsvorständen[4]) Nachweisungen der auf Anweisung der Vorstände geleisteten Zahlungen zuzustellen und gleichzeitig die Postkassen zu bezeichnen, an welche die zu erstattenden Beträge einzuzahlen sind.

*) § 70 gilt (z. Th. analog) auch für den Bereich des Ausdehnungsgesetzes (§§ 1, 3 A.-G.). Für das Bau-Unfallversicherungsgesetzes gilt der übrigens fast gleichlautende § 40 B.-A.-G.

Noch zu § 69.

standung des von den Sektionsvorständen, Vertrauensmännern &c. innerhalb ihrer Befugnisse getroffenen Feststellungen (A. N. I S. 370), vgl. Anm. 4 zu § 57, Anm. 3 zu § 61.

Bei den einer Berufsgenossenschaft nicht zugewiesenen fiskalischen &c. Betrieben (Anm. 5 zu § 41) tritt an Stelle des Genossenschaftsvorstandes die Ausführungsbehörde (§ 2 A.-G., § 46 B.-U.-G.).

[5]) vorschußweise. Die Erstattung erfolgt nach Maßgabe der §§ 70 fg. nach Ablauf des für alle Genossenschaften vom Bundesrath gleichmäßig festgesetzten Rechnungsjahres (§ 77) durch die Genossenschaftsvorstände (vgl. Anm. 4).

[6]) Postverwaltungen, d. h. die Reichspostverwaltung, sowie die Postverwaltungen von Bayern und Württemberg.

Zwischen dem Reichskanzler und den Regierungen von Bayern und Württemberg ist vereinbart, daß in diesen Bundesstaaten die Postbehörden vor der Auszahlung der einzelnen Beträge sich in den Besitz der erforderlichen Deckungsmittel setzen sollen. Letztere sind den Postbehörden durch Vermittelung der Reichshauptkasse von den Reichsbankanstalten zur Verfügung zu stellen. Die Erstattung erfolgt demnächst im folgenden Rechnungsjahr seitens derselben Postanstalten, nachdem die letzteren auf ihre Liquidation die vorgeschossenen Beiträge von den Berufsgenossenschaften zurück erhalten haben, §§ 71 fg. Der bez. Postverkehr ist als „Reichsdienstsache" portofrei.

Der gesammte Verkehr rücksichtlich des Auszahlungsgeschäfts (Anweisung, Erstattung) erfolgt durch die obere Postbehörde, in deren Bezirk die Berufsgenossenschaft ihren Sitz hat, und zwar im Reichspost-Gebiet durch die Ober-Postdirektion, in Bayern durch das Ober-Postamt, in Württemberg durch die Generaldirektion der Posten und Telegraphen zu Stuttgart. Diese Behörden veranlassen die Weiterbeförderung an die zahlenden Postanstalten (§ 5 der Anweisung v. 27. Septbr. 1885, vgl. Anm. 2).

Die Auszahlung durch die Post gilt auch für die fiskalischen Betriebe, insbesondere für die Eisenbahnen, und zwar im Interesse der Versicherten, denen der Bezug aus Postkassen sicherlich bequemer sein wird wie der Bezug aus Eisenbahnkassen. Nur für Knappschaftsberufsgenossenschaften besteht inso-

Umlage- und Erhebungsverfahren.†)

§ 71.*)

(Abs. 1.) [1])Die von den Zentral-Postverwaltungen zur Erstattung liquidirten Beträge[2]) sind von den Genossenschaftsvorständen gleichzeitig mit den Verwaltungskosten[3]) unter Berücksichtigung der auf Grund der §§ 29 und 30 etwa vorliegenden Verpflichtungen oder Berech-

*) § 71 gilt nicht für die einer B.-G. nicht zugewiesenen fiskalischen etc. Betriebe (§ 3 A.-G., § 47 B.-U.-G.). Im Uebrigen gilt § 71 im Allgem. auch für den Bereich des Ausdehnungsgesetzes (§§ 1, 2 A.-G.). Auf die Mitglieder der Tiefbau-B.-G. finden im Allg. die Abs. 2 und 3 Anwendung (§ 41 Abs. 2 B.-U.-G.); im Uebrigen bestehen jedoch für den Bereich des Bau-Unfallversicherungsgesetzes besondere Vorschriften (§§ 21 fg., 41 B.-U.-G.), vgl. Anm. 4, 5.

fern eine Ausnahme, als das Statut vorschreiben darf, daß die Auszahlung der Entschädigungen durch die Knappschaftskassen zu erfolgen hat, § 94.

Zu § 70.

[1]) „Jede Genossenschaft wird bei den Zentral-Postverwaltungen ihr Vorschußkonto haben, welches im Wege direkter Korrespondenz jährlich abgewickelt wird. Der Vermittelung einer Reichs-Zentralstelle, wie sie in der jüngsten Vorlage vorgesehen war, bedarf es nicht mehr, denn die Genossenschaften werden allein die gesammte Last tragen, während nach der früheren Vorlage eine Vertheilung derselben auf das Reich, auf die Gefahrenklassen und auf die verschiedenen Genossenschaften und Verbände erforderlich war. Besteht eine Theilung des Risikos zwischen der Genossenschaft und der Sektion oder zwischen mehreren Genossenschaften (§§ 29 und 30), so ist dies lediglich eine bei der Umlage des Jahresbedarfs auf die Mitglieder (§ 71) zum Austrag kommende innere Angelegenheit der Genossenschaft. Die Post hält sich an die Genossenschaft, von welcher sie die Zahlungsanweisungen in Händen hat. Damit ist nicht ausgeschlossen, daß ein Theil des Vorschußkontos dieser Genossenschaft durch eine andere Genossenschaft oder durch Sektionen, welche für Rechnung der zahlungspflichtigen Genossenschaft Einzahlungen machen, beglichen wird" (Mot. S. 74).

[2]) Rechnungsjahr, § 77.

[3]) Zentral-Postbehörden, vgl. Anm. 6 zu § 69.

[4]) Genossenschaftsvorständen, cf. Anm. 4 zu § 69.

Zu § 71.

[1]) Das Abwickelungsgeschäft wird sich etwa in folgender Weise vollziehen: Binnen sechs Wochen nach Ablauf des Rechnungsjahres (§ 71) müssen bei jedem Vorstande die Spezialnachweisungen der einzelnen Genossenschafts-Mitglieder über die im abgelaufenen Rechnungsjahre von ihnen gezahlten an-

†) Vgl. Dr. W. Gallus (in Frankfurt a. M.), Anleitung bei Einrichtung und Führung der Bücher, Listen, Register und Formulare für Berufsgenossenschaften. Als Manuskript gedruckt.

tigungen nach dem festgestellten Vertheilungsmaßstab auf die Genossenschaftsmitglieder umzulegen[4]) und von denselben einzuziehen.

Zu diesem Zweck hat jedes Mitglied[4a]) der Genossenschaft binnen (Abs. 2.)

---

rechnungsfähigen Löhne und Gehälter (§§ 10, 28, 71) eingehen. Diese Spezialnachweisungen prüft der Genossenschaftsvorstand, läßt sie für die Säumigen nach § 71 Abs. 3 ergänzen, addirt die gesammten Beträge, multiplicirt die Summe mit den Gefahrenziffern aller zur Genossenschaft gehörenden Betriebe (vgl. § 28 Anm. 2) und erhält in dem hieraus sich ergebenden Produkt die Summe aller bei der Vertheilung in Betracht kommenden **Beitragseinheiten.**

Inzwischen (binnen acht Wochen nach dem Abschlusse des Rechnungsjahres) sind von den Central-Postbehörden die Mittheilungen darüber eingelaufen, wie hoch die zu deckenden Vorschüsse sich belaufen (§ 70). Diese Vorschüsse werden addirt, für den Reservefonds wird das nach § 18 zu bemessende Vielfache der zu deckenden Entschädigungsbeträge hinzugerechnet, die im verflossenen Rechnungsjahre aufgelaufenen Verwaltungskosten, sowie etwa ein Vorschuß für die voraussichtlichen Verwaltungskosten des neuen Rechnungsjahres (vgl. Anm. 8 zu § 10) treten hinzu und auf diese Weise wird die Gesammthöhe des durch die Umlage zu deckenden Betrages gewonnen. Der Gesammtbetrag der Umlage, getheilt durch die obige Gesammtsumme der Beitragseinheiten, ergiebt die Höhe des auf jede Beitragseinheit entfallenden Umlagebetrages. Um nun den für jeden einzelnen Betrieb sich ergebenden Antheil festzustellen, wird die Summe der für den betr. Betrieb ermittelten anrechnungsfähigen Löhne mit der für den Betrieb festgesetzten Gefahrenziffer multiplicirt, und hieraus diejenige Zahl von Beitragseinheiten gewonnen, mit welcher dieser betr. Betrieb an den Gesammtlasten der Genossenschaft betheiligt ist. Diese Zahl von Beitragseinheiten mit dem für jede einzelne Beitragseinheit oben ermittelten Umlagebetrage multiplicirt, ergiebt die Höhe der auf den betreffenden Betrieb entfallenden Umlage. Vgl. das in den Anlagen aus A. N. III S. 54 abgedruckte Beispiel eines Auszuges aus der Heberolle.*)

In den Fällen der §§ 29, 30, 37 Abs. 8 wird sich die Berechnung kompliziren.

Der auf jeden Unternehmer entfallende Betrag wird in eine Heberolle eingetragen, jedem Unternehmer ein Auszug aus derselben (vgl. Anlage) mitgetheilt (§ 72), der Betrag (ohne Rücksicht auf etwaige Widersprüche) von ihm eingezogen (§ 73), ein etwaiger Rückstand, soweit möglich, beigetrieben (§ 74), und der Gesammtbetrag an die einzelnen, von den Zentral-Postverwaltungen bezeichneten Postkassen abgeführt. Dies soll binnen drei Monaten nach Em-

---

*) Mit Rücksicht auf diese von dem R.-V.-A. angerathene Berechnungsweise und das in den Anlagen abgedruckte Beispiel wird von der Wiedergabe des in den bisherigen Auflagen abgedruckten Beispiels, in welchem die Rechnung zwar auch nach Beitragseinheiten, aber in etwas abweichender Weise aufgemacht worden war, Abstand genommen.

sechs Wochen nach Ablauf des Rechnungsjahres[5]) dem Genossenschaftsvorstande eine Nachweisung[6]) einzureichen[7]), welche enthält[8]):

1. die während des abgelaufenen Rechnungsjahres im Betriebe beschäftigten[9]) versicherten[10]) Personen[11]) und die von denselben verdienten[12]) Löhne und Gehälter,
2. eine Berechnung[13]) der bei der Umlegung der Beiträge in Anrechnung zu bringenden Beträge der Löhne und Gehälter,
3. die Gefahrenklasse, in welche der Betrieb eingeschätzt worden ist (§ 28).

(Abs. 3.) Für Genossenschaftsmitglieder[4a]), welche mit der rechtzeitigen Einsendung der Nachweisung im Rückstande sind, erfolgt die Feststellung[14]) der letzteren durch den Genossenschafts- beziehungsweise Sektionsvorstand auf Vorschlag des etwa bestellten Vertrauensmannes.

---

pfang der Liquidationen (§ 75) durchgeführt sein; das ganze Abwickelungsgeschäft nimmt also, vorbehaltlich der Ausgleichung von Ausfällen (§ 73 Abs. 4 und § 74 Abs. 2), etwa den Zeitraum von fünf Monaten ein. Die Aufstellung der Heberolle wird beschleunigt werden müssen, wenn die vorgeschriebene Zeit innegehalten werden soll.

2) Beträge, sowie die hiernach zu bemessenden Rücklagen zum Reservefonds, § 18.

3) Verwaltungskosten. Hierbei „kommt es darauf an, ob etwa nach dem Statut diejenigen der Sektionen lediglich auf die Mitglieder der letzteren umzulegen sind" (Mot. S. 74).

4) umzulegen, §. 10. In der Tiefbau-B.-G. wird der Kapitalwerth der im abgelaufenen Rechnungsjahre neu entstandenen Renten, nicht deren Jahresbeträge, umgelegt, §. 41 Abs. 2, und bei der Umlegung werden die gezahlten Löhne voll, also ohne Kürzung des den Betrag von 4 Mark täglich übersteigenden Betrages, zu Grunde gelegt (§ 10 Abs. 1). Diese letztere Abweichung vom U.-V.-G. hat ihren Grund darin, daß die Ermäßigung zu weitläufigen, zum Werth der Sache in keinem Verhältniß stehenden Berechnungen führt, deren Vermeidung im Interesse der Vereinfachung von Industriellen vielfach gewünscht worden ist. Ueber die Berechnung des Kapitalwerthes vgl. A. N. V S. 8. In den Versicherungsanstalten der Bau-B.-G. werden nur diejenigen Beträge umgelegt, welche für Unfälle in den kleineren, weniger als 6 Bauarbeitstagen erfordernden Regiebauten aufzubringen sind, und zwar erfolgt die Umlage nicht auf die einzelnen Regie-Bauherren, sondern auf die Gemeinden oder weitere Kommunalverbände (§ 21 litt. b, § 41 Abs. 3 B.-U.-G.), und nicht im Kapitalwerth sondern zum Jahresbetrage. Für die Unfälle bei größeren Regiebauarbeiten dagegen wird die Belastung durch Unfälle mittelst im voraus berechneter Prämien der Bauherren gedeckt.

Durch diese wird der Kapitalwerth der Renten, aber nicht nach Maßgabe der Zahl der in einer vergangenen Periode thatsächlich entstandenen, sondern nach Maßgabe der in einer zukünftigen Periode voraussichtlich entstehenden Unfälle aufgebracht.

4a) Mitglied. Vor Zustellung des Mitgliedscheins (§ 37) brauchen Lohnnachweisungen nicht eingereicht zu werden (A. N. V S. 119), weil vorher keine Gelegenheit gegeben ist, Zweifel über die Zugehörigkeit zum Austrag zu bringen. Betriebe, welche erst nachträglich zur Genossenschaft herangezogen werden, dürfen zwar in dem ganzen Kalenderjahre, in welchem die Heranziehung erfolgt (auch wenn das Umlageverfahren bereits abgeschlossen ist), jedoch nur für die Kosten des Vorjahres (also desjenigen, für welches die Umlage erfolgt), nicht für weiter zurückliegende Jahre, zu Beiträgen herangezogen werden (A. N. IV S. 335).

5) Rechnungsjahr, § 77. Bauherren größerer Regiebauarbeiten (§ 21 litt. a B.-U.-G., vgl. Anm. 4) haben zum Zweck der Berechnung ihrer Prämien monatlich Nachweisungen über Zahl und Lohn der bei den Regiebauarbeiten beschäftigt gewesenen Personen und über die Arbeitsdauer einzureichen (§ 22 B.-U.-G.), worauf die Prämien vierteljährlich von ihnen eingezogen werden (§§ 25 fg. a. a. O.).

6) Nachweisung. Ueber die Kontrole dieser Nachweisungen vgl. § 82. Für die Nachweisungen wird zweckmäßig (von dem Genossenschaftsvorstand) ein Formular vorzuschreiben sein; die Aufstellung eines für alle Genossenschaften gemeinsamen Formulars hat das R.-V.-A. abgelehnt (A. N. I S. 354). Aehnliche Nachweisungen sind bei größeren Regiebauten monatlich einzureichen, vgl. Anm. 5.

7) hat einzureichen, ohne besondere Aufforderung. Versäumniß macht straffällig, § 104 (vgl. Anm. 2c zu § 35); auch muß sich der Säumige den betr. Feststellungen des Vorstandes unterwerfen (§ 71 Abs. 3) und verliert gegen dessen Feststellungen das Beschwerderecht, soweit nicht lediglich Rechenfehler zu rügen sind (§ 73 Abs. 3).

8) welche enthält. Unrichtige thatsächliche Angaben sind strafbar, § 103 Ziffer 1.

9) im Betriebe beschäftigten, ohne Rücksicht auf die Dauer der Beschäftigung. Vgl. Anm. 10, 13.

10) versicherten, vgl. Anm. 3, 13, 32 zu § 1, Anm. 6 zu § 9. Etwaige Zweifel über die Höhe des anrechnungsfähigen Betrages und darüber, ob alle in dem Betriebe beschäftigte Personen versichert sind, sind bei Gelegenheit dieser Lohnnachweisungen zum Austrag zu bringen (A. N. II S. 55). Vgl. Anm. 13.

11) Personen. Die namentliche Aufführung jedes einzelnen Versicherten schreibt das Gesetz nicht vor: sie wird jedoch bei denjenigen Personen, die nur zeitweise beschäftigt waren, und bei den Personen, deren Durchschnittslohn 4 Mark täglich übersteigt, kaum entbehrt werden können, weil andernfalls für die Genossenschaftsorgane die Kontrole nicht möglich ist. Die Genossenschaft ist berechtigt, hierüber Bestimmungen zu erlassen (A. N. I S. 368), cf. auch Anm. 6.

[12]) verdienten Löhne, einschl. der Krankenkassenbeiträge, welche von dem Arbeitgeber gemäß § 53 K.-V.-G. von dem verdienten Lohne der Arbeiter einbehalten werden. Diese dürfen also bei der Lohnnachweisung nicht in Abzug gebracht werden (A. N. I S. 373). Bei erwachsenen ausgebildeten Arbeitern — deren Beschäftigung die Regel bildet — ist stets der wirklich verdiente Lohn einzustellen, auch wenn er niedriger ist, als der ortsübliche Tagelohn gewöhnlicher Tagearbeiter; bei jugendlichen Arbeitern aber und solchen Erwachsenen, welche wegen noch nicht beendigter Ausbildung einen geringeren als den ortsüblichen Tagelohn gewöhnlicher Arbeiter beziehen, ist gemäß § 3 Abs. 3, § 5 Abs. 5, § 10 Abs. 1 dieser höhere ortsübliche Tagelohn, und zwar derjenige, welcher am Sitz des Betriebes event. der selbständigen Zweigniederlassung gilt (A. N. III S. 32), in Ansatz zu bringen (A. N. II S. 8). Zu den Löhnen und Gehältern gehören auch Tantièmen und Naturalbezüge, § 3 Abs. 1.

[13]) Berechnung, welche auf Grund der vorangestellten thatsächlichen Angaben und der Vorschriften in § 10 für jeden einzelnen (einschl. der auf Grund des § 2) Versicherten, dessen Arbeitsverdienst den Betrag von durchschnittlich vier Mark für den Arbeitstag übersteigt, aufzustellen, und demnächst unter Hinzurechnung der unter vier Mark täglich bleibenden Löhne und des fingirten Arbeitsverdienstes der jugendlichen und noch nicht ausgebildeten Arbeiter (ortsüblicher Tagelohn erwachsener Männer bezw. Frauen (Anm. 12, vgl. § 3 Abs. 3)) für den ganzen Betrieb zu summiren ist. Dabei ist z. B. ein noch nicht ausgebildeter Arbeiter, welcher nur während sechs Monaten versichert war, nur mit dem 150fachen Betrage des ortsüblichen Tagelohnes (§ 3 Abs. 3) in Rechnung zu stellen. Vgl. im Uebrigen Anm. 3 zu § 10.

In Betrieben, bei denen einzelne Bestandtheile nicht versicherungspflichtig sind (vgl. Anm. 6 zu § 9), in deren einzelnen Theilen aber nicht gesonderte Lohnlisten geführt werden, bezw. in denen dieselben Arbeiter bald in dem versicherten, bald in dem nicht versicherungspflichtigen Theil arbeiten, „muß es dem Unternehmer überlassen bleiben, durch eine den thatsächlichen Verhältnissen seines Betriebes angemessene Schätzung" die Höhe der während des abgelaufenen Rechnungsjahres von den in dem Betriebe beschäftigten versicherten Personen verdienten Löhne ratirlich festzustellen. Nur dieser Theil ist dann in die Lohnnachweisung zu übernehmen (A. N. II S. 206, III S. 221). Vgl. Anm. 9, 10.

Auf diese Berechnung findet die Strafvorschrift des § 103 Ziffer 1 nur insoweit Anwendung, als die Berechnung thatsächliche, nicht schon in den vorerwähnten Zusammenstellungen der wirklich verdienten Löhne vorgebrachte Angaben enthält (z. B. über die Höhe des nach § 3 Abs. 3 für die nicht ausgebildeten Arbeiter in Betracht kommenden ortsüblichen Tagelohns).

Die Berechnung unterliegt der Feststellung bezw. Berichtigung durch den Genossenschaftsvorstand § 72 Abs. 2.

[14]) Feststellung, nicht nach willkürlicher Schätzung, sondern unter thun-

§ 72.*)

Von dem Genossenschaftsvorstande wird auf Grund der ihm vorliegenden Nachweisungen (§ 71) eine summarische Gesammtnachweisung der im abgelaufenen Rechnungsjahre von den Mitgliedern der Genossenschaft beschäftigten versicherten Personen und der von denselben verdienten anrechnungsfähigen Gehälter und Löhne aufgestellt und demnächst für jedes Genossenschaftsmitglied der Beitrag berechnet [1]), welcher auf dasselbe zur Deckung des Gesammtbedarfs (§ 71 Abs. 1) entfällt. (Abs. 1.)

Jedem Genossenschaftsmitgliede ist ein Auszug [1a]) aus der zu diesem Zweck aufzustellenden Heberolle mit der Aufforderung zuzustellen [2]), den festgesetzten Beitrag zur Vermeidung der zwangsweisen Beitreibung binnen zwei Wochen einzuzahlen. Der Auszug muß diejenigen Angaben [3]) enthalten, welche den Zahlungspflichtigen in den Stand setzen, die Richtigkeit der angestellten Beitragsberechnung zu prüfen. (Abs. 2.)

*) § 72 gilt nicht für die einer B.-G. nicht zugewiesenen fiskalischen etc. Betriebe (§ 1 A.-G., § 47 B.-U.-B.). Im Uebrigen gilt § 72 im Allg. auch für den Bereich des Ausdehnungsgesetzes. Im Geltungsbereich des Bau-Unfallversicherungsgesetzes findet § 72 bei der Umlegung auf die Mitglieder der Tiefbau-B.-G. Anwendung (§ 41 Abs. 2 B.-U.-G,). Im Uebrigen gelten besondere Vorschriften. Bei kleinen Regiebauten erfolgt die Umlegung jährlich auf Kommunalverbände nach der Bevölkerungsziffer (§ 30); für die zum Zwecke der Umlegung zuzustellenden Auszüge aus der Heberolle gelten dem § 72 Abs. 2 U.-V.-G. ähnliche Vorschriften (§ 41 Abs. 3 B.-U.-G.). Für grössere Regiebauten werden die Prämien vierteljährlich auf Grund der vorgeschriebenen Monatsnachweisungen ausgeschrieben; entsprechende Auszüge aus der Heberolle wer'en den Gemeindebehörden behufs Einziehung zugestellt (§§ 25 fg. B.-U.-G.).

---

lichster Anpassung an die thatsächlichen Verhältnisse. Uebermäßige Feststellungen sind zwar mittelst formeller Beschwerde im Instanzenwege nicht anfechtbar (§ 73 Abs. 3), werden aber vom R.-V.-A. von Aufsichtswegen beanstandet (§ 87 Abs. 1, § 88 Abs. 1). Eine Feststellung wird als übermäßig angesehen, wenn sie das Doppelte der den thatsächlichen Verhältnissen angepaßten Löhne überschreitet (A. N. V S. 195).

Zu § 72.

[1]) berechnet. Vgl. Anm. 1 zu § 71. Baugewerks-B.-G. haben nach § 41 Abs. 1 B.-U.-G. die von der Post liquidirten Beträge zunächst auf die Berufsgenossenschaft einerseits und die Versicherungsanstalt andrerseits, innerhalb der Versicherungsanstalt aber noch ferner auf die gegen Prämien der Bauherren versicherten größeren Regiebauten einerseits und die von der Gemeinde oder dem weiteren Kommunalverbande zu deckenden kleineren Regiebauten andrerseits nach Maßgabe der von diesen Kategorien zu entschädigenden Unfälle zu vertheilen. Im Uebrigen vgl. Anm.*) sowie Anm. 4, 5 zu § 41.

§ 73.*)

(Abs. 1.) Die Mitglieder der Genossenschaften können gegen die Feststellung ihrer Beiträge binnen zwei Wochen nach Zustellung[1]) des Auszuges aus der Heberolle unbeschadet der Verpflichtung zur vorläufigen Zahlung Widerspruch[2]) bei dem Genossenschaftsvorstande erheben. Wird demselben entweder überhaupt nicht, oder nicht in dem beantragten Umfange Folge gegeben, so steht ihnen innerhalb zwei Wochen nach der Zustellung der Entscheidung des Genossenschaftsvorstandes die Beschwerde an das Reichs-Versicherungsamt[3]) zu.

*) § 73 gilt nicht für die einer B.-G. nicht zugewiesenen fiskalischen etc. Betriebe (§ 3 A.-G., § 47 B.-U.-G.). Im Uebrigen gilt § 73 im Allg. auch für den Bereich des Ausdehnungsgesetzes (§ 1 A.-G.), und im Bau-Unfallversicherungsgesetz sind rücksichtlich der Rechtsmittel gegen die Höhe der Prämien und Beiträge ähnliche Vorschriften erlassen (§§ 26, 41 B.-U.-G.).

1a) Auszug. Vgl. Vorschläge für dessen Fassung A. N. III S. 54. Eine Erhöhung des einmal ausgeschriebenen Betrages ist für die betr. Umlageperiode unzulässig (A. N. IV S. 336).

2) zuzustellen, § 110.

3) diejenigen Angaben. Hierhin gehören „neben einer genauen Berechnung des Einzelbeitrages nach Maßgabe der aufzuführenden, für den Betrieb in Rücksicht zu ziehenden anrechnungsfähigen Löhne sowie neben der gleichfalls anzugebenden Gefahrenziffer des Betriebes (Beitragsfuß des Gefahrentarifs) alle für die Umlage der B.-G. maßgebenden Faktoren, und zwar namentlich:

> „die bei der B.-G. Seitens der Zentral-Postverwaltungen zur Erstattung liquidirten Entschädigungsbeträge, die Zuschläge zur Bildung des Reservefonds und die Summa der Verwaltungskosten einschl. der zur Bildung eines Betriebsfonds etwa mit umgelegten Beträge. Ferner sind die für die Ermittelung des Einzelbeitrags in Anwendung gebrachten Beitragseinheiten mitzutheilen".

(A. N. III S. 53.) Vgl. das Muster eines Auszuges aus der Heberolle in den Anlagen. Auch die Höhe der etwa in Rechnung gebrachten Zuschläge oder Nachlässe ist zu berücksichtigen. (§§ 24, 28, 78.)

Zu § 73.

1) Zustellung, § 110.

2) Widerspruch, nach Analogie des bei Steuereinschätzungen üblichen Verfahrens zunächst bei der Veranlagungsbehörde.

3) Reichs-Versicherungsamt, event. Landes-Versicherungsamt, § 92. Dasselbe entscheidet über die Höhe des von Genossenschaftsmitgliedern geschuldeten Beitrages auch im Konkurse derselben (§ 134 Abs. 5 K.-O.), jedoch

Die Beschwerde ist nur zulässig[4]), wenn dieselbe sich entweder auf Rechenfehler, oder auf die unrichtige Feststellung des anrechnungsfähigen Betrages der Löhne und Gehälter, oder auf den irrthümlichen Ansatz einer anderen Gefahrenklasse, als wozu der Betrieb eingeschätzt ist, gründet. (Abs. 2.)

Aus den letzteren beiden Gründen ist die Beschwerde jedoch nicht zulässig, wenn die Feststellung in dem Falle der von dem Genossenschaftsmitgliede unterlassenen Einsendung der Nachweisung durch den Vorstand[5]) bewirkt worden war (§ 71 Abs. 3). (Abs. 3.)

Tritt in Folge des erhobenen Widerspruchs oder der erhobenen Beschwerde eine Herabminderung des Beitrages ein, so ist der Ausfall bei dem Umlageverfahren des nächsten Rechnungsjahres zu decken. (Abs. 4.)

§ 74.*)

Rückständige[1]) Beiträge[2]), sowie die im Falle einer Betriebseinstellung etwa zu leistenden Kautionsbeträge (§ 17 Ziffer 7) wer- (Abs. 1.)

*) § 74 gilt nicht für die einer Berufsgenossenschaft nicht zugewiesenen fiskalischen etc. Betriebe (§ 3 A.-G., § 47 B.-U.-G.). Im Uebrigen gilt § 74 im Allg. auch für den Bereich des Ausdehnungsgesetzes (§ 1 A.-G.), während für den Geltungsbereich des Bau-Unfallversicherungsgesetzes § 42 B.-U.-G. gleichartige Vorschriften enthält.

---

nicht über das Vorrecht dieser Beiträge (A. N. II S. 128). Vgl. Anm. 2 zu § 74.

[4]) nur zulässig, weil es sich in diesem Stadium, wie die Motive besagen, immer nur um die Korrektur von Fehlern wesentlich kalkulatorischer Art werde handeln können. Vgl. aber auch Anm. 10, 13 zu § 71. Derartige Beschwerden werden in die zweite Kategorie der nach § 73 Abs. 2 zulässigen Beschwerdegründe zu rechnen sein.

[5]) durch den Vorstand. Durch seine Versäumniß hat der Betriebsunternehmer auf die Mitwirkung bei der Feststellung jener Unterlagen selbst verzichtet; es ist also nur konsequent, wenn man ihm dann auch eine nachträgliche Einwirkung auf die Feststellung nicht mehr gestattet.

Zu § 74.

[1]) Rückständige. „Das öffentliche Interesse an der Unfallversicherung und der Karakter der Unfallversicherungsgenossenschaften als öffentlicher Korporationen rechtfertigt es, für Rückstände an Beiträgen, Kautionsbeträgen und Strafzuschlägen die Zwangsbeitreibung im Verwaltungswege zuzulassen. Gegen säumige Mitglieder haben die Genossenschaftsvorstände dieses Verfahren herbeizuführen (vgl. § 98)" (Mot. S. 75).

Die Zwangsbeitreibung ist verschieden von der Einziehung der Beiträge. Letztere liegt der Genossenschaft ob und erfolgt in der Weise, daß

den in derselben Weise beigetrieben, wie Gemeindeabgaben. Dasselbe gilt von den Strafzuschlägen in dem Falle der Ablehnung von Wahlen (§ 24 Abs. 3).

(Abs. 2.) Uneinziehbare Beiträge fallen der Gesammtheit[3]) der Berufsgenossen zur Last. Sie sind vorschußweise aus dem Betriebsfonds oder erforderlichenfalls aus dem Reservefonds der Berufsgenossenschaft zu decken und bei dem Umlageverfahren des nächsten Rechnungsjahres zu berücksichtigen.

---

die Mitglieder aufgefordert werden, den auf sie repartirten Betrag einzuzahlen (§ 72 Abs. 2); erstere dagegen erfolgt durch Requisition der zur Zwangsvollstreckung zuständigen Behörde. Letztere darf für die Zwangsbeitreibung nur ihre etwaigen baaren Auslagen, aber keine Hebegebühren von der Berufsgenossenschaft beanspruchen. Die Gebühren der Vollstreckungsbeamten sind von dem Schuldner gleichzeitig mit der beizutreibenden Summe einzuziehen und aus dem beigetriebenen Gesammtbetrage derart vorweg zu berichtigen, daß nur der übrig bleibende Rest an die Berufsgenossenschaft abgeführt wird. Können nicht einmal die Gebühren der Vollstreckungsbeamten von dem Schuldner beigetrieben werden, so hat die Genossenschaft dieselben nur dann zu tragen, wenn die Vollstreckungsbeamten nach ihren Anstellungsverträgen gegenüber der Gemeinde Anspruch auf Erstattung solcher Ausfälle haben, die Gemeinde also in Folge dieser Erstattung „baare Auslagen" gehabt hat (A. N. IV S. 222).

In gleicher Weise erfolgt die Beitreibung sämmtlicher nach Maßgabe dieses Gesetzes auferlegter Strafen, § 109.

[2]) Beiträge. Dahin gehören auch die Zuschläge in den Fällen des § 28 Abs. 5 und des § 78 Nr. 1.

Alle diese Beiträge haben als Forderungen „öffentlicher Verbände" (vgl. Anm. 1) im Konkurse des Unternehmers das Vorzugsrecht nach § 54 Nr. 3 der Konkursordnung, wie auch vom Reichsgericht anerkannt ist. Das Vorzugsrecht bezieht sich auf diejenigen Beiträge, welche im letzten Jahre vor Eröffnung des Konkursverfahrens fällig oder, was gleichbedeutend erscheint, rückständig geworden sind. Entsch. d. Reichsgerichts in Civilsachen Bd. 22 S. 139 (A. N. V S. 360).

Die Berufsgenossenschaften haben daher in dem Konkurse ihre Forderungen an den Gemeinschuldner gemäß §§ 126 fg. K.-O. anzumelden, über den Betrag der Forderung nöthigenfalls die Entscheidung des R.-V.-A. herbeizuführen (vgl. Anm. 4 zu § 73), das von ihnen beanspruchte Vorrecht im Prüfungstermine (§§ 129 fg. K.-O.) geltend zu machen und event. die Feststellung des Vorrechts gemäß § 134 Abs. 2 a. a. O. gegen die Bestreitenden durch Erhebung der Klage im ordentlichen Verfahren zu betreiben (A. N. II S. 128).

[3]) der Gesammtheit, nach dem für die übrigen Genossenschaftslasten geltenden Vertheilungsmaßstab.

Abführung der Beträge an die Postkassen.

§ 75.*)

Die Genossenschaftsvorstände[1]) haben die von den Zentral-Postbehörden liquidirten Beträge[2]) innerhalb drei Monaten nach Empfang der Liquidationen an die ihnen bezeichneten Postkassen abzuführen. (Abs. 1.)

Gegen Genossenschaften, welche mit der Erstattung der Beträge im Rückstande bleiben, ist auf Antrag der Zentral-Postbehörden von dem Reichs-Versicherungsamt[3]), vorbehaltlich der Bestimmungen des § 33, das Zwangsbeitreibungsverfahren[4]) einzuleiten. (Abs. 2.)

Das Reichs-Versicherungsamt[3]) ist befugt, zur Deckung der Ansprüche der Postverwaltungen zunächst über bereite Bestände der Genossenschaftskassen[5]) zu verfügen. Soweit diese nicht ausreichen, hat dasselbe das Beitreibungsverfahren gegen die Mitglieder der Genossenschaft einzuleiten und bis zur Deckung der Rückstände durchzuführen. (Abs. 3.)

*) § 75 Abs. 2 und 3 gilt nicht für die einer Berufsgenossenschaft nicht zugewiesenen fiskalischen etc. Betriebe (§ 3 A.-G., § 47 B.-U.-G.). Im Uebrigen aber gilt dieser § (z. Th. analog) auch für den Bereich des Ausdehnungsgesetzes (§§ 1, 3 A.-G.) und des Bau-Unfallversicherungsgesetzes (§ 42 Abs. 3 B.-U.-G.).

Zu § 75.

[1]) Genossenschaftsvorstände, bei den einer Genossenschaft nicht zugewiesenen fiskalischen 2c. Betrieben (Anm. 5 zu § 41) die Ausführungsbehörde (§ 2 A.-G., § 46 B.-U.-G.).

[2]) Beträge, ohne Zinsen, vgl. Anm. 1 zu § 69. Die Bestimmung des Entwurfs, nach welcher die Ausfälle in den Fällen des § 73 Abs. 4 und des § 74 Abs. 2 den Postverwaltungen erst bei der nächsten Abrechnung zugeführt werden sollten, ist im Interesse der Postverwaltungen von der Reichstagskommission gestrichen worden. Die Genossenschaften haben diese Ausfälle aus ihren sonstigen disponiblen Fonds (Betriebsfonds), eventuell aus dem Reservefonds auszugleichen. Der letztere muß dann wieder aufgefüllt werden.

[3]) Reichs-Versicherungsamt, event. Landes-Versicherungsamt, § 92.

[4]) Zwangsbeitreibungsverfahren. „Soweit eine Genossenschaft mit der Abführung der Beiträge an die Postverwaltung im Rückstande bleibt, unterliegt sie dem Zwangsbeitreibungsverfahren, welches auf Antrag der Postverwaltung durch das Reichs-Versicherungsamt in der Weise auszuführen ist, daß zunächst über die bei der Genossenschaftskasse etwa vorhandenen disponiblen Mittel (z. B. Kautionsbeträge von eingestellten Betrieben, Reservefonds) verfügt wird. Soweit solche nicht vorhanden oder zur Deckung des beizutreibenden Betrages nicht ausreichend sind, wird das Fehlende direkt ohne Vermittelung der Vorstände von den Mitgliedern beigetrieben.

Rechnungsführung.

§ 76.*)

(Abs. 1.) [1])Die Einnahmen und Ausgaben der Genossenschaften sind von allen den Zwecken der letzteren fremden Vereinnahmungen und Verausgabungen gesondert[1a]) festzustellen und zu verrechnen; ebenso sind die Bestände gesondert zu verwahren. Verfügbare Gelder dürfen nur in öffentlichen[2]) Sparkassen oder wie Gelder bevormundeter Personen angelegt[3]) werden.

*) § 76 gilt nicht für die einer Berufsgenossenschaft nicht zugewiesenen fiskalischen etc. Betriebe (§ 3 A.-G., § 47 B.-U.-G.). Im Uebrigen aber gilt dieser § auch für den Bereich des Ausdehnungsgesetzes (§ 1, A.-G.) und des Bau-Unfallversicherungsgesetzes, für letzteres jedoch mit einer Erweiterung, vgl. Anm. (§ 43 B.-U.-G.).

Das Reichs-Versicherungsamt wird übrigens in einem solchen Falle eine Vertheilung des Rückstandes auf die Mitglieder nach dem bestehenden Vertheilungsmaßstabe eintreten lassen" (Mot. S. 75).

[5]) Genossenschaftskassen. In dem Komm.-Ber. S. 48 wird konstatirt, „daß diese dem Reichs-Versicherungsamt eingeräumte Befugniß nicht dahin gehe, auch über bereite Bestände dritter Genossenschaften zu verfügen".

Zu § 76.

[1]) Ueber die Kassen- und Rechnungsführung der B.-G. sollen durch Vorstandsbeschluß bindende Anordnungen getroffen werden (A. N. V S. 326). Gesichtspunkte für diese Anordnungen hat das R.-V.-A. a. a. O. (S. 326) mitgetheilt und gleichzeitig auf eine Schrift des exped. Sekretairs und Kalkulators im R.-V.-A., Götze: „Anleitung zur Kassen- und Rechnungsführung der Berufsgenossenschaften" *) hingewiesen.

[1a]) gesondert. Ein Kontokurrentverkehr mit einem Bankinstitut ist somit unzulässig. Dagegen kann ein Bankinstitut als Geschäfts- und Kassenführer der B.-G. fungiren, wenn die Einnahmen und Ausgaben der B.-G. von allen übrigen Geldern der Bank gesondert festgestellt und verrechnet, und die Bestände gesondert verwahrt werden. Die disponibeln Vermögensbestände (Effekten) können auf den Namen der B.-G. einem Privatbankinstitut ad depositum zur Verwahrung übergeben werden (A. N. I S. 372). Auch die Reichsbank (Komtoir für Werthpapiere) in Berlin (aber nicht deren Zweiganstalten) nimmt unter gewissen, die Legitimation der deponirenden Vorstandsmitglieder betreffenden Bedingungen offene Depots auf den Namen von Berufsgenossenschaften an (A. N. IV S. 278).

Vgl. auch Anm. 1 zu § 77.

[2]) öffentliche Sparkassen sind solche, welche unter staatlicher Autorität errichtet, also von der zuständigen Behörde genehmigt sind.

[3]) wie die Gelder bevormundeter Personen. Hierüber entscheidet das Landesrecht, und zwar (nach den Motiven S. 76) das Partikularrecht des-

---

*) Berlin 1889, Siemenroth und Worms.

Sofern[4]) besondere gesetzliche Vorschriften über die Anlegung (Abs. 2.) der Gelder Bevormundeter nicht bestehen, kann die Anlegung der verfügbaren Gelder in Schuldverschreibungen, welche von dem Deutschen Reich, von einem deutschen Bundesstaate oder dem Reichslande Elsaß-Lothringen mit gesetzlicher Ermächtigung ausgestellt sind, oder in Schuldverschreibungen, deren Verzinsung von dem Deutschen Reich, von einem deutschen Bundesstaate oder dem Reichslande Elsaß-Lothringen gesetzlich garantirt ist, oder in Schuldverschreibungen, welche von deutschen kommunalen Korporationen (Provinzen, Kreisen, Gemeinden ꝛc.) oder von deren Kreditanstalten ausgestellt und entweder seitens der Inhaber kündbar sind, oder einer regelmäßigen Amortisation unterliegen, erfolgen. Auch können die Gelder bei der Reichsbank verzinslich angelegt werden.

---

jenigen Bundesstaates, „in welchem das über die Anlegung der Gelder verfügende Genossenschaftsorgan seinen Sitz hat". Vgl. Anm. 2 zu § 24.

§ 39 der Preuß. Vormundschaftsordnung vom 5. Juli 1875 (G.-S. S. 431) lautet:

„Gelder, welche zu laufenden oder zu anderen durch die Vermögensverwaltung begründeten Ausgaben nicht erforderlich sind, hat der Vormund im Einverständniß mit dem Gegenvormund in Schuldverschreibungen, welche von dem Deutschen Reiche oder von einem Deutschen Bundesstaate mit gesetzlicher Ermächtigung ausgestellt sind, oder in Schuldverschreibungen, deren Verzinsung von dem Deutschen Reiche oder von einem Deutschen Bundesstaate gesetzlich garantirt ist, oder in Rentenbriefen der zur Vermittelung der Ablösung von Renten in Preußen bestehenden Rentenbanken, oder in Schuldverschreibungen, welche von Deutschen kommunalen Korporationen (Provinzen, Kreisen, Gemeinden ꝛc.) oder von deren Kreditanstalten ausgestellt und entweder seitens der Inhaber kündbar sind oder einer regelmäßigen Amortisation unterliegen, oder auf sichere Hypotheken oder Grundschulden, zinsbar anzulegen.

„Gelder, welche in dieser Weise nach den obwaltenden Umständen nicht angelegt werden können, sind bei der Reichsbank oder bei öffentlichen, obrigkeitlich bestätigten Sparkassen zinsbar zu belegen.

„Eine Hypothek oder Grundschuld ist für sicher zu erachten, wenn sie bei ländlichen Grundstücken innerhalb der ersten zwei Drittheile des durch ritterschaftliche, landschaftliche, gerichtliche oder Steuertaxe, bei städtischen innerhalb der ersten Hälfte des durch Taxe einer öffentlichen Feuerversicherungs-Gesellschaft oder durch gerichtliche Taxe zu ermittelnden Werthes, oder wenn sie innerhalb des fünfzehnfachen Betrages des Grundsteuerreinertrages der Liegenschaft zu stehen kommt.

§ 77.*)

(Abs. 1). Ueber die gesammten Rechnungsergebnisse[1]) eines Rechnungsjahres ist nach Abschluß desselben alljährlich dem Reichstag[2]) eine vom Reichs-Versicherungsamt[3]) aufzustellende Nachweisung[4]) vorzulegen.

(Abs. 2.) Beginn und Ende des Rechnungsjahres wird für alle Genossenschaften übereinstimmend[5]) durch Beschluß des Bundesraths festgestellt.

*) § 77 gilt auch für den Bereich des Ausdehnungsgesetzes (Abs. 1 auch für den Bereich des Bau-Unfallversicherungsgesetzes (§§ 43 Abs. 3, 47 B.-U.-G.). Für den Bereich des letzteren Gesetzes ist das Rechnungsjahr schon durch Gesetz auf das Kalenderjahr festgesetzt (§ 43 Abs. 2 B.-U.-G.).

„Sicheren Hypotheken stehen im Sinne dieser Vorschriften die mit staatlicher Genehmigung ausgegebenen Pfandbriefe und gleichartigen Schuldverschreibungen solcher Kreditinstitute gleich, welche durch Vereinigung von Grundbesitzern gebildet, mit Korporationsrechten versehen sind und nach ihren Statuten die Beleihung von Grundstücken auf die im dritten Absatz angegebenen Theile des Werthes derselben zu beschränken haben."

Für Bayern kommen verschiedene Partikularrechte in Betracht; vgl. darüber v. Roth, bayrisches Civilrecht, Bd. I § 96.

[4]) Sofern. Dieser Absatz ist entsprechend dem § 40 des Krankenversicherungsgesetzes hinzugefügt worden, weil in einzelnen Theilen des Deutschen Reiches, so in der Rheinpfalz, gesetzliche Bestimmungen über die Anlegung von Geldern Bevormundeter nicht bestehen. Die Bestimmung ist also höchst subsidiär; sie ist der Preußischen Vormundschaftsordnung (cf. Anm. 2) nachgebildet, aber mit Rücksicht auf die praktischen Bedürfnisse der betheiligten Länder gekürzt. Insbesondere ist die Anlegung in Rentenbriefen und Pfandbriefen, als in jenen Ländern unpraktisch, und die Anlegung in Hypotheken und Grundschuldbriefen um deswillen ausgeschlossen worden, weil für jene Gegenden eine reichsgesetzliche Fixirung der Grenze der pupillarischen Sicherheit von Hypotheken unausführbar ist. Vgl. den Komm.-Ber. zum Krankenversicherungsgesetz, R.-T.-Dr.-S. 1883, Nr. 211 S. 59.

Zu § 77.

[1]) Rechnungsergebnisse, welche von den einzelnen Berufsgenossenschaften und Ausführungsbehörden (§ 2 A.-G.) für ihre Bezirke dem R.-V.-A. jährlich mitzutheilen sind. Für die Aufstellung dieser Rechnungsergebnisse der Berufsgenossenschaften ꝛc. hat das R.-V.-A. obligatorische Formulare aufgestellt und für dieselben ausführliche Erläuterungen gegeben. Vgl. die jetzt geltenden Vorschriften in A. N. IV S. 260. Die dem Reichstage vorgelegten Nachweisungen über die gesammten Rechnungsergebnisse sind abgedruckt für 1885 (IV. Qu.) in A. N. III S. 56fg., für 1886 in A. N. IV S. 87fg., für 1887 in A. N. V S. 9fg.

Bekanntmachung
vom 23. Februar 1885 (Centr.-Bl. S. 51).

Der Bundesrath hat in seiner Sitzung vom 22. Januar 1885 beschlossen,

auf Grund des § 77 Abs. 2 des Unfallversicherungsgesetzes vom 6. Juli 1884 (R.-G.-B. S. 69) festzusetzen, dass das Rechnungsjahr für die Berufsgenossenschaften mit dem 1. Januar beginne und mit dem 31. Dezember schliesse.

Der Reichskanzler.
In Vertretung: v. Boetticher.

VII. Unfallverhütung. Ueberwachung der Betriebe durch die Genossenschaften.

Unfallverhütungsvorschriften.

§ 78.*)

[1])Die Genossenschaften sind befugt[2]), für den Umfang des Genossenschaftsbezirkes oder[3]) für bestimmte Industriezweige oder (Abs. 1.)

*) § 78 gilt nicht für die einer Berufsgenossenschaft nicht zugewiesenen fiskalischen etc. Betriebe (§ 3 A.-G., §§ 44, 47 B.-U.-G.); bei denselben tritt an Stelle dieses § die besondere Bestimmung des § 9 A.-G. Im Uebrigen aber gilt dieser § auch für den Bereich des Ausdehnungsgesetzes (§§ 1, 3, 9 A.-G) und des Bau-Unfallversicherungsgesetzes, für letzteres mit entsprechender Erweiterung auf die Versicherungsanstalten (§§ 44, 48 B.-U.-G.).

---

[2]) dem Reichstag, wegen des Interesses, welches der Reichstag an den finanziellen Ergebnissen der Unfallversicherung schon im Hinblick auf die durch § 33 eingeführte eventuelle Reichsgarantie hat (Mot. S. 76).

[3]) Reichs-Versicherungsamt, welches auch die Betriebsergebnisse der den Landes-Versicherungsämtern unterstellten Genossenschaften extrahiren muß. Die Landes-Versicherungsämter treten für diese Funktion nicht an die Stelle des Reichs-Versicherungsamts, § 92.

[4]) Nachweisung. Wegen der Verwaltungskosten der Sektionen vgl. Anm. 2 zu § 19.

[5]) übereinstimmend, weil die vorgesehene Verbindung des Kassen- und Rechnungswesens mit der Postverwaltung sonst nicht durchführbar sein würde (Motive S. 76). Das Rechnungsjahr ist das Kalenderjahr, vergl. oben Bek. v. 23. Februar 1885.

Zu § 78.

[1]) Ueber die Unfallverhütung sagen die Motive (S. 76) außer den Ausführungen in dem allg. Theil (S. 32): „Bei der auf Gegenseitigkeit beruhenden

Betriebsarten[4]) oder[3]) bestimmt abzugrenzende Bezirke Vorschriften zu erlassen:

1. über die von den Mitgliedern zur Verhütung von Unfällen in ihren Betrieben zu treffenden Einrichtungen[5]) unter Bedrohung der Zuwiderhandelnden mit der Einschätzung[6]) ihrer Betriebe in eine höhere Gefahrenklasse[7]), oder falls sich die letzteren bereits in der höchsten Gefahrenklasse befinden, mit Zuschlägen[6]) bis zum doppelten Betrage ihrer Beiträge.

   Für die Herstellung der vorgeschriebenen Einrichtungen ist den Mitgliedern eine angemessene[8]) Frist zu bewilligen;

Regelung der Unfallversicherung hat nicht nur jede Genossenschaft, sondern auch jedes einzelne Mitglied derselben ein Interesse daran, daß in den Betrieben der Genossenschaftsmitglieder möglichst wenig Unfälle vorkommen. Dieses Interesse ist gesetzlich zu schützen. Dasselbe bietet zugleich die geeignetste Grundlage für die der genossenschaftlichen Organisation anzupassende systematische Regelung der zur Verhütung von Unfällen zu ergreifenden Maßregeln. Von diesem Gesichtspunkte aus legt der Entwurf den Genossenschaften die Befugniß bei, für ihre Mitglieder Vorschriften über die von ihnen zur Verhütung von Unfällen zu treffenden Einrichtungen zu erlassen und an deren Nichterfüllung gewisse Nachtheile zu knüpfen.

Auf diese Weise wird voraussichtlich zugleich die gewerbliche Selbstverwaltung auf einem Gebiete fruchtbar gemacht, auf welchem die staatliche Verwaltung, wie sie in den §§ 120 und 139b der Gewerbeordnung geregelt ist, aus dem Grunde mit großen Schwierigkeiten zu kämpfen hat, weil die Frage, wie weit mit Vorschriften der hier in Rede stehenden Art und mit deren Durchführung gegangen werden kann, ohne in ungerechtfertigt störender Weise in die freie Bewegung der Industrie einzugreifen, in vielen Fällen zu erheblichen Zweifeln Veranlassung giebt.

Bei den Organen der Genossenschaften werden die den Mitgliedern derselben beiwohnende genaue Kenntniß der Verhältnisse und Bedürfnisse der von ihnen vertretenen Industriezweige auf der einen Seite und das Interesse an der Verhütung der Unfälle auf der anderen Seite voraussichtlich dahin führen, daß die zu erlassenden Schutzvorschriften die richtige Mitte zwischen zu großer Milde und zu großer Strenge innehalten. Dies läßt sich um so mehr erwarten, als es bei der Beschränkung der Verbindlichkeit der zu erlassenden Vorschriften auf die Mitglieder der Genossenschaft möglich sein wird, bei der Abfassung derselben mit der erforderlichen Berücksichtigung der besonderen Verhältnisse jedes einzelnen Industriezweiges vorzugehen und den Fehler zu großer Allgemeinheit, welcher den auf gesetzlichem Wege erlassenen Vorschriften leicht anhaftet, zu vermeiden" (vgl. Motive zur Vorlage vom Jahre 1882 S. 74). Ueber die Handhabung der Unfallverhütungsvorschriften Seitens der Genossenschaften und

2. über das in den Betrieben von den Versicherten [9]) zur Verhütung von Unfällen zu beobachtende Verhalten unter Bedrohung der Zuwiderhandelnden mit Geldstrafen [10]) bis zu sechs Mark.

Diese Vorschriften bedürfen der Genehmigung [11]) des Reichs-Versicherungsamts [12]). (Abs. 2.)

Dem Antrage auf Ertheilung der Genehmigung ist die gutachtliche Aeußerung der Vorstände [13]) derjenigen Sektionen, für welche [14]) die Vorschriften Gültigkeit haben sollen, oder, sofern die Genossenschaft in Sektionen nicht eingetheilt ist, des Genossenschaftsvorstandes beizufügen. (Abs. 3.)

---

das Verhältniß derselben zu den Staatsaufsichtsbeamten vgl. A. N. III S. 139, 158; die Beauftragten sollen mit den staatlichen Fabrikaufsichtsbeamten Hand in Hand gehen.

Für die Zwecke der Unfallverhütung macht das R.-V.-A. zunächst für das Jahr 1887 eine einheitliche Unfallstatistik auf, behufs deren von den Genossenschaften für jeden von ihnen enschädigten Unfall (aus dem Jahr 1887) eine besondere Unfall-Zählkarte einzureichen war (A. N. III S. 154, 208).

²) Die Genossenschaften sind befugt Ueber die Ausübung dieser Befugnisse soll das Genossenschaftsstatut Bestimmungen enthalten, § 17. Es handelt sich aber immer um eine den Genossenschaftsversammlungen gesetzlich übertragene Beschlußfassung, denn die Genossenschafts- und Sektionsvorstände haben neben dem Antrag auf Genehmigung der beschlossenen Unfallverhütungsvorschriften noch ein Gutachten abzugeben (Abs. 3), und dasselbe wäre widersinnig, wenn sie selbst zum Erlaß der Unfallverhütungsvorschriften befugt sein sollten. Vgl. auch A. N. II S. 64 sowie das Rundschreiben, betr. das bei dem Erlaß von Unfallverhütungsvorschriften zu beobachtende Verfahren, v. 27. April 1887 (A N. III S. 145). Wegen Ueberwachung der Ausführung s. § 82. Neben der Befugniß der Genossenschaften bleibt die Befugniß des Bundesraths zum Erlaß von Unfallverhütungsvorschriften (§ 120 der Gew.-Ordnung) bestehen (vgl. Anm. 1 zu § 81), ebenso die gleichartige Befugniß der Landesbehörden, § 81.

³) für den Umfang ... oder. Die Befugniß der Genossenschaften bezieht sich nicht auf individuelle Vorschriften für einzelne Betriebe, sondern nur auf generelle Verfügungen für eine Kategorie gleichartiger Betriebe (Komm.-Ber. S. 50). Ungenügende Einrichtungen in einzelnen Betrieben können nur zu einer Einschätzung in höhere Gefahrenklassen (cf. auch § 28 Abs. 5) bezw. zur Anzeige bei den Polizeibehörden behufs Abstellung führen; ihre Beseitigung kann aber von der B.-G. nicht beansprucht werden, sofern nicht entsprechende Unfallverhütungsvorschriften hierzu eine Handhabe bieten (A. N. II S. 81).

Baugewerks-B.-G., und zwar auch die unter das U.-V.-G. fallenden, können innerhalb ihrer örtlichen Bezirke auch für den Geltungsbereich ihrer Versicherungsanstalten, also für Privat-Regiebauten, gleichartige Unfallverhütungsvorschriften erlassen (§§ 44 Ziffer 2, 48 B.-U.-G.); vgl. Anm. 7.

3a) Vorschriften zu erlassen. Derartige Unfallverhütungsvorschriften sind seither von 46 industriellen Berufsgenossenschaften erlassen worden, und 3 weitere Berufsgenossenschaften haben ihren Mitgliedern besondere Einrichtungen zur Verhütung von Unfällen empfohlen*). Auch 2 landw. B.-G. (Schwarzburg-Sondershausen und Reg.-Bezirk Pfalz) haben bereits Unfallverhütungsvorschriften erlassen.

Vgl. genehmigte Unfallverhütungsvorschriften in A. N. II S. 190, 207, 232, 256, 259; III S. 33 u. a.

4) Betriebsarten. Hierbei ist „an die Form und die Mittel, in und mit denen der Betrieb sich vollzieht, gedacht worden, also an Dampfbetrieb im Gegensatz zum Handbetrieb, an den Betrieb mit Centrifugen (Trockenschleudern), Treibriemen, Aufzügen u. s. w.: Betriebsarten, welche bei verschiedenen Industriezweigen vorkommen" (Mot. S. 76).

Der Ausdruck kommt an dieser Stelle im Gesetz zum ersten Male vor, während er im Krankenversicherungsgesetz fast immer, namentlich auch bei der Bildung von Krankenkassen, dem Ausdruck „Industriezweig" an die Seite gesetzt ist. cf. auch Anm. 2 zu § 19.

5) zu treffenden Einrichtungen, cf. Anm. 1. Hierunter sind (objektiv) bauliche oder maschinelle Einrichtungen, gleichzeitig aber auch (subjektiv) andere „Maßnahmen", welche die Betriebsunternehmer zur Verhütung von Unfällen zu treffen haben, zu verstehen (A. N. IV S. 190). Die Anordnungen sollen sich nur auf erprobte und bewährte Vorkehrungen richten, vgl. allg. Mot. (oben S. 60).

Das R.-V.-A. führt in dem Rundschreiben vom 19. April 1886 (A. N. II S. 63) aus, daß die Unfallverhütungsvorschriften für die Betriebsunternehmer sich in folgende Kategorieen theilen lassen:

1) in Vorschriften, welche die Einrichtung der Betriebsanlagen als solcher betreffen, und welche
   a) theils allgemeiner Natur sind, wie Sicherung der Treppen, Fahrstühle, Luken, Gruben ꝛc., schützende Einfriedigung von Schwungrädern oder Zahnrädern, von Transmissionsriemen u. a.
   b) theils spezieller Natur sind, indem sie sich den einzelnen Arbeitsmaschinen und Apparaten bezw. Arbeitsthätigkeiten anschließen, wie Vorschriften zur Sicherung der Gerüste u. a.
2) in Vorschriften, welche den Unternehmer zur Ausrüstung der Arbeiter mit gewissen Schutzmitteln (z. B. Hand- oder Fußbekleidungsstücken) verpflichten, oder ihm gewisse Verhaltungsmaßregeln (z. B. Beschrän-

*) R. Platz, Die Unfallverhütungsvorschriften, herausgegeben vom Verbande der deutschen Berufsgenossenschaften. 2 Theile. Berlin, Carl Heymanns Verlag, 1889, 1890.

fung der Verwendung jugendlicher Arbeiter auf ungefährliche Verrichtungen) auferlegen, oder ihn dafür verantwortlich machen, daß die zum Schutz der Arbeiter vorhandenen Einrichtungen zu gegebener Zeit auch wirklich in Benutzung genommen werden können, z. B. daß die vorhandenen Lampen bei eintretender Dunkelheit angezündet, die Ausgänge nicht versperrt werden u. a.

Eine Zusammenstellung der hauptsächlichsten Bestimmungen der bisher erlassenen Unfallverhütungsvorschriften siehe A. N. V S. 141.

[6]) Einschätzung — Zuschläge, durch den Genossenschaftsvorstand § 80. Direkte Zwangsmittel, insbesondere Behinderung des mit den vorgeschriebenen Maßregeln nicht versehenen Betriebes, sind also ausgeschlossen.

[7]) in eine höhere Gefahrenklasse. Dies ist nach den Motiven „angemessener, als die Bedrohung mit Strafzuschlägen, da dem Betriebsunternehmer unter Umständen die Mittel fehlen können, den erlassenen Vorschriften alsbald zu entsprechen, während die unterlassene Befolgung der Schutzvorschriften die Gefährlichkeit des Betriebes steigert und somit Anlaß bietet, denselben in eine höhere Gefahrenklasse einzureihen" (Mot. S. 77).

Nur wo dies nicht mehr möglich ist, weil der Betrieb schon in der höchsten Gefahrenklasse steht, sieht das Gesetz die Möglichkeit von Zuschlägen vor. Dieselben haben aber nicht den Charakter einer Strafe, sondern sind eine Korrektur für die Eintheilung der Gefahrenklassen und decken die erhöhte Unfallgefahr, ähnlich wie die Zuschläge im Falle des § 28 Abs. 5. Wegen Beitreibung der Zuschläge vgl. Anm. 1 zu § 74. Bei Unfallverhütungsvorschriften für Regiebauten (vgl. Anm. 2) sind als Strafe Zuschläge bis zum doppelten Betrage der Prämie bezw. (bei kleinen Regiebauten) Exekutivstrafen bis 100 Mark anzudrohen (§ 44 Ziffer 2 B.-U.-G.).

[8]) angemessene. Nach den allgemeinen Motiven (S. 32) soll hierbei sowohl die Leistungsfähigkeit der einzelnen Betriebsunternehmer wie die Lage des ganzen Gewerbes berücksichtigt werden.

[9]) von den Versicherten. Eine solche Vorschrift ist unumgänglich, wenn die Thätigkeit der Genossenschaft auf dem Gebiete der Unfallverhütung ihr Ziel erreichen soll. In den Verhandlungen des Volkswirthschaftsraths ist insbesondere darauf hingewiesen worden, daß die Wirksamkeit der Anordnungen zur Verhütung von Unfällen (ein hervorragendes Eisenwerk in Westphalen hatte nicht weniger als 36 derartige Bestimmungen erlassen müssen) sehr häufig an der Gleichgültigkeit und der Indolenz der Arbeiter scheitert, welche die Gefahr nicht eher erkennen wollen, als bis sie dieselbe an ihrem Leibe erfahren haben, und in jeder Schutzmaßregel Erschwerungen ihrer Arbeitsthätigkeit zu erblicken geneigt sind, welche sie perhorresciren. Unfälle in Folge mangelhafter Benutzung der Schutzmaßregeln treffen aber, wie alle Unfälle, nicht nur den schuldigen Arbeiter, sondern auch unschuldige Mitarbeiter, und ebenso in ihrer pekuniären Wirkung die Genossenschaft, welche durch die Anordnung der Schutzmaßregel ihrerseits der Gefahr nach Möglichkeit vorgebeugt hat. Dazu

§ 79.*)

(Abs. 1.) Die im § 41 bezeichneten Vertreter[1]) der Arbeiter sind zu der Berathung und Beschlußfassung der Genossenschafts- oder[2]) Sektionsvorstände über diese Vorschriften zuzuziehen[3]). Dieselben haben

*) § 79 gilt nicht für die einer Genossenschaft nicht zugewiesenen fiskalischen etc. Betriebe (§§ 3, 9 A.-G., §§ 44, 47 B.-U.-G.); bezüglich dieser enthält § 9 A.-G. eine besondere Bestimmung. Ferner gilt § 79 nicht für Unfallverhütungsvorschriften, welche sich auf die Sicherheit des Eisenbahnbetriebes beziehen (§ 14 A.-G.). Im Uebrigen gilt § 79 auch für den Bereich des Ausdehnungsgesetzes (§§ 1, 3 A.-G.) und des Bau-Unfallversicherungsgesetzes, für letzteres mit entsprechender Erweiterung auf die Versicherungsanstalten (§§ 44, 48 B.-U.-G.).

---

kommt, daß „den Versicherten die gesetzliche Entschädigung auch dann nicht entzogen werden soll, wenn sie den Unfall selbst verschuldet haben. Solche Vorschriften werden auch den Krankenkassen zu Gute kommen, da sie in besonderem Maße zur Verminderung der geringfügigeren, die Krankenkassen belastenden Unfälle beizutragen geeignet sind" (Mot. S. 77), und weil außerdem die auf Grund dieser Vorschriften festgesetzten Strafen den Krankenkassen zufließen sollen, § 80. — Auch für die einer Genossenschaft nicht zugewiesenen fiskalischen 2c. Betriebe (Anm. 5 zu § 41), für welche § 78 nicht gilt, enthält § 9 A.-G. eine dieser Vorschrift analoge Bestimmung, und diese gilt auch für die auf Grund des Bau-Unfallversicherungsgesetzes unter besondere Ausführungsbehörden gestellten fiskalischen oder kommunalen Regiebauverwaltungen (§ 46 A.-G.).

Den Betriebsunternehmern bleibt der Erlaß ähnlicher Unfallverhütungsvorschriften für ihre Betriebe unbenommen; sie können aber keine öffentlichrechtliche Strafen, sondern nur Konventionalstrafen (Geldstrafen, Entlassung aus der Arbeit) für die Uebertretung androhen.

[10]) Geldstrafen. Die Festsetzung dieser Strafen ist den Vorständen der Betriebs- (Fabrik-) Krankenkassen, eventuell den Ortspolizeibehörden übertragen, § 80.

[11]) Genehmigung. Dies beruht „auf der Bedeutung, welche die von den Genossenschaften zu erlassenden Vorschriften für die Gewerbepolizei und die Weiterentwickelung des Gewerberechts haben, sowie auf der Erwägung, daß die Möglichkeit eines unzweckmäßigen oder unbilligen Gebrauches der Befugnisse zum Erlaß derartiger Vorschriften keineswegs ausgeschlossen ist" (Mot. S. 78).

[12]) Reichs-Versicherungsamt, event. Landes-Versicherungsamt, §. 92.

[13]) Vorstände unter Zuziehung der Vertreter der Arbeiter, § 79.

[14]) für welche, d. h. innerhalb welcher, da nach dem Eingang dieses Paragraphen für bestimmte Betriebsarten oder örtliche Theile der Sektionen derartige Vorschriften erlassen werden können.

Zu § 79.

[1]) Vertreter der Arbeiter, vgl. Anm. 1 zu § 41. Die Mitwirkung der Versicherten sieht das Gesetz nicht nur bei den Vorschriften über das Verhalten

dabei volles Stimmrecht[4]). Das über die Verhandlungen aufzunehmende Protokoll, aus welchem die Abstimmung der Vertreter der Arbeiter ersichtlich[5]) sein muß, ist dem Reichs-Versicherungsamt[6]) vorzulegen.

Die genehmigten Vorschriften sind den höheren Verwaltungsbehörden[7]), auf deren Bezirke dieselben sich erstrecken, durch den Genossenschaftsvorstand mitzutheilen. (Abs. 2.)

---

der Arbeiter gegenüber den Unfallverhütungsvorschriften vor — damit „bei dem Erlaß der fraglichen Vorschriften eine Sicherung gegen Willkür und Unbilligkeit gewonnen wird" (Mot. S. 77) — sondern auch bei den gegen die Betriebsunternehmer erlassenen Anordnungen zur Unfallverhütung, „welche sich, ohne die Arbeiter direkt zu berühren, auf die Betriebseinrichtungen beziehen". Die Mitwirkung der Arbeiter bei dem Erlaß dieser letzteren Vorschriften beruht darauf, daß „die Arbeiter ein unmittelbares Interesse nicht nur an der Verhütung der Unfälle, sondern auch daran haben, wie die projektirten Einrichtungen auf ihre Leistungsfähigkeit einwirken" (Mot. S. 77).

In den einer Genossenschaft nicht zugewiesenen fiskalischen ꝛc. Betrieben (Anm. 5 zu § 41) sollen nur bei Unfallverhütungsvorschriften der ersteren Art Vertreter der Arbeiter mitwirken. Vgl. § 9 Abs. 1 des Ausdehnungsgesetzes, welche nach § 47 des Bau-Unfallversicherungsgesetzes auch für die unter besondere Ausführungsbehörden gestellten fiskalischen und kommunalen Regie-Bauverwaltungen gilt:

> „Vorschriften der Ausführungsbehörden über das in den Betrieben von den Versicherten zu beobachtende Verhalten sind, sofern sie Strafbestimmungen enthalten sollen, vor dem Erlaß mindestens drei Vertretern der Arbeiter zur Berathung und gutachtlichen Aeußerung vorzulegen. Die Berathung findet unter Leitung eines Beauftragten der Ausführungsbehörde statt."

Die Zuziehung von Vertretern der Arbeiter zur Berathung der Unfallverhütungsvorschriften ist bei allen Eisenbahnbetrieben ausgeschlossen, wenn es sich um Unfallverhütungsvorschriften handelt, welche sich auf die Sicherheit des Eisenbahnbetriebes beziehen, § 14 d. Ausd.-G.

[2]) oder, d. h. jenachdem der Genossenschafts- oder ein Sektionsvorstand in Berathung tritt. Vgl. A. N. III S. 145.

[3]) zuzuziehen. Die Berathung und Beschlußfassung muß in persönlicher Anwesenheit der Arbeitervertreter und in mündlicher Verhandlung erfolgen (A. N. II S. 10). Wegen der Gebühren der Arbeitervertreter vgl. § 44; dieselben gehören, soweit sie einer Sektion erwachsen sind, zu den Verwaltungskosten der Sektion, nicht der Genossenschaft (A. N. III S. 352).

[4]) volles Stimmrecht. Alle Anwesenden haben, sofern sie an sich stimmberechtigt sind, gleiches Stimmrecht, ohne Rücksicht auf ihre Zahl; bei Stim-

§ 80.*)

(Abs. 1.) Die im § 78 Ziffer 1 vorgesehene höhere Einschätzung des Betriebes, sowie die Festsetzung von Zuschlägen erfolgt durch den Vorstand der Genossenschaft, die Festsetzung der im § 78 Ziffer 2 vorgesehenen Geldstrafen [1]) durch den Vorstand der Betriebs-(Fabrik-) Krankenkasse [2]), oder wenn eine solche für den Betrieb nicht errichtet ist, durch die Ortspolizeibehörde [3]). In beiden Fällen findet binnen zwei Wochen nach der Zustellung der bezüglichen Verfügung die Beschwerde statt. Ueber dieselbe entscheidet im ersten Falle [4]) das Reichs-Versicherungsamt [5]), im zweiten Falle [6]) die der Ortspolizeibehörde unmittelbar vorgesetzte Aufsichtsbehörde [7]).

(Abs. 2.) Die Geldstrafen (§ 78 Ziffer 2) fließen in die Krankenkasse [8]), welcher der zu ihrer Zahlung Verpflichtete zur Zeit der Zuwiderhandlung angehört.

*) § 80 gilt nicht für die einer Berufsgenossenschaft nicht zugewiesenen fiskalischen etc. Betriebe (§ 3 A.-G., §§ 44, 47 B.-U.-G.). Im Uebrigen aber gilt dieser § auch für den Bereich des Ausdehnungsgesetzes (§§ 1, 3, 9 A.-G.) und des Bau-Unfallversicherungsgesetzes, für letzteres mit Erweiterungen (§§ 44, 48 B.-U.-G.).

---

mengleichheit gibt der Vorsitzende den Ausschlag (A. N. III S. 168). Aus dem Protokoll ergibt sich dann, wie die einzelnen Kategorien gestimmt haben (A. N. II S, 92).

[5]) ersichtlich sein. „Man wird sich hiernach der Hoffnung hingeben dürfen, daß die obere Instanz die Rechte der Arbeiter überall da wahren werde, wo die Geltendmachung derselben etwa auf den Egoismus oder die Kurzsichtigkeit der Arbeitgeber gestoßen sein sollte" (Komm.-Ber. S. 50).

[6]) Reichs-Versicherungsamt, eventuell Landes-Versicherungsamt (§ 92). Die Vorlegung ist natürlich dann nicht erforderlich, wenn vom Erlaß der Vorschriften Abstand genommen wird.

[7]) höhere Verwaltungsbehörde, § 109.

Zu § 80.

[1]) Geldstrafen. Den Genossenschaftsvorständen hat man die Festsetzung der von den Arbeitern verwirkten Strafen nicht übertragen wollen, weil die Versicherten in den Genossenschaftsvorständen nicht vertreten sind. Die Vorschriften des Gesetzes beruhen zunächst auf einem Vorschlag des Preußischen Volkswirthschaftsraths. Durch dieselben wird sowohl das Interesse der Genossenschaften, wie das der Arbeiter in angemessener Weise gewahrt (Mot. S. 77).

Bei den einer Genossenschaft nicht zugewiesenen fiskalischen ꝛc. Betrieben (Anm. 5 zu § 41) war jene Erwägung nicht durchgreifend, weil bei diesen die Zuständigkeiten der Berufsgenossenschaft (§ 78), des Arbeitgebers (§ 78 Anm. 9) und zum Theil der Landesbehörde (§ 81) zusammenfallen, und den beiden letzteren die Festsetzung durch ihre Organe nicht gut genommen werden kann. Die festgesetzten Strafen fließen aber auch hier in die Krankenkasse (§ 9 A.-G.).

²) Vorstand der Betriebs- (Fabrik-) Krankenkasse. Weil die Strafen in diejenige Krankenkasse (Anm. 8) fließen sollen, welcher der Kontravenient zur Zeit der Zuwiderhandlung angehörte, „ist die Besorgniß ausgeschlossen, daß der Vorstand der Fabrikkrankenkasse, welcher die Strafen festsetzt, Mitglieder anderer Krankenkasse zu Gunsten der Fabrikkrankenkasse strenger beurtheilen möchte ....“

„Neben dem Vorstande der für den Betrieb bestehenden Krankenkasse die Vorstände anderer Krankenkassen, zu denen etwa Arbeiter des Betriebes gehören, mit der Festsetzung der zu verhängenden Strafen zu betrauen, erscheint nicht angängig. Die Handhabung der Disziplin über die Arbeiter eines Betriebes kann wohl der Ortspolizeibehörde oder dem Vorstande der Betriebskrankenkasse übertragen werden, nicht aber dem Vorstand einer anderen zu dem Betriebe nicht in näherer Beziehung stehenden Kasse. Schon die räumliche Entfernung zwischen dem Sitz einer solchen Kasse und dem Ort des Betriebes könnte zu unübersteiglichen Schwierigkeiten führen. Ueberdies würde dadurch die Gefahr entstehen, daß eine ganz verschiedene Beurtheilung gleicher in ein und demselben Betrieb vorkommender Fälle durch die verschiedenen Kassenvorstände, die zur Entscheidung berufen würden, eintreten könnte“ (Mot. S. 78).

Für die Bezirke sämmtlicher Baugewerks-B.-G. sind die Vorstände der Bau-Krankenkassen rücksichtlich der Strafbefugniß den Vorständen der Betriebs- (Fabrik-) Krankenkassen gleichgestellt worden (§§ 44 Ziffer 2, 48 B.-U.G.).

³) Ortspolizeibehörde, vgl. Anm. 6 zu § 51.

⁴) im ersten Fall, d. h. in den beiden Fällen des § 78 Nr. 1 (höhere Einschätzung des Betriebes, event. Festsetzung von Zuschlägen).

⁵) Reichs-Versicherungsamt, event. Landes-Versicherungsamt, § 92.

⁶) im zweiten Fall, d. h. wenn es sich um die Festsetzung der im § 78 Nr. 2 vorgesehenen Geldstrafen handelt.

⁷) Aufsichtsbehörde. „Bei derselben laufen also alle Beschwerden dieser Art zusammen, auch diejenigen, welche sich gegen die Verfügungen der Betriebs- (Fabrik-) Krankenkassenvorstände richten.“ Die Aufsichtsbehörde kann sich bei der Entscheidung über die Beschwerden „des Gutachtens der auf diesem Gebiet vorzugsweise sachverständigen staatlichen Aufsichtsbeamten (§ 139b der Gewerbe-Ordnung)“ (Gewerberäthe und Fabrikinspektoren) „bedienen“ (Mot. S. 78).

⁸) Krankenkasse. „Unter Krankenkasse im Sinne dieses Gesetzes — vergl. auch § 93 (jetzt § 96) — sind auch die Gemeinde-Krankenversicherung und die Knappschaftskassen zu verstehen“ (Mot. S. 78).

Auf die Strafgelder hat jede Kasseneinrichtung Anspruch, welcher der Kontravenient zur Zeit der Zuwiderhandlung angehörte, also auch eine eingeschriebene Hülfskasse, Innungskrankenkasse, Baukrankenkasse, sowie die Gemeinde-

§ 81.*)

Die von den Landesbehörden[1]) für bestimmte Industriezweige oder Betriebsarten[2]) zur Verhütung von Unfällen[2a]) zu erlassenden Anordnungen sollen, sofern nicht Gefahr im Verzuge ist, den betheiligten Genossenschaftsvorständen[3]) oder[4]) Sektionsvorständen zur Begutachtung nach Maßgabe des § 78 vorher mitgetheilt werden. Dabei findet der § 79 entsprechende Anwendung[5]).

*) § 81 gilt nicht für die einer Berufsgenossenschaft nicht zugewiesenen fiskalischen etc. Betriebe (§ 3 A.-G., §§ 44, 47 B.-U.-G.), bei Eisenbahnen überhaupt nicht für solche Vorschriften, welche sich auf die Sicherheit des Eisenbahnbetriebes beziehen (§ 14 A.-G.). Im Uebrigen gilt § 81 auch im Bereich des Ausdehnungsgesetzes (§ 1 A.-G.) und des Bau-Unfallversicherungsgesetzes (§ 44 B.-U.-G.).

---

krankenversicherung. Gehört der Kontravenient mehreren Krankenkassen gleichzeitig an, so ist diejenige Krankenkasse im Vorzug, welcher er angehört, um seiner Versicherungspflicht zu genügen, bezw. auf deren Leistungen er ohne Kürzung Anspruch hat (vergl. § 26 Abs. 3 des Krankenversicherungsgesetzes, v. Woedtke, Komm. zu demselben Anm. 6 zu § 19 und die im Register desselben unter „Verhältniß" angeführten sonstigen Ausführungen). Eine Theilung der Strafe unter mehrere Kassen liegt nicht im Sinne des Gesetzes.

Darüber, daß auch die in fiskalischen rc. selbständigen Betrieben verwirkten derartigen Geldstrafen in die Krankenkasse fließen, vgl. oben Anm. 1.

Zu § 81.

[1]) Landesbehörden, wenn auch, wie die Motive ausführen, in Zukunft nur noch selten derartige staatliche Anordnungen werden erforderlich werden. Solche werden insbesondere dann noch zu erlassen sein, wenn die Genossenschaften einem dringenden Bedürfniß zum Erlaß derartiger Anordnungen nicht entsprechen. Der Bundesrath, welcher auf Grund des § 120 der Gew.-Ordnung Unfallverhütungsvorschriften erlassen darf, ist an die Begutachtung der Vorstände und Arbeitervertreter nicht gebunden; „der Bundesrath habe nur solche Vorschriften zu erlassen, deren Tragweite über die Grenzen eines einzelnen Bundesstaates hinausreiche, und seine Thätigkeit würde im höchsten Maße erschwert werden, wenn man ihn durch Annahme des gestellten Antrages nöthige, die sämmtlichen Genossenschafts- und Sektionsvorstände zu hören" (Komm.-Ber. S. 51).

[2]) für Industriezweige oder Betriebsarten (Anm. 4 zu § 78), also nur bei generellen Vorschriften, nicht schon dann, wenn polizeiliche Anordnungen zur Verhütung von Unfällen für einen oder für einzelne spezielle Betriebe erlassen werden sollen, in welchen gefahrdrohende Zustände bestehen. In letzteren Fällen ist, wie die Motive (S. 79) ausdrücklich hervorheben, die vorherige Anhörung der Genossenschaften und der Vertreter der Arbeiter nicht erforderlich.

[2a]) von Unfällen. Vorschriften, welche von den Landesbehörden auf

Ueberwachung der Betriebe.

§ 82.*)

Die Genossenschaften sind befugt, durch Beauftragte[1]) die Be- (Abs. 1.) folgung der zur Verhütung von Unfällen erlassenen Vorschriften zu überwachen[2]), von den Einrichtungen der Betriebe, soweit[3]) sie für die Zugehörigkeit zur Genossenschaft oder für die Einschätzung in den Gefahrentarif von Bedeutung sind, Kenntniß zu nehmen und behufs Prüfung der von den Betriebsunternehmern auf Grund gesetzlicher oder statutarischer Bestimmungen eingereichten Arbeiter-

*) § 82 gilt **nicht** für die einer Berufsgenossenschaft nicht zugewiesenen fiskalischen etc. Betriebe (§ 3 A.-G., §§ 44, 47 B.-U.-G.). Im Uebrigen aber gilt dieser § auch für den Bereich des Ausdehnungsgesetzes (§ 1 A.-G.) und des Bau-Unfallversicherungsgesetzes, für letzteren mit Ausdehnung auf die Versicherungsanstalten (§§ 44, 48 B.-U.-G.).

Grund der §§ 18, 120 Gew.-Ordnung zur thunlichsten Sicherheit gegen Gefahr für Leben und Gesundheit beabsichtigt werden, dürfen (müssen aber nicht!) den Genossenschaftsvorständen auch dann zur Begutachtung vorgelegt werden, wenn sie sich nur auf sanitäre Schutzmaßregeln beziehen. Dies ist für Preußen ausdrücklich anerkannt. Die Grenze zwischen Unfall- und Krankheitsverhütung ist oft eine flüssige.

[3]) den betheiligten Genossenschaftsvorständen. „Dabei geht der Entwurf von dem Gesichtspunkte aus, daß den Genossenschaften ein möglichst weiter Einfluß auf die Regelung der sie berührenden Angelegenheiten einzuräumen ist, und daß die Vertreter der Arbeiter überall da zu einer Mitwirkung heranzuziehen sind, wo es sich um Maßnahmen handelt, welche die Arbeiter betreffen" (Motive S. 79).

[4]) oder, vgl. Anm. 2 zu § 79.

[5]) Anwendung. Die für die Eisenbahnbetriebe festgesetzte Ausnahme von der Bestimmung des § 79 (cf. Anm. 1 a. E. zu § 79) findet auch auf die Fälle des § 81 Anwendung. (§ 14 A.-G.)

Zu § 82.

[1]) Beauftragte. Die Funktionen als Beauftragter (§ 82) und als Vertrauensmann (§ 19) werden häufig in einer Hand zu vereinigen sein; vorgeschrieben aber ist solche Vereinigung nicht. Ebensowenig besteht eine gesetzliche Nöthigung, die Stelle eines Beauftragten anzunehmen oder als Ehrenamt zu vergeben, auch ist die Wählbarkeit des Beauftragten nicht abhängig von den Voraussetzungen für die Wählbarkeit der Vorstandsmitglieder oder Vertrauensmänner. Die Beauftragten brauchen daher insbesondere nicht Mitglieder der Genossenschaft zu sein (A. N. I S. 352). Die Honorirung der Beauftragten ist Sache der Genossenschaft, kann aber als Theil der Verwaltungskosten den Sektionen auferlegt werden (A. N. II S. 73). Die gegen Vergütung angestellten Beauftragten werden insbesondere als „Revisions-

und Lohnnachweisungen diejenigen[3]) Geschäftsbücher und Listen einzusehen, aus welchen die Zahl der beschäftigten Arbeiter und Beamten und die Beträge der verdienten Löhne und Gehälter ersichtlich werden.

(Abs. 2.) Die einer Genossenschaft angehörenden Betriebsunternehmer[3a]) sind verpflichtet, den als solchen legitimirten[4]) Beauftragten der betheiligten Genossenschaft auf Erfordern den Zutritt zu ihren Betriebsstätten während der Betriebszeit zu gestatten und die bezeichneten Bücher und Listen an Ort und Stelle zur Einsicht vorzulegen. Sie können hierzu, vorbehaltlich der Bestimmungen des § 83, auf Antrag der Beauftragten von der unteren Verwaltungsbehörde[5]) durch Geldstrafen[6]) im Betrage bis zu dreihundert Mark angehalten werden.

---

ingenieure" bezeichnet. Gesichtspunkte für die Anstellung von Beauftragten siehe A. N. III S. 1. Die Beauftragten müssen mit den staatlichen Aufsichtsbeamten Hand in Hand gehen (A. N. III S. 139); ihnen kann in Preußen die Vornahme der polizeilich vorgeschriebenen Prüfung von Dampffässern übertragen werden (A. N. V S. 134, 362). Vgl. § 85.

Wenn auch die Ernennung besonderer Beauftragter für spezielle Fälle nicht ausgeschlossen erscheint, so behandelt das Gesetz diese Organe doch mehr als eine ständige Einrichtung; sie sollen auf Verschwiegenheit vereidigt (§ 84), ihr Name und ihr Wohnsitz sollen der Staatsbehörde mitgetheilt werden (§ 85). „In der Kommission und bei den Vertretern der verbündeten Regierungen herrschte Einverständniß darüber, daß die Berufsgenossenschaften befugt seien, ein ständiges Organ zu kreiren, welches, soweit es nicht im einzelnen Falle ausgeschlossen wird, ein- für allemal die in § 82 vorgesehenen Funktionen ausübt" (Komm.-Ber. S. 51).

[2]) überwachen, auf Kosten der Genossenschaft, vorbehaltlich eventueller theilweiser Regreßnahme gegen die Unternehmer, § 86. Die Berechtigung der Genossenschaft zur Ueberwachung der Betriebe erstreckt sich bei Baugewerks-B.-G. auch auf die zu den Versicherungsanstalten derselben gehörenden Unternehmer (Bauherren), welche, ohne Mitglied der Genossenschaft zu sein, in dem Bezirke derselben (Regie-) Bauarbeiten ausführen (§§ 44 Ziffer 3, 48 B.-U.-G.). Vgl. Anm. 3a.

[3]) soweit . . . diejenigen. Die Revisionsbefugniß der Beauftragten erstreckt sich nur soweit, als die Interessen der Genossenschaft in Frage kommen. Das Recht, sämmtliche Betriebsanlagen und Geschäftsbücher in Augenschein zu nehmen, steht ihnen nicht zu. Sollten im Einzelfall über den Umfang der Revisionsbefugniß Zweifel entstehen, so entscheiden darüber zunächst die Organe der Genossenschaft, eventuell das Reichs-(Landes-)Versicherungsamt, §§ 89, 92.

§ 83.*)

[1])Befürchtet der Betriebsunternehmer[1a]) die Verletzung eines Fabrikgeheimnisses oder die Schädigung seiner Geschäftsinteressen in Folge der Besichtigung des Betriebes durch den Beauftragten der Genossenschaft, so kann derselbe die Besichtigung durch andere Sachverständige beanspruchen[2]). In diesem Falle hat er dem Genossenschaftsvorstande, sobald er den Namen des Beauftragten erfährt, eine entsprechende Mittheilung zu machen und einige[3]) geeignete Personen zu bezeichnen, welche auf seine Kosten[4]) die erforderliche Einsicht in den Betrieb zu nehmen und dem Vorstande die für die Zwecke der Genossenschaft nothwendige Auskunft über die Betriebseinrichtungen zu geben bereit sind. In Ermangelung einer Verständigung zwischen dem Betriebsunternehmer[1a]) und dem Vorstande entscheidet auf Anrufen des letzteren das Reichs-Versicherungsamt[5]).

*) § 83 gilt **nicht** für die einer Berufsgenossenschaft nicht zugewiesenen fiskalischen etc. Betriebe (§ 3 A.-G., §§ 44, 47 B.-U.-G.). Im Uebrigen aber gilt dieser § auch für den Bereich des Ausdehnungsgesetzes (§ 1 A.-G.) und des Bau-Unfallversicherungsgesetzes (§§ 44, 48 B.-U.-G.).

In dieser einschränkenden Bestimmung liegt neben den schweren Strafbestimmungen der §§ 107, 108 ein ausreichender Schutz der Industrie gegen unberechtigtes Eindringen in Betriebsverhältnisse.

3a) Betriebsunternehmer. Die gleiche Verpflichtung haben im Bereich von Baugewerks-B.-G. die zu den Versicherungsanstalten derselben gehörenden Unternehmer (Bauherren), welche, ohne Mitglied der Genossenschaft zu sein, in dem Bezirke derselben (Regie-) Bauarbeiten ausführen (§§ 44 Ziffer 3, 48 B.-U.-G.). Vgl. Anm. 2.

[4]) legitimirten. Wie die Legitimation zu führen sei, wird der Genossenschaftsvorstand zu bestimmen haben.

[5]) untere Verwaltungsbehörde, § 109.

[6]) Geldstrafen; wohin dieselben fließen, bestimmen die Zentralbehörden, § 109.

Die Strafe soll erst dann verhängt werden, wenn der Betriebsunternehmer nach erfolgter obrigkeitlicher Androhung der Strafe bei seiner Renitenz beharrt (A. N. IV S. 302), kann als Exekutivstrafe aber wiederholt werden.

Zu § 83.

[1]) Bei der Beaufsichtigung der Betriebe durch Beauftragte der Genossenschaft „verlangt, wie von dem preußischen Volkswirthschaftsrath mit Recht hervorgehoben worden ist, der Fall eine besondere Behandlung, wenn ein Betriebsunternehmer im Interesse der Wahrung von Fabrikgeheimnissen oder aus

Konkurrenzrücksichten den Eintritt eines Beauftragten der Genossenschaft in seinen Betrieb zu gestatten sich weigert. In solchem Falle soll der Betriebsunternehmer seinen Widerspruch gegen die Persönlichkeit des Beauftragten bei dem Vorstande der Genossenschaft geltend machen, daneben aber dem Vorstande einige andere geeignete Personen bezeichnen, welche auf seine Kosten die erforderliche Einsicht in den Betrieb zu nehmen und dem Vorstande die für die Zwecke der Genossenschaft nothwendige Auskunft über die Betriebseinrichtungen zu geben bereit sind" (Motive S. 79). Diese „geeigneten Personen" müssen Sachverständige, brauchen aber nicht Mitglieder der Genossenschaft (Konkurrenten) zu sein. „Dem Wunsch, durch das Gesetz die Kontrole direkt den Fabrikinspektoren bezw. Gewerberäthen zu übertragen, gegen deren Diskretion ebenso wenig Zweifel bestände wie gegen ihre Sachkenntniß, . . . stehen erhebliche, staatsrechtliche Bedenken entgegen. Man könne nicht durch Reichsgesetz vorschreiben, daß Staatsbeamte in den Dienst der Berufsgenossenschaften treten sollten, abgesehen davon, daß die Fabrikinspektoren zur Zeit völlig außer Stande sein würden, diese Verpflichtungen zu übernehmen" (Komm.-Ber. S. 51).

Wenn hiernach die Fabrikinspektoren auch nicht generell schon kraft Gesetzes die Kontrolbeamten der Genossenschaft sein sollen, so steht doch nichts entgegen, daß sie in einzelnen besonderen Fällen auf Wunsch eines Unternehmers die Funktionen des Sachverständigen übernehmen. Auch ist in Einzelfällen deren Anstellung als Beauftragte (im Nebenamt) von ihrer Dienstaufsichtsbehörde ausdrücklich genehmigt worden. Vgl. die Uebersicht über die bei den Berufsgenossenschaften (April 1888) angestellten Beauftragten in A. N. IV S. 254.

1a) Betriebsunternehmer, bei Regiebauten auch der Bauherr, vgl. Anm. 2, 3a zu § 82.

2) kann beanspruchen. Er braucht also dem Vorstande nicht etwa den Nachweis zu führen, daß bei der Zulassung des designirten Beauftragten Fabrikgeheimnisse verletzt oder Konkurrenten gefördert werden könnten; der Ausdruck einer desfallsigen Befürchtung genügt, und der Vorstand ist verpflichtet, auf eine solche Befürchtung in jedem Falle Rücksicht zu nehmen. Dagegen ist der Vorstand nicht verpflichtet, die von dem Unternehmer bezeichneten Personen mit der Revision zu beauftragen, falls er deren Qualifikation, Vertrauenswürdigkeit 2c. glaubt anzweifeln zu sollen; es ist vielmehr in solchem Falle die Sache dem Reichs- (Landes-) Versicherungsamt vorzutragen und dessen Entscheidung anzurufen, wenn eine Verständigung über die Revisoren nicht zu erzielen sein sollte. Erachtet dann das Reichs- (Landes-) Versicherungsamt die Bedenken des Genossenschaftsvorstandes gegen die von den Unternehmern vorgeschlagenen Sachverständigen für begründet, so wird es seinerseits eine geeignete Persönlichkeit als Sachverständigen ernennen, welcher dann die Besichtigung auf Kosten des Unternehmers vorzunehmen hat.

Die Ablehnungsbefugniß des Unternehmers bezieht sich nur auf die Besichtigung des Betriebes, nicht auf die Einsicht der Geschäftsbücher und

§ 84.*)

Die Mitglieder der Vorstände der Genossenschaften, sowie deren Beauftragte (§§ 82, 83) und die nach § 83 ernannten Sachverständigen haben über die Thatsachen, welche durch die Ueberwachung und Kontrole der Betriebe zu ihrer Kenntniß kommen, Verschwiegenheit[1]) zu beobachten und sich der Nachahmung[2]) der von den Betriebsunternehmern geheim gehaltenen, zu ihrer Kenntniß gelangten Betriebseinrichtungen und Betriebsweisen, so lange als diese Betriebsgeheimnisse sind, zu enthalten. Die Beauftragten der Genossenschaften und Sachverständigen sind hierauf von der unteren Verwaltungsbehörde[3]) ihres Wohnortes zu beeidigen[4]).

*) § 84 gilt nicht für die einer Berufsgenossenschaft nicht zugewiesenen fiskalischen etc. Betriebe (§ 3 A.-G., §§ 44, 47 B.-U.-G.). Im Uebrigen gilt aber dieser § auch für den Bereich des Ausdehnungsgesetzes (§ 1 A.-G.) und des Bau-Unfallversicherungsgesetzes (§§ 44, 48 B.-U.-G.).

§ 85.*)

Namen und Wohnsitz der Beauftragten sind von dem Genossenschaftsvorstande den höheren Verwaltungsbehörden[1]), auf deren Bezirke sich ihre Thätigkeit erstreckt, anzuzeigen. (Abs. 1.)

*) § 85 gilt nicht für die einer Berufsgenossenschaft nicht zugewiesenen fiskalischen etc. Betriebe (§ 3 A.-G., §§ 44, 47 B.-U.-G.). Im Uebrigen aber gilt dieser § auch für den Bereich des Ausdehnungsgesetzes (§§ 1, 3 A.-G.) und des Bau-Unfallversicherungsgesetzes (§§ 44, 48 B.-U.-G.).

Listen, da es sich nach § 82 bei den Geschäftsbüchern und Listen nur um die Zahl der beschäftigten Personen und die Beträge der verdienten Löhne handelt und jeder Unternehmer es in der Hand hat, andere Notizen, die er nicht offen legen will, in diese Bücher nicht einzutragen. Eine billige Rücksichtnahme auf Wünsche der Unternehmer ist aber auch hierbei geboten.

Die von dem Unternehmer angebotenen Mittelspersonen stehen, wenn sie von dem Vorstand zugelassen worden sind, den Beauftragten im Sinne des § 82 gleich, und sind wie diese auf Verschwiegenheit zu beeidigen.

³) einige, unter denen dem Vorstand die Wahl zusteht.

⁴) auf seine Kosten, „weil für die Heranziehung dieser Vertrauenspersonen lediglich das Interesse und der Wille des Unternehmers entscheidend ist" (Motive S. 79). Diese Bestimmung dürfte eine zu ausgiebige Ausnutzung jener Ablehnungsbefugniß verhindern.

⁵) Reichs-Versicherungsamt, event. Landes-Versicherungsamt, § 92.

Zu § 84.

¹) Verschwiegenheit. Strafandrohung vgl. §§ 107, 108.

²) Nachahmung. Strafandrohung § 108.

(Abs. 2.) Die Beauftragten sind verpflichtet, den nach Maßgabe des § 139b der Gewerbeordnung bestellten staatlichen Aufsichtsbeamten[2]) auf Erfordern über ihre Ueberwachungsthätigkeit und deren Ergebnisse Mittheilung zu machen, und können dazu von dem Reichs-Versicherungsamt[3]) durch Geldstrafen[4]) bis zu einhundert Mark angehalten werden.

§ 86.*)

Die durch die Ueberwachung und Kontrole der Betriebe entstehenden Kosten gehören zu den Verwaltungskosten der Genossenschaft[1]). Soweit dieselben in baaren Auslagen bestehen, können sie durch den Vorstand der Genossenschaft dem Betriebsunternehmer auferlegt[2]) werden, wenn derselbe durch Nichterfüllung der ihm obliegenden Verpflichtungen zu ihrer Aufwendung Anlaß gegeben hat. Gegen die Auferlegung der Kosten findet binnen zwei Wochen nach Zustellung des Beschlusses die Beschwerde an das Reichs-Versicherungsamt[3]) statt. Die Beitreibung derselben erfolgt in derselben Weise, wie die der Gemeindeabgaben.

*) § 86 gilt nicht für die einer Berufsgenossenschaft nicht zugewiesenen fiskalischen etc. Betriebe (§ 3 A.-G., §§ 44, 47 B.-U.-G.). Im Uebrigen aber gilt dieser § auch für den Bereich des Ausdehnungsgesetzes (§§ 1, 3 A.-G.) und des Bau-Unfallversicherungsgesetzes (§§ 44, 48 B.-U.-G.).

---

[3]) untere Verwaltungsbehörde, § 109.

[4]) zu beeidigen. Eidesformel vgl. A. N. I S. 365.

Zu § 85.

[1]) höhere Verwaltungsbehörde, § 109.

[2]) staatliche Aufsichtsbeamten, d. h. Fabrikeninspektoren, Gewerberäthe. Vgl. auch Anm. 1 zu § 82.

[3]) Reichs-Versicherungsamt, event. Landes-Versicherungsamt, § 92.

[4]) Geldstrafen. Wohin dieselben fließen, bestimmen die Zentralbehörden, § 109.

Zu § 86.

[1]) Genossenschaft, d. h. die Kosten dürfen nicht (vorbehaltlich der Ausnahmen im Text des §) dem Betriebsunternehmer oder Dritten, wohl aber den Sektionen auferlegt werden (A. N. II S. 73), vgl. Anm. 2 zu § 19, Anm. 1 zu § 82.

[2]) auferlegt, müssen aber spezifizirt, dürfen also nicht in Form einer in Höhe der Auslagen festgesetzten summarischen Geldstrafe auferlegt werden (A. N. II S. 276).

[3]) Reichs-Versicherungsamt, event. Landes-Versicherungsamt, § 92.

VIII. Das Reichs-Versicherungsamt.

Organisation.

§ 87.*)

Die Genossenschaften unterliegen in Bezug auf die Befolgung dieses Gesetzes der Beaufsichtigung [1]) des Reichs-Versicherungsamts. (Abs. 1.)

Das Reichs-Versicherungsamt [2]) hat seinen Sitz in Berlin. Es besteht aus mindestens drei ständigen Mitgliedern, einschließlich des Vorsitzenden, und aus acht [2a]) nichtständigen Mitgliedern. (Abs. 2.)

Der Vorsitzende und die übrigen ständigen Mitglieder werden auf Vorschlag des Bundesraths vom Kaiser auf Lebenszeit ernannt. Von den nichtständigen Mitgliedern werden vier vom Bundesrath (Abs. 3.)

*) § 87 Abs. 1 gilt nicht für die einer Berufsgenossenschaft nicht zugewiesenen fiskalischen etc. Betriebe (§ 3 A.-G., § 47 B.-U.-G.). Im Uebrigen aber gilt dieser § auch für den Bereich des Ausdehnungsgesetzes (§§ 1, 3 A.-G.) und des Bau-Unfallversicherungsgesetzes, für letzteres mit Ausdehnung auf die Unfallversicherungsanstalten (§§ 45, 48 B.-U.-G.).

Zu § 87.

1) Beaufsichtigung. Die unter das Ausdehnungsgesetz fallenden, einer Genossenschaft nicht zugewiesenen fiskalischen Betriebe (Anm. 5 zu § 41) unterliegen nicht der Beaufsichtigung des Reichs- oder Landes-Versicherungsamts, sondern der Beaufsichtigung durch die dienstpragmatischen Behörden. Vgl. Begründung zu § 2 des Ausdehnungsgesetzes, wo dies ausdrücklich auch für die Landes-Versicherungsämter ausgesprochen ist. Da die in Geltung bleibenden §§ des Unfallversicherungsgesetzes nicht wörtliche, sondern nur entsprechende Anwendung finden sollen, so gilt hiernach § 92 nur in demselben Umfang wie § 87, also nicht für die Beaufsichtigung (§ 88). Das Gleiche gilt allgemein für die unter das Bau-Unfallversicherungsgesetz fallenden, unter besondere Ausführungsbehörden gestellten fiskalischen und kommunalen Regie-Bauverwaltungen (§ 47 B.-U.-G.).

Im Uebrigen bleibt auch für derartige fiskalische 2c. Betriebe das Reichs-(Landes-)Versicherungsamt als Spruchbehörde (§§ 62, 63) bestehen, und entscheidet auch dort Streitigkeiten über die Gültigkeit der Wahlen sowie Beschwerden darüber, daß ein Entschädigungsanspruch abgelehnt ist, weil der Betrieb, in dem der Unfall sich ereignete, nicht unter § 1 falle, §§ 3, 5, 8 des Ausd.-G.

2) „Das Reichs-Versicherungsamt ist eine mit selbständigen Entscheidungs- und Zwangsbefugnissen ausgerüstete Reichsbehörde, welche unbeschadet gewisser dem Bundesrath übertragener Funktionen die Durchführung des Gesetzes in organisatorischer, administrativer, verwaltungsgerichtlicher und disziplinarischer Beziehung in letzter Instanz in der Hand hat. Eine oberste Reichsbehörde, wie das Reichsamt des Innern, das Reichsjustizamt und das

aus seiner Mitte, und je zwei mittelst schriftlicher Abstimmung von den Genossenschaftsvorständen[3]) und von den Vertretern der versicherten Arbeiter (§ 41) aus ihrer Mitte[4]) in getrennter Wahlhandlung unter Leitung des Reichs-Versicherungsamts gewählt. Die Wahl erfolgt nach relativer Stimmenmehrheit; bei Stimmengleichheit entscheidet das Loos. Die Amtsdauer der nichtständigen Mitglieder währt vier Jahre. Das Stimmenverhältniß[5]) der einzelnen Wahlkörper bei der Wahl der nichtständigen Mitglieder bestimmt der Bundesrath unter Berücksichtigung der Zahl der versicherten Personen.

(Abs. 4.) Für jedes durch die Genossenschaftsvorstände[3]) sowie durch die Vertreter der Arbeiter gewählte Mitglied sind ein erster und ein zweiter Stellvertreter zu wählen, welche dasselbe in Behinderungsfällen zu vertreten haben. Scheidet[6]) ein solches Mitglied während der Wahlperiode aus, so haben für den Rest derselben die Stellvertreter in der Reihenfolge ihrer Wahl als Mitglied einzutreten.

(Abs. 5.) Die übrigen Beamten des Reichs-Versicherungsamts werden vom Reichskanzler ernannt[7]).

Reichsschatzamt ist das Reichs-Versicherungsamt indessen nicht. Aehnlich wie die „Reichskommission" und das „Bundesamt für das Heimathwesen" gehört das Reichs-Versicherungsamt zum Ressort des Reichsamts des Innern, dessen geschäftlicher Aufsicht es untersteht.

Das Gesetz gewährt Niemandem und namentlich auch der erwähnten Aufsichtsbehörde nicht die Befugniß, in die Instanzentscheidungen des Reichs-Versicherungsamts einzugreifen, oder statt seiner selbst zu entscheiden.

Das Reichs-Versicherungsamt ist berufen, die vom Bundesrath in Ausführung des Gesetzes zu fassenden Beschlüsse vorzubereiten (§ 90 Lit. a)" (Komm.-Ber. S. 52).

Ueber die **rechtliche Stellung** des Reichs-Versicherungsamts und die Frage, welcher **Beaufsichtigung** dasselbe bei Ausübung seiner Befugnisse unterliegt, sind folgende Ausführungen aus den Verhandlungen des Reichstags von Bedeutung (Sten. Ber. S. 937/8).

Ein Abgeordneter führte aus:

„Was die rechtliche Stellung des Reichs-Versicherungsamts weiter betrifft, so ist dieses Amt das erste, bei welchem wir eine solche Vermischung der verschiedenen Funktionen finden: einerseits richterliche Funktionen, andererseits verwaltungsrichterliche und endlich rein administrative Funktionen. Ein solches Amt haben wir bis jetzt noch nicht. Das Gesetz läßt nicht klar ersehen, wie die Stellung dieses Amtes eigentlich sein soll, inwieweit es unterstellt sein soll der Verantwortung und Leitung des Reichskanzlers, inwieweit es unabhängig dasteht. Allerdings ist uns in der Kommission erklärt worden, daß bezüglich der Instanzentscheidung das Amt unabhängig dastehe; ich würde aber dem Herrn Vertreter der verbündeten Regierungen verpflichtet sein, wenn er hier feststellen wollte, was unter Instanzentscheidung eigentlich hat verstanden sein sollen. Ich fürchte allerdings, es wird doch immer eine Zweifelhaftigkeit bleiben; wir werden immer nicht recht wissen, wann das Amt eigentlich als administratives Amt anzusehen, wann es als rechtsprechendes Amt zu betrachten ist. Das ist um so bedenklicher, weil heute schon wiederholentlich gesagt ist — und das ist auch in der Kommission bereits ausgesprochen worden —, daß das Amt mit dieser Funktion demnächst noch andere verbinden wird, nämlich die Aufsicht über das ganze Versicherungswesen. Es wird ferner, wenn die Unfallversicherung auf weitere Kreise ausgedehnt wird, auch mit diesen noch zu thun haben. Endlich wird ihm auch die Invalidenversorgung demnächst zu Theil werden. Das Amt wird also von großer Bedeutung werden, und darum ist es von besonderer Wichtigkeit, daß wir hier seine Kompetenz klarstellen."

Hierauf entgegnete der Regierungskommissar, damalige Direktor im Reichsamt des Innern H. Dr. Bosse:

„Es ist von dem Herrn Abgeordneten das Reichs-Versicherungsamt ganz richtig als eine gemischte Behörde bezeichnet worden. Es ist eine Behörde, die theils administrative, theils aber auch Aufgaben der Rechtsprechung hat. Entsprechend dieser Vereinigung verschiedener Funktionen, wie wir sie auch bei anderen Selbstverwaltungsbehörden finden, die ebenfalls verwaltungsgerichtliche Aufgaben neben administrativen haben, wird sich auch demnächst die Aufsicht verschieden gestalten, und wird die Aufsicht über das Reichs-Versicherungsamt einen verschiedenen Inhalt haben, einen positiven nach der Seite der administrativen Aufgaben und einen negativen nach der Seite der Aufgaben der Rechtsprechung. Diese negative Aufgabe der Aufsichtsinstanz des Herrn Reichskanzlers oder des Reichsamts des Innern wird darauf gerichtet sein, daß in Bezug auf die Rechtsprechung und auf die verwaltungsgerichtlichen Entscheidungen des Reichs-Versicherungsamtes die Aufsichtsinstanz dahin zu wirken hat, daß das Versicherungsamt seine Rechtsprechung in verfassungsmäßiger Unabhängigkeit auszuüben in der Lage und im Stande sein wird. Eine materielle Einwirkung auf die Art, wie die Rechtsprechung und die verwaltungsgerichtliche Thätigkeit des Reichs-Versicherungsamtes geübt wird, wird Niemandem zustehen. Nun muß ich aber doch bemerken, daß die Rechtsprechung, die Judikatur des Reichs-Versicherungsamtes keineswegs allein in der Entscheidung auf Rekurse gegen die Entscheidungen der Schiedsgerichte besteht, wie vorher der Herr Abgeordnete Eberty anzunehmen schien, sondern es ist eine ganze Reihe derartiger verwaltungsgerichtlicher Funktionen, die, in den einzelnen Paragraphen zerstreut, dem Reichs-Versicherungsamte übertragen werden. So hat es zu entscheiden über die Beschwerden in Betreff der Zugehörigkeit eines Betriebes zu einer bestimmten Genossenschaft und die Streitigkeiten, die sich daran knüpfen können; so hat es zu entscheiden über Beschwerden wegen Einschiebung der Betriebe in die Gefahrentarife; ferner über Beschwerden der Arbeiter wegen der ihnen zugebilligten Entschädigungen und der Betriebsunternehmer wegen der Höhe der ihnen von der Genossenschaft auferlegten Jahresbeiträge, ferner über Beschwerden gegen Entscheidungen der unteren Verwaltungsbehörden, durch welche die Entschädigungen für Unfälle, welche sich in nicht katastrirten Betrieben ereignen, abgelehnt werden, endlich über Beschwerden über die Auflegung von Kosten im Falle selbstverschuldeter Revisionen. Kurz, es ist eine ganze Reihe von gerichtlichen Entscheidungen, die dem Reichs-Versicherungsamt obliegen werden, und in dieser Beziehung wird Niemand das Recht haben, in die Thätigkeit und Befugnisse des Reichs-Versicherungsamts einzugreifen."

Das Reichs-Versicherungsamt charakterisirt sich hiernach als eine Behörde höchster Instanz.

Das Reichs-Versicherungsamt tritt bezüglich der ihm überwiesenen Funktionen an die Stelle der sonst zuständigen Landesbehörden. Freilich wird es „die Mitwirkung der Landesbehörden nicht entbehren können und darauf angewiesen sein, mit diesen Hand in Hand die dem Wohle der arbeitenden Klassen dienenden Zwecke des Gesetzes zu fördern. Der Entwurf beruht auf der Annahme eines harmonischen Zusammenwirkens der Landesbehörden mit dem Reichs-Versicherungsamt" (Mot. S. 80).

„Bei der Zusammensetzung des Reichs-Versicherungsamts ist lediglich die Rücksicht maßgebend gewesen, die Behörde unabhängig und vertrauenswürdig zu gestalten. Dasselbe soll in der Weise gebildet werden, daß es ein verwaltungsgerichtliches Gepräge trägt. Deshalb soll neben den Mitgliedern, welche die unmittelbar betheiligten Körperschaften zu wählen haben, auch aus der Mitte des Bundesraths eine Anzahl von Mitgliedern des Reichs-Versicherungsamts gewählt werden. Der Bundesrath erhält dadurch unmittelbare Fühlung mit den Verhältnissen, auf deren Gestaltung und Regelung ihm ein maßgebender Einfluß zusteht." Auch treten nach den Beschlüssen des Reichstags dritter Lesung bei der Entscheidung über die besonders wichtigen vermögensrechtlichen Streitigkeiten in den Fällen der §§ 32, 63 zwei richterliche Beamte hinzu. Im Uebrigen besteht das R.-V.-A. aus ständigen Mitgliedern, d. h. aus Berufsbeamten, deren Ernennung „nach Analogie der Ernennung der ständigen Mitglieder des Patentamts (§ 13 des Patentgesetzes vom 25. Mai 1877, Reichs-Gesetzblatt S. 501) auf Vorschlag des Bundesraths durch den Kaiser auf Lebenszeit erfolgt" (Mot. S. 80), und aus Vertretern der Versicherten sowie der Arbeitgeber, und zwar je zwei für die Industrie (§ 87 d. Unfall-Vers.-Ges.), je zwei für die Land- und Forstwirthschaft (§ 95 Abs. 2 und 3 L.-U.-V.-G.)*) und je 2 für die Seeschiffahrt (§ 97

*) § 95 Abs. 2 und 3 des Gesetzes, betr. die Unfall- und Krankenversicherung der in land- und forstwirthschaftlichen Betrieben versicherten Personen, vom 5. Mai 1886 (R.-G.-Bl. S. 132) lautet:

S. U.-V.-G.)*). Die gleiche Zusammensetzung gilt auch bei Entscheidungen des R.-V.-A. auf dem Gebiete der Invaliditäts- und Altersversicherung; jedoch sind dabei die Vertreter der Arbeitgeber und der Arbeitnehmer nicht auf die Angelegenheiten ihres besonderen Berufszweiges beschränkt (§ 133 Abs. 2 Inv.-Ges.)**).

Dadurch, daß die ständigen Mitglieder auch dann, wenn sie ein Reichs- oder Staatsamt bekleiden, nicht auf die Dauer des letzteren, sondern immer auf Lebenszeit zu ernennen sind, durch den Eintritt von Mitgliedern des Bundesraths, sowie von Vertretern der Genossenschaften und der Versicherten unterscheidet sich die Organisation des Reichs-Versicherungsamts von der des Patentamts.

„Dem Reichs-Versicherungsamt treten vier nichtständige Mitglieder hinzu, von welchen zwei von den Genossenschaftsvorständen" (sc. land- und forstwirthschaftlicher Berufsgenossenschaften) „aus ihrer Mitte gewählt und zwei als Vertreter der Arbeiter durch den Bundesrath aus den in § 47 Absatz 2 bezeichneten Personen berufen werden."

„Diese nichtständigen Mitglieder sind zu denjenigen Verhandlungen des Reichs-Versicherungsamts, bei denen es sich um Angelegenheiten der dem gegenwärtigen Gesetze unterliegenden Genossenschaften handelt, statt der nach § 87 des Unfallversicherungsgesetzes von den Genossenschaftsvorständen und den Vertretern der Arbeiter gewählten nichtständigen Mitglieder, und wenn es sich um allgemeine Angelegenheiten handelt, neben diesen Mitgliedern zuzuziehen."

*) § 97 Abs. 2 und 3 des Gesetzes, betr. die Unfallversicherung der Seeleute und anderer bei der Seeschiffahrt betheiligter Personen, v. 13. Juli 1887 (R.-G.-Bl. S. 329) lautet:

„Dem Reichs-Versicherungsamt treten vier nichtständige Mitglieder hinzu, von welchen zwei von dem Genossenschaftsvorstande aus seiner Mitte, die beiden anderen von den aus den Versicherten berufenen Beisitzern der Schiedsgerichte aus der Zahl schiffahrtskundiger befahrener Männer, welche nicht Rheder, Mitrheder, Korrespondentrheder oder Bevollmächtigte sind, gewählt werden. Hinsichtlich der Wählbarkeit findet im Uebrigen die Bestimmung im § 50 Absatz 5 Anwendung."

„Diese nichtständigen Mitglieder sind zu denjenigen Verhandlungen des Reichs-Versicherungsamts, bei denen es sich um Angelegenheiten der dem gegenwärtigen Gesetze unterliegenden Genossenschaft handelt, statt der nach § 87 des Unfallversicherungsgesetzes von den Genossenschaftsvorständen und den Vertretern der Arbeiter gewählten nichtständigen Mitglieder, und wenn es sich um allgemeine Angelegenheiten handelt, neben diesen Mitgliedern zuzuziehen."

**) Der § 133 Abs. 2 des Gesetzes, betreffend die Invaliditäts- und Altersversicherung, vom 22. Juni 1889 (R.-G.-Bl. S. 97) lautet:

„Als Vertreter der Arbeitgeber und der Versicherten gelten auch für den Bereich dieses Gesetzes die auf Grund der Unfallversicherungsgesetze zu nichtständigen Mitgliedern des Reichs-Versicherungsamts gewählten Vertreter der Betriebsunternehmer und der Arbeiter, ohne Beschränkung auf die Angelegenheiten ihres besonderen Berufszweiges."

Im Einzelnen besteht hiernach das Reichs-Versicherungsamt aus

a) ständigen Mitgliedern, nämlich:

1) einem vom Kaiser auf Vorschlag des Bundesraths auf Lebenszeit ernannten Präsidenten (§ 87 Abs. 2 U.-V.-G.), (z. B. Präsident Dr. Bödiker);

2) mehreren (z. B. zehn) ebenso ernannten höheren Berufsbeamten (§ 87 Abs. 2 U.-V.-G.), von denen der dem Dienstalter nach Aelteste (z. B. Geheimer Regierungsrath Gaebel) als ständiger Stellvertreter des Präsidenten fungirt. Diesen ständigen Mitgliedern kann mit Genehmigung des Reichskanzlers von dem Präsidenten ein Theil der Präsidialbefugnisse übertragen werden (§ 27 d. Allerh. Verordnung v. 5. Aug. 1885, betr. die Formen und den Geschäftsgang des Reichs-Versicherungsamts, R.-G.-Bl. S. 255), wovon inzwischen Gebrauch gemacht worden ist, derart, daß einzelne dieser Herren u. a. den Vorsitz in Spruchabtheilungen führen;

b) nichtständigen Mitgliedern, nämlich:

3) vier Bevollmächtigten zum Bundesrath (§ 87 Abs. 3 U.-V.-G.), (z. B. aus Bevollmächtigten für Bayern (Oberregierungsrath Landmann), Königreich Sachsen (Geheimer Regierungsrath Bodel), Baden (Gesandter und bevollmächtigter Minister Frh. v. Marschall) und Großherzogthum Sachsen (Geheimer Staatsrath Dr. Heerwart));

4) zwei von den industriellen Berufsgenossenschaften aus den Vorstandsmitgliedern derselben gewählten Personen (§ 87 Abs. 3 U.-V.-G.), zur Zeit den Herren Generaldirektor Kamp in Hamm i. W. (Rhein.-Westf. Hütten- und Walzwerks-B.-G.) und Baumeister Felisch in Berlin (Nordöstl. Baugewerks-B.-G.).

5) zwei von den industriellen Arbeitervertretern aus ihrer Mitte gewählten Personen (§ 87 Abs. 3 U.-V.-G.), zur Zeit den Herren Hutmacher Kaempfe in Bamberg (Arbeitervertreter der Bekleidungsindustrie-B.-G.) und Putzer Buchholz in Berlin (Arbeitervertreter der Nordöstl. Baugewerks-B.-G.);

6) zwei von den Vorständen der land- und forstwirthschaftlichen Berufsgenossenschaften aus ihrer Mitte zu wählenden Mitgliedern (§ 95 Abs. 2 l. U.- u. K.-V.-G.), zur Zeit den Herren Landrath v. Gerlach auf Rohrbeck bei Schönfließ (Brandenburgische landw. B.-G.), und Landrath Tilemann zu Iburg bei Osnabrück (Hannoversche landw. B.-G.);

7) zwei von dem Bundesrath aus versicherten land- und forstwirthschaftlichen Arbeitern oder Betriebsbeamten zu berufenden Personen (§ 95 Abs. 2 l. U.- u. K.-V.-G.), zur Zeit Hofmeier Friedrich Kasche in Kl. Ziethen bei Gr. Ziethen (Kr. Teltow) und Arbeiter Louis Birkenstock zu Ehringsdorf bei Weimar;

8) zwei Vorstandsmitgliedern der See-Berufsgenossenschaft (§ 97 Abs. 2 S.-U.-G.), zur Zeit den Herren Schiffsrhedern Adolf Schiff in Elsfleth und Wilh. Maaß in Rostock;

9) zwei Vertretern der Versicherten aus der seemännischen Bevölkerung (§ 97 Abs. 3 S.-U.-G.), zur Zeit den Herren Hafenmeister v. Bülow in Geestemünde und Schiffskapitain Maßtorff in Hamburg.

Dazu treten

10) mehrere für die Dauer der zur Zeit der Ernennung von ihnen bekleideten Reichs- oder Staatsämter vom Kaiser auf Wahl des Bundesraths ernannte richterliche Beamte (§ 90 Abs. 3 U.-V.-G., § 98 Abs. 3 l. U. u. K.-V.-G., § 7 Abs. 2 der citirten Verordnung v. 5. Aug. 1885 in der Fassung der Verordnung v. 13. Novbr. 1887) als Beisitzer; zur Zeit bekleiden dies Amt vier Preußische Kammergerichtsräthe; eine Anzahl richterlicher Hülfskräfte dient zur Entlastung dieser Beisitzer.

Für die unter 4 bis 9 aufgeführten Kategorien sind für jedes Mitglied je zwei Stellvertreter bestellt, welche für die Industrie bisher in umfangreichem Maße zur Bewältigung der Geschäfte haben mitherangezogen werden müssen. In gemeinschaftlichen („allgemeinen") die Unfallversicherung betreffenden Angelegenheiten wirken die sämmtlichen Kategorien zusammen; in Angelegenheiten, welche nur die industriellen Berufsgenossenschaften betreffen, scheiden die (land- und forstwirthschaftlichen und seemännischen) Kategorien 6 bis 9; in Angelegenheiten dagegen, welche nur die land- und forstwirthschaftlichen Berufsgenossenschaften betreffen, die (industriellen und seemännischen) Kategorien 4, 5, 8, 9; in Angelegenheiten endlich, welche ausschließlich den Geltungsbereich des See-Unfallversicherungsgesetzes berühren, die (industriellen und landwirthschaftlichen) Kategorien 4 bis 7 aus. Vgl. oben S. 340 A.*), S. 341 A.*) u. **).

Die übrigen (Büreau- ꝛc.) Beamten des Reichs-Versicherungsamts werden vom Reichskanzler ernannt, § 87 Abs. 5 U.-V.-G.

Der Sitz des Reichs-Versicherungsamts ist Berlin (§ 87 Abs. 2 U.-V.-G.). Die Geschäftsräume desselben befinden sich daselbst in dem Grundstück des Reichs Wilhelmsplatz Nr. 2.

Der Geschäftskreis des Reichs-Versicherungsamts besteht, soweit es sich um die Angelegenheiten industrieller Berufsgenossenschaften handelt, in folgenden Obliegenheiten:

I. In organisatorischer Beziehung:

1. Erlaß der öffentlichen Aufforderung an die Unternehmer versicherungspflichtiger Betriebe zur Anmeldung der letzteren (§ 11 des Gesetzes);
2. Entgegennahme der Anträge auf freiwillige Bildung der Berufsgenossenschaften;

Einholung der Entscheidung des Bundesraths, wenn das Amt die projektirte Genossenschaft für nicht leistungsfähig erachtet;

Einberufung der Generalversammlung, wenn das Amt die geplante Genossenschaft für leistungsfähig hält, oder der Bundesrath die bezweifelte Leistungsfähigkeit als vorhanden anerkennt;

Beiladung von Betriebsunternehmern, welche in dem Antrage auf Bildung der Genossenschaft bei Seite gelassen sind (§ 13);

3. Eröffnung der mittelst Individual-Einladungsschreiben berufenen Generalversammlung und vorläufige Leitung der letzteren durch einen Vertreter des Reichs-Versicherungsamts (§ 14);

   Bekanntmachung der vom Bundesrath abgegrenzten Berufsgenossenschaften (§ 15);

4. Einladung zu der zur Feststellung des Genossenschaftsstatuts zu berufenden Genossenschaftsversammlung und vorläufige Leitung derselben (§ 16);
5. Entwerfung eines Normal-Statuts für die Genossenschaften;
6. Genehmigung der Genossenschaftsstatuten und ihrer Abänderungen, vorbehaltlich der Beschwerde an den Bundesrath wegen versagter Genehmigung;

   eventuelle Octroyirung des Statuts, gegen welche eine Beschwerde nicht statthaft ist (§ 20);

7. Feststellung einer Frist zur Aufstellung des Gefahrentarifs, Genehmigung desselben und der Beschlüsse über Abänderung desselben (ohne Beschwerde wegen Versagung der Genehmigung), event. Octroyirung des Tarifs (§ 28);
8. Genehmigung der Bildung von Rückversicherungsverbänden (§ 30);
9. Erlaß von Ausführungsbestimmungen wegen Erhöhung des Krankengeldes durch die Betriebsunternehmer, § 5 Abs. 9;
10. Aufstellung eines Formulars für das Verzeichniß der Genossenschaftsmitglieder und alljährliche Entgegennahme eines solchen Verzeichnisses, mit der Befugniß, den Genossenschaftsvorstand von der Einreichung des Verzeichnisses ganz oder theilweise zu dispensiren (§ 40);
11. Erlaß des Regulativs betreffend Vertheilung und Wahl der Vertreter der Arbeiter, soweit nicht wegen engerer Begrenzung der Genossenschaften oder Sektionen die Landeszentralbehörden hierzu kompetent sind, eventuell Leitung der Wahl durch Beauftragte (§§ 43 fg.);
12. Bestimmung des Sitzes des Schiedsgerichts, wenn dessen Bezirk über die Grenzen eines Bundesstaates hinausgeht, im Einvernehmen mit den betheiligten Zentralbehörden, und Vorbereitung der Beschlüsse des Bundesraths über die Vermehrung der Schiedsgerichte (§§ 46, 90);

13. Feststellung des Formulars für die Unfallanzeigen (§ 51);
14. Leitung der Wahl von vier nichtständigen Mitgliedern des Reichs-Versicherungsamts (§ 87) und nähere Bestimmung über diese Wahl (cf. Anm. 1 zu § 41);
15. Vorbereitung der Beschlüsse des Bundesraths über die Genehmigung von Abänderungen des Bestandes der Genossenschaften (§§ 31, 90);
16. Stellung des Antrages beim Bundesrath auf Auflösung leistungsunfähiger Berufsgenossenschaften (§ 33);

außerdem:

17. Entwerfung der Kaiserlichen Verordnung über das Verfahren vor dem Schiedsgericht (§ 50);
18. der Kaiserlichen Verordnung über die Formen des Verfahrens und den Geschäftsgang des Reichs-Versicherungsamts (§ 90).

II. In administrativer Hinsicht kommt in Betracht:

1. Die Entscheidung etwaiger Zweifel darüber, welche Betriebe außer den im § 1 Abs. 3, 4 bezeichneten als Fabriken anzusehen und als solche versicherungspflichtig sind (§ 1 Abs. 5);
2. die Genehmigung extraordinärer Verfügung über den Reservefonds und dessen Zinsen, sowie von Erhöhungen des Reservefonds (§ 18);
3. die Wahrnehmung der Geschäfte renitenter 2c. Genossenschaftsorgane auf Kosten der Genossenschaft (§ 27);
4. die Durchführung des Zwangsbeitreibungsverfahrens gegen säumige Genossenschaften gemäß § 75;
5. die Entgegennahme des Verzeichnisses der vorgekommenen Unfälle (§ 28):
6. die alljährliche Aufstellung der Rechnungsergebnisse für den Reichstag (§ 77) und im Zusammenhange hiermit
7. die Führung einer umfassenden Unfallstatistik;
8. die Genehmigung der Unfallverhütungsvorschriften (§ 78);
9. die Beaufsichtigung des gesammten Geschäftsbetriebes der Genossenschaften, welche dem Reichs-Versicherungsamt ihre Bücher offen legen müssen 2c. (§ 88), und im Zusammenhang hiermit
10. der Erlaß umfassender Anweisungen und Reglements;
11. Entgegennahme der Mittheilungen über die Ernennung von Ausführungsbehörden für die einer Berufsgenossenschaft nicht zugewiesenen Reichs-, Staats- und Kommunalbetriebe (§ 2 A.-G., § 47 B.-U.-G.).

III. Auf verwaltungsgerichtlichem Gebiete hat das Reichs-Versicherungsamt endgültig zu entscheiden:

1. Beschwerden wegen der Einschätzung der Betriebe in den Gefahrentarif (§ 28) und wegen höherer Einschätzung der Betriebe in Folge Zuwiderhandelns gegen Unfallverhütungsvorschriften (§ 80);

2. vermögensrechtliche Streitigkeiten der Genossenschaften im Falle von Bestandsveränderungen (§ 32 in fine);
3. Beschwerden in Betreff der Zugehörigkeit eines Betriebes zu einer bestimmten Genossenschaft, bezw. zu einer Genossenschaft überhaupt (§ 37), in Betreff des Ueberganges in eine andere Genossenschaft wegen Betriebsänderungen (§ 38) und in Betreff des Ueberganges in eine andere Gefahrentarifposition aus dem gleichen Grunde (§ 39);
4. Beschwerden der Vertreter der Arbeiter wegen der ihnen zugebilligten Entschädigungen (§§ 44, 49) und der Betriebsunternehmer wegen der Höhe der Jahresbeiträge (§ 73);
5. Beschwerden gegen die Entscheidungen der unteren Verwaltungsbehörden, durch welche die Entschädigungen für Unfälle, die sich in nicht katastrirten Betrieben ereignen, abgelehnt werden (§ 62), sowie Beschwerden über gleichartige Entscheidungen der zuständigen Betriebsbehörden für die einer Berufsgenossenschaft nicht zugewiesenen Reichs- und Staatsbetriebe (§ 8 A.-G.);
6. Rekurse gegen die Entscheidungen der Schiedsgerichte (§ 68);
7. Beschwerden der Betriebsunternehmer wegen der Berechnung der Jahresbeiträge (§ 73);
8. Rekusationsbeschwerden in Betreff der Person der Betriebsrevisoren (§ 83);
9. Beschwerden gegen die Auferlegung von Kosten im Fall selbstverschuldeter Revisionen (§ 86);
10. Streitigkeiten in Betreff der Gültigkeit der Wahlen, in Betreff der Rechte und Pflichten der Inhaber der Genossenschaftsämter und wegen der Auslegung der Statuten (§ 89);

IV. Die Exekutiv- bezw. Disziplinarstrafe des Reichs-Versicherungsamts zeigt sich in der Befugniß desselben,

1. gegen renitente Schiedsgerichtsbeisitzer Geldstrafen bis zu 500 Mark auszusprechen, sofern der Bezirk des Schiedsgerichts über das Gebiet eines Bundesstaats hinausgeht (§ 49);
2. die Beauftragten der Genossenschaft (Betriebsrevisoren) zur Erfüllung der im § 85 ihnen auferlegten Verpflichtung gegenüber den staatlichen Fabrikaufsichtsbeamten durch Geldstrafen bis zu 100 Mark anzuhalten (§ 85);
3. die Vorstandsmitglieder, Vertrauensmänner und Beamten der Genossenschaften zur Vorlegung der Bücher 2c., sowie zur Befolgung der gesetzlichen und statutarischen Vorschriften durch Geldstrafen bis zu 1000 Mark anzuhalten (§§ 88, 89);
4. auf Beschwerden gegen die Strafverfügungen der Genossenschaftsvorstände zu entscheiden (§ 103).

Gleichartige Befugnisse hat das R.-V.-A. rücksichtlich der Versicherungsanstalten von Baugewerbetreibenden (§ 45 B.-U.-G.). Für dieselben hat das R.-V.-A. insbesondere noch den Prämientarif festzusetzen, was alle drei Jahre im voraus geschehen soll (§ 24 B.-U.-G.). Wegen der Zuständigkeit des R.-V.-A. gegenüber der unter besondere Ausführungsbehörden gestellten fiskalischen oder kommunalen Verwaltungen vgl. Anm. 1.

In diesen Zuständigkeiten aber ist das Reichs-Versicherungsamt durch die Landes-Versicherungsämter beschränkt. Es sind nämlich durch den Reichstag neben dem Reichs-Versicherungsamt für diejenigen Berufsgenossenschaften, welche sich nicht über das Gebiet eines Bundesstaats hinaus erstrecken (cf. Anm. 5 zu § 46), Landes-Versicherungsämter zugelassen worden, welche für die ihnen unterstellten Genossenschaften unter Aufsicht der Landesregierung wesentliche aber nicht sämmtliche (cf. Anm. 4 zu § 92) Funktionen des Reichs-Versicherungsamts wahrzunehmen haben. Sie sollen hierbei aber in sachlicher Uebereinstimmung mit dem letzteren bleiben (cf. Anm. 1 zu § 92), und müssen die bei ihnen anhängigen Sachen an das Reichs-Versicherungsamt abgeben, sobald sich herausstellt, daß dabei das Interesse auch solcher Berufsgenossenschaften, die einem andern Landes-Versicherungsamt oder dem Reichs-Versicherungsamt unterstellt sind, mitbetheiligt ist. Vgl. darüber Näheres bei § 92.

2a) acht; diese Zahl hat sich inzwischen vermehrt, vgl. Anm. 2 S. 342.

3) Genossenschaftsvorstände. Zu den wahlfähigen Vorständen gehören seit dem Inkrafttreten des Ausdehnungsgesetzes auch die Ausführungsbehörden der unter das letztere fallenden, einer Genossenschaft nicht zugewiesenen fiskalischen Betriebe (Anm. 5 zu § 41). Dasselbe wird bei den nächsten Wahlen für die nach dem Bau-Unfallversicherungsgesetz bestellten fiskalischen und kommunalen Ausführungsbehörden gelten.

Ferner sind wahlberechtigt auch die Vorstände solcher Genossenschaften sowie solcher Ausführungsbehörden, welche an sich zunächst unter die Zuständigkeit eines Landes-Versicherungsamts fallen, weil auch für den Geschäftsbereich der letzteren dem R.-V.-A. wichtige Befugnisse verblieben sind (A. N. IV S. 246).

4) aus ihrer Mitte. Die Vertreter der Genossenschaften im Reichs-Versicherungsamt müssen hiernach Vorstandsmitglieder von Genossenschaften, also nach § 24 stimmberechtigte (§ 34 Abs. 2) Mitglieder einer Genossenschaft bezw. deren gesetzliche Vertreter, oder von den Unternehmern bevollmächtigte Leiter ihrer Betriebe sein. Wählbar sind nach Anm. 3 aber auch die Mitglieder von „Ausführungsbehörden".

Die Vertreter der industriellen Arbeiter im Reichs-Versicherungsamt müssen nach § 42 männliche, großjährige, auf Grund dieses Gesetzes versicherungspflichtige Mitglieder von Orts-, Betriebs- (Fabrik-), Innungs- oder Knappschaftskassen sein, welche sich im Besitz der bürgerlichen Ehrenrechte befinden, nicht durch richterliche Anordnung in der Verfügung über ihr Vermögen beschränkt sind und zu denjenigen Vertretern der Arbeiter gehören, welche für die im § 41 aufgeführten Befugnisse gewählt sind.

5) Stimmenverhältniß. Vgl. die Bekanntm. d. R.-V.-A. v. 1. Mai 1886 (A. N. II S. 59).

Zuständigkeit.

§ 88.*)

(Abs. 1.) Die Aufsicht[1]) des Reichs-Versicherungsamts[2]) über den Geschäftsbetrieb der Genossenschaften hat sich auf die Beobachtung der gesetzlichen und statutarischen Vorschriften zu erstrecken. Alle Entscheidungen[3]) desselben sind endgültig[4]), soweit in diesem Gesetz nicht ein Anderes[4a]) bestimmt ist.

(Abs. 2.) Das Reichs-Versicherungsamt[2]) ist befugt, jederzeit eine Prüfung der Geschäftsführung der Genossenschaften vorzunehmen.

(Abs. 3.) Die Vorstandsmitglieder, Vertrauensmänner und Beamten der Genossenschaften sind auf Erfordern des Reichs-Versicherungsamts zur Vorlegung ihrer Bücher, Beläge und ihrer auf den Inhalt der Bücher bezüglichen Korrespondenzen, sowie der auf die Festsetzung der Entschädigungen und Jahresbeiträge bezüglichen Schriftstücke an die Beauftragten des Reichs-Versicherungsamts oder an das letztere selbst verpflichtet. Dieselben können hierzu durch Geldstrafen[5]) bis zu eintausend Mark angehalten werden.

*) § 88 gilt nicht für die einer Berufsgenossenschaft nicht zugewiesenen fiskalischen etc. Betriebe (§ 3 A.-G. § 47 B.-U.-G.). Im Uebrigen aber gilt dieser § auch für den Bereich des Ausdehnungsgesetzes (§§ 1, 3 A.-G.) und des Bau-Unfallversicherungsgesetzes, für letzteres mit Ausdehnung auf die Versicherungsanstalten (§§ 45, 48 B.-U.-G.).

---

6) scheidet . . . aus, vgl. Anm. 9 zu § 42.

7) ernannt, wie bei den übrigen Reichsbehörden.

Zu § 88.

1) Aufsicht. Hieraus folgt, daß wegen Verletzung der gesetzlichen und statutarischen Vorschriften bei dem Reichs-Versicherungsamt Beschwerde über die Organe der Genossenschaften geführt werden kann. Regierungsseitig ist konstatirt worden, „daß unter den „gesetzlichen Vorschriften" die Summe der durch das neue Gesetz gegebenen Funktionen zu verstehen sei. Es könne also beispielsweise das Reichs-Versicherungsamt nicht die Wahlen beeinflussen, sondern nur die Gültigkeit der auf Grund dieses Gesetzes vorgenommenen Wahlen prüfen" (Komm.-Ber. S. 53). Wegen der fiskalischen ꝛc. Betriebe vgl. Anm. 1 zu § 87.

2) Reichs-Versicherungsamt, event. Landes-Versicherungsamt, § 92.

3) Alle Entscheidungen*), soweit das Gesetz dem Reichs-Versicherungsamte „Entscheidungs-Befugniß" beilegt. cf. auch Anm. 7 zu § 37, sowie Anm. 4.

---

*) J. Schmitz, Sammlung der Bescheide, Beschlüsse und Rekursentscheidungen des Reichs-Versicherungsamts, nebst den wichtigsten Rundschreiben desselben. Berlin, Siemenroth und Worms. Bd. I 1888, Bd. II 1890.

§ 89.*)

Das Reichs-Versicherungsamt¹) entscheidet, unbeschadet der Rechte Dritter, über Streitigkeiten, welche sich auf die Rechte und Pflichten der Inhaber der Genossenschaftsämter²), auf die Auslegung der Statuten und die Gültigkeit der vollzogenen Wahlen³) beziehen. Dasselbe kann die Inhaber der Genossenschaftsämter zur Befolgung der gesetzlichen und statutarischen Vorschriften durch Geldstrafen⁴) bis zu eintausend Mark anhalten.

*) § 89 gilt nicht für die einer Berufsgenossenschaft nicht zugewiesenen fiskalischen etc. Betriebe, für welche übrigens rücksichtlich der Streitigkeiten bei Wahlen durch § 5 A.-G. eine gleichartige Bestimmung getroffen ist (§§ 3, 5, A.-G., § 47 B.-U.-G.). Im Uebrigen aber gilt dieser § auch für den Bereich des Ausdehnungsgesetzes (§§ 1, 3 A.-G.) und des Bau-Unfallversicherungsgesetzes, für letzteres mit Ausdehnung auf die Versicherungsanstalten (§§ 45, 48 B.-U.-G.).

---

4) endgültig. Diese Bestimmung „erscheint nothwendig, um einen weiteren Instanzenzug an den Bundesrath oder an den Reichskanzler, dessen Aufsicht die Behörde verfassungsmäßig unterliegt, von vornherein auszuschließen" (Mot. S. 81).

4a) nicht ein anderes bestimmt ist, wie im § 20.

5) Geldstrafen. Dieselben tragen den Charakter von Exekutivstrafen, können also bis zur Erzielung des gewünschten Erfolges wiederholt werden. Wohin dieselben fließen und wie sie beigetrieben werden sollen, sagt das Gesetz nicht. Es kann aber keinem Zweifel unterliegen, daß sie in die Reichskasse (zumal das Reich die Kosten des Reichs-Versicherungsamts trägt), und soweit die Strafen von Landes-Versicherungsämtern ausgesprochen sind, in die Landeskassen fließen und wie Gemeindeabgaben beizutreiben sind. Letzteres ergiebt sich auch aus den Motiven zu § 109 (Mot. S. 86), welche ausführen, es sei „ausdrücklich vorgesehen, daß die in demselben vorgesehenen Exekutivstrafen im Verwaltungswege zwangsweise beizutreiben seien".

Zu § 89.

1) Reichs-Versicherungsamt, event. Landes-Versicherungsamt, § 92.

2) Genossenschaftsämter, einschließlich der Ehrenämter, insbesondere des Amts als Vorstandsmitglied oder Vertrauensmann. Auch das Amt der Beauftragten gehört hierher.

3) Wahlen, also sämmtlicher nach diesem Gesetz vorzunehmenden Wahlen, einschließlich der Wahlen zu Vertretern der Arbeiter (§§ 42, 45), zu Beisitzern des Schiedsgerichts (§ 47) und zu Mitgliedern des Reichs-Versicherungsamts (§ 87). Diese Befugniß, Streitigkeiten über die Gültigkeit derartiger Wahlen zu entscheiden, steht dem Reichs- (Landes-) Versicherungsamt auch bei den einer Genossenschaft nicht zugewiesenen fiskalischen 2c. Betrieben zu, § 5 Abs. 3 A.-G., § 47 B.-U.-G. Vgl. auch Anm. 1 zu § 88.

4) Geldstrafen, d. h. Exekutivstrafen, vergl. Anm. 5 zu § 88. Wegen Verletzung des Gebots der Verschwiegenheit vergl. §§ 107, 108. Wegen Bei-

Geschäftsgang.

§ 90.*)

(Abs. 1.) Die Beschlußfassung[1]) des Reichs-Versicherungsamts ist durch die Anwesenheit von mindestens fünf Mitgliedern (einschließlich des Vorsitzenden), unter denen sich je ein Vertreter der Genossenschaftsvorstände und der Arbeiter befinden müssen, bedingt, wenn es sich handelt

a) um die Vorbereitung der Beschlußfassung des Bundesraths bei der Bestimmung, welche Betriebe mit einer Unfallgefahr nicht verbunden und deshalb nicht versicherungspflichtig sind (§ 1), bei der Genehmigung von Veränderungen des Bestandes der Genossenschaften (§ 31), bei der Auflösung einer leistungsunfähigen Genossenschaft (§ 33), bei der Bildung von Schiedsgerichten (§ 46);

b) um die Entscheidung vermögensrechtlicher Streitigkeiten bei Veränderungen des Bestandes der Genossenschaften (§ 32);

c) um die Entscheidung auf Rekurse gegen die Entscheidungen der Schiedsgerichte (§ 63);

d) um die Genehmigung von Vorschriften zur Verhütung von Unfällen (§ 78);

e) um die Entscheidung auf Beschwerden gegen Strafverfügungen der Genossenschaftsvorstände (§ 106).

(Abs. 2.) Solange die Wahl der Vertreter der Genossenschaftsvorstände

*) § 90 Abs. 1 litt. a), d), e) gilt nicht für die einer Berufsgenossenschaft nicht zugewiesenen fiskalischen etc. Betriebe (§ 3 A.-G., § 47 B.-U.-G.). Im Uebrigen aber gilt dieser § (z. Th. analog) auch für den Bereich des Ausdehnungsgesetzes und des Bau-Unfallversicherungsgesetzes, für letzteres mit Ausdehnung auf die Versicherungsanstalten (§§ 45, 48 B.-U.-G., §§ 1, 3 A.-G.).

---

treibung der vom Reichs- (Landes-) Versicherungsamt auferlegten Strafen und darüber, wohin dieselben fließen sollen, gilt das in Anm. 5 zu § 88 Gesagte.

Zu § 90.

[1]) Beschlußfassung. Nur für die wichtigeren Entscheidungen giebt das Gesetz selbst Vorschriften über die Voraussetzungen der Beschlußfassung des Reichs-Versicherungsamts; im Uebrigen wird das Verfahren und der Geschäftsgang vor denselben durch Kaiserliche Verordnung geregelt.

[2]) Kaiserliche Verordnung. Dieselbe ist erlassen als Verordnung, betr. die Formen des Verfahrens und den Geschäftsgang des Reichs-Versicherungsamts, vom 5. August 1885 (R.-G.-Bl. S. 255). Sie ist im Anhang abgedruckt.

und der Arbeiter nicht zu Stande gekommen ist, genügt die Anwesenheit von fünf anderen Mitgliedern (einschließlich des Vorsitzenden).

In den Fällen zu b und c erfolgt die Beschlußfassung unter Zuziehung von zwei richterlichen Beamten. (Abs. 3.)

Im Uebrigen werden die Formen des Verfahrens und der Geschäftsgang des Reichs-Versicherungsamts durch Kaiserliche Verordnung[2]) unter Zustimmung des Bundesraths geregelt. (Abs. 4.)

Kosten.

§ 91.*)

Die Kosten des Reichs-Versicherungsamts und seiner Verwaltung[1]) trägt das Reich. (Abs. 1.)

Die nichtständigen Mitglieder[1a]) erhalten für die Theilnahme an den Arbeiten und Sitzungen des Reichs-Versicherungsamts eine nach dem Jahresbetrage festzusetzende Vergütung[2]), und diejenigen, welche außerhalb Berlin wohnen, außerdem Ersatz der Kosten der (Abs. 2.)

*) § 91 gilt auch für den Bereich des Ausdehnungsgesetzes (§§ 1, 3 A.-G.) und des Bau-Unfallversicherungsgesetzes (§ 47 B.-U.-G.).

Zu § 91.

[1]) Verwaltung. Auch das Verfahren vor dem R.-V.-A. ist nach §§ 19, 20 V. vom 5. Aug. 1885 (cf. Anm. 2 zu § 90) kostenfrei, um dem sein Recht suchenden Arbeiter das Verfahren nicht zu vertheuern; die baaren Auslagen des R.-V.-A. trägt das Reich, von den den Parteien erwachsenden Kosten (Extrajudizialien) kann derjenige Betrag, „welcher zur zweckentsprechenden Wahrnehmung der Ansprüche und Rechte nothwendig gewesen ist" den Unterliegenden auferlegt werden (§ 19 Abs. 2 a. a. O.). Vgl. Anm. 7 zu § 50.

[1a]) Mitglieder. Die Stellvertreter derselben erhalten nach Bestimmung des Reichskanzlers, solange sie in Funktion treten, je 15 Mark tägliche Diäten und außerdem Reisekosten in gleichem Umfang wie die Mitglieder selbst, vgl. Anm. 3.

[2]) Vergütung. Dieselbe beträgt nach dem Reichhaushalts-Etat je 1500 Mark.

[3]) Kosten der Hin- und Rückreise, also bei Reisen auf Eisenbahnen oder Dampfschiffen 13 Pf. für den Kilometer, sowie 3 Mark für jeden Zu- und Abgang, bei Reisen auf Landwegen ꝛc. 60 Pf. für den Kilometer. Tagegelder, welche die Verordnung vom 21. Juni 1875 (§§ 1, 4, 6) von den Fuhrkosten getrennt behandelt, werden nicht gewährt; die fixirte Vergütung deckt dieselben.

[4]) keine Anwendung. Diese Bestimmung ist zur Vermeidung von Mißverständnissen (Mot. S. 81) aufgenommen, damit die nichtständigen Mitglieder des Reichs-Versicherungsamts nicht etwa durch diese ihre Stellung hin-

Hin- und Rückreise [3]) nach den für die vortragenden Räthe der obersten Reichsbehörden geltenden Sätzen (Verordnung vom 21. Juni 1875, Reichs-Gesetzbl. Seite 249). Die Bestimmungen im § 16 des Gesetzes, betreffend die Rechtsverhältnisse der Reichsbeamten, vom 31. März 1873 (Reichs-Gesetzbl. S. 61) finden auf sie keine Anwendung [4]).

Landes-Versicherungsämter.

§ 92.*)

(Abs. 1.) In den einzelnen Bundesstaaten können für das Gebiet und auf Kosten derselben Landes-Versicherungsämter [1]) von den Landesregierungen errichtet werden.

(Abs. 2.) Der Beaufsichtigung [2]) des Landes-Versicherungsamts unterstehen derjenigen Berufsgenossenschaften, welche sich nicht über das

*) Die Aufsichtsbefugniss gilt nicht für die einer B.-G. nicht zugewiesenen fiskalischen oder kommunalen Betriebe (vgl. Anm. 1 zu § 87). Im Uebrigen gilt § 92 analog auch für den Bereich des Ausdehnungsgesetzes (§§ 1, 3 A.-G.) und des Bau-Unfallversicherungsgesetzes, für letzteres mit Erstreckung auf die Versicherungsanstalten (§ 45 B.-U.-G.).

---

sichtlich ihres Gewerbebetriebes 2c. Beschränkungen erleiden. Die Bestimmung entspricht dem § 13 des Patentgesetzes vom 25. März 1877. Der § 16 des Ges. vom 31. März 1873, dessen Vorschriften hiernach auf die nichtständigen Mitglieder keine Anwendung finden, lautet:

„Kein Reichsbeamter darf ohne vorgängige Genehmigung der obersten Reichsbehörde ein Nebenamt oder eine Nebenschäftigung, mit welcher eine fortlaufende Remuneration verbunden ist, übernehmen oder ein Gewerbe betreiben. Dieselbe Genehmigung ist zu dem Eintritt eines Reichsbeamten in den Vorstand, Verwaltungs- oder Aufsichtsrath einer jeden auf Erwerb gerichteten Gesellschaft erforderlich. Sie darf jedoch nicht ertheilt werden, sofern die Stelle mittelbar oder unmittelbar mit einer Remuneration verbunden ist.

Die ertheilte Genehmigung ist jederzeit widerruflich ....“

Zu § 92.

1) Landes-Versicherungsämter. Vgl. Anm. 1 zu § 87.

Die Frage, ob Landes-Versicherungsämter zugelassen werden sollen, war nach praktischen, nicht nach politischen Rücksichten zu beantworten; man hat sie zugelassen, weil sonst das Zustandekommen des Gesetzes gefährdet erschien. Für die Errichtung ist (nach dem Komm.-Ber. S. 54) geltend gemacht worden, daß eine Centralisirung der obersten Instanz in Sachen der Unfallversicherung eine Erweiterung der Reichskompetenz enthalten würde; „zwar würden den Einzelstaaten keine Kompetenzen genommen, die sie bisher besessen hätten, denn die ganze Materie werde erst jetzt gesetzlich geregelt, wohl aber würden Kom-

Gebiet des betreffenden Bundesstaates hinaus erstrecken[3]). In den Angelegenheiten dieser Berufsgenossenschaften gehen die in den §§ 16, 18, 20, 27, 28, 30, 32, 33, 37, 38, 39, 40, 62, 63, 73, 75, 78, 80, 83, 85, 86, 88, 89, 106 dem Reichs-Versicherungsamt[4]) übertragenen Zuständigkeiten[5]) auf das Landes-Versicherungsamt über.

Soweit jedoch in den Fällen der §§ 30, 32, 37 und 38 eine der Aufsicht (Abs. 3.) des Reichs-Versicherungsamts unterstellte Berufsgenossenschaft mitbetheiligt ist, entscheidet das Reichs-Versicherungsamt†).

Treten für eine der in Absatz 2 genannten, der Aufsicht eines (Abs. 4.) Landes-Versicherungsamts unterstellten Berufsgenossenschaften die Voraussetzungen des § 33 ein, so gehen die Rechtsansprüche und Verpflichtungen auf den betreffenden Bundesstaat über.

---

petenzen auf das Reich übertragen, welche nach der Natur der Sache den Einzelstaaten zufallen müßten." Auch sprächen Zweckmäßigkeitsgründe für die Landes-Versicherungsämter, denn das Reichs-Versicherungsamt sei ohnehin überlastet und es sei besser, diejenigen dem Reichsversicherungsamt zugedachten Funktionen, welche dasselbe ohne Vermittelung der Landesbehörden gar nicht ausüben könne, von vorn herein einer Behörde zu übertragen, welche auf Grund eigener Kenntniß entscheiden könne. Dies gelte namentlich für die Genehmigung der Statuten der Genossenschaften, weil denselben nothwendigerweise thatsächliche Erhebungen vorausgehen müßten, und von der Beaufsichtigung der Genossenschaften, welche zweckmäßig von einer den örtlichen Verhältnissen näher stehenden Behörde geführt würde. „Dabei würden den Landes-Versicherungsämtern die erforderlichen Renseignements vom Reichs-Versicherungsamt zugehen können, und die ersteren würden ohne Weiteres bereit sein, sich danach zu richten" (Komm.-Ber. a. a. O.). Hierdurch ist der Wille des Gesetzgebers dahin ausgesprochen, daß die generellen Gesichtspunkte für die Ausführung der Unfallversicherung nach wie vor von dem Reichs-Versicherungsamt als centraler Reichsbehörde aufzustellen sind; wenn dasselbe auch keine Anweisungen zu ertheilen hat, da ihm die Landes-Versicherungsämter nicht subordinirt sind, so werden die letzteren doch die ihnen von dort aus zugehenden Ausführungen beachten müssen und nicht eine Praxis üben dürfen, welche der des Reichs-Versicherungsamts zuwiderläuft. Nichtsdestoweniger liegt auf der Hand, daß bei dem Nebeneinanderbestehen mehrerer koordinirter Behörden als höchster Instanzen die Einheitlichkeit der Rechtsprechung in Unfallversicherungssachen gefährdet wird (indem z. B. verschiedenartige höchstinstanzliche Entscheidungen

---

† Diese Bestimmung ist wesentlich erweitert durch die im Zusatz abgedruckten Bestimmungen des § 101 landw. U.- und K.-V.-G.

§ 101 d. Ges., betr. die Unfall- und Krankenversicherung der in land- und forstwirthschaftlichen Betrieben beschäftigten Personen,
vom 5. Mai 1886 (Reichs-Gesetzbl. S. 132):

Abs. 2. „Soweit jedoch in den Fällen der §§ . . . . . . eine der Aufsicht[6]) eines anderen Landes-Versicherungsamts oder des Reichs-Versicherungsamts unterstellte Berufsgenossenschaft mitbetheiligt[7]) ist, entscheidet das Reichs-Versicherungsamt."

Abs. 3. „Unter den gleichen Voraussetzungen ist das Reichs-Versicherungsamt zuständig für Entscheidungen auf Grund der §§ 30, 32, 37, 38, 62, 63 des Unfallversicherungsgesetzes."

Abs. 4. „Das Landes-Versicherungsamt hat in derartigen Fällen (Abs. 2 und 3) die Akten an das Reichs-Versicherungsamt zur Entscheidung abzugeben."

---

darüber, ob eine Person „versichert" oder ob ein Unfall „bei dem Betriebe" vorgekommen sei, möglich sind).

Bei den Berathungen des Reichstags über den Gesetzentwurf, betr. die Unfallversicherung in der Land- und Forstwirthschaft, wurde daher angestrebt, in dem Reichs-Versicherungsamt oder in dem Reichsgericht eine Central-Revisionsinstanz für Rechtsverletzungen bezw. für einheitliche Rechtsprechung in Unfallversicherungssachen zu schaffen. Diese Bemühungen sind gescheitert. Man meinte, das Reichs-Versicherungsamt sei dazu nicht geeignet, weil man dadurch die Landes-Versicherungsämter herabsetze: das Reichsgericht aber sei nicht zu verwenden, weil es dem ganzen Aufbau der Unfallversicherung widerspreche, grundlegende Fragen derselben der Jurisdiktion einer richterlichen Behörde zu übertragen und dadurch das verwaltungsgerichtliche Gepräge der Rechtsprechung in dieser Materie zu beeinträchtigen. „Die Eigenartigkeit dieser Materie mache es nothwendig, die Entscheidungen letzter Instanz den Behörden zu belassen, denen überhaupt die Ausführung der Unfallversicherung übertragen sei" (Komm.-Ber. z. l. u. f. U. u. K.-V.-G. S. 41). Vgl. v. Woedtke, landw. U.-V., Anm. 1 zu § 95. Es wird hiernach einstweilen abgewartet werden müssen, ob derartige divergirende Entscheidungen — die übrigens nach der Tendenz des Gesetzes (cf. oben) nicht vorkommen sollen — später die Schaffung einer gemeinsamen Instanz doch noch erforderlich machen werden. Dagegen ist durch die im Zusatz hier angefügten Bestimmungen des § 101 Abs. 2 bis 4 a. a. O. die Möglichkeit positiver oder negativer Kompetenzkonflikte zwischen einem Landes-Versicherungsamt und dem Reichs- oder einem anderen Landes-Versicherungsamt für beseitigt zu erachten, und das ist schon ein großer Gewinn. Vgl. Anm. 7.

Die Landes-Versicherungsämter haben seit Durchführung der Unfallversicherung für die Land- und Forstwirthschaft besondere Bedeutung gewonnen. Für die Industrie giebt es zur Zeit — abgesehen von Preußen, welches nach den darüber wiederholt von maßgebender Stelle abgegebenen Erklärungen ein Landes-Versicherungsamt nicht errichten wird — nur 6 Berufsgenossenschaften, welche über das Gebiet eines und desselben Bundesstaates nicht hinausgreifen und deshalb an sich unter die Jurisdiktion von Landes-Versicherungsämtern fallen können. Es bestehen nämlich auf Grund des Unfallversicherungsgesetzes 2 Berufsgenossenschaften für ausschließlich Bayerische Betriebe (Bayerische Holz-B.-G. Nr. 33, Bayerische Baugewerks-B.-G. Nr. 53); 2 Berufsgenossenschaften für ausschließlich Königlich Sächsische Betriebe (Sächsische Textil-B.-G. Nr. 26, Sächsische Holz-B.-G. Nr. 31); 1 Berufsgenossenschaft für ausschließlich Württembergische Betriebe (Württembergische Baugewerks-B.-G. Nr. 52); 1 Berufsgenossenschaft für Elsaß-Lothringen (Elsaß-Lothringische Textil-B.-G. Nr. 24). Ferner ist auf Grund des Ausdehnungsgesetzes bei fiskalischen, einer Berufsgenossenschaft nicht zugewiesenen Betrieben eine auf das Gebiet einzelner Bundesstaaten beschränkte Unfallversicherung eingetreten, so für Bayern die Unfallversicherung in den Betrieben der Staats-Eisenbahn-, Heeres-, Post- und Telegraphenverwaltungen, den fiskalischen Binnenschiffahrtsbetrieben (vgl. A. N. II S. 75); für Königreich Sachsen die Unfallversicherung in den Betrieben der Staats-Eisenbahn und der Heeresverwaltung sowie den fiskalischen Baggerei-, Binnenschiffahrts-, Flößerei-, Prahm- und Fährbetrieben; für Württemberg die Unfallversicherung in den Betrieben der Heeresverwaltung, der Post- und Telegraphenverwaltung, den fiskalischen Binnenschiffahrts-, Flößerei-, Prahm- und Fährbetrieben (vgl. A. N. a. a. O.). Sodann besteht auch auf Grund des Bau-Unfallversicherungsgesetzes die Möglichkeit, in zahlreichen Fällen Kommunalverbände für leistungsfähig zu erklären und sie dadurch, indem alsdann die Unfallversicherung bei ihren Regiebauten durch besondere Ausführungsbehörden zu erfolgen hat, unter die Jurisdiktion eines Landes-Versicherungsamts zu bringen (§§ 4 Ziffer 2, 3, § 45 B.-U.-G.). Bei der Land- und Forstwirthschaft dagegen beschränken sich fast alle (44 von 48) Berufsgenossenschaften auf das Gebiet eines einzelnen Bundesstaates; hier ist also für die Thätigkeit von Landes-Versicherungsämtern ein weites Feld eröffnet. Derartige Behörden bestehen jetzt für Bayern, Kgr. Sachsen, Württemberg, Baden, Hessen, Mecklenburg-Schwerin, Mecklenburg-Strelitz, Reuß ä. L. Im Interesse der Einheit des Reichs, für welche die Gemeinsamkeit der Verwaltung der Unfallversicherung ein nicht unwichtiges Bindeglied gewesen sein würde, ist die Vermehrung von Landes-Versicherungsämtern wohl nicht zu wünschen.

Die Landes-Versicherungsämter unterstehen der geschäftlichen Aufsicht der Landesregierungen und werden auf Kosten des betr. Bundesstaates errichtet. Wird eine dem Landes-Versicherungsamt unterstellte Berufsgenossenschaft leistungsunfähig, so tritt an die Stelle der Reichsgarantie die Garantie des betreffenden Bundesstaates. In der Zusammensetzung sind die Landes-Versicherungsämter dem R.-V.-A. nachgebildet; nur fehlen naturgemäß die Mitglieder des Bundesraths.

²) Beaufsichtigung. Vgl. Anm. 1 zu § 87.

³) erstrecken. Vgl. Anm. 5 zu § 46.

⁴) Dem Reichs-Versicherungsamt verbleiben hiernach auch bezüglich derjenigen Genossenschaften, welche an sich einem Landes-Versicherungsamt unterstehen, abgesehen von den in Abs. 3 bezw. im Zusatz genannten Fällen (bei denen der Aufsicht des Reichs-Versicherungsamts oder eines anderen Landes-Versicherungsamts unterstellte Genossenschaften mitbetheiligt sind) folgende Funktionen (vgl. A. N. IV S. 247):

a) die Entscheidung von Zweifeln darüber, welche Betriebe außer den schon durch das Gesetz geregelten Fällen (§ 1 Abs. 3, 4) als „Fabriken" anzusehen sind und deshalb unter das U.-V.-G. fallen (§ 1 Abs. 5); die Vorbereitung der Beschlüsse des Bundesraths darüber, für welche Betriebe die Versicherungspflicht etwa auszuschließen ist (§ 1 Abs. 7);

b) der Erlaß der Vorschriften wegen der vom Beginn der 5. Woche nach Eintritt des Unfalls zu gewährenden Mehrleistung an Krankengeld (§ 5 Absatz 1);

c) die Arbeiten zur Bildung der Berufsgenossenschaften (§§ 11 bis 15, 94), sowie die Vorbereitung der Beschlüsse des Bundesraths über die Abänderung des Bestandes der Berufsgenossenschaften nach Abschluß der ersten Organisation (§§ 31, 90);

d) die Vorbereitung der Kaiserlichen Verordnung über das Verfahren vor dem Schiedsgericht (§ 50) und die Vorbereitung der Beschlüsse des Bundesraths über die Vermehrung von Schiedsgerichten (§§ 46, 90);

e) die Regulirung des Unfallmeldewesens (§ 51);

f) der Erlaß von Vorschriften über „die Gestaltung der für die gesammte Finanzgebahrung der Berufsgenossenschaften Ausschlag gebenden, dem Reichstage vorzulegenden Uebersichten" (§ 77) und damit die Führung umfassender Unfallstatistik;

g) die Regelung des Geschäftsverkehrs mit der Post (§§ 69 fg.

h) die Leitung der Wahlen zum Reichs-Versicherungsamt (§ 87).

In den übrigen Fällen, welche auf die Landes-Versicherungsämter übergehen, sollen die letzteren mit dem Reichs-Versicherungsamt enge Fühlung halten, cf. Anm. 1.

⁵) Zuständigkeiten. Für die einer Berufsgenossenschaft nicht zugewiesenen fiskalischen 2c. Betriebe (Anm. 5 zu § 41) beschränkt sich die Zuständigkeit des Landes-Versicherungsamts, wie sich aus dem § 3 des Ausd.-G. in Verbindung mit den in § 92 dieses Gesetzes citirten Paragraphen ergiebt, auf die in Anm. 1 zu § 87 aufgeführten Funktionen.

[6]) Aufsicht. Bei der vom Gesetzgeber gewollten „entsprechenden“ Anwendung dieses Paragraphen auf die in Anm. 5 bezeichneten fiskalischen ꝛc. Betriebe (vgl. Begründung d. Ausd.-G.) gilt diese Bestimmung bei den letzteren ohne Rücksicht darauf, daß derartige fiskalische ꝛc. Betriebe nur der Rechtsprechung, nicht auch der Beaufsichtigung eines Versicherungsamts unterstehen.

[7]) mitbetheiligt. „Der Sinn des Wortes „mitbetheiligt“ im § 97 (jetzt § 101) Absatz 2 wurde im Laufe der Diskussion ohne Widerspruch dahin festgestellt, daß auch der Fall, in welchem ein Landes-Versicherungsamt einen Betrieb als zu einer seiner Aufsicht nicht unterstellten Berufsgenossenschaft gehörig erachtet, davon miterfaßt werden soll, so daß auch in diesem Falle die Abgabe der Akten an das Reichs-Versicherungsamt stattzufinden hat“ (Komm.-Ber. z. L.-U.-V.-G. S. 41).

Die Abänderungen, welche durch die angezogenen, eine Novelle zum Unfallversicherungsgesetz enthaltenden Bestimmungen des Gesetzes vom 5. Mai 1886 gegenüber den ursp. Bestimmungen des § 92 Abs. 3 des Unfallversicherungsgesetzes getroffen sind, bestehen in folgenden 3 Punkten:

a) auch bei Kollisionen der Interessen zweier Landes-Versicherungsämter ist das Reichs-Versicherungsamt zuständig;

b) die Fälle der §§ 62, 63 sind hinzugetreten;

c) das Verfahren ist geregelt, indem Abgabe der Akten bestimmt wurde.

Diese Bestimmungen sollen insbesondere die Möglichkeit ausschließen, daß bei Vertheilung versicherungspflichtiger Betriebe unter die Genossenschaften oder bei den Verhandlungen über die Entschädigung Verunglückter verschiedene Versicherungsämter sich für unzuständig erklären, indem jedes ausführt, der betreffende Betrieb oder Nebenbetrieb gehöre zu einer der Zuständigkeit eines anderen Versicherungsamts unterstellten Berufsgenossenschaft. Bei solchem negativen Kompetenzkonflikt zweier Versicherungsämter würde der betreffende Verletzte gegen den Willen des Gesetzes leer ausgehen. „Es könne leicht der Fall vorkommen, daß ein zweifellos versicherter Arbeiter durch entgegenstehende Entscheidungen der obersten Instanzen für einen erlittenen Unfall nichts erhalte. Es könne z. B. in der Praxis zweifelhaft sein, ob das Keltern der Weintrauben in einem bestimmten Falle unter den Begriff der Landwirthschaft oder unter den des Kellereigewerbes falle. Wenn nun in einer Gegend die landwirthschaftliche Berufsgenossenschaft einem Landes-Versicherungsamte unterstellt sei, während das Kellereigewerbe zu einer dem Reichs-Versicherungsamte unterstellten Reichs-Berufsgenossenschaft gehöre, und es verunglücke ein Arbeiter bei dem Keltern der Trauben, so sei es wohl denkbar, daß sein Anspruch auf Entschädigung von beiden obersten Instanzen endgültig abgewiesen werde, weil das Landes-Versicherungsamt den Keltereibetrieb nicht zur Landwirthschaft, das Reichs-Versicherungsamt aber denselben nicht zum Kellerreigewerbe rechne. In solchem Falle erhalte . . . (bisher) . . . der Verunglückte nichts, weil jeder der beiden endgültig entscheidenden Behörden nur die Kompetenz zustehe, hinsichtlich der ihr unterstellten Berufsgenossenschaft zu entscheiden, daß gegen sie der Verletzte

§ 93.*)

(Abs. 1.) Das Landes-Versicherungsamt besteht aus mindestens drei ständigen Mitgliedern, einschließlich des Vorsitzenden, und aus vier nichtständigen Mitgliedern.

(Abs. 2.) Die ständigen Mitglieder werden von dem Landesherrn des betreffenden Bundesstaates auf Lebenszeit ernannt; die nichtständigen Mitglieder werden von den Genossenschaftsvorständen derjenigen Genossenschaften, welche sich nicht über das Gebiet des betreffenden Bundesstaates hinaus erstrecken, und von den Vertretern der versicherten Arbeiter (§ 41) aus ihrer Mitte mittelst schriftlicher Abstimmung unter Leitung des Landes-Versicherungsamts gewählt. Das Stimmenverhältniß der einzelnen Wahlkörper bestimmt die Landesregierung unter Berücksichtigung der Zahl der in den betreffenden Genossenschaften versicherten Personen. Im übrigen finden die Bestimmungen des § 87 über die Wahl, die Amtsdauer und die Stellvertretung dieser nichtständigen Mitglieder gleichmäßig Anwendung. Solange eine Wahl der Vertreter der Genossenschaftsvorstände und der Arbeiter nicht zu Stande kommt, werden Vertreter der Betriebsunternehmer und der Versicherten von der Landes-Zentralbehörde ernannt.

(Abs. 3.) Die Beschlußfassung des Landes-Versicherungsamts in den im § 90 unter b bis c bezeichneten Angelegenheiten ist durch die Anwesenheit von drei ständigen und zwei nichtständigen Mitgliedern bedingt, zu welchen in den Fällen zu b und c außerdem zwei richterliche Beamte zuzuziehen sind.

(Abs. 4.) Die Formen des Verfahrens und der Geschäftsgang bei dem Landes-Versicherungsamt, sowie die den nichtständigen Mitgliedern

*) § 93 gilt auch für den Bereich des Ausdehnungsgesetzes (§§ 1, 3 A.-G.) und des Bau-Unfallversicherungsgesetzes (§ 45 B.-U.-G.).

Noch zu § 92.

einen Anspruch nicht habe, weil der Behörde aber die Befugniß nicht beiwohne, zugleich festzustellen, daß der Anspruch gegen die andere, ihr nicht unterstellte Berufsgenossenschaft begründet sei" (Komm.-Ber. S. 40). Ein solcher negativer Kompetenzkonflikt kann nach den Bestimmungen des Gesetzes jetzt nicht mehr vorkommen. Aber auch ein positiver Kompetenzkonflikt, welcher dadurch sich ergeben könnte, daß zwei unter verschiedene Versicherungsämter fallende Berufsgenossenschaften denselben Betrieb oder Nebenbetrieb für sich reklamiren und zu Beiträgen heranziehen, wird fortan vermieden.

zu gewährende Vergütung werden durch die Landesregierung geregelt.

IX. Schluß- und Strafbestimmungen.

Knappschafts-Berufsgenossenschaften.

§ 94.*)

[1])Unternehmer von Betrieben, welche landesgesetzlich bestehenden Knappschaftsverbänden angehören, können auf Antrag der Vorstände der letzteren nach Maßgabe der §§ 12ff. vom Bundesrath zu Knappschafts-Berufsgenossenschaften vereinigt[2]) werden. (Abs. 1.)

Die Knappschafts-Berufsgenossenschaften können durch Statut bestimmen: (Abs. 2.)

a) daß die Entschädigungsbeträge auch über fünfzig Prozent hinaus (§ 29) von denjenigen Sektionen zu tragen sind, in deren Bezirken die Unfälle eingetreten sind;

b) daß den Knappschaftsältesten[3]) die Funktionen der in § 41 bezeichneten Vertreter der Arbeiter übertragen werden;

c) daß Knappschaftsälteste[3]) stimmberechtigte Mitglieder des Genossenschaftsvorstandes oder, sofern die Knappschafts-Berufsgenossenschaft in Sektionen getheilt ist, der Sektionsvorstände sind;

d) daß die Auszahlung der Entschädigungen durch die Knappschaftskassen[4]) bewirkt wird (§ 69).

*) § 94 hat keine Bedeutung für das Ausdehnungsgesetz oder das Bau-Unfallversicherungsgesetz.

Zu § 94.

[1]) Durch das Krankenversicherungsgesetz vom 15. Juni 1883 sind die Knappschaftskassen derart unberührt geblieben, daß die Mitglieder derselben durch die Betheiligung an diesen Kassen ihrer gesetzlichen Versicherungspflicht genügen können und nicht genöthigt sind, der Gemeindekrankenversicherung oder einer nach Maßgabe der Vorschriften jenes Gesetzes errichteten Krankenkasse anzugehören (§ 74 a. a. O.). Für die Unfallversicherung waren gleichartige Bestimmungen insbesondere um deswillen nicht angängig, weil nicht alle bestehenden Knappschaftskassen einen so großen Umfang haben, daß sie für die durch die Unfallversicherung zu übernehmenden, umfangreichen Leistungen unbedingte Garantie bieten, wobei insbesondere die in der Montanindustrie besonders erhebliche Gefahr von Massenunfällen zu berücksichtigen ist. Um nun den Wünschen der Betheiligten wegen Aufrechterhaltung jener althergebrachten und mit der Bergwerksindustrie enge verwachsenen Kasseneinrichtungen

nach Möglichkeit zu entsprechen, ist auf Grund der Vorschläge des Reichstags der vorliegende Paragraph eingeschoben worden, durch welchen der Bundesrath ermächtigt wird, diejenigen Betriebe, welche landesgesetzlich bestehenden Knappschaftskassen angehören, nach Maßgabe der §§ 12fg. zu Knappschafts-Berufsgenossenschaften, welche gewisse Besonderheiten aufweisen, zu vereinigen (cf. Anm. 2). Die bei diesen zulässigen Modifikationen sollen den Fortbestand der einzelnen Knappschaftskassen und derjenigen Einrichtungen in denselben ermöglichen, welche mit diesem Gesetz vereinbar sind. Durch die Vereinigung selbst aber werden in der Knappschafts-Berufsgenossenschaft diejenigen breiten Schultern gewonnen, welche die Last der Unfallfürsorge dauernd und zuverlässig übernehmen können, während die einzelnen Knappschaftskassen als Sektionen fortbestehen und als solche vorbehaltlich der Rückdeckung bei der Knappschafts-Berufsgenossenschaft die gesammte Unfallast weiter tragen können.

Die Besonderheiten, welche die Knappschafts-Berufsgenossenschaften aufweisen werden, bestehen wesentlich in Folgendem:

a) Bei ihnen fällt das Erforderniß, daß Berufsgenossenschaften innerhalb ihres Bezirks alle Betriebe derjenigen Industriezweige umfassen müssen, für welche sie errichtet sind (§ 9), fort. Nicht knappschaftspflichtige Betriebe derselben Industrie fallen also nicht in die Knappschafts-Berufsgenossenschaft.

b) Die gesammte Unfallast (nicht blos 50 pCt., § 29) kann den Sektionen, also den einzelnen Knappschaftskassen, wenn dieselben als Sektionen fortbestehen, übertragen werden. Geschieht dies, so stellt sich die Knappschafts-B.-G. nur als Garantieverband dar. Die Uebertragung muß durch Statut erfolgen und bedarf dadurch der Genehmigung des Reichs-Versicherungsamts.

c) Den Knappschaftsältesten können die Befugnisse der Vertreter der Arbeiter (§ 41) übertragen werden. Besonders zu wählender Arbeitervertreter bedarf es nämlich nicht, weil die Knappschaftsältesten aus der Belegschaft gewählt werden und dadurch schon ihrerseits eine berufene Vertretung der Arbeiter darstellen. Auch können Knappschaftsälteste ihrer bisherigen Stellung entsprechend stimmberechtigte Mitglieder der Vorstände sein, cf. Anm. 3.

d) Die Entschädigungen brauchen nicht durch die Post, sondern können durch die Knappschaftskassen ausgezahlt werden. Die letzteren sind den Bedürfnissen entsprechend organisirt und den Empfangsberechtigten örtlich nahe; die Benutzung dieser Kassen entspricht den Gewohnheiten und den Interessen der in der Montanindustrie verunglückten Personen. Eine Betheiligung der Postverwaltungen erscheint hiernach entbehrlich.

Im Uebrigen finden die Bestimmungen des Gesetzes über die Bildung, Organisation und Verwaltung der Berufsgenossenschaften auch auf die Knappschafts-Berufsgenossenschaften Anwendung. Die Betriebsunternehmer von Berg-

Haftpflicht der Betriebsunternehmer und Betriebsbeamten.

§ 95.*)

[1])Die nach Maßgabe dieses Gesetzes versicherten Personen und deren Hinterbliebene können einen Anspruch auf Ersatz des in Folge (Abs. 1.)

*) § 95 gilt auch für den Bereich des Ausdehnungsgesetzes (§§ 1, 3 A.-G.), ebenso für den Bereich des Bau-Unfallversicherungsgesetzes, jedoch mit einer Beschränkung rücksichtlich der bei Regiebauten von Privatpersonen beschäftigten Bauarbeiter (§§ 7, 8, 49 B.-U.-G.). Vgl. Anm. 1a.

Noch zu § 94.

werken ꝛc. sind also verpflichtet, ihre Betriebe nach §§ 11, 35 anzumelden; es müssen Vertreter der Arbeiter gewählt werden, sofern nicht Knappschaftsälteste die nach diesem Paragraph zulässigen Funktionen übernehmen sollen; es müssen Schiedsgerichte errichtet, Unfälle gemeldet und untersucht werden, obligatorisch ein nach § 18 zu dotirender Reservefonds sowie Gefahrenklassen gebildet, der Jahresbedarf nach § 28, also ohne Heranziehung der Arbeiter, umgelegt werden ꝛc.

Nebenbetriebe folgen dem Hauptbetrieb, gehören also zur Knappschafts-Berufsgenossenschaft auch dann, wenn sie nicht in dem Knappschaftsverband standen (A. N. I S. 4).

Wenn Knappschaftsverbände als Sektionen der Knappschafts-Berufsgenossenschaften fortbestehen, so müssen sie doch mit Rücksicht auf die ihnen sonst übertragenen Aufgaben — Krankenversicherung, Invalidenversorgung ꝛc. — getrennte Rechnung einrichten (vgl. § 76).

[2]) vereinigt. Nach den von dem Bundesrath genehmigten Beschlüssen der Betheiligten ist nur eine Knappschaftsberufsgenossenschaft errichtet worden, welche die sämmtlichen knappschaftspflichtigen Betriebe im ganzen Reich umfaßt.

[3]) Knappschaftsältesten. Die Anwendung der Bestimmung unter c hat zur Voraussetzung, daß auch die unter b vorgesehene Ausnahmebestimmung in dem betreffenden Statut Aufnahme gefunden hat. Denn andernfalls würde den Arbeitern, wenn dieselben durch ihre Knappschaftsältesten in den Vorständen vertreten sind und wenn sie außerdem eine Vertretung der Arbeiter nach § 41 wählen, bei den Berathungen über die Unfallverhütungsvorschriften eine doppelte Vertretung und eine starke Majorität über die Betriebsunternehmer zufallen. Dies ist offenbar nicht beabsichtigt und den für die Bestimmung maßgebend gewesenen Gründen nicht entsprechend.

Das Verhältniß von Nr. b) und c) ist also folgendes: den Knappschaftsältesten können die Funktionen der Arbeitervertretung entweder allein, oder in Verbindung mit der Mitgliedschaft in den Vorständen, aber nicht diese Mitgliedschaft ohne die Funktionen der Arbeitervertretung übertragen werden.

Wenn Knappschaftsälteste Vorstandsmitglieder sind, so haben sie als Arbeitervertreter nicht etwa noch eine besondere Stimme.

[4]) durch die Knappschaftskassen. In diesem Falle muß die Anwei-

eines Unfalls[2]) erlittenen Schadens[3]) nur[4]) gegen diejenigen Betriebsunternehmer, Bevollmächtigten[5]) oder Repräsentanten, Betriebs- oder Arbeiteraufseher geltend machen, gegen welche[6]) durch strafgerichtliches[7]) Urtheil festgestellt worden ist, daß sie den Unfall vorsätzlich[8]) herbeigeführt haben.

(Abs. 2.) In diesem Falle beschränkt sich der Anspruch auf den Betrag[9]), um welchen die den Berechtigten nach den bestehenden gesetzlichen Vorschriften gebührende Entschädigung diejenige übersteigt, auf welche sie nach diesem Gesetz Anspruch haben.

---

sung an die Kasse, wenn nicht der Kassenverband als Sektion die Last allein trägt (litt. a), durch Vermittelung des Genossenschaftsvorstandes erfolgen.

Zu § 95.

[1]) Die Vorschriften der §§ 95 bis 98 behandeln die Haftung der nach dem bisher geltenden bürgerlichen Recht entschädigungspflichtigen Personen für die durch Unfall hervorgerufenen Nachtheile und setzen die Grundsätze des Haftpflichtgesetzes vom 7. Juni 1871 sowie die sonstigen gesetzlichen Bestimmungen über Schadenersatz ꝛc., den die Unternehmer bei Betriebsunfällen ihren Arbeitern zu leisten hatten, für diejenigen Personen, welche der Wohlthaten der Unfallversicherung theilhaftig geworden sind, außer Kraft (vgl. unten die Motive). Sie lassen sich kurz dahin zusammenfassen:

> Der Unternehmer oder dessen Betriebsbeamter ꝛc. ist seinem verletzten Arbeiter oder dessen Hinterbliebenen nur dann noch regreßpflichtig (und zwar auf die Differenz gegen die Entschädigung aus der Unfall- und der Krankenfürsorge), wenn er den Unfall durch Vorsatz im strafrechtlichen Sinne, also durch ein dolose verübtes Verbrechen oder Vergehen herbeigeführt hat (§ 95*); den Krankenkassen und Berufsgenossenschaften dagegen nicht nur in diesem Fall, sondern immer dann, wenn er kriminell wegen Vorsatzes oder Fahrlässigkeit für den Unfall verantwortlich ist, § 96. Im Fall des Vorsatzes haftet also der Unternehmer für das Ganze, und zwar zur Höhe der nach diesem Gesetz und dem Krankenvers.-Ges. gewährten Kranken- und Unfallentschädigung den Krankenkassen und Berufsgenossenschaften, zur Höhe des Restes dem Verletzten und dessen Hinterbliebenen. Die Regreßpflicht im Prinzip, d. h. die Frage, ob dolus oder (im letzteren Fall) vertretbares Versehen vorliegt, muß durch den Strafrichter festgestellt werden, falls

---

*) „Der Interesseforderung ist damit der Charakter einer Strafe beigelegt, welcher ihr, wie Ihering in seinem „Schuldmoment im Römischen Recht" nachgewiesen hat, grundsätzlich immer beiwohnt" (Dr. v. Schulze-Gaevernitz, Zeitschr. f. d. Privat- und öffentl. Recht der Gegenwart XVI S. 465).

nicht die strafrechtliche Verfolgung aus Gründen, die in der Person des Haftpflichtigen liegen, unmöglich ist, § 97; der Civilanspruch betrifft nur noch die Höhe des Regresses.

Es haftet immer nur derjenige (Unternehmer oder Beauftragte ꝛc.), dem der Vorsatz oder das kriminell zu vertretende Verfahren selbst zur Last fällt; es haftet also jeder nur für die Folgen seiner eigenen Handlungen, einschl. der Anstiftung und Beihülfe. Die Haftbarkeit des Unternehmers für die Nachlässigkeit ꝛc. seiner Bevollmächtigten ꝛc. fällt fort.

Dritte Personen, d. h. Personen, welche zu dem verletzten Arbeiter nicht in dem Verhältniß des Arbeitgebers oder eines vorgesetzten Betriebsbeamten stehen, bleiben in vollem Maße nach den bisherigen Gesetzen verantwortlich und sind (ebenso wie die Unternehmer bei dolus) theils den Krankenkassen uud Genossenschaften, theils den Verletzten und deren Hinterbliebenen regreßpflichtig, § 98.

Die Motive (S. 81) sagen hierüber:

„Neben der Sicherung der Arbeiter gegen die wirthschaftlichen Folgen der Unfälle verfolgt der Entwurf das Ziel, alle Streitigkeiten zwischen Arbeitgebern und Arbeitern über Entschädigungsansprüche, welche den letzteren aus Unfällen erwachsen, zu beseitigen, und zu dem Ende alle Entschädigungsansprüche, welche in Veranlassung eines Unfalls gegen den Arbeitgeber nach bisherigem Rechte (Gemeines Recht, Haftpflichtgesetz vom 7. Juni 1871, Code civil u. s. w.) erhoben werden konnten, aufzuheben. Die Berechtigung hierzu liegt in dem Ersatz, welchen die Arbeiter für die ihnen nach dem bisher geltenden Rechte zustehenden, in ihrer Realisirung höchst unsicheren Entschädigungsansprüche dadurch erhalten sollen, daß ihnen für jeden aus einem Unfall entstehenden Schaden selbst in dem Falle eigenen Verschuldens eine zwar begrenzte, aber vollkommen sichere Entschädigung gewährt wird. Zur Erreichung des gedachten Zieles ist es unerläßlich, auch für die ersten dreizehn Wochen der in Folge eines Unfalls eingetretenen Erwerbsunfähigkeit, für welche nicht eine Entschädigung nach Maßgabe dieses Gesetzes, sondern Krankenunterstützung, und zwar in der Regel unter Mitheranziehung der Arbeitgeber gewährt werden soll, einen Entschädigungsanspruch gegen den Arbeitgeber nicht mehr zuzulassen, da andernfalls nicht nur die Unfälle, welche nur eine Erwerbsunfähigkeit bis zu dreizehn Wochen zur Folge haben, sondern rücksichtlich der ersten dreizehn Wochen der Erwerbsunfähigkeit auch alle übrigen Unfälle nach wie vor zu einer Quelle von Streitigkeiten werden würden. Es soll mithin den Krankenkassen nicht die Möglichkeit verbleiben, auf Grund des Haftpflichtgesetzes u. s. w. wegen der Fürsorge für die ersten 13 Wochen von dem Betriebsunternehmer Deckung zu verlangen. Die §§ 57 Abs. 4, 65 Abs. 5 und 73 Abs. 1 des Krankenkassengesetzes werden somit in ihrer Anwendbarkeit beschränkt.

Von diesen Grundprinzipien macht der Entwurf eine doppelte Ausnahme:

einmal im § 92 (jetzt § 95) zu Gunsten des Beschädigten und seiner Hinterbliebenen für den Fall, daß der Betriebsunternehmer laut strafgerichtlichen Urtheils den Unfall vorsätzlich herbeigeführt hat. In diesem Falle sollen die Entschädigungsberechtigten in ihren Ansprüchen nicht beschränkt werden. Sie erhalten zwar auch dann die nach §§ 5 und 6 bemessene Entschädigung, sie sollen aber außerdem die Differenz zwischen der letzteren und der nach den bestehenden gesetzlichen Vorschriften zu leistenden Entschädigung von dem Betriebsunternehmer zu fordern berechtigt sein.

Die zweite Ausnahme von der Regel wird durch § 93 (jetzt § 96) statuirt. Hiernach soll der Betriebsunternehmer gegenüber den Genossenschaften und Krankenkassen, zu denen auch die Gemeindekrankenversicherung gehört (vergl. oben zu §§ 78 bis 81)*), für alle Aufwendungen, welche sie in Folge eines Unfalls zu machen verpflichtet waren, regreßpflichtig sein, wenn durch strafgerichtliches Urtheil festgestellt worden ist, daß er den Unfall vorsätzlich oder durch Fahrlässigkeit mit Außerachtlassung derjenigen Aufmerksamkeit, zu welcher er vermöge seines Amtes, Berufes oder Gewerbes besonders verpflichtet ist (vgl. §§ 222 und 230 des Strafgesetzbuchs), herbeigeführt hat. Liegt ein solches strafgerichtliches Urtheil vor, so ist damit ein erkennbares Kriterium für die Regreßpflicht des Betriebsunternehmers gegeben. Das „grobe Verschulden", welches nach der früheren Vorlage diese Regreßpflicht begründen sollte, ist ein unsicherer Rechtsbegriff; das Vorhandensein des groben Verschuldens würde im Wege des Prozesses jedesmal erst dargethan werden müssen. Nach den Bestimmungen des Entwurfs dagegen werden die Civilprozesse über die Regreßpflicht als solche abgeschnitten, indem die Entscheidung der Regreßfrage, vorbehaltlich eines nachfolgenden Civilprozesses über die Höhe des Schadenersatzes, durch die Feststellungen des Strafgerichts unmittelbar getroffen wird.

Außer dem Betriebsunternehmer kommen aber in gleicher Weise die Bevollmächtigten und Repräsentanten desselben, die Betriebs- und Arbeitsaufseher, in Betracht. In den Berathungen des preußischen Volkswirthschaftsraths wurde mit Recht hervorgehoben, daß diese einerseits nicht schlechter gestellt werden dürften, als der Betriebsunternehmer, und daß der Unternehmer andererseits keine persönliche, wenn auch nur moralische Verantwortlichkeit für deren Handlungen weiter übernehmen könne, als daß er mit seinen Berufsgenossen seine Arbeiter gegen alle Unfälle versichere. Der Entwurf behandelt daher die Unternehmer und deren Bevollmächtigte ꝛc., zu denen namentlich auch die Betriebsbeamten in staatlichen und anderen Werken gehören, völlig auf gleichem Fuße, er läßt ferner alle diese Personen nur für ihre eigenen Handlungen haften, indem jegliche Haftpflicht des Betriebsunternehmers für seine Bevollmächtigten beseitigt wird. Letzteres rechtfertigt sich mit Rücksicht auf die durchgreifende, auf Kosten der Unternehmer erfolgende Versicherung der

*) s. Anm. 8 zu § 80.

Arbeiter. Jene weitergehende Haftpflicht der Betriebsunternehmer für ihre Bevollmächtigten wurde als ein Nothbehelf zu einer Zeit ausgesprochen, in welcher es eine Versicherung auf Kosten der Betriebsunternehmer noch nicht gab. Auf dem Boden der Vorlage bedarf es dieses Nothbehelfs nicht mehr."

Diejenigen Personen, welche der Wohlthaten der Unfallversicherung theilhaft werden und bei einem Betriebsunfall eine jederzeit sichere Entschädigung in der durch das Gesetz fixirten Höhe erhalten, haben als Aequivalent ihre unsicheren, vielleicht aber weitergehenden Ansprüche aus dem Haftpflichtgesetz Preis zu geben, damit dessen Anwendbarkeit und die durch die Anwendung desselben hervorgerufenen Nachtheile auf ein Minimum reduzirt werden. Dies gilt beim Eintritt eines Betriebsunfalls nicht nur dann, wenn dessen Folgen von den Berufsgenossenschaften zu tragen sind (also nicht blos in den schwereren Fällen), sondern auch dann, wenn der Verletzte weniger als 13 Wochen erwerbsunfähig gewesen ist und deshalb auf die Krankenkasse oder auf den Betriebsunternehmer (§ 5 Abs. 10 sowie Anm. 41 dazu) angewiesen war. Vgl. jedoch Anm. 1a.

Hiernach bemißt sich die fernere Geltung des Haftpflichtgesetzes (Gesetz, betr. die Verbindlichkeit zum Schadenersatz für die bei dem Betriebe von Eisenbahnen, Bergwerken u. s. w. herbeigeführten Tödtungen und Körperverletzungen vom 7. Juni 1871, R.=G.=B. S 207) und des sonstigen bisherigen Rechts (cf. oben Motive).

1. Dasselbe bleibt unverändert in Kraft*):

a) für den bei dem Betriebe einer Eisenbahn durch Tödtungen oder Körverletzungen von Passagieren entstandenen Schaden, § 1 a. a. O.

b) für diejenigen Verletzungen ꝛc., welche die nicht gegen Unfall versicherten Personen bei dem Betriebe der unter das Haftpflichtgesetz fallenden Anlagen erleiden (§§ 1, 2 fg. a. a. O.). Hierzu gehören die gegen Gehalt und Pensionsberechtigung angestellten Staatsbeamten ꝛc. [§ 4], solange die für sie in Aussicht gestellte anderweite Regelung nicht erfolgt ist; andere Betriebsbeamte mit mehr als 2000 Mark Jahresverdienst, wenn auf dieselben die Versicherungspflicht nicht erstreckt ist [§ 2 Anm. 4]; Arbeiter und Beamte in eximirten Betrieben [§ 1 Abs. 7, Anm. 33 zu § 1].

2. Im Uebrigen gilt das bisherige Recht nur noch für die eigene Ersatzverbindlichkeit dessen, der als Unternehmer oder Betriebsbeamter (§ 95) den Unfall durch Vorsatz oder kriminell vertretbare Fahrlässigkeit verschuldet hat und dafür strafrechtlich zur Verantwortung gezogen ist, und zwar in dem am Anfang dieser Anmerkung näher dargelegten Umfange. —

*) Dr. v. Schulze=Gaevernitz (a. a. O.) konstruirt noch weitere Fälle, indem der „Betriebsunternehmer" des Haftpflichtgesetzes nicht immer mit dem „Betriebsunternehmer" des U.=V.=G. zusammenzufallen brauche, ersterer also unter Umständen zu dem Verletzten im Verhältniß eines Dritten (§ 98 U.=V.=G.) stehen könne. Vgl. auch Anm. 4 Abs. 2 zu diesem §.

Die bei Regiebauarbeiten von Privatpersonen beschäftigten Bauarbeiter sind während der ersten 13 Wochen, sofern sie nicht Mitglieder einer Krankenkasse sind oder sonst civilrechtliche Entschädigungsansprüche haben, nicht auf den Betriebsunternehmer, sondern auf die Fürsorge der Beschäftigungsgemeinde (und zwar nur wegen der freien ärztlichen Behandlung, freien Arznei und freien kleinen Heilmitteln) angewiesen, erhalten also für diese Zeit keine hinreichende Fürsorge. Deshalb bleiben ihnen „die auf landesgesetzlichen Bestimmungen beruhenden Ansprüche auf Ersatz des in Folge eines Unfalls erlittenen Schadens für die Dauer der ersten 13 Wochen nach dem Unfalle vorbehalten" (§§ 7, 8, 49 B.-U.-G.). Aehnlich §§ 10, 12, 116 Abs. 3 L.-U.-V.-G.

[2]) in Folge eines Unfalls, d. h. wenn derselbe nach Eintritt der Wirksamkeit dieses Gesetzes sich ereignet hat. Vgl. Anm. 2 zu § 111.

[3]) Schadens, d. h. des im Einzelfall erlittenen vollen, nach den Vorschriften des geltenden Civilrechts zu bemessenden Schadens, auf welchen dann dasjenige, was aus der Unfallversicherung erlangt ist, angerechnet wird.

Nach § 231 Str.-G.-B. „kann in allen Fällen der Körperverletzung auf Verlangen des Verletzten neben der Strafe auf eine an denselben zu erlegende Buße bis zum Betrage von 6000 Mark erkannt werden. Eine erkannte Buße schließt die Geltendmachung eines weiteren Entschädigungsanspruches aus." Das Recht auf Unfallfürsorge als einer aus öffentlich-rechtlichen Gründen von Genossenschaften, nicht von dem schuldigen Unternehmer rc., gewährten Versorgung kann nicht als Entschädigungsanspruch im Sinne des Strafgesetzbuches gelten, da der letztere nur gegen denjenigen gewährt sein kann, der für den Unfall verantwortlich ist, und da die Buße nur ein pauschalisirtes Aequivalent für diesen Entschädigungsanspruch ist, um die schwierige Begründung desselben entbehrlich zu machen. Die Unfallentschädigung als solche wird also dadurch nicht verwirkt, daß ein Verletzter von demjenigen, der für den Unfall kriminell haftbar gemacht ist, eine Buße beansprucht und zugesprochen erhält. Wohl aber wird durch letzteres derjenige Schadensanspruch verwirkt, den ein Verletzter auf Grund des § 95 noch gegen den schuldigen Unternehmer auf das Mehr erheben kann. Es kann also außer der Unfallrente rc. nur entweder die Buße nach § 231 Str.-G.-B. oder die höhere Entschädigung nach § 95 Abs. 2 dieses Gesetzes bezogen und dem Unternehmer rc. auferlegt werden.

[4]) nur. Wer auf Grund des Unfallversicherungsgesetzes oder des Ausdehnungsgesetzes gegen Unfall versichert ist und auf Grund dessen von derjenigen Genossenschaft (bez. Reich, Staat), in deren Dienst er den Unfall erlitten hat, die gesetzliche Entschädigung erhält, ist mit allen anderen Ansprüchen an den Unternehmer und die Beamten des betr. Betriebes abgefunden, soweit nicht § 95 weitere Forderungen zuläßt. Entschädigungsansprüche gegen Dritte, d. h. andere Personen als die Unternehmer und die Beamten desjenigen Betriebes, in dessen Dienst der Unfall erlitten ist, bleiben nach Maßgabe des § 98 unberührt.

Der Monteur einer Maschinenfabrik, welcher behufs Aufstellung einer Maschine dienstlich eine Eisenbahnfahrt macht und dabei verunglückt, hat seinen Entschädigungsanspruch gegen die Berufsgenossenschaft, zu welcher der Betrieb, in deren Dienst er den Unfall erlitten hat, gehört, außerdem aber gegen die Eisenbahnverwaltung, deren Passagier er war, denn diese ist für ihn ein Dritter. Bezüglich dieser Ansprüche ist das Haftpflichtgesetz nicht aufgehoben, vgl. Anm. 1; der Anspruch besteht also weiter, wenngleich § 98 nur die Fälle vorsätzlicher oder schuldhafter Herbeiführung des Unfalls ausdrücklich erwähnt, geht aber auf die Berufsgenossenschaft über, soweit er bereits von dieser befriedigt ist. In § 10 des Unfallfürsorgegesetzes für Reichsbeamte v. 15. März 1886 (R.-G.-Bl. S. 53) — siehe Anhang — ist dies klar zum Ausdruck gekommen; nach dieser Bestimmung hat z. B. ein Postbeamter, welcher in einem ambulanten Postbureau auf einer (Privat-) Eisenbahn verunglückt, den Entschädigungsanspruch gegen die Postverwaltung, in deren Dienst er verunglückt war, außerdem aber gegen die Eisenbahnverwaltung als Dritten, und dieser letztere Anspruch soll unbeschadet der Bestimmungen des Art. 8 des Eisenbahn-Postgesetzes vom 10. Dezember 1875 (R.-G.-Bl. S. 318) auf die Postverwaltung übergehen.

[5]) Bevollmächtigten, zu denen namentlich auch die Betriebsbeamten in staatlichen und anderen Betrieben gehören, cf. Anm. 1. „Die Frage, ob ein regreßpflichtig gewordener Bevollmächtigter 2c. in der Lage ist, gegen den Betriebsunternehmer seinerseits wiederum Regreß zu nehmen, namentlich wenn er in dessen direktem Auftrage gehandelt hat, als er den Unfall herbeiführte, ist außerhalb des Rahmens dieses Gesetzes nach dem geltenden allgemeinen Rechte zu entscheiden" (Mot. S. 82). Es handelt sich überall um die Bevollmächtigten 2c. desjenigen Betriebes, in dem der Verunglückte beschäftigt war.

[6]) gegen welche. Der Anspruch richtet sich also nur gegen denjenigen, welcher strafrechtlich verfolgt ist; die Haftbarkeit des Unternehmers für die Handlungen seiner Beamten ist fortgefallen, cf. Anm. 1.

[7]) strafgerichtlich, cf. Anm. 1 und § 97.

[8]) vorsetzlich. Ueber den Begriff der Vorsätzlichkeit in strafrechtlicher Beziehung vgl. Oppenhoff, Str.-G.-B. Anm. 1—4 zu § 59. Danach bedeutet Vorsatz den Willen, eine Handlung zu begehen, und zwar muß der Wille sich darauf richten, das ins Auge gefaßte konkrete Objekt zu treffen, oder der Thäter muß bei der gewollten Handlung sich wenigstens dessen bewußt gewesen sein, das seine Handlung das konkrete Objekt treffen werde. Vgl. auch Anm. 26 zu § 5.

[9]) auf den Betrag. „In welcher Weise in den Fällen des § 92 (jetzt § 95) die den Beschädigten zustehende Entschädigung festgestellt werden soll, ob als Rente oder als Kapitalzahlung, hängt von dem Klageantrage und dem richterlichen Ermessen ab" (Mot. S. 83), cf. § 96.

§ 96.*)

(Abs. 1.) [1])Diejenigen Betriebsunternehmer, Bevollmächtigten oder Repräsentanten, Betriebs- oder Arbeiteraufseher[2]), gegen welche durch strafgerichtliches Urtheil festgestellt worden ist, daß sie den Unfall vorsätzlich oder durch Fahrlässigkeit[3]) mit Außerachtlassung derjenigen Aufmerksamkeit, zu der sie vermöge ihres Amtes, Berufes oder Gewerbes besonders verpflichtet sind[4]), herbeigeführt haben, haften[4a]) für alle Aufwendungen, welche in Folge des Unfalls auf Grund dieses Gesetzes oder des Gesetzes, betreffend die Krankenversicherung der Arbeiter, vom 15. Juni 1883 (Reichs-Gesetzbl. Seite 73) von den Genossenschaften und Krankenkassen[5]) gemacht worden sind.

*) § 96 gilt auch für den Bereich des Ausdehnungsgesetzes (§§ 1, 3 A.-G.) und des Bau-Unfallversicherungsgesetzes (§ 49 B.-U.-G.).

Zu § 96.

[1]) cf. die Anm. zu § 95. Während § 95 das Verhältniß des Unternehmers und seiner Beamten zu dem Verletzten regelt, ordnet § 96 das Verhältniß des Unternehmers und seiner Beamten zu den Berufsgenossenschaften und Krankenkassen.

[2]) Arbeiteraufseher ꝛc. Ueber das Verhältniß der im § 96 geordneten Regreßpflicht der Betriebsbeamten zu ihrer bisherigen Verantwortlichkeit, und darüber, daß die vorliegenden Bestimmungen die Betriebsbeamten wesentlich günstiger stellen, vgl. A. N. I S. 123.

[3]) Fahrlässigkeit. Ueber den strafrechtlichen Begriff der Fahrlässigkeit vgl. Oppenhoff, St.-G.-B. Anm. 22—26 zu § 59. Hiernach kommt es auf die demnächst eingetretene für den Thatbestand wesentliche Folge, insbesondere darauf an, ob nach dem Maß von Aufmerksamkeit, welches der Unternehmer ꝛc. kraft seines Amts, Berufs oder Gewerbes anzuwenden verpflichtet war, die Möglichkeit der demnächst eingetretenen Folge eine so nahe liegende war, daß er sie hätte berücksichtigen und demgemäß sein Thun und Lassen hätte einrichten müssen. Nach der in den Kommissionsverhandlungen hervorgetretenen Meinung wird eine strafrechtliche Verfolgung bez. Verurtheilung auf Grund der in § 96 bezeichneten Voraussetzungen weit seltener eintreten, als eine civilrechtliche Inanspruchnahme wegen „groben Verschuldens". Die Unternehmer sind also jetzt günstiger gestellt, als wenn man sie für das civilrechtliche grobe Verschulden haftbar machen wollte (Komm.-Ber. S. 58). Immerhin involvirt die Bestimmung einen wesentlichen Antrieb zur Verhütung von Unfällen und ergänzt die anderen hierauf abzielenden Vorschriften des Gesetzes in zweckentsprechender Weise.

[4]) besonders verpflichtet sind. Der Begriff ist den §§ 222, 230 Str.-G.-B. entnommen.

[4a]) haftbar, ꝛc. im Wege des Civilprocesses, vgl. Anm. 1 zu § 95.

In gleicher Weise haftet als Betriebsunternehmer[6]) eine Aktiengesellschaft, eine Innung oder eingetragene Genossenschaft für die durch ein Mitglied ihres Vorstandes, sowie eine Handelsgesellschaft, eine Innung oder eingetragene Genossenschaft für die durch einen der Liquidatoren herbeigeführten Unfälle. (Abs. 2.)

Als Ersatz für die Rente kann in diesen Fällen deren Kapitalwerth[7]) gefordert werden. (Abs. 3.)

Der Anspruch verjährt in achtzehn Monaten von dem Tage, an welchem das strafrechtliche Urtheil rechtskräftig geworden ist. (Abs. 4.)

§ 97.*)

Die in den §§ 95, 96 bezeichneten Ansprüche können, auch ohne daß die daselbst vorgesehene Feststellung durch strafgerichtliches Urtheil stattgefunden hat, geltend gemacht werden, falls diese Feststellung wegen des Todes oder der Abwesenheit des Betreffenden oder aus einem anderen in der Person desselben liegenden Grunde nicht erfolgen kann.

*) § 97 gilt auch für den Bereich des Ausdehnungsgesetzes (§§ 1, 3 A.-G.) und des Bau-Unfallversicherungsgesetzes (§ 49 B.-U.-G.).

---

5) Krankenkassen, einschließlich der Gemeindekrankenversicherung, cf. Anm. 8 zu § 80.

6) als Betriebsunternehmer. „Wenn der § 93 (jetzt § 96) ferner vorschreibt, daß eine Aktiengesellschaft rc. für die durch ein Mitglied des Vorstandes, und eine Handelsgesellschaft rc. für die durch einen der Liquidatoren herbeigeführten Unfälle als Betriebsunternehmer rc. der Genossenschaft gegenüber haftet, so hat diese Bestimmung neben der Vorschrift, daß auch die Bevollmächtigten, Repräsentanten rc., zu denen jene Vorstandsmitglieder und Liquidatoren gleichfalls gehören, persönlich haftbar sind, noch die besondere Bedeutung, daß die Genossenschaften oder Krankenkassen sich wegen der durch die genannten Vorstandsmitglieder rc. herbeigeführten Unfälle" (sc. sobald die kriminelle Verantwortlichkeit der Vorstandsmitglieder rc. festgestellt ist) „auch direkt an die Aktiengesellschaft rc. halten können und nicht erst die Vorstandsmitglieder und Liquidatoren persönlich" (sc. auf die Höhe des im Princip bereits anerkannten Schadensersatzes) „zu belangen brauchen. Ob die in dieser Weise in Anspruch genommene Aktiengesellschaft rc. gegen das Vorstandsmitglied rc. Regreß nehmen kann, richtet sich nach dem geltenden allgemeinen Rechte" (Mot. S. 83).

7) Kapitalwerth. Vgl. Anm. 9 zu § 95. Hier „schreibt der Entwurf ausdrücklich vor, daß die Erlegung des Kapitalwerthes an Stelle der Rente gefordert werden könne, damit die Erfüllung der Verpflichtung sich nicht durch

Haftung Dritter.

§ 98.*)

Die Haftung dritter[1]), in den §§ 95 und 96 nicht bezeichneter Personen, welche den Unfall vorsätzlich herbeigeführt oder durch Verschulden[2]) verursacht haben[3]), bestimmt sich nach den bestehenden gesetzlichen Vorschriften. Jedoch geht die Forderung der Entschädigungsberechtigten an den Dritten auf die Genossenschaft[4]) insoweit über[5]), als die Verpflichtung der letzteren zur Entschädigung durch dieses Gesetz begründet ist.

*) § 98 gilt (z. Th. analog) auch für den Bereich des Ausdehnungsgesetzes (§§ 1, 3 A.-G.) und des Bau-Unfallversicherungsgesetzes (§§ 46, 49 B.-U.-G.).

Verbot vertragsmäßiger Beschränkungen.

§ 99.*)

Den Berufsgenossenschaften[1]) sowie den Betriebsunternehmern ist untersagt[2]), die Anwendung der Bestimmungen dieses Gesetzes zum Nachtheil der Versicherten durch Verträge (mittelst Reglements oder besonderer Uebereinkunft) auszuschließen[3]) oder zu beschränken. Vertragsbestimmungen, welche diesem Verbote zuwiderlaufen, haben keine rechtliche Wirkung[4]).

*) § 99 gilt (z. Th. analog) auch für den Bereich des Ausdehnungsgesetzes (§§ 1, 3 A.-G.) und des Bau-Unfallversicherungsgesetzes (§§ 46, 49 B.-U.-G.).

---

eine längere Reihe von Jahren hindurchzieht" (Mot. S. 83). Ueber die Berechnung des Kapitalwerths vgl. Anm. 3 zu § 32.

Zu § 98.

1) dritter, vgl. Anm. 4 zu § 95.

2) Verschulden, im civilrechtlichen Sinne.

3) verursacht haben. Dies sind nur Beispiele; auch anderweite Haftpflicht Dritter, z. B. der Eisenbahnverwaltungen aus § 1 des Haftpflichtgesetzes gegenüber ihren Passagieren, ist aufrecht erhalten. Vgl. Anm. 4 zu § 95.

4) Genossenschaft, bei den einer Genossenschaft nicht zugewiesenen fiskalischen 2c. Betrieben (Anm. 5 zu § 41) auf das Reich bez. den Staat oder Kommunalverband, für dessen Rechnung der Betrieb geführt wird, § 2 A.-G.

5) geht über. Die Berufsgenossenschaft (cf. Anm. 2) erhält also denselben Regreßanspruch, den die Krankenkassen und die Gemeindekrankenversicherung nach § 57 Abs. 4 K.-V.-G. haben, und für die Verletzten wird ein mehrfacher Bezug derjenigen Entschädigungen, die sie bereits aus der Unfallversicherung erhalten, ausgeschlossen.

Zu § 99.

1) Berufsgenossenschaften. Vgl. Anm. 4 zu § 98.

2) ist untersagt. „Die hier gegebene Vorschrift verhütet, daß die Ge-

Aeltere Versicherungsverträge.

§ 100.*)

Die Rechte und Pflichten aus Versicherungsverträgen [1]), welche von Unternehmern der unter § 1 fallenden Betriebe oder von den in denselben beschäftigten versicherten Personen gegen die Folgen der in diesem Gesetze bezeichneten Unfälle mit Versicherungsanstalten

*) § 100 gilt (z. Th. analog) auch für den Bereich des Ausdehnungsgesetzes (§§ 1, 3 A.-G.) und des Bau-Unfallversicherungsgesetzes (§§ 46, 49 B.-U.-G.).

---

nossenschaften oder die Betriebsunternehmer die ihnen durch das Gesetz auferlegten Verpflichtungen den Versicherten aufbürden" (Mot. S. 83). Die Vorschriften des Gesetzes haben mithin nicht einen dispositiven, der Abänderung durch den Willen der Betheiligten fähigen, sondern einen absoluten prohibitiven Charakter derart, daß jedes Paktiren gegen die wesentlichen Bestimmungen des Gesetzes rechtlich wirkungslos ist. Der Grund für diese Bestimmung liegt in der Nothwendigkeit, Fürsorge zu treffen, daß das Gesetz auch wirklich seinen Zweck, den Arbeitern auskömmliche Entschädigung im Fall von Betriebsunfällen zu gewähren, erreicht. Gleiche Bestimmungen enthält Art. 423 H.-G.-B., Pr. G. v. 3. Mai 1869 (G.-S. S. 665), § 5 des Haftpflichtgesetzes (R.-G.-B. S. 207) § 80 des Krankenversicherungsgesetzes (R.-G.-B. S. 73).

[3]) auszuschließen, nicht nur im voraus, sondern auch nachträglich. Einen Vergleich über die Höhe der Rente, welcher etwa vor dem Schiedsgericht geschlossen wird, läßt das R.-V.-A. zu.

[4]) keine rechtliche Wirkung. Die im § 82 K.-V.-G. für ähnliche Fälle vorgesehene Straffälligkeit ist hier nicht aufgenommen.

Die hier aufgeführten Vertragsbestimmungen sind also „nichtig", existiren juristisch nicht, und zwar von Anfang an; es kann auf dieselben keine Klage gestützt, keine Einrede aus denselben hergeleitet, kein Nebengeschäft (Bürgschaft, Pfand) auf dieselben basirt werden. Die Nichtigkeit kann nicht geheilt werden; wird ein derart nichtiges Geschäft erfüllt, so ergiebt das nur einen faktischen Zustand ohne rechtliche Bedeutung, ein Geben und Empfangen ohne Rechtsgrund; was auf Grund solcher Geschäfte gegeben ist, kann (mittels Vindikation oder Kondiktion) zurückgefordert werden (Förster, Theorie und Praxis des Preuß. Privatrechts, I § 41 S. 194).

Zu § 100.

[1]) Versicherungsverträgen. „Um nicht Betriebsunternehmer, welche ihre Arbeiter bei bestehenden Unfallversicherungsanstalten versichert haben, zu nöthigen, nach Inkrafttreten dieses Gesetzes doppelte Versicherungsbeiträge zu zahlen, und um nicht Arbeiter, ... welche sich bereits vor Erlaß dieses Gesetzes gegen Unfälle versichert haben, nach dem Inslebentreten der berufsgenossenschaftlichen Versicherung zu zwingen, ihre Beiträge noch länger fortzuzahlen, muß den Unternehmern wie den Arbeitern die Möglichkeit geboten

abgeschlossen sind, gehen nach dem Inkrafttreten dieses Gesetzes auf die Berufsgenossenschaft[2]), welcher der Betrieb angehört, über[3]), wenn die Versicherungsnehmer dieses bei dem Vorstande der Genossenschaft beantragen. Die der Genossenschaft hieraus erwachsenden Zahlungsverbindlichkeiten werden durch Umlage[4]) auf die Mitglieder derselben (§§ 10, 28) gedeckt[5]).

---

werden, sich ihrer Verpflichtungen aus den Versicherungsverträgen zu entledigen, falls sie es nicht vorziehen, neben der Zwangsversicherung noch die bisherige Privatversicherung aufrecht zu erhalten. Da eine einfache Aufhebung dieser Verträge eine unbillige Schädigung der Versicherungsanstalten enthalten würde, sollen die ersteren zwar auch nach Inkrafttreten des Gesetzes erhalten bleiben; es soll aber den Versicherungsnehmern die Möglichkeit geboten werden, durch eine an den Vorstand ihrer Genossenschaft zu richtende Erklärung den Uebergang ihrer Rechte und Pflichten aus dem Versicherungsvertrage auf die Genossenschaft herbeizuführen" (Mot. S. 83). Auf eine Anfrage „wurde regierungsseitig erwidert, die zu Recht bestehenden Verträge blieben voll aufrecht erhalten, die Genossenschaften träten als Successoren der Unternehmer in dieselben ein. Rechte der Arbeiter, welche auf den Verträgen beruhten, würden nicht geschmälert; eventuell verbliebe der Genossenschaft das Recht, den Vertrag zu kündigen, wenn die Verträge das Kündigungsrecht enthielten" (Komm.-Ber. S. 58).

Man beachte hiernach: a) ältere Versicherungsverträge bleiben unberührt; b) trotz der Versicherung bei Privatgesellschaften fällt jeder Unternehmer, dessen Betrieb nach diesem Gesetz versicherungspflichtig ist, von selbst und von Gesetzes wegen unter die Unfallversicherung nach diesem Gesetz und wird vi legis Mitglied der Berufsgenossenschaft. Vgl. A. N. I S. 8.

Eine Beschränkung der Doppelversicherung, welche aus dem Nebeneinanderbestehen der Zwangsversicherung mit den nicht auf Genossenschaften übertragenen Privatversicherungsverträgen sich ergeben kann, kennt das Gesetz nicht. Solche Doppelversicherung wird übrigens in irgend wie erheblichem Umfange nur in einer kurzen Uebergangsperiode vorkommen.

Den Genossenschaften steht das Recht, die Uebernahme des Versicherungsvertrages abzulehnen, ebensowenig zu, wie den Privatversicherungsgenossenschaften die Möglichkeit gegeben ist, einem derartigen Wechsel zu widersprechen (A. N. III. S. 19). Die Genossenschaften zahlen an die Privatgesellschaften die von ihrem Rechtsvorgänger geschuldeten Beiträge und legen dieselben auf ihre Mitglieder um; erheben auch, falls ein Arbeiter verunglückt, die Versicherungssumme. Eine Kompensation der auf Grund der Unfallversicherung von der Genossenschaft geschuldeten Rente mit der auf Grund des Privatversicherungsvertrages von der Gesellschaft gezahlten Entschädigung hält das R.-V.-A. dem Arbeiter gegenüber für unzulässig, A. N. III. S. 18. (?)

Rechtshülfe.

§ 101.*)

Die öffentlichen Behörden[1]) sind verpflichtet[2]), den im Vollzuge dieses Gesetzes an sie ergehenden Ersuchen[2a]) des Reichs-Versiche- (Abs. 1.)

*) § 101 gilt auch für den Bereich des Ausdehnungsgesetzes (§§ 1, 3 A.-G.) und des Bau-Unfallversicherungsgesetzes (§ 49 B.-U.-G.).

Die Bestimmungen des § 100 haben übrigens mehrfach zu Meinungsverschiedenheiten geführt und zu Bedenken Anlaß gegeben. Von großer praktischer Tragweite sind sie nicht mehr, nachdem es in der weitaus größten Mehrzahl der Fälle gelungen ist, durch gütlichen Vergleich zwischen den Privatversicherungsgesellschaften und den Berufsgenossenschaften die Verträge aufzuheben. Nur in wenigen Fällen laufen noch derartige Verträge; die Rechtsverhältnisse aus denselben unterliegen richterlicher Kognition. Bei ihrer verhältnißmäßig geringen Tragweite kann von einem näheren Eingehen auf die Sache hier Abstand genommen werden; doch sei erwähnt, daß das Reichsgericht am 22. Januar 1887 auf Grund der Motive entschieden hat, wie auf einfachen Antrag des Versicherungsnehmers die gesammten, nicht blos die pekuniären Rechte und Pflichten aus dem Vertrage auf die Genossenschaft übergehen, und daß letztere nunmehr den Vertrag voll, auch rücksichtlich persönlicher Leistungen, erfüllen muß (vgl. A. N. III. S. 168); ferner, daß nach einer Entscheidung des Oberlandesgerichts in München der § 100 auch bei Gegenseitigkeitsgesellschaften, welche Nachschußzahlungen erheben und insbesondere gegen Haftpflichtfälle versichern, Anwendung findet.

[2]) Berufsgenossenschaft, vgl. Anm. 5 zu § 98.

[3]) gehen .... über. Vgl. Anm. 1 zu § 9.

[4]) Umlage. Bei den einer Berufsgenossenschaft nicht zugewiesenen fiskalischen Betrieben (Anm. 5 zu § 41) fällt natürlich die Umlage fort, da ja nur ein Betriebsunternehmer vorhanden ist.

[5]) Eine Abänderung der gegenwärtigen Bestimmungen dieses Paragraphen dahin, daß die Verträge, auch wenn sie keine Kündigungsklausel enthalten, von beiden Theilen sollten gekündigt werden dürfen, ist bei der dritten Lesung vom Reichstage abgelehnt worden.

Zu § 101.

[1]) öffentliche Behörden, einschl. der Landes-Zentralbehörden. Inwieweit das Reichs-Versicherungsamt direkt, ohne Vermittelung des ihm vorgesetzten Reichsamtes des Innern, mit den Zentralbehörden der Bundesstaaten verkehren darf, ist Gegenstand dienstpragmatischer Regelung. Jedenfalls hat sich der direkte Verkehr auf „im Vollzuge dieses Gesetzes“ ergehende Ersuchen zu beschränken.

[2]) verpflichtet. „Wie die Postbehörden den Zwecken der Genossenschaften unentgeltlich zu dienen verpflichtet werden, so sollen auch die übrigen öffentlichen Behörden dazu mitwirken, daß die Genossenschaften die ihnen gestellte

rungsamts[3]), anderer öffentlicher Behörden, sowie der Genossenschafts- und Sektionsvorstände und der Schiedsgerichte[4]) zu entsprechen und den bezeichneten Vorständen auch unaufgefordert alle Mittheilungen zukommen zu lassen, welche für den Geschäftsbetrieb der Genossenschaften von Wichtigkeit sind. Die gleiche Verpflichtung liegt den Organen der Genossenschaften unter einander ob.

(Abs. 2.) Die durch die Erfüllung dieser Verpflichtungen entstehenden Kosten sind von den Genossenschaften[5]) als eigene Verwaltungskosten (§ 10) insoweit zu erstatten, als sie in Tagegeldern und Reisekosten von Beamten oder Genossenschaftsorganen, sowie in Gebühren für Zeugen und Sachverständige oder in sonstigen baaren Auslagen[6]) bestehen.

Aufgabe in möglichst befriedigender Weise lösen. Namentlich werden die Fabrikaufsichtsbeamten und die Polizeibehörden den Genossenschaften auch unaufgefordert manche Mittheilungen zu machen in der Lage sein, welche für dieselben von wesentlichem Interesse sind.

Die Bedeutung der hier gegebenen Vorschriften wird sich namentlich bei der Untersuchung von Unfällen geltend machen. Vermag eine Genossenschaft (Sektion) für einzelne entlegene Betriebe ihre Mitwirkung bei der Untersuchung eines Unfalls nicht ohne erheblichen Zeitverlust oder unverhältnißmäßige Kosten eintreten zu lassen, so kann sie gemäß § 98 (jetzt § 101) die betreffenden Organe einer anderen Genossenschaft (Sektion) oder die Polizeibehörde, in deren Bezirk sich der Unfall ereignete, ersuchen, sie bei der Untersuchung zu vertreten.

Dasselbe gilt bei der Ermittelung der Verhältnisse eines Entschädigungsberechtigten, welcher in eine Gegend verzogen ist, wo die Genossenschaft nicht vertreten ist, wenn er behauptet, daß diese Verhältnisse sich geändert haben.

Wenn in diesen Fällen sich die betheiligte Genossenschaft auch bei dem Untersuchungs- bezw. Ermittelungsverfahren durch die Organe einer anderen Genossenschaft bezw. durch Behörden vertreten läßt, so muß die Feststellung der Entschädigungen gemäß § 57 doch durch die Organe der betheiligten Genossenschaft selbst erfolgen, gegen welche eventuell auch das schiedsgerichtliche Verfahren zur Durchführung zu gelangen hat" (Motive S. 84).

2a) Ersuchen. Es handelt sich hierbei nur um die einer B.-G. als öffentlichem Verbande zu gewährende Rechtshülfe, nicht um solche privatrechtlichen Ansprüche der B.-G., welche dieselben als Parteien geltend machen (A. N. III. S. 138).

3) Reichs-Versicherungsamt. „Von der allergrößten Bedeutung ist der Paragraph für das Reichs-Versicherungsamt selbst. Ohne die weitestgehende Unterstützung von Seiten der Landesbehörden kann das Reichs-Versicherungsamt, welchem eigene Organe nicht zur Verfügung stehen, seine Aufgabe nicht erfüllen" (Motive S. 84). Vgl. Anm. 1. Auch den Landes-Versicherungs-

Gebühren- und Stempelfreiheit.

§ 102.*)

Alle zur Begründung und Abwickelung der Rechtsverhältnisse zwischen den Berufsgenossenschaften einerseits und den Versicherten andererseits erforderlichen schiedsgerichtlichen und außergerichtlichen Verhandlungen und Urkunden [1]) sind gebühren- und stempelfrei [2]). Dasselbe gilt für die behufs Vertretung von Berufsgenossen ausgestellten privatschriftlichen Vollmachten [3]).

*) § 102 gilt (z. Th. analog) auch für den Bereich des Ausdehnungsgesetzes (§§ 1, 3 A.-G.) und des Bau-Unfallversicherungsgesetzes (§§ 46, 49 B.-U.-G.).

ämtern wird die Requisitionsbefugniß zustehen, soweit es sich um die von ihnen vertretenen Interessen handelt.

[4]) Vorstände und Schiedsgerichte. „Den etwa bestellten Vertrauensmännern ist das Requisitionsrecht den Behörden gegenüber nicht beigelegt. In der Regel werden die Behörden gewiß keinen Anstand nehmen, auch dem Ersuchen der Vertrauensmänner zu entsprechen; sollte dies nicht geschehen, so werden die Vertrauensmänner die Vermittelung ihrer Vorstände nachzusuchen haben" (Motive S. 84).

[5]) den Genossenschaften, d. h. von denjenigen, zu deren Gunsten die Auslagen erwachsen sind. cf. übrigens Anm. 5 zu § 98.

[6]) baare Auslagen, auch für Porto. Frankirungszwang besteht im Kgr. Sachsen laut V. v. 9. Juni 1888. Dieselbe ist abgedruckt A. N. IV S. 285. Gegenseitige Frankirung entspricht aber allgemein den Verhältnissen und wird daher voraussichtlich nirgend unterlassen werden. Das Recht, ihre unfrankirten Postsendungen durch den Vermerk: „portopflichtige Dienstsache" von dem Strafporto zu befreien, wird den Berufsgenossenschaften von der Reichs-Postverwaltung nicht zugestanden.

Auf Unfalluntersuchungsverhandlungen (§ 53 U.-V.-G., § 13 A.-G.) findet die Verpflichtung zur Kostenerstattung im Allg. keine Anwendung (vgl. Anm. 3, 6 zu § 53 U.-V.-G.); ebensowenig auf die Fälle der §§ 35, 36, vgl. Anm. 12 zu § 35.

Zu § 102.

[1]) Urkunde, einschl. der zur Ermittelung der Hinterbliebenen Getödteter etwa erforderlichen pfarr- bezw. standesamtlichen Urkunden (A. N. II S. 12) sowie der Stempelbogen für Physikatsatteste (A. N. II S. 74). Arzthonorare, Gebühren der Rechtsanwälte und ähnliche Bezüge von Gewerbetreibenden sind hierunter nicht zu verstehen; es handelt sich nur um staatliche bezw. öffentliche Gefälle.

[2]) gebühren- und stempelfrei, wegen des gemeinnützigen Charakters der Unfallversicherung, und um die auf die Versicherung bezüglichen Geschäfte nicht mit unverhältnißmäßigen Kosten zu belasten.

[3]) Vollmachten. Dies „bezieht sich selbstverständlich nur auf solche Voll-

Strafbestimmungen.

103.*)

[1])Die Genossenschaftsvorstände[2]) sind befugt[2a]), gegen Betriebsunternehmer[3]) Ordnungsstrafen[4]) bis zu fünfhundert Mark zu verhängen[5]):

1. wenn die von denselben auf Grund gesetzlicher oder statutarischer Bestimmung eingereichten Arbeiter- und Lohnnachweisungen unrichtige thatsächliche Angaben enthalten;
2. wenn in der von ihnen gemäß § 35 erstatteten Anzeige als Zeitpunkt der Eröffnung oder des Beginnes der Versicherungspflicht des Betriebes ein späterer Tag angegeben ist als der, an welchem dieselbe stattgefunden hat.

*) § 103 gilt nicht für die einer Berufsgenossenschaft nicht zugewiesenen fiskalischen etc. Betriebe (§ 3 A.-G., § 47 B.-U.-G.). Im Uebrigen gilt aber dieser § auch für den Bereich des Ausdehnungsgesetzes (§§ 1, 3 A.-G.) und des Bau-Unfallversicherungsgesetzes (§ 49 B.-U.-G.).

---

machten, welche in dem Rahmen des vorliegenden Gesetzes ausgestellt werden, also namentlich auf die Vollmachten behufs Vertretung auf den General- und Genossenschafts- ꝛc. Versammlungen" (Motive S. 85).

Zu § 103.

[1]) „Die Strafbestimmungen sollen theils solche zur Schädigung der Versicherungspflichtigen gereichende Handlungen, welche unter Umständen den Thatbestand des Betruges enthalten können, verhüten (§ 103), theils die Erfüllung derjenigen Verpflichtungen sichern, welche den Unternehmern auferlegt sind, um der Verwaltung die rasche und sichere Kenntniß der für ihren Geschäftsbetrieb in Betracht kommenden Thatsachen zu vermitteln (§ 104)" (Motive S. 85).

Ueber die Beitreibung der Strafen vgl. § 109; über die Kasse, in welche sie fließen, und über die Beschwerde vgl. § 106.

Bei den einer Berufsgenossenschaft nicht zugewiesenen fiskalischen ꝛc. Betrieben (Anm. 5 zu § 41) bedarf es besonderer Strafbestimmungen gegen die Betriebsunternehmer, Vorstände ꝛc. nicht. Erstere sind das Reich, der Staat oder der Kommunalverband, welche die Unfallversicherung durchführen, selbst; für letztere genügen die disciplinarischen Befugnisse der vorgesetzten Behörden. Das Reichs- (Landes-) Versicherungsamt ist hier um deswillen zu Strafen nicht ermächtigt, weil es keine Aufsichtsbefugnisse über die Ausführungsbehörden hat. Anm. 1 zu § 87.

[2]) die Genossenschaftsvorstände, nicht die Gerichte, weil (nach den Motiven)

1. die Verhältnisse, um welche es sich handelt, und die Verpflichtungen, deren Erfüllung sichergestellt werden soll, in erster Reihe die Genossenschaft angehen,

2. manche Fälle, namentlich bei der unterlassenen Anmeldung oder Abmeldung eines versicherungspflichtigen Betriebes oder einer Betriebsveränderung, nicht selten technische Kenntnisse erfordern, und auf dem Boden des Strafrechts für alle Betheiligte, in erster Linie für den Richter selbst, schwierig zu entscheiden sind,
3. eine Strafgewalt das Ansehen der Genossenschaftsvorstände erhöht und zur Konsolidirung der berufsgenossenschaftlichen Selbstverwaltung beiträgt,
4. die Strafgewalt eine wesentliche Ergänzung der den Genossenschaften gewährten Autonomie ist.

Die Bestimmung ist vom preußischen Volkswirthschaftsrath vorgeschlagen worden.

[2a]) befugt, aber nicht verpflichtet. Vgl. Anm. 2 ad c zu § 35. Es empfiehlt sich, wie das R.-V.-A. mehrfach hervorgehoben hat, nicht zu viele und nicht zu hohe Strafen festzusetzen; insbesondere sind Strafen nur dann aufzuerlegen, wenn Böswilligkeit oder andere erschwerende Umstände vorliegen (A. N. II S. 91).

[3]) gegen Betriebsunternehmer, cf. § 105.

[4]) Ordnungsstrafen, außer den etwa verwirkten gerichtlichen Strafen wegen Betruges, Fälschung rc., wie die Motive ausdrücklich hervorheben (S. 85). Ordnungsstrafen sind keine Exekutivmaßregeln und dürfen daher nicht wiederholt werden (A. N. II S. 94).

Ueber deren Beitreibung vgl. § 109; über die Kasse, wohin sie fließen, und über die Beschwerde, welche letztere aufschiebende Wirkuug hat, vgl. § 106.

[5]) Es erscheint zweckmäßig, eine Zusammenstellung der in dem Gesetz enthaltenen Strafbestimmungen zu geben.

Es können festgesetzt werden:

A. als Ordnungsstrafen:

1. von den Genossenschaftsvorständen (außer Strafzuschlägen zu den Beiträgen im Fall des § 24) gegen Betriebsunternehmer oder deren gesetzliche Vertreter rc. (§ 105):

a) nach §§ 11, 35, 104	Strafen bis zu 300 *M.*	wegen verspäteter Anmeldung des Betriebes;
b) nach §§ 17 Ziff. 7, 104	„ „ „ 300 *M.*	wegen Nichterfüllung der statutarischen Vorschriften bei Betriebseinstellungen;
c) nach §§ 35, 103	„ „ „ 500 *M.*	wegen unrichtiger Angaben über den Tag der Betriebseröffnung (cf. auch ad a);
d) nach §§ 38, 104	„ „ „ 300 *M.*	wegen verspäteter Anmeldung von Betriebs-

		veränderungen, welche für die Zugehörigkeit zur Genossenschaft Bedeutung haben;
e) nach §§ 39, 104	Strafen bis zu 300 *M.*	wegen verspäteter Anmeldung von Betriebsveränderungen, welche für die Einschätzung des Betriebes Bedeutung haben;
f) nach §§ 51, 104	" " " 300 *M.*	wegen verspäteter Anzeige eines Unfalls (auch gegen die Vertreter abwesender oder behinderter Betriebsunternehmer);
g) nach §§ 60, 103	" " " 500 *M.*	wegen unrichtiger Angaben in den zur Feststellung der Entschädigungen verlangten Lohnnachweisungen;
h) nach §§ 60, 104	" " " 300 *M.*	wegen verspäteter Einreichung dieser Lohnnachweisungen;
i) nach §§ 71, 103	" " " 500 *M.*	wegen unrichtiger Lohnnachweisungen bei der Umlegung des Bedarfs;
k) nach §§ 71, 104	" " " 300 *M.*	wegen verspäteter Einreichung dieser Lohnnachweisungen.

Alle diese Strafen fließen in die Genossenschaftskasse; über die Beschwerde entscheidet das Reichs-(Landes-)Versicherungsamt (§ 106).

2. von den Vorständen der Betriebs- (Fabrik-) Krankenkassen oder den unteren Verwaltungsbehörden gegen versicherte Arbeiter ꝛc.:

nach §§ 78, 80 bis zu 6 Mark wegen Uebertretung der Unfallverhütungsvorschriften.

Die Strafen fließen in die Krankenkassen; auf die Beschwerde entscheidet die der Ortspolizeibehörde vorgesetzte Aufsichtsbehörde, § 80.

B. als Exekutivstrafe:

1. Von den unteren Verwaltungsbehörden gegen Betriebsunternehmer (vgl. § 105):

a) nach §§ 11, 35 bis zu 100 *M.* wegen Erledigung der Anfragen bei Anmeldung des Betriebes.

b) nach § 82 „ „ 300 *M.* behufs Zulassung des Beauftragten in die Betriebsstätten und behufs Vorlegung der Geschäftsbücher an denselben.

Ueber die Beschwerde entscheidet das Landesrecht; wohin die Strafen fließen, bestimmen die Centralbehörden, § 109.

2. von dem Reichs- (Landes-) Versicherungsamt, den Centralbehörden oder den höheren Verwaltungsbehörden (§ 43) gegen Betriebsunternehmer (cf. § 105) und Arbeiter:

nach § 49 bis zu 500 *M.* wegen Nichtübernahme oder Nichtwahrnehmung des Amts als Beisitzer des Schiedsgerichts oder als Stellvertreter.

Die Anordnung des Reichs-Versicherungsamts ist endgültig (§ 88), ebenso die der Centralbehörde. Ueber die Beschwerde gegen Anordnungen der höheren Verwaltungsbehörde entscheidet das Landesrecht. Die Strafen fließen in die Genossenschaftskasse, § 49.

3. von dem Reichs- (Landes-) Versicherungsamt:

a) gegen Beauftragte: nach § 85 bis zu 100 Mark zur Erzwingung von Mittheilungen an die Gewerberäthe.

Die Anordnung ist endgültig, § 88; wohin die Strafen fließen, bestimmen die Centralbehörden, § 109.

b) gegen die Organe und Beamten der Genossenschaft nach § 88 bis zu 1000 Mark wegen Vorlegung ihrer Bücher rc., und

c) gegen dieselben nach § 89 bis zu 1000 Mark wegen Befolgung der gesetzlichen und statutarischen Vorschriften.

Die Anordnungen sind endgültig. Die Strafen fließen in die Reichs- event. Landeskasse, cf. Anm. 4 zu § 88.

C. als Kriminalstrafe durch den Strafrichter:

a) nach § 26 gegen die Mitglieder der Vorstände und die Vertrauensmänner wegen Untreue (§ 266 Str.-G.-B.),

b) nach § 107 gegen die Mitglieder der Vorstände, die Beauftragten und Sachverständigen wegen unbefugter Offenbarung von Betriebsgeheimnissen,

mit Geldstrafe bis zu 1500 Mark, eventuell Gefängniß bis zu 3 Monaten;

c) nach § 108 gegen dieselben wegen absichtlich zum Nachtheil des Unternehmers erfolgter Offenbarung oder Nachahmung von Betriebsgeheimnissen

mit Gefängniß, neben welchem auf Verlust der Ehrenrechte und eventuell auch auf Geldstrafe bis 3000 Mark erkannt werden kann (wie bei Untreue nach § 266 Str.-G.-B.).

§ 104.*)

(Abs. 1.) Betriebsunternehmer [1]), welche den ihnen obliegenden Verpflichtungen in Betreff der Anmeldung der Betriebe und Betriebsänderungen (§§ 11, 35, 38 und 39), in Betreff der Einreichung der Arbeiter und Lohnnachweisungen (§§ 60 und 71) oder in Betreff der Erfüllung der für Betriebseinstellungen gegebenen statutarischen Vorschriften (§ 17 Ziffer 7) nicht rechtzeitig [2]) nachkommen, können [3]) von dem Genossenschaftsvorstande [4]) mit einer Ordnungsstrafe [5]) bis zu dreihundert Mark belegt werden.

(Abs. 2.) Die gleiche Strafe kann [3]), wenn die Anzeige eines Unfalls in Gemäßheit des § 51 nicht rechtzeitig erfolgt ist, gegen denjenigen verhängt werden, welcher zu der Anzeige verpflichtet war.

*) § 104 gilt nicht für die einer Berufsgenossenschaft nicht zugewiesenen fiskalischen etc. Betriebe (§ 3 A.-G., § 47 B.-U.-G.). Im Uebrigen aber gilt dieser § auch für den Bereich des Ausdehnungsgesetzes (§§ 1, 3 A.-G.) und des Bau-Unfallversicherungsgesetzes (§ 49 B.-U.-G.).

§ 105.*)

Die Strafvorschriften der §§ 103 und 104 finden auch gegen die gesetzlichen Vertreter [1]) handlungsunfähiger Betriebsunternehmer, desgleichen gegen die Mitglieder des Vorstandes einer Aktiengesellschaft, Innung oder eingetragenen Genossenschaft, sowie gegen die Liquidatoren einer Handelsgesellschaft, Innung oder eingetragenen Genossenschaft Anwendung [2]).

*) § 105 gilt nicht für die einer Berufsgenossenschaft nicht zugewiesenen fiskalischen etc. Betriebe (§ 3 A.-G.), § 47 B.-U.-G.). Im Uebrigen aber gilt dieser § auch für den Bereich des Ausdehnungsgesetzes (§§ 1, 3 A.-G.-) und des Bau-Unfallversicherungsgesetzes (§ 49 B.-U.-G.).

Zu § 104.

1) Betriebsunternehmer, § 9 Abs. 2, § 105.

2) nicht rechtzeitig oder überhaupt nicht.

3) können, müssen aber nicht. Vgl. Anm. 2 ad c zu § 35.

4) Genossenschaftsvorstande, vgl. Anm. 2 zu § 103, Anm. 1a zu § 106.

5) Ordnungsstrafe, vgl. Anm. 4 zu § 103.

Zu § 105.

1) Vertreter, z. B. die Konkursverwalter (A. N. I S. 85).

2) Anwendung. „Bei der großen Zahl von Betrieben, welche für Rechnung strafrechtlich nicht verantwortlicher Rechtssubjekte verwaltet werden, müssen die Strafvorschriften und ebenso die zulässigen Zwangsmaßregeln auch auf die gesetzlichen Vertreter solcher Unternehmer Anwendung finden" (Mot. S. 85).

§ 106.*)

Zum Erlaß der in den §§ 103 bis 105 bezeichneten Strafverfügungen ist der Vorstand derjenigen Genossenschaft zuständig, zu welcher der Betriebsunternehmer gemäß § 34 gehört[1]). (Abs. 1.)

Gegen die Strafverfügung des Genossenschaftsvorstandes steht den Betheiligten binnen zwei Wochen, von deren Zustellung[1a]) an, die Beschwerde[2]) an das Reichs-Versicherungsamt[3]) zu. (Abs. 2.)

Die Strafen fließen in die Genossenschaftskasse. (Abs. 3.)

*) § 106 gilt nicht für die einer Berufsgenossenschaft nicht zugewiesenen fiskalischen etc. Betriebe (§ 3 A.-G., § 47 B.-U.-G.). Im Uebrigen aber gilt dieser § auch für den Bereich des Ausdehnungsgesetzes (§§ 1, 3 A.-G.) und des Bau-Unfallversicherungsgesetzes (§ 49 B.-U.-G.).

§ 107.*)

Die Mitglieder der Vorstände der Genossenschaften, deren Beauftragte (§§ 82 und 83) und die nach § 83 ernannten Sachverständigen werden, wenn sie unbefugt Betriebsgeheimnisse offenbaren, welche kraft ihres Amtes oder Auftrages zu ihrer Kenntniß gelangt sind, mit Geldstrafe bis zu eintausendfünfhundert Mark oder mit Gefängniß bis zu drei Monaten bestraft.

Die Verfolgung tritt nur auf Antrag des Betriebsunternehmers ein.

*) § 107 gilt nicht für die einer Berufsgenossenschaft nicht zugewiesenen fiskalischen etc. Betriebe (§ 3 A.-G., § 47 B.-U.-G.). Im Uebrigen aber gilt dieser § auch für den Bereich des Ausdehnungsgesetzes (§§ 1, 3 A.-G.) und des Bau-Unfallversicherungsgesetzes (§ 49 B.-U.-G.).

Zu § 106.

1) gehört. Hieraus folgert das R.-V.-A., daß die Genossenschaften eine Strafbefugniß nur gegen solche Unternehmer haben, welche der Genossenschaft entweder materiell (auf Grund des § 34), oder formell (wegen noch fortbestehender Eintragung in das Genossenschaftskataster) noch angehören (A. N. V S. 119, 140).

1a) Zustellung, § 110.

2) Beschwerde, mit aufschiebender Wirkung (A. N. II S. 57). „Das Reichs-Versicherungsamt würde eventuell auch über den Einwand zu entscheiden haben, ob die Strafverfügung von dem zuständigen Vorstande erlassen worden, sofern dieser Einwand angesichts der Kompetenzbestimmung im Eingang des Paragraphen noch möglich sein sollte" (Mot. S. 85). cf. Anm. 1 zu § 38.

3) Reichs-Versicherungsamt, event. Landes-Versicherungsamt, § 92.

§ 108.*)

(Abs. 1.) Die Mitglieder der Vorstände der Genossenschaften, die Beauftragten derselben (§§ 82 und 83) und die nach § 83 ernannten Sachverständigen werden mit Gefängniß, neben welchem auf Verlust der bürgerlichen Ehrenrechte erkannt werden kann, bestraft, wenn sie absichtlich zum Nachtheile der Betriebsunternehmer Betriebsgeheimnisse, welche kraft ihres Amtes oder Auftrages zu ihrer Kenntniß gelangt sind, offenbaren, oder geheim gehaltene Betriebseinrichtungen oder Betriebsweisen, welche kraft ihres Amtes oder Auftrages zu ihrer Kenntniß gelangt sind, solange als diese Betriebsgeheimnisse sind, nachahmen.

(Abs. 2.) Thun sie dies, um sich oder einem Anderen einen Vermögensvortheil zu verschaffen, so kann neben der Gefängnißstrafe auf Geldstrafe bis zu dreitausend Mark erkannt werden.

*) § 108 gilt nicht für die einer Berufsgenossenschaft nicht zugewiesenen fiskalischen etc. Betriebe (§ 3 A.-G.), § 47 B.-U.-G.). Im Uebrigen aber gilt dieser § auch für den Bereich des Ausdehnungsgesetzes (§§ 1, 3 A.-G.) und des Bau-Unfallversicherungsgesetzes (§ 49 B.-U.-G.).

Zuständige Landesbehörden. Verwaltungsexekution.

§ 109.*)

(Abs. 1.) Die Zentralbehörden der Bundesstaaten bestimmen, von welchen Staats- oder Gemeindebehörden die in diesem Gesetze den höheren Verwaltungsbehörden, den unteren Verwaltungsbehörden und den Ortspolizeibehörden[1]) zugewiesenen Verrichtungen wahrzunehmen sind und zu welchen Kassen die in §§ 11 Absatz 3, 35 Absatz 2, 82 Absatz 2 und 85 Absatz 2 bezeichneten Strafen[2]) fließen. Diese, sowie die auf Grund der §§ 49 Absatz 3, 103 bis 105 erkannten Strafen, desgleichen die von den Vorständen der Betriebs-(Fabrik-) Krankenkassen verhängten Strafen (§ 80 Abs. 1) werden in derselben Weise beigetrieben, wie Gemeindeabgaben.

(Abs. 2.) Die von den Zentralbehörden der Bundesstaaten in Gemäßheit vorstehender Vorschrift erlassenen Bestimmungen sind durch den Deutschen Reichsanzeiger bekannt zu machen.

*) § 109 gilt auch für den Bereich des Ausdehnungsgesetzes (§§ 1, 3 A.-G.) und des Bau-Unfallversicherungsgesetzes (§ 49 B.-U.-G.).

Zu § 109.

[1]) Ortspolizeibehörden, cf. Anm. 6 zu § 51.

[2]) Strafen, cf. Anm. 5 zu § 103.

Uebersicht über die auf Grund des § 109 U.-V.-G. durch den Reichs-Anzeiger bekannt gemachten Bestimmungen der einzelnen Bundesstaaten.

Vgl. auch A. N. V S. 198 (woselbst die höheren und unteren Verwaltungsbehörden einzeln aufgeführt sind).

1. Königreich Preußen. Bekanntm. a) v. 30. Juli 1884 (R.-A. Nr. 179) und b) v. 13. August 1884 (R.-A. Nr. 190), letztere bez. der berggesetzlich der polizeilichen Beaufsichtigung der Bergbehörden unterworfenen Betriebe (Bergwerke, Salinen, Aufbereitungsanstalten, Dachschieferbrüche, Traßbrüche und unterirdisch betriebene Mühlsteinbrüche in den linksrheinischen Landestheilen, sowie Stein- und Braunkohlengruben im Geltungsbereich des Ges. v. 22. Februar 1869 (G.-S. S. 401)).

höhere Verw.-Beh.: a) im Allg. die Regierungspräsidenten, in Berlin nebst Stadtkreis Charlottenburg der Polizeipräsident; soweit aber die neuen Verwaltungsgesetze noch nicht gelten, bis zum Inkrafttreten derselben die Regierungsabtheilungen des Innern;
b) für die Bergverwaltung die Ober-Bergämter;
c) für die Staatsbahnen und die vom Staat für Privatrechnung verwalteten Eisenbahnen die Kgl. Eisenbahn-Direktionen;
d) für die nicht vom Staat verwalteten Privateisenbahnen das Eisenbahn-Kommissariat in Berlin (A. N. II S. 255);

untere Verw.-Beh.: a) im Allg. die Landräthe, aber in Städten von mehr als 10000 Einw. die Ortspolizeibehörde, und in denjenigen Städten der Provinz Hannover, für welche die revidirte Städteordnung v. 24. Juni 1858 gilt, mit Ausnahme der im § 27 Abs. 2 der Kreisordnung vom 6. Mai 1884 bezeichneten Städte, die Magistrate;
b) für die Bergverwaltung: die Revierbeamten;
c) für die Staatseisenbahnen und die vom Staat für Privatrechnung verwalteten Eisenbahnen die Betriebsämter und Hauptwerkstättenvorstände (A. N. II S. 255);

Ortspolizeibehörde: a) im Allg. die für die örtliche Polizeiverwaltung zuständigen Behörden und Beamten;
b) für die Bergverwaltung: die Revierbeamten bez. die als solche fungirenden Werksdirektoren.

Strafen: fließen zur Staatskasse.

2. Königreich Bayern. Bekanntm. v. 19. Juli 1884 (R.-A. Nr. 187) und v. 28. September 1884 (R.-A. Nr. 252).

höhere Verw.-Beh.: die Kreisregierungen, Kammern des Innern;

untere Verw.-Beh.: die Distriktsverwaltungsbehörden, in München der Magistrat;
Ortspolizeibehörde: in Gemeinden mit städtischer Verfassung der Magistrat, in Gemeinden mit Landgemeindeverfassung und in der Pfalz der Bürgermeister;
Strafen: zur Staatskasse; soweit die Strafen aber von einer Gemeindebehörde verfügt werden, zur Gemeindekasse.

3. Königreich Sachsen. Verordn. v. 19. Juli 1884 (R.-A. Nr. 173).
höhere Verw.-Beh.: Kreishauptmannschaft.
untere Verw.-Beh.: } in den Städten, in welchen die Revidirte Städteordnung eingeführt ist, der Stadtrath, im Uebrigen die Amtshauptmannschaft;
Ortspolizeibehörde: }
Strafen: § 11 Abs. 3, § 35 Abs. 2, § 82 Abs. 2 d. Ges., zur Kasse der unteren Verwaltungsbehörde, welche die Strafen verfügt hat; § 85 Abs. 2 a. a. O. zur Kasse der unteren Verwaltungsbehörde, in deren Bezirk der Bestrafte wohnt.

4. Königreich Württemberg. Verf. v. 20. Juli 1884 (R.-A. Nr. 173).
höhere Verw.-Beh.: Centralstelle für Handel und Gewerbe;
untere Verw.-Beh: die Oberämter;
(die Anmeldungen der versicherungspflichtigen Betriebe (§ 11 d. G.) sind von den Unternehmern durch Vermittelung der Ortsvorsteher an die Oberämter zu erstatten);
Strafen: § 11 Abs. 3, zur Amts-Korporationskasse.

5. Großherzogthum Baden. Verordn. v. 16. Oktbr. 1884 (R.-A. Nr. 253).
höhere Verw.-Beh.: das Ministerium des Innern;
untere Verw.-Beh.: } die Bezirksämter; dieselben sind ermächtigt, in geeigneten Fällen mit Vornahme der Unfalluntersuchungen die Bürgermeister zu betrauen;
Ortspolizeibehörde: }
Strafen: zur Staatskasse.

6. Großherzogthum Hessen. Bekanntm. v. 23. Juli 1884 (R.-A. Nr. 187).
höhere Verw.-Beh.: im Fall d. § 11 Abs. 4, 5 d. G. d. Provinzial-Direktionen, im Uebrigen die Kreisämter;
untere Verw.-Beh.: die Kreisämter;
Ortspolizeibehörde: die Bürgermeistereien bez. die staatlich angestellten Lokalpolizeibeamten (Darmstadt und Gießen);
Strafen: zur Staatskasse.

7. Großherzogthum Mecklenburg-Schwerin. Bekanntm. v. 4. August (R.-A. Nr. 184).
höhere Verw.-Beh.: das Ministerium des Innern;
untere Verw.-Beh.: die Ortsobrigkeiten, für ritterschaftliche Güter die ritterschaftl. Polizeiämter;

Ortspolizeibehörde: die Ortsobrigkeiten;
Strafen: § 11 Abs. 3, § 35 Abs. 2 d. G. zur Gemeindekasse des Wohnorts der Zuwiderhandelnden, in Ermangelung eines solchen zur Kasse der Behörde, welche die Strafe verhängt hat;
§ 82 Abs. 2, § 85 Abs. 2 d. G. zur Genossenschaftskasse.

8. Großherzogthum Sachsen-Weimar. V. v. 31. Juli 1884 (R.-A. Nr. 181).
höhere Verw.-Beh.: der Bezirksausschuß bezw. der Bezirks-Direktor als dessen Vorsitzender (A. N. II S. 255);
untere Verw.-Beh.: die Bezirks-Direktoren;
Ortspolizeibehörde: die Gemeindevorstände;
Strafen: zur Staatskasse.

9. Großherzogthum Mecklenburg-Strelitz. Bekanntm. v. 30. Juli 1884 (R.-A. Nr. 188).
höhere Verw.-Beh.: die Landesregierung in Neustrelitz;
untere Verw.-Beh.: die Ortsobrigkeiten (bz. Magistrate), für die ritterschaftlichen Güter die ritterschaftl. Polizei-Aemter, für die Allodialgüter in Ratzeburg das ritterschaftl. Polizeiamt in Wittenburg bez. die Landvogtei in Schönberg;
Ortspolizeibehörde: die Ortsobrigkeiten;
Strafen: wie in Mecklenburg-Schwerin.

10. Großherzogthum Oldenburg. V. v. 18. August 1884 (R.-A. Nr. 194), cf. R.-A. Nr. 187.
höhere Verw.-Beh.: a) im Herzogthum Oldenburg d. Staatsministerium, Departement des Innern;
b) im Fürstenthum Lübeck die Regierung;
c) im Fürstenthum Birkenfeld die Regierung;
untere Verw.-Beh.: a) im Herzogthum Oldenburg die Aemter bez. Magistrate der Städte I. Kl.;
b) im Fürstenthum Lübeck die Regierung, für Stadt Eutin der Stadtmagistrat;
c) im Fürstenthum Birkenfeld der Bürgermeister;
Ortspolizeibehörde: wie untere Verw.-Beh.;
Strafen: im Herz. Oldenburg zur Landes- bez. Stadtkasse;
im Fürstenth. Lübeck zur Landeskasse bez. Stadtkasse Eutin;
im Fürstenth. Birkenfeld zur Landarmenverbandskasse.

11. Herzogthum Braunschweig. Verordn. vom 24. Juli 1884 (R.-A. Nr. 176).
höhere Verw.-Beh.: das Staats-Ministerium;

untere Verw.-Beh.: die Kreis-Direktionen;
Ortspolizeibehörde: in Stadt Braunschweig die Polizei-Direktion; in den übrigen Städten die Vorsitzenden der Stadtmagistrate resp. deren gesetzliche Stellvertreter; in den Landgemeinden die Gemeindevorsteher; in den Gemarkungen die Gemarkungs-Polizeibeamten;
Strafen: zur Büreaukasse der Kreis-Direktionen.

12. Herzogthum Sachsen-Meiningen. Bekanntm. vom 21. Juli 1884 (R.-A. Nr. 172) und 30. August 1884 (R.-A. Nr. 206).
höhere Verw.-Beh.: das Staats-Ministerium, Abth. d. Innern;
untere Verw.-Beh.: die Landräthe;
Ortspolizeibehörde: in den Städten die Magistrate und Bürgermeisterämter, außerdem die Landräthe vorbehaltlich der Uebertragung an Ortsvorstände in einzelnen Fällen;
Strafen: zur Staatskasse.

13. Herzogthum Sachsen-Altenburg. Verordn. v. 26. Juli 1884 (R.-A. Nr. 178).
höhere Verw.-Beh.: die Ministerialabtheilung des Innern;
untere Verw.-Beh: } in den Städten die Stadträthe, auf dem platten
Ortspolizeibehörde: } Lande die Landrathsämter;
Strafen: wie im Königreich Sachsen.

14. Herzogthum Sachsen-Koburg-Gotha. Verordn. v. 4. August 1884 (R.-A. Nr. 183).
höhere Verw.-Beh.: das Staats-Ministerium;
untere Verw.-Beh.: in den dem Staats-Ministerium unmittelbar unterstellten Städten der Magistrat oder Stadtrath, in den übrigen Gemeinden das Landrathsamt;
Ortspolizeibehörde: in den Städten der Magistrat oder Stadtrath, in den übrigen Gemeinden der Gemeindevorstand;
Strafen: zur Staatskasse.

15. Herzogthum Anhalt. Verordn. v. 29. Juli 1884 (R.-A. Nr. 189).
höhere Verw.-Beh.: die Regierung des Innern;
untere Verw.-Beh.: die mit Ausübung der Kreispolizei betrauten Organe (Polizeiverwaltungen, Kreisdirektionen);
Ortspolizeibehörde: in den alleinstehenden Städten der Bürgermeister, auf dem platten Lande und in den mit andern Bezirken zu einem Amtsbezirk vereinigten Städten die Amtsvorsteher, für die herzogl. Schloßbezirke die Polizeiverwalter.
Strafen: § 11 Abs. 3 d. G. zur Kasse derjenigen Behörde, welche die Strafe ausgesprochen hat; § 35 Abs. 2, § 82 Abs. 2, § 85 Abs. 2 zur Genossenschaftskasse.

16. Fürstenthum Schwarzburg-Sondershausen. Verordn. v. 23. Juli 1884 (R.-A. Nr. 174).

höhere Verw.-Beh.: die Landräthe;

untere Verw.-Beh.: } in Stadt- u. Landgemeinden der Gemeindevorstand, in Guts-, Domainen- u. Forst-Polizeibezirken die

Ortspolizeibehörde: } Guts- bez. Domainen- u. Forst-Polizeiverwaltung.

Strafen: § 11 Abs. 3, § 35 Abs. 2, § 82 Abs. 2 zur Kasse derjenigen Behörden, welche die Strafen verhängt haben; § 85 Abs. 2 zur Staatskasse.

17. Fürstenthum Schwarzburg-Rudolstadt. Verordn. v. 14. August 1884 (R.-A. Nr. 193).

höhere Verw.-Beh.: das Ministerium (Verwaltungsabtheilung);

untere Verw.-Beh.: die Landrathsämter;

Ortspolizeibehörde: die Gemeindevorstände bez. Vertreter der Gutsbezirke;

Strafen: zur Kasse des Landrathsamts.

18. Fürstenthum Waldeck-Pyrmont. Bekanntm. vom 1. August 1884 (R.-A. Nr. 181) und vom 25. August 1884 (R.-A. Nr. 211).

höhere Verw.-Beh.: d. Landesdirektor, f. d. Bergverwaltung (cf. Preußen) das Oberbergamt in Bonn;

untere Verw.-Beh.: der Kreisamtmann, für die Bergverwaltung der Beamte des Bergreviers Brilon;

Ortspolizeibehörde: der Bürgermeister, für die Bergverwaltung der Beamte des Bergreviers Brilon;

Strafen: zur Staatskasse.

19. Fürstenthum Reuß ältere Linie. Verordn. v. 4. August 1884 (R.-A. Nr. 193).

höhere Verw.-Beh.: vorbehaltlich weiterer Bestimmungen in städtischen Gemeindebezirken die Kommunal-Aufsichtsbehörde, für die ländl. Gemeindebezirke und selbständigen Gutsbezirke der Landesausschuß, für die selbständigen Domanialbesitzungen der Vorsitzende des Landesausschusses.

20. Fürstenthum Reuß jüngere Linie. Bekanntm. v. 19. Juli 1884 (R.-A. Nr. 176).

höhere Verw.-Beh.: das Landrathsamt, in den Fällen des § 3 Abs. 3 und des § 5 Abs. 5 d. G. für die Städte das Ministerium, Abth. f. d. Innere, für die Landgemeinden das Landrathsamt;

untere Verw.-Beh.: } der Gemeindevorstand;

Ortspolizeibehörde: }

Strafen: § 11 Abs. 3, § 35 Abs. 2, § 82 Abs. 2 zur Gemeindekasse; § 85 Abs. 2 zur Hauptstaatskasse.

21. Fürstenthum Schaumburg-Lippe. Bekanntm. v. 21. Aug. 1884 (R.-A. Nr. 203).
höhere Verw.-Beh.: die Regierung;
untere Verw.-Beh.: in den Städten der Magistrat, auf dem platten Lande das Amt;
Ortspolizeibehörde: die Aemter, in Bückeburg der Polizeidirektor, in Stadthagen der Magistrat;
Strafen: wie im Königreich Sachsen.

22. Fürstenthum Lippe-Detmold. Verordn. v. 2. Aug. 1884 (R.-A. Nr. 183).
höhere Verw.-Beh.: die Regierung;
untere Verw.-Beh.:, Ortspolizeibehörde: in den Städten der Magistrat, in den ländlichen Distrikten die Verwaltungsämter;
Strafen: zur Sportelnkasse der unteren Verwaltungsbehörde, und zwar bei § 85 Abs. 2 derjenigen, in deren Bezirk der Bestrafte wohnt, im Uebrigen derjenigen, welche die Strafe verfügt hat.

23. Lübeck. Bekanntm. v. 21. Juni 1884 (R.-A. Nr. 176), u. v. 2. Aug. 1884 (R.-A. Nr. 183).
höhere Verw.-Beh.:, untere Verw.-Beh.: das Stadt- und Landamt;
Ortspolizeibehörde: das Polizeiamt;
Strafen: zur Staatskasse.

24. Bremen. Verordn. v. 26. Juli 1884 (R.-A. Nr. 181).
höhere Verw.-Beh.: die Polizeikommission des Senats;
untere Verw.-Beh.: für Stadt Bremen die Polizeidirektion, für d. Landgebiet der Landherr, für d. Hafenstädte die Stadträthe;
Ortspolizeibehörde: f. Stadt Bremen die Polizeidirektion, für d. Landgebiet d. Gemeindevorsteher, f. d. Hafenstädte die Aemter;
Strafen: je nach der Belegenheit des Betriebes oder dem Wohnsitz des Beauftragten der Genossenschaft für die Stadt Bremen zur Staatskasse, für das Landgebiet zur Kreiskasse, für die Hafenstädte zur Gemeindekasse.

25. Hamburg. Bekanntm. v. 18. Juli 1884 (R.-A. Nr. 181) und v. 12. Sept. 1884 (R.-A. Nr. 216).
höhere Verw.-Beh.:, untere Verw.-Beh.: die städtische Polizeibehörde, für die Bezirke Ritzebüttel und Bergedorf die Landesherrschaften;
Ortspolizeibehörde: für Stadt, Vorstadt, Vororte die städtische Polizeibehörde, f. Ritzebüttel der Amtsverwalter, f. Bergedorf der Bürgermeister, für das übrige Landgebiet die Landherrenschaft;
Strafen: zur Staatskasse.

Zustellungen.

§ 110.*).

Zustellungen[1]), welche den Lauf von Fristen[2]) bedingen, erfolgen durch die Post mittelst eingeschriebenen Briefes gegen Empfangsschein[3]).

*) § 110 gilt auch für den Bereich des Ausdehnungsgesetzes (§§ 1, 3 A.-G.). Im Geltungsbereich des Bau-Unfallversicherungsgesetzes, und zwar einschl. aller Versicherungsanstalten, hat der § folgenden Zusatz erhalten: „Der Beweis der Zustellung kann auch durch behördliche Beglaubigung geführt werden" (§ 50 B.-U.-G.). Materiell ist hierdurch nichts geändert, vgl. Anm. 1.

---

26. Elsaß-Lothringen. Bekanntm. v. 5. Aug. 1884 (R.-A. Nr. 186).

höhere Verw.-Beh.:	die Bezirks-Präsidenten;
untere Verw.-Beh.:	in Gemeinden von mehr als 10 000 E. der Bürgermeister, im Uebrigen die Kreis-Direktoren;
Ortspolizeibehörde:	in Straßburg, Metz, Mülhausen die Revierpolizei-Kommissarien, im Uebrigen der Bürgermeister;
Strafen:	gemeinsamer Fonds; Verwendung nach Maßgabe der Ordonnanz v. 30. Dez. 1823 und Dekret v. 25. Juni 1852.

Zu § 110.

[1]) Zustellungen. Dieser Paragraph besagt nur, daß für Zustellungen weitergehende Formalien (Zustellungsurkunde 2c.) nicht erforderlich sind: er verbietet letztere aber ebensowenig, wie er andere Formen, durch welche der Empfang eines Bescheides zuverlässig festgestellt werden kann (Eröffnung zu Protokoll, Ueberbringung durch Boten gegen Quittung 2c.) ausschließt. Vgl. Bem.*). An wen die Zustellung erfolgen muß, richtet sich nach Landesrecht. In Preußen muß für prozeßunfähige Personen, insbesondere Minderjährige, an den Vater bezw. Vormund zugestellt werden, A. N. III. S. 135. Ueber die nachtheiligen Folgen, wenn sich ein Rentenempfänger der Zustellung von Mittheilungen entzieht, etwa indem sein Aufenthalt unbekannt ist, vgl. Anm. 2 zu § 65.

[2]) Lauf von Fristen. Bei Fristen kommen nur ganze Kalendertage in Rechnung. Ist die Frist nach Tagen bestimmt, so wird der Tag des Ereignisses, wodurch die Frist in Lauf gebracht wird, insbesondere der Tag der Zustellung, nicht mitgerechnet. Ist die Frist nach Wochen, Monaten oder Jahren bestimmt, so beginnt sie mit dem Tage des betr. Ereignisses, bezw. mit der durch den Postboten bewirkten Uebergabe des Bescheides an den Empfangsberechtigten; dieser Zustellungstag, welcher im Allg. mit dem ersten oder zweiten, auf die Einlieferung des Briefes zur Post fallenden Tage zusammenfallen wird, ist nöthigenfalls durch Requisition der Postbehörde, welche ja über Aushändigung eingeschriebener Briefe einen Behändigungsschein sich ausstellen läßt, festzustellen.

Gesetzeskraft.

§ 111.*)

(Abs. 1.) [1])Die Bestimmungen der Abschnitte II, III, IV, V und VIII, die auf diese Abschnitte bezüglichen Strafbestimmungen, sowie diejenigen Vorschriften, welche zur Durchführung der in diesen Abschnitten getroffenen Anordnungen dienen, treten mit dem Tage der Verkündung dieses Gesetzes in Kraft.

(Abs. 2.) Im übrigen wird der Zeitpunkt[2]), mit welchem das Gesetz in Kraft tritt, mit Zustimmung des Bundesraths durch Kaiserliche Verordnung bestimmt[3]).

Urkundlich unter unserer Höchsteigenhändigen Unterschrift und beigedrucktem Kaiserlichen Insiegel.

Gegeben Coblenz, den 6. Juli 1884.

(L. S.) **Wilhelm.**

Fürst von Bismarck.

*) Für den Bereich des Ausdehnungsgesetzes ist eine diesem § analoge besondere Bestimmung getroffen (§ 17 A.-G.), ebenso für das Bau-Unfallversicherungsgesetz (§ 51 B.-U.-G.).

Die Frist endigt dann mit dem Ablauf desjenigen Tages der letzten Woche 2c., der durch seine Benennung dem Tage des bezeichneten Ereignisses (Zustellung 2c.) entspricht. Fehlt dieser Tag in dem letzten Monat (wenn der Beginn der Frist auf den 29. Februar eines Schaltjahres trifft), so endigt die Frist mit dem Ablauf des letzten Tages in dem betr. Monat. Ist der letzte Tag der Frist ein Sonntag oder allgemeiner Feiertag, so endet die Frist mit dem Ablauf des nächstfolgenden Werktages (A. N. III. S. 166; §§ 199, 200 Civ.-Pr.-O.; Fitting, Reichscivilproceß § 31). Vgl. noch Anm 2 i. f. zu § 59, Anm. 1 und 5 zu § 63, und wegen Wiedereinsetzung in den vorigen Stand Anm. 3 zu § 62.

[3]) Empfangsschein, d. h. Einlieferungs-, nicht Rückschein, A. N. II S. 276. Nur bei Zustellung schiedsgerichtlicher Urtheile wünscht das R.-V.-A. aus praktischen Gründen einen Rückschein. A. N. III S. 27.

Zu § 111.

[1]) „Aehnlich, wie es bei dem Krankenkassengesetz vom 15. Juni 1883 geschehen ist, wird auch hier derjenige Theil des Gesetzes, welcher sich auf die Bildung der Berufsgenossenschaften und die zur Durchführung des Gesetzes erforderlichen Organe bezieht, früher in Kraft treten müssen, als diejenigen Bestimmungen, welche die Versicherung selbst betreffen" (Mot. S. 86).

[2]) Zeitpunkt. cf. Anm. 4 zu § 20.

[3]) Rückwirkende Kraft hat das Gesetz nicht. Unfälle, welche vor dem 1. Okt. 1885, an welchem der materielle Theil des Gesetzes in Kraft getreten ist, sich

Verordnung,
betreffend die Inkraftsetzung des Unfallversicherungsgesetzes vom 6. Juli 1884 (Reichs-Gesetzbl. S. 69) und die theilweise Inkraftsetzung des Gesetzes über die Ausdehnung der Unfall- und Krankenversicherung vom 28. Mai 1885 (Reichs-Gesetzbl. S. 159).

Vom 25. Sept. 1885. R.-G.-Bl. S. 271.

Wir Wilhelm, von Gottes Gnaden Deutscher Kaiser, König von Preussen etc.

verordnen auf Grund des § 111 Absatz 2 des Unfallversicherungsgesetzes vom 6. Juli 1884 (Reichs-Gesetzbl. S. 69) und des § 17 Absatz 3 des Gesetzes über die Ausdehnung der Unfall- und Krankenversicherung vom 28. Mai 1885 (Reichs-Gesetzbl. S. 159) mit Zustimmung des Bundesraths, was folgt:

§ 1.

Das Unfallversicherungsgesetz vom 6. Juli 1884 (Reichs-Gesetzbl. S. 69) tritt mit dem 1. Oktober 1885 seinem vollen Umfange nach in Kraft.

§ 2.

Mit demselben Zeitpunkte tritt das Gesetz über die Ausdehnung der Unfall- und Krankenversicherung vom 28. Mai 1885 (Reichs-Gesetzbl. S. 159) für die im § 1 Ziffer 1 a. a. O. bezeichneten Betriebe, nämlich

den gesammten Betrieb der Post-, Telegraphen- und Eisenbahnverwaltungen, und zwar einschliesslich der Bauten, welche von diesen Verwaltungen für eigene Rechnung ausgeführt werden,

in Kraft.

Urkundlich unter Unserer Höchsteigenhändigen Unterschrift und beigedrucktem Kaiserlichen Insiegel.

Gegeben Baden-Baden, den 25. Sept. 1885.

(L. S.) **Wilhelm.**

von Boetticher.

---

ereignet haben, sind also nach dem bisherigen Recht (Haftpflicht-Gesetz ꝛc.) zu beurtheilen.

Gesetz

über

die Ausdehnung der Unfall- und Krankenversicherung.

Vom 28. Mai 1885.

(R.-G.-Bl. S. 159)

(sog. „Ausdehnungsgesetz").

Wir Wilhelm, von Gottes Gnaden Deutscher Kaiser, König von Preußen ꝛc.

verordnen im Namen des Reichs, nach erfolgter Zustimmung des Bundesraths und des Reichstags, was folgt:

I. Unfallversicherung.

§ 1.

[1]) Das Unfallversicherungsgesetz vom 6. Juli 1884 (Reichs-Gesetzbl. S. 69) findet mit den aus nachstehenden Bestimmungen sich ergebenden Abänderungen [2]) Anwendung [3]) auf Ausdehnung der Unfallversicherung.

1. den gesammten [4]) Betrieb [5]) der Post- [5a]), Telegraphen- [6]) und Eisenbahnverwaltungen [7]) [7a]), sowie sämmtliche [4]) Betriebe [8]) der Marine- und Heeresverwaltungen, und zwar einschließlich der Bauten [9]), welche von diesen Verwaltungen für eigene Rechnung [10]) ausgeführt werden;
2. den Baggereibetrieb [11]);
3. den gewerbsmäßigen [12]) Fuhrwerks- [13]) [14]), Binnenschifffahrts- [15]), Flößerei-, Prahm- und Fährbetrieb [16]), sowie den Gewerbebetrieb des Schiffsziehens (Treidelei);
4. den gewerbsmäßigen [12]) Speditions- [16a]), Speicher- [17]) und Kellereibetrieb [17a]);
5. den Gewerbebetrieb der Güterpacker, Güterlader, Schaffer, Bracker, Wäger, Messer, Schauer und Stauer [18]).

Zu § 1.

[1]) Die Ausdehnung der Unfallversicherung bezieht sich nach § 1 U.-V.-G. auf die „in“ den vorstehend aufgeführten Betrieben, „also im Betriebsdienst, als Arbeiter oder Betriebsbeamte beschäftigten Personen“ (Mot. S. 9). Soldaten gelten nicht als Arbeiter (vergl. Komm.-Ber. S. 2 und § 4 Abs. 1);

Betriebsbeamte des Reichs und solcher Bundesstaaten oder Kommunalverbände, welche durch Landesgesetz bezw. statutarische Bestimmung ihren Betriebsbeamten eine der Unfallentschädigung mindestens gleichkommende Fürsorge bei Unfällen gesichert haben, fallen nicht mehr unter das Gesetz, andere Betriebsbeamte nur, wenn sie nicht mehr als 2000 Mark an Lohn oder Gehalt beziehen (cf. jedoch § 4 A.-G. und § 2 U.-V.-G.) und wenn sie nicht als Staats- oder Kommunalbeamte mit festem Gehalt und Pensionsberechtigung angestellt sind. Vgl. Anm. 1 zu § 1, sowie Anm. 1 zu § 4 U.-V.-G. Das Bureaupersonal fällt nicht unter das Gesetz, ebenso wenig der Postbeamte am Schalter, soweit diese Personen nicht im technischen Betriebe beschäftigt sind (Komm.-Ber. S. 5). Vgl. Anm. 3, 12, 13, 16 zu § 1 U.-V.-G., sowie Nr. 6 d. Anl. II d. R.-V.-A. v. 5. Juni 1885; auch unten Anm. 5. Nebenbetriebe folgen nach § 9 Abs. 3 U.-V.-G. den Hauptbetrieben, werden also von der Versicherungspflicht der unter das Ausd.-G. fallenden Betriebe event. nach- und aus den für den Geltungsbereich des U.-V.-G. errichteten Berufsgenossenschaften hinausgezogen (A. N. I S. 203); andererseits fallen diejenigen Nebenbetriebe, welche an sich unter das Ausdehnungsgesetz fielen oder gefallen sein würden, seit dem Inkrafttreten der landwirthschaftlichen Unfallversicherung unter die letztere, sofern sie von Unternehmern land- und forstwirthschaftlicher Betriebe unternommen sind (§ 1 Abs. 2 L.-U.-V.-G), und soweit sie von Tiefbau-Unternehmern als Nebenbetriebe unternommen sind, seit dem Inkrafttreten des Bau-Unfallversicherungsgesetzes unter dieses (§ 9 Abs. 2 B.-U.-G.). Der Uebergang vollzieht sich mit den Rechtswirkungen des § 32 U.-V.-G. (A. N. V S. 6). Unter das See-Unfallversicherungsgesetz fallen dagegen keine (Fabrik-, Speicherei- zc.) Nebenbetriebe (A. N. IV S. 169). Nach Anm. 8 zu § 32 U.-V.-G. zieht der Uebertritt solcher Nebenbetriebe allgemein, wie bei § 12 A.-G. für die dort angegebenen Betriebe ausdrücklich vorgesehen, diejenigen Lasten mit sich, welche in dem Nebenbetrieb früher erwachsen waren, dergestalt, daß die in diesen Nebenbetrieben früher entstandene Rentenverpflichtung fortan auf die neue B.-G. übergeht.

[2]) Abänderungen. Die Abänderungen beziehen sich insbesondere darauf, daß für die unter dies Gesetz fallenden fiskalischen Betriebe nach näherer Bestimmung des § 2 keine Berufsgenossenschaften gebildet werden, und daß für die Transportbetriebe einige besondere Bestimmungen, so über die Anmeldung und Untersuchung der auf der Fahrt sich ereignenden Unfälle, bei Eisenbahnen auch über die Zuziehung der Vertreter der Arbeiter zu der Berathung von Unfallverhütungsvorschriften, getroffen sind.

[3]) Anwendung. Die Anwendung ist auch da, wo Besonderheiten nicht vorgesehen sind, „soweit die Anwendbarkeit (sc. der Vorschriften des Unfallversicherungsgesetzes) nicht durch § 3 oder die Natur der Sache ausgeschlossen ist," eine „entsprechende". Vgl. Mot. S. 13.

[4]) gesammten .... sämmtliche. Die Ausdrücke: „der gesammte Betrieb der Post-, Telegraphen- und Eisenbahnverwaltungen" und „die

sämmtlichen Betriebe der Marine- und Heeresverwaltungen" sind mit Rücksicht darauf einander gegenübergestellt, daß bei der Marine und dem Heere eine Summe von Einzelbetrieben der verschiedensten Art, welche für die Zwecke der Marine oder des Heeres betrieben werden, bei der Post und den Eisenbahnen aber ein einheitlicher Betrieb mit verschiedenen Ausflüssen in Frage kommen. Bei den Eisenbahnen steht der Betriebsdienst als solcher, bei den Marine- und Heeresverwaltungen aber stehen „nicht die Kriegführung oder die Ausbildung der im Dienst befindlichen Soldaten, sondern nur die in der Verwaltung des Heeres und der Marine vorhandenen technischen, Magazin- und sonstigen Einzelbetriebe in Frage" (Mot. S. 8).

[5]) Betrieb „im weitesten Sinne, d. h. alle diejenigen Verrichtungen, welche zu dem Eisenbahnbetriebsdienst als solchem gehören, im Gegensatz zu der gefahrlosen Beschäftigung in den Bureaus, beim Reinigen der Zimmer 2c." (Mot. S. 8). Wegen der Nebenbetriebe vgl. Anm. 1.

Welche einzelnen Theile zu dem „Betriebe" im obigen Sinne gehören, ist Sache der Beurtheilung des Einzelfalls.

In der Praxis wird darüber, ob ein im Eisenbahndienst thätiger und dort verunglückter Beamter als ein im Betriebe beschäftigter anzusehen ist oder nicht, kaum ein Zweifel entstehen, da der Begriff des Eisenbahnbetriebes ein ganz feststehender ist. (Sten. Ber. S. 2466.) Vgl. auch § 8 A.-G. und § 62 Abs. 1 U.-V.-G. Auf derselben Eisenbahn kann auch ein mehrfacher Betrieb verschiedener Betriebsunternehmer bestehen, z. B. bei Anschlußbahnen, wenn das Befahren der Geleise für Rechnung des einen, die Instandhaltung und Bewachung der Geleise aber für Rechnung eines anderen Unternehmers erfolgt. Diese Unternehmer können rücksichtlich der von ihnen auf der Eisenbahn beschäftigten Personen verschiedenen B.-G. angehören. A. N. II S. 274, III S. 25. Vgl. Anm. 7.

[5a]) Post, d. h. fiskalischer Postbetrieb. Privatverkehrsanstalten sind nur dann versicherungspflichtig, wenn sie Transportmittel benutzen (also als Fuhrwerksbetriebe), A. N. III S. 38.

[6]) Post-, Telegraphen- . . . Verwaltungen, weil „nicht blos die Ausübung der dienstlichen Funktionen beim Eisenbahn- und Fuhrwerksbetrieb der Post, sondern auch in anderen Dienstzweigen der Post- und Telegraphenverwaltung, z. B. beim Landbriefträgerdienst, Packetdienst, bei der Anlegung und Reparatur von Telegraphen- und Telephonleitungen, mit einer besonderen Unfallgefahr verbunden ist" (Mot. S. 8).

Der gesammte Beförderungs- und Bestellungsdienst der Post- und Telegraphenverwaltungen fällt unter dies Gesetz, dagegen im Allgemeinen nicht der Beamte am Schalter, cf. Anm. 1, sowie Sten.-Ber. S. 2466. Der Fuhrwerksbetrieb der Post gehört, soweit er in Regie betrieben wird (reichseigene Posthaltereien, A. N. II S. 254), zum „gesammten Betrieb der Postverwaltungen", und soweit er von Unternehmern betrieben wird, „zum gewerbsmäßigen Fuhrwerksbetrieb“ (Mot. S. 9).

Ueber Unfälle, welche Arbeiter und Beamte der Postverwaltung auf ambulanten Bureaus der Eisenbahnen erleiden, vgl. Anm. 4 zu § 95 U.-V.-G., sowie unten Anm. 7.

[7]) Eisenbahnverwaltungen. Dem öffentlichen Verkehr braucht die Eisenbahn nicht zu dienen. „Ebenso wie der Ausdruck „Betrieb“ ist auch der Ausdruck „Eisenbahn“ im weitesten Sinne verstanden worden, und umfaßt in Anlehnung an § 1 Abs. 1 Ziffer 1 des Krankenversicherungsgesetzes und an § 1 Abs. 6 des Unfallversicherungsgesetzes alle zur Beförderung von Personen oder Gütern mittels elementarer Kraft oder auf Schienen bestimmte Transportmittel, also nicht nur die großen Lokomotivbahnen, welche die Verbindung zwischen entfernten Gegenden vermitteln, sondern auch die kleineren Straßen-, Pferde-, elektrischen Bahnen und ähnliche Unternehmungen“ (Mot. S. 8). Die ersteren — Eisenbahnen, welche dem „Bahnpolizeireglement für die Eisenbahnen Deutschlands“ bezw. Bayerns, oder der „Bahnordnung für deutsche“ (bezw. bayerische) „Eisenbahnen untergeordneter Bedeutung“ unterliegen — gehören zur Privatbahn-B.-G., die letzteren — Eisenbahnen, welche nicht unter jene Bestimmungen fallen, — gehören zur Straßenbahn-B.-G. und zwar beide Kategorien mit ihren Nebenbetrieben und Regiebauten. Vgl. Anm. 5. Von der Berufsgenossenschaft ausgeschlossen sind jedoch a) die für Rechnung des Reichs oder eines Bundesstaats verwalteten Bahnen (für welche das Reich bezw. der Bundesstaat an die Stelle der Berufsgenossenschaften tritt, § 2 A.-G.) mit ihren Nebenbetrieben und Regiebauten, ferner b) Eisenbahnen, welche wesentliche Bestandtheile eines anderen nach dem U.-V.-G. oder dem A.-G. unfallversicherungspflichtigen Betriebes sind (diese bleiben in der Berufsgenossenschaft des Hauptbetriebes, § 1 Abs. 6 U.-V.-G., § 12 Abs. 2 A.-G.) Dementsprechend sind auch c) die einen Theil der Land- und Forstwirthschaft bildenden Feldbahnen, welche bisher in die Straßenbahn-B. fielen, seit dem Inslebentreten der landw. Unfallversicherung aus der Straßenbahn-B.-G. aus und in die landw. Berufsgenossenschaften bezw. unter das landw. Unfallversicherungsgesetz hinüber getreten (§ 1 Abs. 2 L.-U.-V.-G.). Dasselbe gilt von den einen Nebenbetrieb eines Tiefbau-Unternehmers bildenden Arbeitsbahnen seit dem Inkrafttreten des Bau-Unfallversicherungsgesetzes (§ 9 Abs. 2 B.-U.-G.)

Im Uebrigen fallen nach den für die Praxis maßgebenden Entscheidungen des R.-V.-A. unter den Begriff einer „Eisenbahn“ und folgeweise unter das vorliegende Gesetz nur diejenigen Schienenwege, welche nach der Rechtsprechung des Reichsgerichts Eisenbahnen im Sinne des Haftpflichtgesetzes sein würden. Ob dies der Fall, richtet sich nach der Bedeutung der Bahn, ist also quaestio facti. Nach den maßgebenden Entscheidungen des Reichsgerichts (Entsch. in Civilsachen I S. 247) ist eine „Eisenbahn“ im Sinne des Haftpflichtgesetzes

ein Unternehmen, a) gerichtet auf wiederholte Fortbewegung von Personen oder Sachen b) über nicht ganz unbedeutende Raumstrecken c) auf metallener Grundlage, welche letztere vermöge ihrer Konsistenz, Konstruktion und Glätte d) die Beförderung großer Gewichtsmassen bezw. e) eine verhältnißmäßig bedeutende Schnelligkeit der Bewegung ermöglicht, und welche durch diese Eigenart in Verbindung f) mit den zur Bewegung benutzten Naturkräften g) eine verhältnißmäßig gewaltige Wirkung zu erzeugen fähig ist.

Als bewegende Naturkraft kann nach derselben Entscheidung Dampf, Elektricität, thierische oder menschliche Muskelthätigkeit u. s. w., bei geneigter Ebene aber auch schon die eigene Schwere in Betracht kommen. Nicht als Eisenbahn bezeichnet das Reichsgericht eine horizontale schmalspurige Gleisanlage, auf welcher einzelne kleine Wagen ausschließlich mittels Menschenkraft langsam auf Schienen über kurze Entfernungen fortgeschoben werden (Entsch. in Civilsachen XIV S. 27).

Auf dieser Grundlage hat das R.-V.-A. zwei gewissermaßen typische Entscheidungen getroffen, welche etwa die Grenzen der Versicherungspflicht von Feldeisenbahnen bezeichnen möchten. Ein Schienenweg von 500 m (Stahlschienen auf Holzschwellen), auf welchen 6 Kipp-Lowries à $^1/_2$ Kubikmeter Inhalt in Gebrauch sind, die von beliebigen (landw.) Arbeitern bedient, und theils von Pferden theils von Menschen gezogen werden, ist eine versicherungspflichtige Feldeisenbahn (A. N. II S. 182). Ein Schienenweg von 250 m, welcher ohne weitere Bettung oder Unterlage auf den Erdboden verlegt worden, und auf dem 2 Muldenkipper à $^1/_2$ Kubikmeter Inhalt von je einem (landw.) Arbeiter geschoben werden, ist dagegen nicht eine versicherungspflichtige Feldbahn (A. N. II S. 184).

Eine besondere „Bahnverwaltung" braucht nicht zu bestehen; nur aus redaktionellen Gründen verbindet das Gesetz die Eisenbahnen mit den Betrieben der Post- und Telegraphenverwaltungen (vgl. auch § 2, wo von „Eisenbahnen" die Rede ist, A. N. II. S. 183). Auf die Dauer des Betriebes kommt nichts an; in der Regel wird es sich event. nicht um eine Betriebseinstellung (§ 17 Ziffer 7 U.-V.-G.), sondern nur um ein Ruhen des Betriebes handeln, welches letztere bei der Umlegung in der Zahl und Beschäftigungsdauer der verwendeten Personen zum Ausdruck kommt.

Normalspurige Anschlußgeleise-Betriebe sind unabhängig von der Länge des Schienenstranges versicherungspflichtig (A. N. III S. 38); Betriebsunternehmer bei denselben ist aber nicht der Besitzer, wenn seine Arbeiter nur mit dem Be- oder Entladen der stehenden Waggons beschäftigt sind, während das An- und Abschieben der Waggons ausschließlich durch die Arbeiter des Unternehmers der Hauptbahn (z. B. durch Staatseisenbahnbedienstete) geschieht (A. N. V S. 157). In solchem Fall wird vielmehr der Unternehmer der Hauptbahn als Unternehmer des Eisenbahnbetriebes auf dem Anschlußgeleise anzusehen sein.

Mot. S. 7: „Das Haftpflichtgesetz v. 7. Juni 1871 gewährte den im Eisenbahndienst beschäftigten Personen, soweit sie nicht in einer mit dem Eisenbahnunternehmen verbundenen Fabrik 2c., z. B. einer Eisenbahnwerkstatt, beschäftigt sind, einen Anspruch aus Betriebsunfällen nur unter der Voraussetzung, daß diese Unfälle im eigentlichen Eisenbahnbetriebe, d. h. bei solchen Funktionen der Eisenbahnverwaltung eingetreten sind, welche demselben im Vergleich mit anderen Transportgewerben die ihm eigentümliche Gefährlichkeit verleihen." Soweit Eisenbahnarbeiter hiernach überhaupt einen Unterstützungsanspruch bei Unfällen hatten, waren sie bei der Verfolgung desselben insofern besser gestellt wie sonstige unter das Haftpflichtgesetz fallende Personen, als nicht ihnen die Beweislast oblag, sondern umgekehrt die Eisenbahnverwaltung immer dann entschädigen mußte (und zwar zur Höhe des richterlich festgesetzten Schadens), falls nicht sie den Nachweis lieferte, daß eigenes Verschulden des Verunglückten oder daß höhere Gewalt den Unfall herbeigeführt hatte.

Wenn hiernach für diese Kategorie von Arbeitern auch ein Theil der Mängel des Haftpflichtgesetzes, insbesondere die Beweislast fortfiel, so war doch auch für sie die Ersetzung der Haftpflicht durch eine öffentlich-rechtlich geregelte Unfallversicherung unentbehrlich. Blieb doch immer der Fehler zu beseitigen, daß bei vielleicht entschuldbaren Versehen des Verunglückten und daß bei Unfällen, die durch höhere Gewalt herbeigeführt waren (Blitzschlag, Dammbruch in Folge Gewitterregens 2c.), jede Entschädigung versagt werden konnte. Und während bei Fabriken 2c. der verunglückte Arbeiter ein Interesse daran hatte, nachzuweisen, daß ein Angestellter des Unternehmers den Unfall durch Verschulden herbeigeführt habe, so hatten bei Eisenbahnunfällen umgekehrt die Bahnverwaltungen das lebhafteste Interesse, ihrerseits ein Verschulden des Verunglückten darzuthun. Also auch hier bestand die Gefahr verbitternder Processe über die Entschädigungspflicht, welchen Einhalt zu thun war. Darin, daß alle diese Mängel für verunglückte Eisenbahnarbeiter nunmehr beseitigt sind, liegt der große Gewinn, den diese zahlreiche Klasse von Personen aus der Unfallversicherung hat; sie sowie ihre Hinterbliebenen haben fortan einen allzeit sicheren Entschädigungsanspruch, bei dessen Festsetzung Vertreter ihrer Interessen mitwirken. Dadurch, daß sie fortan die Entschädigung nur in der durch das Gesetz fixirten Höhe von höchstens $^2/_3$ des Arbeitsverdienstes erhalten und einen Theil der Unfalllast durch ihre Beiträge zur Krankenversicherung selbst aufbringen bez. während der ersten dreizehn Wochen auf die Krankenkassen angewiesen sind, werden sie ebenso wenig benachtheiligt, wie andere von der Unfallversicherung erfaßte Personen, bei denen das Gleiche zutrifft (vgl. Anm. 4, 19 zu § 5 U.-V.-G.). Eine größere Belastung als andere Krankenkassen (wodurch sich etwa eine anderweite Regelung der Karenzzeit bei Eisenbahnbetrieben hätte rechtfertigen können) werden die Krankenkassen für Eisenbahnbetriebe nicht erleiden, denn nach einer von den Regierungskommissarien zu den Akten der Reichtagskommission überreichten statistischen Zusammenstellung bleibt die Zahl der größeren und kleineren Unfälle, von denen Angestellte und Arbeiter im Eisenbahnbetriebe betroffen werden, beträchtlich hinter der Zahl der Unfälle bei manchen anderen Industriezweigen (z. B. dem Bergwerksbetrieb, der chemischen Industrie) zurück; eine überwiegende Gefährlichkeit wohnt also, soweit es sich um Arbeiter und Betriebsbeamte handelt, den Eisenbahnbetrieben thatsächlich nicht bei. Im Uebrigen war es auch prinzipiell bedenklich, bei Eisenbahnen die Karenzzeit anders zu bemessen, als in sonstigen Industriezweigen. Vgl. Komm.-Ber. S. 2, 7, 8.

Bezüglich derjenigen Arbeiter und Beamten der Eisenbahnen, welche nunmehr unter die Unfallversicherung fallen, tritt § 1 des Haftpflichtgesetzes außer Kraft. Seine Bedeutung aber behält derselbe noch für die von der Unfallversicherung nicht betroffenen Beamten, solange für diese die Unfallfürsorge nicht anderweit geregelt wird, und insbesondere für die Unfälle der Passagiere. Als Passagiere können auch Personen, die auf Grund des Unfallversicherungsgesetzes entschädigt werden, Entschädigungsansprüche gegen Eisenbahnen erheben, wenn sich diese als Dritte darstellen, § 98 U.-V.-G.

[8]) sämmtliche Betriebe, sc. Einzelbetriebe einschl. der sonst nicht versicherungspflichtigen, z. B. der handwerksmäßigen Betriebe, und der früher unter das Unfallversicherungsgesetz gefallenen Fabriken zc. der Militär- und Marineverwaltungen. Vergl. Anm. 1, 4. Die landw. Betriebe der letzteren sind jedoch seit dem Inkrafttreten der landw. Unfallversicherung unter das L.-U.-V.-G. v. 5. Mai 1886 getreten, vgl. v. Woedtke, Komm. zu demselben, Anm. 1 zu § 102 a. a. O.

Die in versicherungspflichtigen Betrieben beschäftigten Personen des Soldatenstandes gehören nicht zu den Versicherten (§ 4), weil sie keine Arbeiter sind. Für dieselben ist jedoch durch das R.-G. vom 15. März 1886 (vgl. Anm. 1 zu § 1 U.-V.-G.) gleichartige Fürsorge getroffen.

[9]) Bauten „aller Art, mögen dies Neubauten, Erweiterungs- oder Ergänzungsbauten, Erd-, Wasser- oder Hochbauten sein" (Mot. S. 8), wenn dieselben von dem Unternehmer eines schon bestehenden Eisenbahnbetriebes für Zwecke des letzteren, nicht aber zu dem Zweck, um erst nach Fertigstellung des Baus auf demselben eine Eisenbahn zu betreiben, in Regie ausgeführt werden (A. N. V S. 323).

Hierbei ist es auch nach dem Gesetz, betr. die Unfallversicherung der bei Bauten beschäftigten Personen (vgl. Anm. 1 zu § 1 U.-V.-G.), derart verblieben, daß Regiebauten aller Eisenbahnverwaltungen (ohne Rücksicht darauf, ob sie für Rechnung des Staats oder einer Privatperson betrieben werden), sowie Regiebauten der Post-, Telegraphen-, Marine- und Heeresverwaltungen nach wie vor unter dem Ausdehnungsgesetz stehen und den Bau-Berufsgenossenschaften nicht angeschlossen sind (§ 1 Abs. 1 B.-U.-G.). Regiebauten der Post-, Telegraphen-, Marine- und Heeresverwaltungen sowie der fiskalischen Eisenbahnverwaltungen gehören also nach wie vor zum Geschäftsbereich der für diese Verwaltungen errichteten Ausführungsbehörden (§ 2 A.-G.), Regiebauten von Privateisenbahnverwaltungen zu der Privatbahn- bezw. der Straßenbahn-B.-G. (vgl. Anm. 1); soweit aber der Eisenbahnbetrieb solcher Privatverwaltungen selbst als Nebenbetrieb in eine andere

B.-G. fällt (z. B. als Nebenbetrieb einer Fabrik, § 1 Abs. 6 U.-V.-G.; oder eines landw. Betriebes, § 1 Abs. 2 L.-U.-V.-G.; oder als Nebenbetrieb eines Baubetriebes, § 9 Abs. 2 B.-U.-G.), fallen auch Regiebauten von solchen Eisenbahnen unter die für die letzteren selbst zuständige B.-G.

10) für eigene Rechnung. „Rücksichtlich der Unfallversicherung sollen alle Eisenbahn-Regiebauten als integrirende Theile des Eisenbahnunternehmens, von welchem und für welches sie ausgeführt werden, gelten" (Mot. S. 8).

11) Baggereibetrieb. „Der Baggereibetrieb hat entweder die Gewinnung von Fossilien (Kies, Bernstein 2c.) oder die Entfernung von Sand 2c. durch Vertiefung von Wasserstraßen zum Gegenstande. Zur Behebung von Zweifeln darüber, inwieweit ein solcher Betrieb schon gegenwärtig von der Unfallversicherung erfaßt wird, und um die letztere auch auf den dem Unfallversicherungsgesetz jedenfalls nicht unterliegenden, aber nicht ungefährlichen Betrieb der kleinen Handbagger, sowie auf die Bedienung der Prahme, mittels welcher die ausgehobenen Erdmassen fortgeschafft werden, auszudehnen, ist der Baggereibetrieb als solcher, also in seinem ganzen Umfang, hier ausdrücklich aufgenommen worden" (Mot. S. 9). Wegen der Zugehörigkeit zu den Berufsgenossenschaften vgl. A. N. II S. 293.

12) gewerbsmäßig. „Als „gewerbsmäßig" wird der Betrieb dann anzusehen sein, wenn eine gewisse Kontinuität des Betriebes die Absicht erkennen läßt, denselben für einige Dauer zu Zwecken des Erwerbes fortzusetzen" (Mot. S. 9). Der Nachdruck liegt dabei auf den Worten „zu Zwecken des Erwerbes" und „für einige Dauer"; wann dies der Fall, ist quaestio facti. „Jedenfalls wird diese Erläuterung ausreichen, um den das Gesetz anwendenden Behörden .... eine Direktive zu geben, nach welcher sie die Unfallversicherungspflicht beurtheilen können. Genauer im Gesetz zu definiren, was unter einem gewerbsmäßigen Betrieb zu verstehen ist, das wird sich bei der Vielgestaltigkeit der Praxis, bei der Vielgestaltigkeit unserer gewerblichen Betriebe kaum ermöglichen lassen" (Rede des Staatssekr. des Innern, Dr. v. Boetticher, Sten. Ber. 1885 S. 2595). Nach der Anleitung d. R.-V.-A. v. 5. Juni 1885 (A. N. II S. 160) ist der Ausdruck „zu Zwecken des Erwerbes" gleichbedeutend mit „als unmittelbare Einnahmequelle"; der Betrieb muß also selbständige Erwerbsquelle sein (cf. auch Anm. 7 zu § 1 U.-V.-G.), sei es, daß aus dem Betriebe „ein selbständiges Gewerbe gemacht wird", oder sei es, daß derselbe einen „Hauptbestandtheil" oder doch „einen hervorstechenden Bestandtheil des Gesammtunternehmens bildet" (Anl. cit.). (Man beachte auch, daß es sich eben um einen „Betrieb" handeln soll.)

Hieraus folgert das Reichs-Versicherungsamt in der erwähnten, die Anmeldungspflicht erläuternden Anleitung, daß die von Kaufleuten und Gewerbetreibenden zum Gewerbebetriebe benutzten Fuhrwerke, Magazine, Speicher und Kellereien dann, aber auch nur dann, einen gewerbsmäßigen Fuhrwerks- bez. Speicher- oder Kellereibetrieb darstellen, wenn sie gewerbsmäßig „betrieben" werden, aus dem Betriebe derselben eine unmittelbare Einnahmequelle gemacht wird; andernfalls handele es sich nur um ein im Besitz eines Gewerbetreibenden befindliches Fuhrwerk, Magazin rc., aber nicht um den „zu Zwecken des Erwerbes" unternommenen „Betrieb" der Fuhrwerkerei, eines Speichers, einer Kellerei. Diese Auslegung des Reichs-Versicherungsamts ist für die Praxis maßgebend, falls sie nicht etwa demnächst bei Einzel-Entscheidungen über Unfallentschädigung modificirt werden sollte, vgl. §§ 59, 62 U.-V.-G. Die weitergehende, von einem Redner im Reichstag aufgestellte Ansicht, daß jedes von einem Gewerbetreibenden, Arzt, Agenten rc. in seinem Gewerbebetriebe benutzte Fuhrwerk unter das Gesetz falle, kann auf die Motive wohl nicht gestützt werden, weil auch die Ausführungen der letzteren nur mit der an die Spitze derselben gestellten Einschränkung verstanden werden dürfen, daß es sich bei der Versicherungspflicht des Fuhrwerksbetriebes rc. um einen „dauernden Betrieb" zu „Zwecken des Erwerbs" handeln muß. — Die Anmerkung 5 zu § 1 A.-G. in des Verfassers kleiner Ausgabe des Krankenversicherungsgesetzes (3. Aufl.) bleibt für die Krankenversicherung trotzdem zutreffend, weil der gesammte Gewerbebetrieb der Kaufleute rc. schon unter § 1 Ziffer 2 K.-V.-G. fällt.

[13]) Fuhrwerksbetrieb, ohne Rücksicht auf die Zahl der in demselben beschäftigten Arbeiter und auf die Art der Zugkraft. „Hierher gehören insbesondere (vgl. Anm. 16a) die Betriebe der Droschken- und Omnibus-Inhaber, der Posthalter" (soweit es sich nicht um reichseigene Posthaltereien handelt, vgl. Anm. 5a) „und Frachtfuhrleute, auch die sog. Hotelwagen, welche gegen Entgelt die Reisenden von den Gasthöfen nach den Bahnhöfen bringen und von dort abholen" (Anl. d. R.-V.-A. v. 5. Juni 1885), aber nur, „wenn und solange sie in ihren Betrieben Arbeiter beschäftigen" (Mot. S. 9). Betriebe, in denen regelmäßig ein Arbeiter (Anm. 12 zu § 1 U.-V.-G.) nicht beschäftigt wird, sind daher nach der cit. Anl. nicht anzumelden. Sofern sich dagegen Fuhrwerksbetriebe thatsächlich wegen ihres Zusammenhanges mit der Landwirthschaft und wegen ihrer Abhängigkeit von derselben als Nebenbetrieb einer Land- oder Forstwirthschaft darstellen, fallen sie seit dem Inkrafttreten des Ges. v. 5. Mai 1886 unter die landwirthschaftliche Berufsgenossenschaft (A. N. IV S. 294, V S. 118, 119), vgl. v. Woedtke, Kommentar zur landw. U.-V.-G. 2. Aufl. Anm. 12 zu § 1 a. a. O. (S. 117). Auch solche Arbeiten, welche von städtischen oder ländlichen Gespannhaltern in fremden Landwirthschaften verrichtet werden, sind Nebenbetrieb der letzteren (A. N. V S. 322). Ueber die Frage, ob Droschkenkutscher als Unternehmer des Fuhrwerksbetriebes gelten, vgl. Anm. 5 zu § 9 U.-V.-G.

Nicht unter das Gesetz fallen nach der cit. Anl. d. R.-V.-A. (cf. Anm. 12) die von Kaufleuten rc. zu Zwecken ihres sonstigen Gewerbebetriebes verwendeten und nicht als unmittelbare Einnahmequelle benutzten Fuhrwerke (z. B. die Fuhrwerke der Brennholz- und Kohlenhändler, welche ihre Brennmaterialien von der Bahn abholen und den Kunden zubringen, A. N. I S. 372, V S. 323), ferner nicht die dem Komfort dienenden Kutschfuhrwerke von Privatpersonen.

[14]) Auf die Frage, „ob die von Ausländern in Deutschland betriebenen Transportgewerbe unter dieses Gesetz fallen und also versicherungspflichtg seien" wurde von Seiten der Vertreter der verbündeten Regierungen . . . konstatirt, daß der Sitz des Unternehmens entscheidend sei; wenn es im Auslande oder von dort aus betrieben werde, sei es ein „ausländischer Betrieb" (also nicht versicherungspflichtig); „wo der Unternehmer seinen Wohnsitz habe, sei gleichgültig, ebenso die Nationalität der Arbeiter". Es sei also ein Betrieb, der in London seinen Sitz habe und nach Mannheim fahren lasse, ein ausländischer und deshalb nicht versicherungspflichtig (soweit nicht etwa ein für das Inland selbständig errichteter Betriebstheil (Zweiggeschäft, Kommandite, Nebenbetrieb) in Frage kommt, vgl. Anm. 3 zu § 1 U.-V.-G.). Ob der Unfall sich im Auslande ereigne, komme bei einem im Inlande seßhaften Unternehmen nicht in Betracht. Im Uebrigen sei die Anmeldepflicht in Deutschland für das Unternehmen entscheidend (Komm.-Ber. S. 3).

[15]) Binnenschiffahrtsbetrieb. Dahin gehört auch die auf Binnengewässern betriebene gewerbliche Kleinschifferei mittels Kähnen, Gondeln zc. (Mot. S. 10), aber nicht die Fischerei. Ueber die Frage, ob Kahnführer Unternehmer des Schiffsbetriebes sind, vgl. Anm. 5 zu § 9 U.-V.-G. Binnenlootsen sind selbständige Gewerbetreibende, daher nicht versicherungspflichtig: doch darf die Binnenschiffahrts-B.-G. auf Grund des § 2 Abs. 2 U.-V.-G. die Versicherung derselben als „anderer nicht versicherungpflichtiger Personen" zulassen (A. N. III S. 213). Seelootsen sind zur Selbstversicherung bei der See-B.-G. berechtigt, § 4 S.-U.-G., die von ihnen im Gewerbebetriebe beschäftigten Personen sind bei dieser Genossenschaft versicherungspflichtig (§ 1 Abs. 1 Ziffer 2 S.-U.-G.).

Bezüglich der Abgrenzung der Binnenschiffahrt von der Seeschiffahrt kommt es darauf an, ob das betr. Schiff unter die für die Seeschiffe geltenden Gesetze fällt oder nicht. Im Anschluß an das Gesetz, betr. die Nationalität der Kauffahrteischiffe und ihre Befugniß zur Führung der Bundesflagge, v. 25. Oktober 1867 (B.-G.-Bl. S. 35) und an § 1 der (für Seeschiffe geltenden) Schiffsvermessungsordnung vom 5. Juli 1872 (R.-G.-B. S. 270) bezeichnet § 2 des Gesetzes, betr. die Unfallversicherung der Seeleute v. 13. Juli 1887 (R.-G.-Bl. S. 329, vgl. Anm. 1 zu § 1 U.-V.-G.) als „Seefahrzeug" jedes (im Eigenthum von Reichsangehörigen befindliches) Fahrzeug, welches

„ausschließlich oder vorzugsweise „zur Seefahrt" benutzt"

wird; als „Seefahrt" aber gilt nach der angezogenen Vorschrift

„nicht nur der Verkehr auf See"

„außerhalb der durch § 1 der Vorschriften über die Registrirung und die Bezeichnung der Kauffahrteischiffe vom 13. November 1873 (R.-G.-Bl. S. 367) festgesetzten Grenzen, sondern auch die Fahrt auf Buchten, Haffen und Watten der See, nicht aber auf andern mit der See in Verbindung stehenden Gewässern, auch wenn sie von Seeschiffen befahren werden." (Vgl. auch A. N. IV S. 258).

Ein Schiff, welches nicht „ausschließlich oder vorzugsweise" zur Seefahrt benutzt wird, ist als Binnen- (Fluß-) Schiff anzusehen, wenn es auch gelegentlich über See geht oder wenn ein Theil seiner regelmäßigen Fahrten eine Seefahrt ist; der Schiffahrtsbetrieb mit solchem Schiff fällt also unter das vorliegende Gesetz. Auch hier entscheidet, was die Hauptsache bez. der Hauptbetrieb ist; es handelt sich also auch hier um eine quaestio facti (vgl. Komm.-Ber. S. 33). Ebenso A. N. III S. 184.

Eine Rhederei, welche mit einzelnen Schiffen Seeschiffahrt, mit anderen Binnenschiffahrt betreibt, fällt nur bezüglich der letzteren Schiffe unter dies Gesetz; es handelt sich dann nicht um Haupt- und Nebenbetrieb, sondern um mehrere selbständige, neben einander herlaufende, nach verschiedenen Gesichtspunkten zu beurtheilende Betriebe.

15a) Flößereibetrieb. Die Handlung, welche ihre Hölzer durch selbstständige Fischermeister verflößen läßt, gilt als Unternehmer des Flößereibetriebes, vgl. Anm. 5 zu § 9 U.-V.-G.

16) Prahm- und Fährbetrieb, im Wesentlichen nur verschiedene Bezeichnungen für denselben Betrieb. Wegen der Baggerprähme vgl. Anm. 11.

„Aus der Häufung der Bezeichnungen verwandter Gewerbszweige (Ziffer 2, 3) ist die Absicht des Gesetzgebers zu erkennen, die Gesammtheit der in gleicher oder ähnlicher Weise wie die Schiffahrt, die Flößerei rc. sich vollziehenden Gewerbe, mit Ausnahme der in den Motiven besonders erwähnten Fischerei, in die Unfallversicherung einzuziehen". Deshalb ist auch das gewerbsmäßige Heben gesunkener Schiffe mittelst eigener Fahrzeuge (Tauchergewerbe) versicherungspflichtig. (A. N. IV S. 316.)

16a) Speditionsbetrieb. Spediteur ist nach Art. 379 H.-G.-B. derjenige, „welcher gewerbemäßig in eigenem Namen für fremde Rechnung Güterversendungen durch Frachtführer oder Schiffer zu besorgen übernimmt". Zu den Spediteuren gehören auch die „Güterbestätter", sofern diese als „Bahnspediteure" anzusehen sind, welche durch Uebernahme der Frachtbriefe in den Frachtvertrag der Eisenbahnen eintreten. Andere Güterbestätter sind lediglich Fuhrwerksunternehmer, oder — und in diesem Sinne erwähnt sie das Handelsgesetzbuch Art. 389 — nicht versicherungspflichtige Vermittler von Frachtverträgen zwischen dem Absender und Frachtführer.

17) Speicher- und Kellereibetrieb, wenn aus der Lagerung ein selbständiges Gewerbe (vgl. Anm. 12) gemacht wird, wie beim Dock- und Packhofsbetrieb, bei Aktienspeichern rc., oder wenn unter den für die Versicherungspflicht überhaupt in Betracht kommenden Betriebshandlungen die zur Lagerung und Aufbewahrung der Waaren dienenden Verrichtungen überwiegen und die für die Art des Betriebes kennzeichnenden sind (A. N. III S. 323), während die bei dem Lagern der Waare vorkommende Behandlung und Bearbeitung, welche erforderlich wird, um die Waare in guten, marktgängigen Zustand zu setzen oder in solchem Zustand zu erhalten, zurücktritt. Dies ist z. B. der Fall

bei den Kornspeichern der Getreidegroßhändler, den Kellereien der Weingroßhändler (bei denen der Gesichtspunkt der Weinbehandlung und Weinpflege hinter den Gesichtspunkt der Kellerei zurücktritt, A. N. III S. 19) einschl. der einen Weinhandel betreibenden Kasinos (Ressourcen), A. N. III S. 142. Einen gewerbsmäßigen Speicherbetrieb stellt ferner die Aufspeicherung von Lumpen dar (A. N. III S. 358), ebenso die in größerem Maaßstabe betriebene Eisgewinnung (A. N. V S. 318). Alle diese Betriebe gehören daher zur Speditions-, Speicherei- und Kellerei-B.-G., ohne Rücksicht darauf, ob mit der Lagerung auch eine gewisse, jedoch in ihrer Bedeutung zurücktretende Bearbeitung stattfindet. Dasselbe gilt aus gleichem Grunde für Lager von überseeischem Tabak (A. N. III S. 25). Vgl. auch Anm. 19 zu § 1 U.-V.-G., sowie Anm. 12 und Nr. 3 der Anl. d. R.-V.-A. vom 5. Juni 1885. Ueberwiegt dagegen in einer für den Gesammtbetrieb charakteristischen Weise die Bearbeitung der gelagerten Waare, so handelt es sich um einen Fabrikationsbetrieb (§ 1 Abs. 1 U.-V.-G.) oder um einen Bearbeitungsbetrieb (§ 1 Abs. 4 U.-V.-G.), A. N. III S. 323. Deshalb gehören Niederlagen von inländischem Tabak wegen der darin vorgenommenen Fermentation als Fabriken (vgl. Anm. 29 zu § 1) unter das U.-V.-G. (Tabak-B.-G.), A. N. III S. 25. Kommunale Getreideschrannenbetriebe, welche keine besondere Einnahmequelle bilden, indem die Schrannengebühr im Wesentlichen nur eine Vergütung für Auslagen, Dienstleistungen 2c. darstellt, sind keine gewerbsmäßigen Speicherbetriebe (A. N. III S. 143). Rücksichtlich der Holz- und Kohlenlager sind folgende Entscheidungen des R.-V.-A. zu beachten: Umfangreiche Lager von Brennmaterialien, in welchen gedeckte Räume zur Lagerung benutzt und nur kleinere Partien unter freiem Himmel gelagert werden, gelten als versicherungspflichtige Speichereibetriebe; das dabei vorkommende Zerkleinern des Holzes tritt in seiner Bedeutung thatsächlich zurück und entscheidet daher nicht für die Zugehörigkeit zu einer B.-G. (A. N. III S. 206). Einfach umzäunte Holz- und Kohlenlager unter freiem Himmel sind dagegen nicht als versicherungspflichtige Speichereibetriebe erachtet worden (A. N. III S. 38), vgl. Anm. 13. Zur Speicherei-B.-G. gehören natürlich auch die Nebenbetriebe der Speichereien 2c., z. B. Getreidereinigungsbetriebe, sofern diese nicht ein selbständiges Unternehmen oder Theile eines Getreidemühlenbetriebes sind (A. N. III S. 143).

Sind Kellereien 2c. mit Fabriken oder anderen Anlagen, die unter das Unfallversicherungsgesetz fallen, als Nebenbetriebe verbunden, so waren sie nach § 1 Abs. 6 und § 9 Abs. 3 U.-V.-G. schon bisher versicherungspflichtig und bleiben auch bei der Berufsgenossenschaft für diejenigen Betriebszweige, welchen der Hauptbetrieb angehört. Vgl. Mot. S. 10. Hiernach bleiben insbesondere die Kellereien von Champagnerfabriken, Obstweinfabriken und Fabriken zur Herstellung von Kunstwein unter dem U.-V.-G. (Nahrungsmittel-Industrie-B.-G.), A. N. III S. 19. Der Weinbau und dessen Nebenbetriebe, einschl. des Kellereibetriebes von Weingutsbesitzern, welche vorwiegend eigenes Gewächs lagern, behandeln und pflegen (A. N. V S. 76), fällt unter das landw. Gesetz

§ 2.*)

[1])Für die Post-, Telegraphen-, Marine- und Heeresverwaltungen, sowie für die vom Reich oder von einem Bundesstaate für Reichs- beziehungsweise Staatsrechnung[2]) verwalteten Eisenbahnbetriebe, sämmtlich einschließlich der Bauten, welche von denselben für eigene Rechnung ausgeführt werden, tritt an die Stelle der Berufsgenossenschaft das Reich beziehungsweise der Staat, für dessen Rechnung die Verwaltung geführt wird. Reichs- und Staatsbetriebe.

*) Aehnliche Vorschriften sind auch für den Geltungsbereich des B.-U.-G. erlassen worden (§ 4 Ziffer 2, § 5, § 46 B.-U.-G.). Auch Regiebaubetriebe von Kommunalverwaltungen oder anderen öffentlichen Korporationen haben die Unfallversicherung für Rechnung des Kommunal- etc. Betriebes selbständig durchzuführen, sofern sie auf ihren Antrag von der Landes-Zentralbehörde für leistungsfähig erklärt werden (§ 4 Ziffer 3, § 46 B.-U.-G.).

---

vom 5. Mai 1886. Wohin das Keltern des Mostes gehört, ist quaestio facti. Vgl. v. Woedtke, landw. Unfallvers., Anm. 1 zu § 95 a. a. O. Wegen der Küfermeister vgl. Anm. 5 zu § 9 U.-V.-G.

Nicht hierher gehören nach der citirten Anleitung des R.-V.-A. (vgl. Anm. 12) die gewöhnlichen Keller der Krämer und Höker, Gast- und Bierwirthe, sowie die gewöhnlichen Lagerräume der Manufaktur- und Kolonialwaarenhändler.

[18]) Stauer. „Das Gewerbe solcher im § 36 der Gewerbeordnung aufgeführten Personen, denen die Ermittelung der Beschaffenheit, der Menge oder des Gewichts von Gütern, oder das Entladen und Beladen der Schiffe zusteht, sowie solcher Personen, welche Güter verpacken und insbesondere auch behufs des Landtransports verladen, ist besonderen Gefahren unterworfen; es erscheint daher rathsam, sie hier aufzunehmen, schon um dadurch die Möglichkeit zu geben, daß auf Grund des § 2 Absatz 2 des Unfallversicherungsgesetzes diesen Gewerbetreibenden auch für ihre Person die Versicherung gegen die Gefahren ihres Berufs möglich gemacht wird" (Mot. S. 10). „Durch die hier gewählten Bezeichnungen soll die Gesammtheit der in dieser Richtung sich bewegenden Betriebe für versicherungspflichtig erklärt werden, auch wenn eine besondere Gewerbsart nach dem (örtlich verschiedenen) Sprachgebrauch nicht unter die Bezeichnungen des Gesetzes fällt" (A. N. IV S. 316). Wegen der Güterbestätter vgl. Anm. 16a.

Zu § 2.

[1]) Mot. S. 10: „Wenngleich der Entwurf im Allgemeinen dem von dem Unfallversicherungsgesetz hinsichtlich der Uebertragung der Unfallversicherung auf Berufsgenossenschaften betretenen Wege folgt, so würde doch die Ausnahme der für Rechnung des Reichs oder eines Staates verwalteten Eisenbahn-, Binnenschiffahrts- und Baggereibetriebe, sowie der Post-, Telegraphen-,

(Abs. 2.) Dasselbe gilt hinsichtlich der vom Reich oder von einem Bundesstaate für Reichs= beziehungsweise Staatsrechnung verwalteten Baggerei=, Binnenschiffahrts=, Flößerei=, Prahm= und Fährbetriebe, sofern nicht[3]) die Reichs= beziehungsweise Landesregierung vor der Beschlußfassung des Bundesraths über die Bildung der Berufsgenossenschaften (§§ 12ff. des Unfallversicherungsgesetzes) erklärt, daß diese Betriebe denselben angehören sollen.

(Abs. 3.) Soweit hiernach das Reich oder ein Bundesstaat an die Stelle der Berufsgenossenschaft tritt, werden die Befugnisse und Obliegen=

Marine= und Heeresverwaltungen in die für die Eisenbahnen und die sonstigen Transportgewerbe zu bildenden Berufsgenossenschaften der historischen Entwickelung und dem praktischen Bedürfniß nicht entsprechen."

„Im Gebiete der Privatindustrie haben sich, worauf bei der Begründung des Unfallversicherungsgesetzes hingewiesen worden ist, die Berufsgenossenschaften in zahlreichen Fällen aus eigener Initiative zur Wahrung und Ordnung ihrer gemeinsamen Interessen vereinigt. Die Gemeinsamkeit der Interessen ist die natürliche und gesunde Grundlage dieser Vereinigungen, welche der Ausgangspunkt für die berufsgenossenschaftliche Organisation des Unfallversicherungsgesetzes geworden sind. An dieser Entwickelung sind die im § 1 des Entwurfs aufgeführten Reichs= und Staatsverwaltungen meist unbetheiligt geblieben. Dieselben besitzen einen vollkommen ausgebildeten Apparat von Verwaltungsorganen, welche auch die Ausführung der Unfallversicherung ohne jede Schwierigkeit übernehmen können. Gegen die administrative Leistungsfähigkeit dieser seit langen Jahren bestehenden Organisationen kann ein Zweifel nicht erhoben werden. Ein Bedürfniß, neben der bestehenden Behördenorganisation dieser Verwaltungen noch den ganzen Apparat der Unfallversicherungsorganisation, die Genossenschaftsversammlungen, Genossenschaftsvorstände, Sektionsvorstände, Ausschüsse und die Vertrauensmänner für die einzelnen Ortsbezirke, in Thätigkeit treten zu lassen, ist nicht vorhanden. Andererseits würden aber auch durch die Vereinigung dieser großen Verwaltungen mit gleichartigen Betrieben der Privatindustrie Genossenschaften geschaffen werden, welche ganz verschiedenartige Elemente in sich vereinigten; bei der erheblichen Zahl von Arbeitern, welche die Post= und Telegraphenverwaltungen, sowie die preußischen Staatsbahnen beschäftigen, würden dieselben mit Rücksicht auf das nach den Bestimmungen des Unfallversicherungsgesetzes von der Zahl der beschäftigten Arbeiter abhängige Stimmenverhältniß ein so ausschlaggebendes Uebergewicht haben, daß sowohl die Bildung der Genossenschaften als die Organisation und Verwaltung derselben ausschließlich in ihrer Hand liegen, damit aber ein selbständiges Zusammenwirken der übrigen Genossen mit jenen Verwaltungen nahezu ausgeschlossen sein würde. Dieses widerspricht aber dem Grundgedanken der genossenschaftlichen Organisation,

heiten der Genossenschaftsversammlung und des Vorstandes der Genossenschaft durch Ausführungsbehörden[4]) wahrgenommen, welche für die Heeresverwaltungen von der obersten Militärverwaltungsbehörde des Kontingents, im Uebrigen für die Reichsverwaltungen vom Reichskanzler, für die Landesverwaltungen von der Landes-Zentralbehörde zu bezeichnen[5]) sind. Dem Reichs-Versicherungsamt ist mitzutheilen[6]), welche Behörden als Ausführungsbehörden bezeichnet worden sind.

---

die auf der Möglichkeit der wirksamen Theilnahme und Mitwirkung aller Mitglieder an der Verwaltung beruht. Unterliegt aus diesem Grunde die Zutheilung der bezeichneten Verwaltungen an die zu bildenden Genossenschaften begründeten Bedenken, so erscheint sie andererseits auch nicht nothwendig, denn sowohl das Reich, wie die betheiligten Bundesstaaten bieten für die dauernde Erfüllung der ihnen aus der Unfallversicherung erwachsenden Lasten volle Gewähr.

Das Ausscheiden der in Rede stehenden Reichs- und Staatsverwaltungen aus der berufsgenossenschaftlichen Organisation ist daher um so weniger zu beanstanden, als die Anzahl der für die letztere in Betracht kommenden Privatbetriebe augenscheinlich für die Bildung leistungsfähiger Berufsgenossenschaften vollkommen ausreicht. Insbesondere bestehen neben den großen Eisenbahnunternehmungen des Reichs und der Bundesstaaten eine erhebliche Anzahl von Eisenbahnbetrieben höherer und niederer Ordnung, welche mit zahlreichen Arbeitern und mit sehr beträchtlichem Kapital für Privatrechnung betrieben werden. Dazu treten diejenigen Eisenbahnbetriebe, welche zwar einem Bundesstaat gehören, aber an Privatpersonen verpachtet sind, sowie diejenigen Eisenbahnbetriebe, welche ein Bundesstaat nicht für eigene Rechnung, sondern für Rechnung der Privatunternehmer dieser Betriebe verwaltet; denn derartige Betriebe werden nicht für Reichs- oder Staatsrechnung verwaltet, fallen also nicht unter den § 2 des Entwurfs, sollen vielmehr den zu bildenden Berufsgenossenschaften zugewiesen werden. Ueberdies ist der Ausbau von Sekundäreisenbahnen, bei welchen Privatunternehmer in erster Reihe betheiligt sein werden, keineswegs abgeschlossen. Endlich ist auch die Anzahl und die finanzielle Leistungsfähigkeit der Straßenbahnen und Pferdeeisenbahnen eine sehr erhebliche.

Aehnliche Erwägungen führen bei den fiskalischen Binnenschiffahrts- und Baggereibetrieben, sowie bei der Marine und den Heeresverwaltungen zu gleichen Ergebnissen. Bei den beiden letzteren kommt noch hinzu, daß die Zugehörigkeit zu den für die verschiedenartigen Betriebe ihrer Verwaltungen zu bildenden zahlreichen Berufsgenossenschaften eine auch finanziell in's Gewicht fallende Erschwerung der Verwaltung zur Folge haben und daß bei den eigenartigen, in mehrfacher Beziehung eine Geheimhaltung erfordernden Zwecken dieser Betriebe deren genossenschaftliche Verbindung mit Privatbetrieben und die sich daraus ergebende berufsgenossenschaftliche Kontrole erhebliche Unzuträglichkeiten im Gefolge haben würde. Von der Einordnung der militärischen und Marinebetriebe in die industriellen Berufsgenossenschaften wird daher um so mehr abzusehen sein, als die Voraussetzung des berufsgenossenschaftlichen Zusammenschlusses, die Gleichartigkeit der Interessen, hier ausgeschlossen ist. Während die genannten Betriebe unter völliger Ausschließung von Erwerbsinteressen ausschließlich der Vertheidigung des Vaterlandes dienen, giebt bei Privatunternehmern in Produktionszweigen ähnlicher Art gerade der Gesichtspunkt des Erwerbs den Ausschlag. Von einer Gemeinsamkeit der Berufsinteressen würde unter diesen Umständen nicht füglich die Rede sein können.

Von diesen Erwägungen geleitet, schlägt der Entwurf vor, für die Unfallversicherung der in Rede stehenden Reichs- und Staatsverwaltungen an die Stelle der Berufsgenossenschaft das Reich oder den Staat treten zu lassen, für dessen Rechnung die Verwaltung geführt wird."

Der Reichstag hat sich diesen Ausführungen mit der Maßgabe angeschlossen, daß das Reich bez. der Bundesstaat

a) bei den Post-, Telegraphen-, Marine-, Heeresverwaltungen und bei den fiskalischen Eisenbahnbetrieben immer (Abs. 1),

b) bei den fiskalischen Baggerei-, Binnenschiffahrts-, Flößerei-, Prahm- und Fährbetrieben nur unter der Voraussetzung an die Stelle der Berufsgenossenschaft treten soll, daß das Reich bez. der Bundesstaat nicht rechtzeitig hierauf verzichtet (Abs. 2).

Im Gegensatz hierzu verbleibt es für die Privatbetriebe bei der Zusammenfassung in Berufsgenossenschaften (§ 11).

Nach §§ 1, 12 dieses Gesetzes und § 9 Abs. 3 des Unfallversicherungsgesetzes gelten die Bestimmungen des ersteren, insbesondere also die Verwaltung der Unfallversicherung durch Reichs- bez. Staatsbehörden, auch für diejenigen Betriebe der erwähnten fiskalischen Verwaltungen, welche schon unter das Unfallversicherungsgesetz fielen, insbesondere also für die Eisenbahnwerkstätten, die militärischen Pulverfabriken 2c., vergl. Anm. 5, 8 zu § 1 U.-G. Dagegen scheiden nicht etwa auch die übrigen, in dem § 2 nicht benannten fiskalischen Betriebe aus den Berufsgenossenschaften aus; alle fiskalischen Fabriken 2c., welche nicht zu den Post-, Telegraphen-, Marine-, Heeres-, Eisenbahn-, Binnenschiffahrts-, Baggerei-, Flößerei-, Prahm- und Fährbetrieben gehören, bleiben vielmehr nach wie vor in den Berufsgenossenschaften. Dies gilt z. B. von den fiskalischen Mühlen (in Bromberg u. a.), von Münzstätten, Bergwerken 2c.

[2]) für Reichs- bezw. Staatsrechnung. Es kommt auch hier darauf an, ob das Reich bez. der Bundesstaat „Betriebsunternehmer" im Sinne des § 9 U.-V.-G. ist. Hiernach fallen fiskalische Betriebe, welche das Reich bez. der Bundesstaat verpachtet hat, und solche Privatbetriebe, welche das Reich bezw. der Bundesstaat zwar verwaltet, aber nicht für eigene Rechnung führt, in die Berufsgenossenschaften, während Privatbetriebe, welche das Reich oder

der Bundesstaat (etwa als Pächter) für eigene Rechnung führt, während der Dauer dieses Verhältnisses dort ausscheiden und bez. der Unfallversicherung unter die Verwaltung der Ausführungsbehörden fallen. Vgl. die Motive in Anm. 1.

[3]) sofern nicht. Vgl. Anm. 1 ad b. Darüber, welche Bundesstaaten von der Befugniß, diese kleineren Staatsbetriebe den Berufsgenossenschaften zuzuweisen, Gebrauch gemacht haben, vgl. A. N. II. S. 75.

[4]) Ausführungsbehörden. „Die Ausführung wird bestimmten Behörden zu übertragen sein, welche ein für allemal bezeichnet sein müssen, um einestheils die Einheitlichkeit und Kontinuität der Ausführung sicher zu stellen, anderntheils den Versicherten keinen Zweifel über die Stelle zu lassen, an welche sie sich bei Wahrnehmung ihrer Rechte zunächst zu halten haben" (Mot. S. 12).

Diese Behörden brauchen nicht kollegialisch organisirt zu sein; in den Kommissionsverhandlungen wurde ein Abänderungsantrag, welcher eine kollegialische Zusammensetzung der Ausführungsbehörden vorschreiben wollte, abgelehnt (Komm.-Ber. S. 5).

Die Auswahl zwischen den verschiedenen Dienstbehörden in den verschiedenen Instanzen wird durch das Gesetz nicht beschränkt. An sich können die Funktionen der Vorstände unter mehrere Behörden vertheilt werden. Da aber das Gesetz von dem Geschäftsbereich der Ausführungsbehörde spricht und anordnet (§§ 6, 7), daß für den Geschäftsbereich jeder Ausführungsbehörde Vertreter der Arbeiter zu wählen und Schiedsgerichte zu errichten sind, so wird im Allgemeinen als Ausführungsbehörde doch immer nur eine Dienstbehörde bezeichnet werden können, welcher — wie dem Genossenschaftsvorstand der Berufsgenossenschaften, vgl. § 22 U.-V.-G.) und Anm. 2 zu § 9 A.-G. — alle Funktionen für die Unfallversicherung zufallen, soweit nicht einzelne derselben durch besondere Bestimmungen abgezweigt und anderen Behörden übertragen sein sollten. Diese letzteren haben also eine ähnliche Stellung wie die Sektionsvorstände der Berufsgenossenschaften. Ebenso, wie die Zuständigkeiten bez. die Funktionen dieser Sektionsvorstände durch das Genossenschaftsstatut bestimmt werden (§ 17 Ziffer 2, § 19 U.-V.-G.), erfolgt die Uebertragung einzelner Funktionen für die Unfallversicherung auf andere Dienstbehörden durch die Ausführungsvorschriften, welche an die Stelle des Genossenschaftsstatuts treten (vgl. Anm. 2 zu § 4). Ausdrücklich ist dies für die Zuständigkeit zur Festsetzung der Entschädigungen (§ 57 U.-V.-G.) vorgeschrieben durch § 7 A.-G.

Für diejenigen Dienstbehörden, welche hiernach im Allgemeinen die Verwaltung der Unfallversicherung (statt der Genossenschaftsvorstände) zu führen haben, ist der Ausdruck „Ausführungsbehörde" technisch.

Das Verzeichniß der Ausführungsbehörden und ihrer Bezirke vgl. in A. N. V. S. 197 fg.

§ 3.*)

[1])Soweit das Reich oder ein Bundesstaat an die Stelle der Berufsgenossenschaft tritt, finden die §§ 10 bis 31, 33 bis 40, 59 Absatz 4, 60, 62 Absatz 1, 71 bis 74, 75 Absatz 2 und 3, 76, 78 bis 86, 87 Absatz 1, 88, 89, 90 Absatz 1 lit. a, d, e, 94, 103 bis 108 des **Unfallversicherungsgesetzes keine Anwendung**[2])[3]).

*) § 3 findet im Geltungsbereich des Bau-Unfallversicherungsgesetzes entsprechende Anwendung (§ 47 B.-U.-G.).

---

[5]) zu bezeichnen. Die Bezeichnung der Ausführungsbehörden steht den bezüglichen Zentralbehörden zu, welche außerdem nach § 10 die „Ausführungsvorschriften" sowie das einen Theil derselben darstellende „Regulativ" erlassen, vgl. § 5, sowie Anm. 3 zu demselben. Der Ausdruck „oberste Militärverwaltungsbehörde des Kontingents" ist technisch und findet sich auch in andern Reichsgesetzen, z. B. G. v. 20. Mai 1880 (R.-G.-B. S. 113).

[6]) mitzutheilen. „Selbstverständlich muß auch das Reichs-Versicherungsamt, dessen Instanzbefugnisse — abgesehen von der hier wegfallenden Beaufsichtigung der Genossenschaften — unberührt bleiben, die Ausführungsbehörde kennen" (Mot. S. 12).

Hieraus und aus dem in Anm. 3 citirten Satz der Motive ergiebt sich, daß alle Betheiligten, insbesondere also auch die Versicherten selbst, von der Bezeichnung der Ausführungsbehörden Kenntniß erhalten sollen. Es ist demgemäß für eine geeignete Veröffentlichung Sorge getragen worden.

Zu § 3.

[1]) Motive zu den §§ 3 bis 10 (Mot. S. 12): „Die §§ 3 bis 10 enthalten diejenigen Abänderungen des Unfallversicherungsgesetzes, welche für die Reichs- und Staatsverwaltungen (§ 2) durch die für dieselben vorgesehene anderweite Organisation der Unfallversicherung erforderlich werden.

Wie sich aus § 1 ergiebt, lehnt sich die Unfallversicherung auch im Bereich dieser Verwaltungen materiell durchweg an die grundlegenden Bestimmungen des Unfallversicherungsgesetzes an. Dies gilt insbesondere von dem Umfang, der Feststellung und der Auszahlung der Entschädigungen und von der hierbei erforderlichen Mitwirkung eines Schiedsgerichts, des Reichs- oder eines Landes-Versicherungsamts und der Post, wobei die etwa erforderliche Verstärkung der Betriebsfonds der letzteren auch hier, wie nach dem Unfallversicherungsgesetz, durch Ueberweisung von Reichsmitteln zu bewirken sein wird. Ferner kommen zur Anwendung die Bestimmungen des Unfallversicherungsgesetzes über die Zusammensetzung des Schiedsgerichts, über die Wahl und die Befugnisse der Vertreter der Arbeiter, über die Beseitigung der Haftpflicht, über das Verhältniß zu anderweiten Unterstützungsverpflichteten (Krankenkassen, Armenverbänden, dritten Personen) und zu älteren Versicherungsverträgen, über das Verbot vertragsmäßiger Beschränkungen der gesetzlichen Bestimmungen, über die Rechtshülfe und über die Gebühren- und Stempelfreiheit. Dasselbe gilt von dem Verhältniß des Reichs-Versicherungsamts zu den Landes-Versicherungsämtern. Es liegt in der Natur der Sache, daß bei Transportgewerben häufiger als dies bei den unter das Unfallversicherungsgesetz fallenden Betrieben vorkommt, der Betrieb sich über die Grenzen eines Bundesstaates und selbst des Reichs hinaus erstreckt, so insbesondere auf den Anschluß- und Durchgangsstrecken der Eisenbahnen und bei der Binnenschiffahrt. Es ist jedoch nicht zweifelhaft, daß hierdurch weder die Versicherungspflicht der betreffenden Arbeiter und die Zugehörigkeit des Betriebstheils zur Genossenschaft, noch die Zuständigkeit der Landes-Versicherungsämter (§ 92 des Unfallversicherungsgesetzes) ausgeschlossen wird. Einer besonderen Bestimmung hierfür bedurfte es daher in dem vorliegenden Entwurfe ebensowenig, als eine solche nach dem Gesetz vom 6. Juli 1884 vorzusehen war.*)

Andere Bestimmungen des Unfallversicherungsgesetzes sind dagegen auf die Organisation der Reichs- und Staatsverwaltungen nicht anwendbar. Dahin gehören insbesondere die Bestimmungen über die Bildung, Veränderung**) und Auflösung der Berufsgenossenschaften, über das Statut***) derselben und über die Bildung von Gefahrenklassen, welche nur für die Ausgleichung der verschiedenen Risiken bei einer Mehrheit von Unternehmern einen Sinn haben. Dahin gehören ferner die Vorschriften über die Ansammlung von Reservefonds, welche hier einestheils nicht nothwendig, anderntheils aber auch um deswillen nicht zulässig sind, weil die Steuerkraft des Reichs und der Bundesstaaten nur für die laufenden Bedürfnisse, nicht im voraus für zukünftige Ausgaben angestrengt werden darf, ferner die Vorschriften über die Mitgliedschaft in den Berufsgenossenschaften und über die Betriebsveränderungen. Unanwendbar sind auch die Bestimmungen über die Beaufsichtigung der Unternehmer durch die Genossenschaften und über die Beaufsichtigung der letzteren durch das Reichs- oder Landes-Versicherungsamt. Die Reichs- oder Landesbehörden, denen die Unfallfürsorge als Theil ihrer sonstigen Obliegenheiten hier übertragen wird, unterliegen vielmehr auch hierin der dienstpragmatischen Beaufsichtigung durch die vorgesetzten Behörden.

Aber auch diejenigen Bestimmungen des Unfallversicherungsgesetzes, welche hiernach grundsätzlich in Geltung bleiben sollen, erfordern immerhin gewisse

*) Vgl. Anm. 1 zu § 5, Anm. 1 zu § 6.

**) Vorbehaltlich des in den Kommissionsverhandlungen ausdrücklich als anwendbar bezeichneten und deshalb in dem Text des Gesetzes ausdrücklich hervorgehobenen § 32 über die vermögensrechtlichen Folgen von Veränderungen des Bestandes von Genossenschaften. Vgl. aus dem Kommissionsbericht S. 13: „Es lassen sich Fälle, in welchen § 32 Anwendung findet, auch wohl denken, z. B. bei dem Uebergange einer Privateisenbahn an den Staat. Allerdings werde § 32 nicht ganz direkt, aber doch analog anzuwenden sein."

***) An die Stelle des Genossenschaftsstatuts treten die Ausführungsvorschriften, § 10.

Modifikationen, weil sie nach der Konstruktion des ersteren die Bildung von Berufsgenossenschaften zur Voraussetzung hatten. Die durch den Wegfall dieser Voraussetzung bei den Reichs- und Staatsbetrieben bedingten Aenderungen des Unfallversicherungsgesetzes ergeben sich aus den §§ 4 bis 10 des Entwurfs, während alle übrigen Vorschriften des ersteren nach § 1 ohne Weiteres entsprechende Anwendung finden sollen, soweit deren Anwendbarkeit nicht durch § 3 oder die Natur der Sache ausgeschlossen ist.

[2]) keine Anwendung. Es sind also bei der Unfallversicherung in den in § 2 bezeichneten, einer Berufsgenossenschaft nicht zugewiesenen fiskalischen Betrieben folgende Paragraphen des Unfallversicherungsgesetzes entsprechend anzuwenden:

1. § 1 Abs. 1, 6 und 7. (Beschränkung der Versicherung auf die in den Betrieben beschäftigten Arbeiter (cf. § 4 Abs. 1 A.-G.) und solche Betriebs-Beamten, deren Jahresverdienst 2000 *M.* nicht übersteigt, (cf. § 4 Abs. 2 A.-G. und Anm.*) zu demselben); Versicherungspflicht der mit solchen Betrieben als wesentliche Bestandtheile derselben verbundenen anderen gewerblichen Anlagen; Zulässigkeit des Ausschlusses der Versicherung durch den Bundesrath);
2. § 2 Abs. 1. (Erstreckung der Versicherungspflicht auf höher gelohnte Beamte), vgl. § 4 Abs. 2 A.-G. und Anm.*) zu demselben. Der § 2 Abs. 2 U.-V.-G. wird nicht ausdrücklich erwähnt, erscheint aber bezüglich der Versicherung anderer nach § 1 nicht versicherungspflichtiger Personen entsprechend anwendbar, da das ganze Unfallversicherungsgesetz entsprechend soll angewendet werden können, soweit dies nicht ausdrücklich ausgeschlossen bez. beschränkt ist, vgl. § 1 sowie Mot. (Anm. 1). Bei dem Mangel eines Statuts werden auch hier Ausführungsvorschriften das Nähere regeln können;
3. § 3. (Ermittelung des Jahresarbeitsverdienstes);
4. § 4. (Ausschluß der gegen Gehalt und Pensionsberechtigung angestellten Staatsbeamten, vgl. § 4 Abs. 2 A.-G. sowie Anm.*) zu demselben.
5. §§ 5 bis 7. (Gegenstand der Versicherung und Umfang der Entschädigung);
6. § 8. (Verhältniß zu Krankenkassen, Armenverbänden ꝛc.);
7. § 9 Abs. 3. (Zugehörigkeit solcher Betriebe, welche wesentliche Bestandtheile verschiedenartiger Industriezweige umfassen, also Geltung des hierin zum Ausdruck gebrachten Princips, daß die Nebensache der Hauptsache folgt, cf. Anm. 3 zu § 12 A.-G.);
8. § 32 (vermögensrechtliche Folgen beim Uebergang von Privatbetrieben in Reichs- bez. Staatsverwaltung ꝛc.);
9. §§ 41 bis 45 (Vertretung der Arbeiter) mit den aus den §§ 5, 9 A.-G. sich ergebenden Abänderungen;
10. §§ 46 bis 50 (Schiedsgerichte) mit den aus §§ 5, 6 A.-G. sich ergebenden Abänderungen;

§ 4.*)

Personen des Soldatenstandes¹) sind von der Versicherung (Abs. 1.) ausgeschlossen.

*) Dieser § hat für Personen des Soldatenstandes (einschl. der Militärpersonen der Kais. Marine, vgl. § 4 des Militärstrafgesetzbuchs vom 20. Juni 1872 sowie der Anlage zu demselben, R.-G.-Bl. S. 174, 204) und für die Betriebsbeamten des Reichs keine Anwendung mehr; für sie ist die Unfallfürsorge dienstpragmatisch geregelt. Vgl. §§ 1, 9 des Unfallfürsorgegesetzes vom 15. März 1886, R.-G.-Bl. S. 53.

Dasselbe gilt für Betriebsbeamte in den Staatsbetrieben Preussens und solcher anderer Bundesstaaten, für welche ein analoges Unfallfürsorgegesetz erlassen ist. Vgl. Anm. 1 zu § 4 U.-V.-G.

Im Uebrigen gilt § 4 auch für den Geltungsbereich des B.-U.-G. (§ 47 B.-U.-G.).

Noch zu § 3.

11. §§ 51 bis 56 (Anzeige und Untersuchung der Unfälle) mit den aus §§ 5, 13 A.-G. sich ergebenden Abänderungen;
12. § 57 bis 61 (Feststellung der Entschädigungen in erster Instanz) mit der Maßgabe, daß die Zuständigkeit hierzu durch die Ausführungsvorschriften bestimmt wird (§ 7 A.-G.), und daß die Bestimmung in § 59 Abs. 4 bez. § 62 Abs. 1 U.-V.-G. durch die analoge Bestimmung des § 8 A.-G. ersetzt ist;
13. § 62 Abs. 2 bis 5 (Berufung an das Schiedsgericht), während der erste Absatz des § durch den § 8 A.-G. ersetzt ist, (vgl. vorstehend al. 12);
14. § 63 (Rekurs an das Reichs-Versicherungsamt);
15. §§ 64 bis 88 (Berechtigungsausweis, Veränderungen in den Verhältnissen des Entschädigten, Fälligkeitstermine, Abfindung von Ausländern, Unpfändbarkeit der Entschädigungen);
16. §§ 69, 70, 75 Abs. 1 (Vermittelung der Entschädigungs-Zahlungen durch die Post);
17. § 77 (Unfallstatistik; Rechnungsjahr);
18. § 87 Abs. 2 bis 5. (Zusammensetzung des Reichs-Versicherungsamts);
19. § 89 (Entscheidungen des Reichs-Versicherungsamts, soweit es sich um Streitigkeiten handelt, welche sich auf die Gültigkeit der vollzogenen Wahlen beziehen), vgl. § 5 Abs. 3 A.-G.;
20. § 90 Abs. 1 lit. b, c; Abs. 2 bis 4 (Entscheidungen des Reichs-Versicherungsamts bei Veränderungen in dem Bestande der Genossenschaften und bei Rekursen gegen die Entscheidungen der Schiedsgerichte);
21. § 91 (Kosten des Reichs-Versicherungsamts);
22. §§ 92, 93 (Landes-Versicherungsämter);
23. §§ 95 und 98 (Haftpflicht der Betriebsunternehmer und Betriebsbeamten; Regreßpflicht derselben und Dritter);
24. §§ 99 bis 102 (Verbot vertragsmäßiger Beschränkungen; ältere Versicherungs-Verträge; Rechtshülfe, Gebühren- und Stempelfreiheit);

(Abs. 2.) Die Erstreckung[2]) der Versicherungspflicht auf Betriebsbeamte mit einem zweitausend Mark übersteigenden Jahresarbeitsverdienst (§ 2 Absatz 1 des Unfallversicherungsgesetzes) kann durch die Ausführungsvorschriften erfolgen, soweit diese Beamten nicht nach § 4 a. a. O. von der Anwendung des Gesetzes ausgeschlossen[3]) sind.

§ 5.*)

(Abs. 1.) Die Wahl der Vertreter der Arbeiter (§ 41 a. a. O.) erfolgt für den Geschäftsbereich[1]) jeder Ausführungsbehörde.

*) § 5 findet im Geltungsbereich des Bau-Unfallversicherungsgesetzes entsprechende Anwendung (§ 47 B.-U.-G.).

---

25. § 109 (zuständige Landesbehörden, Verwaltungsexekution);
26. § 110 (Zustellungen).

Der § 111 (Gesetzeskraft) ist durch § 17 A.-G. ersetzt, über den Erlaß von Unfallverhütungsvorschriften enthalten §§ 9, 14 A.-G. besondere, von den §§ 78 fg. U.-V.-G. abweichende Bestimmungen.

[3]) Vgl. im Uebrigen die Anmerkungen zu den einzelnen Paragraphen des Unfallversicherungsgesetzes.

Zu § 4.

[1]) Personen des Soldatenstandes. Vgl. vorseitig die Anm.*).

[2]) Erstreckung. „Der § 2 Abs. 1 des Unfallversicherungsgesetzes überläßt die Erstreckung der Versicherungspflicht auf Betriebsbeamte mit einem den Jahresbetrag von 2000 Mark übersteigenden Einkommen dem Genossenschaftsstatut. Ein solches fehlt hier. An die Stelle desselben sollen vielmehr Ausführungsvorschriften der obersten Dienstbehörden treten (§ 10). Diesen Ausführungsbestimmungen war daher auch die erwähnte Erstreckung der Versicherungspflicht zu überlassen. Dabei wird im § 4, um Mißverständnisse auszuschließen, ausdrücklich darauf hingewiesen, daß die gegen festes Gehalt und Pensionsberechtigung angestellten Reichs- und Staatsbeamten nach § 4 des Unfallversicherungsgesetzes von der Anwendung des letzteren, sowie des Entwurfs ausgeschlossen sind" (Mot. S. 12).

[3]) ausgeschlossen. Wegen Regelung der Unfallfürsorge für diese Beamten durch dienstpragmatische Spezialgesetze vgl. vorseitig die Anm.*) sowie Anm. 1 zu § 4 U.-V.-G.

Zu § 5.

[1]) für den Geschäftsbereich. Vgl. Anm. 3 zu § 2. „Die Bezirke, für welche Vertreter der Arbeiter gebildet und Schiedsgerichte errichtet werden müssen, sind nach §§ 41, 46 des Unfallversicherungsgesetzes die Genossenschafts- oder Sektionsbezirke. An deren Stelle tritt hier naturgemäß der Geschäftsbereich der nach § 2 zu bestimmenden Ausführungsbehörden" (Mot. S. 13), und zwar auch dann, wenn derselbe Theile eines Staatsbetriebes mit umfaßt, welche außerhalb der territorialen, politischen Abgrenzung des betr. Bundes-

Das Regulativ[2]) (§ 43 a. a. O.) wird durch die für den Erlaß der Ausführungsvorschriften zuständige Behörde erlassen. In demselben sind die Zahl[3]) der Vertreter und die denselben zu gewährenden Vergütungssätze (§§ 44 Absatz 4, 49 Absatz 2, 55 Absatz 1 a. a. O.) festzustellen. (Abs. 2.)

Ueber Streitigkeiten, welche sich auf die Gültigkeit der vollzogenen Wahlen[4]) beziehen, entscheidet das Reichs-Versicherungsamt beziehungsweise das Landes-Versicherungsamt. (Abs. 3.)

---

staats belegen sind. Man denke z. B. an den Betrieb einer Staatseisenbahn, von welcher einzelne Strecken über die Staatsgrenze, vielleicht über die Grenzen Deutschlands hinaus reichen. Auch solche über die territorialen Grenzen hinüberreichenden Strecken gehören zum Geschäftsbereich der betr. Staatseisenbahnbehörde, bez. der „Ausführungsbehörde"; auch diese Strecken gehören mithin zu demjenigen Bezirk, für welchen die für den betr. Betrieb bestimmten Vertreter der Arbeiter gewählt und Schiedsgerichte errichtet werden. Vgl. Mot. a. a. O., sowie Anm. 1 zu § 3, Anm. 1 zu § 6. Ueber die Abgrenzung der Bezirke vgl. Anm. 4 i. f. zu § 2.

[2]) Regulativ. „Das im § 42 a. a. O. angeordnete Regulativ, welches die Vertheilung der Vertreter der Arbeiter auf örtliche Bezirke, das Verfahren bei der Wahl dieser Vertreter, und die näheren Bestimmungen darüber enthalten soll, wie diese Vertreter die ihnen obliegende Wahl der Beisitzer zum Schiedsgericht zu vollziehen haben (§§ 43, 44, 47 a. a. O.), wird hier nicht füglich von dem Reichs-Versicherungsamt, sondern sachgemäß nur von denjenigen Behörden erlassen werden, welche für den Erlaß der Ausführungsvorschriften zuständig sind (§ 10). Denn thatsächlich stellt dieses Regulativ sich als einen integrirenden Theil der Ausführungsvorschriften dar" (Mot. S. 13).

[3]) die Zahl der Vertreter. In dem Regulativ „ist zugleich, da die Voraussetzungen der entsprechenden Bestimmungen der §§ 41 Abs. 2 und 44 des Unfallversicherungsgesetzes hier fehlen, die Zahl der für den Geschäftsbereich jeder Ausführungsbehörde zu wählenden Vertreter und die Höhe der denselben zuzubilligenden Vergütungssätze festzustellen. Aus der Bestimmung in § 9 des Entwurfs ergiebt sich, daß mindestens drei Vertreter der Arbeiter für den Geschäftsbereich einer jeden Ausführungsbehörde gewählt werden müssen; als Untergrenze wird diese Zahl genügen; eine Obergrenze war nicht erforderlich" (Mot. S. 14).

[4]) Gültigkeit der vollzogenen Wahlen. Die Bestimmung „entspricht dem § 89 des Unfallversicherungsgesetzes, wobei die aus § 92 daselbst folgende Zuständigkeit der Landes-Versicherungsämter für diese Funktion um deswillen ausdrücklich hervorgehoben werden mußte, weil der dort angezogene § 89 a. a. O. nach § 3 des Entwurfs in den letzteren nicht mitübernommen wird" (Mot. S. 14).

§ 6.*)

Für den Geschäftsbereich[1]) jeder Ausführungsbehörde ist mindestens[2]) ein Schiedsgericht (§ 46 a. a. O.) zu errichten. Die im § 47 Abs. 3 a. a. O. bezeichneten Beisitzer[3]) werden von der Ausführungsbehörde[4]) ernannt.

***) § 6 findet im Geltungsbereich des Bau-Unfallversicherungsgesetzes entsprechende Anwendung (§ 47 B.-U.-G.).**

Zu § 6.

[1]) Für den Geschäftsbereich. Vgl. Anm. 1 zu § 5. Den Sitz des Schiedsgerichts für Staatsbetriebe bestimmt nach § 46 U.-V.-G. die Zentralbehörde des Bundesstaats auch dann, wenn einzelne Theile des Betriebes über die politischen Grenzen des betr. Bundesstaats hinausreichen; für den Fall des § 46 Abs. 3 U.-V.-G. entscheidet der Sitz des Betriebes, nicht die örtliche Ausdehnung der einzelnen Betriebe, so daß der Bezirk des Schiedsgerichts nur dann über die Grenzen eines Bundesstaates hinausgeht, wenn jener Betriebssitze umfaßt, die außerhalb des letzteren belegen sind. Dies kann bei Staatsbetrieben nicht der Fall sein. Auch die Motive bestätigen dies, vergl. Mot. S. 14, sowie Anm. 1 zu § 3. Vgl. auch Anm. 5 zu § 46 U.-V.-G.

[2]) mindestens. Bei der Bestimmung des § 46 Abs. 2 U.-V.-G., daß der Bundesrath (für den Geschäftsbereich einer Ausführungsbehörde) die Errichtung von mehreren Schiedsgerichten nach Bezirken anordnen kann, behält es sein Bewenden.

[3]) Beisitzer. „(Außerdem aber) mußte über die Berufung der aus den Kreisen der Arbeitgeber zu entnehmenden Beisitzer der Schiedsgerichte (§ 47 Abs. 3 des Unfallversicherungsgesetzes) besondere Bestimmung getroffen werden, weil eine Mehrheit von Genossenschaftsmitgliedern, aus denen nach dem Unfallversicherungsgesetz diese Beisitzer entnommen werden sollen, sowie eine Genossenschaft oder Sektion, welche die Wahl vornehmen könnte, hier nicht besteht. Die Berufung dieser die Interessen des Arbeitgebers repräsentirenden Beisitzer des Schiedsgerichts wird der Ausführungsbehörde überlassen, welche allein im Stande ist, hier die Interessen der versichernden Verwaltung wahrzunehmen" (Mot. S. 14).

Die Beisitzer aus dem Stande der Arbeiter werden gemäß § 5 bez. gemäß § 46 Abs. 4 U.-V.-G. durch die Vertreter der Arbeiter (§ 5) aus den Arbeitern der einschlägigen Betriebe gewählt. Hierin kann ein Mißstand um so weniger gefunden werden, als die von der Verwaltung als Beisitzer ernannten Betriebsbeamten keineswegs direkte Vorgesetzte der in den Schiedsgerichten sitzenden Arbeiter zu sein brauchen; außerdem aber ist der Vorsitzende des Schiedsgerichts ja auch hier ein unbetheiligter öffentlicher Beamter. Denn: „An der Bestimmung in § 47 Abs. 2 a. a. O., nach welcher der Vorsitzende des Schiedsgerichts ein bei den versicherungspflichtigen Betrieben nicht betheiligter öffentlicher Beamte sein muß, war auch hier festzuhalten" (Mot. S. 14).

§ 7.*)

Die Feststellung [1]) der Entschädigungen (§ 57 a. a. O.) erfolgt durch die in den Ausführungsvorschriften [2]) zu bezeichnende Behörde [3]).

*) § 7 findet im Geltungsbereich des Bau-Unfallversicherungsgesetzes entsprechende Anwendung (§ 47 B.-U.-G.).

§ 8.*)

Gegen den Bescheid [1]) der zuständigen Behörde [2]), durch welchen ein Entschädigungsanspruch aus dem Grunde abgelehnt wird, weil der Betrieb [3]), in welchem der Unfall sich ereignet hat, für nicht unter den § 1 fallend erachtet wird, steht dem Verletzten und seinen Hinterbliebenen die Beschwerde [4]) an das Reichs-Versicherungsamt beziehungsweise Landes-Versicherungsamt zu, welche bei demselben [5]) binnen vier Wochen nach der Zustellung des ablehnenden Bescheides [1]) einzulegen ist.

*) § 8 soll im Geltungsbereich des Bau-Unfallversicherungsgesetzes entsprechende Anwendung finden (§ 47 B.-U.-G.). Vgl. jedoch Anm. 12 zu § 59 U.-V.-G.

In dem Kommissionsbericht wird dies dahin erläutert, „daß nach § 47 des Unfallversicherungsgesetzes der Vorsitzende nicht demjenigen Betriebe angehören dürfe, der durch den Unfall betroffen werde; diese Bestimmung finde auch hier Anwendung und sei somit wenigstens der Vorsitzende nicht der unmittelbare Vorgesetzte des Arbeiters" (Komm.-Ber. S. 9).

Was für die Beisitzer verordnet ist, gilt natürlich auch für deren Stellvertreter.

[4]) Ausführungsbehörde, vgl. § 2.

Zu § 7.

[1]) Feststellung. „Da Genossenschafts- oder Sektionsvorstände und Genossenschaftsstatuten, auf welche § 57 a. a. O. bezüglich der Feststellung der Entschädigung für die durch einen Betriebsunfall Verletzten verweist, hier nicht bestehen, so sind über die Behörde, welche diese Feststellungen vornehmen soll, besondere Bestimmungen erforderlich. Der Entwurf verweist die Bestimmung dieser Behörden in die Ausführungsvorschriften" (Mot. S. 14).

[2]) Ausführungsvorschriften, vgl. § 10.

[3]) Behörde. Dies braucht nicht die Ausführungsbehörde selbst zu sein, wie ja auch nach dem Unfallversicherungsgesetz die Festsetzung der Entschädigungen keineswegs immer dem Genossenschaftsvorstande obliegt, § 57 a. a. O. Vgl. oben Anm. 3 zu §. 2.

Zu § 8.

[1]) Bescheid. Derselbe ist nach § 110 U.-V.-G. zuzustellen, weil sich an die Zustellung eine Frist knüpft, deren Versäumung Rechtsnachtheile nach sich zieht.

§ 9.*)

(Abs. 1.) Vorschriften der Ausführungsbehörden[1]) über das in den Betrieben von den Versicherten zur Verhütung[2]) von Unfällen zu beobachtende Verhalten sind, sofern sie Strafbestimmungen enthalten sollen, vor dem Erlaß mindestens drei[3]) Vertretern der Arbeiter zur Berathung und gutachtlichen Aeußerung vorzulegen. Die Be-

*) § 9 findet im Geltungsbereich des Bau-Unfallversicherungsgesetzes entsprechende Anwendung (§ 47 B.-U.-G.).

---

[2]) zuständigen Behörde, d. h. der nach §§ 7, 10 zur Feststellung der Entschädigungen durch die Ausführungsvorschriften bestimmten Behörde, vgl. Anm. 4. Aus der Schwere der Verletzung kann diejenige Instanz, welche wegen Feststellung der Entschädigung nach Maßgabe der Ausführungsvorschriften angegangen werden muß, ohne Weiteres ersehen werden.

[3]) der Betrieb oder derjenige Theil der Verwaltung, in welchem der Unfall sich ereignet hatte, vgl. Anm. 4.

[4]) Beschwerde. „Die Bestimmung entspricht dem § 62 Abs. 1 in Verbindung mit § 92 Abs. 2 des Unfallversicherungsgesetzes. Dieselbe ist unentbehrlich, weil für den Fall, daß die zur Feststellung der Entschädigung berufene Behörde die Entschädigung um deswillen ablehnt, weil der Betrieb oder derjenige Theil der Verwaltung, in welchem der Unfall sich ereignet hatte, nicht unter dies Gesetz falle, ein Rechtsmittel gegeben werden muß. Die einschlagenden Bestimmungen des Unfallversicherungsgesetzes sind hier nicht ohne Weiteres anwendbar, weil sie an den hier fehlenden Mitgliedschein anknüpfen. Das Unfallversicherungsgesetz bedurfte in diesem Fall der Vermittlung der unteren Verwaltungsbehörde, weil dort, wenn ein Betrieb nicht für versicherungspflichtig erachtet und deshalb einer Berufsgenossenschaft nicht zugetheilt war, eine Instanz fehlte, welche zunächst über den Entschädigungsanspruch zu befinden hatte. Für die in den Betrieben der Reichs- und Staatsverwaltungen vorkommenden Unfälle bedarf es eines solchen Umwegs nicht, weil für die ganze Verwaltung einschließlich desjenigen Bestandtheils, dessen Versicherungspflicht in Frage steht, Dienstbehörden vorhanden sind" (Mot. S. 14).

[5]) bei demselben. „Dabei erscheint es zweckmäßig, die Beschwerde direkt bei dem Reichs-Versicherungsamt einlegen zu lassen, weil die Behörde, gegen deren Bescheid die Beschwerde sich richtet, hier selbst Partei und nicht, wie die nach dem Unfallversicherungsgesetz zur Entscheidung berufene untere Verwaltungsbehörde, unbetheiligt ist" (Mot. S. 14).

Zu § 9.

[1]) Ausführungsbehörden, § 2. Andere Dienstbehörden können Unfallverhütungsvorschriften auch ohne Anhörung der Vertreter der Arbeiter erlassen, ebenso, wie auch nach dem Unfallversicherungsgesetz den Betriebsunternehmern unbenommen ist, derartige Bestimmungen aus eigener Machtvollkom-

rathung findet unter Leitung eines Beauftragten der Ausführungsbehörde statt. Der Beauftragte darf kein unmittelbarer Vorgesetzter der Vertreter der Arbeiter sein.

Die auf Grund solcher Vorschriften verhängten Geldstrafen fließen in die Krankenkasse⁴), welcher der zu ihrer Zahlung Verpflichtete zur Zeit der Zuwiderhandlung angehört. (Abs. 2.)

§ 10.*)

Die zur Durchführung der Bestimmungen in §§ 2 bis 9 erforderlichen Ausführungsvorschriften¹) sind für die Heeresverwaltun-

*) § 10 findet im Geltungsbereich des Bau-Unfallversicherungsgesetzes entsprechende Anwendung (§ 47 B.-U.-G.).

Noch zu § 9.

menheit für die in ihren Betrieben beschäftigten Arbeiter zu treffen. Die Bestimmungen des Unfallversicherungsgesetzes über den Erlaß von Unfallverhütungsvorschriften beziehen sich nur auf Anordnungen der Genossenschaften.

²) Verhütung. „Unfallverhütungsvorschriften mit Strafandrohung im Sinne des § 78 a. a. O. (U.-V.-G.) können für die hier in Rede stehenden fiskalischen Verwaltungen nur insoweit in Frage kommen, als es sich um das Verhalten der Arbeiter handelt. Soweit der Erlaß solcher Vorschriften von den den Genossenschaftsvorständen entsprechenden Ausführungsbehörden beabsichtigt wird, sollen in Anlehnung an die Grundsätze des Unfallversicherungsgesetzes, aber auch hier nur in den nach § 14 des Entwurfs für alle Eisenbahnen zu ziehenden Grenzen, Vertreter der Arbeiter mitwirken. Im Hinblick auf die oben hervorgehobenen besonderen Verhältnisse der Reichs- und Staatsverwaltungen erscheint eine kollegialische Berathung dieser Vertreter der Arbeiter mit den Ausführungsbehörden nicht statthaft; dieselbe soll daher durch eine Berathung der Vertreter der Arbeiter unter Leitung eines Beauftragten der Ausführungsbehörden ersetzt werden“ (Mot. S. 15).

Um Vorsorge zu treffen, daß bei diesen Berathungen die wahren Meinungen der Vertreter der Arbeiter zum Ausdruck gelangen und nicht etwa aus Schüchternheit zurückgehalten werden, ist in der zweiten Plenarberathung des Entwurfs vom Reichstag die Vorschrift hinzugefügt worden, daß der den Vorsitz führende Beauftragte kein unmittelbarer Vorgesetzter der berathenden Vertreter der Arbeiter sein darf.

Eine Genehmigung dieser Unfallverhütungsvorschriften durch das Reichs- (Landes-)Versicherungsamt findet nicht statt, § 3. Die Stellung der Reichs- und Staatsbehörden giebt ausreichende Gewähr, daß ein Mißbrauch mit dem Erlaß von Unfallverhütungsvorschriften nicht getroffen wird.

³) mindestens drei. Dies ist also die Minimalzahl für die nach § 5 zu wählenden Vertreter der Arbeiter, vgl. Anm. 3 zu § 5.

⁴) Krankenkasse oder Gemeindekrankenversicherung. Die Bestimmung entspricht dem § 80 Abs. 2 U.-V.-G. Vgl. Anm. 8 zu letzterem.

gen von der obersten Militärverwaltungsbehörde des Kontingents, im Uebrigen für die Reichsverwaltungen vom Reichskanzler, für die Landesverwaltungen von der Landes-Zentralbehörde zu erlassen[2]).

§ 11.

Privatbetriebe.

Soweit nicht die §§ 2 bis 10 Anwendung finden, erfolgt die Versicherung durch Berufsgenossenschaften nach den Bestimmungen des Unfallversicherungsgesetzes. Bei der Errichtung von Berufsgenossenschaften für Eisenbahnen oder die im § 1 Ziffer 3 bezeichneten Betriebe kann von der Bestimmung des § 9 des Unfallversicherungsgesetzes abgesehen[1]) werden, wonach die für einen bestimmten Bezirk gebildeten Berufsgenossenschaften innerhalb desselben alle Betriebe desjenigen Industriezweiges umfassen müssen, für welchen sie errichtet sind.

Zu § 10.

[1]) Ausführungsvorschriften. „Zur Durchführung der in den §§ 2 bis 9 getroffenen Bestimmungen werden, wie sich aus dem Vorstehenden ergiebt, Ausführungsbestimmungen erforderlich werden, welche an die Stelle des Genossenschaftsstatuts treten. Es empfiehlt sich, den Erlaß derselben den obersten Verwaltungsinstanzen zu übertragen" (Mot. S. 15).

[2]) zu erlassen. Vgl. Anm. 4 zu § 2.

Zu § 11.

[1]) abgesehen. „Die Bestimmung des § 9 Abs. 1 a. a. O., daß die Berufsgenossenschaften für bestimmte Bezirke zu bilden sind und innerhalb derselben alle Betriebe desjenigen Industriezweiges umfassen sollen, für welchen sie errichtet sind, würde, wenn man sie ohne Weiteres auch auf Transportbetriebe anwenden wollte, zu Unzuträglichkeiten führen können, da Privateisenbahnen und Schiffahrtsbetriebe, welche mit den fiskalischen Eisenbahn- und Schiffahrtsbetrieben einem und demselben Industriezweige angehören, häufig in demselben örtlichen Bezirk neben einander und durch einander belegen sind, während sie nach den Bestimmungen des Entwurfs mit ihnen berufsgenossenschaftlich nicht vereinigt werden sollen. Auch im Uebrigen bedingt die Natur der in Frage kommenden, über ausgedehnte und schmale Flächen sich erstreckenden Betriebe der Eisenbahnen, der Schiffahrt und der Flößerei, daß gleichartige Betriebe ineinander greifen oder sich kreuzen können, ohne daß eine ausreichende Veranlassung vorzuliegen braucht, sie einer und derselben Berufsgenossenschaft zuzuweisen. Es empfiehlt sich vielmehr, für die Abgrenzung und Eintheilung der Genossenschaften in diesen Fällen freie Hand zu lassen" (Mot. S. 15).

§ 12.

Soweit Betriebe der Post-, Telegraphen- und Eisenbahnverwaltungen, sowie Betriebe der Marine- und Heeresverwaltungen bereits auf Grund des Unfallversicherungsgesetzes einer Berufsgenossenschaft zugetheilt sind, scheiden[1]) dieselben aus der letzteren mit den aus § 32 a. a. O. sich ergebenden Rechtswirkungen[2]) aus. Dasselbe gilt von Anlagen, welche Bestandtheile eines Binnenschiffahrtsbetriebes sind. Gemeinsame Bestimmungen.

Auf die im § 1 Abs. 6 a. a. O. bezeichneten Eisenbahn- und Schiffahrtsbetriebe findet diese Bestimmung keine Anwendung[3]). (Abs. 2.)

Zu § 12.

[1]) scheiden .... aus. „Nachdem die obligatorische Unfallfürsorge auf den gesammten Betrieb der Eisenbahn-, Post- und Telegraphenverwaltungen, sowie auf sämmtliche Betriebe der Marine- und Heeresverwaltungen und auf den Binnenschiffahrtsbetrieb ausgedehnt worden ist, entspricht es dem im § 9 Abs. 3 des Unfallversicherungsgesetzes ausgesprochenen Grundsatz, wonach der Hauptbetrieb für die Zugehörigkeit zur Berufsgenossenschaft maßgebend sein soll, daß diejenigen Anlagen, welche Bestandtheile eines dieser Betriebe sind, sämmtlich derselben Genossenschaft (§ 11), bezw. dem Bezirk derselben Ausführungsbehörde (§ 2) angehören. Es kommen hier vorzugsweise Anlagen in Betracht, welche als selbständige Fabrikbetriebe bereits den Bestimmungen des Unfallversicherungsgesetzes unterliegen, wie Gasanstalten, Imprägniranstalten, Werkstätten 2c." (Mot. S. 15).

Zwar sieht auch bereits das Unfallversicherungsgesetz in den §§ 31 und 38 das Ausscheiden von Industriezweigen oder örtlich abgegrenzten Theilen, bezw. das Ausscheiden von einzelnen Betrieben aus einer bestehenden Genossenschaft vor, jedoch nur für den Fall, daß die ausscheidenden Betriebe einer bereits bestehenden Genossenschaft zugetheilt werden oder selbst eine neue Genossenschaft bilden. Man hätte also, um den oben angedeuteten Erfolg zu erreichen, so lange warten müssen, bis die betr. Genossenschaften für Privateisenbahnen, bezw. die betr. Organisationen für die Staatsbetriebe fertig waren, um dann aus den inzwischen bereits in's Leben getretenen Berufsgenossenschaften für die bisher von der Unfallversicherung erfaßten Betriebe jene Bestandtheile der fiskalischen 2c. Betriebe auszuscheiden und sie an die für die letzteren gebildeten Organisationen anzuschließen. Dieser Umweg war zu vermeiden: „um den definitiven Abschluß der Organisation der Berufsgenossenschaften möglichst zu fördern, empfiehlt es sich, die nach den Bestimmungen des Unfallversicherungsgesetzes versicherungspflichtigen Fabrikbetriebe, welche Bestandtheile jener großen unter § 1 fallenden Betriebe sind, durch besondere gesetzliche Vorschrift mit letzteren direkt und kraft Gesetzes zu vereinigen" (a. a O.).

Nothwendig erschien dies aber nur für die großen, unter § 1 fallenden

§ 13.

(Abs. 1.) Ereignet sich ein Unfall auf der Fahrt, so ist die nach § 51 Absatz 1 a. a. O. zu erstattende Anzeige[1]) an diejenige[1a]) Ortspolizeibehörde im Inlande[2]) zu richten, in deren Bezirk sich der Unfall ereignet hat oder[3]) der erste Aufenthalt[4]) nach demselben genommen wird. Die Untersuchung[5]) des Unfalls (§ 53 a. a. O.) erfolgt durch diejenige Ortspolizeibehörde, an welche die Anzeige erstattet ist. Auf Antrag Betheiligter[6]) (§ 56 a. a. O.) kann jedoch

---

Betriebe; dagegen ließ sich zur Zeit nicht übersehen, ob auch für die kleineren, unter § 1 fallenden Industriezweige (Baggerei-, Fuhrwerks-, Flößerei-, Prahm-, Fähr-, Treidelei-, Speditions-, Speicher-, Kellereibetriebe und die unter § 1 Ziffer 5 erwähnten Hülfsgewerbe des Handels) ein gleichartiges Bedürfniß vorlag. Jedenfalls konnten bei diesen derartige Veränderungen nur in ganz geringem Umfang in Frage kommen, und für solche seltenen Fälle konnte es bei den Bestimmungen des Unfallversicherungsgesetzes lediglich bewenden.

²) Rechtswirkungen, ohne Rücksicht darauf, ob es sich um Industriezweige (§ 31) oder um einzelne Betriebe (§ 38) handelt. In der Regel werden in den vorliegenden Fällen erstere in Frage kommen (Eisenbahnwerkstätten, Betriebe für Kriegsbedarf ꝛc.).

Diese Bestimmung ist von dem R.-V.-A. auch auf andere Veränderungen zwischen den einzelnen Berufsgenossenschaften analog angewendet worden, vgl. Anm. 1 zu § 32 U.-V.-G.

³) keine Anwendung. Diese Bestimmung soll der Möglichkeit eines Mißverständnisses vorbeugen. Wenn Fabriken ꝛc. nicht Pertinenz eines Eisenbahn- oder Schiffahrtsbetriebes, sondern wenn umgekehrt der letztere ein Nebenbetrieb der ersteren ist, sollen die Eisenbahn- und Schiffahrtsbetriebe in der für die Fabrik gebildeten Berufsgenossenschaft verbleiben, „nach dem Grundsatz, daß der Nebenbetrieb dem Hauptbetriebe folgt" (a. a. O. S. 16).

Zu § 13.

¹) Anzeige. „Bei Unfällen, die sich in Transportbetrieben auf der Reise ereignen, kann es zweifelhaft sein, welcher Ortspolizeibehörde die in § 51 des Unfallversicherungsgesetzes vorgeschriebene Anzeige von dem Unfall zu erstatten und welche Ortspolizeibehörde zur Untersuchung des Unfalls berufen ist. Der § 13 ist dazu bestimmt, diese Zweifel zu beseitigen. An der für die Anzeige festgesetzten Frist wird hierdurch nichts geändert" (Mot. S. 16). Nach dem letzteren Satz muß also die Anzeige gemäß § 51 Abs. 2 U.-V.-G. binnen zwei Tagen nach dem Tage erfolgen, an welchem der zur Anzeige Verpflichtete von dem Unfall Kenntniß erhalten hat. Dies wird mit der Einschränkung verstanden werden müssen, daß binnen dieser Frist eine Anzeige nach den nachstehenden Bestimmungen (cf. Anm. 2) physisch möglich gewesen ist. Diese Möglichkeit wird bei Unfällen, die sich im Inlande ereignen, immer, bei Un-

die der Ortspolizeibehörde vorgesetzte Behörde die Untersuchung durch eine andere[7]) Ortspolizeibehörde herbeiführen. Die zur Führung der Untersuchung berufene Ortspolizeibehörde hat der Krankenkasse[8]), welcher der Verletzte angehört, rechtzeitig von dem Zeitpunkte, in welchem die Untersuchung vorgenommen werden wird, Kenntniß zu geben. Der Vorstand hat das Recht, zum Zwecke der Theilnahme an den Untersuchungsverhandlungen einen Vertreter für die im § 54 des Unfallversicherungsgesetzes bezeichneten Bevollmächtigten zu bestellen und ist hierbei nicht auf den Kreis der Kassenmitglieder beschränkt.

Hinsichtlich der unter Reichs- oder Staatsverwaltung stehenden Betriebe bewendet[9]) es bei den Vorschriften in §§ 51 Absatz 5, 52, 56 a. a. O. (Abs. 2.)

---

fällen im Auslande aber nur von dem Augenblick an bestehen, in welchem wieder inländisches Gebiet erreicht wird. Hierauf wird bei der Verhängung von Strafen wegen nicht rechtzeitiger Erstattung der Anzeige (§ 104 Abs. 2 U.-V.-G.) Rücksicht zu nehmen sein.

1a) diejenige. Die Bestimmung, wohin die Anzeige des Unfalls gerichtet werden soll, ist insbesondere um deswillen von Bedeutung, weil im Allgemeinen dieselbe Behörde, welche die Anzeige erhalten hat, auch die Untersuchung des Unfalls führen soll.

2) Im Inlande, weil durch ein Reichsgesetz nur inländische Ortspolizeibehörden mit der Entgegennahme der Anzeige und mit der Untersuchung des Unfalls beauftragt werden können, vgl. Komm.-Ber. S. 9.

Ereignet sich also bei einem Binnenschiffahrtsbetriebe ein Unfall während der Fahrt im Auslande (z. B. auf einem deutschen Rheindampfer, während sich derselbe in Rotterdam befindet), so ist die Unfallanzeige erst dann zu erstatten, wenn das Schiff demnächst wieder im Inlande einen (auch nur vorübergehenden) Aufenthalt nimmt. Ereignete sich der Unfall auf der Fahrt im Inlande, etwa zwischen Bingen und Cöln, so hat der Schiffer — denn dieser ist wegen Abwesenheit des Betriebsunternehmers zur Anzeige verpflichtet, § 51 Abs. 3 U.-V.-G. — die Wahl, ob er die Anzeige gleich an die Ortspolizeibehörde desjenigen Bezirks richten will, in welchem der Unfall sich zutrug, oder ob er mit der Anzeige solange warten will, bis er auf der Reise einen Aufenthalt nimmt, um die Anzeige dann an die Ortspolizeibehörde dieses Aufenthaltsorts zu richten. Die Anzeige ist schriftlich zu erstatten, § 51 Abs. 1 U.-V.-G.

3) oder, bei Unfällen im Inlande nach Wahl des zur Anzeige Verpflichteten. Vgl. Anm. 2.

4) Aufenthalt, auch nur vorübergehend.

[5]) Untersuchung. Ein Antrag, daß zum Zwecke dieser Untersuchung die Reise nicht aufgehalten werden dürfe, mußte abgelehnt werden, um nicht etwa nöthige Okularinspektionen zu erschweren oder den Sachverhalt verdunkeln zu lassen. Sobald kriminalrechtliche Interessen konkurriren, kann das Aufhalten eines Schiffes so wie so nie verboten werden. Dagegen ist in Aussicht gestellt worden, daß die betr. Polizeibehörden im Aufsichtswege angewiesen bezw. angehalten werden sollen, nicht ohne Noth (d. h. „nicht ohne daß es das Interesse der Untersuchung selbst gebieterisch erheischt") dem Schiffe Aufenthalt zu verursachen. Vgl. Komm.-Ber. S. 10 und Sten. Ber. S. 2507. Einer unnöthigen Belästigung des Transportführers 2c. durch eine unterwegs erforderlich werdende Unfalluntersuchung kann übrigens schon durch die Uebertragung der letzteren an eine andere Ortspolizeibehörde vorgebeugt werden, vgl. Anm. 7.

[6]) Betheiligter. Nach dem im Text hier beigefügten Citat sind als Betheiligte zunächst die Genossenschaft, der Bevollmächtigte der zuständigen Krankenkasse und die Betriebsunternehmer anzusehen. Damit ist aber nicht gesagt, daß dies etwa die Einzigen sein sollen, welche als „Betheiligte" zur Stellung des Antrags befugt wären; insbesondere wird auch dem zur Anzeige in der Regel verpflichteten Transportführer (vgl. § 51 Abs. 3 U.-V.-G., sowie oben Anm. 2), welcher ein besonderes naheliegendes Interesse daran hat, daß seine Reise durch die Unfalluntersuchung nicht wider seinen Willen verzögert werde, der Antrag nicht versagt werden dürfen. Der Transportführer wird den bez. Antrag zweckmäßig gleich mit der Anzeige verbinden müssen.

[7]) andere. „Da es in Fällen, in denen ein Unfall auf der Fahrt sich zutrug, im Interesse der Betheiligten liegen kann, die Untersuchung des Unfalls etwa erst an dem nächsten Aufenthaltsort oder an anderen Orten vornehmen zu lassen, so mußte Vorsorge getroffen werden, daß derartigen berechtigten Wünschen Rechnung getragen werden kann. Es hängt von der Behördenorganisation der Bundesstaaten ab, ob die der zunächst zuständigen Ortspolizeibehörde vorgesetzte Behörde die Ortspolizeibehörde desjenigen Orts, an dem die Untersuchung vorgenommen werden soll, hiermit direkt beauftragen darf, oder erst die Vermittelung anderer Behörden hierzu in Anspruch nehmen muß" (Mot. S. 16). Besondere Kosten erwachsen der Berufsgenossenschaft hieraus nicht; vgl. Anm. 7 zu § 53.

Etwa sofort nothwendig werdende thatsächliche Feststellungen wird auch in solchen Fällen die zuerst angegangene Ortspolizeibehörde vornehmen müssen, um Verschleppungen und Verdunkelungen des Thatbestandes zu verhüten.

[8]) Krankenkasse. Nach § 54 U.-V.-G. wäre nicht die Krankenkasse, sondern der nach § 45 a. a. O. zur Theilnahme an den Unfalluntersuchungen von derselben ein für alle Mal gewählte Bevollmächtigte in Kenntniß zu setzen. Dies genügt aus zwei Gründen nicht. Einmal kann die Krankenkasse nicht für alle möglichen Ortspolizeibehörden, in deren Bezirk Reise-Unfälle in Transportbetrieben vorkommen können, Bevollmächtigte bestellen, es wird also häufig ein nach §§ 45, 54 U.-V.-G. zur Theilnahme an der Unfalluntersuchung be-

§ 14.

Auf Unfallverhütungsvorschriften, welche sich auf die Sicherheit des Eisenbahnbetriebes beziehen, finden die Bestimmungen des § 9 dieses Gesetzes, sowie der §§ 79, 81 des Unfallversicherungsgesetzes keine Anwendung.

II. Krankenversicherung.*)

§ 15.

Auf alle im § 1 bezeichneten Betriebe findet das Gesetz über die Krankenversicherung der Arbeiter vom 15. Juni 1883 (Reichs- Ausdehnung der Krankenversicherung.

---

rechtigter Bevollmächtigter der Krankenkasse überhaupt nicht vorhanden sein. Aber auch wenn ein solcher vorhanden ist, kann demselben nicht zugemuthet werden, bei Untersuchungen an entfernt belegenen Orten sich zu betheiligen, zumal er dafür nicht einmal Reisekosten würde beanspruchen können, § 55 U.-V.-G.

Um nun eine Betheiligung der Krankenkasse auch dann zu ermöglichen, wenn deren Bevollmächtigter den Verhandlungen nicht beiwohnen kann, ist die obige Bestimmung aufgenommen, nach welcher die Krankenkasse neben ihren generell bestellten Bevollmächtigten besondere Vertreter derselben ad hoc berufen kann, welche als Vertrauensmänner der Kasse von der die Untersuchung führenden Behörde zu den Verhandlungen zugezogen werden sollen (vgl. Komm.-Ber. S. 9).

[9]) bewendet es, ohne Rücksicht darauf, ob diese fiskalischen Betriebe einer Berufsgenossenschaft zugewiesen sind oder nicht. Die Anzeige von Betriebsunfällen in fiskalischen Betrieben ist also immer an die vorgesetzte Dienstbehörde zu erstatten, welche dann diejenige Behörde bestimmt, von der die Untersuchung des Unfalls geführt werden soll.

Zu § 14.

„Es erscheint nicht unbedenklich, für alle Vorschriften, welche von den Reichs- oder Landesbehörden (§ 2) oder von den für die Eisenbahnen gebildeten Genossenschaften (§ 11) zur Verhütung von Unfällen erlassen werden sollen, die Anhörung der Vertreter der Arbeiter obligatorisch zu machen. Um die Verantwortlichkeit der betriebsleitenden Behörden für die Sicherheit des Eisenbahnbetriebes nicht in unzulässigem Maße einzuschränken oder abzuschwächen, ist es vielmehr geboten, die Mitwirkung der Vertreter der Arbeiter auf solche Unfallverhütungsvorschriften zu beschränken, welche sich nicht auf die Sicherheit des Eisenbahnbetriebes im Allgemeinen, sondern nur auf den Schutz der Arbeiter und Beamten gegen Unfälle beziehen" (Mot. S. 17).

---

*) Eine Erörterung der auf die Krankenversicherung sich beziehenden §§ 15, 16 hat in diesem Buche, welches sich nur auf die Unfallversicherung erstreckt, unterbleiben müssen. Dagegen war der Wortlaut dieser Paragraphen des Zusammenhangs wegen aufzunehmen.

Im Uebrigen vgl. v. Woedtke, Kommentar zum Krankenversicherungsgesetz, 3. Aufl. Berlin 1886. J. Guttentag (D. Collin).

Gesetzbl. S. 73) in gleicher Weise wie auf die im § 1 desselben bezeichneten Betriebe Anwendung. Soweit hierdurch die gesetzliche Verpflichtung zur Krankenversicherung auf Personen ausgedehnt wird, welche in einem Transportbetriebe beschäftigt sind, tritt § 2 Ziffer 3 des Krankenversicherungsgesetzes außer Kraft.

(Abs. 2.) Personen des Soldatenstandes, sowie solche in Reichs- oder Staatsbetrieben beschäftigte Personen, welche dem Reich oder dem Staate gegenüber in Krankheitsfällen einen Anspruch auf Fortzahlung des Gehaltes oder des Lohnes oder auf eine den Bestimmungen des § 6 a. a. O. entsprechende Unterstützung mindestens für dreizehn Wochen nach der Erkrankung haben, sind von der Krankenversicherung ausgeschlossen.

(Abs. 3.) Als Beschäftigungsort gilt im Zweifel der Sitz des Gewerbebetriebes, in welchem die Beschäftigung stattfindet.

§ 16.

(Abs. 1.) Erkrankt ein Versicherter auf der Fahrt im Inlande außerhalb des Bezirks der Orts-, Betriebs-(Fabrik-), Bau-, Innungs-Krankenkasse, der Knappschaftskasse oder der Gemeinde-Krankenversicherung, welcher er angehört, so hat dem Erkrankten die Gemeinde des Ortes, an welchem die Fürsorge für denselben nothwendig wird, diejenigen Unterstützungen zu gewähren, welche er von der Gemeinde-Krankenversicherung oder der Krankenkasse, der er angehört, zu beanspruchen hat. Diese hat der unterstützenden Gemeinde die ihr hieraus erwachsenden Kosten zu erstatten. Bei der Erstattung gilt als Ersatz der im § 6 Absatz 1 Ziffer 1 des Krankenversicherungsgesetzes bezeichneten Leistungen die Hälfte des Krankengeldes, sofern nicht höhere Aufwendungen nachgewiesen werden.

(Abs. 2.) Erkrankt ein bei einer Orts-, Betriebs-(Fabrik-), Bau-, Innungs-Krankenkasse, bei einer Knappschaftskasse oder bei einer Gemeinde-Krankenversicherung Versicherter auf der Fahrt im Auslande, so hat dem Erkrankten der Betriebsunternehmer diejenigen Unterstützungen zu gewähren, welche er von der Gemeinde-Krankenversicherung oder der Krankenkasse, der er angehört, zu beanspruchen hat. Diese hat dem Betriebsunternehmer die ihm hieraus nachweislich erwachsenden Kosten zu erstatten. Bei der Erstattung gilt als Ersatz der im § 6 Absatz Ziffer 1 des Krankenversicherungsgesetzes bezeichneten Leistungen die Hälfte des Krankengeldes.

Streitigkeiten, welche hieraus entstehen, werden, soweit es sich um Unterstützungsansprüche handelt, nach § 58 Absatz 1 a. a. O., im Uebrigen nach § 58 Absatz 2 a. a. O. entschieden. (Abs. 3.)

III. Schlußbestimmungen.

§ 17.

[1])Mit den aus diesem Gesetze sich ergebenden Abänderungen treten die Bestimmungen der Abschnitte II, III, IV, V und VIII des Unfallversicherungsgesetzes, die auf diese Abschnitte bezüglichen Strafbestimmungen und diejenigen Vorschriften, welche zur Durchführung der in diesen Abschnitten getroffenen Anordnungen dienen, in Betreff der im § 1 bezeichneten Betriebe mit dem Tage der Verkündung dieses Gesetzes in Kraft. Gesetzeskraft.

Dasselbe gilt von den Vorschriften des Krankenversicherungsgesetzes, soweit sie die Beschlußfassung über die statutarische Einführung[2]) des Versicherungszwanges, sowie die Herstellung der zur Durchführung des Versicherungszwanges dienenden Einrichtungen betreffen. (Abs. 2.)

Im Uebrigen wird der Zeitpunkt, mit welchen die Bestimmungen dieses Gesetzes ganz oder theilweise in Kraft treten, mit Zustimmung des Bundesraths durch Kaiserliche Verordnung bestimmt. (Abs. 3.)

Urkundlich unter Unserer Höchsteigenhändigen Unterschrift und beigedrucktem Kaiserlichen Insiegel.

Gegeben Berlin, den 28. Mai 1885.

(L. S.) **Wilhelm.**

Fürst von Bismarck.

a. Wegen Inkraftsetzung des Ausdehnungsgesetzes bezüglich der in § 1 Ziffer 1 bezeichneten Betriebe (mit dem 1. Oktober 1885) vgl. die Verordnung vom 25. September 1885 (Reichs-Gesetzbl. S. 271) oben im Zusatz zu § 111 U.-V.-G.

Zu § 17.

[1]) Der § 17 entspricht dem § 111 des Unfallversicherungsgesetzes und dem § 88 des Krankenversicherungsgesetzes (Mot. S. 17). cf. jedoch Anm. 3.

[2]) statutarische Einführung, § 2 Ziffer 1, 4 K.-V.-G.

b. Wegen Inkraftsetzung des Gesetzes bezüglich der übrigen in § 1 (Ziffer 2 bis 5) bezeichneten Betriebe vgl. die

Verordnung, betreffend die Inkraftsetzung des Gesetzes über die Ausdehnung der Unfall- und Krankenversicherung vom 28. Mai 1885 (Reichs-Gesetzbl. S. 159).

Vom 24. Juni 1886. (R.-G.-Bl. S. 205.)

Wir **Wilhelm,** von Gottes Gnaden Deutscher Kaiser, König von Preussen etc.

verordnen auf Grund des § 17 Absatz 3 des Gesetzes über die Ausdehnung der Unfall- und Krankenversicherung vom 28. Mai 1885 (Reichs-Gesetzbl. S. 159) mit Zustimmung des Bundesraths, was folgt:

Einziger Paragraph.

Das Gesetz über die Ausdehnung der Unfall- und Krankenversicherung vom 28. Mai 1885 (Reichs-Gesetzbl. S. 159) tritt mit dem 1. Juli 1886 für die im § 1 Ziffer 2 bis 5 a. a. O. bezeichneten Betriebe, nämlich:

den Baggereibetrieb;

den gewerbsmässigen Fuhrwerks-, Binnenschiffahrts-, Flösserei-, Prahm- und Fährbetrieb, sowie den Gewerbebetrieb des Schiffsziehens (Treidelei);

den gewerbsmässigen Speditions-, Speicher- und Kellereibetrieb;

den Gewerbebetrieb der Güterpacker, Güterlader, Schaffer, Bracker, Wäger, Messer, Schauer und Stauer

seinem vollen Umfange nach in Kraft.

Urkundlich unter Unserer Höchsteigenhändigen Unterschrift und beigedrucktem Kaiserlichen Insiegel.

Gegeben Bad Ems, den 24. Juni 1886.

(L. S.) **Wilhelm.**

von Boetticher.

Anlagen.

Nachweisung
der
Gruppen, Klassen und Ordnungen
der
Reichs-Berufs-Statistik.

(Vom Reichs-Versicherungsamt den Behörden mitgetheilt.)

Die römischen Zahlen bezeichnen die Gruppe, die lateinischen Buchstaben bezeichnen die Klasse, die arabischen Ziffern bezeichnen die Ordnung. Die Aufführung der einzelnen zu den „Ordnungen" gehörenden Kategorien von Betrieben ist als entbehrlich hier unterlassen.

III.*) Bergbau, Hütten- und Salinenwesen, Torfgräberei.

a. Erzgewinnung, auch Aufbereitung von Erzen.

1. Bergwerke auf Erze, ausgenommen Eisenerze.
2. Eisenerzgruben.

b. Hüttenbetrieb, auch Frisch- und Streckwerke.

1. Silber-, Blei-, Kupfer-, Zink- und Zinnhütten.
2. Nickel-, Kobalt-, Antimon- Wismuth- und Arsenikhütten.
3. Hochöfen und Stahlhütten, Eisen- und Stahl-, Frisch- und Streckwerke.

c. Salzgewinnung.

1. Salzbergwerke.
2. Salinen.

d. Stein- nnd Braunkohlen-, Graphit-, Asphalt-, Erdöl- und Bernsteingewinnung; Briquettefabrikation.

1. Steinkohlenbergwerke.
2. Verkokungsanstalten.
3. Braunkohlenbergwerke und Braunkohlen-Briquettefabrikation.
4. Gewinnung von Graphit, Asphalt, Erdöl und Bernstein.

e. Torfgräberei und Torfbereitung.

---

*) Gruppe I betrifft die Kunst- und Handelsgärtnerei, Gruppe II betrifft Thierzucht und Fischerei; beide Gruppen kommen hier nicht in Betracht.

IV. Industrie der Steine und Erden.

a. Steine und Schiefer.

1. Marmorbrüche, Marmorsägerei und -schleiferei.
2. Schieferbrüche und Verfertigung grober Schieferwaaren.
3. Andere Steinbrüche und Verfertigung grober Steinwaaren.
4. Steinmetzen und Steinhauer.
5. Verfertigung feiner Steinwaaren.

b. Kies und Sand, Kalk, Cement, Traß, Gyps und Schwerspath.

1. Gewinnung von Kies und Sand.
2. Kalkbruch und Kalkbrennerei, Mörtelfabrikation.
3. Traßgräberei, Cement- und Traßfabrikation.
4. Gewinnung von Gyps- und Schwerspath, Gyps- und Schwerspathmühlen.

c. Lehm- und Thongräberei, Kaolingräberei und -schlämmerei, auch Massemühlen, Quarz- und Glasurmühlen.

1. Lehm- und Thongräberei.
2. Massebereitung für glasirte und verglaste Thonwaaren.
3. Kaolingräberei und -schlämmerei, auch Massemühlen.
4. Quarz- und Glasurmühlen.

d. Lehm- und Thonwaaren.

1. Ziegelei und Thonröhrenfabrikation.
2. Töpferei, Verfertigung von feinen Thonwaaren, Steinzeug, Terralith- und Siderolithwaaren.
3. Fayencefabrikation und -veredelung.
4. Porzellanfabrikation und -veredelung.

e. Glas.

1. Glasfabrikation und -veredelung.
2. Glasbläserei vor der Lampe.
3. Spiegelglas- und Spiegelfabrikation.

V. Metall-Verarbeitung.

a. Edle Metalle.

1. Verfertigung von Gold-, Silber- und Bijouteriewaaren.
2. Gold- und Silberschlägerei.
3. Gold- und Silberdrahtzieherei und Verfertigung leonischer Waaren.
4. Münzstätten.

b. Unedle Metalle.

1. Kupferschmiede.
2. Schrot- und Bleikugelfabrikation.
3. Verfertigung feiner Blei- und Zinnwaaren sowie von Metallspielwaaren.
4. Zinkgießerei und -prägerei.
5. Erzeugung und Verarbeitung von Metalllegierungen aller Art.

c. Eisen und Stahl.

1. Eisengießerei und Eisenemaillirung.
2. Schwarz- und Weißblechfabrikation.
3. Klempnerei.
4. Blechwaarenfabrikation.
5. Verfertigung von Stiften und Nägeln, Schrauben, Nieten, Ketten, Drahtseilen 2c.
6. Grob- und Hufschmiede.
7. Schlosserei, Verfertigung von feuerfesten Geldschränken.
8. Zeug-, Sensen- und Messerschmiede, Verfertigung von eisernen Kurzwaaren.
9. Stahlfederfabrikation.
10. Nähnadelfabrikation.
11. Verfertigung von Nadler- und Drahtwaaren, einschl. Drahtgeweben.

VI. Maschinen, Werkzeuge, Instrumente, Apparate.

a. Maschinen, Werkzeuge, Apparate, (eingetheilt nach Hauptartikeln).

1. Fabrikation von Dampfmaschinen, Lokomotiven, Lokomobilen.
2. Fabrikation von landwirthschaftlichen Maschinen und Geräthen.
3. Fabrikation von Spinnerei- und Webereimaschinen und -Utensilien.
4. Nähmaschinenfabrikation.
5. Mühlenbau.
6. Verfertigung von eisernen Baukonstruktionen.
7. Herstellung von Zentralheizanlagen.
8. Verfertigung von Maschinen, Werkzeugen und Apparaten anderer Art, soweit nicht zu den folgenden Klassen dieser Gruppe gehörig.

b. Transportmittel mit Ausschluß von Lokomotiven.

1. Stellmacherei und Wagnerei.
2. Wagenbauanstalten (auch die den Eisenbahnen und Postverwaltungen unterstehenden).
3. Schiffsbau.

c. Schußwaffen.

1. Geschützgießereien und Kanonenbohrwerke.
2. Büchsenmacherei, Gewehrfabrikation.

d. Zeitinstrumente (Uhrmacherei).

e. Musikinstrumente.

1. Pianofortefabrikation.
2. Verfertigung anderer Musikinstrumente.

f. Mathematische, physikalische, chemische und chirurgische Instrumente und Apparate.

1. Verfertigung mathematischer, physikalischer und chemischer Instrumente und Apparate.
2. Verfertigung chirurgischer Instrumente und Apparate.
3. Verfertigung anatomischer und mikroskopischer Präparate.
4. Verfertigung von Telegraphen- und Telephonanlagen und -apparaten.

g. Lampen und andere Beleuchtungsapparate.

VII. Chemische Industrie.

a. Chemische Großindustrie.

b. Sonstige Verfertigung pharmazeutischer und photographischer Apparate.

c. Apotheken.

d. Farbenmaterialien mit Einschluß von Theerkohle und Kohlenfilter.

1. Herstellung von Farbenmaterialien mit Ausschluß der Theerfarben.
2. Verfertigung von Bleistiften, Pastellstiften, Kreiden.
3. Anilin und Anilinfarbenfabrikation.
4. Herstellung sonstiger Steinkohlentheer- und Kohlentheer-Derivate.

e. Explosivstoffe und Zündwaaren.

1. Herstellung von Explosivstoffen.
2. Zündwaarenverfertigung.

f. Abfälle und künstliche Düngstoffe.

1. Abfuhr- und Desinfektionsanstalten.
2. Fabrikation künstlicher Düngstoffe.
3. Abdeckerei.

VIII. Forstwirthschaftliche Nebenprodukte, Leuchtstoffe, Fette, Oele und Firnisse.

a. Gewinnung forstwirthschaftlicher Nebenprodukte.

1. Holzkohlen-, Holztheer- und Rußgewinnung.
2. Harz- und Pechgewinnung.

b. Gasanstalten.

c. Licht- und Seifenfabrikation.

1. Talgsiederei, Talgkerzenfabrikation, Seifensiederei.
2. Stearin- und Wachskerzenfabrikation.

d. Oelmühlen.

e. Kohlentheerschwelerei, Verfertigung von Mineral- und ätherischen Oelen, Fetten und Firnissen, sowie Bearbeitung von Harzen.

1. Kohlentheerschwelerei, Betriebe für Mineralöle, Gasäther 2c. für Paraffinkerzen; Petroleumraffinerie.
2. Thranbrennerei, Leder- und Wagenschmierfabrikation.
3. Herstellung von ätherischen Oelen und Parfüms.
4. Verarbeitung von Harzen und Verfertigung von Firnissen und Kitten.

IX. Textilindustrie.

a. Zubereitung von Spinnstoffen.

1. Seidentrocknungs- und -conditionir-anstalten.
2. Wollbereitung.
3. Flachsröstanstalten.

b. Spinnerei (einschl. Hechelei, Spulerei, Zwirnerei und Wattenfabrikation).

1. Seidenfilanden und Seidenhaspelanstalten.
2. Seiden- und Seidenshoddy-Spinnerei (einschl. w. o.).
3. Wollenspinnerei (einschl. w. o.).
4. Mungo- und Shoddy-Herstellung und -Spinnerei.
5. Flachshechelei und Leinenspinnerei (einschl. w. o.).
6. Baumwollenspinnerei (einschl. w. o.).
7. Vigognespinnerei (einschl. w. o.).
8. Spinnerei anderer Stoffe (einschl. w. o.).
9. Spinnerei ohne Stoffangabe (einschl. w. o.).

c. Weberei, einschl. Bandweberei (ausgenommen Metall-, Gummi- und Roßhaarweberei).

1. Seidenweberei, einschl. Sammetverfertigung und Seidenbandweberei.
2. Wollenweberei, einschl. Wollenbandweberei.
3. Leinenweberei, einschl. Leinenbandweberei.
4. Juteweberei.
5. Baumwollenweberei, einschl. Baumwollenbandweberei.
6. Weberei von gemischten und anderen Waaren.
7. Weberei ohne Stoffangabe.

d. Gummi- und Haarflechterei und -weberei.

e. Strickerei und Wirkerei (Strumpfwaarenfabrikation).

f. Häkelei, Stickerei, Spitzenfabrikation.

1. Häkelei, Stickerei.
2. Spitzenverfertigung und Weißzeugstickerei.

g. Bleicherei, Färberei, Druckerei und Appretur von Spinnstoffen, Garnen, Geweben und Zeugen aller Art.

1. Seidenfärberei und -druckerei.
2. Wollenfärberei, -druckerei und -appretur.
3. Bleicherei, Färberei und Appretur für Gespinnste und Gewebe aus Flachs, Hanf, Werg, Jute 2c.
4. Bleicherei, Färberei, Druckerei für Gespinnste und Gewebe aus Baumwolle.
5. Appretur für Strumpf- und Strickwaaren.
6. Wäscherei, Bleicherei und Appretur für Spitzen und Weißzeugstickereien.
7. Sonstige Bleicherei, Färberei, Druckerei und Appretur, auch ohne Stoffangabe.

h. Posamentenfabrikation.

i. Seilerei und Reepschlägerei; auch Fabrikation von Netzen, Segeln, Säcken 2c.

1. Seilerei und Reepschlägerei.
2. Verfertigung von Netzen, Segeln, Säcken 2c.

X. Papier und Leder.

a. Verfertigung von Papier und Pappe.

1. Papier- und Pappefabrikation, Herstellung von Oelpapier, Schleifpapier 2c.
2. Steinpappe- und Papiermaché-fabrikation.
3. Dachfilz- und Dachpappefabrikation.
4. Bunt- und Luxuspapierfabrikation.
5. Tapeten- und Rouleauxfabrikation.

b. Gerberei, Lohmühlen; Fabrikation von gefärbtem und lackirtem Leder und Pergament.

1. Lohmühlen und Lohextraktfabriken.
2. Gerberei, Fabrikation von gefärbtem und lackirtem Leder und Pergament.

c. Wachstuch- und Ledertuch-, auch Treibriemenfabrikation, Verfertigung von Gummi- und Guttaperchawaaren (ausgenommen Geflechte und Gewebe).

1. Wachstuch- und Ledertuchfabrikation.
2. Treibriemenfabrikation.
3. Verfertigung von Gummi- und Guttaperchawaaren.

d. Buchbinderei und Kartonnagefabrikation.

e. Verfertigung von Riemer-, Sattler- und Tapezierarbeiten.

1. Verfertigung von Riemer- und Sattlerarbeiten.
2. Verfertigung von Tapezierarbeiten.

XI. Holz- und Schnitzstoffe.

a. Holzzurichtung und Konservirung.

b. Verfertigung glatter Holzwaaren.

1. Verfertigung von Holzstiften, Zündholzruthen und Zahnstochern.
2. Verfertigung von groben Holzwaaren.
3. Tischlerei und Parketfabrikation.

c. Böttcherei.

d. Korbmacherei.

e. Sonstige Weberei und Flechterei von Holz, Stroh, Bast und Binsen.

f. Drechsler- und Schnitzwaarenverfertigung, auch Korkschneiderei.

1. Drechsler- und Schnitzwaarenverfertigung.
2. Korkschneiderei.

g. Verfertigung von Kämmen, Bürsten, Pinseln, Federposen, Stöcken, Sonnen- und Regenschirmen.

1. Verfertigung von Kämmen, Bürsten, Pinseln, Federposen.
2. Stock-, Sonnen- und Regenschirmfabrikation.

h. Holz- und Schnitzwaaren-Vergoldung und sonstige Veredelung.

XII. Nahrungs- und Genußmittel.

a. Vegetabilische Nahrungsstoffe.

1. Getreide-, Mahl- und Schälmühlen.
2. Bäckerei und Konditorei.
3. Rübenzuckerfabrikation und Zuckerraffinerie.
4. Nudel- und Maccaronifabrikation.
5. Stärke- und Stärkesyrupfabrikation.
6. Kakao- und Chokoladenfabrikation.
7. Kaffesurrogatfabrikation.
8. Kaffebrennerei, Zuckerschneiderei.
9. Konservenfabrikation und Verfertigung komprimirter Gemüse ꝛc.

b. Animalische Nahrungsstoffe.

1. Fleischerei.
2. Fischsalzerei und -pökelei.
3. Butter- und Käsefabrikation und Bereitung von kondensirter Milch.

c. Getränke.

1. Wasserversorgung.
2. Eisbereitung, -bewahrung und -versorgung.
3. Fabrikation von künstlichen Mineralwässern.
4. Mälzerei.
5. Brauerei.
6. Branntweinbrennerei, Liqueur- und Preßhefenfabrikation.
7. Schaum- und Obstweinfabrikation, Weinpflege.
8. Essigfabrikation.
9. Tabackfabrikation.

XIII. Bekleidung und Reinigung.

a. Wäsche, Kleidung, Kopfbedeckung, Putz.

1. Näherinnen.
2. Schneider und Schneiderinnen.
3. Herstellung fertiger Kleider und Wäsche (Konfektion).
4. Putzmacherei, Verfertigung von künstlichen Blumen und Federschmuck.
5. Hutmacherei, Fabrikation von Filzwaaren.
6. Mützenmacherei.

7. Kürschnerei und Pelzwaarenzurichtung.
8. Verfertigung von Hosenträgern, Kravatten und Handschuhen.
9. Verfertigung von Korsets und Krinolinen.

b. Schuhmacherei.

c. Haar- und Bartpflege 2c.

d. Baden und Waschen.

1. Badeanstalten.
2. Waschanstalten, Wäscherinnen, Plätterinnen.
3. Fleckenausmacher, Kleiderreiniger, Stiefelwichser, Kammerjäger.

XIV. Baugewerbe.

a. Bauunternehmung und Bauunterhaltung (Hoch-, Eisenbahn-, Wege- und Wasserbau), soweit nicht zu den folgenden Klassen b. bis n. zu zählen.

1. Bauunternehmer.
2. Privatarchitekten, Civilingenieure, Bautechniker und bautechnische Büreaus.

b. Feldmesser, Geometer, Markscheider, Wiesenbauer und Draintechniker.

c. Maurer.

d. Zimmerer.

e. Glaser.

f. Stubenmaler, Staffirer, Anstreicher, Tüncher, Stubenbohner.

g. Stuckateure.

h. Dachdecker (Ziegel-, Schiefer-, Schindel-, Stroh-).

i. Asphaltirer und Steinsetzer.

k. Brunnenmacher.

l. Einrichter von Gas- und Wasseranlagen.

m. Ofensetzer.

n. Schornsteinfeger.

XV. Polygraphische Gewerbe.

a. Schriftschneiderei und -gießerei, Holzschnitt.

b. Buchdruckerei, auch Stein- und Metall-, sowie Farbendruck.

1. Buchdruckerei.
2. Stein- und Zinkdruckerei.
3. Kupfer- und Stahldruckerei.
4. Farbendruckerei.

c. Photographische Anstalten.

XVI. Künstler (Kunstmaler und Kunstbildhauer), auch künstlerische Betriebe für gewerbliche Zwecke (mit Ausnahme der Musik, Theater, Schaustellung).

Anlage B.

Nachweisung

der Gruppen, Klassen und Ordnungen der Reichs-Berufs-(Gewerbe-) Statistik, zu welchen die im § 1 des Gesetzes vom 28. Mai 1885 bezeichneten Betriebszweige gehören.

		Gruppe	Klasse	Ordnung
1.	Eisenbahn-Verwaltungen (größere Verkehrsbahnen)	nicht klassifizirt		
2.	Straßenbahnen und andere kleinere Eisenbahnen	aus XIX	a	1
3.	Baggereibetrieb	XIV	a	1
4.	Posthalterei und Personen-Fuhrwerksbetrieb	XIX	a	1
5.	Fracht- (auch Roll-) Fuhrwerksbetrieb, Güterbestätter	XIX	a	2
6.	Binnenschiffahrt, Flößerei, Prahm-, Fährbetrieb, Schiffsziehen (Treidelei)	XIX	b	—
7.	Spedition	XVII	c	—
8.	Speicher- und Kellereibetrieb	XVII	g	4
9.	Güterpacker, Güterlader, Schaffer . .	aus XIX	a	2
10.	Bracker	XVII	e	—
11.	Wäger, Messer, Stauer, Schauer . .	XVII	f	—

Verzeichniß
der
Berufsgenossenschaften.

Vgl. Bek. vom 22. Mai 1885 und 15. April 1886.

Laufende Nr.	Bezeichnung und Sitz der Berufsgenossenschaft.	Industriezweige.*) (Nach den Gruppen, Klassen und Ordnungen der Reichs-Berufs-(Gewerbe-)Statistik.)	Bezirk der Berufsgenossenschaft.
1.	Knappschafts-Berufsgenossenschaft. Berlin.	Alle Betriebe, welche landesgesetzlich bestehenden Knappschaftsverbänden angehören, mit Ausnahme der Hochöfen und Stahlhütten, Eisen- und Stahl-, Frisch- und Streckwerke, Eisengießereien, Schwarz- und Weißblechfabriken (III b. 3, V c 1 und 2).	Das Gebiet des Reichs.
2.	Steinbruchs-Berufsgenossenschaft Berlin.	Die nicht knappschaftspflichtigen Bergwerke und Steinbrüche, Betriebe, für Kies, Kalk, Cement 2c.: III a 1. Bergwerke auf Erze, ausgenommen Eisenerze; „ c 1. Salzbergwerke; „ d 1. Steinkohlenbergwerke; „ „ 3. Braunkohlenbergwerke und Braunkohlen-Briquetfabrikation; „ „ 4. Gewinnung von Graphit, Asphalt, Erdöl und Bernstein; IV a 1. Marmorbrüche, Marmorsägerei und -schleiferei; „ „ 2. Schieferbrüche und Verfertigung grober Schieferwaaren (ausgenommen die Schreibtafelfabrikanten, deren Hauptbetrieb in der Herstellung der Holzrahmen um die Schieferplatte besteht); aus „ „ 3. Steinbrecher und Steinbrüche; „ b 1, 2, 3, 4. Gewinnung von Kies und Sand, Kalk, Cement, Traß, Gyps und Schwerspath (darunter Strontianit).	Das Gebiet des Reichs.

*) Nebenbetriebe gehören zu der Berufsgenossenschaft, welcher der Hauptbetrieb zugehört, auch wenn sie an sich in eine andere Berufsgenossenschaft fallen würden.

Laufende Nr.	Bezeichnung und Sitz der Berufsgenossenschaft.	Industriezweige. (Nach den Gruppen, Klassen und Ordnungen der Reichs-Berufs- (Gewerbe-) Statistik.)	Bezirk der Berufsgenossenschaft.
3.	Berufsgenossenschaft der Feinmechanik. Berlin.	Nähmaschinenfabrikation und Feinmechanik: Aus V c 5. Metallschrauben- und Façondreherei; " " 10. Nähnadelfabrikation; " " 11. Verfertigung von Nadler- und Drahtwaaren, einschließlich Drahtgeweben; IV a 4. Nähmaschinenfabrikation (mit Einschluß der Tambourirmaschinen und mit Ausschluß der Plattstich-Stickmaschinen); " c 2. Büchsenmacherei und Gewehrfabrikation; " d Zeitmeßinstrumente (Uhrmacherei): " f 1. Verfertigung mathematischer, physikalischer und chemischer Instrumente und Apparate; " " 2. Verfertigung chirurgischer Instrumente und Apparate; " " 3. Verfertigung anatomischer und mikroskopischer Präparate; " " 4. Verfertigung von Telegraphen- und Telephonanlagen und -apparaten, einschließlich der elektrischen Beleuchtungsanlagen; aus VI a 8. Gasmesserfabriken.	Das Gebiet des Reichs.
4.	Süddeutsche Eisen- und Stahl - Berufsgenossenschaft. Frankfurt a. M.	Alle Eisen und Stahl herstellenden und als Hauptmaterial verarbeitenden Betriebe, sowie die Dampf-, Gas- u. sonstigen Motorenbetriebe, soweit sie nicht zu anderen Berufsgenossenschaften gehören: III b 3. Hochöfen und Stahlhütten, Eisen- und Stahl-, Frisch- und Streckwerke; V c 1. Eisengießerei und Eisenemaillirung; " " 2. Schwarz- und Weißblechfabrikation; " " 3. Klempnerei; " " 4. Blechwaarenfabrikation; " " 5. Verfertigung von Stiften und Nägeln, Schrauben, Nieten, Ketten, Drahtseilen 2c.; " " 6. Grob- und Hufschmiede; " " 7. Schlosserei**), Verfertigung von feuerfesten Geldschränken;	Bayern ohne die Aemter Zweibrücken u. Homburg, Württemberg, Baden, Hessen, Hessen-Nassau (ohne die Kreise Rintelen und Schmalkalden*), Sigmaringen, Kreis Wetzlar, Ober- u. Unter-Elsaß.

*) laut Beschluß des Bundesraths v. 17. Aug. 1887 ist Kreis Rintelen zur Nordwestl. Eisen- und Stahl-B.-G. (11) und Kreis Schmalkalden zur Sächs.-Thüring. Eisen- und Stahl-B.-G. (8) übergetreten.

**) sowie Anschlägerarbeiten, beide auch bei Bauten (A. N. II S. 295).

Laufende Nr.	Bezeichnung und Sitz der Berufsgenossenschaft.	Industriezweige. (Nach den Gruppen, Klassen und Ordnungen der Reichs-Berufs-(Gewerbe-)Statistik.)	Bezirk der Berufsgenossenschaft.
		V c 8. Zeug-, Sensen- und Messerschmiede, Verfertigung von eisernen Kurzwaaren; „ „ 9. Stahlfederfabrikation; IV a 1. Fabrikation von Dampfmaschinen, Lokomotiven, Lokomobilen; „ „ 2. Fabrikation von landwirthschaftlichen Maschinen und Geräthen; „ „ 3. Fabrikation von Spinnerei- und Weberei-Maschinen und Utensilien; aus „ „ 4. die Verfertigung von Plattstich-Stickmaschinen; „ „ 5. soweit Mühlenbau vorwiegend aus Eisen in Frage kommt; „ „ 6. Verfertigung von eisernen Baukonstruktionen; „ „ 7. Herstellung von Centralheizanlagen; „ „ 8. Verfertigung von Maschinen, Werkzeugen und Apparaten anderer Art, soweit nicht zu den folgenden Klassen dieser Gruppe gehörig; „ b 2. Wagenbauanstalten, ohne die Erbauung gewöhnlicher Wagen aus Holz; „ „ 3. soweit Schiffsbau vorwiegend aus Eisen in Frage kommt; „ c 1. Geschützgießereien und Kanonenbohrwerke; ausgenommen die Baulackirerei, Bauklempnerei, Blitzableiterverfertigung, Metallwaarenfabrikation, Metallschrauben- und Façondreherei nnd Gasmesserfabrikation. Außerdem gehören zur Berufsgenossenschaft: III a 2. Eisenerzgruben; „ b 1. Silber-, Blei-, Kupfer-, Zink- und Zinnhütten; „ „ 2. Nickel-, Kobalt-, Antimon-, Wismuth- und Arsenikhütten; „ d 2. Verkokungsanstalten. } soweit sie nicht landesgesetzlich bestehenden Knappschaftsverbänden angehören.	

Laufende Nr.	Bezeichnung und Sitz der Berufsgenossenschaft.	Industriezweige. (Nach den Gruppen, Klassen und Ordnungen der Reichs-Berufs-(Gewerbe-)Statistik.)	Bezirk der Berufsgenossenschaft.
5.	Südwestdeutsche Eisen- und Stahl-Berufsgenossenschaft. Saarbrücken.	Wie lfde. Nr. 4.	Regierungsbezirk Trier, Bezirk Lothringen, die bayer. Aemter Zweibrücken u. Homburg.
6.	Rheinisch-westfälische Hütten- u. Walzwerks-Berufsgenossenschaft. Düsseldorf.	Hütten, Hochöfen, Frisch- und Streckwerke, Schwarz- und Weißblechfabriken, Geschützgießereien: III b 3. Hochöfen und Stahlhütten, Eisen- und Stahl-, Frisch- und Streckwerke; V c 2. Schwarz- und Weißblechfabrikation; VI c 1. Geschützgießereien und Kanonenbohrwerke; III a 2. Eisenerzgruben; „ b 1. Silber-, Blei-, Kupfer-, Zink- und Zinnhütten; „ „ 2. Nickel-, Kobalt-, Antimon-, Wismuth- und Arsenikhütten; „ d 2. Verkokungsanstalten. } soweit sie nicht landesgesetzlich bestehenden Knappschaftsverbänden angehören.	Rheinprovinz u. Westfalen, mit Ausnahme des Reg.-Bez. Trier und des Kreises Wetzlar, außerdem Birkenfeld.
7.	Rheinisch-westfälische Maschinenbau- u. Kleineisenindustrie-Berufsgenossenschaft. Düsseldorf.	Maschinenbau, Eisengießerei, Kleineisen-Industrie, sowie Dampf-, Gas- und sonstige Motorenbetriebe, soweit sie nicht anderen Berufsgenossenschaften angehören: V c 1. Eisengießerei und Eisenemaillirung; „ „ 3. Klempnerei; „ „ 4. Blechwaarenfabrikation; „ „ 5. Verfertigung von Stiften und Nägeln, Schrauben, Nieten, Ketten, Drahtseilen 2c.; „ „ 6. Grob- und Huffschmiede; „ „ 7. Schlosserei*), Verfertigung von feuerfesten Geldschränken; „ „ 8. Zeug-, Sensen- und Messerschmiede, Verfertigung von eisernen Kurzwaaren; „ „ 9. Stahlfederfabrikation; VI a 1. Fabrikation von Dampfmaschinen, Lokomotiven, Lokomobilen;	Rheinprovinz u. Westfalen, mit Ausnahme des Reg.-Bez. Trier und des Kreises Wetzlar, außerdem Birkenfeld.

*) und Anschlägerarbeiten, beide auch bei Bauten (A. N. II S. 295).

Laufende Nr.	Bezeichnung und Sitz der Berufsgenossenschaft.	Industriezweige. (Nach den Gruppen, Klassen und Ordnungen der Reichs-Berufs-(Gewerbe-)Statistik.)	Bezirk der Berufsgenossenschaft.
		VI a 2. Fabrikation von landwirthschaftlichen Maschinen und Geräthen; „ „ 3. Fabrikation von Spinnerei- und Weberei-Maschinen und -Utensilien; aus „ „ 4. Die Verfertigung von Plattstich-Stickmaschinen; „ „ 5. soweit Mühlenbau vorwiegend aus Eisen in Frage kommt; „ „ 6. Verfertigung von eisernen Baukonstruktionen; „ „ 7. Herstellung von Centralheizanlagen; VI a 8. Verfertigung von Maschinen, Werkzeugen und Apparaten anderer Art, soweit nicht zu den folgenden Klassen dieser Gruppe gehörig; „ b 2. Wagenbauanstalten, ohne die Erbauung gewöhnlicher Wagen aus Holz; „ „ 3. soweit Schiffsbau vorwiegend aus Eisen in Frage kommt; ausgenommen die Baulackirerei, Bauklempnerei, Blitzableiterverfertigung, Metallwaarenfabrikation, Metallschrauben- und Façondreherei und Gasmesserfabrikation.	
8.	Sächsisch-thüringische Eisen- u. Stahl-Berufsgenossenschaft. Leipzig.	Wie lfde. Nr. 4.	Königr. Sachsen, Regierungsbezirke Merseburg u. Erfurt, Kreis Schmalkalden*), Sachsen-Weimar, Sachsen-Altenburg, Sachsen-Koburg-Gotha, Sachsen-Meiningen, Schwarzburg-Rudolstadt und Schwarzburg-Sondershausen, Reuß älterer und Reuß jüngerer Linie.

*) laut Beschluß des Bundesraths v. 17. Aug. 1887 aus der Südd. Eisen- u. Stahl-B.-G. (4) ausgeschieden und hierher übergeführt.

Laufende Nr.	Bezeichnung und Sitz der Berufsgenossenschaft.	Industriezweige. (Nach den Gruppen, Klassen und Ordnungen der Reichs-Berufs-(Gewerbe-)Statistik.)	Bezirk der Berufsgenossenschaft.
9.	Nordöstliche Eisen- und Stahl-Berufsgenossenschaft. Berlin.	Wie lfde. Nr. 4.	Brandenburg mit Berlin, Pommern, Ost- u. Westpreußen.
10.	Schlesische Eisen- u. Stahl-Berufsgenossenschaft. Breslau.	Wie lfde. Nr. 4.	Schlesien und Posen.
11.	Nordwestliche Eisen- und Stahl-Berufsgenossenschaft. Hannover.	Wie lfde. Nr. 4.	Provinzen Hannover, Schleswig-Holstein, Reg.-Bezirk Magdeburg, Kreis Rinteln*), Oldenburg ohne Birkenfeld, Mecklenburg-Schwerin, Mecklenburg-Strelitz, Braunschweig, Anhalt, Waldeck, Schaumburg-Lippe, Lippe, Bremen, Lübeck, Hamburg.
12.	Süddeutsche Edel- u. Unedelmetallindustrie-Berufsgenossenschaft. Stuttgart.	Edel- und Unedelmetall-Industrie: aus IV a 5. Edelstein- und Halbedelstein-Schleiferei und -Schneiderei**); V a 2. Verfertigung von Gold-, Silber- und Bijouteriewaaren; „ „ 2. Gold- und Silberschlägerei; „ „ 3. Gold- und Silberdrahtzieherei und Verfertigung leonischer Waaren; „ „ 4. Münzstätten;	Bayern, Württemberg, Baden, Hessen, Hessen-Nassau, Sigmaringen, Elsaß-Lothringen.

*) laut Beschluß des Bundesraths v. 17. Aug. 1887 aus der Südd. Eisen- und Stahl-B.-G. (4) ausgeschieden und hierher überführt.

**) laut Beschluß des Bundesraths v. 16. Mai 1889 aus den Baugewerks-B.-G 43 fg. ausgeschieden und hierher übergeführt, und zwar nach A. N. V S. 389 mit der Wirkung vom 1. Januar 1889 ab.

Laufende Nr.	Bezeichnung und Sitz der Berufsgenossenschaft.	Industriezweige. (Nach den Gruppen, Klassen und Ordnungen der Reichs-Berufs-(Gewerbe-)Statistik.)	Bezirk der Berufsgenossenschaft.
		V b Unedle Metalle, ausgenommen die Messinglinienfabrikation; aus „ c 4. Metallwaarenfabrikation; VI g. Lampen und andere Beleuchtungsapparate; aus VII d 1. Brokat- und Bronzefarbenfabrikation; „ XVI. Graveure und Metallformer.	
13.	Norddeutsche Edel- u. Unedelmetall-Industrie-Berufsgenossenschaft. Berlin.	Wie lfde. Nr. 12.	Das Gebiet des Reichs ohne Bayern, Württemberg, Baden, Hessen, Sigmaringen, Elsaß-Lothringen.
14.	Berufsgenossenschaft der Musikinstrumenten-Industrie. Leipzig.	VI e 1. Pianofortefabrikation; „ „ 2. Verfertigung anderer Musikinstrumente.	Das Gebiet des Reichs.
15.	Glas-Berufsgenossensch. Berlin.	Glas-Industrie: IV e 1. Glasfabrikation und -veredelung; „ „ 2. Glasbläserei vor der Lampe; „ „ 3. Spiegelglas- und Spiegelfabrikation.	Das Gebiet des Reichs.
16.	Töpferei-Berufsgenossenschaft. Berlin.	Fabrikation feiner Thonwaaren und verwandte Betriebe: aus IV a 5. Speckstein-Gasbrenner-Fabriken*); „ c 2. Massenbereitung für glasirte und verglaste Thonwaaren; „ „ 3. Kaolingruben und -schlemmerei, auch Massemühlen; „ „ 4. Quarz- und Glasurmühlen; aus „ d 1. die Emaillirwerke für Thonwaaren; „ „ 2. Töpferei, Verfertigung von feinen Thonwaaren, Steinzeug, Terralith- und Siderolithwaaren (ausgenommen die Bauornamenteverfertiger, Lehmformer, Muffelmacher [Fabrikanten feuerfester Produkte], Steinröhrenfabrikanten [Steinzeugröhrenfabrikanten], Terracottenfabrikanten [soweit die Verfertiger von Bauornamenten damit gemeint sind]);	Das Gebiet des Reichs.

*) laut Beschluß des Bundesraths vom 16. Mai 1889 mit der Wirkung vom 1. Jan. 1889 ab aus den Baugewerks-B.-G. 43 fg. ausgeschieden und hierher übertragen.

Laufende Nr.	Bezeichnung und Sitz der Berufsgenossenschaft.	Industriezweige. (Nach den Gruppen, Klassen und Ordnungen der Reichs-Berufs-(Gewerbe-)Statistik.	Bezirk der Berufsgenossenschaft.
		IV d 3. Fayencefabrikanten und -veredelung; „ „ 4. Porzellanfabrikation und -veredelung.	
17.	Ziegelei-Berufsgenossenschaft. Berlin.	Ziegelei- und Thonröhrenfabrikation (Lehm-, Thon- und Torfgräberei): aus IV a 5. die Schwemmsteinfabrikation; „ c 1. Lehm- und Thongräberei; „ d 1. Ziegelei und Thonröhrenfabrikation (ausgenommen die Emaillirwerke für Thonwaaren); aus IV d 2. die Bauornamenteverfertiger, Muffelmacher (Fabrikanten feuerfester Produkte), Steinröhrenfabrikanten (Steinzeugröhrenfabrikanten), Terracottenfabrikanten (soweit die Verfertiger von Bauornamenten damit gemeint sind). Außerdem III e. Torfgräberei und Torfbereitung.	Das Gebiet des Reichs.
18.	Berufsgenossenschaft der chemischen Industrie. Berlin.	Chemische Industrie: VII a. Chemische Großindustrie; „ b. Sonstige Verfertigung chemischer, pharmazeutischer und photographischer Präparate; „ c. Apotheken; „ d 1. Herstellung von Farbematerialien ꝛc. mit Ausschluß der Brokat- und Bronzefabrikation; „ „ 2. Verfertigung von Bleistiften, Pastellstiften, Kreiden, ausgenommen die Bleistiftfabrikanten; „ „ 3. Anilin- und Anilinfarbenfabrikation; „ „ 4. Herstellung sonstiger Steinkohlen- und Kohlentheerderivate; „ e 1. Herstellung von Explosivstoffen; „ „ 2. Zündwaarenverfertigung; „ f 1. Abfuhr- und Desinfektionsanstalten; „ „ 2. Fabrikation künstlicher Düngstoffe; „ „ 3. Abdeckerei. VIII a 1. Holzkohlen-, Holztheer- und Rußgewinnung; „ „ 2. Harz- und Pechgewinnung; „ c 1. Talgsiederei, Talgkerzenfabrikation, Seifensiederei; „ „ 2. Stearin- und Wachskerzenfabrikation;	Das Gebiet des Reichs.

Laufende Nr.	Bezeichnung und Sitz der Berufsgenossenschaft.	Industriezweige. (Nach den Gruppen, Klassen und Ordnungen der Reichs-Berufs-(Gewerbe-)Statistik.)	Bezirk der Berufsgenossenschaft.
		VIII e 1. Kohlentheerschwelerei, Betriebe für Mineralöle, Gasäther rc. für Paraffinkerzen; Petroleumraffinerie;	
		" " 2. Thranbrennerei, Leder- und Wagenschmierefabrikation;	
		" " 3. Herstellung von ätherischen Oelen und Parfüms;	
		" " 4. Bearbeitung von Harzen und Verfertigung von Firnissen und Kitten;	
		X a 3. Dachfilz- und Dachpappenfabrikation;*)	
		X e 3. Gummi- und Guttaperchawaarenfabrikation;	
		aus XI a. die Imprägniranstalten (mit Ausnahme derjenigen, welche vorwiegend Holzzurichtung betreiben: Sägewerke rc.);	
		XII c 3. Fabrikation künstlicher Mineralwasser;	
		" " 8. Essigfabrikation ohne die Herstellung von Alkohol-(Gährungs-)Essig;	
		Außerdem:	
		III c 2. Salinen, sofern sie nicht landesgesetzlich bestehenden Knappschaftsverbänden angehören.	
19.	Berufsgenossenschaft der Gas- und Wasserwerke. Berlin.	Gas und Wasserwerke: VIII b. Gasanstalten; XII c 1. Wasserversorgung, einschl. Hauswasserleitungen und Pumpstationen für Kanalisationszwecke.	Das Gebiet des Reichs.
20.	Leinen-Berufsgenossenschaft. Bielefeld.	Flachs-, Hanf-, Jute- und sonstige Bastfaser-Industrie:	Das Gebiet des Reichs mit Ausnahme von Königreich Sachsen, Schlesien und Elsaß-Lothringen.
		IX a 3. Flachsröstanstalten;	
		" b 5. Flachshechelei und Leinenspinnerei (einschl. Hechelei, Haspelei, Spulerei, Zwirnerei und Wattenfabrikation);	
		aus " " 8. die Jutespinnerei und sonstige Bastfaser- (Manilla-, Kokus-, Nessel-) Spinnerei;	
		" c 3. Leinenweberei, einschl. Leinenbandweberei;	
		" " 4. Juteweberei;	

*) laut Beschluß des Bundesraths v. 16. Mai 1889 mit der Wirkung vom 1. Januar 1888 ab aus der B.-G. 29 ausgeschieden und hierher übernommen.

Laufende Nr.	Bezeichnung und Sitz der Berufsgenossenschaft.	Industriezweige. (Nach den Gruppen, Klassen und Ordnungen der Reichs-Berufs-(Gewerbe-)Statistik.)	Bezirk der Berufsgenossenschaft.
		aus IX c 6. die Bastfaser- (Manilla-, Kokus-, Nessel-) Weberei; „ g 3. Bleicherei, Färberei und Appretur für Gespinnste und Gewebe aus Flachs, Hanf, Werg, Jute ꝛc; „ i 1. Seilerei und Reepschlägerei; „ „ 2. Verfertigung von Netzen, Segeln, Säcken ꝛc.	
21.	Norddeutsche Textil-Berufsgenossenschaft. Berlin.	Textil-Industrie ohne Seiden- und Halbseiden-, Leinen, Halbleinen- u. sonstige Bastfaser-Industrie: IX a 2. Wollbereitung; „ b 3. Wollenspinnerei, einschl. Hechelei, Haspelei, Spulerei, Zwirnerei und Wattenfabrikation; „ „ 4. Mungo- und Shoddy-Herstellung und Spinnerei; „ „ 6. Baumwollenspinnerei, einsch. Hechelei, Haspelei, Spulerei, Zwirnerei und Wattenfabrikation; „ „ 7. Vigognespinnerei, einschl. wie vor; aus „ „ 8. Spinnerei anderer Stoffe, einschl. wie vor; „ „ 9. Spinnerei ohne Stoffangabe, einschl. wie vor; „ c 2. Wollenweberei, einschl. Wollenbandweberei; „ „ 5. Baumwollenweberei, einschl Baumwollen-Bandweberei; aus „ „ 6. Weberei von gemischten und anderen Waaren; „ „ 7. Weberei ohne Stoffangabe; „ d. Gummi- und Haarflechterei und Weberei; „ e. Strickerei und Wirkerei (Strumpfwaarenfabrikation); „ f 1. Häkelei, Stickerei; „ „ 2. Spitzenverfertigung und Weißzeugstickerei; „ g 2. Wollenfärberei, -Druckerei und -Appretur; „ „ 4. Bleicherei, Färberei, Druckerei für Gespinnste und Gewebe aus Baumwolle; „ „ 5. Appretur für Strumpf- und Strickwaaren;	Das Gebiet des Reichs ohne Rheinprovinz und Birkenfeld, Westfalen, Schlesien, Bayern, Königreich Sachsen, Württemberg Baden, Hessen, Elsaß-Lothringen u. Sigmaringen.

Laufende Nr.	Bezeichnung und Sitz der Berufsgenossenschaft.	Industriezweige. (Nach den Gruppen, Klassen und Ordnungen der Reichs-Berufs-(Gewerbe-)Statistik.)	Bezirk der Berufsgenossenschaft.
		IX g 6. Wäscherei, Bleicherei und Appretur für Spitzen und Weißzeugstickereien; „ „ 7. Sonstige Bleicherei, Färberei, Druckerei und Appretur; „ „ h. Posamentenfabrikation.	
22.	Süddeutsche Textil-Berufsgenossenschaft. Augsburg.	Wie lfde. Nr. 21.	Bayern, Württemberg, Baden, Hessen, Sigmaringen.
23.	Schlesische Textil-Berufsgenossenschaft. Breslau.	Textil-Industrie ohne Seiden- und Halbseiden-Industrie: IX a 2. Wollbereitung; „ „ 3. Flachsröstanstalten; „ „ 3. Wollenspinnerei, einschl. Hechelei. Haspelei, Spulerei, Zwirnerei und Wattenfabrikation; „ „ 4. Mungo- und Shoddy-Herstellung und -Spinnerei; „ „ 5. Flachshechelei und Leinenspinnerei, einschl. Hechelei, Haspelei, Spulerei, Zwirnerei und Wattenfabrikation; „ „ 6. Baumwollenspinnerei, einschl. wie vor; „ „ 7. Vigognespinnerei, einschl. wie vor; aus „ „ 8. Spinnerei anderer Stoffe, einschl. wie vor; „ „ 9. Spinnerei ohne Stoffangabe, einschl. wie vor; „ c 2. Wollenweberei, einschl. Wollenbandweberei; „ „ 3. Leinenweberei, einschl. Leinenbandweberei; „ „ 4. Juteweberei; „ „ 5. Baumwollenweberei, einschl. Baumwollenbandweberei; „ „ 6. Weberei von gemischten und anderen Waaren; „ „ 7. Weberei ohne Stoffangabe; „ d. Gummi- und Haarflechterei und -Weberei; „ e. Strickerei und Wirkerei (Strumpfwaarenfabrikation); „ f 1. Häkelei, Stickerei;	Provinz Schlesien.

Laufende Nr.	Bezeichnung und Sitz der Berufsgenossenschaft.	Industriezweige. (Nach den Gruppen, Klassen und Ordnungen der Reichs-Berufs-(Gewerbe-)Statistik.)	Bezirk der Berufsgenossenschaft.
		IX f 2. Spitzenverfertigung und Weißzeugstickerei; „ g 2. Wollenfärberei, -Druckerei und Appretur; „ „ 3. Bleicherei, Färberei und Appretur für Gespinnste und Gewebe aus Flachs, Hanf, Werg, Jute zc.; „ „ 4. Bleicherei, Färberei, Druckerei für Gespinnste und Gewebe aus Baumwolle; „ „ 5. Appretur für Strumpf- und Strickwaaren; „ „ 6. Wäscherei, Bleicherei und Appretur für Spitzen und Weißzeugstickereien; „ „ 7. Sonstige Bleicherei, Färberei, Druckerei und Appretur; „ h. Posamentenfabrikation; „ i 1. Seilerei und Reepschlägerei; „ „ 2. Verfertigung von Netzen, Segeln, Säcken zc.*)	
24.	Elsaß-lothringische Textil-Berufsgenossenschaft. Mülhausen i. E.	Wie lfde. Nr. 23.	Elsaß-Lothringen.
25.	Rheinisch-westfälische Textil-Berufsgenossenschaft. M. Gladbach.	Wie lfde. Nr. 21.	Rheinprovinz, Westfalen und Fürstenthum Birkenfeld.
26.	Sächsische Textil-Berufsgenossensch. Leipzig.	Wie lfde. Nr. 23.	Königr. Sachsen.
27.	Seiden-Berufsgenossenschaft. Krefeld.	Seiden-, Halbseiden- und nahverwandte Hülfs-Industrien: IX a 1. Seidentrocknungs- und konditionir-anstalten; „ b 1. Seidenfilanden und Seidenhaspelanstalten; „ „ 2. Seiden- u. Seidenshoddy-Spinnerei, einschl. Hechelei, Haspelei, Spulerei, Zwirnerei und Wattenfabrikation;	Das Gebiet des Reichs.

*) Vgl. auch Nr. 41 ad XIII a.

Laufende Nr.	Bezeichnung und Sitz der Berufsgenossenschaft.	Industriezweige. (Nach den Gruppen, Klassen und Ordnungen der Reichs-Berufs-(Gewerbe-)Statistik.)	Bezirk der Berufsgenossenschaft.
		IX c 1. Seidenweberei, einschl. Sammetverfertigung und Seidenbandweberei; „ g 1. Seidenfärberei und -druckerei.	
28.	Papiermacher-Berufsgenossenschaft. Berlin.	Alle Papierstoff und Papier herstellenden Industrien aus Gruppe X a 1: 1) die Sortir- und Schneide-Anstalten von Habern, Esparto ꝛc.; 2) die Herstellung von Holz- und Strohstoffen aus Rohmaterialien jeder Art auf mechanischem und chemischem Wege; 3) die Fabrikation von Papier und Pappen jeder Art aus Rohmaterialien oder Halbfabrikaten, wonach insbesondere die Unternehmer nachstehender Betriebe zur Genossenschaft gehören: Cellulose-, Gazepapierfabrikanten, Holzkocher, Holzpapierstofffabrikation, Holzschleifer, Holzstoffschleifer für Papier-, Lederpappe-, Lumpenfabrikanten (Haderfabrikanten), Lumpenschneider, -sortirer für die Papierfabrikation, Papier-, Papierstoff-, Pappdeckel-, Pappe-, Preßspänefabrikanten, Betriebe für Strohstoff für Papier, jedoch mit Ausschluß der zu der folgenden Berufsgenossenschaft gehörenden Pappe- resp. Pappdeckelfabrikanten, welche die Pappe durch Zusammenkleben herstellen.	Das Gebiet des Reichs.
29.	Papierverarbeitungs-Berufsgenossenschaft. Berlin.	Industrie für Papierverarbeitung: aus X a 1. Glaspapiermacher, Kartenmacher für Webereien, Oelpapier-, Papierstramin-, Pappefabrikanten (diese aber nur, sofern sie blos Pappe zusammenkleben), Pergamentpapier-, Schleifpapier-, Wachspapier-, Sandpapier-, Schmirgelpapierfabrikanten; ferner: „ „ 2. Steinpappe- und Papiermachéfabrikation;*) X a 4. Bunt- und Luxuspapierfabrikation; „ „ 5. Tapeten- und Rouleauxfabrikation; „ d. Buchbinderei und Kartonnagefabrikation; XV b 2. Stein- und Zinkdruckerei; „ „ 3. Kupfer- und Stahldruckerei;	Das Gebiet des Reichs.

*) X a 3 Dachfilz- und Dachpappefabrikation ist mit der Wirkung vom 1. Januar 1888 ab aus B.-G. 29 ausgeschieden und zur B.-G. 18 (chem. Ind.) übergetreten. (Beschluß d. Bundesraths v. 16. Mai 1889.)

Laufende Nr.	Bezeichnung und Sitz der Berufsgenossenschaft.	Industriezweige. (Nach den Gruppen, Klassen und Ordnungen der Reichs-Berufs-(Gewerbe-)Statistik.)	Bezirk der Berufsgenossenschaft.
		XV „ 4. Farbendruckerei; „ c. Photographische Anstalten.	
30.	Lederindustrie-Berufsgenossenschaft. Berlin.	Lederindustrie: V b 1. Lohmühlen und Lohextraktfabriken; „ „ 2. Gerberei, Fabrikation von gefärbtem und lackirtem Leder und Pergament; „ c 1. Wachstuch und Ledertuchfabrikation; „ „ 1. Treibriemenfabrikation; „ e. Verfertigung von Riemer-, Sattler- und Tapezierarbeiten; aus XIII a 8. Verfertigung von ledernen Handschuhen.	Das Gebiet des Reichs.
31.	Sächsische Holz-Berufsgenossensch. Dresden.	Holz-Industrie: XI a. Holzzurichtung und Konservirung ohne die Imprägniranstalten, welche nicht vorwiegend Holzzurichtung betreiben; „ b 1. Verfertigung von Holzstiften, Zündholzruthen und Zahnstochern; „ „ 2. Verfertigung von groben Holzwaaren; „ „ 3. Tischlerei*) und Parketfabrikation; „ c. Böttcherei; „ d. Korbmacherei; „ e. Sonstige Weberei und Flechterei von Holz, Stroh, Bast und Binsen mit Ausnahme der Strohhut-Fabrikanten, -Näher, -Plätter, -Putzer, -Wäscherinnen; „ f 1. Drechsler- und Schnitzwaarenverfertigung; „ „ 2. Korkschneiderei; „ g 1. Verfertigung von Kämmen, Bürsten, Pinseln, Federposen; „ „ 3. Stock-, Sonnen- und Regenschirmfabrikation; „ h. Holz- und Schnitzwaaren-Vergoldung und sonstige Veredelung. Ferner: aus IV a 2. Schreibtafel-Fabrikation, sofern der Hauptbetrieb in der Herstellung der Holzrahmen um die Schieferplatte besteht;	Königreich Sachsen.

*) einschl. der Bauschreiner (Tischler) und Einsetzer (A. N. II S. 295).

Laufende Nr.	Bezeichnung und Sitz der Berufsgenossenschaft.	Industriezweige. (Nach den Gruppen, Klassen und Ordnungen der Reichs-Berufs-(Gewerbe-)Statistik.)	Bezirk der Berufsgenossenschaft.
		VI b 1. Stellmacherei und Wagnerei; aus „ „ 2. Wagenbauanstalten (in Holz), ausschließlich der Eisenbahnwaggon-Bauanstalten: „ VII d 2. Bleistiftfabrikation; „ IX g 7. Holzfärberei ꝛc.; „ XVI. Holzbildhauer; endlich die Klenganstalten.	
32.	Norddeutsche Holz-Berufsgenossensch. Berlin.	Wie lfde. Nr. 31.	Das Gebiet des Reichs, ohne Bayern, Königr. Sachsen, Württemberg, Baden, Hessen, Sigmaringen, Elsaß-Lothringen.
33.	Bayerische Holzindustrie-Berufsgenossenschaft. München.	Wie lfde. Nr. 31.	Bayern.
34.	Südwestdeutsche Holz-Berufsgenossenschaft. Stuttgart.	Wie lfde. Nr. 31.	Württemberg, Baden, Hessen, Sigmaringen, Elsaß-Lothringen.
35.	Müllerei-Berufsgenossenschaft. Berlin.	Mehl-, Graupen-, Grütze-, Oel- und Reismühlen und die damit verwandten Betriebe: XII a 1. Getreide-, Mahl- und Schälmühlen; VIII d. Oelmühlen.	Das Gebiet des Reichs.
36.	Nahrungsmittel-Industrie-Berufsgenossensch. Mannheim.	Nahrungsmittel-Industrie: XII a 2. Bäckerei und Konditorei; „ „ 4. Nudel- und Makkaronifabrikation; „ „ 6. Kakao- und Chokoladenfabrikation; „ „ 7. Kaffeesurrogatfabrikation; „ „ 8. Kaffeebrennerei, Zuckerschneiderei; „ „ 9. Konservenfabrikation und Verfertigung komprimirter Gemüse; „ b 1. Fleischerei; „ „ 2. Fischsalzerei und -pökelei; „ c 2. Eisbereitung ꝛc.; aus XII c 5. Malzextrakt- und Malzpräparatefabrikation, sofern nicht Nebenbetrieb der Brauerei;	Das Gebiet des Reichs.

Laufende Nr.	Bezeichnung und Sitz der Berufsgenossenschaft.	Industriezweige. (Nach den Gruppen, Klassen und Ordnungen der Reichs-Berufs-(Gewerbe-)Statistik.)	Bezirk der Berufsgenossenschaft.
		XII c 7. Schaum- und Obstweinfabrikation und Weinpflege; XIII d 1. Badeanstalten.	
37.	Zucker-Berufsgenossensch. Berlin.	XII a 3. Rübenzuckerfabrikation und Zuckerraffinerie.	Das Gebiet des Reichs.
38.	Brennerei-Berufsgenossenschaft. Berlin.	Spiritus-, Stärke-, Preßhefe-, Alkoholessig-Fabrikation und Molkerei: XII a 5. Stärke- und Stärkesyrupfabrikation; " b 3. Molkereien, Butter- und Käsefabrikation; " c 6. Branntweinbrennerei, Liqueur- und Preßhefefabrikation; " " 8. Alkohol- (Gährungs-) Essigfabrikation.	Das Gebiet des Reichs.
39.	Brauerei- und Mälzerei-Berufsgenossenschaft. Frankfurt a. M.	Brauerei und Mälzerei: XII c 4. (Mälzerei) und 5. (Brauerei) ohne Malzextrakt- und Malzpräparatefabrikation, sofern nicht Nebenbetrieb der Brauerei.	Das Gebiet des Reichs.
40.	Taback-Berufsgenossenschaft. Berlin.	XII d. Tabackfabrikation.	Das Gebiet des Reichs.
41.	Bekleidungs-Industrie-Berufsgenossenschaft. Berlin.	Bekleidungsindustrie: XIII a. Wäsche, Kleidung, Kopfbedeckung, Putz, jedoch ohne Lederhandschuhfabrikation und ohne Handschuhwirkerei, sowie ohne die Korsetzeugweberei, welche zur Textilindustrie gehört. Die Korsetfabrikation im Uebrigen gehört zur Bekleidungsindustrie; " b. Schuhmacherei; " c. Haar- und Bartpflege; " d 2, 3. Waschanstalten zc.; ferner: aus XI e. Strohhut-Fabrikanten, -Näher, -Plätter, -Putzer, -Wäscherinnen.	Das Gebiet des Reichs.

Laufende Nr.	Bezeichnung und Sitz der Berufsgenossenschaft.	Industriezweige. (Nach den Gruppen, Klassen und Ordnungen der Reichs-Berufs-(Gewerbe-)Statistik.)	Bezirk der Berufsgenossenschaft.
42.	Berufsgenossenschaft der Schornsteinfegermeister des Deutschen Reichs. Berlin.	XIV n. Schornsteinfeger.	Das Gebiet des Reichs.
43.	Hamburgische Baugewerks-Berufsgenossenschaft. Hamburg.	Baugewerbe: XIV a 1. Bauunternehmer; „ „ 2. Privatarchitekten, Civilingenieure, Bautechniker und bautechnisches Büreaus; „ b. Feldmesser, Geometer, Markscheider, Wiesenbauer und Draintechniker; „ c. Maurer; „ d. Zimmerer; „ e. Glaser; „ f. Stubenmaler, Staffirer, Anstreicher, Tüncher, Stubenbohner; „ g. Stuckateure (auch Herstellung von Stuckwaaren als Handelsartikel [A. N. III S. 51]); „ h. Dachdecker (Ziegel-, Schiefer-, Schindel-, Stroh-); „ i. Asphaltirer und Steinsetzer; „ k. Brunnenmacher; „ l. Einrichter von Gas- und Wasseranlagen; „ m. Ofensetzer; ferner: IV a 3, 4, 5. Verfertigung grober und feiner Steinwaaren, Steinmetzen*) (ohne Steinbrüche und Steinbrecher und ohne Schwemmsteinfabrikation, ferner ohne Edelstein- und Halbedelstein-Schleiferei und -Schneiderei**),	Hamburg, Lübeck, Schleswig-Holstein, Mecklenburg-Schwerin, Mecklenburg-Strelitz und Fürstenthum Lübeck.

*) und Steinhauer; dahin gehören auch die Straßenpflasterer (A. N. IV S. 343).

**) laut Beschluß des Bundesraths vom 16. Mai 1889 hier ausgeschieden und zu den B.-G. 12 und 13 (Edel- u. Unedel-Metall) übergetreten, vgl. Anm. ** auf S. 446.

Laufende Nr.	Bezeichnung und Sitz der Berufsgenossenschaft.	Industriezweige. (Nach den Gruppen, Klassen und Ordnungen der Reichs-Berufs-(Gewerbe-)Statistik.)	Bezirk der Berufsgenossenschaft.
		sowie ohne Speckstein-Gasbrenner-Fabriken*)); aus V b 5. Baulackirer; " " c 3. Bauklempner; " " " 8. Blitzableiterverfertiger und -setzer; " VI a 5. Mühlenbau in Holz; " " b 3. Schiffsbau in Holz; " XVI. Kunst- und Dekorationsmaler bei Bauten.	
44.	Nordöstliche Baugewerks-Berufsgenossenschaft. Berlin.	Wie lfde. Nr. 43.	Provinzen Brandenburg mit Berlin Pommern, Ost- u. Westpreußen.
45.	Schlesisch-Posensche Baugewerks-Berufsgenossenschaft. Breslau.	Wie lfde. Nr. 43.	Provinzen Schlesien und Posen.
46.	Hannoversche Baugewerks-Berufsgenossenschaft. Hannover.	Wie lfde. Nr. 43.	Provinz Hannover, Reg.-Bez. Minden, Herzogth. Oldenburg, Braunschweig, Lippe, Schaumburg-Lippe, Pyrmont, Schaumburg-Rinteln, Bremen.
47.	Magdeburgische Baugewerks-Berufsgenossenschaft. Magdeburg.	Wie lfde. Nr. 43.	Regierungsbezirke Magdeburg, Merseburg u. Herzogthum Anhalt.
48.	Sächsische Baugewerks-Berufsgenossenschaft. Dresden.	Wie lfde. Nr. 43.	Königr. Sachsen u. die reußischen Fürstenthümer mit Einschluß der Enklave Gefell.

*) laut Beschluß des Bundesraths vom 16. Mai 1889 hier ausgeschieden und mit der Wirkung vom 1. Januar 1889 ab zur B.-G. 16 (Töpferei) übergetreten.

Laufende Nr.	Bezeichnung und Sitz der Berufsgenossenschaft.	Industriezweige. (Nach den Gruppen, Klassen und Ordnungen der Reichs-Berufs-(Gewerbe-)Statistik.)	Bezirk der Berufsgenossenschaft.
49.	Thüringische Baugewerks-Berufsgenossenschaft. Erfurt.	Wie lfde. Nr. 43.	Reg.-Bez. Erfurt ohne Gefell, Sachs.-Weimar, Sachsen-Meiningen, Sachs.-Altenburg, Sachsen-Koburg-Gotha, Schwarzburg-Sondershausen, u. Schwarzburg-Rudolstadt.
50.	Hessen-Nassauische Baugewerks-Berufsgenossenschaft. Frankfurt a. M.	Wie lfde. Nr. 43.	Hessen-Nassau, Hessen, Waldeck ohne das Fürstenthum Pyrmont und ohne die Grafschaft Schaumburg-Rinteln.
51.	Rheinisch-Westfälische Baugewerks-Berufsgenossenschaft. Elberfeld.	Wie lfde. Nr. 43.	Rheinprovinz u. Westfalen ohne den Reg.-Bezirk Minden und mit Einschluß von Birkenfeld.
52.	Württembergische Baugewerks-Berufsgenossenschaft. Stuttgart.	Wie lfde. Nr. 43.	Württemberg.
53.	Bayerische Baugewerks-Berufsgenossenschaft. München.	Wie lfde. Nr. 43.	Bayern.
54.	Südwestliche Baugewerks-Berufsgenossenschaft. Strassburg i. E.	Wie lfde. Nr. 43.	Baden, Sigmaringen, Elsaß-Lothringen.

Laufende Nr.	Bezeichnung und Sitz der Berufsgenossenschaft.	Industriezweige. (Nach den Gruppen, Klassen und Ordnungen der Reichs-Berufs-(Gewerbe-)Statistik.)	Bezirk der Berufsgenossenschaft.
55.	Deutsche Buchdrucker-Berufsgenossenschaft. Leipzig.	Buchdruckerei, Schriftschneiderei und -gießerei und Holzschnitt: XV a. Schriftschneiderei und -gießerei, Holzschnitt; b 1. Buchdruckerei; aus V b 5. Messinglinienfabrikanten, außerdem die Satiniranstalten.	Das Gebiet des Reichs.
56.	Privatbahn-Berufsgenossenschaft. Lübeck.	Alle dem „Bahnpolizeireglement für die Eisenbahnen Deutschlands" bezw. der „Bahnordnung für deutsche Eisenbahnen untergeordneter Bedeutung" oder dem „Bahnpolizeireglement für die Eisenbahnen Bayerns" bezw. der „Bahnordnung für bayrische Eisenbahnen untergeordneter Bedeutung" unterliegenden Eisenbahnen, welche weder vom Reich oder von einem Bundesstaate für Reichs- bezw. Staatsrechnung verwaltet werden, noch wesentliche Bestandtheile eines anderen unfallversicherungspflichtigen Betriebes sind.	Das Gebiet des Reichs.
57.	Straßenbahn-Berufsgenossenschaft. Berlin.	Alle Privateisenbahnen, soweit sie weder den unter lfd. Nr. 56 vorstehend aufgeführten Bahnpolizeireglements oder Bahnordnungen unterliegen, noch wesentliche Bestandtheile eines anderen unfallversicherungspflichtigen Betriebes sind.	Das Gebiet des Reichs.
58.	Speditions-Berufsgenossenschaft. Berlin.	XVII c. Spedition; „ e. Bracker; „ f. Wäger, Messer, Stauer, Schauer; „ g 4. Speicher- und Kellereibetrieb; aus XIX a 2. Güterpacker, Güterlader, Schaffer; sowie Güterbestätter, sofern diese als „Bahnspediteure" durch Uebernahme der Frachtbriefe in den Frachtvertrag der Bahn eintreten.	Das Gebiet des Reichs.
59.	Fuhrwerks-Berufsgenossenschaft. Berlin.	XIX a 1. Posthalterei und Personenfuhrwerksbetrieb; „ „ 2. Fracht- (auch Roll-) Fuhrwerksbetrieb; Güterbestätter, sofern dieselben nicht als Bahnspediteure anzusehen sind, welche durch Uebernahme der Frachtbriefe in den Frachtvertrag der Bahn eintreten.	Das Gebiet des Reichs.

Laufende Nr.	Bezeichnung und Sitz der Berufsgenossenschaft.	Industriezweige. (Nach den Gruppen, Klassen und Ordnungen der Reichs-Berufs-(Gewerbe-)Statistik.)	Bezirk der Berufsgenossenschaft.
60.	Westdeutsche Binnenschifffahrts-Berufsgenossenschaft. Duisburg.	XIV a 1. Baggereibetrieb; „ b. Binnenschiffahrt, Flößerei-, Prahm-, Fährbetrieb, Schiffsziehen (Treidelei).	Das Gebiet des Rheins u. seiner Nebenflüsse, sowie der übrigen westlich u. südlich von der Elbe u. ihren Nebenflüssen belegenen Gewässer (Donau, Ems, Weser rc.).
61.	Elbschiffahrts-Berufsgenossenschaft. Magdeburg.	Wie lfde. Nr. 60.	Das Gebiet der Elbe und ihrer Nebenflüsse, der Havel jedoch mit Ausschluß der Strecke zwischen Fürstenberg u. Spandau, sowie das Gebiet der Provinz Schleswig-Holstein.
62.	Ostdeutsche Binnenschifffahrts-Berufsgenossenschaft. Bromberg.	Wie lfde. Nr. 60.	Das Gebiet der Oder und ihrer Nebenflüsse, der Havel zwischen Fürstenberg u. Spandau, sowie der übrigen, östlich von dem Bezirk der Elbschifffahrts-B.-G. belegenen Gewässer (Weichsel, Pregel, Memel rc.).
63.	See-Berufsgenossenschaft. Hamburg.	Seeschiffahrt und die sonstigen unter das See-Unfallversicherungsgesetz fallenden Berufszweige (§ 1 S.-U.-G.).	Das Gebiet des Reichs.
64.	Tiefbau-Berufsgenossen-Berlin.	Erd-, Wasser- und ähnliche Baubetriebe (§§ 1, 4 Ziffer 1 B.-U.-G.)	Das Gebiet des Reichs.

Anlage D.

Bekanntmachung,

betreffend den von der Krankenkasse in der Zeit von der fünften bis zur dreizehnten Woche nach dem Unfall zu leistenden, Seitens des Betriebsunternehmers zu erstattenden Mehrbetrag an Krankengeld (§ 5 Abs. 9 des Unfallversicherungsgesetzes).

Vom 30. September 1885. (A. N. I S. 273.)

Auf Grund des § 5 Abs. 9 des Unfallversicherungsgesetzes erläßt das Reichs-Versicherungsamt die nachstehenden Ausführungsvorschriften:

§ 1.

Als Krankenkassen im Sinne des § 5 Absatz 9 des Unfallversicherungsgesetzes gelten: die Gemeindekrankenversicherung, die Orts-, Betriebs- (Fabrik-), Innungs-, Baukrankenkassen, die Knappschaftskassen, sowie die auf Grund des Gesetzes vom 7. April 1876 (Reichs-Gesetzblatt S. 125) errichteten eingeschriebenen Hülfskassen und die auf Grund landesrechtlicher Vorschriften errichteten Hülfskassen, sofern die Mitglieder dieser Hülfskassen gemäß § 75 des Krankenversicherungsgesetzes von der Verpflichtung, einer der vorgenannten Kassen beizutreten, befreit sind.

§ 2.

Der im § 5 Absatz 9 cit. vorgesehene Mehrbetrag an Krankengeld ist vom Beginn der fünften Woche (dem 29. Tage nach Eintritt des Unfalls) an bis zum Ablauf der dreizehnten Woche für jeden Tag zu gewähren, für welchen ein Anspruch auf Krankengeld gesetzlich oder statutengemäß besteht. Der Tag des Unfalls ist bei der Berechnung des Zeitablaufs nicht mit zu zählen.

Der Mehrbetrag ist nur dann zu gewähren, wenn der Verletzte gesetzlich oder statutengemäß gegen Unfall versichert und der Unfall beim Betriebe eingetreten ist. (§§ 1 und 2 des Unfallversicherungsgesetzes.)

§ 3.

Ist der Verletzte in einem Krankenhause untergebracht, und hat derselbe Angehörige, deren Unterhalt er bisher aus seinem Arbeitsverdienst bestritten hat (vgl. § 7 Absatz 2 des Krankenversicherungsgesetzes), so ist demselben ein Mehrbetrag auf Grund des § 5 Absatz 9 des Unfallversicherungsgesetzes insoweit zu leisten, als das neben der freien Kur und Verpflegung gewährte

Krankengeld ein Drittel des bei der Berechnung desselben zu Grunde gelegten Arbeitslohns nicht erreicht†).

Hat dagegen der in einem Krankenhause untergebrachte Verletzte solche Angehörige nicht, so ist demselben ein Mehrbetrag auf Grund des § 5 Abs. 9 a. a. O. nur insoweit zu leisten, als ihm nach § 21 Ziffer 3 des Krankenversicherungsgesetzes statutengemäß ein Anspruch auf Krankengeld zusteht, und dieses den Betrag von einem Sechstel des bei der Berechnung desselben zu Grunde gelegten Arbeitslohnes nicht erreicht††).

§ 4.

Hülfskassen, welche an Stelle freier ärztlicher Behandlung und freier Arznei ein erhöhtes Krankengeld gewähren (§ 75 letzter Satz des Krankenversicherungsgesetzes), haben dem verletzten Kassenmitgliede für die im § 2 angegebene Zeit als Mehrbetrag auf Grund des § 2 Abs. 9 cit. so viel zu gewähren, als zur Erreichung von elf Zwölfteln des bei der Berechnung des Krankengeldes zu Grunde gelegten Arbeitslohnes erforderlich ist†††).

§ 5.

Beträgt, abgesehen von dem Falle des § 4, das gesetzliche oder statutenmäßige Krankengeld, welches der Verletzte aus einer Krankenkasse allein oder aus mehreren Krankenkassen zusammen zu beanspruchen hat, bereits zwei Drittel des bei der Berechnung desselben zu Grunde gelegten Arbeitslohns oder mehr, so steht dem Verletzten aus § 5 Abs. 9 cit. ein Anspruch auf einen Mehrbetrag nicht zu. Ebensowenig hat in diesem Falle die Krankenkasse auf Grund dieser Bestimmung einen Anspruch auf Erstattung gegen den Betriebsunternehmer.

---

†) Nach § 7 Absatz 2 des Krankenversicherungsgesetzes ist neben der freien Kur und Verpflegung die Hälfte des in § 6 daselbst festgesetzten Krankengeldes zu leisten. Wird das nach § 6 cit. zu gewährende Krankengeld gemäß § 5 Absatz 9 cit. auf zwei Drittel des Arbeitslohns erhöht, so erhöht sich entsprechend das nach § 7 Abs. 2 zu gewährende Krankengeld auf die Hälfte von zwei Dritteln, d. i. auf ein Drittel des Arbeitslohns.

††) Nach § 21 Ziffer 3 des Krankenversicherungsgesetzes kann neben freier Kur und Verpflegung in einem Krankenhause ein Krankengeld bis zu einem Achtel des durchschnittlichen Tagelohns auch Solchen bewilligt werden, welche nicht den Unterhalt von Angehörigen aus ihrem Lohne bestritten haben. Hiernach verhält sich das dem alleinstehenden Verletzten höchstens zu gewährende Krankengeld zu dem Krankengeld, welches beim Vorhandensein von Angehörigen gemäß § 7 Absatz 2 des Krankenversicherungsgesetzes zu gewähren ist, wie 1 zu 2. Wird nun das letztere Krankengeld gemäß der vorstehenden Anmerkung von $1/4$ auf $1/3$ des Arbeitslohns erhöht, so erhöht sich im gleichen Verhältniß das dem alleinstehenden Verletzten zu gewährende Krankengeld von $1/8$ auf $1/6$ des Arbeitslohns.

†††) Da nach § 5 Abs. 9 cit. das Krankengeld von $1/2$ auf $2/3$, also um $1/6$ zu erhöhen ist, so erhöht sich der im § 75 letzter Satz des Krankenversicherungsgesetzes bestimmte Mindestbetrag von $3/4$, wovon $1/4$ die Stelle freier Kur vertritt, um ein $1/6$, mithin auf $11/12$.

§ 6.

Bestehen Bedenken gegen den Anspruch des Verletzten auf den in § 5 Absatz 9 cit. vorgesehenen Mehrbetrag, so hat die Verwaltung der Krankenkasse dem Unternehmer desjenigen Betriebes, in welchem sich der Unfall ereignet hat, von dem Anspruche Mittheilung zu machen und dessen Erklärung hierüber einzuholen. Können hierdurch die Bedenken nicht beseitigt werden, so hat die Verwaltung auch die Ortspolizeibehörde sowie die Organe der betheiligten Berufsgenossenschaft um eine Aeußerung zu ersuchen und nach dem Ergebnisse, vorbehaltlich der Entscheidung der für Streitigkeiten dieser Art zuständigen Behörde (§ 5 Absatz 11 a. a. O.), über den Anspruch nach bestem Ermessen zu beschließen.

§ 7.

Die Auszahlung des Mehrbetrages Seitens der Krankenkasse hat in der gleichen Weise und an denselben Zahlterminen zu erfolgen, welche für das gesetzlich oder statutengemäß zu gewährende Krankengeld bei der Kasse eingeführt sind.

§ 8.

Die der Krankenkasse in Befolgung des § 5 Absatz 9 cit. erwachsene Mehrausgabe an Krankengeld ist ungesäumt nach der Wiederherstellung des verletzten Kassenmitgliedes, nach dem etwa erfolgten Ableben desselben, beziehungsweise nach Ablauf der dreizehnten Woche nach Eintritt des Unfalls bei dem Unternehmer desjenigen Betriebes, in welchem der Unfall sich ereignet hat, zur Erstattung zu liquidiren.

§ 9.

Der Liquidation ist das nachstehende Formular zu Grunde zu legen.

§ 10.

Bei Betriebs- (Fabrik-) Krankenkassen und bei Knappschaftskassen kann abweichend von den Bestimmungen in §§ 8 und 9 die Liquidation nach freier Vereinbarung zwischen den Betriebsunternehmern und den Kassenverwaltungen auch in bestimmten Zwischenräumen und für mehrere Kassenmitglieder gemeinschaftlich erfolgen.

Berlin, den 30. September 1885.

Das Reichs-Versicherungsamt.
Bödiker.

Liquidation

auf Grund

des § 5 Absatz 9 des Unfallversicherungsgesetzes vom 6. Juli 1884.

Krankenkasse (Name, Art, Sitz): ....

....

Aufsichtsbehörde (Name, Sitz): ....

....

1) Betrieb, in welchem sich der Unfall ereignet hat; Name des Unternehmers (Firma); genaue Ortsangabe (eventuell Straße und Hausnummer):	
2) Vor- u. Zuname des verletzten Kassenmitgliedes: Wohnort, Wohnung:	
3) Datum des Unfalls:	
4) Datum { a. der Wiederaufnahme der Arbeit, oder b. des erfolgten Ablebens, oder c. des Ablaufs der dreizehnten Woche nach Eintritt des Unfalles:	zu a: zu b: zu c:

5) Anzahl der Tage, für welche dem Verletzten vom Beginn der fünften Woche nach Eintritt des Unfalles bis zur Wiederherstellung (bis zum etwa erfolgten Ableben, beziehungsweise bis zum Ablauf der dreizehnten Woche) Krankengeld gezahlt worden ist:

---

6) Betrag des {
a. der Berechnung des Krankengeldes zu Grunde gelegten täglichen Arbeitslohnes . . . .*M*...*Pf.*
b. (gesetzlichen) (statutenmäßigen) Krankengeldes für den Tag . . . .*M*...*Pf.*
c. auf Grund des § 5 Abs. 9 des Unfallversicherungsgesetzes für den Tag gewährten Krankengeldes ..*M*...*Pf.*

7) Berechnung. — Das verletzte Kassenmitglied hat vom Beginn der fünften Woche seit Eintritt des Unfalles an Krankengeld insgesammt empfangen:
und zwar für ... Tage (vgl. Ziffer 5) à .. *M.* .. *Pf.* (vgl Ziffer 6c), zusammen .... *M* .. *Pf.*
Dem Kassenmitgliede stand für die gleiche Zeit (gesetzlich) (statutenmäßig) zu und zwar für ... Tage (vgl. Ziffer 5) .. *M.* .. *Pf.* (vgl. Ziffer 6b), ... zusammen .. *M.* .. *Pf.*

Mehrauslage, welche der Kasse vom Betriebsunternehmer zu erstatten ist .... *M.* .. *Pf.*

---

8) Bemerkungen: ....

....

....

....

Auf Grund des § 5 Absatz 9 des Unfallversicherungsgesetzes $\frac{\text{werden Ew.}}{\text{wird die}}$ .... zufolge Beschlusses des Kassenvorstandes vom .... ergebenst ersucht, der unterzeichneten Kasse zu Händen des Herrn .... die vorstehend begründete Mehrauslage zum Betrage von (in Buchstaben .... *M.* .. *Pf.* bis zum .... gefälligst erstatten zu wollen.

Ort und Datum .... Unterschrift:

An

....

Den vorstehend liquidirten Betrag von .. *M.* .. *Pf.* erhalten.

Ort und Datum: Unterschrift:

Anlage E.

Formular

für die Anmeldung zur Unfallversicherung nach § 35 des Unfallversicherungsgesetzes.

(Nach Vorschlägen des Reichs-Versicherungsamts.)

Auf Seite 253 (d. A. N.) wurde mitgetheilt, in welcher Weise der Betriebsunternehmer, welcher seinen Betrieb nicht bereits nach Maßgabe des § 11 des Unfallversicherungsgesetzes anmeldete, die Anmeldung zu bewirken hat.

Der Einfachheit und Uebersichtlichkeit halber erscheint es wünschenswerth, zu dieser Anmeldung ein Formular, welches die erforderlichen Spalten zur Eintragung der nöthigen Angaben enthält und welches urschriftlich seitens der unteren Verwaltungsbehörde an den Vorstand der zuständigen Berufsgenossenschaft abgegeben werden kann, zu benutzen. Das nachstehende Formular, welches dem vom Reichs-Versicherungsamte beim Beginn der Organisation der Berufsgenossenschaften für die ersten Anmeldungen vorgeschriebenen entspricht und bereits an mehreren Stellen benutzt wird, würde sich zur allgemeinen Verwendung eignen.

Anmeldung zur Unfallversicherung

(§ 35 des Unfallversicherungsgesetzes)

Staat: Höhere Verwaltungsbehörde: Untere Verwaltungsbehörde:

Name des Unternehmers (Firma).	Gegenstand des Betriebes. (Der Hauptbetrieb ist zu unterstreichen.)	Art des Betriebes. (Ob Hand-, Gas- oder Dampfbetrieb 2c.)	Zahl der versicherten Personen.	Berufsgenossenschaft, welcher der Betrieb angehört.	Tag der Eröffnung d. Betriebes bzw. des Beginns der Versicherungspflicht.	Bemerkungen.

......................, den ten 188

Unterschrift des Anmeldepflichtigen.

Die Anmeldung ist in zwei Exemplaren bei der unteren Verwaltungsbehörde, in deren Bezirk der Betrieb gelegen ist, gegen Empfangsbestätigung einzureichen. Das Unterlassen der Anzeige kann mit Ordnungsstrafe bis zu Dreihundert Mark (§ 104 Absatz 1 a. a. O.) belegt, außerdem können gegen den säumigen Unternehmer Exekutivstrafen im Betrage bis zu Einhundert Mark verhängt werden (§§ 11, 35 a. a. O.).

Urschriftlich an den Vorstand der ....

.... Berufsgenossenschaft

zu

....

...., den ten .... 188 . .

(Unterschrift der unteren Verwaltungsbehörde:)

....

Anlage F.

Formular zu Unfallanzeigen.*)

(§ 51 U.-V.-G.)

Berufsgenossenschaft: ....

..........................; Sektion: ....

Vertrauensmann: ....

(Name, Wohnort, Wohnung) ....

Betriebsunternehmer: ....
(Name [Firma], Wohnort,
Wohnung)

..........................; Nr. .... des Genossenschaftskatasters.
(Vergl. Mitgliedschein.)

Unfall-Anzeige

an die Ortspolizeibehörde zu ....

Kreis (Amt) ....

Für jede verletzte oder getödtete Person ist ein besonderes Anzeige-Formular auszufüllen.

1. Betrieb, in welchem sich der Unfall ereignet hat. (Genaue Bezeichnung und Ortsangabe, Straße und Hausnummer; bei großen Betrieben auch Betriebsabtheilung.)	
2. Vor- und Zuname der verletzten oder getödteten Person. Im Betriebe beschäftigt als? (Art der Beschäftigung, Arbeitsposten.) Wohnort, Wohnung. Lebensalter (ungefähre Angabe in Jahren genügend).	

*) Diese Formulare sind in dem vorgeschriebenen Format in den Buchhandlungen und an anderen, bei den Ortspolizeibehörden zu erfragenden Stellen zu haben.

3. Worin besteht die Verletzung? Wird dieselbe voraussichtlich den Tod oder eine Erwerbsunfähigkeit von mehr als dreizehn Wochen zur Folge haben?	
4. Wo ist die verletzte Person untergebracht? (Krankenhaus, Wohnung.)	
5. Krankenkasse, welcher die verletzte Person angehört.	
6. Wochentag, Datum, Tageszeit und Stunde des Unfalls.	
7. Veranlassung und Hergang des Unfalls. Hier ist eine möglichst eingehende Schilderung des Unfalls zu geben. Insbesondere ist die Werkstätte, in welcher, sowie die Arbeit und die Maschine, bei welcher sich der Unfall ereignet hat, genau zu bezeichnen, geeigneten Falls unter Beifügung einer erläuternden Handskizze.	
8. Augenzeugen des Unfalls. (Name, Wohnort, Wohnung.)	
9. Etwaige Bemerkungen. (Z. B. Angabe von Vorkehrungen zur Verhütung ähnlicher Unfälle, u. a. m.)	

Ort und Datum:

Name und Stand der die Anzeige erstattenden Person:

....

Zur Beachtung.

1. Nach § 51 des Unfallversicherungsgesetzes vom 6. Juli 1884 ist von jedem in einem versicherten Betriebe vorkommenden Unfall, durch welchen eine in demselben beschäftigte Person getödtet wird oder eine Körperverletzung erleidet, welche eine Arbeitsunfähigkeit von mehr als drei Tagen oder den Tod zur Folge hat, von dem Betriebsunternehmer bei der Ortspolizeibehörde schriftliche Anzeige zu erstatten.

Dieselbe muß **binnen zwei Tagen** nach dem Tage erfolgen, an welchem der Betriebsunternehmer von dem Unfall Kenntniß erlangt hat.

Für den Betriebsunternehmer kann derjenige, welcher zur Zeit des Unfalls den Betrieb oder den Betriebstheil, in welchem sich der Unfall ereignete, zu leiten hatte, die Anzeige erstatten; im Falle der Abwesenheit oder Behinderung des Betriebsunternehmers ist er dazu verpflichtet.

2. Wegen der Mittheilung von Abschriften dieser Anzeige an die Organe der Berufsgenossenschaften (Vertrauensmann, Sektionsvorstand, Genossenschaftsvorstand) sind die Bestimmungen des Genossenschaftsstatut maßgebend.

Anlage G.

Vorschriften*)

für die preußischen Ortspolizeibehörden und das Eisenbahn-Kommissariat in Berlin über die Führung des Unfallverzeichnisses.

§ 52 des Unfallversicherungsgesetzes.

Berlin, den 7. November 1885 (M. J. B. S. 246).

Nach § 52 des Unfallversicherungsgesetzes haben die Ortspolizeibehörden ein Unfallverzeichniß zu führen und in dasselbe diejenigen Unfälle einzutragen, welche aus den der Unfallversicherung unterliegenden Betrieben, soweit diese nicht unter Reichs- oder Staatsverwaltung stehen, nach § 51 a. a. O. angemeldet werden.

Zur Ausführung dieser Vorschrift wird das Folgende bestimmt:

I.

Die Ortspolizeibehörden haben das Unfallverzeichniß nach dem anliegenden Formular zu führen und die Eintragungen in dasselbe nach Anleitung der probeweisen Ausfüllung zu bewirken.

II.

Dabei sind insbesondere folgende Vorschriften zu beachten:

1) In das Unfallverzeichniß sind alle Unfälle einzutragen, welche auf Grund des § 51 des Unfallversicherungsgesetzes zur Anzeige gelangen.

2) Die Eintragung ist in der Reihenfolge zu bewirken, in welcher die Anzeigen eingehen. Die letzteren sind mit fortlaufender Nummer zu versehen und in einem Beilageheft zum Unfallverzeichniß zu sammeln.

3) In Spalte 2 ist der Betrieb, in welchem sich der Unfall ereignet hat, genau zu bezeichnen. Soweit zur Feststellung der Identität eine Ortsangabe (Gemeindebezirk, Straße, Hausnummer) erforderlich erscheint, ist dieselbe beizufügen.

4) Sind mehrere Personen durch einen Unfall verletzt oder getödtet, so bedarf es einer Ausfüllung aller Spalten für jede Person nicht. Es genügt, in Spalte 5 die Namen der Personen, in Spalte 6—7 die Verletzungen, welche dieselben erlitten haben, aufzuführen, im Uebrigen aber nur eine einmalige Angabe hinsichtlich des Betriebes u. s. w. zu machen.

*) Im Wesentlichen gleichartige Vorschriften sind in anderen Bundesstaaten und für die meisten fiskalischen Betriebe erlassen.

5) Unfälle, welche nach der darüber eingegangenen Anzeige eine Untersuchung (§ 53 a. a. O.) zwar nicht erfordern, indeß auch nicht als ganz unerheblich anzusehen sind, müssen von der Ortspolizeibehörde in ihren weiteren Folgen beobachtet werden, damit bei etwa eintretender Verschlimmerung der letzteren die Untersuchung rechtzeitig eingeleitet werden kann. In Fällen dieser Art ist in Spalte 10 anzugeben, warum die nachträglich erforderlich gewordene Untersuchung erst nach einiger Zeit vorgenommen worden ist.

6) Mit Rücksicht auf § 5 Abs. 9 a. a. O. empfiehlt sich eine kurze Mittheilung über das Ergebniß der Unfalluntersuchung an die in der Unfallanzeige bezeichnete Krankenkasse, welcher der Verletzte angehört, und ist hierüber in Spalte 10 ein entsprechender Vermerk eingetragen.

7) Es ist zulässig, getrennte Unfallverzeichnisse für örtlich abgegrenzte Theile des Bezirks der Ortspolizeibehörde (Polizei-Reviere u. A.) oder für eine oder mehrere Berufsgenossenschaften (vergl. den Kopf der Unfallanzeigen) oder für einzelne Gewerbezweige oder einzelne größere Etablissements zu führen.

III.

Die unter II 1 bis 7 gegebenen Vorschriften müssen dem Unfallverzeichniß vorgeheftet oder vorgedruckt sein.

IV.

Die vorgesetzten Dienstbehörden haben sich gelegentlich von der vorschriftsmäßigen Führung des Unfallverzeichnisses zu überzeugen.

Für den Minister
für Handel und Gewerbe.
(gez.) v. Boetticher.

Der Minister
der öffentlichen Arbeiten.
Im Auftrage
(gez.) Schultz.

Unfallver

(§ 52 des Unfallversicherungs

Laufende Nr.	Betrieb, in welchem sich der Unfall ereignet hat. Name (Firma) des Betriebsunternehmers.	Datum des Unfalls.	Nr. der Unfallanzeige.	Vor- und Zuname der Verletzten (Getödteten).	Art der Verletzung.
1.	2.	3.	4.	5.	6.
1. (Beispielsweise ausgefüllt.)	Maschinenfabrik von Erh. Keller Teichstraße 11.	2. Octbr. 1885	1	Robert Müller	Leichte Fingerquetschung
2. (Beispielsweise ausgefüllt.)	Wollspinnerei von Christoph, Reuter & Co.	5. Octbr. 1885	2 bis 5	1. Peter Wirtz 2. Maria Nickel 3. Joseph Werner 4. Carl Weise	1. Leichte Kopfverletzung. 2. Armbruch und Verbrühung 3. Schwere Verbrühung 4. Brustquetschung †
3. (Beispielsweise ausgefüllt.)	Kalksteinbruch der Wintersberger Steinbruchs-Aktiengesellschaft, Gemeindebezirk Rehmhausen, im „Hölzchen".	10. Octbr. 1885	6	Friedrich Schönberg	Fußquetschung
4.					
5.					

zeichniß

gesetzes vom 6. Juli 1884.)

Wird die Verletzung voraussichtlich den Tod oder eine Erwerbsunfähigkeit von mehr als 13 Wochen zur Folge haben?	Veranlassung des Unfalls.	Ist der Unfall untersucht? (Wenn ja, an welchem Tage?) Vergl. §§ 53 fg. des Unfallversicherungsges.	Bemerkungen.
7.	8.	9.	10.
Nein (ca. 1 Woche Erwerbsunfähigkeit).	Gerieth in das Zahnradgetriebe einer Handbohrmaschine.	Nein.	—
1. Nein (2 Wochen Erwerbsunfähigkeit). 2. Ja. 3. Ja. 4. Ist bereits gestorben.	Dampfkessel-Explosion.	Ja am 7. Octbr. 1885.	In Betreff der Verletzten 2 und 3 Mittheilung an die zuständige Krankenkasse am 10. October 1885.
Nein (ca. 3 Wochen Erwerbsunfähigkeit).	Fall von überhängendem Gestein.	Ja am 15. November 1885.	Untersuchung nachträglich vorgenommen, da nach angestellter Ermittelung die Herstellung des Verletzten sich hinzieht. Der zuständigen Krankenkasse am 15. November Mittheilung gemacht.

Anlage H.

Rundschreiben

an die Berufsgenossenschaftsvorstände, betreffend die Feststellung der Entschädigungen.

(U.-V.-G. §§ 53—65, L.-U.-V.-G. §§ 55—70)*)

Im Verfolg der diesseitigen Rundschreiben vom 15. Juli und 11. September 1886 — R.-V.-A. I. 15461 und 19461, Amtliche Nachrichten des R.-V.-A. 1886 Seite 125, 159 — betreffend die Feststellung und Zahlung der Enschädigungen, sowie im Hinblick auf die inzwischen gemachten weiteren Erfahrungen und den diesbezüglichen Inhalt der von den Vorsitzenden der Schiedsgerichte für das Jahr 1886 erstatteten Geschäftsberichte nimmt das Reichs-Versicherungsamt Veranlassung, im Nachfolgenden diejenigen wichtigeren Gesichtspunkte, deren praktische Bedeutung für das Feststellungsverfahren nicht immer gewürdigt wird, zusammenzustellen.

Als Anlage ist dem gegenwärtigen Rundschreiben ein Auszug aus demselben beigefügt, welcher als Anleitung für die zur Feststellung der Entschädigungen zuständigen berufsgenossenschaftlichen Organe dienen soll. Die einzelnen Paragraphen desselben entsprechen der Reihenfolge der Paragraphen des Rundschreibens, welches als Begründung und nähere Ausführung der Sätze des Auszuges anzusehen ist.

I.

Aufklärung der thatsächlichen Verhältnisse bei Erhebung von Entschädigungsansprüchen, insbesondere durch Betheiligung der Berufsgenossenschaften an den ortspolizeilichen Unfalluntersuchungen.

(U.-V.-G. §§ 53—55, L.-U.-V.-G. §§ 57—60.)

§ 1.

Es ist die Erfahrung gemacht worden, daß nicht selten von den Genossenschaftsorganen über die Anerkennung und Festsetzung oder über Ablehnung von Entschädigungsansprüchen Bescheide erlassen werden, ohne daß zuvor mit der erforderlichen Gründlichkeit die thatsächlichen Verhältnisse aufgeklärt worden sind, welche für die Entschädigungspflicht und das Maß der Entschädi-

*) U.-V.-G. = Unfallversicherungsgesetz vom 6. Juli 1884.
L.-U.-V.-G. = Gesetz, betreffend die Unfall- und Krankenversicherung der in land- und forstwirthschaftlichen Betrieben beschäftigten Personen, vom 5. Mai 1886.

gung von entscheidender Bedeutung sind. Infolge hiervon werden sehr zum Nachtheile sowohl für die Berufsgenossenschaften als auch für diejenigen, welche Entchädigung begehren, viele Ansprüche auf den Weg der Berufung und in das schiedsgerichtliche Verfahren gedrängt, während sie bei erschöpfender Erörterung durch Bescheid des Genossenschaftsorgans füglich ihre endgültige Erledigung hätten finden können. Müssen nunmehr vor den Schiedsgerichten die Beweiserhebungen nachgeholt werden, welche bereits vor Erlaß des ersten Bescheides hätten zum Abschluß gebracht werden sollen, so können dieselben in diesem Stadium nur mit einem ungleich höheren Kostenaufwand und häufig nicht mehr mit der gleichen Aussicht auf ein klares und sicheres Ergebniß bewerkstelligt werden.

§ 2.

Behufs thunlichster Vermeidung dieser Uebelstände ist vor allem die (den Berufsgenossenschaften als ein Recht zugestandene) Betheiligung von Genossenschaftsvertretern an den Unfalluntersuchungen zu empfehlen (U.-V.-G. § 53, § 54 Absatz 1, L.-U.-V.-G. § 57, § 58 Absatz 1). Diese Vertreter können, soweit erforderlich, durch Stellung geeigneter Anträge bei den Verhandlungen auf eine erschöpfende Aufhellung des Sachverhaltes erfolgreich hinwirken, um so mehr, wenn sie in der Lage sind, sich schon vor der Verhandlung über die Sachlage zu unterrichten.

§ 3.

Insbesondere scheint die auf Antrag der Berufsgenossenschaften seitens der Untersuchungsbehörde zu bewirkende Zuziehung von Sachverständigen (U.-V.-G. § 54 Abs. 2, L.-U.-V.-G. § 58 Abs. 2) nicht in dem wünschenswerthen Umfange zu erfolgen. Vielfach haben in nicht ganz einfach liegenden Fällen die bei den Schiedsgerichtsverhandlungen zugezogenen ärztlichen Sachverständigen für die Abgabe eines Gutachtens über den ursächlichen Zusammenhang zwischen einem Betriebsunfalle und der eingetretenen Erwerbsunfähigkeit eine alsbald nach Eintritt des Unfalles vorgenommene genaue ärztliche Untersuchung und Feststellung der Verletzungen vermißt. Die Herbeiführung dieser Feststellung wird sehr häufig im Interesse der Berufsgenossenschaften liegen und auf dem angegebenen Wege in der Regel unschwer zu erreichen sein.

§ 4.

Da die durch die Vornahme der pflichtmäßigen behördlichen Unfalluntersuchung (oben § 2) entstehenden Kosten nicht von den Berufsgenossenschaften zu tragen sind, während ihnen die aus der beantragten Zuziehung von Sachverständigen (oben § 3) erwachsenen Kosten zur Last fallen, so wollen die Berufsgenossenschaftsorgane bei ihren eine Einwirkung auf die behördlichen Untersuchungsverhandlungen bezweckenden schriftlichen oder mündlichen Anträgen deutlich zum Ausdruck bringen, ob sie die Erledigung der Anträge gemäß U.-V.-G. § 53 beziehungsweise L.-U.-V.-G. § 57 kostenlos erwarten oder gemäß U.-V.-G. § 54 Absatz 2, § 101 beziehungsweise L.-U.-V.-G. § 58 Absatz 2, § 121 begehren und somit etwaige Kosten (U.-V.-G. § 101 Absatz, L.-U.-V.-G.

§ 121 Absatz 2) erstatten wollen (vergleiche Rundschreiben vom 18. Oktober 1887 — R.-V.-A. I. 19628 — Amtliche Nachrichten des R.-V.-A. 1887 Seite 336).

Jedenfalls leuchtet ein, daß selbst im letzteren Falle die von den Berufsgenossenschaften zur Erzielung einer rechtzeitigen, gründlichen Sacherörterung etwa aufzuwendenden Kosten weit geringer sind, als die Kosten der dadurch oft zu vermeidenden Verhandlungen und Beweisaufnahmen im schiedsgerichtlichen Verfahren.

II.

Vorbereitung und geschäftliche Behandlung der Beschlußfassung bei anerkannten oder anscheinend begründeten Ansprüchen. Bedeutung der Unterlagen.

(U.-V.-G. § 57 Absatz 3, L.-U.-V.-G. § 62 Absatz 3.)

§ 5.

a. In allen Fällen der Anerkennung des Anspruches auf eine Rente ist die in der Ueberschrift angezogene Gesetzesvorschrift zu beachten, wonach „vor der Feststellung der Entschädigung" dem Entschädigungsberechtigten die „Unterlagen" für die Bemessung derselben mitgetheilt werden sollen. In der „Begründung" zum Unfallversicherungsgesetz werden als solche Unterlagen aufgeführt insbesondere die „in Ansatz gebrachte Lohnhöhe, anerkannter Grad der Invalidität, Anzahl der Hinterbliebenen", und als Zweck der Mittheilung der Unterlagen hervorgehoben, daß die letzteren dazu dienen sollen, „durch die vorgängige Verhandlung unter den Betheiligten die Sachlage klar zu stellen und unnöthigen Streitigkeiten vor den Schiedsgerichten vorzubeugen" (Stenographische Berichte über die Verhandlungen des Reichstages, 5. Legislaturperiode, IV. Session 1884, III. Band Seite 83).

b. Es ist indessen die Erfahrung gemacht worden, daß, wenn auch die sonstigen Unterlagen rechtzeitig vorher mitgetheilt worden waren, der anzunehmende Grad der Erwerbsunfähigkeit sehr häufig erst in dem definitiven Feststellungsbescheide (U.-V.-G. § 62, L.-U.-V.-G. § 66) angegeben wurde, was zur Folge hatte, daß sowohl die Berufsgenossenschaften als auch die Arbeiter der Vortheile einer vorgängigen Verständigung über diesen wichtigen Punkt verlustig gingen, und die umständliche und für die Berufsgenossenschaften mit Kosten verbundene schiedsgerichtliche Verhandlung erst Klarheit über diese Frage brachte.

Zur Begründung jenes abweichenden Verfahrens hat ein Vorstand geltend gemacht, es sei nicht unbedenklich, den Grad der Erwerbsunfähigkeit vor der Feststellung mitzutheilen, da dieses „ein Gegenstand eingehender Berathung bei der Feststellung" seitens des zuständigen Organs und nach dem Schlußsatze des § 61 des U.-V.-G. auch erst im Feststellungsbescheide selbst anzugeben sei.

c. Diese Auffassung scheint indessen der Angabe des Grades der Erwerbsunfähigkeit sowie überhaupt den „Unterlagen" eine zu weitgehende rechtliche Bedeutung beizulegen. So wichtig dieselben, wie sich aus dem Vorstehenden ergiebt, thatsächlich in der Regel auch sind, so läßt doch die oben angeführte Stelle aus der „Begründung" deutlich erkennen, daß der Gesetzgeber die Mittheilung der Unterlagen wesentlich aus Zweckmäßigkeitsgründen angeordnet hat, derselben aber eine bindende Bedeutung für den demnächst zu erlassenden förmlichen Bescheid nicht hat beilegen wollen. Auch der Umstand, daß für die Bewirkung der Mittheilung der Unterlagen eine besondere Form nicht vorgesehen ist, führt gegenüber den Vorschriften über die Ertheilung des förmlichen Bescheides (U.-V.-G. § 61, § 62 Abs. 4, L.-U.-V.-G. § 66, § 67 Abs. 4) zu der Folgerung, daß jene Mittheilung gegenüber der endgültigen Feststellung lediglich als ein formfreies Vorbereitungsverfahren anzusehen ist, dessen praktische Durchführung im Einzelnen der berufsgenossenschaftlichen Verwaltung überlassen bleibt.

d. Daraus folgt einerseits, daß dieses Vorbereitungsverfahren allgemein dem Vorsitzenden oder einem andern Mitgliede des Vorstandes, Ausschusses u. s. w. übertragen werden kann, andrerseits, daß die letzteren Organe bei der von ihnen zu bewirkenden Feststellung an den im Vorbereitungsverfahren dem Verletzten mitgetheilten Grad der Erwerbsunfähigkeit ebensowenig wie an die andern Unterlagen endgültig gebunden sind. Wollte man die Feststellungsorgane für gebunden erachten, so würde in allen Fällen, wo der Verletzte einen höheren, als den ihm mitgetheilten Grad der Erwerbsunfähigkeit geltend macht, der durch die Mittheilung der Unterlagen eröffnete Weg der gegenseitigen Verhandlung zur Erzielung einer Vereinbarung von vornherein ungangbar und die Absicht des Gesetzgebers durchkreuzt werden.

Hiernach würde, wenn es sich um Ansprüche Verletzter (U.-V.-G. § 5 Absatz 1, 2, 6, L.-U.-V.-G. § 5, § 6 Absatz 1, 2) handelt — über die Feststellung der Entschädigung bei Todesfällen vergleiche unten § 15 — das im Nachfolgenden dargelegte Verfahren als Regel festgehalten werden können. Diese Darlegung hat übrigens durchweg den regelmäßigen Fall einer kollegialen Gestaltung des Feststellungsorgans im Auge; in den Fällen der statutenmäßigen Zuständigkeit des Vertrauensmannes werden sich besondere Schwierigkeiten nicht leicht herausstellen, andernfalls durch sinngemäße Anwendung unschwer erledigen.

A. Erhebung von Ansprüchen während der dreizehnwöchigen Wartezeit.

(Vergleiche U.-V.-G. § 5 Absatz 2, L.-U.-V.-G. § 6 Absatz 1.)

§ 6.

a. Sobald ein an sich begründet erscheinender Entschädigungsanspruch schon während der dreizehnwöchigen Wartezeit erhoben wird oder von Amtswegen geprüft werden muß, so ist die Beschlußfassung des Feststellungsorgans (des Vorstandes, Ausschusses u. s. w.) durch den Vorsitzenden oder ein anderes Mitglied — beziehungsweise in deren Auftrage durch einen Beamten der Genossenschaft — vorzubereiten.

Ausreichende Anhaltspunkte für dieselbe werden in vielen Fällen die Vorverhandlungen, insbesondere die Untersuchungsverhandlungen (vergleiche oben §§ 1 bis 3) bieten, bei noch nicht beendigtem Heilverfahren eventuell auch die zeitig herbeizuführenden Mittheilungen des behandelnden Arztes beziehungsweise der Krankenkassen (vergleiche Rundschreiben vom 18. März 1887 — R.-V.-A. I. 5288 —, Amtliche Nachrichten des R.-V.-A. 1887 Seite 55). Anderenfalls werden fehlende Angaben durch Rückfragen bei der unteren Verwaltungsbehörde, bei dem Betriebsunternehmer oder dem Verletzten (eventuell durch Vermittelung des zuständigen Vertrauensmannes) schnell zu beschaffen sein.

§ 7.

b. Alles dieses (§ 6) ist thunlich bereits vor Ablauf der dreizehnten Woche zu erledigen — falls nicht noch früher die nöthigen Vorkehrungen zu treffen sind, sofern nach der Art der Verletzung, weil durch dieselbe zweifellos völlige Erwerbsunfähigkeit begründet wird (z. B. Verlust beider Arme, beider Beine), Verlauf des Heilverfahrens oder aus sonstigen Gründen der Grad der Erwerbsunfähigkeit bereits zu einem früheren Zeitpunkte zuverlässig beurtheilt werden kann.

§ 8.

c. Die Ergebnisse seiner Ermittelungen wird der Vorsitzende u. s. w. nunmehr zu prüfen und sofort mit Beginn der vierzehnten Woche — wenn nicht noch früher: vergleiche § 7 — dem Verletzten insbesondere die in Ansatz gebrachte Lohnhöhe und den anzunehmenden Grad der Erwerbsunfähigkeit*), ferner aber auch alle sonstigen Unterlagen mitzutheilen haben, auf Grund deren nach seinem pflichtmäßigen Ermessen im einzelnen Falle die Entschädigung „zu bemessen ist". Beispielsweise wird, da auf die Entschließung der Feststellungsorgane ärztliche Atteste naturgemäß wesentlich mitbestimmend einzuwirken pflegen, sich die Beschaffung der letzteren und (abschriftliche, auszugsweise oder doch inhaltliche) Mittheilung derselben an den Verletzten empfehlen.

§ 9.

d. Würde endlich dieser Mittheilung aller im Einzelfall in Betracht kommenden Unterlagen seitens des Vorsitzenden ꝛc. noch die Bemerkung angeschlossen, man beabsichtige auf Grund derselben dem Feststellungsorgan vorzuschlagen (folgt der Vorschlag, z. B. eine Rente von x Mark), so ist damit dem Entschädigungsberechtigten nicht nur ausreichende „Gelegenheit" gegeben, die mitgetheilten Unterlagen in thatsächlicher Richtung eingehend zu prüfen, sondern auch — was für ihn praktisch das Entscheidende ist — sich über die Tragweite zu unterrichten, welche das Feststellungsorgan den Unterlagen für

*) Hierbei sei auf ein kürzlich erschienenes Werk: Anleitung zur Bestimmung der Arbeits- und Erwerbsunfähigkeit nach Verletzungen, von Dr. L. Becker, Königlicher Bezirksphysikus und Stabsarzt a. D., Berlin 1888 (Verlag von Th. Chr. Fr. Enslin) hingewiesen.

die Bemessung der Höhe der Rente voraussichtlich beilegen wird. Es ist einleuchtend, daß eine Beschränkung der Mittheilung auf blos thatsächliche und deshalb vielfach an sich unanfechtbare, also „vorgängiger Verhandlungen" gar nicht bedürfende Unterlagen den in der Gesetzbegründung ausdrücklich ausgesprochenen Zweck der Mittheilung in der Regel nicht erreichen würde.

§ 10.

e. Dabei ist zu beachten, daß das Gesetz keinerlei Bestimmungen über die Folgen unterlassener Aeußerung enthält; es ist deshalb unzulässig, dem Entschädigungsberechtigten, welchem ja nur „Gelegenheit" gegeben werden soll, sich zu äußern, die Unterlagen unter der Verwarnung mitzutheilen, dieselben würden als anerkannt gelten, wenn der Berechtigte innerhalb der im Gesetze vorgesehenen Frist von einer Woche keine Erklärung abgebe. Geht eine Aeußerung des Berechtigten ein, so wird sie bei der demnächstigen Beschlußfassung mit in Betracht gezogen werden können und unter Umständen für die letztere von Belang sein; geht keine Aeußerung ein, so wird in vielen Fällen der Grund des Schweigens darin liegen, daß der Berechtigte Einwendungen von Belang nicht zu erheben und also auch das Schiedsgericht voraussichtlich nicht in Anspruch zu nehmen gedenkt. Im Uebrigen knüpfen sich keinerlei Rechtsfolgen an das Schweigen des Berechtigten.

§ 11.

f. Selbstverständlich ist auch das Feststellungsorgan an die von dem Vorsitzenden u. s. w. mitgetheilten Unterlagen, insbesondere soweit dieselben sich lediglich als ein Urtheil oder eine Schätzung des letzteren darstellen, nicht gebunden. Dadurch beseitigt sich auch jedes Bedenken, den Grad der anzunehmenden Erwerbsunfähigkeit mitzutheilen. Uebrigens ist für die praktische Gestaltung dieses Verfahrens nicht zu übersehen, daß die zu dessen Handhabung berufenen Personen sich allmählich eine umfassende Kenntniß der Grundsätze, welche von den Schiedsgerichten und dem Reichs-Versicherungsamt hinsichtlich der Beurtheilung der Folgen von Verletzungen ausgebildet sind, erlangen und so insbesondere eine gewisse Sicherheit in der Schätzung der Erwerbsunfähigkeit sich aneignen werden.

§ 12.

g. Gleichzeitig mit der Zustellung der Unterlagen — geeignetenfalls noch früher: vergleiche § 7 — würde der Vorsitzende das Erforderliche zur Herbeiführung einer Beschlußfassung des Feststellungsorgans (Anberaumung einer Sitzung, bei schriftlicher Abstimmung Entwurf der Abstimmungsliste 2c.) vorzubereiten haben, so daß sofort nach Eingang der Erklärung des Entschädigungsberechtigten und jedenfalls (bei Nicht-Eingang einer solchen) in der fünfzehnten Woche die Sitzung abgehalten beziehungsweise die schriftliche Abstimmung vorgenommen werden kann (vergleiche hierzu U.-V.-G. § 22 Absatz 2 beziehungsweise L.-U.-V.-G. § 27 Absatz 1; § 17 Absatz 2 beziehungsweise § 18 Absatz 2 der betreffenden Normalstatute — Amtliche Nachrichten des R.-V.-A. 1885 Seite 9ff., 1887 Seite 248ff.).

§ 13.

h. Die Berathung in der Sitzung beziehungsweise die schriftliche Abstimmung wird in der Regel sofort zu einem endgültigen Ergebniß führen, und die Ertheilung des schriftlichen Bescheides durch das Feststellungsorgan noch in der fünfzehnten Woche erfolgen können. Der Bescheid ist im Namen des Feststellungsorgans selbst (des Vorstandes, Ausschusses u. s. w.) zu erlassen (U.-V.-G. § 61, L.-U.-V.-G. § 66) und von den zur Vertretung dieses Organs nach Außen statutenmäßig berufenen Personen zu vollziehen. Ist auf Grund des § 57 Absatz 2 U.-V.-G. beziehungsweise § 62 Absatz 2 L.-U.-V.-G. ein besonderes Feststellungsorgan eingesetzt, so ist der Bescheid von sämmtlichen bei der Beschlußfassung betheiligt gewesenen stimmberechtigten Mitgliedern zu unterzeichnen, falls nicht durch Beschluß des zur Einsetzung des Feststellungsorgans zuständigen Genossenschaftsorgans der Vorsitzende oder bestimmte Mitglieder des Feststellungsorgans zur alleinigen Vollziehung ermächtigt worden sind (vergleiche Amtliche Nachrichten des R.-V.-A. 1887 Seite 377 Ziffer 440).

Dagegen ist jedenfalls von sämmtlichen bei der Feststellung Mitwirkenden das betreffende Sitzungsprotokoll zu unterzeichnen beziehungsweise eine unterschriftliche Erklärung in die Abstimmungsliste einzutragen. Endlich ist noch hervorzuheben, daß, selbst wenn eine Einigung über die Höhe der Rente u. s. w. mit dem Verletzten erzielt worden ist, die Ertheilung eines förmlichen Bescheides nach Maßgabe der erzielten Einigung dennoch erfolgen muß (vergleiche Amtliche Nachrichten des R.-V.-A. 1887 S. 136 Ziffer 331).

i. Daß die vorstehend für die Erledigung des Feststellungsverfahrens angesetzten Fristen etwa zu knapp bemessen seien, kann das Reichs-Versicherungsamt — von Ausnahmefällen abgesehen — um so weniger anerkennen, als sich in zahlreichen, hier zur Kenntniß gelangten Fällen herausgestellt hat, daß die Innehaltung jener Fristen thatsächlich selbst in solchen Berufsgenossenschaften ermöglicht wird, nach deren Statuten die Entschädigungsfeststellung an erschwerte Formen u. s. w. gebunden ist.

Uebrigens ist darauf hinzuweisen, daß das Gesetz (U.-V.-G. § 57 Absatz 2, L.-U.-V.-G. § 62 Absatz 2) in dieser Beziehung den Berufsgenossenschaften das weitestgehende Selbstbestimmungsrecht eingeräumt und ihnen dadurch ermöglicht hat, im Wege der statutarischen Anordnung — insbesondere durch zweckmäßige Gestaltung des Feststellungsorgans — Vorkehrungen zu treffen, welche eine schleunige Erledigung der Entschädigungssachen gewährleisten (vergleiche dazu die oben § 12 a. E. angeführten Bestimmungen). Eventuell würde zu erwägen sein, ob sich nicht eine entsprechende Abänderung der darauf bezüglichen Vorschriften des Statuts empfehlen möchte (vergleiche Amtliche Nachrichten des R.-V.-A. 1886 Seite 13 Ziffer 123; 1887 Seite 19 Ziffer 263).

Gerade im Bereiche des wichtigen Feststellungsverfahrens hat sich die Geschäftsgewandtheit der Organe, die Güte der Verwaltungseinrichtungen sowie die praktische Brauchbarkeit des Statuts, welches sich die Berufsgenossenschaft gegeben hat, zu bewähren.

B. Erhebung von Ansprüchen nach Ablauf der dreizehnwöchigen Wartezeit.

§ 14.

Die in den §§ 6 bis 13 dargelegten Regeln werden ohne Schwierigkeit auch in allen denjenigen Fällen entsprechende Anwendung finden können, wo erst nach Ablauf der dreizehnwöchigen Wartezeit Entschädigungsansprüche erhoben werden, oder wegen der besonderen obwaltenden Verhältnisse die Beschlußfassung über früher erhobene Ansprüche während der Wartezeit noch nicht hat vorbereitet werden können. Sollte sich in derartigen Fällen herausstellen, daß die Unfalluntersuchung gemäß U.-V.-G. §§ 53 ff., L.-U.-V.-G. §§ 57 ff. noch nicht veranlaßt worden ist, so ist thunlichst darauf hinzuwirken, daß durch deren Vornahme — falls der Vorstand u. s. w. sie überhaupt für erforderlich erachtet — das Feststellungsverfahren nicht verzögert werde. Letzteres wird vielfach auch ohne Rücksicht auf die Ergebnisse der Unfalluntersuchung durchgeführt oder doch in die Wege geleitet werden können und ist jedenfalls von der Vornahme derselben gesetzlich nicht abhängig (vergleiche Amtliche Nachrichten des R.-V.-A. 1886 Seite 205 Ziffer 199).

C. Ansprüche aus Todesfällen.

§ 15.

Handelt es sich endlich um Todesfälle beziehungsweise Ansprüche aus U.-V.-G. § 6, L.-U.-V.-G. § 7, so hat der Vorsitzende u. s. w. sofort nach Abschluß der Untersuchung, eventuell sofort nach erlangter Kenntniß von dem Tode — unter entsprechender Anwendung der vorstehenden Regeln — alles Erforderliche ungesäumt zu veranlassen und die Beschlußfassung mit thunlichster Beschleunigung vorzubereiten und herbeizuführen (U.-V.-G. § 58 Absatz 1, L.-U.-V.-G. § 63 Absatz 1).

III.

Verfahren bei Einlegung der Berufung auf schiedsrichterliche Entscheidung gegen ablehnende Bescheide. Rechtzeitige Beschaffung der Unterlagen.

§ 16.

a. Es ist wiederholt vorgekommen, daß Berufungssachen, in denen die von dem Feststellungsorgan abgewiesenen Kläger obsiegen, seitens der Schiedsgerichte mittelst Urtheils an die zuständigen Genossenschaftsorgane zur Feststellung der Entschädigung haben zurückverwiesen werden müssen, weil die für die Bemessung der Entschädigung erforderlichen Unterlagen nicht vorhanden waren, oder weil die betreffenden Organe sich noch nicht über die Höhe der eventuell zu bewilligenden Rente ausgesprochen, sondern darauf beschränkt hatten, die Bewilligung einer Entschädigung aus irgend einem Grunde überhaupt abzulehnen.

Es ist dann weiter schon mehrfach der Fall gewesen, daß die Berufsgenossenschaften gegen derartige, den Anspruch des Arbeiters grundsätzlich anerkennende Urtheile der Schiedsgerichte den Rekurs beim Reichs-Versicherungsamt eingelegt haben, welches bei Abweisung des Rekurses dann ebenfalls noch nicht in der Lage war, einen bestimmten Rentenbetrag festzusetzen, sondern sich damit begnügen mußte, zu letzterem Zwecke die Sache in die erste Instanz zurückzuverweisen.

b. Derartige Verzögerungen entsprechen weder einer prompten Rechtsprechung, wie sie auf diesem sozialen Gebiete doppelt anzustreben ist, noch, wie oben dargelegt, dem wohlverstandenen Interesse der Berufsgenossenschaften selbst, würden aber durchweg vermieden, wenn die jeweilig erforderlichen Unterlagen, sofern sie nicht schon von vornherein zu den Akten gebracht sind, wenigstens alsdann schleunigst beschafft werden, wenn gegen den ablehnenden Bescheid Berufung eingelegt wird.

In der Regel werden die Unterlagen innerhalb der Frist für die Einreichung der Gegenschrift (§ 8 der Verordnung vom 2. November 1885 — Amtliche Nachrichten des R.-V.-A. 1885 Seite 347) beschafft und zugleich mit der letzteren beim Schiedsgericht eingesandt werden können. Eventuell könnte in der Gegenschrift die Nachbringung der Unterlagen vorbehalten werden.

c. Hinsichtlich der letzteren ist insbesondere zu beachten, ob etwa die Anwendung der Vorschrift des § 5 Absatz 5 des Unfallversicherungsgesetzes vom 6. Juli 1884 in Frage kommen kann, wonach, wenn der ermittelte Arbeitsverdienst den ortsüblichen Tagelohn gewöhnlicher Tagearbeiter nicht erreicht, der letztere statt des ersteren der Rentenberechnung zu Grunde zu legen ist. Es empfiehlt sich deshalb, sofern nicht im einzelnen Falle diese Möglichkeit völlig ausgeschlossen erscheint, den dem Schiedsgericht einzusendenden Unterlagen sogleich eine von der Gemeindebehörde des Beschäftigungsortes des Berufungsklägers ausgestellte Bescheinigung über die Höhe des von der höheren Verwaltungsbehörde für Erwachsene festgesetzten ortsüblichen Tagelohns gewöhnlicher Tagearbeiter beizufügen.

Das Unterlassen dieser Maßregel hat in der Berufungs- wie Rekursinstanz schon wiederholt zu Weiterungen geführt.

d. Auf diese Weise würde das gesammte, für die Entscheidung in Betracht kommende Material dem Schiedsgericht beziehungsweise dem Reichs-Versicherungsamt rechtzeitig zugänglich werden.

Diese beiden Instanzen werden alsdann, falls sie den Anspruch an sich anerkennen, vielfach in der Lage sein, die mündliche Verhandlung auch auf den Umfang des Anspruches zu erstrecken und auf Grund des unmittelbaren Für und Wider der Parteien — auf deren persönliches Erscheinen sie hinwirken können: § 10 Absatz 3 der Verordnung vom 2. November 1885; § 13 Schlußsatz der Verordnung vom 5. August 1885 (Amtliche Nachrichten des R.-V.-A. 1885 Seiten 347, 211) — sofort eine endgültige Entscheidung zu treffen. Dies um so mehr, als beim Vorhandensein ausreichender Unterlagen in den Akten die sich in der mündlichen Verhandlung etwa noch ergebenden Streitpunkte über die Höhe des Anspruches selten so erheblich sein werden, daß sie nicht durch Anerkenntnisse, Verzichtleistungen, Vergleiche u. s. w. beseitigt werden könnten.

e. Zudem würde in den Instanzen geeignetenfalls die mündliche Verhandlung im Wege der prozeßleitenden Verfügung nach der bezeichneten Richtung hin noch weiter vorbereitet werden können, z. B. durch zeitige Mittheilung der Unterlagen an den Entschädigungsberechtigten (U.-V.-G. § 57 Abs. 3, L.-U.-V.-G. § 62 Absatz 3), falls begründete Zweifel obwalten, ob derselbe sie anerkennen wird, durch Rückfrage bei dem Betriebsunternehmer beziehungsweise der Berufsgenossenschaft, falls die bisherigen Ermittelungen Zweifel betreffs des Jahresarbeitsverdienstes übrig lassen u. s. w.

f. Bei Innehaltung der vorstehenden Regeln wird es sich fast immer vermeiden lassen, daß derselbe Rentenanspruch zweimal — einmal wegen des Bezugsrechts an sich und sodann wegen der Höhe der Rente — die zuständigen Stellen oder einzelne derselben (Feststellungsorgan, Schiedsgericht, Reichs-Versicherungsamt) beschäftigt: der Erfolg wäre auf Seiten der Arbeiter ein rascherer Rentenbezug, auf Seiten der Berufsgenossenschaften Ersparung von Kosten, insbesondere doppelter Schiedsgerichtssitzungen u. s. w., und auf Seiten der Schiedsgerichte beziehungsweise des Reichs-Versicherungsamts Verminderung der Arbeitslast.

g. Dem Einwande, daß mit der vorstehend empfohlenen Behandlung dem Entschädigungsberechtigten der Instanzenzug (Berufsgenossenschaft, Schiedsgericht, Reichs-Versicherungsamt) beziehungsweise dem Feststellungsorgan die Wahrnehmung seiner erstinstanzlichen Befugnisse verkümmert werde, ist damit zu begegnen, daß nicht die theoretische Frage, ob sich ein Betriebsunfall ereignet habe, sondern die konkrete Frage des geldwerthen Rentenanspruchs einer bestimmten Person der eigentliche Gegenstand der vom Entschädigungsberechtigten beantragten Entscheidung ist.

IV.

Verfahren bei Zubilligung einer vorläufigen Entschädigung gemäß U.-V.-G. § 58 Absatz 4, L.-U.-V.-G. § 63 Absatz 4.

§ 17.

a. Die vorstehend in Bezug genommene Vorschrift findet in einigen Berufsgenossenschaften eine unzutreffende Anwendung. Dieselbe ist erst in der Kommissionsberathung über das U.-V.-G. vom 6. Juli 1884 diesem hinzugefügt und entsprang der Besorgniß, ob trotz der vorhergehenden, auf thunlichste Beschleunigung der Feststellung der Entschädigung für Verletzte abzielenden Bestimmungen (§ 58 Absatz 2, 3) „nicht doch in einzelnen Fällen ein Vakuum eintreten könne" (Stenographische Berichte a. a. O., IV. Band Seiten 880, 931).

Aus dieser Entstehungsgeschichte des Absatzes 4 in Verbindung mit den Vorschriften der Absätze 2 und 3 erhellt, daß ein anerkannter Entschädigungsanspruch eines Verletzten thunlichst und in der Regel sofort endgültig, bei noch nicht beendigtem Heilverfahren aber wenigstens für die Dauer desselben festzustellen (U.-V.-G. § 58 Absatz 2, 3, Absatz 3, § 61, § 62 Absatz 4; L.-U.-V.-G. § 63 Absatz 2, 3, § 64 Absatz 3, § 66, § 67 Absatz 4), also in beiden Fällen ein förmlicher Bescheid zu erlassen ist; nur „in einzelnen Fällen", in denen trotz rechtzeitig vorbereiteter Beschlußfassung die Feststellung nicht sofort erfolgen kann — z. B. weil bestehende Zweifel über den Jahresarbeitsverdienst oder andere wesentliche Voraussetzungen der Feststellung noch Erörterungen nöthig machen — ist die Vorschrift des Absatzes 4 a. a. O. als ein Nothbehelf anzuwenden, um zu verhüten, daß der Berechtigte in einen wirthschaftlichen Nothstand gerathe.

b. Es ist deshalb der Ansicht des Gesetzes zuwider, wenn über eine derartige Entschädigung, welche nach den Worten des Gesetzes nur „vorläufig" „zuzubilligen" — nicht „festzustellen" — ist, dem Berechtigten ein förmlicher, mit der Berufungsklausel (U.-V.-G. § 62 Absatz 4, L.-U.-V.-G. § 67 Absatz 4) versehener Bescheid ertheilt, und ihm dadurch die eventuelle Einlegung der Berufung nahe gelegt wird. Letztere ist nach dem Wortlaut des U.-V.-G. § 62 Absatz 2, L.-U.-V.-G. § 67 Absatz 2 nur zulässig gegen Bescheide, durch welche eine Entschädigung „festgestellt" — nicht blos vorläufig zugebilligt — wird.

c. Hiernach empfiehlt es sich, die gemäß U.-V.-G. § 58 Absatz 4, L.-U.-V.-G. § 63 Absatz 4 erfolgte Zubilligung einer vorläufigen Entschädigung dem Berechtigten mittelst einfachen Schreibens zu eröffnen und ihn zugleich zu verständigen, daß es sich nur um eine vorläufige und überschlägliche Entschädigung beziehungsweise Abschlagszahlung unter Vorbehalt demnächstiger Verrechnung auf die endgültig festzustellenden Bezüge handele. Im Uebrigen wird die vorläufige Entschädigung in der Höhe zu bemessen sein, daß sie dem vom Verletzten vor dem Unfall bezogenen Arbeitsverdienste beziehungsweise dem Grade der durch den Unfall herbeigeführten Erwerbsunfähigkeit wenigstens insoweit entspricht, als diese Voraussetzungen der Entschädigung seitens der Berufsgenossenschaft als vorliegend erachtet werden.

d. Insbesondere ist es in diesem wie im Falle des § 58 Absatz 3 U.-V.-G. beziehungsweise 63 Absatz 3 L.-U.-V.-G. nicht angemessen, bei Uebertragung der Fürsorge für die Verletzten auf die zuständige Krankenkasse (U.-V.-G. § 5 Absatz 8, L.-U.-V.-G. § 10 Absatz 4, 5) die vorläufigen Bezüge der Berechtigten ohne Unterschied auf den Betrag des Krankengeldes zu beschränken, wie dies mehrfach vorgekommen ist. Letzteres wird bei völliger Erwerbsunfähigkeit die Höhe der Rente in der Regel nicht erreichen.

Uebrigens sind die Krankenkassen verpflichtet, auf Verlangen der Berufsgenossenschaften die Unfallrenten vorschußweise zu zahlen (Amtliche Nachrichten des R.-V.-A. 1886 Seite 133, Ziffer 184).

e. Zur Ergänzung des Vorstehenden wird endlich noch auf die denselben Gegenstand betreffenden früheren diesseitigen Bescheide verwiesen: Amtliche Nachrichten des R.-V.-A. 1886 Seite 86 Ziffer 166 viertletzter Absatz, Seite 159 Nr. 1; 1887 Seite 19 Ziffer 267, Seite 357 Ziffer 427.

V.

Unzulässigkeit der Rentenfeststellungen auf Zeit. Form der gemäß U.-V.-G. § 58 Absatz 3 beziehungsweise L.-U.-V.-G. § 63 Absatz 3 erlassenen Bescheide.

§ 18.

Trotz mehrfacher diesseitiger Hinweise (vergleiche Amtliche Nachrichten des R.-V.-A. 1886 Seite 55 Ziffer 139, 140; 1887 Seite 351 Ziffer 409 und die daselbst angeführten Bescheide) werden in einzelnen Berufsgenossenschaften zeitweilig noch Bescheide erlassen, durch welche bei noch nicht beendigtem Heilverfahren oder unbestimmter Dauer der Erwerbsunfähigkeit die Rente durch Angabe eines künftigen kalendermäßigen Endtermines ohne nähere Begründung willkürlich auf eine bestimmte Zeit beschränkt wird. Solche Bescheide entsprechen nicht dem Gesetze, aus dessen Worten (U.-V.-G. § 57 Absatz 1 Ziffer 1b, § 58 Absatz 3, L.-U.-V.-G. § 62 Absatz 1 Ziffer 1b, § 63 Absatz 3) vielmehr zu entnehmen ist, daß derartige Feststellungen in der Regel in folgender Form:

„vom . . . ten . . . . 18 . . an bis zur Beendigung des Heilverfahrens"

beziehungsweise

„vom . . . ten . . . . 18 . . an bis auf Weiteres und zwar für die Dauer Ihrer [voraussichtlich vorübergehenden] [gänzlichen — theilweisen] Erwerbsunfähigkeit"

und ohne weiteren Zusatz eines künftigen Endtermins zu ertheilen sind, es sei denn, daß die Feststellung sich unvermeidlicher Weise verzögert hat, und inzwischen das Ende des Bezugsrechts bereits eingetreten ist.

Solche Feststellungen bleiben so lange in Kraft, bis auf Grund des § 65 U.-V.-G. beziehungsweise § 70 L.-U.-V.-G. mit der im Absatz 4 daselbst vorgesehenen Wirkung ein anderweiter Feststellungsbescheid ergeht. (Vergleiche Amtliche Nachrichten des R.-V.-A. 1886 Seite 159 Nr. 2, 1887 Seite 10 Ziffer 254, Seite 351 Ziffer 409 Schlußabsatz, und wegen Berechnung etwaiger Monats-Bruchtheile von Renten: Amtliche Nachrichten 1886 Seite 160 Ziffer 191.)

Bei richtiger Handhabung des Verfahrens und Innehaltung der oben unter II angegebenen Regeln ist nicht zu besorgen, daß den Berufsgenossenschaften aus derartigen nicht begrenzten Feststellungen im Hinblick auf das System der Vorauszahlung der Rente (U.-V.-G. § 66 Absatz 2, L.-U.-V.-G. § 71 Absatz 2) erhebliche Verluste erwachsen werden.

Ist eine Erwerbsunfähigkeit verblieben, so tritt ein Verlust für die Berufsgenossenschaft überhaupt nicht ein, da der für den Zustellungsmonat etwa überhobene Betrag wieder eingezogen beziehungsweise verrechnet werden kann. Letzteres ist übrigens mit thunlichster Schonung der Bezugsberechtigten zu bewirken und jedenfalls — wenn es sich nicht etwa um ganz geringe Summen handelt — erst nach und nach, unter Vertheilung des überhobenen Betrages auf mehrere Monate, durchzuführen. (Vergleiche den in den Amtlichen Nachrichten des R.-V.-A. 1887 Seite 163 unter Ziffer 365 abgedruckten Bescheid und zum letzten Absatz desselben die diesseitige Abänderungsbekanntmachung vom 14. Dezember 1887 [Amtliche Nachrichten des R.-V.-A. 1888 Seite 5]).

Welche endlosen Weiterungen jene Beschränkungen der Renten auf einen bestimmten Zeitraum im Gefolge haben können, ergiebt sich aus der diesseitigen Rekursentscheidung Ziffer 253 — Amtliche Nachrichten des R.-V.-A. 1887 Seite 10 —; vergleiche auch 1887 Seite 163 Ziffer 364, Seite 351 Ziffer 409, Seite 352 Ziffer 415; bezüglich der etwa in Betracht kommenden Zuständigkeit verschiedener Genossenschaftsorgane: 1887 Seite 137 Ziffer 333 und 334.

VI.

Ausführung der schiedsgerichtlichen Urtheile trotz Einlegung des Rekurses. Renten-Einstellung oder -Minderung wegen veränderter Verhältnisse während schwebenden Verfahrens. Mittheilung der Unterlagen bei Renteneinstellungs- oder Minderungsbescheiden.

§ 19.

a. Wenn durch schiedsgerichtliches Urtheil, entgegen der Ablehnung seitens des Feststellungsorgans, dem Verletzten eine Rente zugesprochen worden ist (vergleiche oben § 16), so ist dieselbe ungesäumt zur Zahlung anzuweisen und dem Berufungskläger der Berechtigungsausweis zu ertheilen (U.-V.-G. § 66, § 64, L.-U.-V.-G. § 71, § 69), selbst wenn von dem Genossenschaftsvorstande gegen das Urtheil des Schiedsgerichts Rekurs eingelegt ist, da letzteres Rechtsmittel keine aufschiebende Wirkung hat. (U.-V.-G. § 63 Absatz 1 Schlußsatz, L.-U.-V.-G. § 68 Absatz 1 Schlußsatz, Amtliche Nachrichten des R.-V.-A. 1887 Seite 207 Ziffer 388).

Wird in Folge des Rekursverfahrens der Betrag der Entschädigung geändert, so ist — in analoger Anwendung des § 64 Absatz 2 U.-V.-G. beziehungsweise § 69 Absatz 2 L.-U.-V.-G. — dem Entschädigungsberechtigten ein anderweiter Berechtigungsausweis zu ertheilen. (Vergleiche hierzu oben Nr. V den vorletzten Absatz.)

b. Wenn das Feststellungsorgan die Zahlung einer erst im schiedsgerichtlichen Verfahren zugesprochenen oder festgestellten Rente demnächst auf Grund veränderter Verhältnisse (U.-V.-G. § 65, L.-U.-V.-G. § 70) während noch schwebenden Rekurses durch förmlichen Bescheid wieder einstellt oder den Betrag herabmindert, so ist die Eigenthümlichkeit der dadurch geschaffenen Rechtslage besonders zu beachten.

Es ist wiederholt vorgekommen, daß der Berechtigte gegen einen solchen Bescheid Berufung nur deshalb nicht eingelegt hat, weil er der Meinung war, sein Anspruch auf Rente beziehungsweise Fortbezug derselben sei ohnedies bereits in der höchsten Instanz anhängig, und vor endgültigem Austrag der Sache die Einlegung einer erneuten Berufung nicht geboten oder zwecklos.

Hiernach erscheint es erforderlich, in derartigen, während schwebenden Rekursverfahrens erlassenen Einstellungs- oder Minderungsbescheiden den Berechtigten über die Tragweite derselben durch den ausdrücklichen Zusatz aufzuklären, daß er diesen Bescheid, falls er sich durch denselben beschwert fühle, des schwebenden Rekurses ungeachtet durch selbständige Berufung anfechten müsse, da der Bescheid sonst mit der Wirkung des § 65 Abs. 4 U.-V.-G. beziehungsweise § 70 Abs. 4 L.-U.-V.-G. rechtskräftig werde, und daran auch durch sein etwaiges Obsiegen im Rekursverfahren voraussichtlich nichts geändert werde (vergleiche Amtliche Nachrichten des R.-V.-A. 1887 Seite 133 Ziffer 319).

Von der während des Rekursverfahrens erfolgten Ertheilung eines anderweiten Bescheides ist dem Reichs-Versicherungsamt zu den Rekursakten Mittheilung zu machen.

c. Daß dasselbe Verfahren Platz zu greifen hat, wenn das Feststellungsorgan schon während des schiedsgerichtlichen Verfahrens die Zahlung der von ihm festgestellten Rente wegen veränderter Verhältnisse ganz oder theilweise wieder einstelle, ergiebt sich in analoger Anwendung der vorstehenden Grundsätze von selbst.

d. Im Uebrigen bedarf es bei Bescheiden, welche wegen Veränderung der Verhältnisse erlassen werden, nicht der vorgängigen förmlichen Mittheilung der Unterlagen im Sinne des U.-V.-G. § 57 Absatz 3, L.-U.-V.-G. § 62 Absatz 3, wenngleich sich die Mittheilung unter Umständen empfehlen und geeignet sein kann, im Wege der Aufklärung und gegenseitigen Verständigung die Inanspruchnahme des Schiedsgerichts zu verhüten.

Dagegen sind dem Berechtigten spätestens in dem betreffenden (förmlichen) Bescheide genau die Thatsachen mitzutheilen, welche nach der Meinung des Feststellungsorgans eine wesentliche Veränderung begründen, damit der Berechtigte in den Stand gesetzt wird, sich sachgemäß vertheidigen zu können. In der Regel sind auch die Beweismittel anzugeben (z. B. ärztliches Gutachten).

Jedenfalls ist die bisherige Rente gemäß U.-V.-G. § 65 Absatz 4 beziehungsweise L.-U.-V.-G. § 70 Absatz 4 bis zum Tage der Zustellung des neuen Bescheides fortzugewähren.

(Vergleiche Amtliche Nachrichten des R.-V.-A. 1887 S. 351 Ziffer 409 und die dort angeführten Bescheide sowie Amtliche Nachrichten 1887 Seite 136 Ziffer 232.)

VII.

Verfahren bei der Unterbringung in einem Krankenhause und bei der Entlassung aus demselben.

(U.-V.-G. § 7, L.-U.-V.-G. § 8.)

1. Unterbringung im Anschluß an die dreizehnwöchige Wartezeit.

§ 20.

Bei der Gewährung der freien Kur und Verpflegung in einem Krankenhause nach Beginn der vierzehnten Woche können zwei Fälle unterschieden werden: einmal die Unterbringung eines bisher in anderweiter Pflege oder überhaupt nicht in Pflege befindlichen Verletzten, sodann der Fall, wo die bereits auf Grund des Krankenversicherungsgesetzes gewährte freie Kur und Verpflegung in einem Krankenhause auch nach der dreizehnten Woche weiter gewährt wird (sei es unmittelbar durch die Berufsgenossenschaft, sei es auf deren Kosten: U.=V.=G. § 5 Absatz 8, L.=U.=V.=G. § 10 Absatz 4, 5).

In beiden — in ihrer rechtlichen Bedeutung gleichwerthigen — Fällen steht der Genossenschaft das ausschließliche Wahlrecht zwischen den nach U.=V.=G. § 5 und § 7 beziehungsweise L.=U.=V.=G. § 6 und § 8 alternativ zu gewährenden Leistungen zu (vergleiche Amtliche Nachrichten des R.=V.=A. 1886 Seite 17 Ziffer 130). Dasselbe darf indessen, wie das Reichs=Versicherungsamt bereits grundsätzlich ausgesprochen hat, nur „durch Ertheilung eines der Berufung auf schiedsrichterliche Entscheidung unterliegenden formellen Bescheides" seitens des nach Gesetz oder Statut zur Feststellung der Entschädigungen berufenen Genossenschaftsorgans ausgeübt werden (vergleiche Amtliche Nachrichten des R.=V.=A. 1886 Seite 292 Ziffer 241).

Im Uebrigen ist anzuerkennen, daß

§ 21.

a. diejenigen Fälle, in denen es sich um die Unterbringung eines zu Beginn der vierzehnten Woche nicht in Krankenhauspflege befindlichen Verletzten handelt, eilbedürftig sind, und deshalb in solchen Fällen die Ertheilung eines förmlichen Bescheides den Zweck der Unterbringung vielfach erschweren oder gar vereiteln würde. Hier erscheint es deshalb statthaft und dem Geiste des Gesetzes entsprechend, wenn behufs Verminderung des mit der Herbeiführung einer förmlichen Beschlußfassung des Feststellungsorganes verbundenen Zeitverlustes die Unterbringung zunächst in weniger förmlicher Weise angeordnet wird.

Es genügt in solchen Fällen, wenn der Vorsitzende oder ein sonstiges Mitglied des Feststellungsorgans auf Grund einer ihm von dem letzteren allgemein ertheilten Ermächtigung eine formlose — nicht mit der Berufungsklausel (U.=V.=G. § 62 Absatz 4, L.=U.=V.=G. § 67 Absatz 4) zu versehende — schriftliche Aufforderung an den Verletzten richtet, sich in ein zu bezeichnendes Krankenhaus zu begeben, geeignetenfalls unter dem Hinweis, daß im Weigerungsfalle die Genossenschaft in die Lage kommen könne, die Gewährung einer Rente nach beendigtem Heilverfahren insoweit zu beanstanden, als die später etwa verbleibende Erwerbsunfähigkeit sich als Folge eines schuldhaften Verhaltens des Weigernden darstellen würde (vergleiche Amtliche Nachrichten des R.=V.=A. 1886 Seite 17 Ziffer 130).

Befindet sich das Krankenhaus außerhalb des Wohnortes des Verletzten, so würden dem letzteren die zur Reise erforderlichen Kosten rechtzeitig zur Verfügung zu stellen sein (vergleiche Amtliche Nachrichten des R.=V.=A. 1887 Seite 27 Ziffer 276).

Da die Grundlage der Maßnahme der Unterbringung in der Regel ein ärztliches Gutachten sein wird, so wird es sich empfehlen, dasselbe dem Verletzten in geeigneter Weise mitzutheilen, desgleichen auch die etwaigen sonstigen

Umstände, welche die Unterbringung geboten erscheinen lassen, darzulegen. Demnächst würde — da sonstige mitzutheilende Unterlagen einstweilen nicht in Betracht kommen — eine Beschlußfassung des Feststellungsorgans herbeizuführen, und ein förmlicher Bescheid (U.-V.-G. § 62 Absatz 4, L.-U.-V.-G. § 67 Absatz 4) zu erlassen sein. Derselbe könnte etwa dahin gefaßt werden: durch Beschluß des Feststellungsorganes (Vorstandes, Ausschusses u. s. w.) sei anerkannt worden, daß die durch die Verfügung (Aufforderung) vom . . ten . . . . . 18 . . getroffene Anordnung der Unterbringung im Krankenhause zu Recht erfolgt sei. Dieser förmliche Bescheid ist in allen Fällen — mag der Verunglückte der Aufforderung nachgekommen sein oder nicht — zu erlassen, da dem Verunglückten sonst die Möglichkeit abgeschnitten würde, im Wege der Berufung auf schiedsrichterliche Entscheidung das Vorhandensein der Voraussetzungen des § 7 Absatz 1 U.-V.-G. beziehungsweise § 8 Absatz 1 L.-U.-V.-G. zu bestreiten und demgemäß das bisherige Verfahren anzugreifen. Dazu gewährt ihm aber nur der förmliche Bescheid die gesetzliche Möglichkeit (vergleiche U.-V.-G. § 62 Absatz 2, L.-U.-V.-G. § 67 Absatz 2; auch Amtliche Nachrichten des R.-V.-A. 1887 Seite 163 Ziffer 365 Absatz 1).

Selbstverständlich wird es geboten sein, die Beschlußfassung und Zustellung des Bescheides an solche Verunglückte, welche die Aufforderung, sich in ein Krankenhaus zu begeben, nicht beachten oder ihr nachzukommen sich weigern, mit besonderer Beschleunigung zu betreiben. An letzterer hat nicht nur der Verletzte, dem nun einstweilen auch keine Rente gewährt wird, ein dringendes Interesse, sondern es liegt auch im eigensten Interesse der Berufsgenossenschaft, für das von ihr gewählte Vorgehen sobald als möglich die gesetzliche Grundlage zu schaffen.

§ 22.

b. In denjenigen Fällen, in denen der Verunglückte sich zu Beginn der vierzehnten Woche noch in einem Krankenhause befindet, ist demselben, wenn ihm die Genossenschaft Kur und Verpflegung fortgewähren will, gleichfalls ein förmlicher Bescheid zu ertheilen.

Das Verfahren wird sich hier entsprechend wie zu a, in der Regel aber noch einfacher gestalten, auch in manchen Fällen auf Grund des Gutachtens des behandelnden Arztes schon lange vor der vierzehnten Woche die Nothwendigkeit der Fortgewährung der Krankenhauspflege mit Sicherheit beurtheilt werden können, so daß der förmliche Bescheid bei rechtzeitiger Vorbereitung des Erforderlichen schon in der vierzehnten Woche ertheilt werden kann.

2. Spätere oder erneute Unterbringung.

§ 23.

Erfolgt die Unterbringung in einem Krankenhause, nachdem der Verunglückte bereits in den Bezug der Rente gelangt war, oder ist ein neues Heilverfahren erforderlich, so darf die Genossenschaft das ihr auch in solchen Fällen gemäß § 65, § 7 Absatz 1 U.-V.-G. beziehungsweise § 70, § 8 Absatz 1 L.-U.-V.-G. zustehende Wahlrecht ebenfalls nur durch förmlichen Bescheid ausüben und hat die bisherige Rente bis zum Tage der Zustellung des letzteren fortzuzahlen (Amtliche Nachrichten des R.-V.-A. 1886 Seite 292 Ziffer 241).

In bringlichen Fällen würde indessen auch hier die sofortige Unterbringung in einem Krankenhause zunächst durch formlose Verfügung (vergleiche oben § 21 Absatz 2), vorbehaltlich der Ertheilung des förmlichen Bescheides angeordnet werden können.

3. Ansprüche der „Angehörigen" während der Unterbringung. (U.-V.-G. § 7 Absatz 2, L.-U.-V.-G. § 8 Absatz 2.)

§ 24.

Kommen bei der Unterbringung Ansprüche von Angehörigen in Betracht, so ist der bezügliche Bescheid gleichfalls thunlichst bald zu ertheilen, wenngleich er, wegen der Beschaffung der hier mitzutheilenden Unterlagen im Sinne des § 57 Absatz 3 U.-V.-G. beziehungsweise § 62 Absatz 3 L.-U.-V.-G., in der Regel nicht schon gleichzeitig mit dem Bescheide aus § 7 Absatz 1 beziehungsweise § 8 Absatz 1 a. a. O. wird ertheilt werden können. (Vergleiche Amtliche Nachrichten des R.-V.-A. 1886 S. 292 Ziffer 240.)

4. Entlassung aus dem Krankenhause.

§ 25.

Die Bescheide aus § 7 U.-V.-G. beziehungsweise § 8 L.-U.-V.-G. erledigen die aus § 5 beziehungsweise § 6 a. a. O. zu erhebenden Ansprüche, „an Stelle" deren die Kur und Verpflegung gewährt wird, nur „bis zum beendigten Heilverfahren". Wenn deshalb der Verletzte demnächst aus dem Krankenhause entlassen wird, so ist ihm — mag vor der Unterbringung eine Rente bereits festgestellt gewesen sein oder nicht — Zug um Zug mit der Anordnung der Entlassung und der dadurch bedingten Einstellung der etwaigen Leistungen aus § 7 Absatz 2 U.-V.-G. beziehungsweise § 8 Absatz 2 L.-U.-V.-G. ein anderweiter förmlicher Bescheid (U.-V.-G. § 61, § 62 Absatz 4, L.-U.-V.-G. § 66, § 67 Absatz 4) zu ertheilen, mittelst dessen die Berufsgenossenschaft zu der nunmehr wieder offenen Frage der Gewährung oder Fortgewährung beziehungsweise Ablehnung oder Einstellung der in den angeführten §§ 5 beziehungsweise 6 vorgeschriebenen Leistungen dem Verletzten gegenüber Stellung nimmt (zu vergleichen Amtliche Nachrichten des R.-V.-A. 1887 Seite 133 Ziffer 319).

Diese Verpflichtung kommt für die Berufsgenossenschaft auch nicht dadurch in Wegfall, daß nach ärztlichem Attest eine Erwerbsunfähigkeit bei dem Verletzten nicht zurückgeblieben ist; übrigens liegt in allen Fällen die sofortige Erledigung der Angelegenheit im Interesse der Berufsgenossenschaften selbst.

Ergeben sich bei Anordnung der Entlassung im Hinblick auf die Beendigung des Heilverfahrens beziehungsweise die Bedeutung der verbliebenen Erwerbsunfähigkeit Zweifel darüber, welches von etwaigen mehreren Feststellungsorganen zum Erlaß jenes Bescheides zuständig sei, so ist nach Maßgabe der diesseitigen Bescheide Ziffern 333 und 334, Amtliche Nachrichten des R.-V.-A.

1887 Seite 137, zu verfahren (vergleiche auch Entscheidung 252, Amtliche Nachrichten 1887 Seite 9).

VIII.
Aktenführung und Formalien.

Im Nachfolgenden wird auf einige, die Ausfertigung u. s. w. der Bescheide und die zugehörige Aktenführung betreffende, hier wiederholt wahrgenommene Unebenheiten hingewiesen. Dieselben beziehen sich insbesondere auf die mangelnde Vollständigkeit der Akten und die oft ungenügende Form der Aktenstücke sowie auf die Innehaltung gewisser Förmlichkeiten hinsichtlich der Bescheide.

§ 26.

A. Da die genossenschaftlichen Akten eine wesentliche Grundlage für das weitere Verfahren vor den Schiedsgerichten beziehungsweise vor dem Reichs-Versicherungsamt und für die im Instanzenzuge zu ertheilenden Entscheidungen bilden, so ist die Vollständigkeit der Akten, soll ihre Bedeutung und Zuverlässigkeit nicht in bedenklicher Weise abgeschwächt werden, unerläßliche Voraussetzung. Es ist unbedingt erforderlich, daß der zur Nachprüfung des von den Genossenschaftsorganen eingeschlagenen Verfahrens berufenen Stelle das gesammte bei der Genossenschaft vorhandene Aktenmaterial ausnahmslos unterbreitet wird.

Was die Form einzelner Aktenstücke anlangt, so war es bisher bei manchen Berufsgenossenschaften Gebrauch, gerade die wichtigsten Schriftstücke, wie Ablehnungs- und Feststellungsbescheide, lediglich in mit der Kopirpresse hergestellten Abzügen von den an die Parteien hinausgegangenen Ausfertigungen zu den Akten zu bringen; dabei sind diese Kopien oft noch gefertigt, ehe nur die Ausfertigung selbst von dem Vorstandsvorsitzenden oder dem sonst zuständigen Organe vollzogen ist, überdies auf dünnem, durchlässigem Papier und mitunter gänzlich unleserlich hergestellt.

Dem gegenüber spricht das Reichs-Versicherungsamt die Erwartung aus, daß künftighin, wie alle Beschlüsse und Bescheide, welche zum Zweck der Nachprüfung an eine weitere Instanz gelangen können, so insbesondere die Feststellungsbescheide in leserlicher und dauerhafter, sowie vor Allem in beweisender Form mit dem Zeichen der Genehmigung durch das maßgebende Genossenschaftsorgan zu den Akten gebracht werden.

Zu diesem Zweck wird es sich empfehlen, daß bei den Berufsgenossenschaften, nach dem Vorgange der Aktenführung bei den öffentlichen Behörden, die vorbezeichneten Schriftstücke zunächst in dem für die Akten bestimmten Exemplare entworfen werden, und auf demselben die Genehmigung durch das zuständige Organ urkundlich festgestellt, sodann aber erst durch Reinschrift hiervon die Ausfertigung hergestellt wird. Mindestens aber würde, wo die Verwendung eines bloßen Abzuges für die Akten nicht zu umgehen ist, derselbe stets die Unterschrift desjenigen Organs aufweisen, welches die für die Partei bestimmte Ausfertigung unterzeichnet hat.)

§ 27.

B. Hiernach ist es insbesondere unzulässig, die Ertheilung beziehungsweise Ausfertigung von Feststellungsbescheiden — wie diesseits wiederholt wahrgenommen ist — lediglich durch eine Verfügung, deren Ausführung einem Büreaubeamten überlassen wird, anzuordnen, oder gar die Verfügung auf einen Hinweis auf die betreffende Nummer des zu verwendenden Formulars zu beschränken. Vielmehr ist der Bescheid im Wortlaut vollständig und einschließlich der Berufungsklausel (U.-V.-G. § 62 Absatz 4, L.-U.-V.-G. § 67 Absatz 4) — welche in den Text des Bescheides selbst aufzunehmen und nicht als Anmerkung anzubringen ist — zu entwerfen und zu den Akten zu bringen, damit bei Einsendung der „Vorverhandlungen" an den Schiedsgerichtsvorsitzenden dieser, auch wenn der Berufungskläger die Ausfertigung des Bescheides nicht mit überreicht hat, in der Lage ist, sofort durch Kenntnißnahme von der Urschrift die Innehaltung der Förmlichkeiten vorzuprüfen und eventuell noch vor der mündlichen Verhandlung das nach Lage des Falles etwa Angezeigte zu veranlassen beziehungsweise vorzubereiten.

§ 28.

C. Außerdem sind in Urschrift oder beglaubigter Abschrift die Unterlagen der Beschlußfassung des Feststellungsorgans zu den Akten zu bringen (bei mündlicher Verhandlung das betreffende Protokoll beziehungsweise ein Auszug aus dem Protokollbuch, bei schriftlicher die Abstimmungsliste beziehungsweise die betreffende Korrespondenz).

§ 29.

D. Diejenigen Bescheide, welche Ansprüche minderjähriger Verletzter betreffen, sind nicht diesen selbst, sondern deren gesetzlichen Vertretern (Vater, Vormund, Mutter, wenn dieselbe Vormünderin ist) zuzustellen.

Dasselbe gilt, wenn es sich um Ansprüche hinterbliebener rentenberechtigter Kinder eines Getödteten handelt. Dabei ist insbesondere zu beachten, daß der Anspruch der rentenberechtigten Wittwe und der Kinder kein einheitlicher ist, und die Zustellung an die Wittwe allein, falls diese nicht Vormünderin ist, den selbständigen Anspruch der Kinder nicht erledigt (zu vergleichen Amtliche Nachrichten des R.-V.-A. 1887 Seite 134 Ziffer 328).

§ 30.

E. Die Urkunde über die Zustellung beziehungsweise Aufgabe des Bescheides zur Post (vergleiche Amtliche Nachrichten des R.-V.-A. 1887 Seite 27 Ziffer 277) ist in den Akten unmittelbar hinter der Urschrift des Bescheides einzuheften. Dadurch — und durch sonstige zweckentsprechende Maßnahmen, Vermerke 2c. — würde dem von einem Schiedsgerichtsvorsitzenden hervorgehobenen Mangel abgeholfen, daß meistens nicht mit Sicherheit festzustellen sei, ob „die zu den Akten gebrachten Postscheine sich auf den fraglichen Bescheid beziehen".

Daß nach Maßgabe der vorstehenden Regeln alle das Entschädigungsverfahren betreffenden Beschlüsse der Genossenschaftsorgane nebst dem ganzen auf ihre Entstehung und Ausführung bezüglichen Urkundenmaterial in beweisender, dauerhafter und deutlicher Form in den Akten niedergelegt werden, ist übrigens auch im eigenen Interesse der Berufsgenossenschaften um deswillen nothwendig, weil oft noch nach einer langen Reihe von Jahren, wenn wegen Veränderung der Verhältnisse (U.=V.=G. § 65, L.=U.=V.=G. § 70; vergleiche oben § 19 d) eine Wiederaufnahme der Feststellungsverhandlungen geboten erscheint, die in Rede stehenden Aktenstücke wieder die Grundlage für die weiteren Entscheidungen bilden müssen.

F. Schließlich nimmt das Reichs=Versicherungsamt noch Veranlassung, die Berufsgenossenschaften auf einige Zweckmäßigkeitsmaßregeln hinzuweisen.

§ 31.

a. Aus den Kreisen der Schiedsgerichtsvorsitzenden ist wiederholt der Wunsch laut geworden, daß in den Bescheid der wesentliche Inhalt des § 4 der Verordnung über das Verfahren vor den Schiedsgerichten vom 2. November 1885 aufgenommen werde, wonach die Berufung schriftlich erhoben werden muß, und in dem Schriftsatze — unter Beifügung einer Abschrift desselben für den Gegner — der Gegenstand zu bezeichnen ist unter Angabe der für die Entscheidung maßgebenden Thatsachen und der Beweismittel für die letzteren.

§ 32.

b. Es hat sich als empfehlenswerth herausgestellt, solche Bezugsberechtigte, denen die von ihnen beanspruchte Rente nicht in vollem Umfange gewährt worden, bei Gelegenheit der Ertheilung des Feststellungsbescheides in geeigneter Weise darüber zu verständigen, daß sie sich durch Erhebung des angewiesenen geringeren Betrages bei der Post ihres vermeintlichen Anspruches auf den höheren Betrag beziehungsweise ihres Rechtes auf Einlegung der Berufung in keiner Weise begeben. Die Feststellungsorgane wollen demgemäß wenigstens in denjenigen Fällen verfahren, in welchen nach den Umständen und nach der Persönlichkeit des Berechtigten das Aufkommen eines derartigen Irrthums zu besorgen steht.

§ 33.

c. Die Genossenschafts= und Sektionsvorstände werden unter Bezugnahme auf Nr. 5 des diesseitigen Rundschreibens vom 15. Juli 1886 (Amtliche Nachrichten des R.=V.=A. Seite 125) wiederholt ergebenst ersucht, gefälligst dafür Sorge zu tragen, daß die Akten stets chronologisch geheftet und mit fortlaufenden Seitenzahlen versehen werden. Die Entschädigungsakten sind für sich und getrennt von anderen Akten zu halten. Insbesondere ihre Verbindung mit Katasterakten hat schon mehrfach Anlaß zu unerwünschten Weiterungen gegeben.

Die Aufbewahrung der Entschädigungsakten nach Erledigung des Feststellungsverfahrens wird zweckmäßiger Weise seitens des mit letzterem befaßt gewesenen Genossenschaftsorgans zu bewirken sein, falls nicht durch innergenossenschaftliche Bestimmung etwas anderes angeordnet ist.

Das Reichs-Versicherungsamt.
Bödiker.

Anleitung
für die zur Feststellung der Entschädigungen zuständigen berufsgenossenschaftlichen Organe.

(Auszug aus vorstehendem Rundschreiben.)

A. N. IV S. 48.

I.
Aufklärung der thatsächlichen Verhältnisse bei Erhebung von Entschädigungsansprüchen, insbesondere durch Betheiligung der Berufsgenossenschaften an den ortspolizeilichen Unfallversicherungen.

(U.-V.-G. §§ 53—55, L.-U.-V.-G. §§ 57—60).*)

§ 1. Die für die Beschlußfassung über etwaige Entschädigungsansprüche maßgebenden thatsächlichen Verhältnisse sind rechtzeitig und ausreichend aufzuklären. Andernfalls werden manche Ansprüche unnützerweise auf den Weg der Berufung und damit in das kostspielige schiedsgerichtliche Verfahren gedrängt oder veranlassen doch in letzterem eine besondere, mit ungleich höherem Kostenaufwand verknüpfte Beweisaufnahme.

§ 2. Zur Vermeidung dieser Uebelstände ist auf eine thätige Betheiligung von Genossenschaftsvertretern an den Unfalluntersuchungen (U.-V.-G. § 53, § 54 Absatz 1, L.-U.-V.-G. § 57, § 58 Absatz 1), z. B. durch Stellung geeigneter Anträge, Bedacht zu nehmen.

§ 3. Insbesondere wird es sich nicht selten empfehlen, daß die Berufsgenossenschaften von dem Rechte des § 54 Absatz 2, § 101 U.-V.-G. beziehungsweise 58 Absatz 2, § 121 L.-U.-V.-G. Gebrauch machen: nämlich bei der die Untersuchungsverhandlungen leitenden Ortspolizeibehörde die Zuziehung von Sachverständigen in Antrag zu bringen.

§ 4. Da im letzteren Falle (§ 3) die entstehenden Kosten den Berufsgenossenschaften zur Last fallen, während sie die aus der Vornahme der pflichtmäßigen Unfalluntersuchung (§ 2) erwachsenen Kosten nicht zu tragen haben, so ist bei Stellung von Anträgen an die Untersuchungsbehörden deutlich zum Ausdruck zu bringen, ob die Erledigung der Anträge kostenlos erwartet wird, oder etwaige Kosten erstattet werden sollen.

---

*) U.-V.-G. = Unfallversicherungsgesetz vom 6. Juli 1884.
L.-U.-V.-G. = Gesetz, betreffend die Unfall- und Krankenversicherung der in land- und forstwirthschaftlichen Betrieben beschäftigten Personen, vom 5. Mai 1886.

II.
Vorbereitung und geschäftliche Behandlung der Beschlußfassung bei anerkannten oder anscheinend begründeten Ansprüchen. Bedeutung der Unterlagen.

(U.-V.-G. § 57 Absatz 3, L.-U.-V.-G. § 62 Absatz 3.)

§ 5. Nach den vorstehend angezogenen Gesetzesvorschriften sind „vor der Feststellung der Entschädigung" dem Entschädigungsberechtigten die „Unterlagen" für die Bemessung derselben mitzutheilen. Diese Mittheilung beziehungsweise das dieselbe vorbereitende Verfahren hat sich folgendermaßen zu gestalten:

A. Erhebung von Ansprüchen während der dreizehnwöchigen Wartezeit.

(Vergleiche U.-V.-G. § 5 Absatz 2, L.-U.-V.-G. § 6 Absatz 1.)

§ 6. Wenn ein an sich begründet erscheinender Anspruch schon während der dreizehnwöchigen Wartezeit erhoben wird oder von Amtswegen geprüft werden muß, so ist die Beschlußfassung des Feststellungsorgans (des Vorstandes, Ausschusses u. s. w.) durch den Vorsitzenden oder ein anderes Mitglied — beziehungsweise in deren Auftrage durch einen Beamten der Genossenschaft — vorzubereiten. Der Inhalt der — eventuell sofort zu beschaffenden — Untersuchungsverhandlungen, Rückfragen bei dem Unternehmer, dem behandelnden Arzt u. s. w. werden in der Regel ausreichende Anhaltspunkte zur Ermittelung der in Betracht kommenden Verhältnisse bieten.

§ 7. Diese Ermittelung ist thunlichst vor Ablauf der dreizehnten Woche zu Ende zu führen; in klarliegenden Fällen, z. B. bei zweifelloser völliger Erwerbsunfähigkeit, ist das Erforderliche sofort nach Kenntniß von dem Unfalle in die Wege zu leiten.

§ 8. Gleich nach Beginn der vierzehnten Woche — geeignetenfalls noch früher (vergleiche § 7) — sind die durch die Ermittelung gewonnenen „Unterlagen" dem Berechtigten mitzutheilen. Diese Mittheilung kann, wenn eine vorherige Beschlußfassung seitens des Feststellungsorgans zu Weiterungen führen würde, seitens des Vorsitzenden u. s. w. allein erfolgen.

§ 9. Die Mittheilung soll in der Regel den anzunehmenden Grad der Erwerbsunfähigkeit mit umfassen und kann zweckmäßigerweise die Bemerkung enthalten, man beabsichtige auf Grund der Unterlagen dem Feststellungsorgan vorzuschlagen (folgt der Vorschlag, z. B. eine Rente von x Mark).

§ 10. Es ist unzulässig, dem Berechtigten, welchem nur „Gelegenheit" gegeben werden soll, sich zu äußern, die Unterlagen unter der Verwarnung, sie würden im Falle seines Stillschweigens als anerkannt gelten, oder unter Androhung ähnlicher Rechtsnachtheile mitzutheilen.

§ 11. Das Feststellungsorgan ist an die mitgetheilten Unterlagen bei der demnächstigen Beschlußfassung nicht gebunden, insbesondere nicht, soweit sich dieselben als ein Urtheil oder eine Schätzung darstellen, wie es z. B. bei dem angenommenen Grade der Erwerbsunfähigkeit der Fall ist.

§ 12. Gleichzeitig mit der Zustellung der Unterlagen — geeignetenfalls noch früher (vergleiche § 7) — hat der Vorsitzende das Erforderliche zur Herbeiführung einer Beschlußfassung des Feststellungsorgans (Anberaumung einer Sitzung, bei schriftlicher Abstimmung Entwurf der Abstimmungsliste u. s. w.) vorzubereiten, so daß in der Regel in der fünfzehnten Woche die Sitzung abgehalten beziehungsweise die schriftliche Abstimmung vorgenommen werden kann.

§ 13. Auf Grund des Ergebnisses der Berathung in der Sitzung beziehungsweise der schriftlichen Abstimmung ist sofort der schriftliche Bescheid zu ertheilen. Derselbe ist im Namen des Feststellungsorgans selbst (des Vorstandes, Ausschusses u. s. w.) zu erlassen (U.-V.-G. § 61, L.-U.-V.-G. § 66) und von den zur Vertretung dieses Organs nach Außen statutenmäßig berufenen Personen zu vollziehen. Ist auf Grund des § 57 Absatz 2 U.-V.-G. beziehungsweise § 62 Absatz 2 L.-U.-V.-G. ein besonderes Feststellungsorgan eingesetzt, so ist der Bescheid von sämmtlichen bei der Beschlußfassung betheiligt gewesenen stimmberechtigten Mitgliedern zu unterzeichnen, falls nicht durch Beschluß des zur Einsetzung des Feststellungsorgans zuständigen Genossenschaftsorgans der Vorsitzende oder bestimmte Mitglieder des Feststellungsorgans zur alleinigen Vollziehung ermächtigt worden sind.

B. Erhebung von Ansprüchen nach Ablauf der dreizehnwöchigen Wartezeit.

§ 14. Auch in diesen Fällen sind die in den §§ 6 bis 13 dargelegten Regeln entsprechend anzuwenden. Hat eine Unfalluntersuchung noch nicht stattgefunden, so ist thunlichst darauf hinzuwirken, daß durch deren Vornahme — falls sie überhaupt noch geboten erscheint — das Feststellungsverfahren nicht verzögert werde; jedenfalls darf die Durchführung des Feststellungsverfahrens nur dann von einer vorgängigen Unfalluntersuchung abhängig gemacht werden, wenn erst durch die letztere die erforderlichen Anhaltspunkte zur Beurtheilung des erhobenen Anspruches gewonnen werden können.

C. Ansprüche aus Todesfällen.

§ 15. Handelt es sich endlich um Todesfälle beziehungsweise Ansprüche aus U.-V.-G. § 6, L.-U.-V.-G. § 7, so hat der Vorsitzende u. s. w. sofort nach Abschluß der Untersuchung, eventuell sofort nach erlangter Kenntniß von dem Tode — unter entsprechender Anwendung drr vorstehenden Regeln — alles Erforderliche ungesäumt zu veranlassen und die Beschlußfassung mit thunlichster Beschleunigung vorzubereiten und herbeizuführen (U.-V.-G. § 58 Absatz 1, L.-U.-V.-G. § 63 Absatz 1).

III.

Verfahren bei Einlegung der Berufung auf schiedsrichterliche Entscheidung gegen ablehnende Bescheide. Rechtzeitige Beschaffung der Unterlagen.

§ 14. Wird gegen ablehnende Bescheide Berufung erhoben, so hat der Vorsitzende 2c. sofort nach Mittheilung der Berufung seitens des Schiedsgerichtsvorsitzenden die „Unterlagen" (U.-V.-G. § 57 Absatz 3, L.-U.-V.-G. § 62 Absatz 3) — soweit das nicht schon geschehen ist — zu beschaffen und thunlichst zugleich mit der Gegenschrift dem Schiedsgericht einzusenden. Eventuell ist in der Gegenschrift die Nachbringung der Unterlagen vorzubehalten und betreffs der letzteren selbst darauf hinzuwirken, daß seitens des Schiedsgerichts beziehungsweise des Reichs-Versicherungsamts, falls der Anspruch anerkannt wird, auch zugleich über die Höhe desselben erkannt werden kann.

Insbesondere ist bei Ansprüchen aus dem Unfallversicherungsgesetz vom 6. Juli 1884, falls die Möglichkeit nicht ausgeschlossen erscheint, daß der ermittelte Arbeitsverdienst geringer ist, als der für Erwachsene festgesetzte ortsübliche Tagelohn gewöhnlicher Tagearbeiter, eine die Höhe des letzteren enthaltende, von der Gemeindebehörde des Beschäftigungsortes des Berufungsklägers ausgestellte amtliche Bescheinigung den Unterlagen beizufügen (U.-V.-G. § 5 Absatz 5).

IV.
Verfahren bei Zubilligung einer vorläufigen Entschädigung gemäß U.-V.-G. § 58 Absatz 4, L.-U.-V.-G. § 63 Absatz 4.

§ 17. Entschädigungen der vorbezeichneten dürfen nicht durch förmliche Bescheide festgesetzt werden; letztere würden, auch wenn sie die Berufungsklausel enthalten, dennoch nicht berufungsfähig sein.

Vielmehr ist die erfolgte Zubilligung dem Berechtigten mittelst einfachen Schreibens zu eröffnen, und derselbe zugleich dahin zu verständigen, daß die endgültige Feststellung und Entschädigung demnächst erfolgen werde, und eine Verrechnung der vorläufigen Zahlungen auf dieselbe vorbehalten bleibe.

V.
Unzulässigkeit der Rentenfeststellungen auf Zeit. Form der gemäß U.-V.-G. § 58 Absatz 3 beziehungsweise L.-U.-V.-G. § 63 Absatz 3 erlassenen Bescheide.

§ 18. Ist mit Ablauf der dreizehnten Woche das Heilverfahren noch nicht beendigt, beziehungsweise die Erwerbsunfähigkeit noch nicht gehoben, so hat die Rentenfeststellung in folgender Form:

> vom . . . ten . . . . 18 . . an bis zur Beendigung des Heilverfahrens"
>
> beziehungsweise
>
> „vom . . . ten . . . . 18 . . an bis auf Weiteres, und zwar für die Dauer Ihrer [voraussichtlich vorübergehenden] [gänzlichen — theilweisen] Erwerbsunfähigkeit"

zu erfolgen. Die Beschränkung des Bezugsrechts durch Beifügung eines bestimmten Endtermins ist unzulässig, es sei denn, daß die Feststellung sich unvermeidlicher Weise verzögert hat, und inzwischen das Ende des Bezugsrechts bereits eingetreten ist.

Die Bescheide bleiben in Kraft, bis sie durch einen neuen förmlichen Bescheid aufgehoben werden (U.-V.-G. § 65, L.-U.-V.-G. § 70).

Die Rente ist bis zum Tage der Zustellung dieses neuen Bescheides fortzuzahlen; war schon darüber hinaus eine Vorauszahlung erfolgt, so kann der zuviel erhobene Betrag wieder eingezogen werden, was in schonender Weise nach und nach zu bewirken ist.

VI.

Ausführung der schiedsgerichtlichen Urtheile trotz Einlegung des Rekurses. Renten-Einstellung oder -Minderung wegen veränderter Verhältnisse während schwebenden Verfahrens. Mittheilung der Unterlagen bei Renten-Einstellungs- oder Minderungsbescheiden.

(U.-V.-G. § 63 Absatz 1 Schlußsatz, § 65; L.-U.-V.-G. Absatz 1 Schlußsatz, § 70.)

§ 19. Wenn durch schiedsgerichtliches Urtheil, entgegen der Ablehnung seitens des Feststellungsorgans, dem Verletzten eine Rente zugesprochen worden ist (vergleiche oben § 16), so ist dieselbe ungesäumt zur Zahlung anzuweisen, und dem Berufungskläger der Berechtigungsausweis zu ertheilen, selbst wenn der Genossenschaftsvorstand Rekurs einlegt.

Wird durch das Feststellungsorgan eine erst im schiedsgerichtlichen Verfahren erstrittene Rente demnächst auf Grund veränderter Verhältnisse (U.-V.-G. § 65, L.-U.-V.-G. § 70) während noch schwebenden Rekurses aufgehoben oder gemindert, so ist der Berechtigte in dem dieserhalb zu erlassenden förmlichen Bescheide dahin zu belehren, daß er letzteren, falls er sich durch denselben beschwert fühle, des schwebenden Rekurses ungeachtet durch selbständige Berufung anfechten müsse, da der Bescheid sonst rechtskräftig werde, und daran auch durch sein etwaiges Obsiegen im Rekursverfahren voraussichtlich nichts geändert werde.

Ebenso ist zu verfahren, wenn das Feststellungsorgan eine von ihm selbst zuerkannte Rente schon während des schiedsgerichtlichen Verfahrens wieder aufhebt oder mindert. Im Uebrigen bedarf es bei Aufhebung oder Minderung von Renten wegen veränderter Verhältnisse nicht der vorgängigen Zustellung der Unterlagen (U.-V.-G. § 57 Absatz 3, L.-U.-V.-G. § 62 Absatz 3), wenngleich sich letztere zuweilen empfehlen wird. Dagegen sind in dem Bescheide genau die Thatsachen, welche die Veränderung begründen, sowie die Beweismittel (z. B. ärztliches Gutachten) anzugeben.

VII.

Verfahren bei der Unterbringung in einem Krankenhause und bei der Entlassung aus demselben.

(U.-V.-G. § 7, L.-U.-V.-G. § 8.)

Unterbringung im Anschluß an die dreizehnwöchige Wartezeit.

§ 20. Will die Genossenschaft dem Verletzten die ihm zu leistende Fürsorge durch Unterbringung in einem Krankenhause gewähren, so hat darüber dasjenige Genossenschaftsorgan Entscheidung zu treffen, welches nach Gesetz oder Statut überhaupt zur Feststellung der Entschädigungen berufen ist, und in allen Fällen einen förmlichen, berufungsfähigen (U.=V.=G. § 62 Absatz 4, L.=U.=V.=G. § 67 Absatz 4) Bescheid zu ertheilen.

§ 21. Befindet sich der Verletzte zu Beginn der 14. Woche noch nicht in Krankenhauspflege, und ist die sofortige Ertheilung eines förmlichen Bescheides nicht ausführbar, so ist es in eilbedürftigen Fällen zulässig, daß der Vorsitzende oder ein sonstiges Mitglied des Feststellungsorgans einstweilen eine formlose — nicht berufungsfähige — schriftliche Aufforderung an den Verletzten richtet, sich in ein zu bezeichnendes Krankenhaus zu begeben.

Demnächst ist der förmliche Bescheid (U.=V.=G. § 62 Absatz 4, L.=U.=V.=G. § 67 Absatz 4) zu erlassen, und zwar in der Regel in folgender Form:

> Durch Beschluß des Vorstandes (Ausschusses 2c.) sei anerkannt worden, daß die durch die Verfügung (Aufforderung) vom . . ten . . . . 18. . getroffene Anordnung der Unterbringung im Krankenhause zu Recht erfolgt sei.

Dieser Bescheid ist sowohl denjenigen Verletzten, welche der Aufforderung nachgekommen sind, als auch den sich Weigernden zu ertheilen, letzteren mit besonderer Beschleunigung.

§ 22. Befindet sich der Verletzte bereits in Krankenhauspflege, und wird die Fortgewährung derselben über die 13. Woche hinaus in Aussicht genommen, so ist Sorge zu tragen, daß die Ertheilung des Bescheides bereits in der 13. Woche erfolgen kann.

Spätere oder erneute Unterbringung.

§ 23. Auch in den Fällen späterer oder erneuter Unterbringung im Krankenhause darf die letztere nur durch förmlichen Bescheid angeordnet, in dringlichen Fällen aber auch eine vorläufige formlose Aufforderung (vergleiche oben § 21) an den Verletzten gerichtet werden.

Ansprüche der „Angehörigen" während der Unterbringung.

(§ 7 Absatz 2 U.=V.=G., § 8 Absatz 2 L.=U.=V.=G.)

§ 24. Kommen bei der Unterbringung Ansprüche von Angehörigen in Betracht, so ist der bezügliche Bescheid gleichfalls thunlichst bald zu ertheilen, wenngleich er wegen der Beschaffung der hier mitzutheilenden Unterlagen (U.=V.=G. § 57 Absatz 3, L.=U.=V.=G. § 62 Absatz 3) in der Regel nicht schon gleichzeitig mit dem Bescheide aus § 7 Absatz 1 beziehungsweise § 8 Absatz 1 wird ertheilt werden können.

§ 25. Zug um Zug mit der Anordnung der Entlassung aus dem Krankenhause ist dem Verletzten — mag er früher bereits eine Rente bezogen haben oder nicht — ein anderweiter förmlicher Bescheid zu ertheilen, durch welchen eine Rente festgestellt oder abgelehnt wird.

Zugleich sind die etwaigen Leistungen an Angehörige einzustellen.

VIII.

Aktenführung und Formalien.

§ 26. Die Feststellungsbescheide sind in leserlicher, dauerhafter und vor Allem in beweisender Form zu den Akten zu bringen. Es empfiehlt sich, daß die Bescheide zunächst in dem für die Akten bestimmten Exemplare entworfen, und auf demselben die Genehmigung durch das zuständige Genossenschaftsorgan festgestellt, sodann aber erst durch Reinschrift hiervon die Ausfertigung hergestellt wird.

§ 27. Hiernach ist es insbesondere unzulässig, die Ertheilung beziehungsweise Ausfertigung von Feststellungsbescheiden lediglich durch eine Verfügung, deren Ausführung einem Büreaubeamten überlassen wird, anzuordnen, oder gar die Verfügung auf einen Hinweis auf die betreffende Nummer des zu verwendenden Formulars zu beschränken. Vielmehr ist der Bescheid im Wortlaut vollständig und einschließlich der Berufungsklausel (U.-V.-G. § 62 Absatz 4, L.-U.-V.-G. § 67 Absatz 4) — welche in den Text des Bescheides selbst aufzunehmen und nicht als Anmerkung anzubringen ist — zu entwerfen und zu den Akten zu bringen.

§ 28. Außerdem sind in Urschrift oder beglaubigter Abschrift die Unterlagen der Beschlußfassung des Feststellungsorgans zu den Akten zu bringen (bei mündlicher Verhandlung das betreffende Protokoll beziehungsweise ein Auszug aus dem Protokollbuch, bei schriftlicher die Abstimmungsliste beziehungsweise die betreffende Korrespondenz).

§ 29. Handelt es sich um minderjährige Personen — mögen sie selbst Verletzte sein oder als Hinterbliebene eines Getödteten in Betracht kommen —, so sind die ihre Ansprüche betreffenden Bescheide nicht ihnen selbst, sondern ihren gesetzlichen Vertretern (Vater, Vormund, Mutter, wenn dieselbe Vormünderin ist) zuzustellen.

§ 30. Die Urkunde über die Zustellung beziehungsweise Aufgabe des Feststellungsbescheides zur Post ist in den Akten unmittelbar hinter der Urschrift des Bescheides einzuheften und durch einen Vermerk oder auf andere Weise die Beziehung der beiden Urkunden auf einander ersichtlich zu machen.

§ 31. Es ist wünschenswerth, daß in dem Bescheid der wesentliche Inhalt des § 4 der Verordnung über das Verfahren vor den Schiedsgerichten vom 2. November 1885 aufgenommen wird, wonach die Berufung schriftlich zu erheben, und in dem Schriftsatze — unter Beifügung einer Abschrift desselben für den Gegner — der Gegenstand zu bezeichnen ist, unter Angabe der für die Entscheidung maßgebenden Thatsachen und der Beweismittel für die letzteren.

§ 32. Wenn einem Berechtigten die Rente nicht in der beanspruchten Höhe zuerkannt wird, so ist derselbe, wo es nach den Umständen angezeigt erscheint, bei Gelegenheit der Ertheilung des Feststellungsbescheides darüber zu belehren, daß er sich durch Erhebung des geringeren Betrages bei der Post seines Rechtes auf Einlegung der Berufung behufs Erlangung eines höheren Betrages nicht begebe.

§ 33. Die Entschädigungsakten sind getrennt zu halten, insbesondere nicht mit den Katasterakten zu verbinden, ferner chronologisch zu heften und mit fortlaufenden Seitenzahlen zu versehen.

Für die Aufbewahrung der Entschädigungsakten nach Erledigung des Feststellungsverfahrens ist seitens des mit dem letzteren befaßt gewesenen Genossenschaftsorgans Sorge zu tragen.

Anlage J.

Geschäftsanweisung

für die Vorstände der Berufsgenossenschaften, betreffend die Auszahlungen durch die Post, vom 27. Sept. 1885.

(A. N. I S. 224.)

Mit den aus der Bekanntmachung des R.-V.-A. vom 24. Dezember 1887 (A. N. IV S. 5) sich ergebenden Abänderungen.

Gemäß § 69 des Unfallversicherungsgesetzes wird die Auszahlung der Entschädigungen auf Anweisung des Genossenschaftsvorstandes vorschußweise durch die Postverwaltungen, und zwar in der Regel durch dasjenige Postamt, in dessen Bezirk der Entschädigungsberechtigte zur Zeit des Unfalls seinen Wohnsitz hatte, bewirkt.

Verlegt der Entschädigungsberechtigte seinen Wohnsitz, so hat er die Ueberweisung der Auszahlung der ihm zustehenden Entschädigung an das Postamt seines neuen Wohnorts bei dem Vorstande, von welchem die Zahlungsanweisung erlassen worden ist, zu beantragen.

Zur Ausführung dieser Vorschriften bestimmt das Reichs-Versicherungsamt, im Einvernehmen mit den Zentral-Postbehörden, für die Genossenschaftsvorstände, was folgt:

§ 1.

Die Zahlungsanweisungen sind unter Benutzung der anliegenden Formulare*) I bis XI**) zu erlassen.

Formular I ist anzuwenden bei der Anweisung zur Zahlung von Kosten des Heilverfahrens (§ 5 Abs. 2 Ziffer 1 des Unfallversicherungsgesetzes);

" II desgleichen von Renten an den Verletzten (§ 5 Abs. 2 Ziffer 2 a. a. O.);

" III desgleichen von Beerdigungskosten (§ 6 Ziffer 1 a. a. O.);

" IV desgleichen von Renten an die Wittwe eines Getödteten (§ 2 Ziffer 2 lit. a a. a. O.);

---

*) Die Formulare sind nicht mit abgedruckt (vgl. Anm. auf S. 469). Im Kopf der Formulare soll die Angabe der §§ des Unfallversicherungsgesetzes fortab unterbleiben (Bek. v. 29. März 1888, A. N. IV S. 210).

**) Formular XII vgl. bei § 6. Durch die Bek. d. R.-V.-A. v. 23. Jan. 1889 ist ein neues Formular XIII (betr. Zahlung an Kranken- und Unterstützungskassen, Gemeinden, Armenverbände 2c.) hinzugefügt worden (A. N. V S. 84).

Formular V desgleichen von Abfindungen an Wittwen im Falle der Wiederverheirathung (§ 6 Ziffer 2 lit. a a. a. O.);

" VI desgleichen von Renten an die Kinder eines Getödteten (§ 6 Ziffer 2 lit. a a. a. O.);

" VII desgleichen von Renten an die Ascendenten eines Getödteten (§ 6 Ziffer 2 lit. b a. a. O.);

" VIII desgleichen von Renten an die Ehefrau eines im Krankenhause untergebrachten Verletzten (§ 7 letzter Absatz a. a. O.);

" IX desgleichen von Renten an die Kinder eines im Krankenhause untergebrachten Verletzten (§ 7 letzter Absatz a. a. O.);

" X desgleichen von Renten an die Ascendenten eines im Krankenhause untergebrachten Verletzten (§ 7 letzter Absatz a. a. O.);

" XI desgleichen von Kur- und Verpflegungskosten an ein Krankenhaus (§ 7 Absatz 1 a. a. O.).

§ 2.

Die Formulare sind sorgfältig und in leserlicher Schrift auszufüllen. Die Person, zu deren Händen die Zahlung erfolgen soll, ist so genau zu bezeichnen, daß jeder Ungewißheit vorgebeugt wird.

§ 3.

Die Zahlungsanweisungen sind in einer Ausfertigung und einer Abschrift unter Briefumschlag (ohne Anschreiben) an die Obere Postbehörde, in deren Bezirk die Berufsgenossenschaft ihren Sitz hat, und zwar im Reichspostgebiete an die Ober-Postdirektion, in Bayern an das Ober-Postamt, und in Württemberg an die Generaldirektion der Posten und Telegraphen zu Stuttgart einzusenden. Diese Behörden werden ihrerseits die Weiterbeförderung der Zahlungsanweisung an die mit der Zahlung beauftragte Postanstalt, erforderlichenfalls durch Vermittelung der anderweitig zuständigen Oberen Postbehörde veranlassen.

§ 4.

Zur Vermeidung von Irrungen ist der Name und Sitz der mit der Zahlung beauftragten Postanstalt im Text und am Fuße der Anweisung offen zu lassen. Die im § 3 bezeichneten Behörden werden in die Zahlungsanweisung den Namen und Sitz derjenigen Postanstalt eintragen, in deren Bezirk der Wohnort (Wohnung) des Empfangsberechtigten belegen ist.

In dem Berechtigungsausweis (§ 64 des Unfallversicherungsgesetzes), dessen Absendung an den Entschädigungsberechtigten gleichzeitig mit der Uebersendung der Zahlungsanweisung an die obere Postbehörde zu bewirken ist, erfolgt die Angabe der mit der Zahlung beauftragten Postanstalt durch den Hinweis, daß die Zahlung durch diejenige Postanstalt werde geleistet werden, zu deren Bezirk der Wohnort (die Wohnung) des Empfangsberechtigten gehört. Von der Nennung des Namens dieser Postanstalt ist mit Rücksicht auf die Möglichkeit von Veränderungen in den Bezirken der Postanstalten abzusehen.

§ 5.

Die Urschrift jeder Zahlungsanweisung ist bei den Akten des Genossenschaftsvorstandes zurückzubehalten, damit auf Grund derselben die nach Ablauf des Rechnungsjahres den Genossenschaftsvorständen zugehenden Nachweisungen (§ 70 des Unfallversicherungsgesetzes) einer Prüfung unterzogen werden können.

§ 6.

Ist aus irgend einem Grunde die Zahlung sämmtlicher durch eine Zahlungsanweisung angewiesenen Renten einzustellen, so hat der Genossenschaftsvorstand unter Beobachtung des in §§ 3 und 4 vorgeschriebenen Verfahrens eine Anweisung zur Einstellung der Zahlungen nach Formular XII*) der oberen Postbehörde einzusenden.

§ 7.

Beantragt ein Entschädigungsberechtigter auf Grund des § 69 Absatz 2 des Unfallversicherungsgesetzes die Ueberweisung der Auszahlung an die Postanstalt seines neuen Wohnorts, so hat der Genossenschaftsvorstand eine Anweisung zur Einstellung der Zahlungen für die bisher beauftragte Postanstalt nach § 6 und eine neue Zahlungsanweisung für die Postanstalt des neuen Wohnorts nach §§ 1 bis 4 der Oberen Postbehörde einzusenden.

§ 8.**)

Treten bei fortlaufenden Zahlungen, abgesehen von den Fällen der §§ 6 und 7, Umstände ein, welche eine Aenderung drr Zahlungsanweisung nöthig machen, z. B. Ausscheiden eines von mehreren entschädigungsberechtigten Kindern durch Tod oder Vollendung des fünfzehnten Lebensjahres, Erhöhung oder Herabsetzung der Rente im schiedsgerichtlichen Verfahren rc., so hat der Genossenschaftsvorstand eine Anweisung zur Einstellung der bisherigen Zahlungen und gleichzeitig eine neue Zahlungsanweisung der Oberen Postbehörde einzusenden. In der neuen Zahlungsanweisung sind die fortan zu leistenden Zahlungen vollständig anzugeben; eine Bezugnahme auf den Inhalt der früheren Anweisung ist ausgeschlossen. Wenn es sich um die Herabsetznng der Rente handelt, so ist in der neuen Anweisung zu bestimmen, in welchen Monatsraten der zuviel gezahlte Betrag wieder eingezogen werden soll, und welche Beträge hiernach in den einzelnen Monaten zur Auszahlung zu bringen sind.

§ 9.

Der Vorstand einer jeden Berufsgenossenschaft hat die Unterschriften seiner Mitglieder, soweit dieselben bei der Vollziehung von Zahlungsanweisungen mitzuwirken befugt sind, bei derjenigen Oberen Postbehörde zu hinterlegen, in deren Bezirk die Berufsgenossenschaft ihren Sitz hat.

---

*) Formular XII ist durch die Bek. d. R.-V.-A. v. 24 Dezember 1887 (A. N. IV S. 5) geändert.

**) Die durch gesperrten Druck kenntlich gemachten Abänderungen beruhen auf der Bek. d. R.-V.-A. v. 24. Dezember 1887 (A. N. IV S. 5).

§ 10.

Da es im Interesse einer geordneten Rechnungsführung geboten ist, daß die Zahlungsempfänger ihre Quittungen in einheitlicher, aus den Anlagen I bis XI ersichtlicher Form ausstellen, so werden die Genossenschaftsvorstände ersucht, den Zahlungsempfängern die erforderlichen Formulare zu Quittungen über Rentenzahlungen bei Ertheilung des Berechtigungsausweises (§ 4) in angemessener Zahl auszuhändigen. Quittungen über einmalige Zahlungen werden unter der Zahlungsanweisung selbst vollzogen.

§ 11.

Im Einzelnen wird zu den anliegenden Formularen bemerkt:

Zu Formular I. Die Kosten des Heilverfahrens sind binnen acht Tagen nach ihrer Feststellung zu zahlen (§ 66 Abs. 1 des Unfallversicherungsgesetzes). Damit dies ermöglicht werde, muß die Zahlungsanweisung so schleunig wie nur möglich nach der erfolgten Feststellung des Betrages ausgestellt werden. Liegt die letztere in der Hand der Vertrauensmänner (Sektionsvorstände), so sind diese mit einer allgemeinen Anweisung dahin zu versehen, daß sie ihre Feststellung, unter Benutzung des Formulars I, ohne Verzug dem Genossenschaftsvorstande behufs Ausfertigung bei Zahlungsanweisung einsenden. Auf der letzteren ist der Tag, mit welchem die achttägige Frist abläuft, ersichtlich zu machen.

Zu Formular II. Die Entschädigungsrente an Verletzte ist in monatlichen im Voraus fälligen Raten zu zahlen und auf volle fünf Pfennig für den Monat nach oben abzurunden (§ 66 Abs. 2 a. a. O.).

Zu Formular III. Die Zahlung der Beerdigungskosten hat binnen acht Tagen noch der Feststellung zu erfolgen (§ 66 Abs. 1 a. a. O.). Es gilt also auch hier das zu Formular I Gesagte.

Zu Formular IV, VI und VII. Die den Wittwen, Kindern oder Ascendenten Getödteter zu zahlenden Renten sind wie die Renten der Verletzten in monatlichen Raten im Voraus zu zahlen und auf volle fünf Pfennig für den Monat abzurunden.

Vor Erlaß der Zahlungsanweisungen sind die Namen der empfangsberechtigten Kinder sowie deren Geburtstage auf Grund einzuholender standesamtlicher Atteste festzustellen und in die Anweisung aufzunehmen.

Zu Formular VIII bis X. Hinsichtlich der den Angehörigen (der Ehefrau, den Kindern oder Ascendenten) eines im Krankenhause untergebrachten Verletzten für die Zeit seiner Verpflegung im Krankenhause zu gewährenden Renten (§ 7 des Unfallversicherungsgesetzes) gilt das vorstehend zu Formular IV, VI und VII Gesagte.

Zu Formular I bis XII*). Im Kopfe jeder Zahlungsanweisung ist die Nummer einzutragen, unter welcher die Berufsgenossenschaft in der diesseitigen Bekanntmachung vom 22. Mai 1885 und, soweit die beiden Eisenbahn-Berufsgenossenschaften in Frage kommen, in der Bekanntmachung vom 15. September 1885 aufgeführt wird. Die gleiche Nummer ist in die Rentenquittungs-Formulare vor deren Aushändigung (§ 10) einzusenden.

Berlin, den 27. September 1885.

Das Reichs-Versicherungsamt.
Bödiker.

) Eine besondere Bemerkung zu Formular XII ist durch die neue Fassung des letzteren erledigt, vgl. Anm.) zu § 6 dieser Gesch.-Anw.

Anlage K.

Entwurf

für die Mittheilung des Auszuges aus der Heberolle.

(§ 72 Absatz 2 des Unfallversicherungsgesetzes.)

An die Firma N. N. in N.

Nachdem von den Central-Postverwaltungen die Liquidationen über die vom 1. Januar 1886 bis zum 31. Dezember 1886*) vorschußweise gezahlten Unfallentschädigungen eingegangen und die Rechnungen zum Abschlusse gelangt sind, übersendet der Vorstand Ihnen gemäß § 72 Absatz 2 des Unfallversicherungsgesetzes vom 6. Juli 1884 in Nachstehendem ergebenst den Ihre Firma betreffenden Auszug aus der Heberolle.

Der Bedarf der Berufsgenossenschaft bemißt sich wie folgt:

1. Es sind der Postverwaltung an Unfallentschädigungen 24 000 Mark; es ist ferner zur Bildung eines Reservefonds gemäß § 18 des Gesetzes ein Zuschlag in Höhe von 300 Prozent dieser Summe, also von 72 000 Mark, zu erheben. Von dem Gesammtbetrage der Unfallentschädigungen und Reserven mit 96 000 Mark entfallen nach § . . . des Genossenschaftsstatuts auf die Genossenschaft 90 Prozent 86 400 Mark,
der Rest von 10 Proz. = 9600 Mark auf die betheiligten Sektionen.
2. An Prämien für die nach § 100 des Gesetzes übernommenen Privatversicherungsverträge sind zurückzuerstatten . . . . 17 600 „
3. An Verwaltungskosten der Genossenschaft sind aufzubringen . . . . 44 500 „

Hiernach ist auf die gesammte Genossenschaft umzulegen ein Betrag von . . . . 148 500 Mark.

Dieser Betrag vertheilt sich auf die von sämmtlichen Berufsgenossen in der Zeit vom . . . . bis zum . . . . gezahlten anrechnungsfähigen Löhne und Gehälter von

54 000 000 Mark,

---

*) Der Entwurf hat die künftigen normalen Umlagen auf ein Jahr im Auge; für die erstmalige, das IV. Quartal 1885 und das Jahr 1886 umfassende Umlage wird eine Trennung der Entschädigungsbeträge erforderlich sein. Vgl. Bescheid 173 Absatz 5 u. 6. Amtliche Nachrichten des R.-V.-A. 1886 Seite 92.

welche durch Multiplikation mit dem Beitragsfuße jedes Betriebes

2 970 000 000 Beitragseinheiten

ergeben, so daß auf jede Beitragseinheit in der Genossenschaft entfallen

$$\frac{148\,500}{2\,970\,000\,000} = \underline{\underline{0{,}00005 \text{ Mark.}}}$$

Innerhalb Ihrer, der .... Sektion sind ferner aufzubringen:

1. 10 Proz. der für Unfälle aus der Sektion gezahlten Entschädigungen von 2700 Mark = 270 Mark, sowie 300 Proz. dieses Betrages für den Reservefonds mit 810 Mark .... 1080 Mark,
2. an Verwaltungskosten der Sektion .... 3870 „

insgesammt 4950 Mark.

Dieser Betrag vertheilt sich auf die in der Sektion gezahlten Löhne und Gehälter von

5 500 000 Mark,

welche durch Multiplikation mit dem Beitragsfuße jedes Betriebes

330 000 000 Beitragseinheiten

ergeben, derart, daß auf jede Beitragseinheit in der Sektion entfallen

$$\frac{4950}{330\,000\,000} = 0{,}000015 \text{ Mark.}$$

Innerhalb der .... Sektion sind also für jede Beitragseinheit zu zahlen:

zu den Lasten der Genossenschaft 0,00005 Mark
„ „ „ „ Sektion ... 0,000015 „
zusammen 0,000065 Mark.

Nun sind von Ihrer Firma in dem angegebenen Zeitraume an anrechnungsfähigen Löhnen und Gehältern gezahlt worden

25 600 Mark;

eingeschätzt sind Sie zum Beitragsfuße 75, Sie sind also an den Gesammtlasten der Genossenschaft mit

$25\,600 \times 75 = 1\,920\,000$ Beitragseinheiten betheiligt.

Hiernach stellt sich der von Ihnen zu leistende Beitrag auf

$1\,920\,000 \times 0{,}000065 =$ 124 Mark 80 Pf.

Diesen Betrag wollen Sie zur Vermeidung der zwangsweisen Beitreibung binnen 14 Tagen nach Zustellung dieses Schreibens an den diesseitigen Kassen- und Rechnungsführer Herrn N. N. zu N. ..... Straße Nr. ... einsenden. Der Vorstand giebt sich der Hoffnung hin, daß keiner der Herren Berufsgenossen denselben in die unangenehme Lage bringen wird, zu der im § 74 des Gesetzes vorgeschriebenen Beitreibung rückständiger Beiträge im Wege der Exekution schreiten zu müssen.

Endlich sei bemerkt, daß es Ihnen gemäß § 73 Abs. 1 des Unfallversicherungsgesetzes frei steht, gegen vorstehende Festsetzung Ihres Beitrags binnen 2 Wochen nach Zustellung dieses Schreibens unbeschadet der Verpflichtung zur vorläufigen Zahlung Widerspruch bei dem unterzeichneten Genossenschaftsvorstande zu erheben.

Der Vorstand der ..... Berufsgenossenschaft.

Anlage L.

Verordnung
über das Verfahren vor den auf Grund des Unfallversicherungsgesetzes errichteten Schiedsgerichten.

Vom 2. November 1885.

(Reichs-Gesetzbl. S. 279.)

Wir Wilhelm, von Gottes Gnaden Deutscher Kaiser, König von Preußen ꝛc.

verordnen auf Grund des § 50 Absatz 4 des Unfallversicherungsgesetzes vom 6. Juli 1884 (Reichs-Gesetzbl. S. 69) im Namen des Reichs nach erfolgter Zustimmung des Bundesraths, was folgt:

I. Allgemeine Bestimmungen.

Beeidigung der Mitglieder des Schiedsgerichts.

§ 1.

Der Vorsitzende des Schiedsgerichts und dessen Stellvertreter werden von einem Beauftragten der Landes-Zentralbehörde (§ 47 Abs. 2 des Unfallversicherungsgesetzes), die Beisitzer und deren Stellvertreter dagegen von dem Vorsitzenden des Schiedsgerichts für die Erfüllung der Obliegenheiten ihres Amtes beeidigt.

Die Beeidigung der Beisitzer und deren Stellvertreter erfolgt bei ihrer ersten Dienstleistung in öffentlcher Sitzung; sie gilt für die Dauer der Wahlperiode.

Im Uebrigen finden auf die Beeidigung die Vorschriften des § 51 des Gerichtsverfassungsgesetzes entsprechende Anwendung.

Befugnisse des Vorsitzenden.

§ 2.

Die Leitung und Beaufsichtigung des Geschäftsganges bei dem Schiedsgericht liegt dem Vorsitzenden ob. Er eröffnet die eingehenden Sendungen, vertheilt die Geschäfte, bestimmt die Sitzungen, zeichnet die Verfügungen, vollzieht die Reinschriften und trifft in Bezug auf die Führung der Geschäftskontrolen die erforderlichen Anordnungen.

Ablehnung der Mitglieder des Schiedsgerichts.

§ 3.

Die Bestimmungen in den §§ 41 ff. der Civilprozeßordnung über die Ausschließung und Ablehnung der Richter finden auf die Mitglieder der Schiedsgerichte entsprechende Anwendung. Jedoch beschließt über ein Ablehnungsgesuch in Betreff des Vorsitzenden das Schiedsgericht, in Betreff der Beisitzer der Vorsitzende.

Bei dem Beschluß über ein Ablehnungsgesuch in Betreff des Vorsitzenden hat dieser nicht mitzuwirken. An seiner Stelle führt dabei der dem Dienstalter oder bei gleichem Dienstalter dem Lebensalter nach älteste Beisitzer den Vorsitz. Ergiebt sich bei der Abstimmung über das Gesuch Stimmengleichheit, so gilt dasselbe für abgelehnt.

Der Beschluß kann, wenn das Ablehnungsgesuch für unbegründet erklärt wird, nicht für sich allein, sondern nur mit der Entscheidung in der Hauptsache angefochten werden.

II. Vorschriften über das Verfahren.

Erhebung der Berufung.

§. 4.

Die Berufung auf schiedsrichterliche Entscheidung muß nach Maßgabe des § 62 Abs. 3 des Unfallversicherungsgesetzes schriftlich erhoben werden.

In dem Schriftsatze ist der Gegenstand des Anspruchs zu bezeichnen, desgleichen sind die für die Entscheidung maßgebenden Thatsachen unter Angabe der Beweismittel für dieselben anzuführen.

Für den Gegner ist eine Abschrift des Schriftsatzes beizufügen.

Zuständigkeit der Schiedsgerichte.

§ 5.

Ist die Berufung irrthümlich bei einer nicht zuständigen Stelle eingelegt, so ist der Schriftsatz unter Benachrichtigung des Berufenden unverzüglich an den Vorsitzenden des zuständigen Schiedsgerichts abzugeben.

Entsteht unter mehreren Schiedsrichtern Streit über ihre Zuständigkeit, so entscheidet hierüber das Reichs-Versicherungsamt.

Abweisung durch Bescheid.

§ 6.

Ist die Berufung nicht in der gesetzlichen Frist eingelegt, oder ist das Schiedsgericht gesetzlich zur Entscheidung über die Berufung nicht zuständig, weil keiner der im § 62 Absatz 2 des Unfallversicherungsgesetzes bezeichneten Fälle vorliegt, so kann der Vorsitzende die Berufung durch einen mit Gründen zu versehenden Bescheid zurückweisen.

In dem Bescheide ist dem Berufenden zu eröffnen, daß er befugt sei, innerhalb zwei Wochen vom Tage der Zustellung ab die Anberaumung der mündlichen Verhandlung zu beantragen.

Einsendung der Vorverhandlungen.

§ 7.

Die Genossenschafts- und Sektionsvorstände, die Ausschüsse und Vertrauensmänner (§ 57 des Unfallversicherungsgesetzes) haben dem Vorsitzenden des Schiedsgerichts auf dessen Erfordern die auf den streitigen Entschädigungsanspruch bezüglichen Vorverhandlungen einzusenden.

Beantwortung der Berufung.

§ 8.

Sofern der Fall des § 6 nicht vorliegt, hat der Vorsitzende die Abschrift der Berufung dem Gegner mit der Aufforderung mitzutheilen, binnen einer bestimmten, von einer Woche bis zu vier Wochen zu bemessenden Frist eine Gegenschrift einzureichen. In der Aufforderung ist zugleich die Verwarnung auszusprechen, daß, wenn die Gegenschrift innerhalb der Frist nicht eingeht, die Entscheidung nach Lage der Akten erfolgen werde. Die Frist kann auf Antrag aus wichtigen Gründen verlängert werden.

Der Gegenschrift ist eine Abschrift beizufügen, welche dem Berufenden seitens des Vorsitzenden des Schiedsgerichts zuzustellen ist.

Unterzeichnung der Schriftsätze. Bevollmächtigte.

§ 9.

Berufungen und Gegenschriften müssen entweder von den Betheiligten selbst oder von ihren gesetzlichen Vertretern oder von ihren Bevollmächtigten unterzeichnet sein. Die Vollmacht muß schriftlich ertheilt werden.

Das Schiedsgericht kann Vertreter, welche, ohne Rechtsanwälte zu sein, die Vertretung geschäftsmäßig betreiben, zurückweisen.

Mündliche Verhandlung.

§ 10.

Die Entscheidung erfolgt auf Grund mündlicher Verhandlung vor dem Schiedsgericht. Der Termin hierzu wird von dem Vorsitzenden anberaumt.

Die Betheiligten werden mittelst eingeschriebenen Briefes von dem Termin mit dem Bemerken in Kenntniß gesetzt, daß im Falle ihres Ausbleibens nach Lage der Akten werde entschieden werden.

Hält das Schiedsgericht das persönliche Erscheinen eines Betheiligten für angemessen, so hat dasselbe die nach Lage des Falles an das Nichterscheinen sich knüpfenden Nachtheile in der Vorladung besonders zu bezeichnen.

Ort der Verhandlung.

§ 11.

Die mündliche Verhandlung findet in der Regel am Sitze des Schiedsgerichts statt. Der Vorsitzende ist jedoch befugt, das Schiedsgericht zu einer Sitzung an einen anderen Ort seines Bezirks zu berufen, wenn ein Fall vorliegt, welcher eine Beweisaufnahme an diesem Orte oder in dessen Nähe erforderlich macht.

Oeffentlichkeit des Verfahrens.

§ 12.

Die mündliche Verhandlung erfolgt in öffentlicher Sitzung. Die Oeffentlichkeit kann durch einen öffentlich zu verkündenden Beschluß ausgeschlossen werden, wenn das Schiedsgericht dies aus Gründen des öffentlichen Wohles oder der Sittlichkeit für angemessen erachtet.

Parteien, Zeugen, Sachverständige oder bei der Verhandlung nicht betheiligte Personen, welche den zur Aufrechterhaltung der Ordnung erlassenen

Befehlen des Vorsitzenden nicht gehorchen, können auf Beschluß des Schiedsgerichts aus dem Sitzungszimmer entfernt werden. Gegen die Parteien wird sodann verfahren, wie wenn sie sich freiwillig entfernt hätten.

§ 13.

Die mündliche Verhandlung beginnt mit der Darstellung des Sachverhalts durch den Vorsitzenden oder durch einen von diesem ernannten Berichterstatter. Demnächst sind die erschienenen Betheiligten zu hören.

Der Vorsitzende hat jedem Beisitzer auf Verlangen zu gestatten, Fragen zu stellen.

Sitzungsprotokoll.

§ 14.

Die mündliche Verhandlung erfolgt unter Zuziehung eines vereidigten Protokollführers.

Von demselben ist ein Protokoll aufzunehmen, welches die Namen des Vorsitzenden und der mitwirkenden Beisitzer, sowie deren Eigenschaft als Vorsitzender, Arbeitgeber oder Arbeitnehmer enthält, und den Gang der Verhandlung im Allgemeinen angiebt.

Anerkenntnisse, Verzichtleistungen, Vergleiche und solche Anträge und Erklärungen der Betheiligten, welche von den Schriftsätzen abweichen, Beschlüsse des Schiedsgerichts sowie die Formel der Entscheidung sind in das Protokoll aufzunehmen.

Das Protokoll ist von dem Vorsitzenden und dem Protokollführer, in Fällen der Entscheidung außerdem von den Beisitzern zu unterzeichnen.

Berathung und Beschlußfassung.

§ 15.

Die Berathung und Beschlußfassung des Schiedsgerichts erfolgt in nicht öffentlicher Sitzung.

Wenn nur drei Beisitzer erschienen sind, so wirkt einer der Beisitzer aus der doppelt besetzten Kategorie nicht mit, und zwar scheidet der dem Dienstalter oder bei gleichem Dienstalter dem Lebensalter nach jüngere aus, sofern derselbe nicht zum Berichterstatter ernannt ist.

Beweisaufnahme.

§ 16.

Der Vorsitzende ist befugt, zur mündlichen Verhandlung Zeugen und Sachverständige, welche von den Parteien benannt worden sind, vorzuladen.

Die Beweiserhebung erfolgt in der Regel in der mündlichen Verhandlung. Das Schiedsgericht ist jedoch befugt, den Beweis durch ein Mitglied oder in Gemäßheit des § 101 des Unfallversicherungsgesetzes durch eine öffentliche Behörde erheben zu lassen. In dringenden Fällen steht dieselbe Befugniß auch dem Vorsitzenden des Schiedsgerichts zu.

Die Beweisverhandlungen sind unter Zuziehung eines vereidigten oder durch Handschlag zu verpflichtenden Protokollführers aufzunehmen; die Parteien sind zu denselben zu laden.

§ 17.

Hinsichtlich der Verpflichtung, sich als Zeuge oder Sachverständiger vernehmen zu lassen, finden die Vorschriften der Civilprozeßordnung entsprechende Anwendung. Gegen die von dem Schiedsgericht über die Rechtmäßigkeit der Weigerung getroffene Entscheidung findet binnen einer Frist von zwei Wochen nach Zustellung derselben Beschwerde an das Reichs- beziehungsweise Landes-Versicherungsamt statt; dieselbe ist schriftlich bei dem Schiedsgericht einzulegen.

Die Verhängung von Zwangsmaßregeln, sowie die Festsetzung von Strafen gegen Zeugen und Sachverständige, welche ausbleiben oder ihre Aussage oder deren Beeidigung verweigern, erfolgt auf Ersuchen durch das Amtsgericht, in dessen Bezirk dieselben ihren Wohnsitz oder in Ermangelung eines solchen ihren Aufenthalt haben. Auf Militärpersonen, welche dem aktiven Heere oder der aktiven Marine angehören, finden die Bestimmungen der §§ 345 Absatz 4 und 355 Absatz 4 der Civilprozeßordnung Anwendung.

Die Zeugen und Sachverständigen erhalten Gebühren nach Maßgabe der Gebührenordnung vom 30. Juni 1878 (Reichs-Gesetzbl. S. 173).

Entscheidung.

§ 18.

Das Schiedsgericht entscheidet innerhalb der erhobenen Ansprüche nach freiem Ermessen. Bilden sich in Beziehung auf Summen, über welche zu entscheiden ist, mehr als zwei Meinungen, deren keine die Mehrheit für sich hat, so werden die für die größte Summe abgegebenen Stimmen den für die zunächst geringere abgegebenen so lange hinzugerechnet, bis sich eine Mehrheit ergiebt.

Das Schiedsgericht entscheidet auch darüber, ob und in welchem Betrage die unterliegende Partei dem Gegner die ihm in dem Verfahren vor dem Schiedsgericht erwachsenen Kosten zu erstatten hat.

Bei den Entscheidungen dürfen nur Mitglieder mitwirken, vor welchen die mündliche Verhandlung stattgefunden hat.

§ 19.

Die Entscheidung kann ohne vorgängige Anberaumung einer mündlichen Verhandlung ergehen, wenn beide Theile auf eine solche ausdrücklich verzichten.

Abstimmung.

§ 20.

Bei der Abstimmung stimmt der Berichterstatter zuerst. Im Uebrigen richtet sich bei der Abstimmung der Beisitzer die Reihenfolge nach dem Dienstalter und bei gleichem Dienstalter nach dem Lebensalter dergestalt, daß der Jüngste zuerst stimmt. Der Vorsitzende stimmt zuletzt.

Verkündung.

§ 21.

Der Vorsitzende verkündet den Beschluß oder die Entscheidung in öffentlicher Sitzung durch Verlesung des Beschlusses oder der Entscheidungsformel.

Wird die Verkündung der Gründe für angemessen gehalten, so erfolgt sie durch Verlesung derselben oder durch mündliche Mittheilung des wesentlichen Inhalts.

Die Verkündung kann auch auf eine spätere Sitzung vertagt werden, welche in der Regel binnen einer Woche stattfinden soll.

Ausfertigung.

§ 22.

Entscheidungen sind mit Gründen zu versehen, in der Urschrift von dem Vorsitzenden und den Beisitzern, welche bei denselben mitgewirkt haben, zu unterschreiben und den Parteien in je einer Ausfertigung zuzustellen.

§ 23.

Im Eingange der Ausfertigung sind die Mitglieder des Schiedsgerichts, welche an der Entscheidung theilgenommen haben, nach Maßgabe des § 14 namentlich aufzuführen und der Sitzungstag, an welchem die Entscheidung erfolgt ist, zu bezeichnen.

Die Ausfertigungen enthalten neben dem Siegel des Schiedsgerichts (§ 24) die Schlußformel:

„Urkundlich unter Siegel und Unterschrift."

„Das Schiedsgericht für . . . ."

Die Vollziehung erfolgt durch den Vorsitzenden.

§ 24.

Das Schiedsgericht führt ein Siegel, welches in der Mitte den Reichsadler und in der Umschrift die Bezeichnung des Schiedsgerichts enthält.

Beschwerden.

§ 25.

Auf Beschwerden über den Geschäftsbetrieb bei den Schiedsgerichten entscheidet das Reichs- beziehungsweise Landes-Versicherungsamt.

Geschäftssprache.

§ 26.

In Betreff der Geschäftssprache vor dem Schiedsgericht finden die Bestimmungen in den §§ 186 ff. des Gerichtsverfassungsgesetzes vom 27. Januar 1877 entsprechende Anwendung. Eingaben, welche nicht in deutscher Sprache abgefaßt sind, werden nicht berücksichtigt.

Geschäftsbericht.

§ 27.

Am Schlusse eines jeden Jahres hat der Vorsitzende des Schiedsgerichts dem Reichs- beziehungsweise Landes-Versicherungsamt zu dem von demselben zu bestimmenden Zeitpunkt und nach einem von demselben vorzuschreibenden Formular einen Geschäftsbericht einzureichen.

Urkundlich unter Unserer Höchsteigenhändigen Unterschrift und beigedrucktem Kaiserlichen Insiegel.

Gegeben Berlin, den 2. November 1885.

(L. S.)

Wilhelm.

von Boetticher.

Anlage M.

VIII. Verordnung,
betreffend die Formen des Verfahrens und den Geschäftsgang des Reichs-Versicherungsamts.

Vom 5. August 1885.

(Reichs-Gesetzbl. S. 255.)

[Mit den aus Artikel I der Verordnung, betreffend die Formen des Verfahrens und den Geschäftsgang des Reichs-Versicherungsamts 2c., vom 13. November 1887 (Reichs-Gesetzbl. S. 523) sich ergebenden Abänderungen. Diese sind durch gesperrten Druck hervorgehoben.]

Wir Wilhelm, von Gottes Gnaden Deutscher Kaiser, König von Preußen 2c.

verordnen auf Grund des § 90 des Unfallversicherungsgesetzes vom 6. Juli 1884 (Reichs-Gesetzbl. S. 69) im Namen des Reichs, nach erfolgter Zustimmung des Bundesraths, was folgt:

I. Verfahren und Geschäftsgang im Allgemeinen.

§ 1.

Die nichtständigen Mitglieder des Reichs-Versicherungsamts und deren Stellvertreter werden für die Erfüllung der Obliegenheiten ihres Amts von dem Staatssekretär des Innern mittelst Handschlags an Eidesstatt verpflichtet.

Die von dem Bundesrath aus seiner Mitte gewählten Mitglieder nehmen ihre Stelle nach dem Vorsitzenden oder dessen Vertreter, also vor den übrigen Mitgliedern, in derjenigen Reihenfolge ein, welche für sie im Bundesrath besteht.

§ 2.

Das Reichs-Versicherungsamt hält an bestimmten Tagen und zu bestimmten Stunden Sitzungen. Die Verfügung darüber steht dem Vorsitzenden zu. Der Vorsitzende ist befugt, nach Bedarf außerordentliche Sitzungen anzuberaumen.

Zu den Sitzungen sind die in Berlin anwesenden Mitglieder unter Mittheilung der Berathungsgegenstände einzuladen.

Der Berathung und Beschlußfassung in den Sitzungen unterliegen:

1. Die in § 90 des Unfallversicherungsgesetzes aufgeführten Angelegenheiten;
2. diejenigen Angelegenheiten, deren kollegialische Berathung der Vorsitzende oder das mit der Bearbeitung der Sache beauftragte Mitglied wünscht.

Die Entscheidung ist, soweit nicht gesetzlich etwas Anderes bestimmt ist, durch die Anwesenheit von mindestens drei Mitgliedern (einschließlich des Vorsitzenden) bedingt.

§ 3.

Im Uebrigen erfolgt die Erledigung der Geschäfte durch den Vorsitzenden oder unter dessen Mitzeichnung durch diejenigen Beamten des Reichs-Versicherungsamts, welchen die Bearbeitung der Sache von dem Vorsitzenden übertragen worden ist.

Im Falle einer Meinungsverschiedenheit zwischen dem Vorsitzenden und den mit der Bearbeitung der Sache beauftragten Mitgliedern entscheidet das Kollegium.

§ 4.

Die Sitzungen sind vorbehaltlich der Vorschriften des § 15 dieser Verordnung, nichtöffentlich. Stimmberechtigt sind die anwesenden Mitglieder des Reichs-Versicherungsamts sowie die zugezogenen richterlichen Beamten; bei Stimmengleichheit giebt der Vorsitzende den Ausschlag.

Bilden sich in Beziehung auf Summen, über welche zu entscheiden ist, mehr als zwei Meinungen, deren keine die Mehrheit für sich hat, so werden die für die größte Summe abgegebenen Stimmen den für die zunächst geringere abgegebenen solange hinzugerechnet, bis sich eine Mehrheit ergiebt.

Die Stimmen werden in nachstehender Reihenfolge abgegeben:

1. von den Berichterstattern;
2. von den Mitgliedern, welche durch die Vertreter der versicherten Arbeiter gewählt sind;
3. von den Mitgliedern, welche von den Genossenschaftsvorständen gewählt sind;
4. von den beiden richterlichen Beamten;
5. von den ständigen Mitgliedern;
6. von den vom Bundesrath aus seiner Mitte gewählten Mitgliedern;
7. von dem Vorsitzenden.

Die Mitglieder des Bundesraths stimmen in der im § 1 gedachten Reihenfolge.

Die Reihenfolge der Abstimmung der Mitglieder innerhalb der übrigen Klassen richtet sich nach dem Dienstalter dergestalt, daß das jüngste Mitglied zuerst stimmt; bei gleichem Dienstalter hat das dem Lebensalter nach jüngere Mitglied zuerst zu stimmen.

§ 5.

Für den mündlichen Vortrag in den Sitzungen ernennt der Vorsitzende einen oder, falls er dies aus besonderen Gründen für erforderlich erachtet, zwei Berichterstatter.

Die Verfügungen und Entscheidungen ergehen unter der Bezeichnung: „Das Reichs-Versicherungsamt" und werden in der Ausfertigung vom Vorsitzenden vollzogen.

§ 6.

Der Vorsitzende leitet die Verhandlungen und Berathungen in den Sitzungen; er stellt die Fragen und sammelt die Stimmen.

Meinungsverschiedenheiten über den Gegenstand, die Fassung und die Reihenfolge der Fragen oder über das Ergebniß der Abstimmung werden in Gemäßheit des § 4 entschieden.

II. Verfahren und Geschäftsgang in den Fällen des § 90 zu b und c des Unfallversicherungsgesetzes.

§ 7.

Das Reichs-Versicherungsamt entscheidet in den Fällen des § 90 zu b und c des Unfallversicherungsgesetzes in der Besetzung von fünf Mitgliedern mit Einschluß des Vorsitzenden, sowie von zwei richterlichen Beamten. Unter den fünf Mitgliedern muß sich je ein Vertreter der Genossenschaftsvorstände und der Arbeiter befinden.

Die zu den Entscheidungen des Reichs-Versicherungsamts zuzuziehenden richterlichen Beamten werden in der erforderlichen Anzahl für die Dauer der zur Zeit ihrer Ernennung von ihnen bekleideten Reichs- oder Staatsämter auf Vorschlag des Bundesraths vom Kaiser ernannt. In gleicher Weise kann die Ernennung von Stellvertretern erfolgen. Sofern eine vorübergehende Vermehrung der richterlichen Beisitzer erforderlich wird, können durch den Reichskanzler für die Dauer dieses Bedarfs weitere richterliche Beamte bestimmt werden, welche aushülfsweise zu den Entscheidungen des Reichs-Versicherungsamts nach näherer Bestimmung des Vorsitzenden zuzuziehen sind.

§ 8.

Der Vorsitzende setzt bei Beginn des Jahres — zum ersten Mal mit dem Inkrafttreten der im § 111 Absatz 2 des Unfallversicherungsgesetzes erwähnten Kaiserlichen Verordnung — die Reihenfolge fest, in welcher die nichtständigen Mitglieder des Reichs-Versicherungsamts zu den Sitzungen einberufen werden. Gleichzeitig sind die Stellvertreter zu bezeichnen.

Die Einberufung zu den einzelnen Sitzungen muß in der Regel mindestens zwei Wochen vor denselben erfolgen.

§ 9.

Die Bestimmungen in den §§ 41 ff. der Civilprozeßordnung über die Ausschließung und Ablehnung der Richter finden auf die Mitglieder des Reichs-Versicherungsamts entsprechende Anwendung.

Ueber das Ablehnungsgesetz entscheidet das Reichs-Versicherungsamt mittelst Beschlusses (§§ 2 ff.).

§ 10.

Der Antrag auf Entscheidung des Reichs-Versicherungsamts (§ 32 des Unfallversicherungsgesetzes) sowie der Rekurs an dasselbe (§ 63 a. a. O.) muß an das Reichs-Versicherungsamt schriftlich gerichtet werden.

In dem Schriftsatze ist der Gegenstand des Anspruchs zu bezeichnen, desgleichen sind die für die Entscheidung maßgebenden Thatsachen mit Angabe der Beweismittel für dieselben anzuführen.

Für jeden Gegner ist eine Abschrift des Schriftsatzes beizulegen.

§ 11.

Das Reichs-Versicherungsamt hat die Abschrift des Antrages dem Gegner zur Einreichung einer Gegenschrift binnen einer bestimmten, von einer Woche bis zu vier Wochen zu bemessenden Frist mitzutheilen. In der Aufforderung ist zugleich die Verwarnung auszusprechen, daß, wenn die Gegenschrift innerhalb der Frist nicht eingeht, die Entscheidung nach Lage der Akten erfolgen werde. Die Frist kann auf Antrag aus wichtigen Gründen verlängert werden.

Der Gegenschrift ist eine Abschrift beizufügen, welche dem Gegner von dem Reichs-Versicherungsamt zuzustellen ist.

§ 12.

Anträge und Gegenschriften (§§ 10, 11) müssen entweder von den Betheiligten selbst oder von ihren gesetzlichen Vertretern oder von ihren Bevollmächtigten unterzeichnet sein. Die Vollmacht muß schriftlich ertheilt werden.

Das Reichs-Versicherungsamt kann Vertreter, welche, ohne Rechtsanwälte zu sein, die Vertretung geschäftsmäßig betreiben, zurückweisen.

§ 13.

Die Entscheidung erfolgt auf Grund mündlicher Verhandlung vor dem Reichs-Versicherungsamt. Der Termin hierzu wird von dem Vorsitzenden anberaumt. Die Betheiligten werden mittelst eingeschriebenen Briefes von dem Termin mit dem Bemerken in Kenntniß gesetzt, daß im Falle ihres Ausbleibens nach Lage der Akten werde entschieden werden. Hält das Reichs-Versicherungsamt das persönliche Erscheinen eines Betheiligten für angemessen, so hat dasselbe die nach Lage des Falles an das Nichterscheinen sich knüpfenden Nachtheile in der Vorladung besonders zu bezeichnen.

§. 14.

Die Berichterstatter haben, sofern dies von dem Vorsitzenden angeordnet wird, vor dem Termin eine schriftliche Sachdarstellung vorzulegen.

§ 15.

Die mündliche Verhandlung erfolgt in öffentlicher Sitzung. Die Oeffentlichkeit kann durch einen öffentlich zu verkündenden Beschluß ausgeschlossen werden, wenn das Reichs-Versicherungsamt dies aus Gründen des öffentlichen Wohls oder der Sittlichkeit für angemessen erachtet.

Die zur Verhandlung gelangenden Sachen werden der Regel nach in der durch den Vorsitzenden bestimmten durch Aushang vor dem Sitzungszimmer bekannt zu machenden Reihefolge erledigt.

§ 16.

Die mündliche Verhandlung beginnt mit der Darstellung des Sachverhältnisses durch den ersten Berichterstatter; demnächst sind die erschienenen Betheiligten zu hören.

Der Vorsitzende hat jedem beisitzenden Mitgliede des Reichs-Versicherungsamts auf Verlangen zu gestatten, Fragen zu stellen.

§ 17.

Die mündliche Verhandlung erfolgt unter Zuziehung eines vereidigten Protokollführers. Von demselben ist ein Protokoll aufzunehmen, welches den Gang der Verhandlungen im Allgemeinen angiebt. Anerkenntnisse, Verzichtleistungen, Vergleiche und solche Anträge und Erklärungen der Betheiligten, welche von den Schriftsätzen abweichen, sowie der Tenor des Urtheils sind in das Protokoll aufzunehmen.

Die Protokolle sind von dem Vorsitzenden und dem Protokollführer, in Fällen der Urtheilssprechung außerdem von den Berichterstattern und mindestens einem anderen Mitgliede, welches an der Urtheilssprechung theilgenommen hat, zu vollziehen.

§ 18.

Die Berathung und Entscheidung des Reichs-Versicherungsamts erfolgt in nichtöffentlicher Sitzung.

§ 19.

Das Reichs-Versicherungsamt entscheidet innerhalb der erhobenen Ansprüche nach freiem Ermessen.

Die Entscheidung erstreckt sich auch auf die in dem Verfahren vor dem Reichs-Versicherungsamt den Parteien erwachsenen Kosten, und auf die Frage, welcher Kostenbetrag zur zweckentsprechenden Wahrung der Ansprüche und Rechte nothwendig gewesen ist.

Bei den Entscheidungen, welche auf Grund der mündlichen Verhandlung ergehen, dürfen nur Mitglieder mitwirken, vor welchen diese Verhandlung stattgefunden hat.

§ 20.

Das Verfahren vor dem Reichs-Versicherungsamt ist kostenfrei; ein Ersatz der durch dieses Verfahren dem Reichs-Versicherungsamt verursachten baaren Auslagen durch die Parteien findet nicht statt.

§ 21.

Die Entscheidung kann ohne vorgängige Anberaumung einer mündlichen Verhandlung ergehen, wenn beide Theile auf eine solche ausdrücklich verzichten.

§ 22.

Der Vorsitzende verkündet die ergangene Entscheidung in öffentlicher Sitzung durch Verlesung des Beschlusses oder der Urtheilsformel.

Wird die Verkündung der Gründe für angemessen gehalten, so erfolgt sie durch Verlesung derselben oder durch mündliche Mittheilung des wesentlichen Inhalts.

Die Verkündung der Entscheidung kann auf eine spätere Sitzung vertagt werden, welche in der Regel binnen einer Woche stattfinden soll.

In dem Falle des § 90 zu c des Unfallversicherungsgesetzes ist dem Schiedsgericht, gegen dessen Entscheidung Rekurs eingelegt worden ist, Abschrift des Urtheils zu ertheilen.

§ 23.

Die Urtheile werden nebst Gründen von den Berichterstattern entworfen und in der Urschrift von dem Vorsitzenden, den Berichterstattern und mindestens einem anderen Mitgliede, welches an der Urtheilssprechung theilgenommen hat, unterzeichnet.

§ 24.

Im Eingange des Urtheils sind die Mitglieder, welche an der Entscheidung theilgenommen haben, namentlich aufzuführen; auch ist der Sitzungstag zu bezeichnen, an welchem die Entscheidung erfolgt ist.

Die Ausfertigungen der Urtheile werden mit der Ueberschrift versehen:

„Im Namen des Reichs".

Sie enthalten neben dem Siegel des Reichs-Versicherungsamts die Schlußformel:

„Urkundlich unter Siegel und Unterschrift".

„Das Reichs-Versicherungsamt".

Die Vollziehung erfolgt durch den Vorsitzenden.

III. Besondere Befugnisse des Vorsitzenden.

§ 25.

Dem Vorsitzenden steht die Leitung und Beaufsichtigung des gesammten Dienstes zu; er trifft die nähere Bestimmung über die Vertheilung der Geschäfte und ernennt insbesondere in den Fällen der §§ 14, 16, 27 und 88 des Unfallversicherungsgesetzes die Vertreter und Beauftragten des Reichs-Versicherungsamts.

§ 26.

Der Vorsitzende ordnet die Einrichtung der Büreaus, der Akten und Geschäftsregister; ihm steht die Verfügung in allen Verwaltungsangelegenheiten des Amts, insbesondere in denjenigen zu, welche das Etats- und Kassenwesen, das Dienstgebäude und dessen Einrichtung, die Vervollständigung der Bibliothek und sonstige Anschaffungen betreffen.

§ 27.

Mit Genehmigung des Reichskanzlers kann der Vorsitzende einen Theil seiner Befugnisse einem ständigen Mitgliede des Reichs-Versicherungsamts übertragen. Der Vorsitzende wird im Behinderungsfalle von dem nächstältesten ständigen Mitgliede vertreten.

IV. Innerer Geschäftsgang.

§ 28.

Vorladungen und Zustellungsschreiben werden durch die Unterschrift des von dem Vorsitzenden dazu bestimmten Beamten und unter Beifügung des Siegels des Reichs-Versicherungsamts beglaubigt.

In gleicher Weise erfolgen die in den §§ 14 und 16 des Unfallversicherungsgesetzes vorgeschriebenen Einladungen zu den General- und Genossenschaftsversammlungen. Dieselben können mittelst einfachen Briefes durch die Post bewirkt werden.

§ 29.

Das Reichs-Versicherungsamt führt zwei Siegel:

1. ein großes Siegel, welches dem von dem Reichsgericht geführten entspricht und nur bei förmlichen Ausfertigungen, insbesondere der Urtheile, gebraucht wird;
2. ein kleineres Siegel, welches den bei den Gesandtschaften des Deutschen Reichs eingeführten Siegeln entspricht, mit der Umschrift: „Reichs-Versicherungsamt".

V. Geschäftssprache.

§ 30.

In Betreff der Geschäftssprache vor dem Reichs-Versicherungsamt finden die Bestimmungen in den §§ 186 ff. des Gerichtsverfassungsgesetzes vom 27. Jan. 1877 entsprechende Anwendung. Eingaben, welche nicht in deutscher Sprache abgefaßt sind, werden nicht berücksichtigt.

VI. Geschäftsbericht.

§ 31.

Am Schlusse eines jeden Jahres hat das Reichs-Versicherungsamt dem Reichskanzler einen Geschäftsbericht einzureichen.

Urkundlich unter Unserer Höchsteigenhändigen Unterschrift und beigedrucktem Kaiserlichen Insiegel.

Gegeben Bad Gastein, den 5. August 1885.

(L. S.) **Wilhelm.**

von Boetticher.

Gesetz,

betreffend die Fürsorge für Beamte und Personen des Soldatenstandes in Folge von Betriebsunfällen. Vom 15. März 1886.
(Reichs-Gesetzbl. S. 53.)

Wir Wilhelm, von Gottes Gnaden Deutscher Kaiser, König von Preußen ꝛc.

verordnen im Namen des Reichs, nach erfolgter Zustimmung des Bundesraths und des Reichstags, was folgt:

§ 1.

Beamte der Reichs-Civilverwaltung, des Reichsheeres und der Kaiserlichen Marine und Personen des Soldatenstandes, welche in reichsgesetzlich der Unfallversicherung unterliegenden Betrieben beschäftigt sind, erhalten, wenn sie in Folge eines im Dienste erlittenen Betriebsunfalls dauernd dienstunfähig werden, als Pension sechsundsechzigzweidrittel Prozent ihres jährlichen Diensteinkommens, soweit ihnen nicht nach anderweiter reichsgesetzlicher Vorschrift ein höherer Betrag zusteht.

Personen der vorbezeichneten Art erhalten, wenn sie in Folge eines im Dienste erlittenen Betriebsunfalls nicht dauernd dienstunfähig geworden, aber in ihrer Erwerbsfähigkeit beeinträchtigt worden sind, bei ihrer Entlassung aus dem Dienste als Pension:

1. im Falle völliger Erwerbsunfähigkeit für die Dauer derselben den im ersten Absatze bezeichneten Betrag;
2. im Falle theilweiser Erwerbsunfähigkeit für die Dauer derselben einen Bruchtheil der vorstehend bezeichneten Pension, welcher nach dem Maße der verbliebenen Erwerbsfähigkeit zu bemessen ist.

Steht solchen Personen nach anderweiter reichsgesetzlicher Vorschrift ein höherer Betrag zu, so erhalten sie diesen.

Nach dem Wegfall des Diensteinkommens sind den Verletzten außerdem die noch erwachsenden Kosten des Heilverfahrens zu ersetzen.

§ 2.

Die Hinterbliebenen solcher im § 1 bezeichneten Personen, welche in Folge eines im Dienste erlittenen Betriebsunfalls gestorben sind, erhalten:

1. als Sterbegeld, sofern ihnen nicht nach anderweiter Bestimmung Anspruch auf Gnadenquartal oder Gnadenmonat zusteht, den Betrag des einmonatigen Diensteinkommens beziehungsweise der einmonatigen Pension des Verstorbenen, jedoch mindestens 30 Mark;

2) eine Rente. Dieselbe beträgt
   a. für die Wittwe bis zu deren Tode oder Wiederverheirathung zwanzig Prozent des jährlichen Diensteinkommens des Verstorbenen, jedoch nicht unter 160 Mark und nicht mehr als 1600 Mark;
   b. für jedes Kind bis zur Vollendung des achtzehnten Lebensjahres oder bis zur etwaigen früheren Verheirathung, sofern die Mutter lebt, fünfundsiebzig Prozent der Wittwenrente, und sofern die Mutter nicht lebt, die volle Wittwenrente;
   c. für Ascendenten des Verstorbenen, wenn dieser ihr einziger Ernährer war, für die Zeit bis zu ihrem Tode oder bis zum Wegfall der Bedürftigkeit zwanzig Prozent des Diensteinkommens des Verstorbenen, jedoch nicht unter 160 Mark und nicht mehr als 1600 Mark; sind mehrere derartig Berechtigte vorhanden, so wird die Rente den Eltern vor den Großeltern gewährt.

Die Renten dürfen zusammen sechzig Prozent des Diensteinkommens nicht übersteigen. Ergiebt sich ein höherer Betrag, so haben die Ascendenten nur insoweit einen Anspruch, als durch die Renten der Wittwe und der Kinder der Höchstbetrag der Rente nicht erreicht wird. Soweit die Renten der Wittwe und Kinder den zulässigen Höchstbetrag überschreiten, werden die einzelnen Renten in gleichem Verhältnisse gekürzt.

Steht nach anderweiter reichsgesetzlicher Vorschrift den Hinterbliebenen ein höherer Betrag zu, so erhalten sie diesen.

Der Anspruch der Wittwe ist ausgeschlossen, wenn die Ehe erst nach dem Unfall geschlossen worden ist.

§ 3.

Erreicht das Diensteinkommen nicht den von der höheren Verwaltungsbehörde nach Anhörung der Gemeindebehörde für Erwachsene festgesetzten ortsüblichen Tagelohn gewöhnlicher Tagearbeiter (§ 8 des Gesetzes, betreffend die Krankenversicherung der Arbeiter, vom 15. Juni 1883, Reichs-Gesetzbl. S. 73), so ist der letztere der Berechnung zu Grunde zu legen.

Bleibt bei den nicht mit Pensionsberechtigung angestellten Beamten (§ 1) die nach vorstehenden Bestimmungen der Berechnung zu Grunde zu legende Summe unter dem niedrigsten Diensteinkommen derjenigen Stellen, in welchen solche Beamte nach den bestehenden Grundsätzen zuerst mit Pensionsberechtigung angestellt werden können, so ist der letztere Betrag der Berechnung zu Grunde zu legen.

§ 4.

Der Bezug der Pension beginnt mit dem Wegfall des Diensteinkommens, der Bezug der Wittwen- und Waisenrente mit dem Ablauf des Gnadenquartals oder Gnadenmonats, oder, soweit solche nicht gewährt werden, mit dem auf den Todestag des Verunglückten folgenden Tage.

Gehört der Verletzte auf Grund gesetzlicher oder statutarischer Verpflichtung einer Krankenkasse oder der Gemeinde-Krankenversicherung an, so wird bis zum Ablauf der dreizehnten Woche nach dem Eintritt des Unfalls die Pension und der Ersatz der Kosten des Heilverfahrens um den Betrag der von der Krankenkasse oder der Gemeinde-Krankenversicherung geleisteten Krankenunterstützung gekürzt. Der Anspruch auf das Sterbegeld (§ 2 Abs. 1 Ziffer 1), und vom Beginne der vierzehnten Woche ab auch der Anspruch auf die Pension und auf den Ersatz der Kosten des Heilverfahrens (§ 1) geht bis zum Betrage des von der Krankenkasse gezahlten Sterbegeldes beziehungsweise bis zum Betrage der von dieser gewährten weiteren Krankenunterstützung auf die Krankenkasse über. Als Werth der freien ärztlichen Behandlung, der Arznei und der Heilmittel (§ 6 Abs. 1 Ziffer 1 des Krankenversicherungsgesetzes) gilt die Hälfte des gesetzlichen Mindestbetrages des Krankengeldes.

§ 5.

Ein Anspruch auf die in den §§ 1 und 2 bezeichneten Bezüge besteht nicht, wenn der Verletzte den Unfall (§ 1) vorsätzlich oder durch ein Verschulden herbeigeführt hat, wegen dessen auf Dienstentlassung oder auf Verlust des Titels und Pensionsanspruchs gegen ihn erkannt oder wegen dessen ihm die Fähigkeit zur Beschäftigung in einem öffentlichen Dienstzweige aberkannt worden ist.

§ 6.

Ansprüche auf Grund dieses Gesetzes sind, soweit deren Feststellung nicht von Amtswegen erfolgt, bei Vermeidung des Ausschlusses vor Ablauf von zwei Jahren nach dem Eintritt des Unfalls bei der dem Verletzten unmittelbar vorgesetzten Dienstbehörde anzumelden.

Nach Ablauf dieser Frist ist der Anmeldung nur dann Folge zu geben, wenn zugleich glaubhaft bescheinigt wird, daß die Folgen des Unfalls erst später bemerkbar geworden sind, oder daß der Berechtigte von der Verfolgung seines Anspruchs durch außerhalb seines Willens liegende Verhältnisse abgehalten worden ist.

Jeder Unfall, welcher von Amtswegen oder durch Anmeldung der Betheiligten einer vorgesetzten Dienstbehörde bekannt wird, ist sofort zu untersuchen. Den Betheiligten ist Gelegenheit zu geben, selbst oder durch Vertreter ihre Interessen bei der Untersuchung zu wahren.

§ 7.

Soweit vorstehend nichts Anderes bestimmt ist, finden auf die nach § 1, und hinsichtlich der Berechnung des Diensteinkommens auch auf die nach § 2 zu gewährenden Bezüge die für die Betheiligten geltenden Bestimmungen über Pension, auf die nach § 2 zu gewährenden Renten im Uebrigen die Vorschriften über die Fürsorge für die Wittwen und Waisen der Reichsbeamten der Civilverwaltung, Anwendung. Jedoch erfolgt die Bestimmung über die Zahlung der Renten an Hinterbliebene einer zum Reichsheere gehörigen Person durch die oberste Militärverwaltungsbehörde des Kontingents.

§ 8.

Die in den §§ 1 und 2 bezeichneten Personen können einen Anspruch auf Ersatz des durch den Unfall (§ 1) erlittenen Schadens gegen die Betriebsverwaltung, in deren Dienst sie den Unfall erlitten haben, überhaupt nicht, und gegen deren Betriebsleiter, Bevollmächtigte oder Repräsentanten, Betriebs- oder Arbeiteraufseher nur dann geltend machen, wenn durch strafgerichtliches Urtheil festgestellt worden ist, daß diese den Unfall vorsätzlich herbeigeführt haben.

Der hiernach zulässige Anspruch ermäßigt sich um denjenigen Betrag, welcher den Berechtigten nach dem gegenwärtigen Gesetze zusteht.

§ 9.

Die in dem § 8 bezeichneten Ansprüche können, auch ohne daß die daselbst vorgesehene Feststellung durch strafgerichtliches Urtheil stattgefunden hat, geltend gemacht werden, falls diese Feststellung wegen des Todes oder der Abwesenheit des Betreffenden oder aus einem anderen in der Person desselben liegenden Grunde nicht erfolgen kann.

§ 10.

Die dem Verletzten oder dessen Hinterbliebenen auf Grund des § 1 des Gesetzes, betreffend die Verbindlichkeit zum Schadenersatz für die bei dem Betriebe von Eisenbahnen, Bergwerken u. s. w. herbeigeführten Tödtungen und Körperverletzungen, vom 7. Juni 1871 (Reichs-Gesetzbl. S. 207) gegen Eisenbahn-Betriebsunternehmer zustehenden Ansprüche gehen auf die Betriebsverwaltung, welche dem Verletzten oder dessen Hinterbliebenen auf Grund des gegenwärtigen Gesetzes oder anderweiter reichsgesetzlicher Vorschrift (§§ 1 und 2 Pensionen, Kosten des Heilverfahrens, Renten oder Sterbegelder zu zahlen hat, in Höhe dieser Bezüge und vorbehaltlich der Bestimmungen des Artikels 8 des Gesetzes vom 20. Dezember 1875 (Reichs-Gesetzbl. S. 318) über.

Weitergehende Ansprüche als auf diese Bezüge stehen dem Verletzten und dessen Hinterbliebenen gegen das Reich und die Bundesstaaten nicht zu.

Die Haftung anderer, in dem § 8 nicht bezeichneten Personen, welche den Unfall vorsätzlich herbeigeführt oder durch Verschulden verursacht haben, bestimmt sich nach den bestehenden gesetzlichen Vorschriften. Jedoch geht die Forderung des Entschädigungsberechtigten an den Dritten auf die Betriebsverwaltung insoweit über, als sie zu den im Absatz 1 gedachten Zahlungen auf Grund dieses Gesetzes verpflichtet ist.

§ 11.

Auf die in den §§ 1 und 2 bezeichneten Personen finden die reichsgesetzlichen Bestimmungen über Unfallversicherung keine Anwendung.

§ 12.

Staats- und Kommunalbeamten und deren Hinterbliebenen, für welche durch die Landesgesetzgebung oder durch statutarische Festsetzung gegen die Folgen eines im Dienste erlittenen Betriebsunfalls eine den Vorschriften der

§§ 1 bis 5 des gegenwärtigen Gesetzes mindestens gleichkommende Fürsorge getroffen ist, steht wegen eines solchen Unfalls ein reichsgesetzlicher Anspruch auf Ersatz des durch denselben erlittenen Schadeus nur nach Maßgabe der §§ 8 bis 10 des gegenwärtigen Gesetzes zu. Auf solche Staats- und Kommunalbeamten und deren Hinterbliebene finden die reichsgesetzlichen Bestimmungen über Unfallversicherung keine Anwendung.

§ 13.

Dies Gesetz tritt mit dem Tage der Verkündigung in Kraft. Dasselbe kommt in Bayern nach näherer Bestimmung des Bündnißvertrages vom 23. November 1870 (Bundes-Gesetzbl. 1871 S. 9) unter III § 5 zur Anwendung.

Urkundlich unter Unserer Höchsteigenhändigen Unterschrift und beigedrucktem Kaiserlichen Insiegel.

Gegeben Berlin, den 15. März 1886.

(L. S.)

Wilhelm.

Fürst von Bismarck.

Anlage O.

Gesetz,

betreffend die Unfallversicherung der bei Bauten beschäftigten Personen.

Vom 11. Juli 1887. (Reichs-Gesetzbl. S. 287.)

Wir Wilhelm, von Gottes Gnaden Deutscher Kaiser, König von Preußen ꝛc.

verordnen im Namen des Reichs, nach erfolgter Zustimmung des Bundesraths und des Reichstags, was folgt:

I. Allgemeine Bestimmungen.

§ 1.

Umfang der Versicherung.

Arbeiter, welche bei der Ausführung von Bauarbeiten beschäftigt und nicht schon auf Grund des Unfallversicherungsgesetzes vom 6. Juli 1884 (Reichs-Gesetzbl. S. 69), des Gesetzes, betreffend die Ausdehnung der Unfall- und Krankenversicherung, vom 28. Mai 1885 (Reichs-Gesetzbl. S. 159), des Gesetzes, betreffend die Unfall- und Krankenversicherung der in land- und forstwirthschaftlichen Betrieben beschäftigten Personen, vom 5. Mai 1886 (Reichs-Gesetzbl. S. 132), oder der auf Grund des § 1 Absatz 8 des Unfallversicherungsgesetzes von dem Bundesrath erlassenen Bestimmungen gegen Unfall versichert sind, werden gegen die Folgen der bei diesen Bauarbeiten sich ereignenden Unfälle nach Maßgabe der Bestimmungen dieses Gesetzes versichert.

Dasselbe gilt von den bei derartigen Bauarbeiten beschäftigten Betriebsbeamten, sofern ihr Jahresarbeitsverdienst an Lohn oder Gehalt zweitausend Mark nicht übersteigt.

Auf die im § 1 des Gesetzes, betreffend die Fürsorge für Beamte und Personen des Soldatenstandes in Folge von Betriebsunfällen, vom 15. März 1886 (Reichs-Gesetzbl. S. 53) bezeichneten Personen, auf Beamte, welche in Betriebsverwaltungen eines Bundesstaates oder eines Kommunalverbandes mit festem Gehalt und Pensionsberechtigung angestellt sind, sowie auf andere Beamte eines Bundesstaates oder eines Kommunalverbandes, für welche die im § 12 a. a. O. vorgesehene Fürsorge in Kraft getreten ist, findet dieses Gesetz keine Anwendung. Die Ausführung von Bauarbeiten gilt als Betrieb im Sinne des Gesetzes vom 15. März 1886.

Die laufenden Reparaturen an den zum Betriebe der Land- und Forstwirthschaft dienenden Gebäuden und die zum Wirthschaftsbetriebe gehörenden Bodenkultur- und sonstigen Bauarbeiten, insbesondere die diesem Zweck dienende Herstellung oder Unterhaltung von Wegen, Dämmen, Kanälen und Wasserläufen, gelten als Theile des land- und forstwirthschaftlichen Betriebes, wenn sie von Unternehmern land- und forstwirthschaftlicher Betriebe ohne Uebertragung an andere Unternehmer auf ihren Grundstücken ausgeführt werden.

§ 2.

Unternehmer von Bauarbeiten (§ 1 Absatz 1) sind berechtigt, andere nach § 1 nicht versicherte, bei der Bauausführung beschäftigte Personen und, sofern ihr Jahresarbeitsverdienst zweitausend Mark nicht übersteigt, sich selbst zu versichern. Diese letztere Berechtigung kann durch Statut auf Unternehmer mit einem zweitausend Mark übersteigenden Jahresarbeitsverdienste erstreckt werden.

Auch kann durch Statut die Versicherungspflicht auf Betriebsbeamte mit einem zweitausend Mark übersteigenden Jahresarbeitsverdienste und auf Gewerbetreibende ausgedehnt werden, welche nicht regelmäßig wenigstens einen Lohnarbeiter beschäftigen.

Die Höhe des der Versicherung der Unternehmer zu Grunde zu legenden Jahresarbeitsverdienstes bestimmt das Statut. Bei der Versicherung von Betriebsbeamten ist der volle Jahresarbeitsverdienst zu Grunde zu legen.

§ 3.

Unternehmer.

Als Unternehmer im Sinne dieses Gesetzes gilt

1. bei Bauarbeiten, welche in einem gewerbsmäßigen Baubetriebe ausgeführ werden, der Baugewerbetreibende, für dessen Rechnung dieser Betrieb erfolgt;
2. bei anderen Bauarbeiten derjenige, für dessen Rechnung dieselben ausgeführt werden.

§ 4.

Träger der Versicherung.

Die Versicherung erfolgt:

1. bei der gewerbsmäßigen Ausführung von Eisenbahn-, Kanal-, Wege-, Strom-, Deich- und anderen Bauarbeiten, welche nicht unter die Bestimmungen des Unfallversicherungsgesetzes oder unter die nach § 1 Absatz 8 a. a. O. vom Bundesrath erlassenen Anordnungen fallen, unbeschadet der Bestimmungen in den Ziffern 2 und 3, auf Gegenseitigkeit durch die Unternehmer. Die Letzteren werden zu diesem Zweck in eine Berufsgenossenschaft vereinigt (§§ 9 bis 15);
2. bei Bauarbeiten, welche von dem Reich oder von einem Bundesstaate als Unternehmer (§ 3) ausgeführt werden und nicht zu den Bauten der im § 2 Absatz 1 des Gesetzes über die Ausdehnung der Unfall- und Krankenversicherung vom 28. Mai 1885 aufgeführten Reichs- und Staatsverwaltungen gehören, vorbehaltlich der Bestimmung des § 5 Absatz 1

durch das Reich beziehungsweise den Staat, für dessen Rechnung die Bauarbeit erfolgt (§§ 46, 47);

3. bei Bauarbeiten, welche in anderen als Eisenbahnbetrieben von einem Kommunalverbande oder einer anderen öffentlichen Korporation als Unternehmer (§ 3) ausgeführt werden, vorbehaltlich der Bestimmung des § 5 Absatz 3 durch den Kommunalverband beziehungsweise die Korporation, sofern die Landes-Centralbehörde auf deren Antrag erklärt, daß dieser Kommunalverband beziehungsweise diese Korporation zur Uebernahme der durch die Versicherung entstehenden Lasten für leistungsfähig zu erachten ist (§§ 46, 47);
4. bei Bauarbeiten, deren Ausführung entweder von anderen als den in Ziffer 2 und 3 bezeichneten Verbänden und Korporationen, oder deren Ausführung nicht gewerbsmäßig erfolgt, auf Kosten der Unternehmer (§ 3) beziehungsweise Gemeindeverbände nach näherer Bestimmung der §§ 16 ff. durch die Berufsgenossenschaften der Baugewerbetreibenden (§ 1, § 4 Ziffer 1, §§ 9ff. dieses Gesetzes, §§ 1, 9ff. des Unfallversicherungsgesetzes).

Bezüglich der Bauten, welche von Eisenbahnverwaltungen für eigene Rechnung ausgeführt werden, sowie bezüglich solcher Bauarbeiten, welche als Nebenbetriebe oder Theile eines anderen Betriebes anderweit versicherungspflichtig sind, behält es bei den bisherigen Bestimmungen sein Bewenden.

§ 5.

Das Reich und die Bundesstaaten sind berechtigt, bezüglich aller oder einzelner Arten der unter § 4 Ziffer 2 fallenden, von ihnen als Unternehmer ausgeführten Bauarbeiten derjenigen Berufsgenossenschaft, welche in dem betreffenden Bezirke für die Gewerbetreibenden der betreffenden Art errichtet ist, durch eine von dem Reichskanzler beziehungsweise der Landes-Centralbehörde abzugebende entsprechende Erklärung als Mitglied beizutreten.

Diese Erklärung ist, auch soweit es sich um die Ausführung von Maurer-, Zimmer- und ähnlichen Bauarbeiten (§ 1 Absatz 2 des Unfallversicherungsgesetzes) handelt, vor der Genehmigung des Genossenschaftsstatuts für die nach § 4 Ziffer 1 Absatz 1 zu errichtende Berufsgenossenschaft abzugeben.

Dieselbe Berechtigung steht den Kommunalverbänden und anderen öffentlichen Korporationen zu. Die Erklärung ist von dem Vorstande derselben abzugeben und darf auch nach dem in dem vorstehenden Absatze bestimmten Termine erfolgen.

§ 6.

Jahresarbeitsverdienst, Gegenstand der Versicherung, Umfang der Entschädigung, Verhältniß zu Krankenkassen rc.

Die Ermittelung des Jahresarbeitsverdienstes, der Gegenstand der Versicherung, der Umfang der Entschädigung und das Verhältniß der Unfallversicherung zu den eingeschriebenen Hülfskassen, zu den sonstigen Kranken-, Sterbe-,

Invaliden- und anderen Unterstützungskassen, zu den Leistungen der zur Unterstützung hülfsbedürftiger Personen verpflichteten Gemeinden oder Armenverbände, sowie der Unternehmer und Kassen, welche die den Gemeinden und Armenverbänden obliegende Verpflichtung zur Unterstützung auf Grund gesetzlicher Vorschrift erfüllt haben, bestimmt sich, vorbehaltlich der Vorschriften der §§ 7 und 8 dieses Gesetzes, nach den §§ 3, 5 bis 8 des Unfallversicherungsgesetzes.

Ueber die Ermittelung des Jahresarbeitsverdienstes der Unternehmer hat das Statut Bestimmung zu treffen.

§ 7.

Bei Unfällen eines Arbeiters, welche sich bei Bauarbeiten der im § 4 Ziffer 4 Absatz 1 bezeichneten Art ereignen, finden die Bestimmungen des § 5 Absatz 9 bis 11 des Unfallversicherungsgesetzes keine Anwendung.

Bei derartigen Unfällen hat die Gemeinde, in deren Bezirk der verletzte Arbeiter beschäftigt war, demselben während der ersten dreizehn Wochen nach dem Unfalle die Kosten des Heilverfahrens in dem im § 6 Absatz 1 Ziffer 1 des Krankenversicherungsgesetzes vom 15. Juni 1883 (Reichs-Gesetzbl. S. 73) bezeichneten Umfange zu gewähren, sofern nicht der verletzte Arbeiter sich im Auslande aufhält oder auf Grund der Krankenversicherung oder anderer Rechtsverhältnisse Anspruch auf eine mindestens gleiche Fürsorge hat. Soweit aber solchen Personen die im § 6 Absatz 1 Ziffer 1 des Krankenversicherungsgesetzes bezeichneten Leistungen von den zunächst Verpflichteten nicht gewährt werden, hat die Gemeinde dieselben mit Vorbehalt des Ersatzanspruchs zu übernehmen. Die zu diesem Zweck gemachten Aufwendungen sind von den Verpflichteteten zu erstatten.

Für außerhalb des Gemeindebezirks wohnhafte vesicherte Personen hat auf Verlangen der verpflichteten Gemeinde die Gemeinde ihres Wohnortes die im Absatz 2 bezeichneten Leistungen unter Vorbehalt des Anspruchs auf Ersatz der Kosten zu übernehmen.

Die Versicherungsanstalt (§ 16) ist befugt, die in Absatz 2 bezeichneten Leistungen selbst zu übernehmen.

Als Ersatz der Kosten des Heilverfahrens gilt die Hälfte des nach dem Krankenversicherungsgesetze zu gewährenden Mindestbetrages des Krankengeldes, sofern nicht höhere Aufwendungen nachgewiesen werden.

§ 8.

Streitigkeiten über Unterstützungsansprüche, welche aus der Bestimmung des § 7 zwischen den Verletzten einerseits und den Gemeinden andererseits entstehen, werden von der Aufsichtsbehörde entschieden. Die Entscheidung ist vorläufig vollstreckbar. Dieselbe kann im Verwaltungsstreitverfahren, wo ein solches nicht besteht, im Wege des Rekurses nach Maßgabe der Vorschriften der §§ 20, 21 der Gewerbeordnung angefochten werden.

Streitigkeiten über Ersatzansprüche, welche aus den Bestimmungen des § 7 entstehen, werden im Verwaltungsstreitverfahren, so ein solches nicht besteht, von der Aufsichtsbehörde der in Anspruch genommenen Gemeinde, Gemeindekrankenversicherung oder Krankenkasse entschieden. Gegen die Entscheidung der letzteren findet der Rekurs nach Maßgabe der Vorschriften der §§ 20, 21 der Gewerbeordnung statt.

Der Landes-Zentralbehörde bleibt überlassen, vorzuschreiben, daß anstatt des Rekursverfahrens die Berufung auf den Rechtsweg mittelst Erhebung der Klage stattfindet.

II. Berufsgenossenschaft.

§ 9.

Umfang.

Die Berufsgenossenschaft (§ 4 Ziffer 1) umfaßt, unbeschadet der Bestimmungen des § 5 alle Baubetriebe der im § 4 Ziffer 1 bezeichneten Art.

Bei Baubetrieben, welche sich auf verschiedene Arten von Bauarbeiten erstrecken, entscheidet für die Zugehörigkeit zur Berufsgenossenschaft der Hauptbetrieb. Auch im Uebrigen folgen Nebenbetriebe den Hauptbetrieben.

Unternehmer, deren Hauptbetrieb unter das vorliegende Gesetz fällt, welche aber mit Rücksicht auf Nebenbetriebe bereits einer anderen Berufsgenossenschaft angehören, scheiden aus der letzteren mit den aus § 32 des Unfallversicherungsgesetzes sich ergebenden Rechtswirkungen zu dem Zeitpunkte aus, mit welchem dieses Gesetz für die im § 4 Ziffer 1 bezeichneten Betriebe seinem ganzen Umfange nach in Kraft tritt.

§ 10.

Aufbringung der Mittel.

Die Mittel zur Deckung der von der Berufsgenossenschaft zu leistenden Entschädigungsbeträge und der Verwaltungskosten werden, vorbehaltlich der Bestimmungen der §§ 21 ff., von den Mitgliedern durch Beiträge aufgebracht. Die Beiträge sind so zu berechnen, daß durch dieselben außer den sonstigen Leistungen der Berufsgenossenschaft der Kapitalwerth der ihr im abgelaufenen Rechnungsjahre zur Last gefallenen Renten gedeckt wird. Die Grundsätze für die Berechnung des Kapitalwerthes werden durch das Reichs-Versicherungsamt festgestellt. Die Ausschreibung der Beiträge erfolgt nach Maßgabe der in den Betrieben der Mitglieder von den Versicherten verdienten Löhne und Gehälter, beziehungsweise des Jahresarbeitsverdienstes jugendlicher und nicht ausgebildeter Arbeiter (§ 3 Absatz 3 des Unfallversicherungsgesetzes), sowie des statutenmäßigen Gefahrentarifs (§ 28 a. a. O.).

Auf die Beiträge sind von den Genossenschaftsmitgliedern vierteljährliche Vorschüsse zu leisten. Dieselben bemessen sich für die einzelnen Mitglieder nach der Höhe der für das letztvergangene Rechnungsjahr auf sie vertheilten Beiträge und betragen jedesmal den vierten Theil der letzteren, solange nicht die Genossenschaftsversammlung einen niedrigeren Betrag festgesetzt hat. Für neu eintretende Mitglieder sind die Vorschüsse nach demjenigen Betrage zu bemessen, welchen diese Mitglieder nach Maßgabe der Anmeldung ihrer Betriebe (§ 11) zu den Jahreslasten des letztvergangenen Rechnungsjahres hätten beitragen müssen, wenn sie in demselben schon Mitglied der Berufsgenossenschaft gewesen wären. Diesen letzteren Mitgliedern hat der Vorstand die Höhe des von ihnen zu entrichtenden Vorschusses mitzutheilen.

Für die Zeit bis zum Abschluß der ersten Jahresrechnung wird der Betrag der Vorschüsse der einzelnen Mitglieder durch den Vorstand mit Genehmigung des Reichs-Versicherungsamts festgesetzt und durch das zu den Bekanntmachungen der Genossenschaft bestimmte Blatt veröffentlicht. In gleicher Weise sind Beschlüsse der Genossenschaftsversammlung wegen Ermäßigung der Vorschüsse zur Kenntniß der Betheiligten zu bringen.

Die Vorschüsse sind binnen zwei Wochen nach den durch das Statut oder die Genossenschaftsversammlung bestimmten Fälligkeitsterminen von den Mitgliedern an den Genossenschaftsvorstand einzuzahlen. Auf die Beitreibung der Vorschüsse findet § 74 Absatz 1 des Unfallversicherungsgesetzes Anwendung.

§ 11.

Anmeldung der Betriebe.

Die Betriebe der im § 4 Ziffer 1 bezeichneten Art sind nach den Bestimmungen des § 11 des Unfallversicherungsgesetzes innerhalb einer von dem Reichs-Versicherungsamt zu bestimmenden und öffentlich bekannt zu machenden Frist anzumelden.

Bei Unternehmern von Betrieben dieser Art, welche schon gegenwärtig einer Berufsgenossenschaft angehören, ist in der Anmeldung anzugeben, ob der angemeldete Betrieb den Hauptbetrieb oder den Nebenbetrieb bildet und welcher Berufsgenossenschaft der Betrieb bereits angehört.

§ 12.

Organisation.

Auf die Berufsgenossenschaft finden die Bestimmungen des § 9 Absatz 4 und 5, des § 10 Absatz 3 und der §§ 16, 17, 19 bis 33 des Unfallversicherungsgesetzes Anwendung, und zwar die des § 31 Ziffer 2 und 4 mit der Maßgabe, daß der Bundesrath auch ohne Beschluß der Genossenschaftsversammlungen die im § 1 Absatz 8 a. a. O. bezeichneten Betriebe aus der nach § 4 Ziffer 1 des gegenwärtigen Gesetzes gebildeten Berufsgenossenschaften ausscheiden und einer anderen Berufsgenossenschaft zutheilen kann*).

Das Genossenschaftsstatut muß auch über die Anmeldung und das Ausscheiden der nach § 2 versicherten Unternehmer Vorschriften enthalten, sofern nicht von der Bestimmung des § 16 Absatz 3 Gebrauch gemacht wird.

§ 13.

Die Berufsgenossenschaft hat einen Reservefonds anzusammeln. Zur Bildung desselben sind den nach § 10 Absatz 1 aufzubringenden Beträgen fünf Prozent derselben solange zuzuschlagen, bis der Reservefonds unter Hinzurechnung der Zinsen seines Bestandes die Höhe der erforderlichen Jahresbeiträge

---

*) Dies ist geschehen; vgl. Bekanntmachung des Reichskanzlers v. 14. Januar 1888 (R.-G.-Bl. S. 1), oben im Zusatz zu § 1 U.-V.-G.

erreicht. Ist das letztere der Fall, so können die Zinsen, soweit der Bestand des Reservefonds nicht niedriger ist als der Gesammtbetrag der aufzubringenden Jahresbeiträge, zur Deckung der Genossenschaftslasten verwendet werden.

Auf Antrag des Genossenschaftsvorstandes kann die Genossenschaftsversammlung jederzeit weitere Zuschläge zum Reservefonds beschließen, sowie bestimmen, daß derselbe über den Gesammtbetrag der Jahresbeiträge hinaus erhöht werde. Derartige Beschlüsse bedürfen der Genehmigung des Reichs-Versicherungsamts.

In dringenden Bedarfsfällen kann die Genossenschaft mit Genehmigung des Reichs-Versicherungsamts schon vorher die Zinsen und erforderlichenfalls auch den Kapitalbestand des Reservefonds angreifen. Die Wiederergänzung erfolgt alsdann nach näherer Anordnung des Reichs-Versicherungsamts.

§ 14.

Mitgliedschaft.

Mitglied der Genossenschaft ist jeder Unternehmer eines Betriebes der im § 9 bezeichneten Art, sowie das Reich, die Bundesstaaten, Kommunalverbände und andere öffentliche Korporationen, soweit diese auf Grund der Bestimmungen des § 5 der Berufsgenossenschaft beigetreten sind.

Die Mitgliedschaft beginnt für das Reich und die Bundesstaaten, für Kommunalverbände und andere öffentliche Korporationen (§ 4 Ziffer 2 und 3), sowie für die Unternehmer der zur Zeit der Genehmigung des Genossenschaftsstatuts versicherungspflichtigen Betriebe der im § 4 Ziffer 1 bezeichneten Art mit diesem Zeitpunkte beziehungsweise im Falle des § 5 Absatz 3 mit der späteren Beitrittserklärung, für die Unternehmer später entstehender Betriebe der im § 4 Ziffer 1 gedachten Art mit der Eröffnung des Betriebes.

§ 15.

Jedes Mitglied der Genossenschaft, welches seinen Betrieb nicht bereits nach § 11 angemeldet hat, ist verpflichtet, binnen einer Woche nach dem Beginn der Mitgliedschaft (§ 14) der unteren Verwaltungsbehörde, in deren Bezirk der Betrieb belegen ist, über denselben Anzeige zu erstatten. Auf die Anzeige und die Ueberweisung des Betriebes finden die Bestimmungen der §§ 35, 36 des Unfallversicherungsgesetzes entsprechende Anwendung. Dasselbe gilt von den Bestimmungen der §§ 37 bis 40 a. a. O. über die Genossenschaftskataster, die Betriebsveränderungen und das Mitgliederverzeichniß.

III. **Unfallversicherungsanstalt.**

§. 16.

Bildung, Umfang und Organisation.

In jeder Berufsgenossenschaft von Baugewerbetreibenden wird für die Versicherung derjenigen Personen, welche von den im § 4 Ziffer 4 Absatz 1 bezeichneten Unternehmern bei Bauarbeiten derjenigen Art, für welche die Berufsgenossenschaft errichtet ist, in deren Bezirken beschäftigt werden, einschließlich der selbstversicherten Unternehmer dieser Art, unbeschadet der Bestimmungen des § 1 Absatz 4 eine Versicherungsanstalt errichtet.

Den Versicherungsanstalten der auf Grund des Unfallversicherungsgesetzes errichteten Berufsgenossenschaften von Baugewerbetreibenden werden außer denjenigen Kategorien von Bauarbeiten, für welche sie errichtet sind, die Eisenbahn-, Kanal-, Strom-, Deich- und andere Bauarbeiten (vergl. § 4 Ziffer 1), zu deren Ausführung, einzeln genommen, nicht mehr als sechs Arbeitstage thatsächlich verwendet worden sind (vergl. § 21 lit. b), sofern diese Bauarbeiten von den im § 4 Ziffer 4 Absatz 1 bezeichneten Unternehmern ausgeführt werden, innerhalb ihrer Bezirke zugewiesen.

Durch das Genossenschaftsstatut kann bestimmt werden, daß auch die Versicherung von Unternehmern (§ 2), welche als Baugewerbetreibende Mitglieder der Genossenschaft sind, sowie anderer von diesen Baugewerbetreibenden bei der Bauausführung beschäftigten, nach § 1 nicht versicherten Personen (§ 2) bei der Versicherungsanstalt zu erfolgen hat.

Träger der Versicherungsanstalt ist die Berufsgenossenschaft. Der Genossenschaftsvorstand und die Genossenschaftsversammlung, sowie die sonstigen Organe der Berufsgenossenschaft führen die Verwaltung der Versicherungsanstalt, unbeschadet der Bestimmungen des § 19 dieses Gesetzes, nach Maßgabe der §§ 22, 23, 26, 27 des Unfallversicherungsgesetzes.

§ 17.

Die Einnahmen und Ausgaben der Versicherungsanstalt sind besonders zu verrechnen und ihre Bestände gesondert zu verwahren.

Für die Versicherungsanstalt ist ein besonderer Reservefonds anzusammeln. Die Verwendung desselben zu Zwecken der Berufsgenossenschaft ist unstatthaft.

Das für die Zwecke der Versicherungsanstalt bestimmte sonstige Vermögen darf für die übrigen Zwecke der Genossenschaft nicht verwendet werden, sofern nicht das Reichs-Versicherungsamt auf den Antrag des Genossenschaftsvorstandes eine solche Verwendung genehmigt. Die Genehmigung darf nur ertheilt werden, wenn der Nachweis erbracht ist, daß der für die Zwecke der Versicherungsanstalt verbleibende Theil dieses Vermögens zur dauernden Befriedigung der bisher festgestellten, von der letzteren zu zahlenden Renten und der sonstigen Verbindlichkeiten der Versicherungsanstalt voraussichtlich ausreichen wird.

Die für den Geschäftsbetrieb der Versicherungsanstalt etwa erforderlichen Mittel hat die Berufsgenossenschaft, soweit nöthig aus ihrem Reservefonds, vorzuschießen.

Die Versicherungsanstalt darf andere als die im § 16 bezeichneten Versicherungen nicht übernehmen.

Die von der Versicherungsanstalt aufzubringenden Verwaltungskosten bestimmen sich nach den durch die besondere Verwaltung derselben thatsächlich erforderlich gewesenen Aufwendungen; neben denselben kann nach näherer Bestimmung des Reichs-Versicherungsamts als Ersatz des auf die Versicherungsanstalt entfallenden Antheils an den gemeinsamen Verwaltungskosten ein Pauschbetrag erhoben werden.

§ 18.

Für die Versicherungsanstalt hat die Genossenschaftsversammlung ein Nebenstatut zu errichten. Dasselbe muß Bestimmungen treffen:

1. über die Erfordernisse der An- und Abmeldung der im § 4 Ziffer 4 Absatz 1 bezeichneten Unternehmer, welche von der Befugniß des § 2 Absatz 1 Gebrauch machen wollen;
2. über die Abgrenzung der Befugnisse des Vorstandes und der Genossenschaftsversammlung bei der Verwaltung der Versicherungsanstalt;
3. über die Ansammlung des vorgeschriebenen Reservefonds;
4. über die Aufstellung, Prüfung und Abnahme der Jahresrechnung;
5. über die Veröffentlichung der Rechnungsabschlüsse;
6. über die Voraussetzungen einer Abänderung des Nebenstatuts.

Sofern von der Bestimmung des § 16 Absatz 3 Gebrauch gemacht ist, muß das Nebenstatut über die An- und Abmeldung der demnach versicherten Personen, sowie über die Einzahlung der für dieselben zu entrichtenden Prämien Vorschriften enthalten.

§ 19.

Durch das Nebenstatut können für die Verwaltung der Versicherungsanstalt besondere Organe bestimmt werden. Enthält dasselbe Vorschriften dieser Art, so ist zugleich über den Sitz dieser Organe, über ihre Zusammensetzung, über die Abgrenzung ihrer Bezirke, sowie über den Umfang ihrer Befugnisse Bestimmung zu treffen.

Die Abgrenzung der Bezirke dieser Organe und die Wahl ihrer Mitglieder kann von der Genossenschaftsversammlung dem Genossenschaftsvorstande übertragen werden.

Die Bezirke und die Zusammensetzung dieser besonderen Organe hat der Genossenschaftsvorstand durch den Reichsanzeiger bekannt zu machen.

§ 20.

Das Nebenstatut, sowie die Abänderungen desselben bedürfen der Genehmigung des Reichs-Versicherungsamts.

Gegen die Entscheidung desselben, durch welche die Genehmigung versagt wird, findet binnen einer Frist von vier Wochen vom Tage der Zustellung der Entscheidung an den Genossenschaftsvorstand ab die Beschwerde an den Bundesrath statt.

Wird innerhalb dieser Frist Beschwerde nicht erhoben, oder wird die Versagung der Genehmigung des Nebenstatuts vom Bundesrath aufrecht erhalten, so hat das Reichs-Versicherungsamt binnen einer von ihm zu bestimmenden Frist eine anderweite Beschlußfassung der Genossenschaftsversammlung über das Nebenstatut herbeizuführen. Kommt binnen einer von dem Reichs-Versicherungsamt zu bestimmenden Frist eine Beschlußfassung über das Nebenstatut nicht zu Stande, oder wird den über dasselbe gefaßten Beschlüssen die Genehmigung wiederum endgültig versagt, so wird das Nebenstatut von dem Reichs-Versicherungsamt erlassen.

Die Berathungen der Genossenschaftsversammlungen über das Nebenstatut finden in Gegenwart eines Vertreters des Reichs-Versicherungsamts statt, welcher auf sein Verlangen jederzeit gehört werden muß.

§. 21.

In der Versicherungsanstalt erfolgt die Unfallversicherung:

a) bei Bauarbeiten, zu deren Ausführung, einzeln genommen, mehr als sechs Arbeitstage thatsächlich verwendet worden sind, auf Kosten des Unternehmers (§ 3 Ziffer 2) gegen feste, im Voraus bemessene Prämien nach Maßgabe eines Prämientarifs (§§ 22 ff.):

b) bei Bauarbeiten von geringerer Dauer auf Kosten der Verbände (§ 30), über deren Bezirke die Berufsgenossenschaft sich erstreckt, gegen Beiträge, welche auf diese Verbände nach Maßgabe der in den einzelnen Jahren für Unfälle bei derartigen Bauarbeiten thatsächlich erforderlich gewordenen Zahlungen jährlich umgelegt werden.

§ 22.

Versicherung auf Kosten der Unternehmer (§ 24 lit. a).

Die im § 4 Ziffer 4 Absatz 1 aufgeführten Unternehmer, welche Bauarbeiten der im § 21 lit. a bezeichneten Art ausführen, haben von einem von dem Reichs-Versicherungsamt zu bestimmenden und öffentlich bekannt zu machenden Zeitpunkte ab der von der Landes-Zentralbehörde bestimmten Behörde nach einem von dem Reichs-Versicherungsamt vorzuschreibenden Formular längstens binnen drei Tagen nach Ablauf eines jeden Monats eine Nachweisung der in diesem Monate bei Ausführung der Bauarbeiten verwendeten Arbeitstage und der von den Versicherten dabei verdienten Löhne und Gehälter vorzulegen.

Soweit die Verpflichteten die Nachweisung nicht rechtzeitig oder nicht vollständig einreichen, hat die in Gemäßheit des ersten Absatzes von der Landes-Zentralbehörde bestimmte Behörde diese Nachweisungen nach ihrer Kenntniß der Verhältnisse selbst aufzustellen oder zu ergänzen. Sie kann zu diesem Zweck die Verpflichteten zu einer Auskunft innerhalb einer zu bestimmenden Frist durch Geldstrafen bis zu einhundert Mark anhalten.

Die Nachweisungen sind binnen zwei Wochen nach Ablauf des Kalendervierteljahres an den Genossenschaftsvorstand oder das von diesem bezeichnete Organ der Genossenschaft einzureichen. Dabei hat die in Gemäßheit des ersten Absatzes von der Landes-Zentralbehörde bestimmte Behörde zu bescheinigen, daß ihr über die Ausführung weiterer Bauarbeiten, für welche nach den vorstehenden Vorschriften in ihrem Bezirke Nachweisungen vorzulegen wären, nichts bekannt geworden sei.

§ 23.

Prämientarif.

Prämientarif (§ 21 lit. a) muß die der Berechnung der Prämien zu Grunde zu legenden Einheitssätze nach Verhältniß der bei der Bauausführung von den Versicherten verdienten Löhne oder Gehälter (vgl. § 25 Absatz 2) beziehungsweise des in Betracht kommenden Jahresarbeitsverdienstes (§ 2) dergestalt ersichtlich machen, daß sich ergiebt, wieviel für jede angefangene halbe Mark des in Betracht kommenden Lohnes an Prämie zu entrichten ist.

Sofern nach dem für die Berufsgenossenschaft bestehenden Gefahrentarif die einzelnen Arten von Bauarbeiten zu verschieden bemessenen Beiträgen herangezogen werden, sind auch die Einheitssätze der an die Versicherungsanstalt zu entrichtenden Prämien nach dem durch den Gefahrentarif der Genossenschaft festgestellten Verhältnisse verschieden zu berechnen.

§ 24.

Der Prämientarif wird alle drei Jahre von dem Reichs-Versicherungsamt für jede Berufsgenossenschaft nach Anhörung des Vorstandes derselben im Voraus festgesetzt. Als Grundlagen dienen der Kapitalwerth derjenigen Leistungen, welche der Versicherungsanstalt aus den bei Bauarbeiten der im § 21 lit. a bezeichneten Art im Jahre durchschnittlich zu erwartenden Unfällen voraussichtlich erwachsen werden, ferner die zur Bildung des vorgeschriebenen Reservefonds (§ 17) erforderlichen Zuschläge, sowie ein Pauschbetrag für Verwaltungskosten, welcher nach der Höhe der in der vorangegangenen Periode im Jahresdurchschnitt für die Versicherungsanstalt entstandenen Verwaltungskosten (§ 17 Absatz 6) unter Berücksichtigung des auf die Gemeinden nach § 31 entfallenden Betrages derselben zu berechnen ist. In Abzug zu bringen sind die Zinsen des Reservefonds, soweit dieselben nicht nach den Bestimmungen des Nebenstatuts (§ 18 Ziffer 3) dem Reservefonds selbst zufließen.

Die näheren Bestimmungen über die Berechnung des Zuschlages für Verwaltungskosten hat das Reichs-Versicherungsamt zu erlassen. Für die erstmalige Berechnung wird der Zuschlag für Verwaltungskosten von dem Reichs-Versicherungsamt nach Anhörung des Genossenschaftsvorstandes bestimmt.

Der Prämientarif ist durch den Reichsanzeiger und diejenigen Blätter zu veröffentlichen, welche zu den amtlichen Bekanntmachungen der Landes-Zentralbehörden, oder der höheren Verwaltungsbehörden, in deren Bezirken er Geltung haben soll, bestimmt sind. Die Veröffentlichung erfolgt durch das Reichs-Versicherungsamt.

Die Veröffentlichung muß mindestens zwei Wochen vor demjenigen Zeitpunkte erfolgt sein, mit welchem der Tarif in Kraft treten soll. Bis zu diesem Zeitpunkte sind die Prämien nach dem bisherigen Tarif zu erheben.

§ 25.

Entrichtung der Prämien.

Nach Ablauf des Kalendervierteljahres wird auf der Grundlage des Prämientarifs und der nach § 22 Absatz 3 eingereichten Nachweisungen vom Genossenschaftsvorstande die Prämie berechnet, welche auf jeden Unternehmer entfällt, und die Heberolle aufgestellt.

Für diejenigen Personen, deren bei der Ausführung der Bauarbeit verdiente Löhne und Gehälter für den Arbeitstag den Betrag des von der höheren Verwaltungsbehörde für den Ort der Beschäftigung festgesetzten ortsüblichen

Tagelohnes gewöhnlicher erwachsener Tagearbeiter nicht erreichen, ist dieser letztere Betrag der Berechnung der Prämie zu Grunde zu legen.

Den Gemeindebehörden sind bezüglich der dem Gemeindebezirke angehörenden Unternehmer Auszüge aus der Heberolle mit der Aufforderung zuzustellen, die Beiträge einzuziehen und in ganzer Summe binnen vier Wochen an den Genossenschaftsvorstand oder das nach § 19 zuständige andere Organ der Genossenschaft nach Abzug der Portoauslagen einzusenden.

Den Gemeindebehörden ist hierfür von der Berufsgenossenschaft eine Vergütung zu gewähren, deren Höhe von der Landes-Zentralbehörde im Einvernehmen mit dem Reichs-Versicherungsamt festzusetzen ist. Für Bauarbeiten, welche von der Gemeinde selbst für eigene Rechnung ausgeführt werden, wird diese Vergütung nicht gezahlt.

Die Gemeinde haftet für diejenigen Prämien, bei denen sie den wirklichen Ausfall oder die fruchtlos erfolgte Zwangsvollstreckung nicht nachweisen kann, und muß sie vorschußweise mit einsenden.

§ 26.

Der Auszug aus der Heberolle (§ 25) muß diejenigen Angaben enthalten, welche die Zahlungspflichtigen in den Stand setzen, die Richtigkeit der angestellten Prämienberechnung zu prüfen. Die Gemeindebehörde hat den Auszug während zweier Wochen zur Einsicht der Betheiligten auszulegen und den Beginn dieser Frist auf ortsübliche Weise bekannt zu machen. Binnen einer weiteren Frist von zwei Wochen kann der Zahlungspflichtige, unbeschadet der Verpflichtung zur vorläufigen Zahlung, gegen die Prämienberechnung bei dem Genossenschaftsvorstande oder dem nach § 19 zuständigen anderen Organe der Genossenschaft Einspruch erheben.

Der Einspruch ist nur zulässig, wenn sich derselbe auf unrichtigen Ansatz der Löhne, auf unrichtige Anwendung des Prämientarifs, auf Rechenfehler oder auf die Behauptung stützt, daß der in Anspruch Genommene zur Entrichtung von Prämien für die von ihm beschäftigten Personen nicht verpflichtet sei. Auf unrichtigen Ansatz der Löhne kann der Einspruch in den Fällen nicht gestützt werden, in welchen die Nachweisung wegen Säumniß des Verpflichteten von der Gemeindebehörde aufgestellt worden war.

Wird dem Einspruch überhaupt nicht oder nicht in dem beantragten Umfange Folge gegeben, so steht dem Zahlungspflichtigen binnen zwei Wochen nach der Zustellung der Entscheidung des zuständigen Genossenschaftsorgans die Beschwerde an die untere Verwaltungsbehörde zu. Gegen die Entscheidung derselben ist binnen zwei Wochen nach der Zustellung Rekurs an das Reichs-Versicherungsamt zulässig. Derselbe darf aber nur auf die Behauptung gestützt werden, daß eine Verpflichtung zur Entrichtung von Prämien nicht vorliege.

§ 27.

Für die Prämien und die sonstigen den unter § 4 Ziffer 4 Absatz 1 fallenden Unternehmern in diesem Gesetze auferlegten Leistungen haftet im Falle der

Zahlungsunfähigkeit des Bauunternehmers der Bauherr während eines Jahres nach der endgültigen Feststellung der betreffenden Verbindlichkeit.

Sind Zwischenunternehmer vorhanden, so haften diese vor dem Bauherrn.

§ 28.

Weitere Zahlungen als die nach diesem Gesetze zu entrichtenden Prämien und die wegen Verletzung bestehender Verpflichtungen einzuziehenden Strafen und Kosten können seitens der Berufsgenossenschaft von den Unternehmern nicht gefordert werden.

§ 29.

Für Kommunalverbände, öffentliche Korporationen und andere Bauherren, welche regelmäßig ohne Uebertragung an andere Unternehmer Bauarbeiten ausführen, kann auf ihren Antrag der Betrag der der Berechnung der Prämien zu Grunde zu legenden Arbeitslöhne und Gehälter nach Maßgabe der Zahl der im Jahresdurchschnitt verwendeten Arbeitstage in Pausch und Bogen festgesetzt werden. Derartige Festsetzungen müssen Bestimmungen über die Termine, zu welchen die Prämien einzuzahlen sind, enthalten. Soweit solche Festsetzungen getroffen sind, finden die Bestimmungen der §§ 22 und 25 keine Anwendung.

§ 30.

Versicherung auf Kosten von Gemeindeverbänden (§ 21 lit. b).

Die Mittel zur Deckung der Entschädigungsbeträge und Verwaltungskosten, welche der Versicherungsanstalt aus Unfällen bei den im § 21 lit. b bezeichneten Bauarbeiten erwachsen sind, werden durch Beiträge der Gemeinden, über deren Bezirke die Berufsgenossenschaft sich erstreckt, aufgebracht und auf dieselben nach dem Verhältnisse der Bevölkerungsziffer jährlich umgelegt. Als Bevölkerungsziffer gilt diejenige Zahl von Einwohnern, welche aus Anlaß der nächstvorhergegangenen Volkszählung von der zuständigen Behörde amtlich festgestellt ist, und zwar von dem auf die Feststellung folgenden Rechnungsjahre ab.

Durch die Landes-Zentralbehörde kann bestimmt werden, daß an Stelle der Gemeinden weitere Kommunalverbände treten, oder daß innerhalb bestimmter Bezirke einzelne Gemeinden zur gemeinschaftlichen Uebernahme der aus der Unfallversicherung bei der Versicherungsanstalt ihnen erwachsenden Last vereinigt werden. Bestimmungen der letzteren Art müssen Festsetzungen über die Vertretung und Verwaltung dieser Vereinigung, sowie darüber enthalten, nach welchen Grundsätzen die diesen Vereinigungen zur Last fallenden Beträge auf die einzelnen Gemeinden zu vertheilen sind.

Die Landes-Zentralbehörde kann ferner bestimmen, daß die Umlegung statt auf Gemeinden oder weitere Kommunalverbände auf Verwaltungsbezirke erfolge, und wie von den letzteren die auf sie umgelegten Beträge auf die einzelnen Gemeinden zu vertheilen sind.

Soweit derartige Bestimmungen der Landes-Zentralbehörde nicht erlassen sind, können Gemeinden durch übereinstimmende Beschlüsse zur gemeinsamen Uebernahme der gemäß § 21 lit. b ihnen zufallenden Lasten sich vereinigen. Solche Vereinbarungen müssen Bestimmungen über die Vertretung und Verwaltung dieser Vereinigungen enthalten und bedürfen der Genehmigung der Landes-Zentralbehörde.

Diese Bestimmungen und Vereinbarungen sind den betreffenden Berufsgenossenschaften, sowie dem Reichs-Versicherungsamt mitzutheilen.

§ 31.

Der Betrag der auf die Verbände umzulegenden Verwaltungskosten wird nach Maßgabe der Vorschriften des § 24 festgesetzt.

§ 32.

Innerhalb der einzelnen Gemeinden oder weiteren Kommunalverbände werden die aus den Bestimmungen des § 21 lit. b auf dieselben entfallenden Lasten wie Gemeindeabgaben aufgebracht.

Durch die Landesgesetzgebung oder durch statutarische Bestimmung der einzelnen Gemeinden beziehungsweise weiteren Kommunalverbände, welche der Genehmigung der höheren Verwaltungsbehörde bedarf, kann ein anderer Vertheilungsmaßstab festgestellt, insbesondere bestimmt werden, daß die Lasten von den Grund- oder Gebäudebesitzern zu tragen sind.

§ 33.

Auf den besonderen Reservefonds der Versicherungsanstalt haben die Verbände rücksichtlich der aus der Bestimmung des § 21 lit. b ihnen erwachsenden Lasten keinen Anspruch.

§ 34.

Den Gemeinden im Sinne dieses Gesetzes stehen die selbständigen Gutsbezirke und Gemarkungen gleich. Soweit den Gemeinden aus diesem Gesetze Rechte oder Vebbindlichkeiten erwachsen, tritt an die Stelle der Gemeinden der Gutsherr oder der Gemarkungsberechtigte.

IV. Vertretung der Arbeiter.

§ 35.

Vertretung der Arbeiter.

Für den Bezirk der auf Grund dieses Gesetzes errichteten Genossenschaft oder, sofern dieselbe in Sektionen getheilt ist, jeder Sektion werden zum Zweck der Wahl von Beisitzern zum Schiedsgericht, der Begutachtung der zur Verhütung von Unfällen zu erlassenden Vorschriften und der Theilnahme an der Wahl der beiden aus der Zahl der Versicherten zu wählenden Mitglieder des Reichs-Versicherungsamts Vertreter der Arbeiter gewählt.

Wahlberechtigt sind unter den im § 42 des Unfallversicherungsgesetzes angegebenen Voraussetzungen auch die Vorstände der Baukrankenkassen (§§ 69 ff. des Krankenversicherungsgesetzes vom 15. Juni 1883, Reichs-Gesetzbl. S. 73).

Wählbar sind nur männliche, großjährige, gegen Unfall versicherte, einer wahlberechtigten Krankenkasse angehörende Deutsche, welche bei Bauarbeiten der Genossenschaftsmitglieder und im Bezirke der Sektion beziehungsweise der Genossenschaft dauernd beschäftigt sind, sich im Besitze der bürgerlichen Ehrenrechte befinden und nicht durch richterliche Anordnung in der Verfügung über ihr Vermögen beschränkt sind.

Im Uebrigen finden auf die Vertreter der Arbeiter und die Bevollmächtigten der Krankenkassen zu den Unfalluntersuchungen die §§ 41 bis 45 a. a. O. Anwendung.

V. Schiedsgerichte.

§ 36.

Schiedsgerichte.

Für den Bezirk der auf Grund dieses Gesetzes errichteten Berufsgenossenschaft oder, falls dieselbe in Sektionen getheilt ist, jeder Sektion, wird ein Schiedsgericht errichtet. Die Zuständigkeit desselben erstreckt sich auf alle Betriebsunfälle, welche sich in dem Bezirke des Schiedsgerichts bei Bauarbeiten derjenigen Art, für welche die Genossenschaft errichtet ist, ereignen, einschließlich der Unfälle solcher Personen, welche in der Versicherungsanstalt versichert sind.

VI. Feststellung und Auszahlung der Entschädigungen.

§ 37.

Unfalluntersuchung. Feststellung der Entschädigungen.

Auf die Anzeige und Untersuchung der Unfälle, sowie auf die Feststellung der Entschädigungen finden die Bestimmungen der §§ 51 bis 58, 59 Absatz 1 bis 3, 60, 61 des Unfallversicherungsgesetzes entsprechende Anwendung.

Die Bestimmung des § 59 Absatz 4 a. a. O. tritt außer Kraft für Betriebsunfälle, welche sich bei Bauarbeiten ereignen, nachdem dieses Gesetz seinem ganzen Umfange nach in Kraft getreten ist.

Die Verpflichtung zur Einreichung von Lohn- und Gehaltsnachweisungen (§ 60 a. a. O.) erstreckt sich auch auf Unternehmer, welche nicht Mitglieder der Berufsgenossenschaft sind.

§ 38.

Berufung. Rekurs. Auszahlung.

Gegen den Bescheid, durch welchen der Entschädigungsanspruch abgelehnt wird, sowie gegen den Bescheid, durch welchen die Entschädigung festgestellt wird, findet die Berufung auf schiedsrichterliche Entscheidung statt. Der Bescheid muß Namen und Wohnort des Vorsitzenden des für die Berufung zuständigen Schiedsgerichts, sowie die Belehrung über die einzuhaltende Frist enthalten.

Auf die Berufung, auf die Entscheidung des Schiedsgerichts, sowie auf den Rekurs an das Reichs-Versicherungsamt finden die Bestimmungen der §§ 62 Absatz 3 und 5, 63 a. a. O. entsprechende Anwendung. Dasselbe gilt von den Bestimmungen der §§ 64 bis 66, 68, 69 a. a. O. über den Berechtigungsausweis, die Veränderung der Verhältnisse, die Fälligkeitstermine, die Unpfändbarkeit der Entschädigungen und die Auszahlungen durch die Post.

§ 40.

Liquidation der Postverwaltungen.

Binnen acht Wochen nach Ablauf jedes Rechnungsjahres haben die Central-Postbehörden dem Genossenschaftsvorstande Nachweisungen der auf Anweisung desselben geleisteten Zahlungen zuzustellen und gleichzeitig die Postkassen zu bezeichnen, an welche die zu erstattenden Beträge einzuzahlen sind.

§ 41.

Erstattung der Vorschüsse.

Der Genossenschaftsvorstand stellt fest, welcher Theil der von den Central-Postbehörden liquidirten Beträge den Mitgliedern der Berufsgenossenschaft, und welcher Theil der Versicherungsanstalt zur Last fällt.

Der erstere Theil ist aus den verfügbaren Mitteln der Berufsgenossenschaft zu entnehmen. Gleichzeitig ist nach den Bestimmungen des § 10 der Kapitalwerth der im vergangenen Rechnungsjahre neu entstandenen, der Berufsgenossenschaft erwachsenen Lasten zu berechnen und unter Berücksichtigung der auf Grund des § 13 dieses Gesetzes, beziehungsweise der §§ 29 und 30 des Unfallversicherungsgesetzes etwa vorliegenden besonderen Verpflichtungen oder Berechtigungen nach dem festgestellten Vertheilungsmaßstabe und unter Verrechnung der erhobenen Vorschüsse (§ 10) von den Mitgliedern einzuziehen. Im Uebrigen finden die Bestimmungen der §§ 71 Abs. 2 und 3, 72, 73 a. a. O. Anwendung.

Der der Versicherungsanstalt zur Last fallende Theil ist, soweit er durch Unfälle verursacht ist, die sich bei Bauarbeiten der im § 21 lit. a bezeichneten Art ereignet haben, aus den verfügbaren Beständen an Prämien zu entnehmen. Soweit der Betrag aber durch Unfälle verursacht ist, die sich bei Bauarbeiten der im § 21 lit. b bezeichneten Art ereignet haben, ist derselbe nach dem im § 30 festgesetzten Maßstabe auf die im Bezirke der Berufsgenossenschaft belegenen Gemeinden, beziehungsweise weiteren Kommunalverbände oder Vereinigungen von Gemeinden, welche an die Stelle der Gemeinden gesetzt sind, umzulegen und von ihnen einzuziehen. Denselben ist zu diesem Zweck ein Auszug aus der aufzustellenden Heberolle mit der Aufforderung zuzustellen, den festgesetzten Betrag bei Vermeidung der zwangsweisen Beitreibung binnen zwei Wochen einzuzahlen. Der Auszug muß diejenigen Angaben enthalten, welche die Gemeinden ꝛc. in den Stand setzen, die Richtigkeit der angestellten Beitragsberechnung zu prüfen. Den Gemeinden ꝛc. stehen gegen die Feststellung ihrer Beiträge, unbeschadet der Verpflichtung zur sofortigen Zahlung, die im § 73 a. a. O. angegebenen Rechtsmittel zu; die Beschwerde ist jedoch nur zulässig, wenn sich dieselbe entweder auf Rechenfehler oder auf Irrthümer bei Ansatz der Bevölkerungsziffer gründet.

§ 42.

Rückständige Beiträge und Abführung der Beträge an die Postkassen.

Rückständige Beiträge und Prämien, sowie die im Falle einer Betriebseinstellung von Gewerbetreibenden etwa zu leistenden Kautionsbeträge (§ 12 dieses Gesetzes beziehungsweise § 17 Ziffer 7 des Unfallversicherungsgesetzes) werden in derselben Weise beigetrieben, wie Gemeindeabgaben. Dasselbe gilt von den Strafzuschlägen in dem Falle der Ablehnung von Wahlen (§ 12 dieses Gesetzes beziehungsweise § 24 Absatz 3 des Unfallversicherungsgesetzes).

Uneinziehbare Beiträge und Prämien fallen der Gesammtheit der Berufsgenossen beziehungsweise der in der Versicherungsanstalt versicherten Unternehmer zur Last. Sie sind vorschußweise aus dem Betriebsfonds oder erforderlichenfalls aus dem Reservefonds der Berufsgenossenschaft beziehungsweise der Versicherungsanstalt zu decken und bei den Beiträgen des nächsten Jahres, beziehungsweise der Feststellung des neuen Prämientarifs zu berücksichtigen.

Die Bestimmungen des § 75 des Unfallversicherungsgesetzes finden Anwendung.

§ 43.

Rechnungsführung.

Verfügbare Gelder und Werthpapiere sind bei einer zur Aufbewahrung von Geldern oder Werthpapieren befugten öffentlichen Behörde oder Kasse niederzulegen.

Das Rechnungsjahr beginnt mit dem 1. Januar und endet mit dem 31. Dezember.

Im Uebrigen finden die Bestimmungen der §§ 76 und 77 des Unfallversicherungsgesetzes Anwendung.

VII. Unfallverhütung. Beaufsichtigung.

§ 44.

Unfallverhütung. Ueberwachung durch die Genossenschaft.

Die Bestimmungen der §§ 78 bis 86 des Unfallversicherungsgesetzes finden mit folgenden Maßgaben Anwendung:

1. Unfallverhütungsvorschriften können auch für die Bauarbeiten derjenigen Unternehmer erlassen werden, welche nicht Mitglieder der Genossenschaft sind, aber in dem Bezirke derselben Bauarbeiten ausführen.

   In den Unfallverhütungsvorschriften, welche auf derartige Bauarbeiten Anwendung finden sollen, sind für die Zuwiderhandelnden Zuschläge bis zum doppelten Betrage der Prämie oder, sofern es sich um Bauarbeiten der im § 21 lit. b bezeichneten Art handelt, Exekutivstrafen bis zu einhundert Mark anzudrohen. Die Vorschriften sind von der höheren Verwaltungsbehörde in geeigneter Weise zu veröffentlichen.
2. Zur Festsetzung der im § 78 Ziffer 2 a. a. O. vorgesehenen Geldstrafen sind neben den Vorständen der Betriebs- (Fabrik-) Krankenkassen auch die Vorstände der Baukrankenkassen (§§ 69 ff. des Krankenversicherungsgesetzes) befugt, sofern eine solche für die Bauarbeit oder deren Betrieb, bei dem der Zuwiderhandelnde beschäftigt war, errichtet ist.
3. Die Berechtigung der Genossenschaft zur Ueberwachung der Betriebe und die Verpflichtungen der Unternehmer wegen Gestattung des Zutritts zu den Betriebsstätten und wegen Vorlegung ihrer Bücher und Nachweisungen erstrecken sich auch auf Unternehmer, welche, ohne Mitglied der Genossenschaft zu sein, in dem Bezirke derselben Bauarbeiten ausführen.

§ 45.

Reichs-Versicherungsamt. Landes-Versicherungsämter.

Wegen der Organisation und Zuständigkeit des Reichs-Versicherungsamts und der Landes-Versicherungsämter bewendet es bei den Bestimmungen der §§ 87 bis 93 des Unfallversicherungsgesetzes, sowie des § 101 Absatz 2 bis 5 des Gesetzes, betreffend die Unfall- und Krankenversicherung der in land- und forstwirthschaftlichen Betrieben beschäftigten Personen, vom 5. Mai 1886 (Reichs-Gesetzbl. S. 132).

Soweit hiernach ein Landes-Versicherungsamt zur Beaufsichtigung der Genossenschaft und zur Entscheidung der im Bezirke derselben vorkommenden Streitigkeiten befugt ist, gehen die in den §§ 10, 17, 20, 24, 25, 26, 30, 31, 38, 41 dem Reichs-Versicherungsamt übertragenen Zuständigkeiten auf das Landes-Versicherungsamt über.

VIII. Bauarbeiten für Rechnung des Reichs, der Bundesstaaten, von Kommunalverbänden und Korporationen.

§ 46.

Ausführungsbehörden.

Für Bauarbeiten des Reichs, eines Bundesstaates, eines nach den Bestimmungen des § 4 Ziffer 3 für leistungsfähig erklärten Kommunalverbandes oder einer anderen öffentlichen Korporation, bei welchen nach § 4 Ziffer 2 und 3 bei Anwendung dieses Gesetzes an die Stelle der Berufsgenossenschaft das Reich, der betreffende Bundesstaat, der betreffende Kommunalverband oder die Korporation tritt, werden die Befugnisse und Obliegenheiten der Genossenschaftsversammlung und des Genossenschaftsvorstandes durch Ausführungsbehörden wahrgenommen, welche für die Reichsverwaltungen von dem Reichskanzler, im Uebrigen von der Landes-Zentralbehörde zu bezeichnen sind. Dem Reichs-Versicherungsamt ist mitzutheilen, welche Behörden als Ausführungsbehörden bezeichnet sind.

§ 47.

Versicherung durch das Reich.

Soweit das Reich oder ein Bundesstaat, ein Kommunalverband oder eine andere öffentliche Korporation an die Stelle der Berufsgenossenschaft tritt (§ 4 Ziffer 2 und 3), finden die §§ 9 bis 34, 41, 42 Absatz 1 und 2, 43 Absatz 1, 44 dieses Gesetzes, sowie die §§ 60, 71 bis 74, 75 Absatz 2 und 3, 76, 87 Absatz 1, 88, 89, 90 Absatz 1 lit. a, d, e, 103 bis 108 des Unfallversicherungsgesetzes keine Anwendung. Dagegen sind die Bestimmungen der §§ 3 bis 10 des Gesetzes, betreffend die Ausdehnung der Unfall- und Krankenversicherung, vom 28. Mai 1885 (Reichs-Gesetzbl. S. 159) entsprechend anzuwenden.

IX. Schluß- und Strafbestimmungen.

§ 48.

Erstreckung auf andere Gesetze über Unfallversicherung.

Die Bestimmungen der §§ 2, 5, 9 Absatz 2, 12 Absatz 2, 35 bis 40, 41 Absatz 1 und 3, 42 bis 45, 49, 50 finden ebenso wie die Vorschriften der §§ 16 bis 34 bei den im Geltungsbereiche des Unfallversicherungsgesetzes errichteten Berufsgenossenschaften für Baugewerbetreibende gleichfalls Anwendung. Die Bestimmungen des § 10 Absatz 2 und 4 können für diese Berufsgenossenschaften durch das Genossenschaftsstatut eingeführt werden.

Die Vorschriften des § 39 gelten auch für die nach dem Gesetze, betreffend die Ausdehnung der Unfall- und Krankenversicherung vom 28. Mai 1885 (Reichs-Gesetzbl. S. 159) versicherten, bei Bauarbeiten beschäftigten Personen.

§ 49.

Haftpflicht 2c. Strafbestimmungen.

Für Arbeiter, welche bei Bauarbeiten der im § 4 Ziffer 4 Absatz 1 bezeichneten Art beschäftigt, aber nicht nach den Bestimmungen des Krankenversicherungsgesetzes gegen Krankheit versichert sind, bleiben die auf landesgesetzlichen Bestimmungen beruhenden Ansprüche auf Ersatz des in Folge eines Unfalls erlittenen Schadens für die Dauer der ersten dreizehn Wochen nach dem Unfalle vorbehalten.

Im Uebrigen finden die Vorschriften der §§ 95 bis 109 des Unfallversicherungsgesetzes entsprechende Anwendung, die Strafbestimmungen der §§ 103 bis 108 a. a. O. insbesondere auch bezüglich der Einreichung und Richtigkeit der für die Berechnung der Prämien maßgebenden Nachweisungen (§ 22).

§ 50.

Zustellungen.

Zustellungen, welche den Lauf von Fristen bedingen, erfolgen durch die Post mittelst eingeschriebenen Briefes. Der Beweis der Zustellung kann auch durch behördliche Beglaubigung geführt werden.

§ 51.

Gesetzeskraft.

Die Bestimmungen der §§ 9 bis 24, 30, 32 Absatz 2, 34, 35, 36, 39, 45 bis 48, 50 und die auf diese Paragraphen bezüglichen Strafbestimmungen, sowie diejenigen Vorschriften, welche zur Durchführung der in diesen Paragraphen getroffenen Anordnungen dienen, treten mit dem Tage der Verkündung dieses Gesetzes in Kraft.

Im Uebrigen wird der Zeitpunkt, mit welchem dieses Gesetz ganz oder theilweise für den Umfang des Reichs oder einzelner Theile desselben in Kraft tritt, mit Zustimmung des Bundesraths durch Kaiserliche Verordnung bestimmt*).

Urkundlich unter Unserer Höchsteigenhändigen Unterschrift und beigedrucktem Kaiserlichen Insiegel.

Gegeben Bad Ems, den 11. Juli 1887.

(L. S.) **Wilhelm.**

von Boetticher.

---

*) Vgl. Kais. Verordnung vom 26. Dezember 1887 (R.-G.-Bl. S. 537), nach welcher das Bauunfallversicherungsgesetz mit dem 1. Januar 1888 seinem vollen Umfange nach in Kraft getreten ist.

Sachregister.

A.

B.

C.

F.

G.

H.

L.

M.

N.

S.

V.

Z.

Berichtigung.

Seite 15 auf Zeile 1 der Anmerkungen lies statt „aus welche" wie folgt: „nach welchen".
